| Theater of Operations |

독소전쟁사
1941~1945

독소전쟁사 1941~1945
붉은 군대는 어떻게 히틀러를 막았는가

데이비드 M. 글랜츠 · 조너선 M. 하우스 지음 | 권도승 · 남창우 · 윤시원 옮김

WHEN TITANS CLASHED: How the Red Army Stopped Hitler
by David M. Glantz & Jonathan M. House

Copyright (C) 1995 by the University Press of Kansas
All rights reserved.
Translated into Korean by arrangement with the University Press of
Kansas through ShinWon Agency Co.,
Korean Translation Copyright (C) The Open Books Co., 2007

이 책은 실로 꿰매어 제본하는 정통적인 사철 방식으로 만들어졌습니다.
사철 방식으로 제본된 책은 오랫동안 보관해도 손상되지 않습니다.

동부 전선에서의 인간적인 면을 찾아내고자 진심으로 노력했던,
퇴역 영국 육군 대령이자 유능한 역사가였으며,
나에게 있어 최고의 친구였던 폴 어데어 대령을 기리며.

일러두기

1. 러시아어를 로마자로 표기할 때, 러시아어 야(я), 요(ё), 유(ю)에 해당하는 자모를 각각 ya, yo, yu로 표기하거나 ia, io, iu로 표기하기도 한다. 원서는 후자와 같이 표기하였으나, 열린책들에서는 〈국립국어원〉의 외래어 표기 원칙에 따라 전자와 같이 고쳐 표기하였다. 예를 들면, 야코블레프를 원서는 Iakovlev라고 표기하였으나, 이 책에서는 Yakovlev로 병기하였다. 단, 통계 자료와 각주에 있는 자료 출처는 원서의 표기법을 그대로 따랐다.
2. 동유럽은 1919~1945년에 걸친 전쟁과 외교 협약의 영향으로 많은 곳의 지명이 변화하였다. 이 책의 지명은 1939년 9월 제2차 세계 대전 발발 이전에 사용된 것을 기준으로 하고 있다.
3. 〈소련군〉이란 호칭은 1946년부터 〈붉은 군대〉를 대신하여 사용되었다. 그러나 이 책에서는 원서의 표기를 존중하여 2가지 호칭을 모두 사용하였다.
4. 이 책에서는 원서의 표기를 존중하여 소련의 야전군 단위의 제대를 〈소총군〉, 〈제병협동군〉, 〈야전군〉 등으로 표기하고 있다.
5. 본문에 있는 *표시는 모두 역자주이다.

추천의 말

이 책은 전쟁사를 일반인들도 읽기 쉽도록 재미있게 풀어 썼기 때문에 아주 깊숙하게 숨 쉬게 해주는 큰 호흡을 지녔다. 이 책에는 전쟁의 연기와 재가 있고, 또한 그 잿더미 속으로 생명력을 불어넣는 불꽃같은 각주와 풍부한 사례가 가득하다. 전쟁이 끝나는 시점에 이르면 독자들도 나름대로 세상을 보는 시각이 하나뿐이 아니라는 사실을 이해할 것이다. 또한 역사 속에서 살아가는 인간의 한계와 분수를 깨닫고 조금은 겸손해지지 않을까 그렇게도 한번 생각해 보았다.

서종택(전 대구대학교 역사학과 겸임 교수, 현 영신중학교 교장)

전쟁사는 상대방의 의지를 격파하려는 다른 수단에 의한 정치의 계속이라는 관점에서, 어느 일방의 입장만으로는 객관적으로 이해하거나 실체를 정확히 파악할 수가 없다. 즉 힘을 겨루었던 당사자 양측의 자료를 참고하여 연구해야 하는데, 우리는 그동안 제2차 세계 대전의 동부 전선에 대해 독일군 장군의 회고록이나 러시아 측의 일방적 영웅담을 통해 서로의 입장과 주장을 강하게 피력하는 전사를 접할 수밖에 없다.

제2차 세계 대전 동부 전역 연구 전문가 데이비드 M. 글랜츠 박사는 영국의 존

에릭슨 박사와 더불어 이 분야 최고 권위자라고 평가된다. 그는 동부 전선에 관한 수많은 독일과 러시아의 자료를 대조하고 분석하여 비교적 객관적 관점에서 많은 저술 활동을 해온 유명한 전사 연구가이다. 이 책은 그가 쓴 수많은 독소 전쟁 관련 저서 중 하나로 『When Titans Clashed』를 완역한 것으로, 러시아의 관점에서 전역을 설명하면서도 어느 쪽에 치우치지 않은 냉정함을 견지하고 있다. 동부 전선의 전략과 작전에 대해 전쟁사를 연구하는 학도들에게 편향되지 않은 시각을 갖도록 글랜츠 박사는 스마트하게 설명하고 있을 뿐 아니라, 독자들이 새롭고도 흥미진진한 전쟁의 본모습을 알 수 있도록 안내하고 있다.

특히 동부 전선에 대해 우리말로 번역 소개된 책자가 스탈린그라드 전투를 제외하고 별로 알려진 것이 없는 미답의 지대에 새로운 이정표를 제시해 주는 이 책은 이해가 쉽도록 우리말로 유려하게 번역되어 독자들, 특히 전쟁 연구에 관심이 있는 우리 군의 장교단에게 참신한 선물이 될 것이다. 소련군 전략과 작전술 그리고 전술, 제2차 세계 대전 직전 수많은 엘리트 장교와 장군들을 숙청하여 겪게 되었던 혼란의 실상, 스베친이 독일의 소련 침공 전 모스크바 서쪽에 위치해 있던 군수 산업 시설을 우랄 산맥 동쪽으로 이전해야 한다고 주장한 건의를 무시하여 초전에 러시아가 겪게 되었던 군수 분야 대응의 어려움, 투하쳅스키의 종심 전투 이론의 재등장 배경, 반격으로 전환 후 수많은 전역 작전에 대한 경과 설명, 기계화 부대를 재건하여 독일군을 베를린까지 구축하는 과정에 대한 설명은 한 편의 파노라마를 보는 듯하다. 특히 스탈린과 히틀러의 전쟁 지도 리더십의 차이점 비교 등은 우리 정치 및 군사 지도자들이 새겨 보아야 할 많은 시사점을 담고 있다.

이러한 소련의 종심 전투와 기계화 부대 작전 이론은 오늘날 북한에 그대로 전수되어 그들의 기계화 부대 전투 교리와 이론의 골간이 되고 있다는 면에서 대응 전투 개념 발전에 기여할 수 있을 것이다. 참으로 소중한 자료를 접할 수 있도록 노력해 준 저자와 역자들에게 경의를 표한다.

육군 기갑병과(전차) 대령 주은식

이 책은 그동안 독일 측의 자료와 해석에 기초하여 서술되었던 독소 전쟁에 대한 〈새로운 해석〉이라고 할 수 있다. 1991년 8월 소련의 붕괴 이후, 냉전 기간 동안 접근할 수 없었던 새로운 사료들이 공개되었다. 그 사료들이 사전 검열과 소련 사회의 이데올로기적 특수성으로 말미암아 온전한 자료라고 할 수는 없지만, 독소 전쟁에 대한 일방적인 해석을 재구성하는 데 매우 유익한 역할을 하였다고 판단된다. 따라서 소련의 자료와 증언을 바탕으로 쓰인 이 책을 통해, 독일 측의 해석으로 점철된 제2차 세계 대전사에 균형 잡힌 역사적 해석이 가능해졌다.

전쟁사에 대한 연구가 일천한 한국 사회에서 이 책의 번역은 전쟁사에 대한 관심 환기와 균형 잡힌 역사관의 정립에 큰 도움을 줄 것이라고 생각한다. 또한 군대에 몸담고 있는 현역 장병들과 청년 장교를 꿈꾸며 불철주야 정진하고 있을 사관생도들에게 매우 유용한 교양서가 될 것이라 기대한다.

해군 준장 김달윤

우리는 전차, 포병, 급강하 폭격기를 주 수단으로 하고, 기습, 속도, 화력의 우위로 상징되는 독일군의 전격전에 대해서는 비교적 자세히 알고 있으나, 제2차 세계 대전 당시 독일군의 침공을 물리쳤던 소련군의 전투에 대해서는 기껏 광활한 영토와 동장군을 시간과 바꿔 승리하였다는 사실 정도만 알고 있는 것은 아닐까?

따라서 1941~1945년까지 독일군과 소련군의 전투를 소련군의 사료를 바탕으로 쓴 이 책은 남북 대치 상황에 있는 우리의 현실을 고려해 볼 때, 독소 양측의 균형 잡힌 시각으로 전투를 분석해 볼 수 있는 좋은 기회라고 생각된다. 또한 제2차 세계 대전 당시 옛 소련군이 독일과의 전쟁에서 승리할 수 있었던 역사적 배경에 관한 전사 연구에 시금석이 되기를 기대하는 바이다.

육군 소장 김문화

이 책이 지금까지 번역 출판되었던 많은 제2차 세계 대전 관련 도서와 다른 점은 3가지를 꼽을 수 있다. 첫째, 독일군의 입장에서 기술한 것이 아니고 구소련의 붕괴 이후 러시아로부터 입수된 사료를 토대로 러시아 입장에서 기술하였다는 점이다. 둘째, 단순히 전쟁 상황을 전사 연구 관점에서 쓴 전사책이라기보다는 〈전쟁은 정치의 수단이다〉이라는 말과 같이 독소 전쟁의 국면별 주변 국가들의 정치 상황을 동시에 기술함으로써 전쟁 상황의 이해를 한층 더 쉽게 하였다는 것이다. 셋째, 직업 군인이나 전쟁사 전문 연구가가 아닌 현업에 종사하는 의사, 물리학자들의 역작이라는 사실이다.

우리나라 옛 속담에 〈도둑이 들려면 개도 짖지 않는다〉라는 말이 있다. 최근 북한의 핵실험 이후 한반도를 중심으로 일어나고 있는 여러 가지 국제적인 쟁점이 세계 석학들의 논쟁의 중심에서 회자되고 있는 가운데, 세계 전쟁사를 연구하고 국가의 미래를 걱정하는 젊은 국방의 마니아들을 만나게 되어 국가 안보를 우려하는 많은 사람들의 마음을 한결 가볍게 해줄 것 같아 군인의 한 사람으로서 찬사를 보낸다.

해병대 준장 우경하

감사의 말

독소 전쟁의 감춰진 진실을 밝히기 위해 오랫동안 분투해 온 많은 역사가들, 그 가운데도 특히 삭막하고 경직된 이념의 틀 속에서 연구와 집필이라는 어려운 작업에 매진했던 많은 러시아 전쟁사가들에게 큰 빚을 지고 있다. 그들의 헌신과 역량을 보여 주는 증표라 할 수 있는 그들의 작업은 수많은 난관이 있었음에도 불구하고 진실을 확립하고 발견해 낸 것이기에 정말로 주목할 만하다. 서방의 군사사(軍事史) 학자들 가운데 맬컴 매킨토시Malcom MacIntosh와 존 에릭슨John Erickson이 이 분야에서 독보적이다. 그분들의 공헌은 이번 작업에 영감을 주었고 전범을 제시했다. 또한 시련의 시간을 견디게 해주었다. 얼 짐케Earl Ziemke, 앨버트 시튼Albert Seaton과 동부 전선에 관한 독일 문서 보관소의 1차 사료들을 연구해 온 많은 역사학자들에게도 똑같이 감사의 마음을 전한다. 마찬가지로 베일에 가려진 적과의 전쟁에 대한 기록들을 남겨 준 수많은 독일 측 참전자들에게도 경의를 표한다.

무엇보다 이렇게 거대하고 잔혹한 전쟁에 참전하여 고통받다 숨겨 간 수백만 명의 소련과 독일 양군 장병들에게 경의를 표하는 바이다. 그들의 희생은 이러한 이야기가 전해져야 하는 필요성을 일깨워 주었다.

마지막으로, 이 책이 출판될 수 있도록 헌신해 주신 뛰어난 캔자스 대학 출판부 편집진들과 매리 앤 글랜츠에게도 가슴에서 우러나오는 감사의 마음을 전하는 바이다.

차례

추천의 말 7
감사의 말 11
머리말 19

서론 1918~1941

   1 | 1918~1939년의 붉은 군대 25
   2 | 1939~1941년의 무장 대치 39
   3 | 1941년의 양군의 대치 55

독소 전쟁 제1기 1941. 6.~1942. 11.

   4 | 독일의 기습 공격 79
   5 | 소련의 대응 94
   6 | 모스크바를 향하여 108
   7 | 1942년 봄의 해빙기 137
   8 | 청색 작전: 스탈린그라드를 향한 독일군의 진군 148

독소 전쟁 제2기 1942. 11.~1943. 12.

- 9 | 천왕성 작전: 제6군의 파멸 171
- 10 | 1943년 봄의 해빙기와 작전 중지 195
- 11 | 쿠르스크에서 드네프르 강으로 210

독소 전쟁 제3기 1944. 1.~1945. 5.

- 12 | 세 번째 겨울 235
- 13 | 바그라티온 작전: 중부 집단군의 괴멸 253
- 14 | 양익의 소탕 277
- 15 | 1945년 겨울의 전투 298
- 16 | 마지막 전투 325
- 17 | 결론 349

통계 자료 365
문헌 자료 383
각주 397
해설 449
옮긴이와의 대담 465
찾아보기 481

지도 차례

1. 독소 전쟁 주요 지명 .... 16~17
2. 1941년 10월의 공세 목표와 도달 계획 70
3. 하계-추계 전역 I(1941년 6월 22일~9월 30일) 80
4. 1941년 7월 31일의 소련군 배치와 1941년 12월 31일까지의 증강 현황 102
5. 하계-추계 전역 II(1941년 10월 1일~12월) 121
6. 동계 전역(1941년 12월~1942년 4월) 125
7. 하계-추계 전역(1942년 5~10월) 149
8. 1942년 4월 30일의 소련군 배치와 1942년 12월 31일까지의 증강 현황 160
9. 동계 전역(1942년 11월~1943년 3월) 173
10. 스탈린그라드에서의 소련군 반격 178
11. 화성 작전 181
12. 하계-추계 전역(1943년 6~12월) 211
13. 쿠르스크 전역에서의 소련군 방어 배치(1943년 7월 5~23일) .. 215
14. 동계 전역(1943년 12월~1944년 4월) 242
15. 하계-추계 전역(1944년 6~10월) 256
16. 벨로루시 작전(1944년 6~8월) 259
17. 동계 공세에서 1945년 4월까지 305
18. 베를린 작전 I(1945년 4월 16~19일) 335
19. 베를린 작전 II(1945년 4월 19~25일) 339
20. 베를린 작전 III(1945년 4월 25일~5월 8일) 341
21. 베를린 공격(1945년 4월 21일~5월 5일) 342

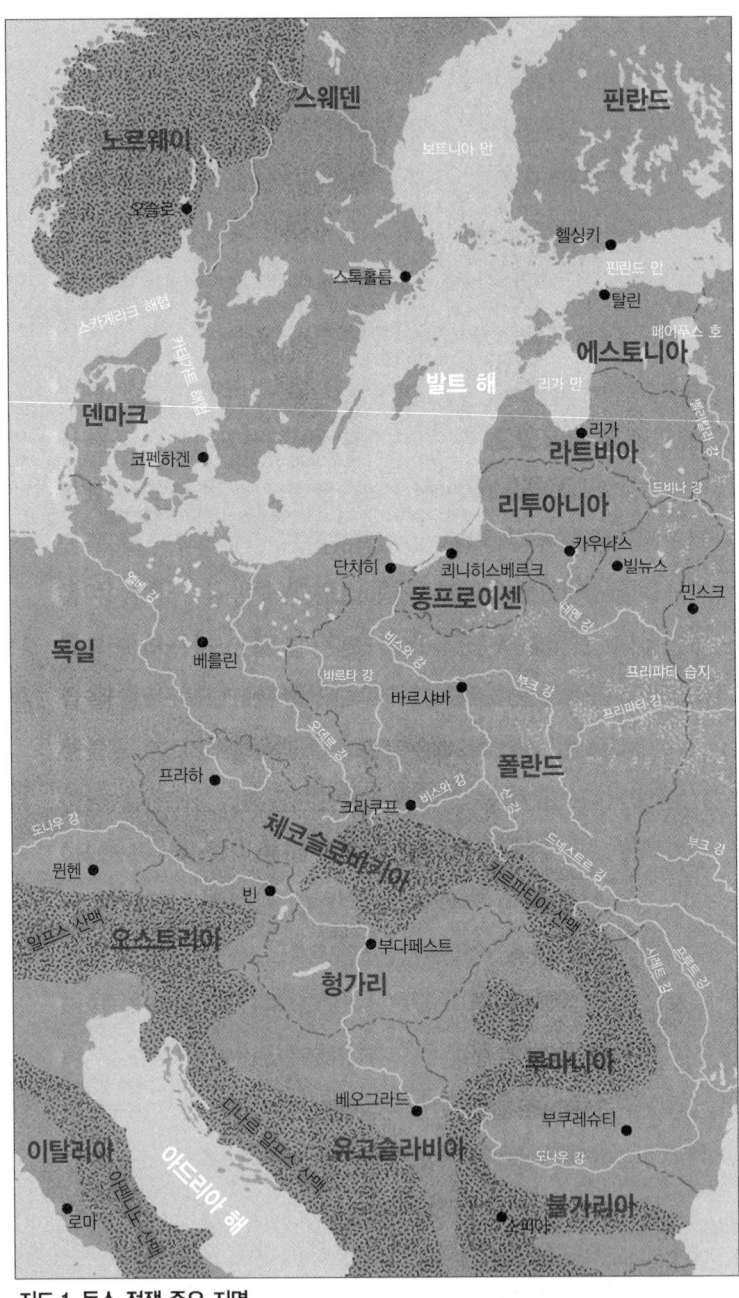

지도 1. 독소 전쟁 주요 지명

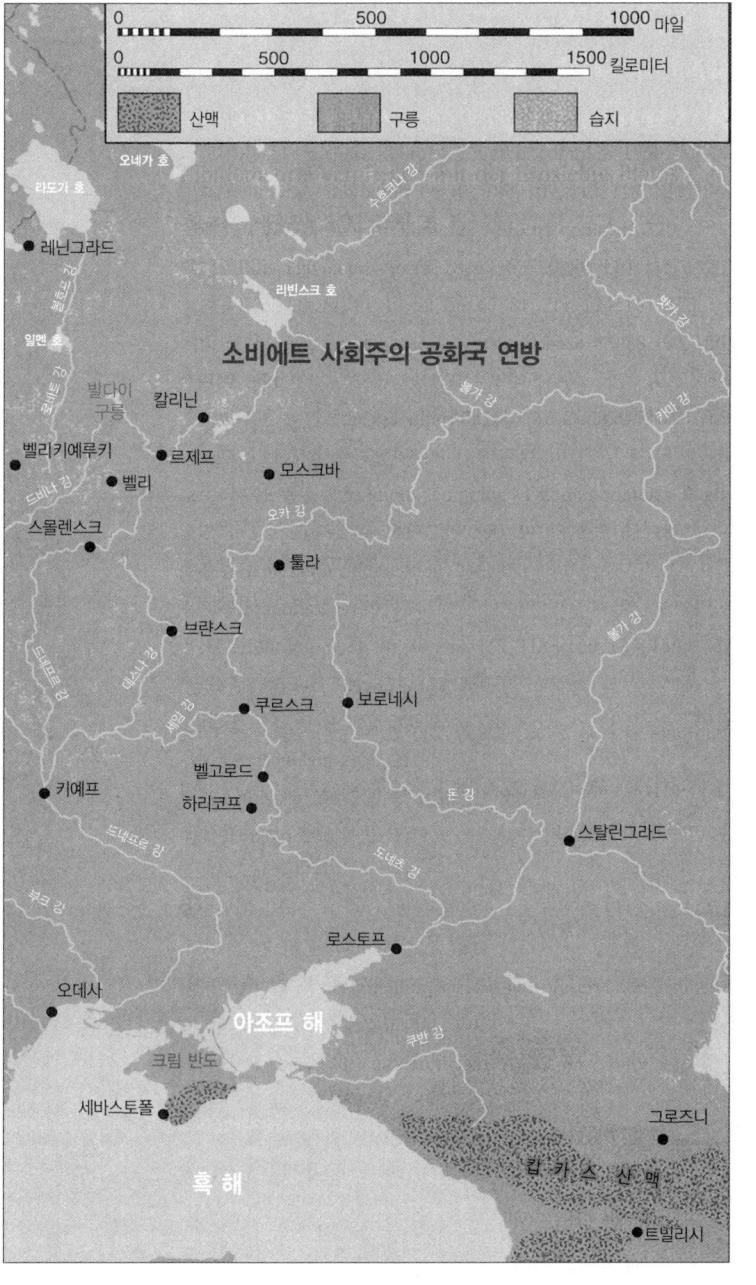

머리말

소비에트 사회주의 공화국 연방(이하 소련)은 이미 역사의 장에서 사라졌다. 1917년 소련이 탄생할 때와 마찬가지로, 1991년 8월 소련이 붕괴를 앞둔 순간에도 군대는 집권 보수 정부에 반대하는 세력을 진압하길 거부했다는 점이 특징이다. 소련의 종말로 인해 냉전 기간 동안 이루어졌던 소련의 조직과 역사에 관한 집중적인 연구들이 공허해 보이기까지 한다.

그러나 소련의 쇠락과 멸망은 역사가들에게 러시아와 유럽의 보다 폭넓은 역사를 전체적으로 정립할 수 있는 예상치 못했던 기회와 자료를 제공했다. 이러한 자료와 기회가 우리에게 겉으로 보기에 익숙한 주제 — 제2차 세계 대전에서 소련이 독일과의 전쟁에서 거둔 승리 — 와 관련해서 특히 중요한 의미를 지닌다.

수십 년간 지명도 있고 공신력 있는 서방의 역사가들은 소련과 독일의 전쟁을 주로 독일의 시각에서 서술해 왔다.[1] 실질적으로 독일 측 문서와 기록들은 1950년대 이래로 언제든지 열람할 수 있었다. 반면에 소련 측 문서와 기록들은 이데올로기, 접근성, 언어의 문제로 그 존재조차 알려지지 않았다. 게다가 소련 측 사료들은 번역·출판된 경우에도, 사실적 주장마저 정치적 선전으로 보이게 하는 공산주의 특유의 강박적인 수사(修辭)로 가득했다. 서구인들은 러시아어로 쓰인 전쟁에 관한 다수의 상세한 자료들과 그 자료들에 의존한 소수의 서방측 연구에 대해 자연스럽게 의구심을 가질 수밖에 없었다.

그러나 부지불식간에 독일 측 자료도 소련 측 자료만큼이나 종종 편향되어 있었으며, 지금까지 독일이 〈동부 전선〉이라 부르도록 가르쳐 왔던 이 거대한 전장에 대한 우리의 이해를 왜곡시켰다. 에리히 폰 만슈타인Erich von Manstein 원수나 프리드리히 폰 멜렌틴Friedrich von Mellenthin 소장 같은 독일 장교들은 러시아에서의 전쟁을 주로 1941~1943년에 겪었던 자신들의 경험에 근거하여 서술했다. 그 당시 붉은 군대는 1930년대에 벌어졌던 대숙청과 독일군 기습 침공의 충격에서 간신히 벗어나고 있었다. 반면에 소련군이 승승장구하던 1944~1945년의 독일 측 고위 지휘관들은 별다른 기록을 남기지 않았다.[2] 그들이 포로가 되거나 전사하지 않았다 하더라도, 계속되는 패배의 기억을 머릿속으로 떠올리는 것조차 지긋지긋했을 것이다. 따라서 소련군의 능력과 성과에 대한 우리의 시각은 진주만 공습 직후 한동안 이어졌던 미군의 연패를 가지고 미국의 전쟁 성과를 평가하는 것과 동일하게 변질되었다.

그러나 소련인들은 자신들의 〈대조국 전쟁〉* 연구에 엄청난 노력을 기울였다. 소련이 소멸된 오늘날에도 실질적으로 모든 소련 시절 군대에 입대한 장교들과 바르샤바 조약국의 장교들은 군사 문제를 1941~1945년 시기의 프리즘을 통해서 보고 있다. 군사사를 마르크스주의 과학으로 간주하는 풍토는 전쟁에 관해 보다 개방적이고 솔직한 소련의 저술을 이끌어 냈다. N. S. 흐루쇼프N. S. Khrushchyov가 1950년대부터 공식적인 역사에서 스탈린을 탈색시키자, 제2차 세계 대전에 참전했던 모든 소련군 지휘관들은 보다 자유롭게 자신들의 회고록을 쓸 수 있었다. 물론 그러한 회고록도 상당한 검열을 받아야 했기에 특정한 정치적, 군사적 문제에 대해서는 의식적으로 언급을 피했다. 이런 형태의 회고록은 미래의 소련군 지휘관들을 교육하는 데에 필요한 상세한 작전 연구의 형태로 나오게 되었다. 더군다나 온존하는 전쟁 기록에 완전히 접근할 수 있는 소련 군사사 연구자들은 고급 지휘관을 비롯해서 소수에 불과했다. 이러한 제약에도 불구하고 많은 저작들은 장

---

* Velikaya Otechestvennaya Voyna. 〈조국 전쟁〉은 1812년 나폴레옹의 러시아 침공을 격퇴한 뒤 러시아 측에서 이 전쟁에 붙인 명칭이다. 〈대조국 전쟁〉이란 명칭은 1941년 6월 23일 프라브다의 사설에 처음 등장했고, 이후 소련 측에서는 독소 전쟁을 이렇게 부르게 되었다.

소, 시간, 사건(항상 시간 발생순은 아니었지만)에 대해 상당히 정확하게 기술했으며, 그들의 전시 결정에 대해 아주 솔직하게 비판하기도 했다.

최근 소련이 서서히 붕괴되면서 많은 문서들이 공개 출간되고, 경제적, 정치적, 외교적, 군사적 문제에 있어 보다 솔직한 견해들이 나오고 있으며, 여전히 제한적이지만 보다 광범위한 소련 문서 보관 기록과 출판물에 대한 접근이 이루어지고 있다. 비록 근래 공개된 자료들도 사전 검열로부터 자유로울 수는 없지만, 광범위한 군사 기록 가운데 상당 부분이 편집 없이 자료 전체가 공개되고 있다. 이러한 자료들의 신뢰성과 정확성은 세계 대전 중에 독일군이 노획하여 세계 대전 후에 서방 연합군에게 넘어갔던 자료들과의 비교를 통해서 입증할 수 있다. 소련 측 참전자들과 문서 기록에 대한 완전한 접근이 이뤄질 수 없던 상황에서, 최근 소련 측 문서 기록의 출판과 공개는 전쟁에 대한 우리의 이해에 상당한 발전이 이루어질 것을 의미한다. 이제 독일 측에서 나온 보다 전통적인 동부 전선의 자료들과 소련 측 문서 기록물들을 비교해 가면서 보다 완벽하게 전쟁의 복잡한 전모를 재구성해 나갈 수 있게 되었다.

이 책은 현재도 진행 중인 연구와 최근 기밀 해제된 소련 측 문헌 연구들에 바탕을 두고 독소 전쟁에 대해 재해석한 연구들을 요약한 것이다. 새롭게 추가된 자료는 주로 소련 측 자료이기 때문에, 이 책은 그간의 연구가 독일 측 시각에서 이루어진 것만큼이나 소련 측 시각을 강조하고 있다. 그 결과, 지도부의 실책들과 전쟁의 중압 속에서의 군사적인 적응, 거대한 규모의 파괴와 시련 그리고 독일과 소련 국민 모두의 믿을 수 없는 인내심이라는 강렬한 휴먼 스토리가 나올 수 있었다. 이런 이야기의 이해야말로 역사가들이 제2차 세계 대전에 대한 그릇된 일반화를 바로잡는 데 있어 필수적인 것이다.

When  Titans

Clashed

서론 1918~1941

How the Red

Army stopped Hitler

1 | 1918~1939년의 붉은 군대

1918~1921년의 적백 내전

 러시아 역사에 있어서 아이러니 중의 하나는, 페트로그라드(오늘날 상트페테르부르크)에서 군대의 기강과 민간의 권위를 전복시켜 권력을 장악한 볼셰비키들이 정작 자신의 생존에 있어서는 강력한 군대에 힘입은 바가 컸다는 점이다. 1917년 10월 혁명 당시 행동대는 군인과 수병들이었다. 여기에 적위대(赤衛隊)로 불리는 무장 노동자들의 힘이 더해졌다고는 하나, 이들만으로 신생 소련에 가해지는 위협에 맞서기에는 힘이 모자랐다.
 사방에서 외국군과 소위 백군 세력이 신생 정부를 위협하고 있었다. 제정 러시아군은 3년간의 전쟁으로 기진맥진했고 폭동으로 인해 조직이 와해되어 버렸기 때문에, 진격해 오는 승리자 독일군과 신생 정부 사이에는 아무것도 없었다. 1918년 3월 독일군은 강화 조약을 선포하고, 서부 러시아를 맘대로 휘젓고 다녔다. 심지어 1918년 10월 독일이 서부 전선에서 패배한 이후에도 독일은 발트 3국(라트비아, 리투아니아, 에스토니아)의 독립을 지원했으며, 우크라이나 분리 독립운동도 부추겼다. 볼셰비키 정부가 독일과의 강화 조약에 서명하자, 과거의 동맹국들은 러시아 혁명을 뒤집고 혁명 이전의 러시아로 되돌리려는 노력에 뛰어들었다. 백군을 지원하기 위해 미군과 영국군이 북쪽의 아르한겔스크Arkhangel'sk와 무르만스크로 상륙했으며, 이에 더해 오데사, 크림, 캅카스 지역에서는 영국군과 프랑스군이 작전을 펼쳤다. 시베리아에서는 과거 오스트리아-헝가리 제국에 맞서 싸운 러시아군 포로 출신인, 잘 훈련된 체코군이 백군을 지원하며 철도를 점거하고 있었다. 일본군과 미군은 태평양의 블라디보스토크로부터 시베리아의 이르쿠츠크Irkutsk로 서쪽을 향해 진격해 오고 있었다.

1918~1921년 사이에 벌어진 적백 내전의 결과, 소련은 국가와 붉은 군대 모두 기틀을 마련하게 되었다. V. I. 레닌V. I. Lenin과 군사 인민 위원 L. D. 트로츠키L. D. Trotsky는 자신들의 부족한 예비 전력을 철도로 이동시키면서 전선 곳곳을 틀어막았고, 간신히 패배를 면할 수 있었다. 연이어 위협받던 전선을 증강하기 위해 철도로 대규모 부대가 이동해야 했기 때문에, 적백 내전은 또한 제대(梯隊) 전쟁으로 알려지게 되었다. 일부 보병 사단들은 전쟁 기간 중에 다섯 차례나 여러 전선을 오가야 했다. 이 경험을 통해 모든 참전자들은 준비된 전력과 전략 예비대의 필요성을 뼈아프게 인식하게 되었다.[1]

이러한 필요성에서 레닌은 극단적인 징병제와 정치적인 억압으로 대표되는 체제인 〈전시 공산주의〉를 설파했다. 효율적인 전력을 창출하기 위해 신생 정부는 모든 사회 계급으로부터 병력을 징집했고, 수천 명의 과거 제정 러시아군 출신을 받아들였다. 그다음 단계로 이들 〈군사 전문가〉들의 정치적 충성심을 확고히 하기 위해 각 단위 부대별로 정치 장교를 배치하였고, 이들은 이름뿐인 지휘관의 모든 행동을 통제했다.

결국 신생 정부는 승리를 거두었다. 1920년 초 시베리아의 체코군 지휘관은 소련을 자유롭게 벗어날 수 있는 통행권을 받는 대가로 백군 지휘관 A. V. 콜차크A. V. Kolchak 제독을 소련 측에 넘겼다. 같은 해 후반에 붉은 군대는 우크라이나 분리주의자들의 도움을 받아 폴란드 침공군을 물리쳤지만, 바르샤바 바로 턱밑에서 소위 〈비스와Wisła* 강변의 기적〉에 의해 진격이 정지당했다. 그로부터 수년 동안

---

* 폴란드의 비스와 강은 독일어로 〈바익셀Weichsel〉, 러시아어로 〈비슬라Visla〉, 영어로는 〈비스툴라Vistula〉이다. 일반적인 지명으로 쓰일 때는 폴란드어 표기를 사용하였으나, 독일군의 조직 이름으로 쓰인 〈바익셀 집단군Heeresgruppe Weichsel〉의 경우와 소련군의 작전 이름으로 쓰인 〈비슬라-오데르

붉은 군대의 지휘관들은 이 패배의 책임을 통감하며 스스로를 가혹하게 비판했다. 폴란드에서의 퇴각에도 불구하고, 11월 17일에 최후의 백군이 크림 반도에서 일소되었다. 극동의 투르케스탄에서의 산발적인 전투가 있은 뒤 전쟁이 종료되었다.

그 과정에서 소련군 1세대 지휘관들은 전쟁에 관한 독보적인 시각을 확립했다. 제1차 세계 대전 당시의 진지전과 참호전의 모습 대신, 적백 내전은 상대적으로 소수의 병력으로 광대한 공간을 방어한 것이 특징이었다. 이러한 전장 환경에서 소련 지휘관들은 모든 전술적인 작전들을 전체 전역(戰役)으로 통합하여, 적 후방 깊숙한 목표를 겨냥했다. 승리의 2가지 원동력은 특정 지역에 적을 압도하는 전력을 집결시키는 것과 산개한 적을 섬멸하기 위한 후방 진출, 돌파, 포위 등의 신속한 기동에 있음이 밝혀졌다. 이러한 기동의 전제 조건은 고도로 기동화된 공세 전력이었고, 적백 내전에서는 무장 열차와 차량, 특히 기병 전력에 많은 부분을 의존했다. 붉은 군대의 엘리트인 S. M. 부돈니S. M. Budyonny** 원수의 제1 기병군은 기동성과 신속한 돌파의 가치를 인정하며 새로운 선택으로 기계화 부대를 받아들이는 장교 세대를 배출하게 되었다.[2]

1922~1937년의 종심 작전의 부상

적백 내전 직후 소련 경제는 혼란에 빠져 있었고, 그로 인해 대규모 상비군을 유지할 비용을 감당할 수 없었다. 그래서 1925년의 붉은 군대는 전쟁 기간의 정점에서 10분의 1에 해당하는 562,000명 규모로 축소되었다. 기병과 일부 국경 군관구의 소총병 사단은 감편된 규모로 남았고, 대다수의 잔존 사단은 필요 전력의 일부만 남게 되었다. 이들 사단은 전시에 해당 지역의 예비역들을 충원하도록 되어 있었다. 1924~1925년에 채택된 이 체계는 정규 기간 부대와 지역 민병 전력을 결합하는 것으로, 전시에는 140개 사단으로 확장될 예정이었다. 그러나 평시의 전력은

Visla-Oder 작전〉의 경우에는 각각 독일어 및 러시아어로 표기했다.
　**Semyon Mikhailovich Budyonny(1883~1973). 러시아어 발음은 〈부존늬〉에 가까우나 국립 국어원 표기법에 의해 〈부돈니〉로 통일하였다.

극히 제한적이었다.³

군비가 축소된 시기에, 신무기 실험을 위한 얼마 안 되는 장비와 예산의 공급원 가운데 하나가 〈독소 비밀 군사 협약〉이었다. 과거의 적이었던 이들 두 나라는 모두 폴란드에 대해 위협을 느꼈고, 제1차 세계 대전 이후 서방 연합국의 군비 제한을 교묘히 피해 보려는 공동의 목표를 갖게 되었다. 1919년 베르사유 강화 조약에서 독일은 전차, 독가스, 항공기의 보유를 금지당했다. 그러나 1921년부터 10년간 독일군과 정부는 그러한 무기들을 소련 영토에서 생산하고 실험하기 위해 소련에 자금과 기술적 지원을 했다. 양측은 다른 방법으로는 만들어 낼 수 없었던 그러한 금지 품목들을 실험해 볼 기회를 가졌다. 그러나 이런 무기의 실질적인 수효는 그다지 많지 않았다.⁴

소련과 독일의 협력에는 군사 훈련에 있어 참관단을 교환하는 것도 포함되어 있었지만, 결국 이들은 자신들의 군사 교리와 이론을 독자적으로 발전시켰다. 소련군 군사 저술가들은 1920년대 적백 내전의 경험을 바탕으로 그들의 전쟁 수행에 대한 모든 개념을 되돌아보게 되었다. 과거 제정 러시아군 장교였던 A. A. 스베친 A. A. Svechin은 전략적인 논쟁을 이끌었고, M. V. 프룬제M. V. Frunze는 사회주의 국가에 적합한 통일된 군사 교리⁵를 구체화하고자 노력했다.

아마도 가장 중요한 것을 꼽는다면, 매우 명석한 적백 내전의 지휘관이었던 M. N. 투하쳅스키M. N. Tukhachevsky와 군사 이론가 V. K. 트리안다필로프V. K. Triandafillov가 발전시킨 연속적인 작전에 관한 전략적 이론일 것이다. 이 이론의 토대는 1920년 폴란드를 상대했던 소련의 군사적 실패와 1918년 프랑스를 상대했던 독일군의 공격 실패였다. 간단히 말하자면, 이들은 현대식 군대는 한 번의 결정적인 전투로 무너뜨리기에는 너무나 규모가 방대하고 피해로부터의 회복도 빠르다고 믿었다. 따라서 공격자는 일련의 연속적인 공세를 펴야 하며, 각 공세는 직후에 적 후방에서의 신속한 전과확대*로 연계되거나, 방어자가 전력을 재정비할 때는 새로운 전투로 이어져야 한다고 주장했다.⁶

이러한 전투를 일반적인 전략의 문맥에 놓고 본다면, 당시 소련 군인들은 개별

---

* 전투에서 달성한 성공의 이점을 최대화하기 위해서 실시하는 공격 작전의 한 형태를 말한다.

전투의 전술과 전체 전쟁의 전략 사이에 위치한, 용병술의 새로운 수준을 고려하기 시작했다. 이러한 중간적인 수준은 작전술(作戰術)**이라는 이름으로 자리 잡게 되었다. 작전술은 전체 전략적 작전이나 전체 전역의 맥락에서 대규모 부대의 작전을 기획하고 조율하는 상급 지휘관들의 영역이자, 전략적 목표 달성을 위한 일련의 연속적인 군사 행동이다. 1927년 스베친은 이러한 이론적 구조를 다음과 같이 요약했다. 〈전술은 작전의 도약이 형성되는 발판을 마련하고, 전략은 나아갈 길을 가리킨다.〉[7]

1920년대 후반에서 1930년대 초반까지 소련군 이론가들은 종심*** 전투에 대한 전술적 개념을 완성했다. 그들은 제1차 세계 대전 중에 개발된 정교한 방어 체계를 돌파하기 위해 전차와 항공기로 대표되는 신기술을 원용할 계획이었다. 1929년판 야전 교범에서 이 개념이 부상했고, 1935년에 발간된 『종심 전투 지침』에서 총체적인 설명이 이루어졌다.

1936년까지 기술적 진보가 가속화되자, 보다 큰 규모인 종심 작전에 대한 개념이 확립되었다. 투하쳅스키와 다른 이론가들이 생각했던 개념은 단일 전선의, 전술적 종심 전투에서 적을 돌파하는 대신, 100킬로미터 이상의 작전적 종심 돌파와 전과 확대였다. 이러한 종심 작전의 핵심은 최신식 무기를 사용하고, 적의 방어선을 최대한 종심에서 무력화시키는 동시에, 적이 적시에 새로운 방어선을 재구축하지 못하게 하는 데 있었다. A. I. 예고로프A. I. Egorov는 이렇게 언급했다. 「작전술의 핵심과 기본적인 임무는 (방어하는 적으로 하여금) 강력한 방어 전면을 형성하지 못하도록 방해하는 것이고, 파괴적인 공격력을 투입하여 작전에 있어 신속성을 기하는 것이다.」[8]

처음에 투하쳅스키와 여타 전략가들은 적백 내전 당시의 무기들 — 장갑차의 지원을 받는 보병, 포병, 기병 — 을 그대로 사용하면서 의도한 목적을 이루려 했다. 그러한 면에서 투하쳅스키의 전술은 다른 나라 육군의 전술과는 달랐다. 제1차

** 소련의 군사 사상가들은 1920년대 후반부터 전쟁Voyna, 전투Bitva, 교전Srazheniye이라는 개념에 전쟁과 전투의 중간 단계로서 작전operatsiya이라는 개념을 추가했다. 작전술은 각각의 독립된 작전 수행에 필요한 이론, 방법을 일컫는 개념이다.
*** 종심(縱深, Depth, Glubina)은 일반적으로 진지의 전방으로부터 후방에 이르는 범위, 거리를 일컫는 용어이다. 현재 한국군에서는 종심의 개념을 공간, 시간 및 자원상의 작전 범위라고 정의하고 있다.

세계 대전 도중과 이후에 대부분의 서방 육군은 기본적으로 준비된 적의 방어선을 돌파할 때 보병을 지원하기 위해 전차를 이용했다. 이에 반해 소련의 전략적, 전술적 이론은 빠르게 진보했고, 1930년대 초반까지 소련군 전략가들은 (적어도 이론상으로는) 기계화 부대가 세련된 제병협동 부대로서 기능하도록 했다. 전차가 앞장서고, 포병과 공병의 지원을 받는 보병이 적의 방어선을 돌파하면, 그사이 여타 포병과 항공 전력은 보다 후방의 적을 강타하고, 뒤이어 대규모의 독립적인 공수 부대와 기갑 전력이 투입되는 것이었다. 이런 의도를 달성하고자 전차는 3개의 각기 다른 제대로 편성되었다. 첫 제대의 전차는 보병의 돌파를 선도하고, 다음 제대 전차는 초기 돌파 후 단거리의 전과확대에 나서며, 마지막 제대 전차는 대규모의 제병협동 기계화 부대로 운용되어 적의 잔존 부대 추격과 포위에 나설 예정이었다.[9] 이 개념은 1929년에 처음 문서에 등장했고, 붉은 군대의 『1936년판 임시 야전 교범』에 수록되었다.

종심-기계화 작전이 일반적이지는 않았지만, 그렇다고 당시 소련군만 실시한 계획이라고는 할 수 없다. 당대 모든 주요 육군의 군사 이론이 동일한 방향으로 나아가고 있었으며, 다양한 역량의 기계화 부대를 사용하여 적의 방어선을 돌파하여 참호전의 대치 상황을 분쇄하거나 회피하려고 했다. 소련군의 개념이 이전의 시도들과 차별화되는 부분은, 당시 소비에트의 독재자 I. V. 스탈린I. V. Stalin이 공식적으로 이를 재가했다는 점이었다. 스탈린은 이러한 군사적 개념을 충족시키기 위한 산업 생산 역량과 생산량을 달성할 목적으로, 당시 추진하던 경제 개발 5개년 계획의 상당 부분을 군사적 목적과 연계시켰다. 제1차 세계 대전 중의 제정 러시아는 물론, 공산 혁명 후에도 소련이 자본주의 국가의 공격에 취약했었다는 사실을 감안해 보면, 스탈린이 군수 산업 발전에 최우선 순위를 둔 것은 자연스러운 조치였다.

이러한 노력은 놀랄 만큼 짧은 기간 안에 결실을 맺었다. 소련은 1929년까지도 극히 일부의 실험적 차량을 제외하고 국산 전차를 생산하지 못했다. 소련 최초의 전차 MS-1은 미국인 월터 크리스티Walter Christie의 설계에 기초를 두고 있었다. 그러나 4년 후 러시아의 공장들은 1년에 3,000대의 전차와 기타 무장 차량을 생산하게 되었다. 이와 매우 유사하게 항공기와 대포, 기타 무기 분야에서도 유사

한 급성장을 보였다.[10]

이런 공식적인 지원과 풍부한 장비 공급이 기계화 부대의 건실한 성장을 이루는 밑바탕이 되었다. 최초의 실험적 전차 연대가 1927년 모스크바에서 창설되었고, 이들은 60대의 외제 전차로 장비했다.[11] 3년이 지난 1930년 5월, 기갑 부대, 차량화 보병 부대, 포병 부대, 수색 부대로 편성된 최초의 기계화 여단이 모습을 드러냈다.[12]

종심 작전이 발전하기 위해서는, 적의 방어선을 돌파하고 부가적으로 신속한 전과확대의 추진력을 유지할 수 있는 보다 대규모의 기계화 부대 편제와 보다 많은 기계화 부대의 편성이 필요했다. 1932년 3월 9일, 국방 인민 위원회 특별 회의에서는 모든 제대별 요구를 적절하게 충족할 다양한 단위의 기갑 부대 편성을 권고했다. 각 12,500명(전시 편성 18,000명)으로 편성된 소총병 사단*에는 1개 전차 대대(57대의 경전차로 구성)가 포함되었고, 각 기병 사단에는 1개 기계화 연대(64대의 경전차로 구성)가 배치되도록 설정되었다. 전차 여단은 각 소총병 군단이나 야전군 단위에서 일반적인 예비 전력으로 편성되었고, 독립 기계화 군단은 적백 내전 당시의 〈기동 집단〉처럼 적의 후방을 향한 전과확대에 투입될 전력의 역할을 맡았다. 각 2개 전차 여단과 1개 소총병 여단으로 구성된 이들 군단은 서방의 사단 편제보다는 규모가 약간 컸다. 각 여단은 여러 병과를 망라하고 있었고, 전차, 차량화 보병, 포병, 공병, 대공포병이 포함되어 있었다.[13]

1932년 가을에 소련은 최초로 2개 기계화 군단을 편성했고, 이때는 독일이 최초의 기갑 사단을 창설하기 3년 전이었다. 그다음 수년간에 걸쳐 기갑, 기계화, 공수 부대 편제가 수적으로 증가하면서, 체계도 점점 복잡해져 갔다. 특히 공수 부대의 경우 엘리트 부대원으로 구성되었고, 대다수는 콤소몰Komsomol(공산주의 청년 동맹) 청년 조직에서 낙하산 다루는 법을 배운 지원병이었다. 기계화 부대와 공수 부대를 동원하는 공격 이론은 대규모 야전 훈련을 통해 검증되었다. 동시에 붉은 군대의 나머지는 점진적으로 혼성 지역 충원병 체제를 버리고 정규 기간병 체제로 옮겨 갔다. 1938년 6월 1일, 붉은 군대는 평상시 전력만도 1,500,000명에 이르렀다.[14]

---

* Strelkobaya Dibiziya. 러시아, 소련에서 보병 사단을 일컫는 용어이다.

물론 소련군의 기계화가 완전하게 이루어지지는 않았다. 제2차 세계 대전 이전의 독일과 마찬가지로, 러시아에서 생산된 전차의 대부분은 장갑이 매우 빈약한 경전차였고, 방어력을 속도에 의존하고 있었다. 전장 기동에 필수적인 무선 교신은 악명 높을 정도로 신뢰할 수 없는 상태였다. 1935년이 되자 기계화 군단은 너무 거대하여 통제가 힘든 구조로 판명되면서, 일시적으로 규모가 축소되었다. 당시 일반적인 소련 병사는 운전수나 기계공의 경험이 매우 부족했고, 그로 인해 장비의 손상이 매우 심했다. 돌이켜 볼 때, 일부 소련 역사가들은 당시 소련군이 작전 수준에서의 기계화와 공격 측면에만 중점을 둔 나머지, 적어도 작전적 수준의 방어를 위한 훈련과 계획의 부족을 초래했다는 사실을 인정한다. 소련의 〈전차 전문가들〉이 그러한 문제를 해결하기 위해서는 어떠한 방해도 받지 않고 몇 년은 더 필요했다.

그럼에도 1930년 중반의 소련은 기계화 부대의 장비 생산, 계획, 야전 배치에서 전 세계를 선도하고 있었다. 아마 가장 중요한 점은 붉은 군대가 독일에 비해 기계화 전쟁의 이론적 개념과 실질적 경험 모두에서 상당히 앞섰다는 사실일 것이다. 독일에서 하인츠 구데리안Heinz Guderian과 여타 기갑 병기 이론가들은 정부와 군부 양측으로부터 보잘것없는 지원만 받았다 — 기갑 부대는 실질적인 전쟁 수행 도구라는 측면보다 히틀러의 외교적 허세의 일부라는 성격이 강했고, 기갑 부대의 활용은 공식적인 독일군 전투 교리에 적절히 통합되지도 못했다. 전차 생산은 신생 독일 공군의 항공기 생산으로 인해 우선순위가 밀렸다. 그리고 그나마 생산된 전차마저도 보병 지원 부대에 배속됐고, 구데리안의 통제 밖에 있는 여타 조직에 배속되기도 했다. 동시에 전체적으로 독일군도 베르사유 조약이 정한 엄격한 제한을 막 넘어서 확장에 들어간 단계에 불과했다. 요컨대 1930년대 중반에 독일과 소련 사이에 전쟁이 벌어졌다면, 아마도 붉은 군대가 독일군에 비해서 상당히 우세했을 것이다.

1937~1939년의 혼란에 빠진 군대

1939년에 이르자, 그동안 소련군이 누려 왔던 그러한 장점들은 사라졌고, 붉은 군대는 혼란에 빠졌다. 이러한 변화를 유발한 여러 가지 원인들 가운데 가장 심각한 것은 스탈린이 소련군 지도부에 가한 대숙청이었다. 1934년 벽두부터 스탈린은 소련 정부 조직 전체를 샅샅이 훑어서, 자신과 권력 투쟁을 할 가능성이 있을 만한 잠재적인 경쟁자들을 조직적으로 제거해 나갔다. 1937년까지 붉은 군대만 그냥 내버려 두고 있었다.

스탈린은 언제나 붉은 군대를 좋아했지만, 전문적인 지휘관들에게는 의심을 품고 있었다. 적백 내전 기간 동안 스탈린은 여러 전선에서 정치 위원으로 복무했다. 그 과정에서 그는 직업 장교들(자신의 기병 장교들은 예외였다), 특히 당시에 붉은 군대의 운영을 돕고 있었지만 간혹 배반을 하곤 했던 제정 러시아군 출신의 장교들에게 의심을 품었다. 스탈린은 적백 내전 당시 바르샤바 전방에서 패배했을 때, 자신의 책임은 은근히 가리면서 투하쳅스키와 예고로프를 포함한 직업 군인들을 비난하는 데는 재빨랐다.

평화기가 되어서도 스탈린은 투하쳅스키 같은 혁신적인 이론가와 불편한 관계였다. 히틀러와 같이 스탈린도 충성심, 맹목성, 지적인 굴종성 등을 중시했다. 그는 혼자만의 생각으로 고민에 빠졌다. 그의 유일한 군사적 조력자인 국방 인민 위원 K. E. 보로실로프K. E. Voroshilov는 이런 관점에서 스탈린의 편견에 확신을 심어 주었다. 보로실로프는 상상력이라고는 찾아볼 수 없는 스탈린의 친구로, 의문 없이 명령을 실행에 옮기는 인물이었다. 보로실로프 자신도 투하쳅스키의 지적인 총명함에 비견되어 여지없이 드러나 버리는 자신의 무능함 때문에 투하쳅스키를 시기하고 있었다. 그래서 보로실로프는 투하쳅스키 주변에 군사적인 음모와 유언비어를 열심히 반복해서 퍼뜨리고 있었다. 투하쳅스키가 트로츠키 예하에서 복무했던 사실과 과거에 장기간 독일을 방문했다는 사실이, 그가 트로츠키주의자이거나 독일의 첩자라는 주장을 뒷받침하는 거짓 증거의 일부로 악용되었다. 1937년 5월 27일, 투하쳅스키 원수와 그의 동료 장교들이 체포되었다.[15]

군 숙청에서 특이했던 것은 과거 스탈린의 공포 정치 시대에 언제나 행해졌던 공개 인민재판도 없이 숙청 작업이 시작되었다는 점이다. 모든 군사 재판은 비밀리에 신속하게 진행되었다. 충성스러운 장교였던 E. B. 가마르니크E. B. Gamarnik는 투하쳅스키를 기소한 법정에 나가지 않고 자살을 선택했다. 그러나 부돈니 원수와

V. I. 블류헤르V. I. Blyukher 원수를 비롯한 고위 장교들은 자발적으로 재판에 참가했다. 1937년 6월 12일, 보로실로프는 국방 인민 위원이자 2개 군관구 지휘관인 투하쳅스키와 그의 동료 장교들에 대해 거두절미하고 사형을 선고했다.

이후 4년간, 독일의 침공이 임박할 때까지 소련 장교들은 걸핏하면 사라져 버렸다. 대략 75,000~80,000명에 이르는 장교들 가운데 적어도 30,000명이 투옥되거나 체포되었다. 그중에는 5명의 원수 가운데 3명이 포함되어 있었고, 11명의 부(副) 국방 인민 위원 전원과, 모든 군관구 사령관, 공군과 해군의 모든 사령관과 참모장, 16명의 야전군 사령관 중에 14명, 67명의 군단장 중에 60명, 199명의 사단장 중에 136명, 397명의 여단장 중에 221명, 모든 연대장의 50퍼센트 이상이 포함되어 있었다.[16] 추가로 10,000명의 장교들이 불명예 제대했다.

아무리 좋게 보더라도, 스탈린이 반역자를 선별한 기준은 근거가 미약했다. 있었다 하더라도 확실한 유죄로 입증되어 기소된 지휘관은 극소수였다. 시종일관 유일한 기준은 스스로의 업적을 스탈린에게 돌리지 않음으로써 스탈린의 권위에 도전할 가능성이 있는 모든 장교의 제거였다. 투옥된 장교 가운데 15퍼센트는 훗날 전시에 복권되었고, 일부는 감옥에 머물다가 곧바로 사단장이나 보다 상급 부대 지휘관으로 복직되는 경우도 있었다. 아마도 투옥되었던 인사 가운데 가장 유명한 장교는 제2차 세계 대전 종전 당시 1개 전선군을 지휘하면서 원수로 진급한 K. K. 로코숍스키K. K. Rokossovsky일 것이다. 대숙청은 1941년 소련이 전쟁에 휘말릴 때까지도 여전히 진행 중이었다.

어쨌든 1937~1939년 당시에는 숙청된 인물의 복권은 먼 훗날의 일일 뿐이었다. 거의 한 세대 전체의 지휘관과 정부 관리 및 공장 관리인들이 제거되었고 경험과 훈련이 부족한 젊은 세대가 갑자기 고위직에 올라앉았다. 일례로 1938년 소령에 불과하던 S. S. 비류조프S. S. Biryuzov는 참모장교 교육 과정 이수 후에 제30 이르쿠츠크 소총병 사단에 배치되었다. 그는 이어 사단장, 정치 위원, 참모장과 1명을 제외한 사단 참모 전체가 체포되었음을 알게 되었다. 결국 그는 3단계 이상의 계급과, 통상 10년의 경험이 더 필요함에도 불구하고 사단장이 되었다.[17] 1937년에 입학한 보로실로프 참모 대학 출신들은 무더기로 장성이 되었다. 이들은 예정보다 1년 빨리 졸업했는데, 그 가운데는 훗날 명성을 얻은 A. M. 바실렙스키A. M.

Vasilevsky, A. I. 안토노프A. I. Antonov, M. V. 자하로프M. V. Zakharov가 포함되어 있었고, 고급 참모와 지휘관 보직으로 초고속 승진했다.[18] 자연스럽게 부대 훈련과 전력 유지에 심각한 문제가 발생했고, 이것은 고스란히 1939~1942년에 발생했던 소련군의 재앙으로 향하는 길을 닦아 놓은 결과를 초래했다. 여전히 붉은 군대의 공식 작전 교리는 종심 전투와 종심 작전이었지만, 급작스런 투하쳅스키의 죽음으로 이들 개념과 기계화 부대 편성 2가지 모두 좋지 않은 평판 속에 내버려졌다. 투하쳅스키의 이론을 담은 많은 책들이 시중에서 회수되어 파기되었다.[19]

제2차 세계 대전의 가장 큰 준비 무대였다고 할 스페인 내전(1936~1939)의 결과로 소련군 병기의 발달은 보다 더뎌졌다. 독일과 이탈리아가 프란시스코 프랑코 Francisco Franco를 지원하기 위해 장비와 병력을 제공했던 것과 마찬가지로, 소수의 소련 전차와 전차병이 공화파 편으로 참전했다. 소련군은 수많은 실패를 거듭했다. 소련군의 전차는 적의 야포 공격을 막아 내기에는 장갑이 너무 약했다. 소련 전차병들은 자신들이 돕는 스페인어를 쓰는 병사들과 의사소통조차 안 되는 상황이었다. 전투에서는 전차들이 도보로 이동하는 병사들을 너무 앞질러 버려서, 파시스트 방어군들에게 손쉽게 전차가 격파되는 결과를 초래했다. 스페인에서 복무한 소련군 가운데 가장 선임자 중 한 사람이며 기갑 부대를 지휘했던 D. G. 파블로프D. G. Pavlov는 극도로 비관적인 입장이 되어 소련으로 돌아왔다. 그는 새로운 기계화 부대 편제가 지휘하기에 너무나 규모가 커서 통제하기 어렵고, 적의 포격에 매우 취약하기 때문에, 종심 작전을 펼치면서 적의 준비된 방어선을 돌파하기가 너무나 어렵다는 결론을 내렸다. 간단히 말해서 전차는 단독으로 공격해서는 안 되며, 반드시 제병협동 기능으로 편입되어야 한다는 것이었다.[20]

돌이켜 보면, 1930년대 후반부에 각 나라의 육군도 기계화에 관한 한 소련과 유사한 문제점을 안고 있었다. 프랑스를 제외한 모든 나라가 장갑이 약한 전차를 만들었고, 여타 병과와 통합 작전을 벌이기보다는 독립적으로 기병-수색 집단에 편입시켜 운용하는 경향을 보이고 있었다. 확실한 것은 독일과 이탈리아 전차병들도 스페인에서 유사한 문제점을 경험했다는 것이다. 그러나 소련의 경우 파블로프가 서술한 문제점은 대숙청으로부터 촉발된 의심과 우유부단함이라는 불길에 기름을 끼얹은 꼴이 되어 버렸다.

1939년 7월, 이러한 비판에 응하여 특별 위원회가 소집되고 기갑 부대 조직의 전체 문제에 대해 점검에 들어갔다. 특별 위원회 의장은 스탈린의 오랜 친구이자 국방 인민 위원 보좌관 G. I. 쿨리크G. I. Kulik였고, 적백 내전에서 살아남았던 유명한 지휘관인 S. K. 티모셴코S. K. Timoshenko와 부돈니가 위원으로 포함되었다. 위원회의 연구에 참여한 장교 중에 숙련된 기갑병이나 장교, 투하쳅스키 이론을 지지하는 소장파 장교는 극소수였다. 8월에 위원회는 전차 군단(1938년에 기계화 군단에서 개칭됨)과 전차 여단에서 차량화 보병을 곧바로 빼고, 이들 전차 부대가 보병을 지원하는 것으로 임무를 축소시킨다는 절충안에 도달했다. 쿨리크 위원회는 당시 독일의 기갑 사단과 유사한 새로운 편제의 4개 기계화 사단의 편성을 승인했다. 그리고 이들을 제한된 돌파 작전 시에 기동 집단으로 활용하거나 보다 깊은 종심의 전선군 차원의 전과확대기에 투입될 대규모의 기병-기계화 집단의 일원이 될 수 있도록 했다. 공식적으로는 1940년 1월 15일까지 전차 군단들이 없어지게 되어 있었지만, 그들 중 2개는 살아남았다. 전체적으로 보면, 소련군의 기계화 부대에 대한 개념과 전력 구조는 1936년에 자신들이 도달했던 것보다 훨씬 더 초보적이며 의욕이 떨어진 단계까지 퇴보했다.[21]

하산 호수와 할흐 강

소련군 가운데 대숙청의 된서리를 가장 늦게 맞은 곳이 시베리아와 극동이었다. 이곳은 지리적으로 모스크바와 떨어져 있다는 점 말고도 일본이라는 외부적 위협에 직면해 있었으므로, 스탈린이 시작한 피의 숙청으로 발생할 군 조직력의 와해로부터 어느 정도 벗어나 있었다. 1931년에 감행된 일본군의 만주와 중국 본토로의 기습이 6년이 지난 1930년대 후반에 가서는 모스크바와 도쿄 사이에 2차례 불을 뿜은 선전 포고 없는 전쟁으로 비화되었다. 소련 정부는 이러한 일본의 도발에 대해 인명 손실을 무릅쓰고, 개전 당시부터 일본의 전의를 꺾어 버릴 적극적인 대응을 펼침으로써 성공을 거두었다.

1938년 7월과 8월에 이들 양대 강국은 블라디보스토크에서 남서쪽으로 70킬로미터 떨어진 하산 호수의 좁은 모래톱을 차지하기 위해 반복적으로 충돌했다. 심하게 공격당하던 일본군은 8월 11일에 휴전을 제의했고, 결국 526명의 전사자와 900명의 부상자라는 인명 손실을 입은 채 퇴각했다. 소련군은 정면 공격을 반복했고, 제병협동 작전이 원활하게 이루어지지 못해서 전사자 792명과 실종자 및 부상자가 2,752명이 발생했다.[22]

전투 결과에서 밀리지 않았던 일본군은 이번에는 외몽골과 일본의 위성국인 만주국 사이를 흐르는 할흐 강(江) 지역을 선택하여 소련군의 의지를 시험하고자 했다. 1939년 5월, 일본군은 노몬한Nomonhan 일대의 마을들을 점령했다. 일본군이 소련군을 상대로 도발할 장소로 선택한 곳은 도로망이 열악해서 소련군이 증원되더라도 일본군이 감당할 수 있는 규모 이상의 동원은 힘들 것이라 예상한 곳이었다. 최초의 반격이 실패로 돌아간 뒤, 소련군의 지휘권은 투하쳅스키가 배출한 후계자 가운데 가장 명석한 군단 지휘관 G. K. 주코프G. K. Zhukov에게 일임되었다. 일본군이 눈치 채지 못한 사이에, 주코프는 57,000명의 병력과 498대의 전차 및 385량의 장갑차를 갖춘 3개 소총병 사단, 2개 전차 여단, 3개 장갑차 여단, 1개 기관총 여단 및 1개 공수 여단을 집결시켰다. 1939년 8월 20일 일요일 새벽 5시 45분에 주코프가 공격을 개시했다. 차량화 사단으로 개편된 지 얼마 되지 않았던 국경 수비 사단은 일본군의 방어 전면에서 저지당했지만, 같은 시각에 소련군 기동 부대는 양 측면을 돌아 일본군 대부분을 포위해 버렸다. 일본군은 포위망 돌파를 시도했지만, 8월 27일에 가서는 완전히 실패로 돌아갔다. 9월 15일 모스크바에서, 일본은 선전 포고 없이 시작했던 전쟁을 마치는 데 서명했다. 짧은 전투 기간 동안 소련군은 7,974명의 전사자와 15,251명의 부상자가 발생했고, 일본군은 61,000명의 사망자와 부상자, 포로가 발생했다.*[23]

할흐 강 전투**는 2가지 중요한 결과를 불러왔다. 우선 일본 정부는 자신들이 소련의 역량을 지나치게 과소평가했다는 사실과 자신들의 영향력을 넓힐 새로운 장소를 찾아야 한다는 결론을 내렸다. 그 결과 일본은 미국과 사생결단의 대결을 벌

* 일본군의 손실은 전사 8,440명, 부상 8,766명으로 알려져 있으며, 이 책에 실린 수치는 소련 측의 주장을 그대로 인용한 것이다.
** 일본에서는 이 전쟁을 인근 마을의 이름을 따서 〈노몬한 사건(ノモンハン事件)〉이라고 부른다.

이게 되었으며, 일본군이 히틀러의 소련 침공에 합세하는 것을 꺼리게 됨에 따라 소련에게는 대전 기간 내내 뒷문이 든든하게 지켜진 셈이었다. 두 번째로, 이는 주코프에게 화려한 출세의 서막이 되었다. 그의 예하 장교들 다수도 출세했고, 그들은 훗날 전시의 지휘관으로 이름을 날렸다. 그중 한 명이 할흐 강 전투 당시 주코프의 참모장이었던 S. I. 보그다노프S. I. Bogdanov로, 훗날 제2 근위 전차군 사령관이 되었으며, 그의 부대는 독일군을 격파한 엘리트 기계화 부대 가운데 하나였다.

할흐 강 전투를 통해 소련식의 이론과 전력 구조의 실천 가능성이 입증되었다. 그러나 이러한 성과도 여타 우울한 상황 속에서 빛이 바랬다. 주코프가 승리하고 1주일 뒤, 독일군이 폴란드를 침공했다. 이로써 동부 유럽에서 독일과 소련이 직접 국경을 맞대고 갈등하는 새로운 전역이 시작되었다. 소련군은 이러한 도전에 대응할 준비가 너무나 부족했다.

2 | 1939~1941년의 무장 대치

독소 불가침 조약(몰로토프-리벤트로프 조약)

1933년에 아돌프 히틀러가 집권하면서부터 독일과 소련의 갈등은 피할 수 없는 것처럼 보였다. 히틀러는 세계적인 공산주의 확장에 유일하게 맞서는 방패로서 자신과 자신의 정당을 치장하면서 집권했다. 민족 사회주의와 마르크스 공산주의의 이데올로기적 경쟁 관계는 차치하고서라도, 이들 두 나라는 지정학적으로도 경쟁 관계일 수밖에 없었다. 서방 국가로부터 가해지는 끊임없는 침공을 경험한 러시아는 어떤 정권이든지 중부와 동부 유럽에 완충 국가를 두려고 했다. 유사하게, 독일의 힘을 앞세운 정책과 나치스의 이데올로기는 소련이 생각하는 바로 그 지역을 국가 재건에 있어 필수적인 것으로 간주했다.

독일과 소련 간의 비밀 군사 협력 관계는 히틀러의 집권 이후 수개월 이내에 상호 이해관계에 따라 종지부를 찍게 되었다. 이들 두 체제는 스페인 내전에서 대리전을 치르게 되었고, 맞서 싸우는 양쪽으로 소위 〈지원병〉의 형태로 인력, 장비 지원을 했다. 1938년 스페인 해안에서 소련군 폭격기가 독일의 전함을 공격하여 전열에서 이탈시켰다. 그사이 모스크바는 중부 유럽에서 더 많은 영토를 계속해서 요구하는 독일을 비난했다.

그때까지 스탈린은 동맹국 없이 히틀러와 싸우는 데 주저하고 있었다. 1930년대 후반, 소련 경제는 이전의 혼란과 내부 숙청에서 막 회복하기 시작하고 있었다. 거기에 스탈린은 서방 자본주의 국가를 위협하는 독일을 제거하느라 신생 소련을 위태롭게 하는 전쟁을 벌일 마음이 전혀 없었다. 소련의 외무 인민 위원(외무 장관)인 M. M. 리트비노프M. M. Litvinov는 공격적인 독일의 정책에 대응하여 집단 안보 체제를 구축하려는 헛된 노력을 했다. 1938년 뮌헨 위기에서 체코슬로바키아의 분할을 목격한 스탈린은 영국과 프랑스가 독일에 대항하여 나설 뜻이 없다고 확신했고, 기회가 된다면 소련을 기꺼이 희생시킬 것이라 생각했다. 심지어 소련은 독일에게 경각심을 불러일으키고 과거의 동맹국들에게 긍정적인 인상을 심어 줄 목적으로 부분적인 동원령을 선포했지만, 모스크바는 뮌헨 회담에 초청도 받지 못했다.[1]

오랜 외교적 협상 끝에 영국과 프랑스 군사 대표는 허울뿐인 공동 작전 계획을 논의하기 위해 1939년 8월에 모스크바를 방문했다. 이들 군사 대표단이 계급이 낮은 장교들로 구성되었다는 점과 영국이 보증한 전력이 제한적이라는 점 모두를 통해, 소련은 회담이 가지는 무게에 회의를 품었다. 결국 회담은 폴란드를 통한 병력 이동에 관한 문제에 봉착하여 파행을 맞았다. 소련 측 협상 대표인 보로실로프 원수는 당연하다는 태도로 독일이 추가적으로 적대 행위를 도발할 시에는 연합 작전에 합세하기 위해 붉은 군대가 폴란드를 통과할 수 있어야 한다고 고집했다. 이것이 소련 측의 성실한 제안이었는지 혹은 서방측 결정을 시험하려는 의도였는지는 불분명했다. 어쨌든 폴란드의 실력자 요제프 베크Joseph Beck 대령은 소련 측의 통과권 주장에 대해 영토적 야심이 있는 과거의 적을 믿을 수 없다며 설득력 있는 반론을 펼쳤다. 루마니아의 카롤 2세도 자신의 영토에 소련군이 진입하는 것을 똑같이 반대했다. 8월 22일, 자포자기의 분위기 속에서 프랑스 대표가 폴란드는 전쟁 발발 시에 소련군의 통과를 받아들여야 한다는 내용에 일방적으로 서명했다.

이쯤 되자 스탈린은 현재 분열되고 입장이 불분명한 서방측 파트너에게 기대하는 것보다 히틀러와의 절충을 통해 더 많은 것을 얻고자 하였다. 1939년 5월 3일에 리트비노프는 V. I. 몰로토프V. I. Molotov로 교체되었다. 이 교체의 의미는 모스크바가 히틀러에게 대항하는 집단 안보 체제에서 떨어져 나올 것이라는 명백한 입장 표명이었다. 이후로 수개월 동안 이들 두 적대 관계의 국가는 무역과 금융 협정을 토의했다. 처음에 독일은 소련의 제안에 의심을 품었다. 그 이유는 소련이 영국과 프랑스 대표와 협상하던 중에 이를 제안해 왔기 때문이었다. 그러나 폴란드 위기가 고조되자 히틀러는 소련의 제안을 재고했다. 두 독재자는 시간이 없다고 느꼈다. 히틀러는 폴란드를 신속히 처리하기 위한 자유로움을 원했다. 스탈린은 믿을 만한 동맹국 없이 전쟁에 휘말려 들어가는 것을 원치 않았다. 1939년 8월 20일에 히틀러는 1939년 8월 23일 이전까지 독일 외무장관 요아힘 폰 리벤트로프Joachim von Ribbentrop를 만나 달라고 요구하는 전갈을 스탈린에게 보냈다. 리벤트로프는 모스크바로 날아가 신속히 불가침 조약을 마무리 지었고, 이 조약이 8월 24일에 공표되자 전 유럽이 큰 충격을 받았다.[2]

독소 불가침 조약, 즉 몰로토프-리벤트로프 조약Molotov-Ribbentrop Pact은 공식적으로는 양측의 우의와 상호 불가침을 다짐했지만, 비밀리에 양측 세력권을 따라 중부 유럽을 분할하려는 속셈이 있었다. 독일은 폴란드의 서부와 중부를 점령하기로 했다. 반대급부로 소련은 발트 3국에 대한 우월적 지위와 산San 강과 부크Bug 강 동쪽의 폴란드 지배권을 갖기로 했다. 양쪽 모두 이 조약이 영구히 지속될 것이라 생각하지는 않았다. 그리고 1장에 언급한 대로, 이 조약이 극동에서 소련에 도전하는 독일의 동맹국 일본의 행동을 막아 줄 수는 없었다. 그럼에도 불구하고 베를린과 모스크바는 자신들의 시급한 현안인 2개의 전선에 걸친 분쟁에서 행동의 자유를 얻게 되었고, 그들은 과거 오랜 동안 이어져 왔던 적대 관계로 돌아가기 전에 주어진 전리품을 삼키는 데만 골몰했다.

폴란드와 발트 3국

양국 간의 불가침 조약에도 불구하고, 1939년 9월에 독일의 신속한 폴란드 정복은 스탈린에게 달갑지 않은 충격을 안겨 주었다. 체코슬로바키아와는 달리 폴란드는 독일과 소련이 전쟁을 통해 분할하게 되어 있었고, 소련 분석가들은 전투가 수개월은 지속될 것으로 예상했다. 그러나 전쟁 개시 불과 2주 만에 폴란드의 패색이 명백해졌다.

소련 정부는 황급히 군대를 집결시켜야만 했다. 그 이유는 동부 폴란드에 대한 권리를 강력하게 주장하는 것과 독일의 조약 위반에 대비해 스스로를 방어하기 위해서였다. 1939년 9월 5일에 모스크바는 예비역을 소집하기 시작했고, 곧이어 이는 전면적인 동원령으로 확대되었다.[3] 이러한 근시안적인 동원령의 결과로, 소련의 군수 산업은 숙련 노동자 1,000,000명이 빠져나가면서 심각한 타격을 입었다. 그 결과는 1940년의 막대한 산업 생산 저하였다. 우여곡절 끝에 우크라이나와 벨로루시 군관구는 전시 편제인 전선군으로 바뀌었고, 그 편제는 대략 야전군 사령부 급 정도였다.

9월 14일, 몰로토프는 독일에게 붉은 군대가 소련의 몫으로 주어진 폴란드 영토에 진입할 것임을 통보했다. 그리고 3일 후 소련군은 폴란드 국경을 넘기 시작했다. 서둘러 동원령을 내린 탓에 대부분의 야전군은 집결 예정지에 도달하지도 못했다. 대신 각 전선군은 기병과 기계화 부대로 구성된 기동 집단을 구성했다.[4] 소련군은 이들 기동 집단이 취약한 폴란드 국경을 돌파하여 소련에게 할당된 지역에 도달하기 위해 신속히 이동할 것이란 기대를 걸고 있었다.

이렇게 선발된 부대들마저도 급조된 보급, 그중에서도 특히 연료 부족으로 인해 제 역량을 발휘하지 못했다. 예를 들어 벨로루시 전선군 소속 제6 기병 군단 사령관인 A. I. 예레멘코A. I. Eremenko는 이런 문제를 반복해서 경험했다. 그의 전방 제대는 전차 연대와 차량화 소총병 대대였는데, 공격 첫날에는 거의 100킬로미터를 돌파해 냈다. 이러한 전진 속도를 유지하기 위해 예레멘코는 자신에게 소속된 차량의 3분의 1에서 연료를 뽑아내어 이동 중인 나머지 3분의 2에 채워 넣어야만 했다. 그는 비아위스토크Białystok에서 독일군과 조우하게 되자, 긴급 항공 수송으로 연료를 보급받아야만 했다.[5]

이러한 보급 문제는 무너져 가는 폴란드군의 저항으로 인해 보다 복잡해졌다. 폴란드군은 붉은 군대에게 전사자 996명과 부상자 2,002명이라는 인명 손실을 가했고, 여기에 독일군과 소련군 사이에 국지적인 충돌이 몇 차례 발생했다.[6] 훗날 소련군 지휘관들은 동부 폴란드의 소수 우크라이나계와 벨로루시계 주민들이 쌍수를 들고 소련군을 환영했다고 주장했다. 10월 하순, 점령지 일대의 군중집회에서 우크라이나와 벨로루시 사회주의 공화국으로의 합병 요구가 나오기 시작했다. 그리고 새롭게 편입된 영토는 소련에 흡수되었다. 비록 폴란드군 지도부의 정서는 주민들과 다르기는 했지만, 적어도 일부 주민들은 독일의 지배보다는 소련으로의 합병을 선호한 것이 확실했다. 1940년 봄 동안, 14,500명에 달하는 폴란드 장교, 사관생도, 부사관들이 소련군 포로가 되어 카틴Katyn과 소련 내 여러 지역에서 처형되고 매장되었다. 비록 소련은 훗날 책임을 독일군에게 뒤집어씌웠지만, 이 학살은 스탈린과 내무 인민 위원회(NKVD)*의 합작품이다.[7]

발트 3국에서 소련군은 이런 복잡다단한 환영조차 받지 못했다. 이 지역은 스탈린이 독소 불가침 조약에 따라 병합하려 애쓰던 곳이었다. 1939년 9월 28일에서 10월 10일 사이, 모스크바는 에스토니아, 라트비아, 리투아니아에게 상호 원조 조약에 서명할 것을 강요했다. 이들 세 정부는 자국 영토 내에 소련 해·공군 기지는 물론 해안 포대의 설치를 받아들일 것을 강요당했다. 동시에 그들은 공격 시에 공조하고 소련이나 발트 3국에 대항하는 동맹에는 참가하지 않는다고 약속했다. 그 대가로 모스크바는 빌뉴스Vil'nyus를 폴란드로부터 떼어 내어 리투아니아에 넘겨주었다.[8]

독일은 프랑스와 영국에 대적하고자 병력을 이동하여 위치를 선점하려 했기 때문에 발트 3국을 지원할 입장이 아니었고, 심지어 소련이 독소 불가침 조약을 파기할 경우라 하더라도 마찬가지였다. 그러나 발트 3국 정부는 독일과의 전통적인 경제적 관계를 유지했고, 모스크바에 대한 방어 태세를 개선하려 했다. 주민들과 소련군 사이에 수많은 사소한 충돌들이 발생했다.

발트 3국의 이렇듯 불완전한 독립마저도 오래 지속되지 못했다. 1940년 6월 14일, 스탈린은 리투아니아 정부에 최후통첩을 보냈다. 그는 반소(反蘇) 성향을 지닌 장관 두 명에 대해 소련 주둔군에 대한 〈도발 행위〉를 했다는 이유로 면직과 동시에

* Narodnyi Komissariat Vnutrennikh Del. 혁명 직후 창설된 체카Cheka에 뿌리를 두고 있다. 비밀 경찰인 체카는 1922년 국가 정치부Gosudarstvennoe politicheskoe upravlenie(GPU)로 개칭되었고, 다시 1923년 합동 국가 정치부Ob'edinennoe gosudarstvennoe politicheskoe upravlenie(OGPU)가 되었다. OGPU는 1934년 내무 인민 위원회로 개칭되면서 조직이 대규모로 확대되어 이때부터 국가 기간 시설에 대한 경비, 수용 관리, 국경 경비 임무를 총괄하게 되었다.

기소할 것은 물론이고, 리투아니아 주요 도시에 대한 소련군의 점령을 받아들이라고 요구했다. 24시간 후에 소련군은 리투아니아를 점령했고, 에스토니아와 라트비아에도 최후통첩을 보냈다. 지역 공산주의자들이 소련 정부의 후원을 받는 정부를 구성했고, 곧바로 소련으로의 편입을 요구했다. 1940년 8월까지 발트 3국 모두가 소련에 흡수되었고, 소련 해군의 전초 기지는 부동항인 탈린Tallin으로 이전했다.[9]

1940년 6월, 모스크바는 독소 불가침 조약의 나머지 부분을 이행하는 행동에 들어갔다. 그것은 루마니아 정부를 압박하여 베사라비아Bessarabia 지방을 소련에 넘기도록 하는 것이었다. 루마니아가 이를 거부하자, 스탈린은 키예프 특별 군관구와 오데사 군관구 병력을 주코프의 지휘 아래 남서 전선군으로 재편했다. 6월 28일과 30일 사이에 남서 전선군의 제9군은 I. V. 볼딘I. V. Boldin 소장의 지휘 아래 루마니아에 있는 핵심 목표물들을 공습하면서 베사라비아를 침공해 들어가 강제로 소련 영토에 편입시켰다.[10]

제1차 핀란드 전쟁

소련-핀란드 국경 지대의 병합(併合)은 1939~1940년에 거쳐 핀란드와의 실망스런 분쟁을 겪은 뒤에 이루어졌다. 1939년 10월, 소련 정부는 핀란드에 일련의 영토 할양(割讓)을 요구했다. 거기에는 전략 요충지 코이비스토Koivisto 섬과 레닌그라드Leningrad로 들어오는 수로 상의 수르사리Suursaari 섬이 포함되어 있었고, 북부 국경의 재조정도 요구했으며, 카렐리야Kareliya 지협의 양도도 들어 있었다. 카렐리야 지협은 핀란드 만(灣)과 라도가Ladoga 호수 사이에 있는 약 80킬로미터 너비의 관목 지대로, 핀란드로부터 레닌그라드에 이르는 직선 통로였다. 핀란드는 카렐리야 지협 일대를 핀란드 군사 지도자이자 소련 적백 내전의 영웅의 이름을 딴 만네르하임Mannerheim 방어선이라는 요새 지대로 탈바꿈시켰다. 소련의 요구대로라면 이 방어 지대를 포기하라는 말이었다. 이렇듯 노골적인 영토 요구 외에도 핀란드 남서부의 항코Hanko 반도에 대한 30년간의 조차권(租借權)도 요구했다. 그 반면에 소련은 라도가 호수 북부의 개발되지 않은 황무지를 제공하겠다고 제안을 했다.

1939년 10월 14일에서 11월 3일까지, 모스크바에 파견된 핀란드 대표단은 소련이 요구한 섬들 중 하나와 논쟁 대상이었던 국경 지역의 일부를 포기하는 대가로 보다 많은 것을 얻어내려 시도했다. 결국 핀란드가 항코 반도에 대한 조차권을 거부하자, 몰로토프는 협상을 파기시켰다. 11월 26일, 소련은 국경 충돌을 일으키면서 핀란드군에게 국경으로부터 24킬로미터를 물러나라고 요구했다. 이틀 뒤 모스크바는 핀란드와의 불가침 조약을 파기했고, 11월 29일에는 외교 관계를 단절했다. 바로 그다음 날 소련군은 핀란드를 침공했다.

소련군의 공격을 예견한 핀란드 정부는 14개 사단에 해당하는 병력을 점진적으로 동원하고 있었다. 6개 사단이 만네르하임 방어선에 배치됐다. 이곳은 국경을 따라 가시철조망과 지뢰 지대로 보강된 이중의 요새 지대를 후방에 두고, 전방의 제1선은 경(輕)방어 진지로 구성되어 있었다. 이들 방어선은 지협에 존재하는 많은 강과 수상 장애물을 활용하여 설계되었다. 지협의 중심에 있는 숨마Summa 마을을 중심으로 32킬로미터 이내에는 강이 존재하지 않았다. 핀란드군은 이곳에만 콘크리트 거점과 포좌를 설치했다. 이곳을 제외한 나머지 국토에 대한 핀란드군 배치와 방어력은 빈약했고, 어떠한 적도 침공에 제약을 받을, 통과 불가능한 지형에 상당 부분 의존했다. 핀란드군은 극한지 전투를 잘 훈련받았지만, 전체적으로 볼 때 중화기와 탄약이 부족했다. 핀란드 보병 사단의 경우 3,000여 명의 병력과 소련군 인가 전력의 3분의 1에도 못 미치는 포병 전력만 보유한 상태였다.[11] 핀란드는 대략 100대의 장갑 차량과 400대의 구형 항공기*를 확보하고 있었다. 소련과 달리 핀란드는 장기전을 뒷받침할 주요 산업 기반이 취약했고, 지리적인 고립성으로 인해 대량의 탄약 수입이 어려운 상태였다.

이러한 약점에도 불구하고 핀란드군은 적어도 동계 전투에 대한 대비는 양호했다. 반면에 소련군은 준비가 부족했지만 우격다짐으로 공세를 감행했다. 9월의 폴란드 전역과 마찬가지로 스탈린은 붉은 군대에게 핀란드 침공 준비에 필요한 시간을 제대로 주지 않은 채 공격을 명령했다. 침공을 서두르기 위해, 러시아의 기준에

---

* 핀란드 공군이 보유한 항공기는 145대에 불과했으며, 실제 가동 가능한 것은 100대 미만이었다. 핀란드군의 항공기가 400대라는 것은 소련 측의 과장이다.

서 온화한 기후 지역인 우크라이나 군관구 소속 사단들이 극한지의 겨울 전투를 치르기 위해 황급히 이동해야 했다. 이러한 무질서한 이동은 거의 모든 소련군 부대가 핀란드의 정확한 적진 사정과 지형 정보를 가지고 있지 않았다는 사실을 의미했다. 소련군은 만네르하임 방어선에 대한 상세한 정보가 없었고, 방어선에 가까워 오면서 더욱더 정보에 어두운 상황이 되었다. 비록 레닌그라드 자체는 주요 공업 중심지이면서 교통과 통신의 요충지이기는 했지만, 북쪽으로 조금만 벗어나면 시설이 보잘것없는 수준이었다. 소련군 지휘관들은 부대의 보급을 단선 철도에만 의지한 채 작전에 나서야만 했다.

핀란드군과 마찬가지로 레닌그라드 군관구 소속 부대들은 1급 야전군 지휘관 K. A. 메레츠코프K. A. Meretskov의 지휘 아래 주력을 카렐리야 지협으로 집결시켰다. V. F. 야코블레프V. F. Yakovlev가 지휘하는 120,000명의 제7군은 5개 소총병 사단과 2개 전차 연대로 구성된 2개 군단을 공세의 제1파로 배치했고, 3개 소총병 사단을 제2파로 두었으며, 1개 소총병 사단과 1개 전차 군단을 예비로 두어 예정된 전선 돌파 시에 전력 보강과 전과확대 목적으로 투입할 예정이었다. 라도가 호수 북쪽 전선에서 소련군은 보통 때보다 훨씬 큰 노력을 기울였음에도, 이에 추가해 장비와 전력에서 핀란드군을 더욱 압도하려 했다. 제8군은 5개 소총병 사단을 호수 북쪽에 배치시켰고, 추가로 3개 사단을 북쪽으로 무르만스크까지 전개시켰다. 가장 위협적인 전력은 제9군으로, 예하 3개 사단을 핀란드의 좁은 목덜미에 해당하는 요충지 수오무살미Suomussalmi 마을 인근을 겨냥해 배치했다. 만일 이 공세가 성공한다면, 이들은 보트니아Bothnia 만(灣)에 도달할 것이고, 핀란드는 나라가 두 동강이 날 터였다.[12]

11월 30일에 개시된 최초 공격은 조급하고 엉성했다. 짧은 예비 포격 후에 제7군이 국경을 넘었고 곧 인근을 방어하던 핀란드군을 몰아냈으나, 지형에 대한 이해 부족과 보-전-포 협동의 미숙으로 진격이 느려졌다. 모스크바는 즉시 테료키Terjoki 인근의 국경 마을에서 발족한 핀란드 민주 정부라는 괴뢰 정부를 승인했으며, 이들의 적법성을 앞세워서 핀란드 전체를 지배할 계획에 착수했다. 12월 12일까지 제7군은 비푸리Viipuri 일대를 감싼 만네르하임 방어선의 제1선에 도달했다. 4일 후 야코블레프는 주력을 발진시켰고 숨마 일대의 요새화 지역에 병력을 집중하면서, 자신이 선택한 곳이 핀란드군 방어 구역에서 가장 취약한 곳이라는 잘못된 판단을 하고 있었다. 그들은 최초 돌파를 이루어 내긴 했지만, 야코블레프의 예비 전력은 돌파구 확장에 투입되지 못했다.

일부 병력의 자살 돌격에 가까운 용맹성에도 불구하고 모든 것이 꼬여 가고 있었다. 소련군의 공격은 완전히 판에 박은 듯 반복적이었고, 언제나 예측 가능했다. 매일 오후 3시쯤 되면 30분간의 포격이 있었고, 이것은 특정 목표도 없이 핀란드군 전체 진지를 향해 그냥 실시되었다. 날씨가 양호하면 소련 공군이 공격에 합세했지만, 이것 역시 특정 축선에 집중됨이 없이 전선 전체를 대상으로 하다 보니 전반적인 효율성이 떨어졌다. 소련 공병은 숨마 전방에서 대전차 장애물을 돌파하는 데 어려움을 겪었고, 소련군 전차는 이들 장애물에 휘말려 버렸다. 소련군 전차의 대부분이 핀란드 대전차 화기를 감당하기에는 장갑이 취약했고, 전투에서는 전차를 엄호하는 보병들과도 분리되어 버렸다. 야코블레프가 12월 말에 가서 야간 전투로 전환하자, 핀란드 지휘관들은 기관총의 집중 사격과 탐조등의 대량 운용으로 맞섰다. 12월 20일이 되자 모스크바는 카렐리야 지협에서의 공세를 중단시킬 수밖에 없었다. 소련군은 공격보다 방어에서 두각을 나타내어, 12월 23일에 감행된 핀란드군 4개 사단 규모의 반격을 신속히 저지했다. 하지만 패배가 명백했다.[13]

보다 북쪽에서 감행한 소련군의 공격도 별 효과를 거두지 못했다. 최북단에서 제104 소총병 사단이 미약한 핀란드군의 저항을 상대로 약간의 성공을 거두었다. 그러나 이 성공마저도 수오무살미 일대에서 벌어진 소련군의 우울한 실패를 상쇄하지 못했다. 1939년 12월 7일, 키예프에서 이동해 온 제44 소총병 사단이 동쪽에서부터, 제163 소총병 사단이 북쪽에서부터 수오무살미 공격에 나섰다. 제44 소총병 사단은 12월 9일이 되어 수오무살미에 도달했지만, 혹한의 날씨와 폭설로 국경에서 마을에 이르는 결빙된 도로 위에 발이 묶여 버렸다. 그 결과 이 우크라이나 출신 사단은 도로 위에 한 줄로 늘어선 형태가 되어 공격에 취약해져, 여러 개의 스키 대대로 구성된 핀란드 제9 보병 사단의 표적이 되어 버렸다. 12월 11일에 감행된 핀란드군의 반격으로 제44 소총병 사단은 수오무살미에서 몰려나 버렸다. 핀란드군은 도로 장애물을 설치하여 소련군 사단을 소규모 단위로 쪼개 버렸다. 그런 다음 핀란드군은 기습과 치고 빠지는 작전으로 소규모로 분리된 이 사단을 점차 소멸시켜 갔다. 사실상 제44 소총병 사단 전체가 결국 파멸되었고, 병사들은 모두 사살되거나 포로가 되었다. 제163 소총병 사단도 핀란드군을 조이는 또 다른 북쪽 집게발이 되기는커녕 역시 차단, 섬멸되었다. 생존자들은 얼어붙은 호수를 건너 동쪽으로 퇴각했고, 대부분의 야포와 전차, 트럭을 포기해야 했다. 이들 2개 사단은 그야말로 전멸당했다.[14]

이 참극에 대한 모스크바의 첫 번째 반응은 전형적인 스탈린식의 희생양 찾기였다. 스탈린의 대숙청 막바지에 주도적인 역할을 했던 선임 정치 위원 L. Z. 메흘리스 L. Z. Mekhlis는 수오무살미의 참패를 조사하기 위해 제9군 사령부에 도착했다. 그의 명령으로 제44 소총병 사단장이 즉석에서 총살되었고, 수십 명의 선임 장교들이 교체되었다.[15] 이러한 조치는 여타 지휘관들의 전의를 고취시키기 위해 내린 고육지책이었다.

그러나 보다 근본적인 처방으로 소련군은 새로운 공세에 앞서 지휘 체계와 전술을 완전히 뜯어고치기 시작했다. 적백 내전에서 살아남은 지휘관 중 한 명인 티모셴코는 만네르하임 방어선에 대한 작전을 통제하는 임무를 맡아 북서 전선군을 지휘했다. 제7군은 작전을 총괄하던 책임자에서 면직된 메레츠코프를 새 사령관으로 맞게 되었고, 2개 소총병 군단이 증강되었다. 보다 중요한 것으로 제7군에게 할당된 공격 전면이 축소되었으며, 지협의 동쪽으로 제13군이 이동해 와서 보강되었다. 파블로프는 소총병 군단, 기병 군단, 전차 여단 각 1개씩을 모아 특수 기동 집단을 편성했다. 그에게 내려진 임무는 비푸리를 점령하기 위해 핀란드군 방어선 남서쪽 끝단의 빙판을 가로지르는 것이었다. 모든 소련군이 강도 높은 혹한기 훈련을 받았고, 고정 요새 진지를 돌파하는 세밀한 연습을 실시했다. 특수 돌격조가 편성되었는데, 이들은 1개 소총병 소대, 1개 기관총 소대와 3대의 전차, 그리고 소수의 저격병, 공병, 야포로 편성되었다. 소수의 KV-1 중(重)전차가 배치됐고, 소련군 포병은 증원과 재편성이 이루어졌다.

이 모든 준비는 대지가 얼어붙고 근접 항공 지원이 가능한 춥고 청명한 날씨가 계속되는 동안에 마무리되어 새롭게 공세를 나서야 했기 때문에 촉박한 시간제한 속에서 이루어졌다. 2월 초순, 수색 부대가 핀란드군 방어 주력을 파악하기 위한 위력 수색에 나섰다. 그런 다음 1940년 2월 12일, 소련군은 이전과는 판이하게 다른 새로운 공세를 폈다. 포격의 양은 늘어나지 않았지만 정확도가 높아졌고, 소련군의 포격은 핀란드군 방어선의 특정 지역에만 집중되어 핀란드군을 당혹하게 했다. 보병은 포병의 탄막 뒤에서 분산 대형으로 전진했고, 이전 전투처럼 핀란드군의 쉬운 표적이 되는 우를 피해 나갔다. 가능한 곳에서는 소련군 돌격 집단이 방어선을 우회하여 측면과 후방에서 공격했다.

이틀 반 동안의 처절한 전투를 치르고 소련군 제50 소총병 군단은 요충지 숨마 지역의 제1선을 돌파했다. 3개 전차 여단이 돌파구의 폭을 넓혔고, 수적으로 밀리는 핀란드군은 비푸리를 감싸는 제2선 방어선으로 퇴각하지 않을 수 없었다. 2월 21일, 심한 폭설이 내리면서 3일간 작전이 중지되었다. 티모센코는 이 틈을 타 선도 소총병 사단을 후방의 제2선 부대와 교체하는 조치를 취했다. 2월 24일, 파블로프의 기동 집단은 빙판을 건너 코이비스토 일대의 섬을 점령했고, 핀란드 남부 일대에서 새로운 진격을 준비했다.

2월 28일이 되자, 소련군 12개 사단과 5개 전차 여단이 2차 방어선을 공격했다. 4일간의 격전 끝에 소련군은 비푸리 교외로 진입했고, 파블로프의 기동 집단은 시가지의 남서쪽을 공격했으며, 수도 헬싱키로 통하는 주요 도로를 차단했다. 절망적인 심정으로 핀란드군은 파블로프의 기동 집단에 반격을 가했고, 비푸리 일대의 교외에서 수공(水攻) 작전을 펼쳤다. 소련 소총병과 공병은 이미 인적이 끊어진 시가지를 소탕하기 위해 가슴 높이까지 오는 차가운 물과 싸워야 했다.

핀란드군은 이제 더 이상 아무것도 할 수 없었다. 3월 9일, 카렐리야 지협의 총사령관인 하인리흐스Heinrichs는 자신의 병사들이 인내의 한계에 다다랐다는 사실을 받아들이고, 3월 13일에 휴전에 들어갔다. 모스크바는 노골적인 핀란드 지배에는 실패했지만, 원래 핀란드에 요구했던 것보다 더 많은 영토를 획득했다.

그러나 얻은 데 비해 대가가 너무 컸다. 몰로토프는 48,745명의 소련군이 전사하고 158,000명의 부상자가 발생한 사실을 인정했다.[16] 소련은 국제 연맹에서 축출되었고, 군사적으로나 외교적으로나 더욱 고립되었다. 독일과 소련의 관계에 핀란드 전쟁이 끼친 영향은 양측 모두에서 심대했다. 실수투성이의 과감하지 못한 소련군의 모습을 보고 히틀러와 독일군 수뇌부는 소련이 스스로를 방어할 능력이 없다고 믿게 되었다. 스칸디나비아 침공을 통해서 핀란드를 도와주려던 영국과 프랑스의 때늦은 행동은 히틀러가 1940년 4월에 노르웨이를 침공하는 데 일조한 셈이 되었다. 이것은 소련의 입장에서 불편할 정도로 지척인 곳에 독일군이 배치되었음을 의미했다.

전체적으로 볼 때, 발트 3국에 대한 소련의 행동은 독소 불가침 조약에도 불구하고 독일 정부를 자극했고 심기를 건드린 셈이었다. 이 불편한 감정은 1940년 7월 하순에 소련이 루마니아로부터 오늘날 몰도바Moldova인 베사라비아와 북(北)부코비나Bukovina 지방을 강점하면서 더욱 심해졌다. 소련이 취한 이 마지막 행동은 루마니아의 독일에 대한 석유 공급에 위협적으로 비치게 되었다. 독일과 소련의 불안한 평화는 급속히 파국을 향해 달리고 있었다.

1940년의 재편

핀란드의 실패를 통해 소련군 내부에서는 재평가와 개혁의 움직임이 일어났다. 소련 정부는 우선 직업 장교의 위신과 권한을 크게 강화했다. 지난 수년간 억제되었던 전통적인 장군 계급이 부활되었고, 수많은 선임 장교들이 보상과 서훈을 받았다. 대숙청 기간 동안 각급 부대 지휘관과 공동 지휘권을 누리면서 경멸의 대상이 되었던 정치 위원들은 다시 지휘관의 보좌역으로 지위가 조정되었고, 핀란드 전역에서도 종종 결여되었던 지휘권의 일원화가 복원되었다. 1940년 10월에는 새롭게 제정된 엄격한 군사 법령에 따라, 한때 제정 러시아 시대에 누렸던 많은 권한들이 지휘관들에게 주어졌다.

소련군 지휘부에 문책도 뒤따랐다. 스탈린은 핀란드 전역과 일본과의 선전 포고 없는 전쟁 동안 보로실로프의 지휘가 적합하지 않다고 판단했다. 1940년 5월에 티모센코 원수가 국방 인민 위원이 되고, 보로실로프는 명예직이면서 실권이 없는 인민 위원 평의회 부의장 겸 소련 국방 인민 위원회 의장으로 좌천되었다. 핀란드군의 전력을 경고하였으나 의견이 무시되어 버린 B. M. 샤포시니코프B. M. Shaposhnikov 대장도 총참모장직*을 상실했고, 대신 그 자리는 메레츠코프로 교체되었다.[17]

보로실로프의 해임으로 소련군 기계화 전력의 부활의 길이 열렸다. 이와 관련하여, 1940년 봄에 독일이 프랑스와 베네룩스 3국을 정복하는 데 성공한 일은 소련이 핀란드에서 겪은 대규모 작전의 쓴 경험을 강화시켰고, 보다 중요한 것은 소련 수뇌부를 경각시켰다는 점이었다. 새로운 중앙 기갑 지도 국장에 오른 Ya. N. 페도렌코Ya. N. Fedorenko 중장은 대규모 기계화 군단 편제를 폐지해 버린 쿨리크 위원회의 결정을 번복해 달라고 티모셴코와 스탈린을 설득했다. 1940년 6월 6일, 인민 위원 평의회는 여덟 개의 새로운 기계화 군단 편성을 승인했다. 이들 편제는 이전의 군단 편제에 비해서 규모가 훨씬 컸고, 1,031대의 전차와 36,080명의 병력으로 이루어진 2개 전차 사단과 1개 차량화 소총병 사단으로 구성되었다. 1941년 2월, 전쟁 인민 위원회는 21개 기계화 군단을 추가 동원하여 총 29개 기계화 군단을 편성하도록 결정했다. 더해서 독립 전차 사단과 차량화 소총병 사단의 창설도 승인되었다.[18]

부돈니 원수가 핀란드에서의 전술적 교훈을 검토하는 위원회를 이끄는 동안, 국방 인민 위원 티모셴코는 전국을 돌면서 주요 군사 훈련을 주도하고 부적합한 지휘관을 걸러 냈다. 전군을 통틀어서 할흐 강과 2차 핀란드 공세에서 두각을 나타낸 지휘관들이 보다 상급 직위로 발탁되었다. 할흐 강과 베사라비아 전역의 승리의 주역인 주코프는 티모셴코의 후임으로 요직인 키예프 특별 군관구 사령관으로 임명되었고, 그런 다음 1941년 1월에는 총참모장으로 발탁되었다. 핀란드 전역에서 사단장이었던 M. P. 키르포노스M. P. Kirponos 상장은 1940년 1월에 레닌그라드 군관구 사령관이 되었다. 그는 1941년 2월에는 키예프 특별 군관구 사령관에 임명되고, 1941년 6월에 임지에서 전쟁을 맞아 지장(智將)보다는 용장(勇將)의 면모를 보여 주었다. 메레츠코프는 카렐리야 지협에서 제7군을 지휘하다 총참모장으로 발탁되어, 1941년 2월 주코프로 교체될 때까지 근무했다. 이렇듯 수많은 지휘관의 잦은 교체가 결국에 가서는 소련군에게 보탬이 되었지만, 단기적인 관점에서는 인력 배치의 혼선과 비효율성이라는 만만치 않은 문제로 나타났다. 총참모부는 불과 8개월 만에 샤포시니코프, 메레츠코프, 주코프라는 3명의 총참모장이 거쳐 가게 되었다. 1941년 6월까지 전체 장교들 중 75퍼센트가 현 직책에서 1년 이하의 근무

---

* Nachalńik Generalńngo Shtaba. 붉은 군대 총참모부의 수장으로 국방 인민 위원장을 보좌한다. 독일의 각 군별 〈참모총장〉과는 성격이 다르다.

경험을 가지게 되었다.[19]

1940년 12월 말, 일단의 소련 육군과 공군의 고위 장교들이 모스크바에서 전략 회의를 열어 도상 연습을 실시했다.[20] 솔직한 토론이 이루어지는 과정에서 장교단의 개념적 불일치가 불거졌다. 제1 기계화 군단장이며 스페인과 핀란드 전장의 베테랑인 P. L. 로마넨코P. L. Romanenko 중장은 주코프의 견해에 대해서까지 과감하지 못하다고 비판했고, 투하쳅스키의 작전 개념으로 회귀해야 한다는 요지를 주장했다. 로마넨코는 프랑스에서의 신속한 독일군의 승리는 독일이 포병과 항공 부대의 지원을 받는 기계화 군단과 공수 군단으로 구성된 모든 기동 전력을 집중 운용했기에 가능했다고 강조했다. 기계화 군단의 개념을 충족시킬 자원에 관한 토론에서, 스탈린은 쿨리크 원수와 다른 보수적인 장교들의 견해를 지지하는 쪽으로 개입했다. 그 결과, 신편 기계화 군단은 소련군 내에서 가장 거대한 규모의 기동 편성 제대가 되었다. 그러나 이러한 군단들에게마저 편제나 훈련을 완성시키는 데 필수적인 보급의 우선권은 주어지지 않았다.[21]

모스크바 전략 회의에서는 한 번 더 뼈아픈 개인 간의 자리 이동이 발생했다. 전략 회의 마지막에 2회 시행된 도상 연습 중에 〈청군〉(적군) 지휘관을 맡은 주코프가 1차례 〈홍군〉(아군)을 완파했다. 스탈린은 참가자들을 크렘린으로 소환하여 결과에 대한 즉각적인 검토를 요구했다. 방심했던 메레츠코프는 자신의 요약 발표에서 말을 더듬었다. 메레츠코프를 파면할 구실을 찾고 있었던 것으로 보이는 스탈린이 즉석에서 주코프로 교체해 버렸다. 그 후 며칠 동안 군관구에서 사단까지, 일본 및 독일과의 양면 전쟁을 상정하여 시베리아에 유능한 장교를 배치한다는 뚜렷한 목표 아래 인력 재배치가 진행되었다. 따라서 소련군 지휘관들은 자신의 지위는 물론 목숨까지 불확실한 상태에서 1941년을 시작했다.[22]

소련군의 전쟁 대비

1935년 이래로 소련군의 전쟁 계획은 독일과 일본이 가해 오는 양면의 위협에 초점을 두고 있었다. 1938년 11월에 참모총장 샤포시니코프 원수의 주관으로 전략 계획이 세워졌고, 양면의 위협 중에서 서방 전역에 우선순위를 두었다. 전략 입안자들은 프리퍄티 습지대Pripiat' Marshes의 존재로 인해 전역이 지리적으로 남북으로 분단되는 문제를 떠안게 되었다.[23] 독일이 전략적 주안점을 프리퍄티 습지대 북부에서 벨로루시Beloruś 방향에 둘 것인지, 아니면 남부에서 우크라이나 방향에 둘 것인지 알 수 없었다.[24]

1938년에 샤포시니코프 원수는 양 방향 모두를 대비하는 계획을 입안했다. 1939년의 폴란드 분할 이후 총참모부에서는 점증하는 독일의 위협에 대응하여 전략 계획을 수정했다. 총참모부 작전 국장 바실렙스키 소장이 입안한 1940년 7월 계획안은 독일의 예상 공격 축선이 벨로루시에서 민스크-스몰렌스크Minsk-Smolensk 방면일 것으로 가정했다. 동원 계획도 이 계획안에 맞추어졌다. 1940년 8월에 메레츠코프가 참모총장이 되자 재검토가 이루어졌다. 여기에 스탈린이 적극 개입하면서, 1940년 10월 계획안은 전략적 중점을 북서쪽에서 남서쪽으로 전환시켰다. 이는 경제적 관점에서 사활이 걸린 우크라이나의 중요성을 감안한 스탈린의 배려가 있었던 것으로 보인다. 또한 그는 후임 키예프 특별 군관구 사령관인 주코프 주변에 형성된 소위 〈키예프〉 인맥에도 영향을 받았다. 따라서 이제 새로운 동원 계획을 수립할 필요가 있었다.

1941년 모스크바 도상 연습은 1940년 10월 전쟁 계획안을 검증하기 위해 고안되었다. 방어와 반격 시나리오가 동시에 적용된 전쟁 게임에서, 소련 총참모부는 스탈린도 놀랄 정도로 자신들의 방어 능력을 과대평가하고 독일의 공세 능력을 과소평가했다.[25] 도상 연습 후 수개월 동안 총참모부는 다시 한 번 동원 계획을 수정했고, 위험성이 높아 가고 있는 미래의 독일 침공 가능성에 대비해 보다 건실한 방어 전략을 수립했다. 소련 군사 간행물에는 지금까지 무시되어 왔던 방어적 주제에 초점을 둔 정열적인 계획이 존재했음을 보여 주는 단편적인 증거도 존재하고 있다.

1941년 4월까지 소련과 독일의 관계는 악화되고 있었고, 소련 정보 부서에서는 독일의 공격 준비를 포착하기 시작했다.[26] 몇 달 사이에 독일의 공격 징후를 보여 주는 증거가 증가하였음에도, 스탈린과 소련 외교관들은 최고의 평화 시기를 구가하는 듯한 자세를 취했다. 이러한 평화적인 정치 행보에도 불구하고, 1941년 4월에 스탈린은 〈특별한 전쟁 위협에 대한 *osoboe ugrozhaemyi voennyi period*〉 대비 태세에 들어갔다. 이 특별한 대비 태세는 전쟁이 임박해서야 발동할 계획이었다. 1941년 봄의 분위기에서 이 대비 태세는 외교적으로는 평화를 유지하는 데 초점을 두면서도, 부분적인 동원령이 내려졌음을 의미한다. 스탈린의 심중에 동시에 존재했던, 즉 1941년까지 유지되었던 평화에 대한 갈망과 전쟁 발발 시에 패배하지 않기 위해서 신중한 방어 조치를 취하고 싶은 욕구 사이의 괴리가 혼란을 초래했고, 1941년 붉은 군대가 겪을 파멸적인 패배의 길을 마련해 놓는 결과를 가져왔다. 거의 동시에, 소련의 존속에 있어 없어서는 안 될 국경 부대의 필수적인 대비 태세를 갖추는 것은 거부하면서, 대신 부분적인 내부 동원령을 내렸다. 1941년 4월에서 6월 사이, 소련은 예하 전력의 전략적 배치(동원)를 은밀히 수행하는 방식을 통해 전쟁 수행을 위한 과정에 — 실제로는 1937년부터 진행되어 온 — 박차를 가했다. 4월 26일에서 5월 10일 사이에 자바이칼 군관구, 우랄 군관구, 시베리아 군관구와 극동 전선군이 국경 지대 군관구로 병력을 차출해 보냈다. 5월 13일, 총참모부는 28개 소총병 사단과 4개 야전군 사령부(제16군, 제19군, 제21군, 제22군)를 내선 주둔지에서 전방으로 이동시켰고, 제5군을 모스크바 인근에 집결시켰다.[27] 이러한 병력 이동은 7월 10일까지 완료할 계획이었다. 5월 하순부터 6월 초순까지 총참모부는 800,000명의 예비 자원을 소집해 100개의 기간병 사단과 수많은 국경 요새 지대에 배치할 예정이었다.[28]

 이러한 신중한 노력에도 불구하고, 1941년 6월의 소련군은 전쟁 준비가 되어 있지 않았을 뿐 아니라, 일부에서 논쟁 중인 예방 공격에 나설 수도 없었다.[29] 비록 총참모부가 3년 동안 방어 계획을 발전시켜 왔고, 정보원들이 명백한 경고를 주기에 충분한 수많은 정보를 제공하긴 했지만, 소련군의 배치와 훈련과 장비는 전반적으로 열악했다. 그리고 소련의 정치적 리더십은 적어도 1942년 전까지는 평화를 유지하는 데만 골몰하고 있었다. 그래서 붉은 군대와 소련 인민이 그 대가를 떠안게 되었다.

3 | 1941년의 양군의 대치

독일군

비록 절대적인 무적이라고는 할 수 없었지만, 많은 면에서 1941년의 독일군은 정점에 달해 있었다. 전통적으로 독일군 장교단은 자신들의 전술 교리에 자부심을 갖고 있었다. 독일군의 전술 교리란 훈련과 사고의 통일성을 말하며, 그것을 통해 하급 장교들도 자신들의 지휘관의 의도를 이해할 수 있었고, 동일한 상황에서 이웃 부대 동급 장교들이 어떤 식으로 반응할지에 대한 이해가 가능했기 때문에 전술적 독창성을 몸으로 익힐 수 있었다. 1930년대 후반, 이 전술적 통일성은 기갑 전력의 올바른 사용에 관한 의견의 불일치로 혼란을 겪었다. 1940년의 베네룩스 3국과 프랑스 전역에서의 승리는 기계화 전쟁을 신봉하는 소수의 소장파 독일 전략가들의 입지를 정당화시켜 주었다. 비록 일부 고위 지휘관들은 여전히 전통적인 사고를 버리지 않았지만 말이다. 기갑 전력은 거대한 규모로 기동화되면서 공격력을 적 방어선의 좁은 전면에 집중시켜 방어선을 돌파하고, 그런 다음 적의 후방으로 전과확대를 이루면서 적의 야전군을 대규모로 포위하는 한편, 후방의 보급과 지휘선을 파괴시킬 수 있음을 보여 주었다. 적을 포위망 안에 가둔 채 내선과 외선 포위망이라는 양 방향 포위망을 형성하여, 적이 포위망 내부에서 탈출하거나 혹은 외부에서 포위망을 뚫고 들어와 연결을 취하려는 시도를 차단했다.

그러나 1940년 전역은 적이 종종 그러한 포위망에서 빠져나갈 수 있다는 사실도 보여 주었다. 이론적으로 기갑 사단은 뒤따르는 차량화 보병 사단에게 포위망을 압박하여 항복을 강요하는 병력 증원의 임무를 맡겨 두고, 행동의 자유를 얻어 보다 대규모의 전과확대를 취할 수 있는 돌파 전력이 되어야 했다. 그러나 실제로 독일군은 소규모의 보병 외에 차량화시킬 수 있는 전력이 절대적으로 모자랐다. 제2차 세계 대전을 통틀어 독일 보병의 대부분은 도보로 행군하는 처지였으며, 야포 견인과 보급품의 수송을 말에 의존했고, 그로 인해 주력보다 앞서 나간 기계화 또는 차량화 보병의 선봉 전력은 도보로 행군하는 대다수의 보병들이 전선을 따라잡아 지원할 수 있을 때까지 종종 멈춰서야 했다.

이 공격 전술 교리에 있어 핵심적인 조직력은 기갑 사단과 차량화 사단이었다. 러시아 작전에 대비해 그러한 단위 부대를 더 많이 확보하려는 히틀러의 여망을 충족시키기 위하여, 1940~1941년 겨울에 기존의 기갑 사단과 신편 기갑 사단 모두 전차 대수가 감소되었다. 1941년에 기갑 사단의 인가 전차 전력은 사단당 150~202대였으나, 실제로는 각 사단당 2~3개 전차 대대만 있었다. 실제로 기동 가능한 전차 대수는 사단당 평균 125대 정도였다. 이들 전차와 더불어 사단은 5개 보병 대대를 보유하고 있었는데, 이 가운데 4개 대대는 트럭에, 1개 대대는 모터사이클에 탑승했다. 이들 차량화 보병 부대 중에서 극소수만이 보병 수송 장갑차 Schützenpanzerwagen(SPW)를 장비했고, 그 결과 전 사상자의 대다수가 일반 보병에서 발생했다는 사실은 그리 놀랄 일도 아니다. 기갑 사단은 기갑 수색 대대와 공병 대대도 보유했으며, 트럭이나 반궤도 견인 차량이 견인하는 야포를 장비한 3개 포병 대대도 갖추고 있었다. 이들 편성 전력에 통신, 대전차 및 대공포 전력이 포함되어 대략 17,000명이 정원이었다. 차량화 보병 사단은 약간 규모가 작았는데, 일반적으로 1개 전차 대대와 7개 차량화 보병 대대로 구성되었고, 3~4개 포병 대대를 보유했다.[1] 최초의 4개 무장 친위대 사단들은 정규군의 차량화 보병 사단과는 구별되는 조직으로 동부 전선에 참전했다. 이들은 훗날 강력한 전력의 기갑 사단으로 발전했다.

전형적으로 1941년의 차량화 군단(기갑 군단)은 2개 기갑 사단과 1개 차량화 보병 사단으로 구성되었다.[2] 그다음 2~4개 차량화 군단이 모여 기갑 집단을 형성했고, 몇몇 경우에는 1941년 전역 중에 기갑군으로 재편되었다. 이런 재편은 전통적인 보병 군단이 기갑 집단에 포함되는 경우에 발생했다.

1939~1940년의 전투에서 독일군은 적의 계획된 공격을 방어해야 하는 경우가 거의 없었다. 따라서 독일군의 방어 교리는 1918년 수준에 머물러 있었다. 이 탁월한 방어 계획은 종심으로 정교한 방어선을 구축한 보병에 의존하고 있었고, 상당수의 예비 전력을 일선이 아닌 후방에 배치시켰다. 적의 공격이 시작되면, 일선 제대는 침략군을 밀어 낼 신속한 반격이 준비될 동안 후퇴가 용인되었다. 이 방어 계획은 세 가지 가정을 전제하고 있었으나, 소련에서는 이 세 가지 모두가 얼마 지나지 않아 효용성이 없어져 버렸다. 충분한 수의 독일군 보병이 종심에서 방어선을 구축할 수 있어야 하고, 주요한 공격은 보병에 의해 이루어져야 하며, 독일 지휘관은 자신의 방어 구역을 선택해서 지역 상황에 맞는 유연한 방어를 할 수 있어야만 한다는 점이다. 이러한 방어를 이루어 내기 위해서, 전형적인 독일군 보병 사단은 15,000명의 병력에 각각 3개 대대로 구성된 3개 보병 연대와 말이 견인하는 네 번째의 1개 포병 연대로 구성되었다. 주요 대전차포는 여전히 37밀리미터 대전차포였는데, 이미 프랑스나 영국의 중(重)전차에 효과가 없음이 입증되었다. 대부분의 사단은 100~105밀리미터 급 중(中)구경의 포병 대대만을 보유했고, 유명한 88밀리미터 대공포는 대부분의 중(重)전차들에 효과적이었다.[3]

독일의 주요한 취약점은 보급 부문에 있었다. 광대한 소련에서 기후에 영향을 받지 않는 표면이 단단한 도로는 대략 64,360킬로미터에 불과했고, 82,000킬로미터의 철도가 있었다. 그런데 이 철도의 궤도 간격(궤간)은 독일의 철도 궤간보다 넓었다.* 독일군은 동쪽으로 진격하면서, 확보한 철도를 독일의 규격으로 변환시켜야만 했다. 그러나 1941년의 경우, 철도로 운송된 모든 보급품을 독일군이 노획한 소련의 모든 철도 수송 수단으로 다시 옮겨 실어야만 했다.[4] 여기에다 기계화 부대는 장기간의 전역을 감당할 유지 능력이 부족했다. 전차와 기타 기갑 차량은 일반적인 차량과 비교하면 매우 복잡한 기계였고, 세심한 유지 관리가 필요해서 자주 발생하는 기계적인 고장에 시달렸다. 독일 전차의 설계가 쉼 없이 바뀜에 따

---

* 독일은 표준 궤간(1,435밀리미터)을 채택한 반면, 소련은 1,520밀리미터의 궤간을 채택하였다.

라 각 전차 대대나 중대가 호환되지 않는 부품을 사용하는 수많은 모델을 떠안아야 했다. 충분한 부품과 숙련된 유지 보수 인력이 언제나 모자랐고, 많은 주요한 수리와 정비는 독일의 공장까지 이송해서 이루어져야만 했다. 상대적으로 짧았던 1939년의 폴란드 전역에서조차 장비 수리를 위해 전역이 종결될 때까지 군단 전체가 마비된 적도 있었다.[5] 1941년 6월에 소련 공격에 가담한 많은 부대 가운데 상당수가 이미 그해 봄에 발칸 전역에 참전했었다. 그 부대들은 두 작전 사이에 반드시 정비를 위한 시간을 가져야만 했었다. 그러나 보급 부문과 전차 궤도 접지면의 문제는 심지어 소련 전역에 들어가기 전까지도 해결되지 못했다.

아마도 독일군 보급의 근본적인 취약성은 독일 경제의 한계에 있었을 것이다. 이는 아직 독일 경제가 전시 체제가 아니었다는 뜻이다. 전쟁 기간 내내 독일은 석유와 천연자원이 부족했고, 그로 인해 생산과 수송에 제약을 받았다. 1941년 6월까지 독일의 산업은 이미 3,000,000명의 외국계 노동자에 의존하고 있었고, 독일군이 신병을 계속해서 징집함에 따라 노동력의 부족이 보다 심각해져 갔다. 이전의 전역들과 마찬가지로 히틀러는 이번에도 장기전에 대한 대비보다는 신속한 승리를 염두에 두고 있었다. 실제로 그는 벌써 1941년 이후의 전쟁을 내다보고 있었고, 북아프리카와 소아시아에서 있을 차후 작전에 대비한 새로운 기계화 부대와 항공 전력의 편성을 계획하고 있었다. 히틀러는 동부 전선에 배치된 군대가 겪는 고질적인 물자 부족을 외면한 채, 그러한 차후 계획에 필요한 신무기 생산을 명령했다. 독일 국방군Wehrmacht은 신속한 승리를 거두거나 혹은 아무것도 건지지 못할 상황에 직면했다.[6]

바르바로사 작전

독일은 이렇듯 신속한 승리를 거두기 위해 소련-폴란드의 새로운 국경 부근에서 일련의 대포위전을 펼쳐 소련군 전력의 상당수를 섬멸할 계획을 세웠다. 작전 목표의 변화와 관련한 이후의 비평에 비추어 볼 때, 히틀러의 원래 계획안을 살펴보는 것도 가치가 있다. 비록 임시방편적인 계획이 1940년 여름에 시작되긴 했으나, 총통 지령* 21호 〈바르바로사 작전Fall Barbarossa〉은 1940년 12월 19일까지는 구체화되지 못했다. 히틀러의 의도는 특정 지역이나 정치적인 목적이 아닌 붉은 군대에 맞추어져 있었다.

서부 러시아에 주둔한 붉은 군대의 상당수는 선봉 기갑 부대가 이끄는 종심 침투를 포함한 과감한 작전으로 섬멸되어야 한다. 그리고 전투력을 보존한 병력들이 광대한 러시아 내륙으로 후퇴하는 것을 차단해야 한다.

신속한 추격으로 소련 공군이 더 이상 독일 영토를 공격할 수 없을 만큼 전선을 이동시켜야 한다.[7]

2주 전에 있었던 회합에서, 히틀러는 소련 기갑 전력을 섬멸하는 목표와 비교해 다음과 같이 언급했다. 「모스크바는 별다른 가치가 없다.」[8] 물론 히틀러와 그의 참모들은 소련에서의 공산 체제는 붕괴할 것이고, 1918년의 혼란상이 다시 발생할 것이라는 확신을 갖고 있었다. 그런 그릇된 확신을 가졌기 때문에, 그들은 스탈린의 인민에 대한 통제력과 일선 병력이 섬멸됨과 동시에 새롭게 부대를 재건할 수 있는 능력을 과소평가했다. 1941년 말까지도 소련군이나 소련 정부가 저항을 그칠 조짐을 보이지 않자, 독일은 겨울이 오기 전에 적에게 최후의 일격을 가할 방법으로 모스크바를 주목하기 시작했다.

붉은 군대를 섬멸하기 위해 히틀러는 적어도 19개 기갑 사단과 15개 차량화 보병 사단을 포함한 152개 사단을 집결시켰다(표 3-1 참조). 장비 면에서 독일군은 대략 전차 3,350대와 야포 7,200문 및 항공기 2,770대를 준비했다. 이들 독일군의 후위로서 북쪽에는 핀란드군 사단 14개가 있었고, 남쪽에는 여단 규모의 루마니아군 사단 14개가 있었다. 동부 전선의 총 지휘권은 육군 총사령부Oberkommando des Heeres(OKH)[9]에 주어졌다. 동부 전선에서 독일군은 북쪽 끝의 노르베겐(노르웨이) 야전군과 3개 집단군으로 편성되었다. 이들 3개 집단군은 발트 해에서 흑해

* 제2차 세계 대전 중 히틀러가 전쟁 전반의 수행 방향에 대해 예하 국가 지도부 및 최고위급 지휘관들에게 내린 극비 지령문을 의미한다. 일련번호가 매겨진 지령Weisung은 폴란드 침공 명령을 최종 확인하는 1939년 8월 31일자 1호 지령을 시작으로, 1943년 11월 3일자 51호 지령까지 확인된다. 이후에는 형식은 유사하나 〈지령〉으로 지칭하지 않은 일련의 명령문들이 작성, 배포되었다. 이들 문서의 자세한 독일어 전문은 Hubatsch, W., *Hitlers Weisungen für die Kriegführung, 1939~1945*에 나와 있다.

표 3-1. 1941년 6월의 양군 전투 서열

독일군	소련군
노르베겐 야전군 　(니콜라우스 폰 팔켄호르스트 상급대장) 핀란드 야전군 북부 집단군 　(빌헬름 폰 레프 원수) 　제16군, 제18군 　제4 기갑 집단 중부 집단군 　(페도르 폰 보크 원수) 　제4군, 제9군 　제2 기갑 집단, 제3 기갑 집단 남부 집단군 　(게르트 폰 룬트슈테트 원수) 　제6군, 제11군, 제17군 　루마니아 제3군, 루마니아 제4군	북부 전선군 　(M. M. 포포프 상장) 　제7군, 제14군, 제23군 　제1, 제10 기계화 군단 북서 전선군 　(F. I. 쿠즈네초프 상장) 　제8군, 제11군, 제27군(400킬로미터 동쪽 　주둔) 　제3, 제12 기계화 군단 　제5 공수 군단 서부 전선군 　(D. G. 파블로프 대장) 　제3군, 제4군, 제10군, 제13군 　제6, 제11, 제13, 제14, 제17, 제20 기계화 　군단 　제4 공수 군단 남서 전선군 　(M. P. 키르포노스 상장) 　제5군, 제6군, 제12군, 제26군 　제4, 제8, 제9, 제15, 제16, 제19, 제22, 　제24 기계화 군단 　제1 공수 군단 남부 전선군 (6월 25일 편성) 　(I. V. 튤레네프 대장) 　제9군, 제18군 　제2, 제18 기계화 군단 　제3 공수 군단 스타브카 예비대(배치 중인 상태) 　제16군, 제19군, 제20군, 제21군, 제22군, 　제24군 　제5, 제7, 제25, 제26 기계화 군단

에까지 이르는 각각 북부 집단군, 중부 집단군, 남부 집단군이었다. 독일 항공군 Luftflotte*은 이들 4개 사령부를 각각 지원하게 되어 있었다. 주력은 4개 기갑 집단 중에 2개(제2, 제3) 기갑 집단이 배속된, 페도르 폰 보크Fedor von Bock가 지휘하는 중부 집단군이었다. 이들 2개 기갑 집단은 민스크에서 만나 개전 이래 최초의 대(大)포위망을 형성하기로 되어 있었다. 그래서 독일군 공격 전력의 상당수는 프리퍄티 습지대 북쪽에 배치되었다. 프리퍄티 습지대는 거의 통과가 불가능한 지형으로 실질적으로 전역을 남북으로 나누는 지리적 장애물이었다.

독일군 계획 입안자들은 소련 영내의 철도와 도로망 부족이 자신들에게 어느 정도 유리한 점으로 작용할 것이라 생각했다. 그것은 교통이 원활치 않아 소련군의 대다수가 포위망이 형성되기 전에 동쪽으로 퇴각하는 것이 어려울 것이라는 관점에서였다. 후에 나타난 바로는, 독일군 정보 분석 장교들이 전방 지대에 집결한 소련군의 규모를 과대평가한 것으로 드러났다. 이러한 분석이 나온 이유는 소련군이 실제보다 과장된 일선 전력을 보유한 것처럼 꾸며 독일군의 공격을 단념시키려는 고의적인 기만술 maskirovka 때문이었다. 특히 이들 정보 분석 장교들은 드네프르Dnepr 강 동안에서 편성되고 있던 대규모 예비군 집단에 대해서는 전혀 모르고 있었다.[10] 최초의 전투가 끝나면 북부 집단군은 레닌그라드로, 중부 집단군은 모스크바로, 남부 집단군은 키예프로 향하게 되어 있었다. 그래서 바르바로사 작전은 개전 당시부터 모든 것을 동시에 취하려는 허황된 시도로 인해 독일군의 전력을 소진시킬 위험성을 내포하고 있었다.

붉은 군대

앞서 1장과 2장에서 언급한 대로, 1941년의 붉은 군대는 심각한 혼란에 빠져 있었다. 현재 전략은 수세였지만, 공식적인 작전 개념은 투하쳅스키와 트리안다필로

---

* 영어로 Air Fleet라고 번역되므로 국내에서도 〈항공 함대〉로 번역하는 사례가 많다. 그러나 〈함대〉는 해양 선단에 한정되어 쓰이는 용어이고, Flotte(fleet)는 함선에 한정되지 않은 대규모의 수송 수단 집단에 쓰이는 용어이므로 이는 적당한 번역이 아니다. 독일 공군에서 이 조직은 항공 군단Fliegerkorps의 상위 조직이므로, 군단의 상위 조직이라는 의미에 중점을 두어 본서에서는 〈항공군〉으로 번역하였다.

프의 종심 작전 교리에 따른 공세적인 모습이 남아 있었다. 독일군과 마찬가지로 소련도 세세한 방어 개념의 개선과 방어선의 정비를 무시했고, 적어도 작전 수준(야전군)의 일선 명령과 계획에서 그랬다.

대숙청으로 인해 공식적인 개념을 충족시킬 훈련된 지휘관과 참모가 심각하게 부족했다. 육군에는 일본과 핀란드 전역에서 탄생한 걸출한 지휘관도 있었지만, 독일 국방군 장교 집단에 비해 자신감과 경험 모두 부족했다. 독일군이 예하 일선 장교들에 대해 가지는 신뢰와 비교하면, 소련군 장교들은 독립적인 판단이 자신의 신상에 위험하다는 사실을 체득하고 있었다. 주코프 같이 이러한 위험을 감수하고 결과를 가지고 자신의 정당성을 입증하는 경우도 있었지만, 대다수의 장교들은 지형이나 지역적인 상황을 고려하지 않고, 무조건 교과서적인 적응만을 선호했다. 여기에 공격이나 방어 모두에서 자신의 책임 구역을 잃어버리는 위험을 피하기 위해 소련군은 전선 전체에 종심과 폭 모두에서, 가장 취약한 지역에 병력을 집중하는 것이 아닌 동일 분포 방식을 택했다.

소련군은 현존하는 국경의 1인치라도 방어하라는 정치적인 요구에 시달리고 있었다. 1941년에 스탈린이 걱정하던 상황 중 하나는 독일군의 전면적인 공격보다 독일 측 영토로 밀려 들어간 돌출부에 대한 점령이었다. 따라서 소련군은 적백 내전 당시 매우 효과를 보았던 유동적인 방어를 포기하고, 국경 전면을 따라 경직되고 연속적인 방어를 계획하는 경향이 강화되었다. 1939년에 점령한 지역에 20개의 요새 구역을 설치하기 위해 구(舊) 폴란드-소련 국경의 전쟁 전 방어 계획 중 일부를 포기했고, 일부 지역에서 지뢰, 가시철조망 및 야포를 제거했다. 이곳들은 특별 군관구 Osobye voennye okruga로 명명되었다. 1941년 봄의 때늦은 노력에도 불구하고, 이들 새로운 방어선은 독일군의 공격이 시작되었을 때도 완성되지 못했다. 전방 소총병 전력은 전선에서 80킬로미터 떨어진 곳에 주둔했다. 독일 측을 자극하는 어떠한 행위도 피하기 위해 일선 국경은 내무 인민 위원회 보안 병력이 매우 낮은 밀도로 머무르고 있었다. 그리고 소련군 일선 방어선은 6월 22일에 병력을 증강하기도 전에 휩쓸려 버렸다.

소련 방어군은 많은 점에서 보급 면에서 독일군과 유사한 문제를 안고 있었지만, 익숙한 자신들의 영토에서 싸운다는 측면에서 상당한 이점을 안고 있었다. 러시아의 겨울이라는 시련이 닥쳐오기 오래전부터 소련군은 독일군이 필요로 하는 보급량보다 훨씬 적은 양만으로도 생존하고 싸울 수 있음을 과시했다. 전쟁이 유럽 러시아를 가로질러 동쪽으로 번져 가자, 소련군 보급선이 보다 짧아지게 되면서 지원도 용이해졌다. 반면 독일군은 통신선이 길어진 데다가 수백만 명의 포로와 시민을 처리해야 하는 어려움까지 안고 있었다. 이런 일반화가 가능한 이유 중 하나는 소련군 필수 전쟁 산업 설비의 대다수가 모스크바 서쪽에 위치했다는 것이다. 1,500개의 공장이 독일군이 도착하기 전에 황급히 설비를 꾸려 우랄 산맥 동쪽으로 이전되었다. 그 과정에서 필수적인 광산들이 버려졌다. 이러한 결과로 1941년에 소련의 군수 산업은 불가피하게 파행을 겪게 되었다. 더불어 일선 소련군 보급 집적소는 소련군이 병력들에게 저장된 보급품을 나눠 주기도 전에 빠르게 진격해 오는 독일군의 손에 넘어갔다.[11]

소련의 군사 체계는 개념과 리더십에서 취약성을 드러냈다. 붉은 군대는 적군의 후방으로 대규모의 독립적인 돌파를 감행할 수 있는 독일군 기갑 집단이나 기갑군에 해당되는 편제가 없었다. 2장에서 언급한 대로, 1941년 소련군에서 가장 대규모의 기갑 부대 조직은 기계화 군단이었다. 이 군단 체계는 너무 경직된 구조여서, 쉽게 재편성되는 독일군 차량화 군단과 극단적으로 대조를 이루었다. 각 기계화 군단은 대략 2개 전차 사단을 전력의 핵으로 보유하고 있었고, 각 전차 사단은 10,940명의 병력과 375대의 전차로 구성된 2개 연대로 편성되었으며, 1개 차량화 보병 연대와 대대 급(級) 수색, 대전차, 대공, 공병, 통신병과의 병력으로 구성되었다. 이 사단들은 여타 전투 부대에 비해 전차가 훨씬 많아서 균형이 맞지 않았지만, 이를 보충하기 위해 기계화 군단은 1개 차량화 보병 사단과 다수의 지원 부대를 배속하여 총 인가 병력은 36,080명이었다.[12]

가용한 소련군 기계화 군단의 대다수는 독립된 방어 병력으로 분산되어 있었다. 각 군단의 사단들은 100킬로미터 이상 떨어진 경우도 있었다. 게다가 이들 기계화 군단 중 일부는 전혀 다른 소총군 예하로 배속되었고, 소총군에서 이들은 일선 소총병 군단의 지원 아래 국지적인 반격을 위한 지원 임무를 담당할 예정이었다. 일부는 전선군 차원에서 주요한 반격에 동원되도록 되어 있었다. 그리하여 기계화 부대들은 위치나 명령 체계 모두 지나치게 분산되어 있었고, 야전군이나 전선군

차원의 반격에서 집중의 이점을 발휘하기 어려웠다. 비록 이들이 독립적으로 종심 작전을 수행하도록 예정되어 있었지만, 분산 배치와 보급의 난맥상으로 그러한 작전은 애초부터 불가능했다.

이들 군단의 실질적인 전투력은 천차만별이었다. 일부는 상당 수준의 장비를 보유하고 있었다. 리투아니아에 주둔한 제3 기계화 군단은 460대의 전차를 보유했고, 그중 109대가 신형 KV-1 전차와 T-34전차였다. 반면 국경에서 멀리 떨어진 곳에 주둔한 여타 군단들은 전력이 미약했다.[13] 서부 전선군의 제4군을 예로 들자면, 제14 기계화 군단은 불과 520대의 구식 T-26전차만을 보유했는데, 원래 인가된 전력은 중형 전차와 중(重)전차 1,031대였다. 무기 생산에 있어서 워낙 엄격한 규칙이 적용되고 있어서, 구식이라 버려진 전차를 보충할 새로운 전차의 생산이 지지부진했다. 남서 전선군의 제19 기계화 군단은 인가 차량 가운데 불과 280대만 보유하고 있었고, 그나마도 11대만 빼고 전부 쓸모없는 구식 모델이었다. 게다가 이 군단들은 수송을 추진(推進)할 때 민간 트럭을 징발해 사용하도록 되어 있었다. 전쟁이 실제로 발발하자 이들 2개 전차 사단 소속의 차량화 소총병 연대들은 120킬로미터의 거리를 도보로 이동해야만 했고, 이는 가용 전차의 이동마저 지연시켰다.[14] 신형 장비가 생산 라인을 거쳐 보급 가능하게 되자, 장비들은 전방의 군단들에 선택적으로 배분되었다. 그러나 신형 장비의 수적 부족(총 1,861대)으로 완전 편제(완편) 전력의 기계화 군단에서조차 각기 다른 차량들이 뒤죽박죽 섞인 모습이 되어 버렸다.[15] 이러한 난맥상으로 인해 유지와 정비 문제가 극단적으로 혼란을 겪게 되었다. 거기에 소련군은 여전히 무선 통신과 보급 면에서 취약성이 심각한 상태여서, 독일군의 기습적인 공격에 따른 혼란 속에서 부대 간 협력은 거의 불가능했다.

소련군 보병 편제는 표면적으로 독일군과 유사했다. 각 사단은 총 14,483명의 인가 병력에 각 3개 소총병 대대로 구성된 3개 소총병 연대 편제였고, 여기에 2개 포병 연대와 기타 지원 병력이 배속되었다. 3개 소총병 사단이 소총병 군단을 형성했고, 2~3개 소총병 군단과 1개 기계화 군단이 통상적으로 1개 야전군을 형성했다. 그러나 실상을 들여다보면 붉은 군대는 놀랄 만큼 취약하여, 사단의 병력이 8,000명 가량에 불과했고, 독일군 침공 당시에도 그랬다.[16] 1941년 5월 하순, 소련 정부는 이러한 문제를 해결하기 위해 800,000명의 예비역을 소집했고, 각급 군사학교는 생도 수료를 서둘렀다. 이들 추가 병력은 공격이 임박해서야 각급 부대로 배치되었다.

1941년의 야전군은 각기 5개 소총병 사단으로 구성된 3개 소총병 군단으로 편성되었고, 여기에 1개 기계화 군단과 여러 개의 독립 포병 연대가 배속되도록 계획되어 있었다. 실제로는 상당수의 야전군이 불과 6~10개 소총병 사단으로 구성된 2개 소총병 군단만으로 구성되었고, 기계화 군단도 완편 상태가 아니었으며, 전력 유지에 필요한 지원 병력도 미약했다.

히틀러가 계획한 단기간의 노력으로, 독일은 소련군에 비해 확실한 수적, 질적 우위를 달성했다. 그러나 만일 소련의 공산 체제를 무너뜨리려는 최초의 시도가 실패로 돌아갈 경우, 소련은 독일을 압도할 저력을 가지고 있었다. 여기에 소련은 유럽 전역으로 보낼 수 있는 대규모 병력을 시베리아와 극동에 보유하고 있었다. 1941년의 붉은 군대는 모든 독일 전차를 압도하는 새로운 차세대 전차(T-34 중형 전차와 KV-1 중(重)전차)를 막 배치하고 있었다. 당시 대부분의 독일 전차는 3호와 4호 중형 전차였으며, 이들 전차는 소련의 경전차 T-26에 비견될 2세대 차체에 의존하고 있었다. 1941년에 독일은 3호 전차에 중간 포구(包口) 초속을 지닌 50밀리미터 주포를 새로 장착하는 과정에 있었고,* 4호 전차는 포구 초속이 낮은 75밀리미터 포를 장비하고 있었다.** 고속의 전차 포탄이 중장갑을 관통할 수 있었기 때문에, 이들 전차의 포구 초속은 구경(口徑)만큼이나 중요했다. 그러나 독일의 이 새로운 전차포는 소련군 일선에 배치되는 T-34 중형 전차와 KV-1 중(重)전차의 장갑을 관통할 수 없었다.

독일군 전차와 비교해서 T-34는 무거웠고(26.5톤, 4호 전차는 25톤), 빨랐으며(시속 50킬로미터, 4호 전차는 시속 39킬로미터), 장갑이 우수했으며, 76.2밀리미터의 고속 전차포를 장착하고 있었다. 47.5톤의 KV-1 중전차도 주포의 포구 초속은 76.2밀리미터로 동일했으며, 독일군의 유명한 88밀리미터 대공포를 제외한 모든 대

---

* 기존의 3호 전차는 37밀리미터 전차포(46.5구경장)를 장비했으나, 1940년 중반부터 50밀리미터 전차포(42구경장)로 교체하기 시작했다.
** 4호 전차는 개발 당시부터 75밀리미터 전차포(24구경장)를 장비했으며, 이것은 전차전보다 보병 지원에 적합한 포였다.

전차포 공격을 견뎌 낼 수 있었다. 그러나 무전기를 장비한 소련군 전차는 극소수였고, 이 점으로 인해 전장에서의 교신과 통제에 어려움이 있었다. 대다수의 독일군 부대가 장비한 보잘것없는 대전차포를 생각하면 이들 2가지 소련 전차는 앞으로 독일군에게 다가올 악몽이라 하기에 부족함이 없었다. 1940년에 이례적인 생산 차질을 겪은 뒤에 1941년 6월 22일 개전 전까지 1,861대의 T-34와 KV-1이 생산되었다.[17] 이들 신형 전차들은 우선적으로 국경 군관구의 5개 기계화 군단에 배치되었다. 절반 이상은 키예프 특별 군관구의 제4 기계화 군단과 서부 특별 군관구의 제6 기계화 군단으로 보내졌다. 나머지 각 100대는 제3, 제8, 제15 기계화 군단에 배속되었다. 이들 외의 여타 군단은 전반적으로 신형 전차가 부족했고, 신형 전차를 보유한 군단이라 하더라도 보급과 훈련의 부족으로 전투 효율성은 더 떨어졌다.[18] 그러나 이들 전차가 대량으로 투입된 전투에서는 그럴법한 충격이 독일군에게 가해졌다.

공군

독일과 소련의 공군력에 있어서 장단점은 지상군의 경우와 비슷했다. 〈바르바로사 작전〉을 위해 배치된 독일 공군의 항공기 2,770대는 독일 공군 제1선 전력의 65퍼센트에 달했다. 독일군은 의도를 숨기기 위해 이들 항공 전력의 상당 부분을 서부 전선에 남겨 놓았고, 공격 개시 불과 수주 전까지 계속 영국을 공습했다. 메서슈미트 Bf-109는 탁월한 설계의 전투기였지만, 기타 기종은 급속히 도태되었다. 특히 유명한 Ju-87 급강하 폭격기도 적의 제공권이 무력화된 곳에서만 생존할 수 있었다. 최초의 독일군의 공습으로 수개월간은 이러한 이점을 누릴 수 있지만, 무한정 지속될 수는 없었다. 제1선 독일군 폭격기인 Do-17과 Ju-88은 이미 항속 거리와 폭탄 장착량에서 미흡하다는 사실이 영국 항공전(브리튼 전투)에서 드러났다. Ju-52 수송기는 내구성과 다방면의 유용성이 돋보였지만, 비슷한 이유로 항속 거리와 수송량에서 한계를 드러냈다.

독일 군수 산업은 영국 항공전의 손실을 보충해 내지 못하고 있었다. 1941년에 독일이 보유한 폭격기는 전년 봄에 비해 200대가 적었다. 여기에 1941년 5월 크레타 섬 침공으로 독일 공수 부대 전력과 항공 수송 부대에 심각한 타격을 입었다. 146대의 Ju-52기가 격추되었고, 또 다른 150대가 심각한 기체 손상을 입었다.[19] 수적 부족에다 급조된 전방 공군 기지를 벗어난 작전을 감행하면서 독일군 조종사들은 효과적인 제공권 장악이 어려운 것은 물론, 광대한 유럽 러시아에 대한 공세적인 항공 공격을 감행하기도 어려울 터였다. 명성이 자자했던 독일 공군은 본질적으로 전술 공군이었다. 즉 단거리 대지 공격 지원에는 적합했지만, 적진 깊숙이 날아들어 효과적인 항공전을 전개하기에는 적합하지 않았다.

붉은 공군은 독일 공군에 즉각적인 위협이 되지 못했다. 비록 9,576대의 작전 가능한 기체를 보유하여 당시로서는 세계 최대 규모의 공군이었지만, 그 장비는 붉은 육군과 마찬가지로 시대에 뒤떨어지고 노후하여 여러 가지 문제점을 안고 있었다. 대숙청으로 말미암아 지휘관은 물론 항공기 생산자와 설계자들에게도 불똥이 튀었고, 항공 분야를 선도하던 소련의 우월성에 종지부가 찍혔다. 테스트 항공기가 추락할 때마다 적어도 한 명의 설계자가 사보타주*sabotage*의 명목으로 총살당했고, 수많은 엔지니어들이 감옥에 설치된 설계실에서 일하는 신세로 전락했다. 상황을 약간 풀어 주었어도, 이러한 제재가 혁신적인 설계상의 해결점을 이끌어내지는 못했다.[20]

소련의 새로운 항공기인 날렵한 MiG-3 전투기와 우수한 Il-2 시투르모비크 대지 공격기는 몇몇 측면에서는 독일군 기종보다 우수했다. 그러나 이 기종들은 1941년 봄에 막 생산에 들어갔고, 많은 일선 공군 부대들은 신형 장비와 구형 장비가 혼재된 상황이었다. 새로운 기종을 조종사들에게 습득시키기 위한 이행 훈련은 너무나 지지부진했다. 그 이유는 붉은 공군 지휘관들이 여하한 조종 훈련 사고라도 발생하면 〈사보타주〉의 죄목으로 체포될 것을 두려워했기 때문이다. 1941년 4월 12일, 티모센코와 주코프는 매일 2~3대의 항공기가 훈련 사고로 추락한다고 불만을 표시하면서 여러 고위 공군 지휘관을 제거할 것을 요구했다. 독일군이 공격하던 시점에 일선의 많은 소련군 조종사들은 자신의 항공기를 경험할 시간이 너무나 부족한 상황이었다.[21] 새로운 장비의 교체는 너무나 혼란스러운 일이었기에, 수많은 소련군 조종사들은 신형 폭격기의 형태를 식별할 줄 몰라서 6월 22일에는 아군 폭격기를 공격하기도 했다.

1939년에 동부 폴란드의 점령지로 전진 배치된 소련 공군은 소련 육군만큼이나 적의 공격에 취약한 상태였다. 일본군과 핀란드군과의 전투를 통해 일부 소련 공군 고위 지휘관들은 자신들의 항공 전력이 우세하다는 그릇된 신념을 갖고 있었고, 이로 인해 새로운 점령지에 항공기를 대량 집결시킬 것을 고집했다. 그곳에서 전쟁이 발발하면 바로 공세로 나갈 수 있을 것으로 내다보았기 때문이었다. 전방에는 상대적으로 비행장이 부족했고, 이나마도 1941년 봄에 확장 공사를 하느라 많은 곳이 헐려 있었다. 따라서 비행기를 보호할 방벽이 부족했고, 빽빽하게 들어찬 주기장(駐機場)을 보호할 대공포도 부족했다.

소련 공군은 명령 계통도 각기 다른 지휘 계통에 따라 분산되어 있었다. 일부 항공 사단은 특정 지상 야전군이나 전선군을 지원했고, 일부는 총참모부 직속으로 되어 있었으며, 일부는 국토 방공군 소속이었다. 엄격한 통신과 지휘 체계가 사라져 버린 개전 당시의 혼란상 속에서, 이러한 공군 사단들이 반드시 거머쥐어야 할 핵심인 제공권을 가져오는 데 어려움을 겪었다. 1941년 당시 무전기를 장비한 소련군 항공기는 극소수였다.

소련 공군의 가장 심각했던 문제는 소련 육군과 마찬가지로 모든 계급에서 발생한 심각한 지휘 역량의 부족일 것이다. 대숙청 기간 동안 3명 연속으로 공군 총사령관이 사라져 버렸고, 대부분의 지휘관은 경험이 일천한 자들로 채워졌다. 스페인 내전과 독소 전쟁 개전 당시에 소련 공군의 전술은 너무나 경직되어 있었다. 소련군 폭격기들은 8,000피트의 고도를 고집했는데, 이 높이는 정밀한 폭격을 하기에는 너무 높았고, 독일 전투기들의 요격을 피하기에는 고도가 너무 낮았다. 소련 공군 조종사들은 자신의 비행기로 독일 비행기를 들이받을 만큼 용감했지만, 소련 공군의 편대 대형은 독일 공군을 상대하기에는 너무 방어적이었다.

소련군의 계획

소련 육군과 공군의 취약성에도 불구하고, 소련군 전시 계획 입안자들은 독일군의 공세를 드네프르 강 직전에서 차단하여 신속히 전략적인 반격으로 전환할 수 있다고 생각했다.

1940년 7월, 소련군 총참모장 샤포시니코프는 바실렙스키 소장의 전쟁 계획안을 승인했다. 바실렙스키의 계획은 독일의 공격이 이탈리아, 핀란드, 루마니아 그리고 경우에 따라서 헝가리와 일본의 연합 아래 이뤄질 것이라는 가정에서 세워졌다. 적의 총 병력은 270개 사단에 달하고, 그중에 233개 사단이 소련의 새롭게 설정된 서부 국경에 집결할 것으로 예측했다. 바실렙스키는 독일군의 주력은 123개 보병 사단과 10개 기갑 사단으로 프리퍄티 습지 북쪽에 집결할 것으로 예상했다. 즉 민스크, 모스크바, 레닌그라드 방향이 독일군의 목표점이라 판단했다. 따라서 그는 소련군 전력의 상당수를 이 지점들에 배치할 계획을 세웠다.[22]

국방 인민 위원 티모셴코는 이 계획안을 거부했다. 아마도 그는 스탈린의 거부를 예측했을 것이다. 메레츠코프는 1940년 8월에 총참모장에 오르자, 바실렙스키와 참모진들에게 새로운 계획을 작성하도록 했다. 두 번째 입안에서는 2개의 세부안을 내놓았는데, 그것은 정치적인 상황에 맞추어 프리퍄티 습지 남쪽과 북쪽 어느 쪽에 주력을 배치하는가에 관한 세부 내용이었다. 10월 5일, 스탈린은 이 입안을 검토했다. 그는 직접적으로 북쪽에 주력을 배치하자는 안을 거부하지는 않았지만, 히틀러가 가장 노릴 만한 목표는 우크라이나의 곡물과 돈바스Donbas 일대의 석탄과 여타 광물일 것이라는 의견을 표명했다. 따라서 1940년 10월 14일 총참모부는 주력을 남서쪽으로 이동 배치하는 것을 골자로 한 계획안을 승인했다(지도 2 참조). 세부적인 수정을 거쳐 이 계획안은 동원 계획(MP) 41호가 되었다.

동원 계획 41호에 따르면 3개의 연속적인 방어선 혹은 3개의 작전 제대로 나누어, 국경을 따라 171개 사단을 배치하게 되어 있었다.[23] 제1 방어선은 국경을 감싸는 경전력을 가진 사단으로 예정되었다. 그래서 일선에 배치된 57개 소총병 사단은 각자 70킬로미터씩 방어 구역을 분담하게 되었다. 후방의 제2 방어선과 제3 방어선에는 보다 대규모의 병력이 집결하고 있었고, 각각 52개 사단과 62개 소총병 사단으로 편성되었다. 유럽 러시아에는 20개 기계화 군단의 대다수가 배치되었다. 평시에 이들 편제 사단들은 서부 소련의 다양한 군관군 소속이었다가 전시에는 〈전선군〉이라 불리는 5개 야전군 사령부로 전환되었다. 소련의 전선군은 평시 구역을 기초로 명명되었으므로, 독일 집단군과 직접 대비시켜서는 안 된다. 예를 들

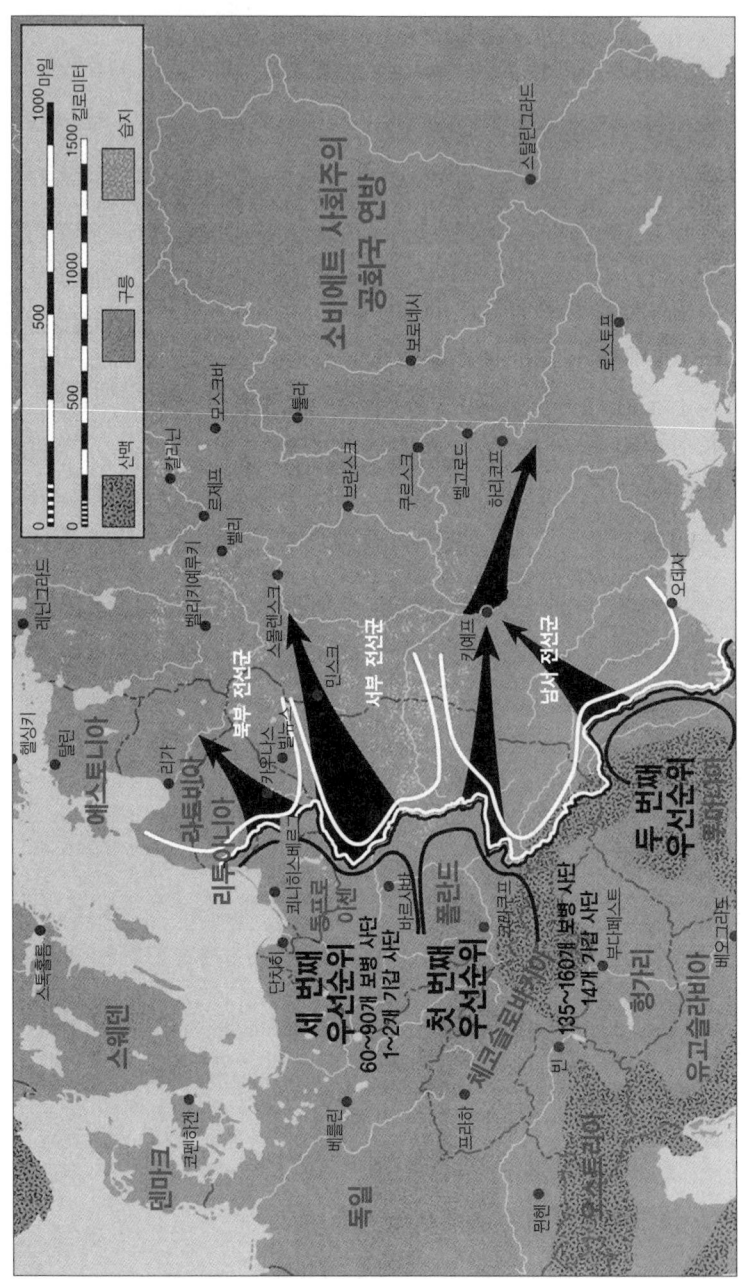

지도 2. 1941년 10월의 공세 목표와 도달 계획

어 레닌그라드 군관구는 북서 전선군이 되고, 이들의 방어 책임 구역은 서쪽으로는 독일 북부 집단군, 북쪽으로는 핀란드군 방향이 되었다.

이들 5개 일선 전선군의 뒤로는, 3개의 방어선 후방에서 2차 전략 예비대가 편성 중에 있었다. 이 예비 전선군은 드네프르 강과 드비나Dvina 강변에 모여 있었다. 이렇게 병력을 집결하는 것은 종심에 예비대를 확보하는 소련군 교리의 전형이었다. 이들은 교전이 이루어지기 전까지는 독일군 정보 부서에 노출되지 않았다. 예비 전선군과 일선 부대의 주력 모두 1941년 4월 하순에 가서야 배치되기 시작했다. 여러 경우에서처럼 6월 22일 독일군의 공격에서 이들은 이동 중에 전투를 치르게 되었다.

소련군 방어자들은 기본적으로 상황을 잘못 판단하고 있었다. 즉 주력을 지나치게 전진 배치했을 뿐만 아니라, 독일군의 주력이 프리퍄티 습지 남쪽을 향할 것으로 예상했다. 소련군이 독소 전쟁 당시 치른 전투에서의 모든 실패와 관련해서 스탈린을 비난하는 것이 유행이었던 1960년대, 많은 회고록에서 저자들은 스탈린이 이 문제에 관해 자신의 올바른 진언을 무시했다고 앞뒤 가리지 않고 주장했다. 그러나 결국에 와서, 히틀러가 경제적인 자원에 관심을 두고 있었다는 스탈린의 주장은 어느 정도는 옳았다고 볼 수도 있다. 지휘관들은 겉으로는 스탈린의 결정에 승복했다. 그 이유는 독일의 공격이 북쪽에서 가해지면, 남서쪽에서 측면을 강타할 수 있을 것으로 예단했기 때문이다. 주코프조차도 1941년 2월에 총참모장이 되고 나서 기본 개념을 바꾸려 하지 않았다. 따라서 소련군의 배치는 불균형이었다. 소련군의 병력이 남서부에 집중되었던 반면, 독일군의 기계화 주력은 북쪽에서 전진했던 것이다.[24]

1941년에 긴장이 고조되자, 주코프는 스탈린에게 선제 예방 공격의 필요성을 역설했다. 이 신입 총참모장은 〈1941년 5월 15일 인민 위원 평의회 의장께 드리는 소련군 전력의 전략적 배치 계획안〉을 직접 작성했고, 티모센코를 설득하여 문서에 같이 서명을 첨부했다. 이렇게 손으로 직접 작정한 계획안에서 주코프는 즉각적인 공세를 주장하면서, 152개 사단을 동원하여 폴란드에 배치된 독일군 사단 100개를 격파해야 한다고 주장했다. 남서 전선군은 폴란드 남부를 가로질러 독일과 남부 유럽의 독일 동맹국을 분리시키고, 그사이 서부 전선군은 독일군 주력을 잡아 두고 바르샤바를 점령할 계획이었다. 그 당시 소련군이 겪고 있었던 많은 문제점을 놓고 보면 그러한 선제공격은 절체절명의 도박이었다. 아마도 스탈린은 주코프의 제안을 묵살함으로써 스스로를 정당화한 것으로 보인다.[25]

전쟁의 기미와 위험 징후

어떻게 1941년 독일군의 공격이 그처럼 놀라운 정치적·군사적 기습의 효과를 달성했는지에 대해서는 복잡한 의문이 남는다. 돌이켜 보면, 공격이 임박했음을 알리는 조짐은 충분히 많았다.[26] 스웨덴에 있는 공산주의자 철도 노동자나 폴란드 저항군, 그리고 많은 정보원들이 동쪽에서 독일군이 대규모로 집결하고 있음을 알려 왔다. 독일군이 고도 정찰 비행 중에 소련 영공을 침범한 사례가 300회를 넘었고, 외교적인 항의가 반복되었으나 독일 측은 별다른 대응 조치를 취하지 않았다. 독일 정보원과 독일의 후원을 받는 우크라이나 게릴라들이 1941년 봄에 소련 서부를 교란시켰다. 모스크바 주재 독일 대사관은 6월 16일에 필수 인원을 제외한 모든 인력을 본국으로 후송했고, 6월 21일에는 소련이 지배하는 항구에 독일 상선이 한 척도 정박하지 않았다.

일견 파멸적 상황이 스탈린의 완고하면서도 맹목적 사고 때문이었다는 보편적 해석을 받아들이기는 쉽다. 그가 종종 적의 공격 의도에 의심을 품었기 때문에, 적의 공격 능력을 보여 주는 증거들을 무시했던 지도자의 전형으로 언급되어 왔다. 의심할 여지없이 스탈린의 책임은 희망적인 사고를 했다는 점이며, 그 말은 곧 가급적 전쟁을 미루고 최소한 1년만이라도 시간을 벌어 소련군의 재편성을 완료해 보려 했다는 해석도 가능하다. 그는 1941년 봄 내내 독일과의 숙명적인 대결을 미루어 보려는 열망에서 소련의 방어 태세 개선에 심혈을 기울였다.

독일의 공격이 임박했음을 확신할 무렵, 스탈린이 보여 준 우유부단함에 대해서는 또 다른 이유들도 있다. 우선 소련은 독일의 다른 적인 영국과 폴란드 저항군이 전쟁에 모스크바를 끌어들이려 그릇된 정보를 제공한다고 우려했다. 비슷한 이유로, 소련 지도자들은 전방 지역에 과도하게 병력을 집결시키거나 필요 이상의 준비 조치를 하면 독일을 자극할 가능성이 있다고 생각했다. 그것은 우발적 충돌이 될 수도 있고, 국경 지역의 영토를 장악하거나 보다 경제적인 관점에서 독일이 제한적 군사 행동을 감행할 빌미를 줄 수도 있다고 판단했다. 어쨌든 스탈린이 히틀러를 오판한 최초의 유럽 지도자는 아니었다. 스탈린은 히틀러가 서부에서 영국을 패배시키기 전에는 동부에 새로운 전선을 형성하지 않을 것이라는 〈지나치게 이성적인〉 판단을 했다. 그런 점에서 볼 때, 영국에게 남은 마지막 희망을 꺾어 버릴 의도에서 소련을 굴복시킨다는 히틀러 자신만의 논리는 어쩌면 믿기 힘들 만큼 복잡한 것이었다.

소련이 〈이성적인〉 독일 측을 자극하거나 자극당하는 것을 두려워했다는 점을 대입하면, 명백히 국경을 침범한 독일 병사나 정찰기에 대해서 소련 병사들에게 대응 사격을 금지시킨 조치에 대한 설명이 가능하다. 이 점을 감안하면 스탈린이 당시 경제적 이해관계가 일치하는 독일에게 제공한 세심한 경제적인 협력도 설명이 가능해진다. 스탈린은 히틀러에게 독일 경제에 없어서는 안 될 희귀 광물을 제공하면서, 전쟁이 임박하면 독일에게 중요한 인센티브를 박탈할 수 있을 것으로 기대했다. 그래서 독일 침공 전 18개월 동안 소련은 2,000,000톤의 석유와 석유 제품을 선적했고, 140,000톤의 망간 단괴와 26,000톤의 크롬 광석과 여타 대량의 자원을 독일에 제공했다.[27] 최후의 화물 열차는 독일이 공격을 개시하기 불과 몇 시간 전에 국경을 넘어갔다.

소련 정보 부서가 히틀러의 계획을 내다보지 못한 것에는 제도적인 이유도 있었다. 대숙청을 거치면서 군 지휘부는 물론 정보 작전 능력도 상당히 축소되었다. 유일한 군사 정보 기구인 중앙 정보국 Glavnoe Razvedyvatel'noe Upravlenie(GRU)는 건재했지만, 중앙 정보국 총 책임자 G. I. 골리코프 G. I. Golikov 중장은 독일의 기만책에 넘어간 것이 확실했다. 골리코프는 독일의 준비 동향에 대해서는 제때 보고서를 올렸지만, 그는 보고서마다 〈불확실〉로 분류하면서도 독일군이 계속해서 행동을 자제하는 징후가 보인다는 점만 강조하고 있었다. 다른 정보 장교들은 스탈린이나 히틀러를 자극할 것을 지나치게 우려했기 때문에, 전쟁 발발 가능성을 담은 보고서의 내용은 대개가 왜곡되었다.[28]

독일 측의 기만책도 소련이 결정을 주저하는 데 영향을 끼쳤다. 우선 〈바다사자 작전Operation Seelöwe〉으로 명명된 영국 침공 계획은 바르바로사 작전을 가리는 바람잡이로 계속 사용되었다. 독일 국방군 총사령부Oberkommando der Wehrmacht(OKW)가 동부에서 창설한 부대는 사실은 영국 정보부를 기만하기 위한 것이며, 독일은 바다사자 작전을 실행하기 위해 영국 폭격기와 정찰기가 닿지 않는 공간이 필요하다는 요지의 정보를 소련 측에 보란 듯이 알렸다. 1941년 6월의 신문 기사에서 선전 장관 요제프 괴벨스Joseph Goebbels는 영국 침공이 임박했다는 거짓 정보를 흘렸다. 그 직후 괴벨스는 배포된 신문을 보란 듯이 회수해 버렸고, 〈실수〉라고 하는 거짓된 불명예를 자기 스스로 떠안았다.

히틀러는 독일의 병력 집결은 예상되는 소련군의 공격에 대비하는 방어적인 태세로 보여야만 하며, 그럼으로써 한 번 더 소련군이 위협적인 군사 이동을 피하게끔 유도해야 한다는 명령을 내렸다. 또 다른 기만책으로, 독일은 스웨덴이나 지브롤터Gibraltar 침공이 임박했다는 내용을 퍼뜨렸다. 그런 다음 1941년 5월에 독일 외교부와 국방군 총사령부는 베를린은 소련에 대한 정책 변화의 필요성이 있다는 소문을 퍼뜨렸다. 이 사실을 통해 소련 지휘관들은 독일의 공격이 최후통첩이나 외교적인 경고 후에 이루어질 것이라 예단하게 되었다.

같은 해 4월과 5월에 독일군의 유고슬라비아와 그리스에 대한 침공 또한 바르바로사 작전을 숨기는 데 기여했다. 이 침공은 그간 동부에서 독일의 신규 부대가 편성된 이유를 그럴듯하게 설명해 주었을 뿐만 아니라, 러시아 침공 자체를 연기시킨 원인이 되었다. 그래서 1941년 5월 15일에 독일이 침공할 것이라는 올바른 정보를 제공했던 정보원들은 자신들이 지목했던 날에 아무런 일도 발생하지 않고 지나가 버리자, 신뢰를 잃었다. 6월 하순에 가서, 그간 보고되었던 수많은 위험 징후가 거짓으로 판명되면서 정보원들은 더 이상 스탈린과 그의 참모들에게 영향력을 발휘할 수 없게 되었다.

이런 정황을 살펴보면, 소련이 전략적 관점에서 허를 찔렸다는 사실이 보다 이해가 된다. 무수히 많은 어지러운 징후들 가운데 임박한 위험을 가려내는 것이야말로 아무리 해도 어렵다. 6월 21일이 저물 무렵, 스탈린은 예하 지휘관들에게 혼란스러운 경고 메시지를 내려 보내는 것을 승인했다.[29] 그러나 불행하게도 기존의 구식 통신 체계로 말미암아 독일군의 최초 공격 전에 수많은 사령부에 명령이 제때 전달되지 못했다. 적시에 행동을 옮길 만큼 적으로부터의 거리를 확보한 것은 해군 기지들과 오데사 군관구뿐이었다.

일부 지휘관들은 스탈린으로 하여금 불쾌감을 유발하는 위험을 무릅쓰면서까지 자구책을 강구했다. 키르포노스 상장이 지휘하는 키예프 특별 군관구는 국경 일선의 내무 인민 위원회 병력과 긴밀한 연락을 유지했고, 독일군이 국경에 집결하자 예하 부대에 비상사태를 선포했다. 그러한 주도적인 조치는 일반적이라기보다는 예외에 가까웠다.

돌이켜 보면, 소련군에게 있어 최악의 실패는 전략적 기습이나 전술적 기습이 아니라 군 조직 자체가 당한 불시의 기습이었다. 1941년의 소련 육군과 공군은 전환기를 맞고 있었다. 조직과 지휘부, 장비, 훈련 병력 배치 및 방어 계획 모두가 바뀌던 중이었다. 히틀러가 4년 일찍 공격을 시작했거나 1년만 늦게 공격을 시작했어도 소련의 기계화군은 독일 국방군을 압도할 수 있었을 것이다. 우연의 일치인지 본능적인 것인지는 알 수 없지만, 독일의 독재자는 자신의 부대가 최상의 전력에 근접하고, 맞닥뜨리는 적이 가장 취약한 시점을 선택했다. 1941년 소련군의 재앙에 가까운 피해를 설명할 수 있는 가장 확실한 근거는 소련군 조직 자체가 당한 기습이었다.

결론

소련에게 1930년대는 희망과 좌절이 교차하던 시기였다. 서쪽에서는 독일, 동쪽에서는 일본의 점증하는 정치적·군사적 위협에 직면했고, 소련에 무관심한 서방 열강들로부터도 위협을 받으면서 소련은 국제무대에서 고립되어 가고 있었다. 외교적으로 모스크바는 국제적인 군축을 추진하면서도, 내부적으로는 군대를 재편하고 현대화를 추진하며 규모를 확장하고 있었다. 1930년대 초반에 제식화된 소련군의 진보된 전략적·작전적·전술적 전투 교리는 1935년 이후에도 전력의 안정된 확장과 더불어 지속되었고, 그 확장은 1941년 6월까지 이어졌다. 이 평시 동원 체제를 통해 소련군은 세계 최대 규모의 군대를 보유하게 되었다.

그러나 규모가 능력과 일치하는 것은 아니었다. 소련 스스로가 이름 붙인 〈내부적 모순〉은 소련군의 진보를 부정하는 결과를 초래했고, 외부의 위협에 맞설 소련의 능력을 심각하게 저하시켰다. 그러한 모순 가운데 가장 큰 것은 스탈린의 편집증이었다. 그 편집증으로 인해 군부의 독창적 사고를 억눌렀으며, 자신의 기호에 맞추어 무자비하게 군대를 굴복시켰다. 군 수뇌부를 제거한 피의 숙청은 군의 전투 의지를 파괴시켰고, 군의 독창적인 사고의 촉발을 짓밟아 버렸으며, 군 조직 내부에 엄청난 공백을 가져왔다. 결국 독일에게 재앙에 가까운 패배를 당하기 좋도록 만들어 버렸던 것이다.

보다 덜 드러난 것으로, 소련이라는 국가 체제의 특성상 존재하는 정치적인 모순을 들 수 있다. 공산 체제는 국제 정치에서 무력에 최우선 순위를 두며, 모든 열강 가운데서 보다 진보된 군사적 개념을 체계화하기 위해 과학적인 접근 방법으로 이를 연구하도록 군 지도자를 독려했다. 그러나 피의 숙청이 뒤따랐던 장교들은 당과 국가에 굴종적인 복종을 하도록 강요받았다. N. I. 부하린 N. I. Bukharin 같은 정치 지도자도 〈보다 많은 사리사욕〉을 추구했다는 죄목으로 국가를 배반했다는 누명을 뒤집어써야만 했다. 그래서 군 지도자들도 스탈린의 변덕에 따라 지위를 유지하기도 하고 비명횡사하기도 했다.

이러한 모순점이 국가를 효율적으로 보위할 소련군의 능력을 손상시켰으며, 환골탈태하려는 어떠한 시도도 실패로 귀결시켜 버렸다. 그러나 예상하지 못했던 위기와 굴욕적인 패배 속에서 소련군은 마침내 성공적인 모습으로 탈바꿈할 수 있었다. 패배가 다가왔을 때, 살아남은 장교들은 1930년대 초반 화려했던 시절의 군사적인 유산을 충분히 가지고 그것을 통해 제도적인 제약을 극복했다. 결국 소련군을 승리로 이끈 것은 거세되었지만 살아남았던 이들 장교단의 공이다.

When  Titans

Clashed

독소 전쟁 제1기 **1941. 6.~ 1942. 11.**

How the Red

Army stopped Hitler

4 | 독일의 기습 공격

> 적의 공군이 제공권을 완전히 장악했고, 8~50대로 이루어진 폭격기 부대가 그날 민스크에 끊임없이 공격을 퍼부었다. 시가지 곳곳에 화재가 발생했고, 많은 건물들이 파괴됐다. 전선군 사령부와 전선 항공군 본부 건물은 적의 폭격으로 직격을 당해 크게 파괴됐다.
> ― 서부 전선군 사령부 작전 보고 5호, 1941년 6월 24일[1]

혼란

1941년 6월 22일 새벽 3시를 조금 넘긴 시각, 독일 공군의 정예 폭격기 조종사 30명은 고도를 높여 소련 국경을 넘어섰다. 그리고 3시 15분, 3대씩 편대를 이룬 독일 폭격기들은 소련군의 주요 비행장 열 곳을 타격했고, 이와 동시에 벌어진 짧은 공격 준비 포격은 지상전의 시작을 알렸다. 독일 공군은 해뜨기 전에 폭격기 500대, 급강하 폭격기 270대, 전투기 480대를 동원해 전방 지역의 소련 비행장 66곳을 공격했다.[2] 붉은 군대 공군은 개전 첫날 오전에만 1,200대의 항공기를 잃었다. 그 후 수일간 독일 공군이 제공권을 완벽히 장악했으며, 소련군의 병력 및 철도 이동은 끊임없이 독일 공군의 공격에 시달렸다(지도 3 참조).

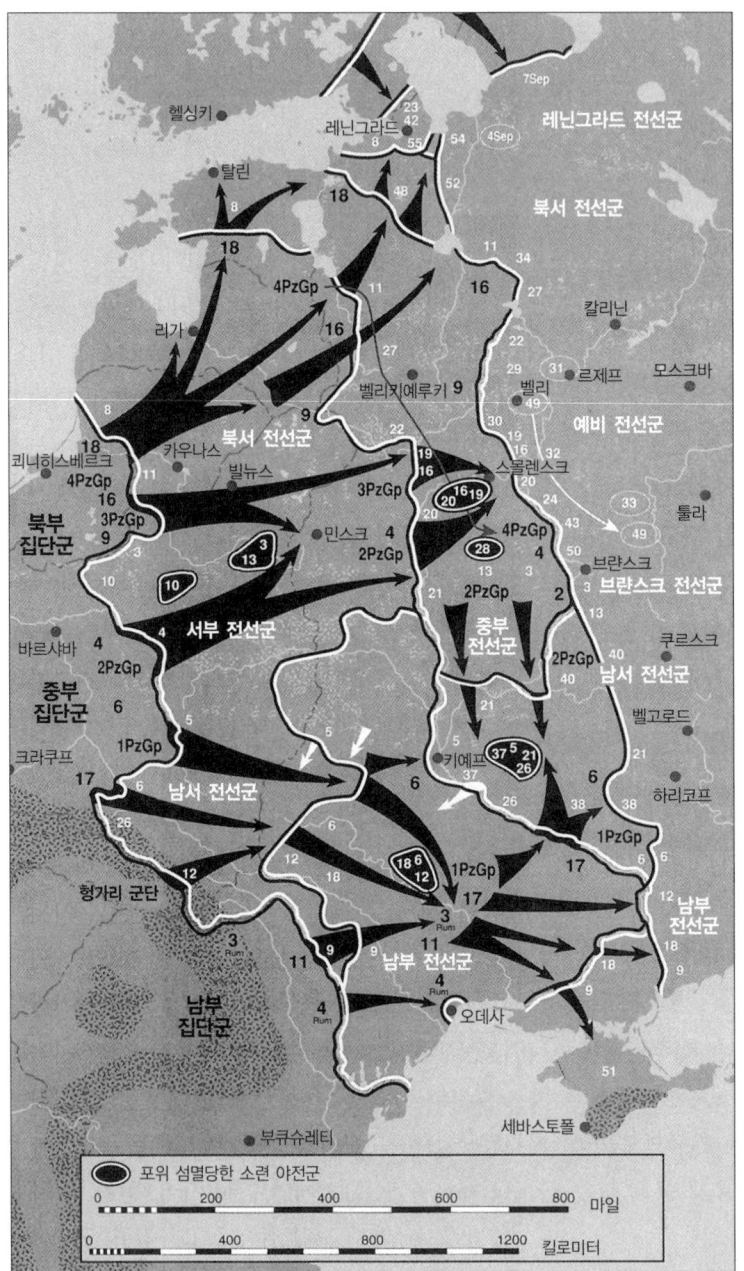

지도 3. 하계-추계 전역 I (1941년 6월 22일~9월 30일)

공격 초반, 독일 지상군은 대부분의 지역에서 경미한 저항만을 받으며 진격했다. 일부 국경 초소는 내무 인민 위원회 국경 수비대가 집결하기도 전에 돌파됐고, 다른 지역에서는 붉은 군대가 방어 지역에 집결할 때까지 국경 수비대와 요새 지구 병력이 필사적으로 독일군의 전진을 저지했다. 이 가운데 브레스트Brest 요새만 7월 12일까지 버텼다.

군대가 군중과 다른 점은 조직과 지휘 체계가 있다는 점이다. 그런데 붉은 군대는 조직과 지휘 체계 모두 순식간에 붕괴돼 버렸다. 독일 공군의 공격이 시작되기 몇 시간 전부터 소련군으로 위장한 독일군 특수 부대 브란덴부르거Brandenburger가 낙하산이나 육로를 통해 소련 영내로 침투했다. 브란덴부르거 부대는 전화선을 절단하고, 중요한 교량들을 장악했으며, 곳곳에 혼란과 공포를 야기했다. 독일군의 주공 축선인 프리퍄티 습지대 쪽에 있던 소련 제4군(사령관 A. A. 코롭코프A. A. Korobkov 중장)은 상급 사령부와는 물론, 예하 사단들과도 통신이 두절되어 버렸다. 그리고 서부 전선군의 제3군(사령관 V. I. 쿠즈네초프V. I. Kuznetsov 중장)과 제10군(사령관 K. D. 골루베프K. D. Golubev 중장)은 서부 전선군 사령부로부터 계속해서 명령은 받고 있었으나, 예하 부대들을 지휘하지는 못했다. 전쟁 첫날, 서부 전선군 부사령관인 볼딘 중장이 수많은 독일 전투기들을 뚫고 비아위스토크 외곽에 위치한 제10군 사령부에 도착했을 때, 사령관 골루베프 중장은 두절된 유선 전화와 전파 방해로 마비된 무전망으로 반격 명령을 내리려고 시도하고 있었다. 6월 23일, 골루베프 중장이 전쟁 이전에 수립된 작전 계획에 따라 얼마 남지 않은 예하 부대들을 동원해 반격을 시도했으나, 제10군은 독일군의 포위망을 돌파하려는 헛된 시도 끝에 완전히 전멸했다.[3]

독일군의 엄청난 병력과 빠른 진격 속도 못지않게 소련군을 애먹인 것은 전황에 대한 자세한 정보가 부족했던 것이었다. 실제 상황은 모스크바에서 생각하는 것 이상으로 절망적이었고, 모스크바는 이미 전멸당한 부대에 반격 명령을 내리고 있었다. 6월 22일 저녁, 스탈린과 국방 인민 위원장 티모셴코는 지령 3호를 통해 독일에 대한 총반격을 지시했고, 그 후 수일간 전방의 전선군 사령부에 명령을 수행할 것을 재촉했다. 대부분의 경우 전선군 사령관들은 명령을 수행하는 것이 불가능하다는 사실을 알았더라도, 명령 불복종에 따르는 처벌을 두려워해 어떻게든 명령을 이행하려 했다. 이 때문에 개전 초기의 참패는 당연한 것이었다. 게다가 모스크바의 총참모부는 시간별로 정확한 전황을 파악할 수가 없었다. 총참모부 장교들이 직접 전방으로 파견돼 매일 저녁 상황을 보고해야 했다. 대부분의 경우 이들은 각 도시와 협동 농장의 당 간부를 통해 독일군의 진격 상황을 파악하는 정도였다.[4]

최초의 일격

프리퍄티 습지대 북쪽에서 시작된 독일군의 진격은 빠르게 성공을 거뒀다. 독일 북부 집단군은 제4 기갑 집단를 앞세워 리투아니아와 라트비아로 진격했다. 제4 기갑 집단의 제41 기갑 군단*은 개전 초기 라세이냐이Raseiniai에서 소련군의 신형 T-34와 KV 전차와 격돌해 잠시 고전했지만, 곧 탄약과 연료 부족, 부대 간 협조의 실패로 패배한 붉은 군대의 제3, 제12 기계화 군단의 전차 사단들을 뒤로 하고 진격을 계속했다.[5] 사실상 붉은 군대의 기계화 군단 대부분은 개전 첫 1주일 동안 전력의 90퍼센트를 잃었다.[6]

독일 제4 기갑 집단의 또 다른 선봉 제56 기갑 군단은 경미한 저항만을 받은 채 드비나 강에 도달해 많은 다리들을 점령했다. 소련 폭격기 조종사들이 자살 행위에 가까운 용감한 공격을 감행했지만, 다리들은 피해를 입지 않았고 독일 기계화 부대는 뒤따르는 보병 사단들을 기다리기 위해 6일(6월 26일~7월 2일)간 진격을 멈췄을 뿐이었다.[7]

독일 중부 집단군의 제3 기갑 집단은 상대적으로 취약한 소련 북서 전선군과 서부 전선군의 전투 지경선을 따라 동진을 계속해 서부 전선군의 제3군을 우회해서 6월 23일에는 빌뉴스를 점령했다. 서부 전선군 사령관인 파블로프 대장은 독일군의 기습으로 크게 당황했지만, 6월 24일에 부사령관 볼딘 중장을 통해 반격을 시도했다. 볼딘은 비아위스토크 일대에 있는 소련군이 포위되는 것을 막기 위해 제6, 제11 기계화 군단과 제6 기병 군단에 그로드노Grodno 방면으로 반격하라는 명령을 내

* 당시에는 〈기갑 군단Panzerkorps〉이 아니라, 차량화 군단Armeekorps(mot.)이었다. 독일의 차량화 군단이 기갑 군단으로 개칭된 것은 1942년 6월 이후이다.

렸다. 그러나 이 반격은 효과적인 통신 장비, 항공 지원과 보급, 신형 전차의 부족으로, 시작부터 제대로 이행되지 못했다. 독일군 선봉 부대는 소련군 전차 부대와 접촉하며 재빨리 퇴각하는 척하면서 후속하는 대전차포 화망으로 유인하는 전술을 즐겨 썼는데, 소련 지휘관들은 여기에 여지없이 걸려들었다. 6월 25일이 지나갈 무렵, 제6 기병 군단은 이미 군단 전력의 50퍼센트(대부분 독일 공군에 의한 것이었다)를 잃었고, 어느 전차 사단은 탄약마저 바닥났다. 또 다른 사단의 전력은 전차 3대, 장갑차 12대, 트럭 40대로 줄어들었다.[8]

볼딘의 명령으로 많은 부대들이 비아위스토크를 탈출해 민스크로 퇴각할 수 있었으나, 이것은 잠시 숨을 돌리는 것에 불과했다. 소련 서부 전선군이 후퇴하는 동안, 독일 제3 기갑 집단은 서부 전선군의 북익을 통해 민스크로 진격하고 있었고, 독일 제2 기갑 집단은 서부 전선군의 남쪽을 따라 진격하고 있었다. 6월 25~26일 야간에 파블로프는 슬로님Slonim에서 독일군의 추격을 뿌리치고 샤라Shchara 강을 건너 후퇴하려 했다. 그러나 많은 부대가 이 명령을 제때 전달받지 못해 접촉을 끊을 수가 없었다. 서부 전선군은 이미 대부분의 연료와 수송 수단을 잃어버려 독일 공군의 공격에 시달리면서 도보로 후퇴해야 했다. 이 과정에서 서부 전선군의 제2선 제대로 전개 중이던, F. N. 레메조프F. N. Remezov 중장의 제13군 사령부는 독일군 선봉 부대의 매복에 걸려 주요 기밀문서들을 파기하지 못한 채 포로가 되고 말았다. 이어 샤라 강의 교량 대부분이 파괴되어 제10군 예하 부대의 상당수가 퇴각하지 못했다.

공황 상태에 빠진 파블로프 대장은 6월 26일에 모스크바로 다음과 같은 전문을 보냈다. 〈(독일 제3 기갑 집단의) 1,000대 가량의 전차가 민스크를 북서쪽에서부터 포위하고 있다……. 적을 저지할 방법이 없다.〉[9] 제20 기계화 군단과 제4 공수 군단이 슬루츠크Slutsk에서 시도한 최후의 반격도 실패로 돌아갔다. 6월 30일, 제2 기갑 집단과 제3 기갑 집단은 민스크 서부에서 소련 제10군, 제3군, 제13군 주력을 가두는 포위망을 완성했다. 이로써 서부 전선군은 사실상 전멸하고 말았으며, 이어 이루어진 사령관 파블로프 대장의 처형은 자연스러운 수순이었다.[10] 그러나 파블로프의 후임인 예레멘코 상장도 민스크 동쪽의 베레지나Berezina 강을 따라 방어선을 형성할 시간이 없었고, 독일 기갑 부대는 7월 초 베레지나 강을 건너 드네프르 강으로 진격하고 있었다.

　이 민스크 전투에서 독일군은 417,000명의 소련군을 포위 섬멸하는 대승을 거뒀지만, 동시에 많은 문제점을 드러냈다.[11] 독일군은 대부분의 경우 포위망을 빈틈없이 구축하기에는 병력이 부족했기 때문에, 많은 소련군이 중장비를 포기하고 독일군 포위망의 허술한 부분을 통해 탈출할 수 있었다. 히틀러는 기갑 부대가 너무 앞서 나가는 것을 우려해 포위망이 소탕될 때까지 기갑 부대의 진격을 멈추게 했다. 물론 이러한 히틀러의 신중한 망설임이 소련군에게 재정비할 시간을 주게 됐다. 육군 참모총장 프란츠 할더 Franz Halder 상급대장은 구데리안이 명령을 무시하고 재량껏 전진하길 바라게 되었다! 또 할더 상급대장은 소련군 부대들이 필사적으로 싸우고 있고, 독일 정보기관들이 붉은 군대의 규모를 제대로 파악하지 못했다고 지적했다. 이 모든 것이 미래에 닥칠 재앙의 징조였다.[12]

남서부에서의 반격

　프리퍄티 습지대 남쪽에서는 독일군이 초반에 큰 전과를 거두지 못했다. 이 지역에는 부크 강이라는 자연 장애물이 국경을 따라 흐르고 있어 초반 공격이 순조롭지 못했고, 내무 인민 위원회와 붉은 군대가 방어 태세를 갖출 시간적 여유가 있었다. 더욱이 3장에서 지적했듯이, 남서 전선군 사령관 키르포노스 상장은 개전 수일 전부터 국경 수비대와 긴밀한 연락 체계를 갖추고, 경보 단계별로 부대를 움직여 놓고 있었다. 소련은 전쟁 전부터 독일이 공격해 온다면 우크라이나에 주력을 집중할 것이라고 예상하고 있었기 때문에, 키르포노스 상장은 독일 제1 기갑 집단에 맞서기에 상대적으로 충분한 기계화 전력을 확보하고 있었다. 물론 남서 전선군의 기계화 군단들도 훈련이 불충분하고 장비도 완편 상태가 아니었으나, 서부 전선군의 기계화 군단들에 비해서는 훨씬 나은 전과를 올렸다.[13]

　독일 남부 집단군의 기동 전력인 제1 기갑 집단의 선봉 사단들은 소련 제5군의 방어선을 돌파해 동쪽으로 전진했으며, 그 뒤를 독일 제6군의 보병 사단들이 뒤따랐다. 키르포노스 상장은 6월 22일 밤에 명령 3호를 하달받았으나, 그의 예하 부대들은 주둔지에서 집결지까지 길게는 400킬로미터를 이동해야 했고, 행군 중에도 독일 공군의 끊임없는 공격을 받아야 했다. 키르포노스 상장은 예하 부대들을 차례차례 투입할 수밖에 없었고, 방어선을 돌파한 독일군의 측면을 공격하기 위해 종종 급조된 공격이 감행됐다.

6월 23일, I. I. 카르페조I. I. Karpezo 소장이 지휘하는 제15 기계화 군단의 2개 전차 사단이 밀랴틴Miliatin 근처에서 포위된 제124 소총병 사단을 구출하기 위해 독일군의 우익을 공격했다. 제15 기계화 군단의 차량화 사단은 트럭이 부족해 후방에 남겨졌는데, 이런 것은 전쟁 초기 흔히 나타난 현상이었다. 습지가 많은 지형과 독일 공군의 공습은 두 전차 사단의 진격을 방해했으며, 독일 제197 보병 사단은 측면에 강력한 대전차 방어선을 구축했다. 몇 대 안 되는 T-34 전차가 독일군을 잠시 혼란에 빠뜨렸지만, 저녁 무렵 제197 보병 사단이 뒤에 남아 소련군을 고착시켜 견제하고, 제11 기갑 사단은 동진을 계속했다.

다음 날인 6월 24일, M. I. 포타포프M. I. Potapov 중장이 이끄는 제5군은 보이니차Voinitsa로 진격하는 독일군의 북쪽 측면에 대해 좀 더 조직적인 반격을 감행했다. 제22 기계화 군단은 보병과 포병의 지원이 형편없었지만, 독일 제14 기갑 사단과 제198 보병 사단에 큰 피해를 입혔다. 제22 기계화 군단장 S. M. 콘드루세프S. M. Kondrusev 소장은 최초의 교전에서 전사했다. 6월 25일, 36시간에 걸친 격전 끝에 독일 제14 기갑 사단은 소련군을 우회하고 스티르Styr 강을 향해 동진했다. 따라서 포타포프는 포위를 피하기 위해 반격을 중단하고 퇴각했다.

이렇게 해서 6월 26일에 에발트 폰 클라이스트Ewald von Kleist 상급대장의 제1 기갑 집단이 스티르 강을 도하해 측면에 대한 2차례의 제한된 반격을 격퇴하고, 로브노Rovno를 따라 우크라이나의 산업 및 정치의 중심인 키예프로 진격할 태세를 갖추게 됐다. 이때 키르포노스 상장은 상당한 규모의 기계화 부대를 집결시키는 데 성공했다. 불행하게도 반격에 투입할 예정이었던 3개 소총병 군단이 도착하지 않아, 편제 미달의 4개 기계화 군단은 지원 없이 반격에 나서야 했다. 이전처럼 포타포프의 제5군이 북익에 대한 공격을 준비했고, 로코솝스키 소장의 제9 기계화 군단과 N. V. 페클렌코N. V. Feklenko 소장의 제19 기계화 군단이 이 공격에 투입됐다. 두 기계화 군단의 차량화 소총병 사단은 병력 수송 수단이 부족해 보병 지원

없이 전차만으로 공격에 나서야 했다. 남쪽에서는 키르포노스의 주력 기계화 부대인 제15 기계화 군단과 제8 기계화 군단이 R. N. 모르구노프R. N. Morgunov 소장의 지휘하에 반격을 준비했다. 북익과 남익의 반격 부대는 모두 항공 지원을 받았지만, 여전히 포타포프의 참모진은 공격에 투입된 전차 부대에 효과적인 지원을 하기에는 경험이 부족했다.

6월 26일에 제8 기계화 군단은 독일 제57 보병 사단을 10킬로미터나 밀어붙였다. 그러나 이날 밤 제8 기계화 군단은 방향을 바꿔 독일군 주력이 배치된 두브노Dubno로 진격하라는 명령을 받았다. 6월 27일, 이 명령에 따라 I. V. 바실리예프I. V. Vasil'ev 대령의 제34 전차 사단을 중심으로 기동 집단이 편성됐으나, 두 집단으로 나뉜 제8 기계화 군단은 독일군의 공군, 포병, 기갑 부대의 합동 공격에 큰 타격을 받았다. 제8 기계화 군단의 잔존 병력은 7월 1일에 포위망을 벗어나 동쪽으로 후퇴했다. 측면의 제15 기계화 군단은 또다시 독일 공군과 습지대 때문에 별다른 전과를 거두지 못했다. 북익에서는 6월 26일에 제19 기계화 군단의 2개 전차 사단이 진격을 시작했으나, 독일 제13, 제11 기갑 사단과 충돌해 로브노로 밀려났.

제9 기계화 군단장 로코솝스키 소장은 전황에 대해 제한적인 정보밖에 얻지 못했지만, 이내 반격 자체가 불가능하다는 것을 알게 됐다. 로코솝스키는 명령에 따라 공격을 감행했지만, 곧 제19 기계화 군단과 접촉이 끊어졌고 그의 구식 경전차들은 심각한 손실을 입었다. 다음 날 공격을 재개하라는 명령이 내려오자, 로코솝스키는 명령을 거부하고 방어로 전환해 로브노로 진격하는 독일 제13 기갑 사단의 선두 부대를 기습했다. 아마도 독소 전쟁에서 처음으로 독일군은 소련군의 집중 포화에 걸려 큰 피해를 입었다. 로코솝스키는 이틀간 독일 공군과 지상군의 공격을 막아낸 뒤 후퇴를 명령했다.

비록 성공하지는 못했지만 소련군의 반격은 독일 남부 집단군의 진격을 최소 1주일은 지연시켰고, 뒤에 히틀러가 우크라이나의 위협을 제거하기 위해 중부 집단군의 전력 일부를 모스크바 방면에서 차출하는 상황을 끌어냈다. 우크라이나에서 벌어진 초기의 전투는 독일 기갑 부대도 결코 무적이 아니라는 사실을 드러냈으며, 로코솝스키 같은 미래의 고급 지휘관들이 비싼 대가를 치르고 기계화전에 대한 알찬 전훈을 얻을 수 있게 해줬다.[14]

감성과 이성

독일은 소련 민중 대부분이 스탈린의 학정으로부터 해방되기를 바라므로 신속한 승리가 가능할 것으로 예상했다. 전쟁 초기에 이 예상은 대부분 들어맞았다. 대부분의 라트비아인과 리투아니아인, 상당한 규모의 우크라이나인과 다른 소수 민족들은 지배자가 바뀌는 것을 환영하지는 않더라도 협조적이었다. 민족을 불문하고, 유럽 러시아 지역에 살던 나이 많은 주민들은 엄격했지만 그런대로 견딜 만했고 〈공정했던〉 1917~1919년의 독일 점령 시기를 기억하고 있었다. 그들은 자신들의 삶의 터전을 버리고 피난민이 되는 것보다는 남아서 사태를 관망하는 쪽을 택했다. 500,000명에 달하는 볼가-독일 자치 공화국의 독일계 주민들은 이런 기회가 오기도 전에 잠재적 반역자의 굴레를 쓰고 극동 지역으로 강제 이주 당했다.

그러나 처음부터 독일의 점령 정책은 일부러 주민들을 이간하려는 경향이 있었다. 침공 이전, 독일 국방군 총사령부는 소련이 전쟁 규칙에 관한 제네바 조약 및 헤이그 조약 가입국이 아니라는 이유로 2개의 명령을 내렸다. 〈인민 위원 명령 Commissar Order〉은 소련의 정치 위원을 전쟁 포로로 대우하지 말고 생포하는 대로 처형하라는 내용이었다. 두 번째 명령은 독일 군인이 민간인이나 포로에게 가혹 행위를 할 경우 처벌을 지휘관의 재량에 맡기도록 규정했다.[15]

독일군의 많은 고급 지휘관들은 이 명령을 하달하는 것을 거부하며 상급자들에게 항의했다. 이후 대부분의 독일 장교들은 국방군이 이 명령에 따르지 않았으며, 전쟁 범죄 행위는 육군을 따라 들어온 친위대 Schützstaffel와 행동대 Einsatzkommando, 나치당의 점령 기구들이 저지른 것이라고 주장했다.

독일 정규군 지휘관들의 이런 항의는 물론 완전히 거짓은 아니었지만, 그렇다고 그들이 전쟁 범죄에 대해 결백한 것은 아니었다. 직업 군인인 상급자들은 종종 하급자들의 범죄 행위를 통제하지 못했다. 중대 급 지휘관들과 이하 사병들은 대개 나치 통치하에서 자랐으며, 의식적이건 무의식적이건 간에 나치의 규범을 따르고 있었다. 1941년 당시의 3개 야전 사단에 대한 분석에 의하면, 장교의 29퍼센트가 나치당 당원이었고, 이들은 대개 자신의 동료들보다 교육 수준과 사회적 지위가 높았기 때문에 사단 내에서도 높은 입지를 차지하고 있었다고 한다.[16]

많은 수의 국방군 병사들이 소련인을 쓸모없고 믿을 수 없는 열등 인종으로 생각했다. 이것은 특별한 정신적인 문제가 아니었다. 병사들은 살인과 그에 이은 잔혹 행위에 대한 거부감을 극복하기 위해 적을 비인간적이고 악마적인 존재로 느껴야 했다. 그러나 소련군 포로와 민간인에 대한 이런 〈비공식적인〉 독일군의 태도는 엄청난 규모의 잔혹 행위와 학살을 불러왔다. 독일군의 이러한 행동은 도덕적 책임은 차지하고서라도, 잠재적인 동맹 세력을 이반하고 광범위한 저항을 불러일으키는 결과를 가져왔다.

독일군의 이러한 잔혹 행위에 대해 가장 그럴듯한 설명으로는, 친밀한 사회와 떨어져 적대적인 주민과 환경 사이에 둘러싸여 막대한 인적 손실을 경험할 수밖에 없던 동부 전선의 참혹한 환경이 원인이라는 것이다. 그러나 사실 독일군은 전쟁이 시작된 뒤부터 많은 잔혹 행위에 연루되었다. 나치당 조직이 점령 지역에 도착하기 전에 이미 러시아 마을에 난입한 최초의 독일 정규군이 주민들의 저항 의지를 꺾기 위해 많은 사람들을 처형했다. 나치의 선전 선동에선 대부분의 공산당원이 유대인이라고 주장했기 때문에, 독일 야전 부대는 종종 〈인민 위원 명령〉을 공산당원이나 유대인으로 판명되는 자들은 모두 처형하라는 식으로 해석했다. 포로들의 심문을 위해 후방으로 이송하라는 명령이 내려졌는데도, 독일군은 공산당원과 유대인을 즉결 처분했다. 다른 포로들은 지뢰 제거나 이와 비슷하게 위험하다고 생각되는 작업에 투입했다.[17]

제2차 세계 대전 중 유럽 지역 유대인에 대한 대량 학살(홀로코스트)은 전 세계적으로 널리 알려졌다. 그러나 독일의 잔인한 정책으로 일어난 비(非)유대인과 슬라브인에 대한 범죄 행위는 그만큼 알려지지 못했다. 이들 범죄 행위의 완전한 규모를 정확히 추산하기는 어렵지만, 대략 3,000,000명에 달하는 러시아인, 벨로루시인, 우크라이나인들이 독일로 끌려가 사망과 부상이 빈번한 환경에서 강제 노역을 해야 했다. 또 독일군의 포로 중 3,300,000명이 기아와 질병, 주거 시설의 부족으로 사망했다. 이것은 독일군이 잡은 전체 소련군 포로의 58퍼센트에 달하는 수치였다.[18] 어떤 부대가 포로들을 경비했던 간에 소련군 포로 문제는 그들을 생포한 독일 육군의 도덕적 책임이었다. 사실 1941년의 독일 육군은 대규모의 포로가 발생하는 문제에 대한 준비를 거의 하지 않아서 항복한 포로들 중 상당수가 식량과 숙소의 부족으로 사망했다. 겨울이 닥치자 월동 장비가 부족했던 독일군은 포로의 외투와 군화를 빼앗기도 했다.
 역설적이게도, 독일의 노동력 부족 문제는 1941년 말부터 포로와 강제 수용자에 대한 처우를 크게 개선시켰다. 불행한 포로들은 마침내 노예 노동력으로 가치를 인정받은 것이다. 그러나 그 이후에도 독일군의 인종 차별적 행동은 독일로 이송되는 포로들에게 더 많은 고통을 겪게 했다. 많은 지휘관들은 〈열등 인종〉이 독일 철도 차량을 〈오염시키는〉 것을 막기 위해, 포로들이 새로 정복한 광활한 지역을 걸어서 이동하게 했다. 의아한 점은 그럼에도 독일의 산업계는 1942년까지도 이들 노예 노동력을 별달리 활용하지 못했다는 것이다.[19]
 독일 점령 지구에 잔류한 주민들에게 눈을 돌려 보면, 독일의 점령 정책이 식량과 생활필수품을 수탈하는 것이었기에 이들도 서서히 죽어 갔다. 일부 기록에 따르면, 소련 남서부에 대한 루마니아의 점령 정책은 독일보다도 더 가혹했다고 한다.
 이런 야만적인 행위 때문에 독일군에 적극적으로 협조하던 주민들조차 더 이상 정복자에게 충성하고 싶어 하지 않았다. 1941년, 독일군 후방에는 낙오된 소련군 부대를 제외하면 이렇다 할 게릴라 조직이 없었다. 그러나 전쟁이 진행되면서, 독일 점령 지구에서의 파르티잔 활동은 유고슬라비아 다음으로 격렬해졌다. 그리고 격렬한 파르티잔 활동은 독일군이 보이지 않는 적을 박멸하기 위해 더 잔인한 대응을 하게 만들었다. 전쟁 초기부터 소련군 역시 비슷한 잔인함으로 대응했다.

스몰렌스크

 7월 3일, 독일 육군 참모총장 할더는 그의 일기에 다음과 같이 적었다. 〈드비나 강과 드네프르 강 (서)안에서 러시아군의 주력을 격멸한다는 목표는 달성되었다……. (드비나 강과 드네프르 강) 동안에서는 잔존 병력을 상대하는 것에 그칠 것이다……. 따라서 러시아 전역이 2주 내에 승리로 끝났다는 말은 허언이 아닐 것이다.〉[20]
 독일군은 서부 전선군의 일선 제대를 섬멸하고, 남서 전선군과 북서 전선군에 큰 피해를 입혔다. 또한 독일군은 드비나 강과 드네프르 강을 돌파했으며, 보급과 보병의 지원, 그리고 승승장구하는 기갑 부대에 대해 히틀러가 결단만 내린다면 공격을 재개할 준비가 되어 있었다. 대부분의 독일군 지휘관들은 할더와 마찬가지로 이제 겨우 시작된 전쟁을 다 이겼다고 자신하고 있었다.

소련군이 기습의 충격에서 회복되는 과정과 그에 이은 일련의 방어 전투는 다음 장인 〈소련의 대응〉에서 기술하겠다. 이 시점에서는 당시 드비나 드네프르 강을 방어하던 부대가 단순히 섬멸당한 서부 전선군의 잔존 병력이 아니라, 새로 투입된 부돈니 원수의 예비 전선군 예하의 5개 야전군이었다는 점에 주목할 필요가 있다. 부돈니의 예비 전선군은 5월 말에 드비나 강 일대로 이동했으며, 스탈린은 티모셴코에게 서부 전선군 지휘를 맡기면서 4개 야전군(제19군, 제20군, 제21군, 제22군)을 예비 전선군으로 배속시켰다. 예비 전선군의 다섯 번째 야전군으로서, M. F. 루킨M. F. Lukin 중장이 이끄는 약체 제16군은 민스크-모스크바 축선에서 두 번째로 큰 도시인 스몰렌스크를 방어하고 있었다.[21] 소련군의 이러한 필사적인 대응은 예비 전선군들을 전략적 반격전에 투입한다는 원래 계획과는 다른 것이었다. 소련군은 붕괴된 전략 종심을 회복하기 위해 다른 야전군들을 동원하는 동안, 전시 동원령으로 편성된 첫 번째 야전군 중 제24군과 제28군을 모스크바 방면 방어를 위해 스몰렌스크 동쪽의 뱌지마Viaz'ma와 스파스-데멘스크Spas-Demensk 일대에 배치시켰다.[22]

이 부대들은 전차, 통신 수단, 대전차화기, 대공화기가 부족했다. 그리고 고급 지휘관들은 거의 매일 교체되었다. 새로 편성된 부대들은 전투 준비가 제대로 되어 있지 않아 전과가 신통치 않았다. 독일군은 이 부대들이 전선에 나타나기 전까지는 이들의 존재를 알지 못하고 있었다. 그 결과, 1941년 7월부터 8월까지 스몰렌스크 지구에서는 형편없는 방어 준비에도 불구하고 격전이 벌어졌고, 이 전쟁에서 처음으로 독일군을 저지할 수 있었다.

P. A. 쿠로치킨P. A. Kurochkin 중장의 제20군은 7월 6일 드네프르 강으로 향하는 독일군을 저지하기 위해 반격을 실시했고, 제5 기계화 군단과 제7 기계화 군단은 레펠Lepel' 부근에서 진격하는 독일군 선두 부대에 정면 공격을 가했다. 두 기계화 군단은 독일 제7 기갑 사단의 대전차 방어선에 대한 충분한 정찰도 하지 않고 보병의 지원도 없이 공격을 실시했고, 결국 전멸당했다.[23] 본격적인 전투는 7월 10~11일에 구데리안이 이끄는 독일 제2 기갑 집단이 드네프르 강을 건너, 다음 단계의 작전을 개시하면서 시작됐다. 구데리안의 다음 상대는 민스크 포위망을 빠

져나온 제13군이었다. 제13군은 기갑 전력도 없고, 편제 미달의 4개 소총병 사단밖에 없어 별다른 저항을 하지 못했다. 7월 13일, 구데리안의 제46 기갑 군단은 모길료프Mogilyov 북쪽으로, 제24 기갑 군단은 남쪽으로 우회해 모길료프를 방어하던 제13군의 제61 소총병 사단과 제20 기계화 군단을 포위했다. 모길료프에서 포위된 부대들은 2주간(7월 26일까지) 저항했지만, 독일군의 진격을 저지하지는 못했다.[24] 마찬가지로 I. S. 코네프 I. S. Konev 중장의 제19군은 비텝스크 돌출부를 탈환하기 위해 7월 11~13일에 기차에서 하차한 병력으로 수차례의 헛된 반격을 계속했다. 13일 저녁에 구데리안의 제29 차량화 보병 사단이 스몰렌스크 전방 18킬로미터까지 진격했고, 소련 제19군은 사실상 붕괴되었다.[25]

같은 날, 쿠즈네초프 상장의 제21군은 제3군의 잔존 병력의 지원을 받아 제2 기갑 집단의 남익과 독일 제2군의 후속 보병들을 공격했다.[26] 제20군은 비텝스크 일대에서 4일 동안 막대한 손실을 내면서 성과는 없는 반격을 거듭했다. 제21군의 반격은 보브루이스크Bobruisk 남쪽의 독일군 후방으로 진출한 기병 부대의 공격을 포함해, 소련의 전쟁 이전 일반 방어 계획을 수행하려는 시도의 일환이었다. 일반 방어 계획은 독일군이 드네프르 강 방어선에 도착하거나 이를 돌파하려 할 때 전 전선에 걸쳐 계획된 일련의 반격을 감행하는 것이었다. 쿠즈네초프가 그의 주공을 구데리안의 남측익인 보브루이스크에 집중하는 동안, 소련 제11군과 제48군은 스톨치Stol'tsy 지구와 프스코프Pskov에서 독일 북부 집단군의 기갑 부대에 반격을 감행했다. 그리고 포타포프의 제5군은 남은 기갑 부대의 지원을 받아 키예프Kiev 서쪽의 코로스텐Korosten' 근처에서 독일 남부 집단군의 기갑 부대 선봉을 공격했다.

그러나 이 반격들이 실패했기 때문에, 당대의 독일군과 전후의 역사가들 모두 이들이 긴밀하게 전개되었다는 점을 파악하지 못했다. 초기의 반격 시도가 실패로 돌아가면서 모스크바는 반격 계획을 속행하기 위해 3개 전선군 사령관들에게 새로운 방안을 강구하도록 지시했다. 남부 지구에서는 이 지시에 따라 키르포노스 상장이 코로스텐 지구에 대한 반격을 계속했지만 성과가 없었다.

구데리안은 그의 부대 상당수를 제20군의 반격을 막는 데 투입했지만, 소련군의 의도에는 말려들지 않았다. 7월 24일, 재편성을 마친 제18 기갑 사단은 제29 차량화 사단과 함께 진격을 재개했다. 그러나 이 두 사단은 전력이 약화되어 헤르만 호트Hermann Hoth의 제3 기갑 집단과 함께 스몰렌스크를 포위하기에는 역부족이었다. 이 공격을 시작하기 직전 제18 기갑 사단장은 피해가 누적되고 있는 점을 들어 〈우리 스스로 파멸하지 않으려면〉 전진을 중단해야 한다고 주장했다.[27] 호트의 제3 기갑 집단은 폴로츠크Polotsk와 비텝스크를 거쳐 북쪽으로 전진하는 대신 구데리안의 부대와 평행으로 진격을 계속했다. 호트는 일부 병력을 벨리키예루키Velikie Luki를 공격하는 제9군을 지원하도록 해, 선두 부대가 7월 14일에야 뒤늦게 스몰렌스크 동쪽에 도착할 수 있었다. 그동안 소련 제16군은 3일에 걸친 시가전 끝에 스몰렌스크에서 밀려났다. 이때 독일 제18 기갑 사단의 기동 가능한 전차는 단 12대로 줄어들어 스몰렌스크 전투의 치열함과 보병 사단의 지원 없이 전투에 투입된 기갑 사단의 취약함을 보여 주었다.

이 시점에서 독일군 수뇌부는 또다시 포위망을 봉쇄하는 문제에 직면했다. 구데리안과 호트는 모스크바로 진격하기를 원했고, 이를 위해 구데리안은 제29 차량화 사단을 드비나 강 동안의 옐냐El'nya 교두보 확보를 위해 투입했다. 반면 중부 집단군 사령관 귄터 폰 클루게Günther von Kluge*와 히틀러의 참모들은 새로 파악한 소련군 부대들을 가능한 많이 섬멸하기를 원했다. 두 기갑 집단의 측면에 대한 소련군의 공격이 격렬했기 때문에, 구데리안은 자신의 전력으로는 옐냐 교두보 확보나 스몰렌스크 동쪽에서의 제16군 차단 가운데 하나를 해낼 전력은 되지만 둘 다 완수하는 것은 불가능하다고 생각했다.

독일 측이 주저하는 동안, 티모셴코는 제16군이 포위되는 것을 저지하고 독일군의 추가적인 동진을 막기 위해 방어선에 뚫린 틈을 메우려 했다. 7월 17일, 남서부의 국경 전투 후 서부 전선군으로 전속되어 제16군 지휘를 맡게 된 로코솝스키는 독일 제3 기갑 집단으로부터 야르체보Yartsevo의 드네프르 강 도하 지점을 방어하는 임무를 맡게 됐다. 로코솝스키는 괴멸된 부대와 낙오병을 그러모아 제38 소총병 사단과 구식 전차 40대로 줄어든 제101 전차 사단에 배속시켰다.[28] 로코솝스키는 독일 공군의 계속되는 공격에도 7월 18일부터 23일까지 독일 제7 기갑 사단을 저지했고, 24일에는 반격으로 돌아섰다.

* 이때 중부 집단군 사령관은 아직 페도르 폰 보크였다. 클루게는 1941년 12월 19일에 중부 집단군 사령관에 임명되었다.

7월 21일부터 새로 투입된 제29군, 제30군, 제28군, 제24군으로 편성된 작전 집단은 포위된 제16군과 제20군을 구출하기 위해, 북쪽으로는 벨리Belyi에서부터 남쪽으로는 야르체포와 로슬라블Roslavl'에 이르는 독일군을 공격했다.[29] 황급히 준비된 소련군의 반격들은 보급선이 늘어난 독일 기갑 부대에 큰 압력으로 작용했으며 양측 모두 끔찍한 피해가 발생했지만, 결국 형편없는 작전 조율, 빈약한 화력 지원, 보급 체계의 부재로 실패로 돌아갔다. 7월 31일, 구데리안의 제24 기갑 군단은 가장 성공적으로 반격하고 있던 소련군 집단(카찰로프Kachalov 집단)을 섬멸해 버렸고, 이후 동쪽을 향한 작전 또는 키예프를 방어한 소련군 북측익에 대한 작전을 개시할 수 있는 길을 열었다.

소련 제20군의 잔존 병력은 7월 23일 반격에 나섰으나, 양측익을 엄호할 부대가 없어 포위되어 버렸다. 제3 기갑 집단의 병력(제39 기갑 군단)과 제2 기갑 집단의 병력(제47 기갑 군단)은 7월 27일 스몰렌스크 동쪽에서 합류해 제16군, 제19군, 제20군의 주력을 포위하는 데 성공했다. 포위된 소련군은 수일 뒤 쿠로치킨 중장의 제20군을 중심으로 스몰렌스크 북쪽, 동쪽, 남쪽에서 개시된 반격의 지원을 받아 포위망을 돌파할 수 있었다. 제3 기갑 집단은 7월 말에 야르체보에서 로코숍스키의 방어선에 대한 돌파를 시도했지만, 소련군 포병과 몇 대의 KV-1 전차의 출현으로 제7 기갑 사단과 제20 기갑 사단의 진격이 저지되었다.[30] 8월 30일부터 시작된 스몰렌스크-모스크바 축선에서의 소련군의 저항으로 인해 옐냐 교두보에 있던 독일군이 큰 타격을 입었으며, 마침내 9월 8일에는 소련군이 독일군을 교두보에서 몰아냈다.

6장에서 살펴보겠지만, 9월에 들어오면서 모스크바 축선에 있던 일부 소련군의 완강한 저항으로 인해 독일군은 우크라이나의 소련군을 정리하는 데 역점을 두게 되었다. 독일군은 스몰렌스크 동쪽으로의 공격을 1개월간 중지해야 했다. 그 결과, 스몰렌스크 지구에서 소련군이 거둔 반격 성공은 독일군 고위 지휘관들의 이목을 거의 끌지 못했고, 그들의 회고록에도 별로 언급되지 않았다. 반면 이 제한적인 승리는 소련군의 사기를 고취시키고, 모스크바 방어선을 정비할 시간을 벌어 줬다. 독일 전격전Blitzkrieg의 추진력은 독일 수뇌부의 주저함뿐 아니라 소련군의 완강한 저항 때문에 둔화된 것이었다.[31]

5 | 소련의 대응

독일의 침공은 소련이 5개 야전군을 예비 전선군에 배속시키는 것 이상의 조치를 취하게 했다. 전쟁 첫 주에 소련 당국은 지휘 통제 체계와 부대 편제, 군수 산업 시설을 개편했다. 이 위기 상황에서 소련은 일시적으로 전쟁 이전의 교리 체계를 포기했고, 현대전의 실상을 반영한 고통스럽지만 효과적인 조치를 취했다.

지휘와 통제

전쟁이 시작되고 첫 6주 동안, 소련의 국가 지휘 구조는 빈번하게 명칭과 조직의 변동을 겪었는데, 이런 조치들은 실제 전쟁에는 별다른 영향을 미치지 못했다.[1] 6월 23일, 미국의 국가 안보 위원회에 해당하는 전쟁 인민 위원회의 전시 참모 기구가 중앙 지휘 사령부Stavka Glavnogo Komandovaniya라는 명칭으로 창설됐다. 이 위원회는 전쟁 인민 위원장 티모셴코, 스탈린, V. I. 몰로토프, 그리고 주코프와 부됸니 같은 상급 지휘관들로 구성됐다. 이 조직은 수차례 명칭과 구성원 변경을 거쳐, 8월 8일 스탈린을 최고 사령관으로 한 최고 중앙 지휘 사령부Stavka Verkhnogo Glavnokomandovaniya(또는 Stavka VGK, 이하 스타브카)*로 개편됐다. 사실상 〈스타브카〉라는 명칭은 최고 사령부 위원회와 이 위원회를 보좌하는 총참모부 두 조직을 통칭하는 개념으로 느슨하게 사용됐다. 이론상으로는 국방 인민 위원회Gosudarstvennyi Komitet Oborony(GKO)가 최상위 조직으로, 스타브카와 총참모부를 통제하게 되어 있었다. 또, 혼란에 빠진 붉은 군대 공군을 재편하기 위해 독립된 공군 사령부Komanduiushii VVS Krasnoi Armii가 조직되었다.[2]

그러나 사실 전쟁 초기에 소련에는 강력한 중앙 통제 조직이 없었다. 스탈린은 충격에 빠져 대중 앞에 모습을 드러내지 않았을 뿐 아니라, 일일 전황 보고 자리에도 불참했다. 침공 당일인 6월 22일 오후 늦게야 수상 겸 외무 인민 위원 몰로토프가 정규 방송을 중단하고 독일의 침공을 발표했으나, 그 또한 전면전이 발발했다는 사실을 믿고 싶어 하지 않았다. 7월 3일이 돼서야 스탈린은 대중 앞에 모습을 나타냈고, 국민들에게 게릴라 저항과 침략자들에게 유용한 모든 것을 파괴하거나 철수시키라는 내용의 연설을 했다. 스탈린은 그의 연설에서 소비에트 국가에 대한 충성이 아닌 러시아 민족주의를 강조했으며, 이것은 전쟁 기간 내내 계속됐다.

스탈린과 몰로토프가 주저하고 있는 동안, 그들의 군사 분야 보좌진들은 전쟁이 발발하자마자 수도를 떠나 어떤 일이 벌어지고 있는지 필사적으로 파악했고, 다소나마 상황을 안정시킬 수 있었다. 티모셴코, 주코프, 바실렙스키, 부됸니와 다른 군인들은 곳곳을 누비고 다니면서 전쟁이 발발한 처음 며칠간 여러 부대의 사령부를 방문했다. 마침내 병환에 시달리던 샤포시니코프 원수가 모스크바에서 스타브카 참모장을 (건강이 더 악화될 때까지) 맡고, 스탈린이 신뢰하는 다른 고급 지휘관들이 지역 사령관, 또는 〈해결사〉 역할을 맡아 위험 지구를 정부 차원에서 지원하기 위해 자주 직위를 옮기는 식으로 체계가 만들어졌다.

* 스타브카Stavka는 소련 국방 인민 위원회(GKO) 산하에 조직된, 독소 전쟁 당시 최고 사령부를 의미한다. 스타브카라는 말은 제1차 세계 대전 당시 제정 러시아에서 조직한 야전 총사령부의 명칭으로 이미 쓰였다. 독소 전쟁이 일어나자 1941년 6월 23일에 소련도 이를 본 따 〈중앙 지휘 사령부〉를 조직하였고, 티모셴코가 사령관에 임명되었다. 7월 10일에는 〈최고 지휘 사령부StavkaVerkhnogo Komandovaniya〉로 개칭되었으며, 이후 스탈린이 사령관에 취임하고 8월 8일에 〈최고 중앙 지휘 사령부〉로 개칭되어 종전까지 유지되었다. 이를 줄여 흔히 〈스타브카〉라고 부르는데, 영어권에서는 스타브카를 약어로 오인하고 STAVKA라고 적는 경우가 빈번하다. 따라서 국립국어원 표기법에 따르면 〈스탑카〉로 표기하는 것이 옳으나, 기존의 용례에 친숙한 독자들을 위해 본서에서도 〈스타브카〉로 표기하였다.

이 새로운 체계의 일부로, 7월 10일에 전구(戰區) 단위로 여러 전선군을 통합 지휘하는 전략 사령부인 3개의 방면군 사령부Glavnye komandovaniia napravlenii³가 창설되었다. 방면군 사령부는 단일 전략 방면, 혹은 축선에 배치된 모든 전선군과 다른 군종을 통합 지휘하기 위해 만들어졌다. 처음 창설될 당시 보로실로프 원수(발트 함대와 북해 함대를 포함한 북서 방면군), 티모셴코 원수(서부 방면군), 부돈니 원수(흑해 함대를 포함한 남서 방면군)가 3개의 방면 사령부를 지휘했다. 티모셴코 원수가 7월 말부터 서부 전선군을 직접 지휘하면서 소콜롭스키 중장이 행정적으로 서부 방면군을 지휘하게 됐다. 각 방면군의 정치 장교, 또는 〈위원회 멤버〉는 각자 미래의 공산당 지도자로 성장하게 되는 A. A. 즈다노프A. A. Zhdanov(북서 방면군), N. A. 불가닌N. A. Bulganin(서부 방면군), N. S. 흐루쇼프N. S. Khrushchyov(남서 방면군)였다. 그러나 실제로는 스탈린과 스타브카가 각 방면군 사령부를 거치지 않고 전선군 사령부를 통제했다. 이 지휘 체계는 필요 이상으로 복잡했고 비능률적이었기 때문에 1942년에 해체됐다.

전쟁 초기의 패배는 정치 위원의 권한을 다시 각급 제대 지휘관과 참모장의 수준으로 강화하게 만들었다. 많은 직업 군인들이 침략군과 싸우기 위해 수용소에서 풀려나는 반면, 일부는 의심으로 가득 찬 환경 속에 놓이게 되었다.⁴ 파블로프는 즉결 처형된 유일한 지휘관이 아니었다. 독일군의 포위망을 탈출한 많은 소련 병사들이 아군 지역에 도착했을 때, 무장 해제와 동시에 체포되어 비겁자와 내부 교란자를 가려내기 위한 내무 인민 위원회 후방 보안 부대의 조사를 받아야 했다. 더불어, 95,000명의 민간인 신분 공산당원들과 콤소몰 단원들이 6월 말에 동원되었다. 이 중 일부는 특별히 편성된 돌격 부대에 들어갔고, 나머지는 아직 남아 있는 붉은 군대 정규 부대의 보충 병력으로 편입됐다.⁵

그러나 사실상 대부분의 병사들이 정부의 위협이 없이도 자발적으로 싸웠기 때문에, 군대에 대한 공산당의 영향력 강화와 공포는 필요가 없었다. 공산당의 군대 개입을 진행시킨 배후의 동력은 6월 23일에 군 중앙 정치국 국장으로 임명된 음흉한 메흘리스였다. 보로실로프, 주코프와 다른 직업 군인들은 메흘리스가 대숙청에서 저지른 행위 때문에 그를 경멸했고, 이들은 전쟁 수행에 개입하려는 상급 정치 위원들의 모든 시도에 저항했다. 그리고 뒤에서 보겠지만, 마침내 메흘리스도 자신이 고안한 시스템에 희생되고 말았다.

전쟁 초기 소련군의 패전은 상당수가 숙청에서 살아남은 장교단의 경험 부족이 직접적인 원인이었다. 야전 지휘관들은 실전 경험이 부족했고, 전술적 상황을 바로잡을 의지가 부족했으며, 지형을 고려하지 않고 예하 부대들을 교범의 도식대로 배치하는 등 판에 박힌 대응만 하는 경향이 강했다. 이 때문에 소련군은 독일군의 주공이 가해지는 지역을 파악해 병력을 집중시키지 못했고, 공격과 방어 시에는 정형화되고 뻔히 예견되는 방식을 고수하여 경험이 풍부한 독일군 지휘관들은 쉽게 소련군을 격퇴하거나 회피할 수 있었다.[6]

각급 제대의 사령부는 기동, 화력 지원, 군수 지원을 조율할 수 있도록 교육받은 참모장교가 부족했다. 우크라이나의 국경 지대 전투 사례가 보여 주듯 야전군 사령부들은 1개 이상의 기계화 군단을 조율해 공격할 수 있는 능력이 없었으며, 몇 대 안 되는 항공기로 지상군을 지원하는 것조차 할 수 없었다. 물론 예외도 있었지만, 붉은 군대 장교들의 전반적인 능력은 매우 형편없었고 이 때문에 기습을 받자 혼란에 빠지는 것을 피할 수 없었다. 독일과 서방의 군사 관계자들이 소련군을 붕괴 직전이라고 판단한 것도 전혀 놀랄 일이 아니었다.

소련의 참모장교들은 예하 부대를 통제하고 상급 부대에 상황을 보고할 수 있는 효과적인 통신 수단이 부족했다. 독일의 특수 공작 부대와 공습이 가설된 전화망을 타격하자, 많은 사령부들에서 거의 통신이 두절되었다. 심지어 전시 동원 체제에서 전선군으로 전환되는 군관구 사령부조차 장거리 무전기와 숙련된 무전병이 부족했다. 소련군의 음어 체계가 너무 복잡해 일부 지휘관들은 종종 〈평문(平文)〉으로 교신했고, 독일의 감청 부대에 좋은 정보를 제공해 준 셈이었다.

달리 말하면, 붉은 군대는 숙련된 참모장교와 통신 수단이 감당할 수 없을 만큼 사령부가 많았다. 게다가 전쟁 초반의 패배로 사단, 군단, 야전군의 평균 전력이 크게 감소해 더 이상 복잡한 지휘 체계를 유지할 필요가 없었다. 지휘·통제 능력의 부족과 전차와 대전차포 같은 특수한 장비의 부족은 붉은 군대의 조직 체계를 극히 단순화하도록 만들었다.

조직 개편

붉은 군대 수뇌부가 독일의 진공으로 계속 위기에 대처해야 하는 상황에서도 조직 개편을 구상하고 단행했던 것은 현명한 조처였다. 붉은 군대 수뇌부는 기본적이고 단순한 조직으로 회귀하면서, 전쟁 이전의 개념을 버리는 대신 이후 2년에 걸쳐 재기할 수 있는 세력을 보존했다.

1941년 7월 15일자 스타브카 회람 1호는 군 구조 개편의 시작을 알렸다.[7] 야전 지휘관들은 군단 급 지휘부를 없애고, 야전군의 조직을 5~6개의 소총병 사단에 2~3개의 전차 여단, 1~2개의 기병 사단과 총사령부 예비 포병 연대들을 배속받는 간략화된 편제로 개편하라는 훈령을 받았다.[8] 이 조치로 숙련된 야전군 지휘관과 참모들은 예하 소총병 사단들을 직접 통제할 수 있게 됐다. 또한 사단 급 제대의 구조도 간략화되어, 전쟁 이전에 사단 편제에 포함돼 있던 특수한 대전차 부대, 대공 부대, 기갑 부대, 포병 부대를 없앴다. 야전군 사령관들이 부족한 중장비를 가장 위협받는 예하 부대에 배치할 수 있도록 하기 위해, 새로운 체제는 장비들을 야전군 직할 통제하에 두었다. 이 과정에서 소총병 사단의 인가 병력은 14,500명에서 11,000명으로 감소했다. 또 사단 포병은 24문으로 감소했고, 트럭의 수는 64퍼센트로 줄어들었다. 실제 사단 규모는 이보다 더 작았으며, 시간이 지나 더 약화된 사단들은 독립 여단으로 개칭됐다. 1941년 가을부터 1942년 초까지 스타브카는 소총병 사단을 새로 편성하는 대신, 170개의 소총병 여단을 편성했다. 이런 준(準)사단들은 병력 4,400명에 여단 본부 직할로 3개 소총 대대와 다양한 지원 대대를 두고 있어, 경험이 부족한 소련군 지휘관들이 지휘하기에 한결 편리해졌다.

또 7월 15일자 회람은 경험 있는 지휘관과 현대화된 전차가 부족한 상황에서 불필요한 기계화 군단을 해체했다. 기계화 군단에 소속돼 있던 차량화 소총병 사단들은 실제 현실이 그렇듯 일반 소총병 사단으로 개편됐다. 살아남은 전차 사단들은 해체되지는 않았지만 전차 보유 대수가 217대로 줄어들었다. 전투에 투입되지 않은 높은 단대호의 예비 전차 사단들은 새로운 편제의 전차 사단을 편성하기 위해 해체되었다.[9] 사실상 모든 전차 부대는 야전군 지휘관의 직할로 들어갔다. 1941년 여름과 가을에는 전차가 너무 부족해서 이 시기에 새로 편성한 기갑 부대는 전부 전차 여단이었다. 새로 편성된 대부분의 전차 여단들은 신규 생산된 50대의 전차와 최소한의 정비 및 지원 부대로 편성되었다. 그래서 일시적으로 붉은 군대는 기존에 가지고 있던 대규모 기계화 부대 개념을 버리고, 살아남은 전차들을 보병 지원 임무에 투입했다.[10]

또한 7월 15일 회람은 기병 부대를 크게 증강시켜, 각 3,447명의 기병으로 편성된 30개의 기병 사단을 새로 편성하게 했다. 1941년 말에 기병 사단은 82개로 증가했으나, 높은 손실률 때문에 12월 말에는 기병 군단으로 통합되었다. 부돈니 같은 적백 내전 경험자들은 전장에서 기병의 취약점을 무시하고, 1920년대 기준의 기동 부대를 부활시키는 데 일조했다. 독일 측 기록을 보면, 소련의 기병 부대들을 〈구제 불능의 시대착오〉라고 비웃고 있다. 그러나 모든 종류의 운송 수단이 부족했기 때문에 소련군 지휘관들에게는 다른 선택의 여지가 없었다. 1941~1942년의 겨울 기간에 모든 기계화 부대가 추위와 폭설로 기동 불능에 빠졌을 때, 기병 사단들(그리고 새로 창설된 스키 대대와 스키 여단들)은 스탈린과 부돈니가 기대했던 장거리 침투와 게릴라전 임무를 성공적으로 수행했다.

붉은 군대 공군은 육군이 기계화 부대의 독립된 작전을 포기한 것처럼 전략 장거리 항공군 사령부를 일시적으로 폐지했다. 전술 항공 부대는 항공 연대의 항공기 보유 대수를 60대에서 30대로 줄였다.[11]

부대 편제는 전술적 판단에 비하면 바꾸기가 훨씬 쉬웠다. 소련의 지휘관들은 1942년에도 스탈린부터 말단 지휘관까지 어떤 때는 치밀함을, 어떤 때는 형편없는 능력을 보였다. 소련의 작전 및 전술적 개념 수립과 시행에 있어서 가장 중요한 변화는 1942~1943년 겨울에야 나타났으며, 1941년의 위기 때 스타브카는 이 과정의 초기 단계에 있었다. 이 시기에 하달된 훈령들은 그것을 하달받을 경험이 부족한 지휘관들을 고려해 작성되었기 때문에 멍청할 정도로 단순하게 보였다. 7월에 독일 기갑 부대가 진격해 올 것으로 예상되는 지역에 통합된 대전차 방어 지구를 구축하기 위한 〈포병 방어 명령〉이 하달되었다.[12] 지휘관들은 가용 가능한 대전차포를 방어 지구 전체에 고르게 배치하는 것을 금지당했다. 8월에 스타브카는 종심과 대전차 방어망 없이 얇은 선형 방어를 취하는 지휘관들을 공식적으로 비판했다. 그러나 일선 부대에 병력과 야포가 부족해 이미 파악된 독일군의 전술에 대항하라는 기본적인 강조도 말로 끝나는 상황에서, 종심 깊은 방어를 취하는 것보다 말로 비판하는 것이 더 쉬웠다.

많은 소련 장교들은 공격할 때나 방어할 때나 자신의 부대를 경직되게 운용했고, 강력한 독일 방어선에 정면 돌격을 감행했다. 이것은 어떤 상황에서나 형편없는 전술이지만, 특히 붉은 군대가 병력과 장비가 부족한 상황에서는 더욱더 그랬다. 1941년 12월, 소련이 모스크바 지구에서 반격을 개시했을 때도 이런 전술로 막대한 피해가 발생해 주코프가 분통을 터뜨리기도 했다. 12월 9일, 주코프는 지휘관들에게 정면 공격을 금지하고 적의 개방된 측면을 찾아 돌파하라는 지령을 내렸다. 이 전술은 12월의 상황에서는 전반적으로 잘 수행됐으나(6장을 참조), 6월부터 10월까지 독일군이 승승장구할 당시에는 실행되었다 하더라도 효과를 발휘하지 못했을 것이다.

부대 창설

기계화 군단을 해체한 결과 독일 정보기관이 붉은 군대의 전력을 분석하면서 저지른 심각한 오류들이 결과적으로는 옳은 것이 되었다. 독일은 소련 침공 직전에 붉은 군대의 전력에 대해 비교적 정확한 판단을 하고 있었지만, 새로 편성된 기계화 군단과 대전차 여단에 대해서는 거의 파악하지 못하고 있었다. 독일 정보기관은 붉은 군대가 여전히 대규모 기계화 부대를 해체해 보병 지원 임무로 돌린 1939년의 구조를 가지고 있다고 판단하고 있었다. 6월 22일 이전, 독일군은 전방 지역 군관구에 배치된 16개 기계화 군단 중 겨우 3개 군단만을 파악하고 있었다.[13] 6월 말, 독일 제1 기갑 집단을 막아선 수많은 기계화 군단들은 KV-1과 T-34 등 신형 전차의 출현만큼이나 독일군에게 큰 충격을 줬다.

그러나 독일 정보기관이 저지른 가장 큰 실수는 격파된 부대를 재편성하고 잡다한 자원으로 새로운 부대를 창설하는 소련의 능력을 과소평가한 것이었다. 독일이 신속한 승리를 예상하고 있었기 때문에 소련의 이런 능력을 무시한 것도 이해할 만하다. 결국 전쟁이 발발하자 소련은 한 사단이 격파되면 바로 새로운 사단을 편성하는 능력을 발휘했고, 이것은 독일이 1941년에 승리를 거두지 못한 가장 큰 원인이 되었다.

1920년대와 1930년대에 소련은 상비 부대와, 평시에는 소수의 현역병으로 구성되나 전시에는 예비군과 자원자를 동원해 완편 체제를 갖추는 동원 부대로 구성되는 체제를 유지했다. 그러나 1930년대 후반에 들어 전쟁 위기가 고조되면서 붉은 군대는 이 개념을 버리고 대부분의 부대를 완전 편제의 현역 체제로 전환했다. 전쟁 이전 소련의 교리는 야전군이 4~8개월간의 치열한 전투를 치르면 재편성이 필요할 것으로 예상하고 있었다. 이 기준에 맞추기 위해서 1938년 〈일반 병역법〉이 제정되어 예비군 복무연한을 50세까지 늘리고 예비역들을 훈련시킬 교육 체계를 갖추게 했다. 독일이 침공할 무렵 소련에는 기초 군사 훈련을 마친 14,000,000명의 남성이 있었다.[14] 기초 군사 훈련을 마친 인적 자원이 풍부했기 때문에 붉은 군대는 독일과 다른 관찰자들이 파악하지 못한 충분한 충격 흡수력과 회복력을 가질 수 있었다.

전쟁이 시작되자 전쟁 인민 위원회는 수개월 만에 집단, 혹은 〈제파(梯波)〉 단위로 새로운 군을 편성하는 데 돌입했다(지도 4와 표 5-1 참조). 총참모부는 작전을 수행하는 데 주력해야 했으므로, 7월 23일부로 부대 창설 업무는 인민 위원회 사령부와 군관구 사령부에 위임했다. 후방 지역의 군관구에서는 현역 부대로부터 기간 병력을 차출해 소집한 예비군으로 신규 사단을 편성하는 체제를 구축했다. 6월 말까지 5,300,000명의 예비군이 소집됐고, 계속해서 병력 동원이 이루어졌다. 7월에 13개의 야전군이 새로 편성됐고, 8월에 14개, 9월에 1개, 10월에 4개가 편성됐다. 동부 지역의 군관구에서 서부로 이동해 온 현역 사단들이 합쳐진 이 동원 체제로도 11월과 12월에 모스크바를 방어할 8개 야전군을 편성할 수 있었고, 1942년 봄까지 10개 야전군을 더 편성할 수 있었다.

1941년 12월 1일에 소련의 동원 체제는 동부에서 서부로 배치한 97개 사단들 외에도 194개 사단과 84개 독립 여단을 신규 편성할 수 있었다. 신규 편성된 사단 중 10개 사단은 〈인민 지원 사단〉 또는 도시 노동자로 편성한 사단으로, 대개의 경우 군인으로서 필요한 체력과 군사 훈련이 부족한 사람들로 이루어졌다. 독일은 전쟁 발발 전 소련군의 전력을 약 300개 사단으로 추산했으나, 12월에 이르러 소

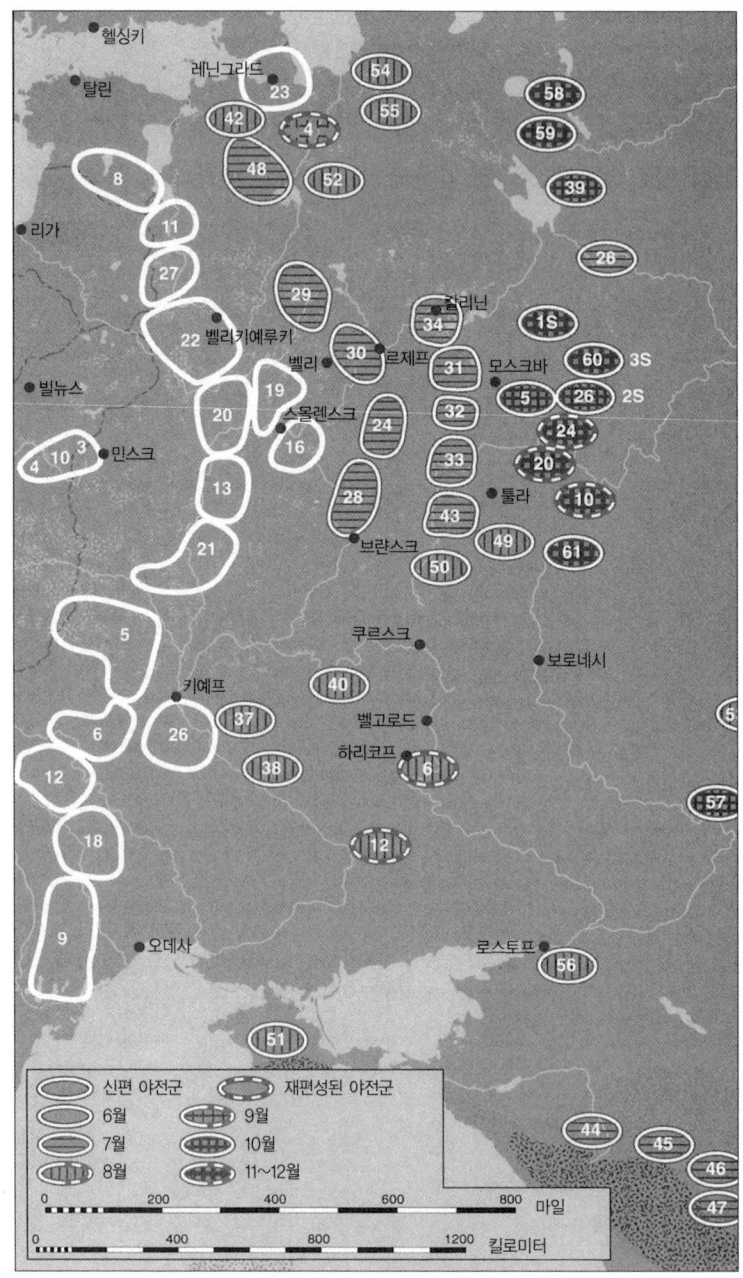

지도 4. 1941년 7월 31일의 소련군 배치와 1942년 12월 31일까지의 증강 현황

표 5-1. 전시 동원(1941년)

시기	군	전개 지역
7월	제24군, 제28군, 제29군, 제30군, 제31군, 제32군, 제33군, 제34군, 제43군	르제프-뱌지마 지역
	제44군(6월)	자캅카스
	제45군	자캅카스
	제46군	자캅카스
	제47군	자캅카스
	제48군	노브고로드
8월	제37군	키예프
	제38군	키예프
	제40군	코노토프
	제42군	레닌그라드
	제49군	모스크바
	제50군	브랸스크
	제51군	크림
	제52군	레닌그라드
	제53권	중앙아시아
	제54군	레닌그라드
	제55군	레닌그라드
	제56군	로스토프
	제6군(2차 편성)	하리코프
	제12군(2차 편성)	파블로그라드
9월	제4군(2차 편성)	스타브카 예비(11월 볼호프 지역)
10월	제5군	모자이스크
	제26군(11월에 제2 충격군으로 개칭)	모자이스크
	제57군	스탈린그라드
	제39군	모스크바
11월~12월	제1 충격군	모스크바
	제24군(2차 편성)	모스크바
	제10군(2차 편성)	랴잔
	제58군	시베리아
	제59군	레닌그라드
	제60군(12월 25일에 제3 충격군으로 개칭)	모스크바
	제61군	모스크바
	제20군(2차 편성)	모스크바

련군의 현역 사단은 그 두 배에 달했다. 초기의 전투에서 소련은 사단을 100개 이상 잃었음에도 불구하고 전쟁을 계속할 수 있었다.[15]

물론 전쟁 이전에 편성된 현역 사단과 전시 동원 사단은 질적 차이가 컸다. 여러 가지 문제가 있긴 했지만, 전쟁 이전에 편성된 사단들은 동원 사단보다 장비도 좋았고 훈련 상태도 양호했다. 동원 사단들은 개인화기와 정치 장교들을 빼면 모든 것이 부족했다. 그리고 결정적으로, 병사 개개인과 소속 부대가 각자의 임무를 다 할 수 있는 전투 부대로서의 훈련이 부족했다. 1941년 가을과 겨울까지도 소련군 사단들이 형편없는 전투 능력을 보인 것은 그들이 너무 황급히 편성됐고, 지휘관과 부대 모두 경험이 부족했기 때문이었다. 그러나 동원 사단들이 이렇게 싸운 결과 독일측은 열등하다고 생각하는 적이 패배를 인정하지 않는다는 인상을 갖게 되었다.

산업 시설의 재배치

소련 서부의 중공업 시설이 독일군에 의해 점령되는 것을 피하기 위해 대규모 철거가 이루어졌기 때문에, 1941년에 발생한 장비와 탄약 부족 사태는 더 심각했다. 독일 침공 이전에 소련의 공업 생산 능력의 대부분은 서부 지역, 특히 레닌그라드와 동부 우크라이나 등지의 핵심 공업 지대에 집중되어 있었다. 6월 24일, 국방 위원회는 산업 시설을 우랄과 시베리아로 철수시키기 위한 평의회를 구성했다. 이 막중한 임무를 담당하게 된 것은 국가 계획 위원회(GOSPLAN) 위원장이었던 N. A. 보즈네셴스키N. A. Voznesensky였다. 보즈네셴스키는 스탈린에게 직언을 하는 것으로 유명한 몇 안 되는 민간 관료였다. 7월 4일에 보즈네셴스키는 스탈린으로부터 첫 번째 전시 경제 계획을 승인받았다. 실제 철수 업무는 당시 평의회 부의장이었고 뒤에 소련 수상이 된 A. N. 코시긴A. N. Kosygin이 담당했다. 보즈네셴스키와 코시긴은 단순히 공장과 노동자를 철수시키는 일 이상을 해냈다. 중앙 집권화된 소련 경제 체제에서는, 이전하는 공장들이 기존에 건설된 공장들과 원자재 공급이 맞물려 돌아갈 수 있도록 사전에 세심한 준비를 하지 않으면 아무것도 할 수 없었다. 노동자들은 하룻밤 사이에 인구가 3배로 불어난, 공장에서 멀리 떨어진 마을에서 생활해야 했다. 발전 설비는 마지막 시설이 해체되어 이동할 때까지 가동을 계속했고, 제일 마지막으로 해체되어 새로운 지역에서 재조립되었다. 이 모든 것이 산업계가 전시 생산량 달성을 위해 가동에 박차를 가하고, 숙련된 노동자가 징집되는 상황에서 이뤄진 것이었다.[16]

가장 어려운 문제는 공장 시설을 철수하는 것이었는데, 특히 우크라이나의 드네프르 강 하구와 돈바스* 지역에서 어려웠다. 이 지역에서는 남서 전선군이 격렬한 지연작전을 펼쳐 독일군의 전력을 모스크바로부터 분산시키는 성과를 거뒀고, 동시에 철수 평의회가 산업 시설을 철거해 수송할 수 있는 귀중한 시간을 벌어 줬다.

이 지역에 엄청난 규모의 철도 차량이 집결한 것은 독일 정찰기에게는 큰 의문이었다. 돈바스의 자포로제Zaporozh'e 금속 공업 단지를 우랄의 마그니토고르스크Magnitogorsk로 이전하는 데 8,000대의 기관차가 동원되었다. 이 작업은 철도 시설에 대한 독일군의 계속되는 폭격에도 매우 신속하게 완수되었다.

레닌그라드 지구에서는 독일군의 진격이 너무 빨라 도시가 포위되기 전까지 불과 92개의 공장만이 철수를 완료했다. 레닌그라드에서 철수한 공장들은 10월 5일에 가동을 시작했으며, 연말에는 KV-1을 생산하던 레닌그라드 전차 공장이 우랄의 새로운 단지에서 재가동에 들어갔다. 10월과 11월에만 모스크바 지역에서 500개의 기업과 210,000명의 노동자가 철수했다.

독일군을 피해 멀리 떨어진 지역으로 이전한 산업 시설들은 혼란스럽고 엉망인 일정에 따라 이동했고, 숙련공 가운데 일부만이 공장과 함께 이동해 갔다. 산업 시설을 실은 기차가 목적지에 도착했을 때는 겨울로 접어든 상태라 영구동토층 때문에 어떤 형태의 건물 기초도 세울 수 없었다. 어떻게 해서 공장 시설들은 기차에서 내려져 난방도 되지 않는 임시 목조 건물에 설치되었다. 작업은 영하로 떨어지는 야간에도 나무에 설치된 전등과 장작불에 의존한 채 계속되었다.

1941년 7월부터 11월까지 총 1,523개 공장(이 가운데 군수 공장이 1,360개)이 볼가 강 유역, 시베리아, 중앙아시아로 이전했다. 여기에는 총 1,500,000대의 철

---

* 우크라이나의 도네츠크, 루한스크를 합친 지역을 일컫는 명칭으로, 경우에 따라 러시아의 로스토프 주도 포함시킨다. 19세기 후반 이 지역에서 대규모 석탄광이 개발된 뒤 러시아 공업의 중심지로 떠올랐다.

도 차량이 동원되었다.[17] 일반적으로 소련 측 기록들이 과장되어 있다는 점을 감안하더라도, 중공업 시설의 대규모 이전과 재조직은 인내력과 조직력의 측면에서 놀라운 성과였다.

소련은 산업 시설의 잠재력을 끌어내는 데 거의 1년이 걸렸다. 1941년의 절망적인 전투들은 기존에 생산된 장비와 물자를 가지고 치러졌고, 간혹 생산되는 신형 전차와 야포는 페인트도 칠하지 않은 채로 전장으로 보내졌다.

초토화 작전

산업 시설 철수 평의회의 노력에도 불구하고 모든 시설을 철수하는 것은 불가능했다. 소련 내 석탄 수요의 60퍼센트를 생산하는 돈바스 광산 지역은 철수가 불가능했다. 이 경우 소련 정부는 필수적인 시설과 자원이 적의 수중에 들어가 적이 사용하는 것을 막으려 했다. 따라서 스탈린의 5개년 계획으로 고통스럽게 일궈 낸 모든 것들이 파괴되거나 사용할 수 없게 되었다.

소련의 파괴 정책이 집중된 곳은 운송 수단과 전력 공급 체계였다. 독일제 기관차는 혹한에 보일러의 압력을 유지할 수 있는 단열 처리가 되어 있지 않았기 때문에 철수하지 못하는 철도 화차와 정비 시설을 파괴하는 것은 중요했다. 드네프르 강의 수력 발전소는 철수하는 소련군에 의해 일부가 파괴됐고, 발전소 노동자들이 수력 터빈과 증기 발생기의 핵심 부품을 빼가거나 파괴했다.

농촌 지역의 건물과 농작물 파괴는 지역별로 편차가 있었다. 전반적으로 러시아 지역에서는 벨로루시나 우크라이나보다 파괴를 준비할 시간이 많았다.

독일의 경제 계획 입안자들은 소련의 자원을 전쟁 수행과 독일 내의 소비재 생산에 활용하려 했으나, 소련이 스스로 힘들여 일군 산업 기반을 철수하거나 파괴해 버리자 큰 충격을 받았다. 소련의 크롬, 니켈, 석유는 독일의 전쟁 물자 생산에 필수적인 원자재였고, 독일이 접수한 소련의 공장들은 혼잡하고 노동력 부족에 시달리는 독일의 문제를 해결하는 손쉬운 수단이었다.

소련이 철도 시설을 성공적으로 철수시켰기 때문에, 독일은 동부 전선의 작전을 지원하기 위해 2,500대의 기관차와 200,000대의 화차를 투입해야 했다. 또한 독일은 점령 지역의 철도망을 기존에 설치된 러시아의 광궤에서 유럽의 표준궤로 교체해야 했다.[18] 이렇게 소련의 산업 시설 철수는 미래의 반격을 위한 생산 능력을 보존했을 뿐 아니라, 독일의 경제에 예상치 못한 지속적인 출혈을 강요했다.

그러나 이러한 노력에도 불구하고 상당한 규모의 산업 시설과 농업 기반이 독일의 수중에 떨어졌다. 히틀러는 1941년의 목표를 추가적인 경제 자원을 확보하는 데 두고 있었고, 독일군은 이 목표를 달성하기 위해 진격했다.

6 | 모스크바를 향하여

늘어지는 전선

1941년 7월 말, 독일군은 그들이 감행한 작전의 규모가 어느 정도인가를 몸소 깨닫게 되었다. 독일군은 전쟁 초반에 거둔 눈부신 승리 덕분에 빈약한 보급 지원 능력을 초과하게 되었고, 이에 따라 7월 30일에 독일 육군 총사령부는 중부 집단군에게 휴식과 보충을 위해 사실상 진격을 정지하라는 명령을 내렸다. 옐냐에 있는 데스나Desna 강의 교두보를 확보하기 위해 고전하고 있던 제2 기갑 집단은 가장 가까운 철도역으로부터 720킬로미터나 떨어져 있었다. 빈약한 도로망은 차량의 기동에 장애를 초래했으며, 결국 도보로 행군해 온 후속 보병들만으로 병력이 크게 줄어든 전차 부대의 진격을 지원하는 실정이었다. 보병들은 군화가 부족했고, 참모장교들은 겨울 피복을 확보하기 위한 계획을 수립하고 있었다. 8월 2일, 독일 3개 집단군은 6주간의 전투에서 179,500명의 인명 손실을 냈으나, 보충된 인원은 47,000명에 불과했다.[1]

그리고 이 무렵 히틀러는 독소 전쟁이 종결되면 새로 편성하거나 개편할 기갑 사단에 지급해야 한다는 이유로 신규 생산된 전차와 예비 부품의 보급을 금지시켰다. 7월 14일, 히틀러는 잠수함과 신형 전차의 생산량을 늘리는 대신, 전선의 육군 부대가 우선적으로 필요로 하는 물품의 생산량은 줄이라고 지시했다.[2] 세부적인 사항에 대한 히틀러의 간섭이 어느 정도였는가는 8월 4일에 있었던 중부 집단군 사령부의 회의에서 고위 장성들이 히틀러에게 3호 전차에 필요한 예비 엔진 350개를 보급해 달라고 요청한 사실에서 잘 나타난다.[3]

독일 국방군에게 남아돌았던 것은 다음 작전의 목표뿐이었다. 할더 대장은 7월 초만 하더라도 전쟁에 이미 승리했다고 확신하고 있었지만, 8월 11일 일기에서는 자신의 실수를 다음과 같이 인정했다.

> 전반적인 상황으로 볼 때, 우리가 러시아라는 거인을 과소평가했음이 분명해지고 있다……. (소련군) 사단들은 우리가 생각한 만큼 잘 무장되어 있지 않고, 전술적 지휘도 형편없다. 그러나 러시아군은 아직 건재하다. 우리가 12개 사단을 격파하면 러시아는 그냥 12개 사단을 새로 만든다……. 적은 자신들의 자원에 가까이 있고, 우리는 진격하면 할수록 우리의 자원에서 멀어지고 있다. 그래서 우리 부대들은 엄청나게 늘어난 전선에 흩어져 종심이 얕은 채로 적의 끊임없는 공격에 시달리고 있다.[4]

모든 독일군 지휘관들이 상황을 이처럼 명확하고 비관적으로 보지는 않았지만, 전쟁을 최대한 신속히 끝내기 위해 선명한 지도 방향이 필요하다고 생각하고 있었다. 히틀러조차도 전쟁 이전 구데리안이 추정한 소련의 기갑 전력이 거의 정확하다는 것을 알았다면 전쟁을 시작하지 않았을 것이라고 투덜거렸다.[5] 이 독재자와 그의 고위 장성들이 선택한 해결책은, 이전에 우회해 지나친 적의 부대가 손아귀를 빠져나가 계속 저항하는 것을 근본적으로 막기 위한 완벽한 포위 섬멸전이었다. 구데리안이나 폰 만슈타인 같은 야전 지휘관들은 이 방침이 독일군의 전과확대를 늦추고, 적에게는 전선이 돌파될 때마다 이를 재건할 여유를 준다며 반대했다.

키예프와 그 이후

히틀러는 겨울이 오기 전에 달성할 수 있을 뿐만 아니라, 국제적으로는 독일이 승리하고 있다는 확신을 심어 줄 수 있는 목표를 찾기 시작했다. 특히 그는 소련의 공업 지대와 농업 지대를 점령하려고 혈안이 되었으며, 루마니아의 유전 지대가 폭격 사정권 밖이 되도록 소련군을 몰아내고 싶어했다. 이 때문에 히틀러는 모스크바 점령이 레닌그라드 공업 지대와 남부 집단군의 제1 기갑 집단이 국경 전투 이후 화려한 전과를 올리고 있는 우크라이나의 공업 및 농업 중심지를 확보하는 것보다 훨씬 덜 중요하다고 주장했다. 7월과 8월에 걸쳐, 독일군은 소련 남서 전선군과 남부 전선군을 우크라이나 깊숙이 밀어 붙였고, 우만Uman'에서 3개 군(제6군, 제12군, 제18군)의 주력을 포위했다. 또한 오데사Odessa를 포위하고 키예프 근교에 도달한 뒤, 8월 30일에는 드네프르 강 하구에 이르렀다.

7월 19일자 총통 지령 33호를 통해, 히틀러는 다음 단계 작전을 준비하는 동안 중부 집단군의 기갑 전력 대부분을 차출해 북부와 남부에서 성공적으로 진행 중인 작전을 지원할 것을 명령했다. 이 결정은 독일군 수뇌부 내에서 계속해서 논쟁의 대상이 되었다. 심지어 모스크바에 대한 진격을 일시 정지해야 한다고 주장하던 장군들도 히틀러의 결정이 기갑 부대에 무리를 줘 전투력 회복을 위한 휴식 및 정비를 방해한다고 우려했다.

논쟁은 8월 내내 계속됐으며, 그동안 독일 중부 집단군은 데스나 강 남부의 교두보를 강화하고 있었고, 소련군은 스몰렌스크 근교의 옐냐 교두보와 북부의 스타라야루사Staraya Russa에 대한 공격 수위를 높이고 있었다.[6] 8월 16일, 히틀러는 스타라야루사에 대한 위협에 과민 대응해 이 지구를 강화하기 위해 기갑 부대를 투입하기로 했다. 그 결과 이미 약화된 제3 기갑 집단은 진격을 일시 정지해야 했다. 히틀러는 다시 8월 21일자 지령을 통해 1941년의 목표는 모스크바 점령이 아니라 도네츠 강 유역과 크림 반도, 레닌그라드 지구를 장악하는 것이라고 명시했다. 다음 날 히틀러는 작전 목표가 자주 변경된다며 국방군 총사령관 발터 폰 브라우히치Walter von Brauchitsch 원수를 질책했다! 할더는 브라우히치와 자신이 사직할 것을 제안했지만, 브라우히치는 히틀러가 받아들이지 않을 것이라고 대답했다. 한편, 구데리안은 자기가 9월 초에 남쪽에 대한 작전 대신 데스나 강 동안의 옐냐 교두보를 수호하고 확장하는 데에 신경을 써 히틀러의 분노를 샀다고 생각했다.* 구데리안은 남쪽으로 진격하면 그의 좌익이 소련군의 역습에 취약해지기 때

문에 자신의 조치가 옳다고 생각했다.⁷

물론 우크라이나가 작전상으로는 물론, 경제적인 측면에서도 매력적인 목표라는 히틀러의 생각은 틀리지 않았다. 중부 집단군의 신속한 진격과 남부 집단군이 직면한 소련군의 완강한 저항으로 소련 남서 전선군의 키예프 방어선은 긴 삼각형 형태로 서쪽으로 돌출되어 있었는데, 그 중심에는 프리퍄티 습지대 남쪽의 포타포프가 이끄는 제5군이 집요하고 훌륭하게 방어전을 펼치고 있었다. 구데리안의 제2 기갑 집단은 스몰렌스크에서 남쪽으로 방향을 돌려 남서 전선군의 취약한 북측익을 돌파해 드네프르 강의 크레멘추크Kremenchug에서 북진하는 클라이스트 상급대장의 제1 기갑 집단과 함께 키예프 부근에서 거대한 포위망을 형성하려 했다. 8월 5일, 주코프가 이 위협을 간파하고 철수를 주장하자, 샤포시니코프 원수가 주코프의 총참모장 직위를 넘겨받았고, 주코프는 레닌그라드로 보내졌다. 스탈린은 독일군이 모스크바와 레닌그라드 공략에 주력할 것이라고 확신하고 있었다. 소련 측은 독일 제2 기갑 집단의 정면에 새로 편성된 브랸스크 전선군이 배치되어 구데리안이 공세를 개시하려는 위급한 시점에 예하 부대들의 통제권을 인수하고 있었고, 또 자체적으로 제2 기갑 집단에 대한 반격을 준비하고 있어 매우 취약한 상황이었다. 브랸스크 전선군의 불행한 지휘관인 예레멘코는 9월 2일 독일군의 진격을 저지하기 위해 구데리안의 기갑 부대에 공격을 시작했다. 스타브카는 예레멘코에게 얼마 안 되는 전력을 집중해 단일 축선으로 공격하는 대신 2개의 축선(로슬라블과 노보집코프Novozybkov)으로 공격하라고 명령했고, 반격은 시작되자마자 실패로 돌아갔다.⁸

9월 11일, 남서 전선군의 방어선이 북쪽과 남쪽에서부터 조여 오고 있었다. 부돈니 원수와 그의 정치 위원 흐루쇼프는 스탈린에게 키예프를 포기해야 한다고 말했다. 이에 모스크바는 부돈니를 티모셴코로 교체한다는 답신을 보냈다. 9월 14일, 남서 전선군 참모장 V. I. 투피코프V. I. Tupikov 소장은 샤포시니코프 원수에게 남

* 구데리안을 노심초사하게 만든 소련군의 옐냐 교두보 반격전은 소련 측에게도 매우 고무적인 일로 받아들여졌다. 그 결과 소련은 전공이 우수한 부대들에게 제정 러시아의 황실 근위대를 연상시키는 〈근위Gvardiya〉 칭호를 부여하기 시작했다. 1941년 9월 18일자 국방 인민 위원 명령 308호를 통해 옐냐 교두보 반격전에서 활약한 제100, 제127, 제153, 제161 소총병 사단을 각각 제1~4 〈근위〉 소총병 사단으로 개칭한 것을 시작으로, 이후 종전 시까지 다양한 각급 부대들에게 〈근위〉 칭호가 부여되었다.

서 전선군이 처한 위급한 상황을 인식시키려 했으나 소용이 없었다. 가을비로 러시아의 도로는 진창으로 변했고, 독일 공군의 지원은 줄어들었으며, 구데리안의 선봉 부대인 제3 기갑 사단의 기동 가능한 전차는 10대로 줄어들었다. 그럼에도 불구하고, 9월 16일에 제2 기갑 집단과 제1 기갑 집단이 로흐비차Lokhvitsa 근교에서 만났다. 북쪽과 남쪽에서 진격해 온 두 부대가 합류하자, 남서 방면군의 공동 지휘관인 티모셴코와 흐루쇼프는 남서 전선군에게 철수를 명령했다. 남서 전선군 사령관 키르포노스 상장은 모스크바의 확인 없이 이 명령에 따르려 하지 않았으나, 모스크바의 철수 허가는 9월 17일 자정이 되어서야 내려왔다.⁹

포위망은 결코 완벽하지 않았고, 여러 날에 걸쳐 소련 공군과 지상군이 얇게 퍼진 독일군의 선봉 부대를 공격했다. 부돈니, 티모셴코, 흐루쇼프를 포함해 상당수의 소련군이 포위망을 탈출할 수 있었다. 그러나 키르포노스와 그의 참모장 투피코프는 탈출을 시도하던 중 전사했다. 키예프 포위망에서 665,000명의 포로가 잡혔다는 독일의 공식 발표는 소련이 이 대재앙에서 입은 실제 손실과 비슷한 것으로 보인다. 43개 사단, 병력 452,720명, 야포와 박격포 3,867문으로 이뤄진 4개 야전군(제5군, 제37군, 제26군, 제21군)이 완전히 전멸했다. 이전의 서부 전선군과 마찬가지로, 남서 전선군도 포위망에서 탈출한 15,000명의 병력을 바탕으로 재편성되었다.¹⁰

제2 기갑 집단이 모스크바 공격을 위해 다시 북쪽으로 이동하는 동안, 남부 집단군은 키예프의 대승리에 이어 남부와 동부로 전과를 확대했다. 독일군은 1941년 9월 말에 돈바스 강에 도달했고, 10월 17일에는 돈바스 전역을 장악했다. 제1 기갑 집단은 보급과 제6군, 제17군의 보병 사단들의 지원 없이 돈Don 강과 캅카스를 향해 진격했다. 11월 21일, SS 기갑 사단 〈친위대 아돌프 히틀러 경호대Leibstandarte SS Adolf Hitler(이하 LSSAH)〉*는 돈 강의 교통 요충지 로스토프Rostov를 점령했으

---

* 전신은 1933년에 히틀러의 개인 경호 목적으로 나치 친위대에서 정예 요원 120명을 선발해 창설한 〈베를린 SS 경호단SS-Stabswache Berlin〉이다. 1934년에는 〈LSSAH〉로 이름을 바꾸면서 대대 급으로 정비되었고, 이후 나치 집권 초기 여러 권력 투쟁 과정에서 친위대의 전위 무장 조직으로 활약하였다. 1939년부터는 친위대 산하 무장 조직의 정규 지상군 전력화에 편승해 차량화 보병 연대로 확장되었으며, 1941년에는 차량화 여단으로 다시 확장되어 바르바로사 작전에 참가하였다. 1942년에는 다시 기갑 척탄병 사단으로, 1943년에는 기갑 사단으로 재편되어 종전까지 활약했다. 또한 이와는 별도

나, 1주일 뒤 소련군의 반격으로 이곳을 버리고 후퇴해야 했다.[11] 이 동안 독일의 동맹국 루마니아는 10월 16일, 격전 끝에 (독일의 지원을 받아) 겨우 오데사를 점령하고 이어 소련군을 크림 반도에서 몰아냈다. 다만 세바스토폴Sevastopol' 요새만이 소련의 수중에 남아 있었다.

북부 집단군도 신속히 진격해 스타라야루사에 대한 소련군의 반격을 격퇴하고 레닌그라드 근교까지 진격했다. 소련 수뇌부는 레닌그라드의 서쪽에 대한 위협에는 대비하고 있었으나, 남쪽으로부터의 위협에는 준비가 되어 있지 않았다. 7월과 8월에 걸쳐 500,000명에 달하는 남성과 여성이 레닌그라드 주변에서 방어 진지를 구축하는 동안, 침략군은 발트 3국을 휩쓸었다. 20,000명에 달하는 소련군이 8월 26일까지 에스토니아의 탈린Tallin을 사수했으며, 소련 해군은 독일 공군의 공습에도 불구하고 방어군 대부분을 철수시켰다. 스탈린은 8월 말, 스타라야루사에 대한 반격 실패를 이유로 북서 방면군을 해체하고, 북부 전선군과 새로 창설된 레닌그라드 전선군을 스타브카 직할로 두게 했다. 보급선에서 지나치게 멀어진 독일 제18군은 9월 26일에 라도가 호수에 도달해 사실상 레닌그라드를 포위한 뒤 진격을 정지했다.[12]

뱌지마와 브랸스크

격전의 주 무대가 다시 중부 지구로 옮겨왔다. 9월 6일자 총통 지령 36호는 키예프 포위전이 마무리되기도 전에 다음 단계 작전의 목표로 모스크바를 꼽았다. 모스크바 공격을 위해 9월 말에 북부 집단군의 제4 기갑 집단 사령부와 예하 사단 대부분이 북부 집단군에서 중부 집단군으로 배속되었다. 이에 따라 북부에 제3 기갑 집단, 중부에 제4 기갑 집단, 남부에 제2 기갑 집단 등 400킬로미터의 정면을 따라 독일군 기갑 전력의 대부분이 집결하게 되었다. 보크 원수가 생각한 최초의 공격은 제9군과 제4군의 작전 통제를 받는 제3 기갑 집단과 제4 기갑 집단이 뱌지

로 이 사단 출신 지휘관과 참모장교들을 활용해 1943년에 새로 편성된 제1 SS 기갑 군단도 〈LSSAH〉의 이름을 부여받았다.

마에서 새로운 포위망을 형성해 서부 전선군의 정면에 돌파구를 뚫고 모스크바로 향하는 진격로를 여는 것이었다. 키예프 전투를 치르고 일부 병력을 제4 기갑 집단으로 넘겨준 뒤 전력이 약화된 제2 기갑 집단은 브랸스크 전선군의 방어선을 공격해 툴라로 진격하도록 계획되었다.

소련 측 자료에는 3개 기갑 집단이 13개 기갑 사단과 7개 차량화 보병 사단에 총 1,700대의 전차를 보유했다고 기록되어 있다. 독일군이 3개월에 걸쳐 격전을 치른 것을 감안하면, 소련 측의 주장은 과장된 것으로 보인다. 독일 측에는 예비대로 있던 2개 기갑 사단이 증원되었으며, 각 기갑 집단도 전차를 어느 정도 보충받았다. 실제 독일군의 기갑 전력은 1,000대 가량으로 추정되었다.[13]

적백 내전 당시 정치 장교로 참전했으며 스몰렌스크 방어전에서 활약한 코네프 상장이 남서 전선군으로 전출된 티모셴코를 대신해 9월 13일자로 서부 전선군의 지휘를 맡았다. 서부 전선군은 제22군, 제29군, 제30군, 제19군, 제16군, 제20군으로 편성되었으며, 젤리거Seliger 호수부터 야르체보에 이르는 지역을 방어했다. 코네프에게 서부 전선군의 지휘권이 인계되자 다시 전선군 전체에 걸친 지휘 체계에 변화가 일어나 불확실하고 혼란스러운 분위기가 조성되었다. 또 부돈니 원수의 예비 전선군이 서부 전선군 남쪽에 있는 데스나 강을 따라 2개 야전군(제24군, 제43군)을 배치하고, 뱌지마 동쪽 35킬로미터 일대에 4개 야전군(제31군, 제49군, 제32군, 제33군)을 2선 예비대로 배치하면서 지휘 체계는 더 복잡해졌다.[14] 소련군의 각급 제대 사령부에는 장거리 무전기와 잘 훈련된 참모장교가 부족했다. 독일군의 무선 감청에 대한 우려 때문에 지휘관들은 무전기를 사용하기보다는 상급 제대와 하급 제대에 파견한 연락 장교에 의존했다. 당연하게도 이 방식은 느리고 비효율적이었으며, 독일군의 공세가 시작되자 통신 체계는 순식간에 붕괴되어 버렸다.

이미 9월 20일경부터 코네프는 독일군이 공세를 준비 중이라고 보고했지만, 스타브카는 9월 27일이 되어서야 경계 태세를 발령했다. 코네프의 필사적인 방어 준비에도 불구하고, 그의 6개 야전군은 340킬로미터에 달하는 전선을 충분한 종심을 갖추고 방어하지 못했다. 각 야전군은 5~6개의 소총병 사단을 일선에 배치하고, 1개 사단만을 후방에 예비대로 두고 있었다. 각 전선군의 사단들은 스몰렌스크 전투에서 소모된 베테랑 사단과 새로 편성되어 제대로 훈련도 받지 못한 채 빈약한 장비로 무장한 인민 지원 부대가 뒤섞여 있었다. 코네프가 보유한 479대의 전차 중 45대만이 신형 전차였고, 서부 전선군은 훈련받은 장교, 신형 항공기, 대공포와 대전차포가 부족했다. 기동 가능한 전차와 다른 장비들이 방어선 전체에 흩어져 있었고, 차량이 계속해서 부족해 방어군은 공격군에 비해 기동력이 형편없었다.

10월 2일에 태풍*Taifun* 작전이 개시되자 기동력의 차이가 확연히 드러났다. 독일군은 짧은 공격 준비 포격 뒤에 전 전선에 걸쳐 연막을 살포한 뒤 공습을 가해 서부 전선군 사령부를 일시적으로 무력화시켰다. 소련군은 대부분의 지역에서 방어선을 사수했지만, 독일 제4 기갑 집단이 예비 전선군과 브랸스크 전선군의 약한 전투 지경선을 돌파해 제43군의 남측익을 포위하기 시작했다. 그리고 제3 기갑 집단이 뱌지마 북서쪽에서 제19군과 제30군의 지경선을 돌파했다. 두 기갑 집단은 10월 8일에 뱌지마에서 포위망을 완성했다.

서부 전선군 부사령관 볼딘 중장이 반격을 지휘했지만, 이 반격은 그가 6월에 국경 전투에서 했던 것과 마찬가지로 끝났다. 그는 두 번째 기회에서도 실패했다. 3개 소총병 사단과 2개 전차 여단으로 구성된 볼딘의 작전 집단은 10월 3~4일에 걸쳐 제3 기갑 집단의 측면을 공격했고, 10월 6일에는 다른 서부 전선군 부대의 철수를 지원했다. 스타브카는 독일군의 돌파가 확실해진 다음에야 뒤늦게 철수 명령을 내렸으나, 예비 전선군은 제24군 및 제43군 사령부와 통신이 두절됐고, 코네프의 서부 전선군 사령부는 볼딘과의 연락이 두절됐다. 뒤이은 격전에서 제19군, 제20군, 제24군, 제32군 주력과 볼딘 작전 집단은 뱌지마 서쪽에서 포위됐다. 포위를 모면한 서부 전선군과 예비 전선군 부대는 다음 작전으로 계획된 모자이스크Mozhaisk와 칼루가Kaluga를 잇는 방어선으로 퇴각했다. 제19군 사령관인 루킨 중장이 포위된 부대의 지휘를 맡았다. 독일 제9군과 제4군은 탈출을 시도하는 소련군 때문에 포위망을 소탕하는 데 어려움을 겪었다. 10월 12~13일 야간에, 최소한 2개 소총병 사단이 독일 기갑 부대가 기동할 수 없는 습지대로 돌파해 포위를 벗어날 수 있었다. 그 뒤 루킨은 중장비와 차량을 파괴하라는 명령을 내렸고, 포위된 부대들은 소규모 집단으로 나누어 탈출을 시도했다.[15]

그동안 남쪽에서는 독일 제2 기갑 집단이 9월 30일에 공격을 개시해 10월 2일에는 A. M. 고로드냔스키A. M. Gorodnyansky 소장이 지휘하는 브랸스크 전선군 가운데 가장 약한 제13군 방어선을 돌파했고, 다음 날 오룔Oryol을 향해 전진했다.[16] 스탈린은 예레멘코에게 전화를 걸어 즉시 반격하라고 지시했으나, 브랸스크 전선군은 전차도 부족하고 예비대도 없었다. 다음에는 샤포시니코프 원수가 전화를 걸어 각 부대는 현 전선을 사수하라는 명령을 내려, 예레멘코가 기동을 하면서 지연전을 펼칠 기회를 막았다. 독일군의 돌파는 너무나 갑작스럽게 이루어져 제4 기갑 사단이 오룔에 진입했을 때도 여전히 시내에 전차(電車)가 운행 중이었다.[17] 우회당한 제13군과 제50군은 브랸스크 전선군 사령부와 함께 독일 제2군에 의해 2개의 큰 포위망에 갇혔다.[18] 전선군 사령부는 각급 부대에 명령을 하달하는 스타브카와 무선 교신이 두절됐다.

초기에 스타브카는 이 새로운 재앙에 늦게 대응해 독일군의 돌파를 저지할 수 없었다. 소련군의 작전 가능한 폭격기들이 오룔 돌파구에 투입됐다. 그러나 소련군의 폭격 고도가 너무 높아, 구데리안이 머문 어느 건물의 유리창을 깬 것을 제외하면 제대로 명중시킨 것이 하나도 없었다.

독일군의 진격은 마침내 날씨의 변화와 소련군의 필사적인 반격에 의해 둔화되었다. 독일 중부 집단군 지구에는 10월 6~7일 밤에 첫눈이 내렸다. 첫눈은 곧 녹았지만, 뒤이어 봄과 가을의 환절기에 대지를 진흙탕으로 만드는 라스푸티차 rasputiza(해빙기, 〈길이 없어지는 때〉라는 뜻)가 닥쳤다. 독일 기계화 부대는 당초 예상했던 것보다 3배나 많은 연료를 소비했다. 진창으로 변한 끝없는 비포장도로는 겨울이 닥쳐 땅이 얼어붙을 때까지 침략군이 기동력을 발휘할 수 없게 만들었다.

그러나 날씨가 악화되기 전에 이미 소련군은 일련의 반격으로 전 전선에 걸쳐 상황을 안정시켰다. 가장 성공적인 반격은 10월 6일에 므첸스크Mtsensk로 진격하던 제4 기갑 사단에 가한 반격일 것이다. 이 전투에서, 뒷날 야전 지휘관으로 명성을 떨치게 될 2명의 장교가 협력해 독일군에 매복 공격을 가했다. D. D. 렐류센코D. D. Leliushenko의 제1 근위 소총병 군단이 독일 제2 기갑 집단의 진격을 저지하기 위해 황급히 투입되었다. 렐류센코의 군단은 제4, 제11 전차 여단과 근처의 비행장으로 공수된 제5 공수 군단의 제10, 제201 공수 여단으로 편성되어 있었다. M. E. 카투코프M. E. Katukov 대령이 이끄는 제4 전차 여단은 새로 생산된 T-34를 장비하고 있었는데, 이 전차는 침략군이 이전에 상대한 전차들보다 성능이 월등히 우수했다. 카투코프는 독일군의 선발대가 접근할 때까지 전차들을 숲 속에 매복시켰다. 렐류셴코의 보병과 공수병들이 독일 제4 기갑 사단을 정면에서 막는 동안 카투코프의 전차들이 독일군을 측면에서 기습했다. T-34보다 화력과 방어력이 떨어지는 독일군의 4호 전차들이 매복을 돌파하려 했지만 곧바로 반격을 받아 저지당했다. 이날 저녁까지 제4 기갑 사단의 전차 대부분이 격파되어 고철이 되었다.* 이 충격으로 당시 막 제2 기갑군으로 개칭된 제2 기갑 집단이 특별 조사를 실시했다. 구데리안조차 마지못해 소련군이 많은 것을 배우고 있다고 인정할 정도였다.[19]

그러나 이미 끝난 싸움이었다. 스탈린은 그의 버릇대로 레닌그라드의 주코프를 위기가 닥친 지역으로 파견하기로 했고, 10월 10일자로 그를 서부 전선군 사령관에 임명했다. 주코프는 스탈린에게 지휘의 일관성을 유지하고 사령부의 사기를 고려해 그의 경쟁자인 코네프를 부사령관으로 둘 것을 간청해야 했다. 주코프는 모스크바로 향하는 지역을 방어할 부대가 거의 전멸했다는 사실을 알게 되었다. 뱌지마에 포위된 루킨의 용감한 항전과 렐류셴코의 반격은 방어선이 겨우 모양만 갖출 정도의 시간을 벌어 주는 데 그쳤다. 그리고 독일군 기갑 부대가 북쪽의 칼리닌Kalinin과 남쪽의 칼루가를 점령해 주코프의 새 방어선을 포위하자, 주코프는 10월 18일에 수 킬로미터를 더 후퇴해야 했다.

이 대재앙에 대한 모스크바의 첫 번째 반응은 독일군이 전선을 돌파했다는 사실을 공표하지 않으면서 희생양을 찾는 것이었다. 스탈린은 새로 닥친 위험이 어느 정도인지 알게 되자 거의 공황 상태에 빠졌다. 10월 13일에 스탈린은 대부분의 공

---

* 저자의 설명은 오해를 일으킬 소지가 있다. 10월 초에 오룔 지구에서 오카 강을 건널 당시 독일 제4 기갑 사단의 전차 전력은 약 60대 수준이었다(10월 4일에 59대). 10월 6일에 므첸스크에서 벌어진 전투에서 소련군은 약 20여 대의 T-34와 추가로 소수의 KV-1까지 집중 운용하여 반격에 성공했다. 독일군에게 이 충격이 구데리안까지 놀라게 할 정도로 컸던 것은 사실이지만, 제4 기갑 사단의 전차 전력이 전멸할 수준은 아니었다. 이날 전투에서 제4 기갑 사단이 입은 피해는 전차 10대(6대는 완파), 88밀리미터 대공포 2문, 10센티미터 장포신곡사포 1문, 10.5센티미터 경곡사포 1문이었다. Neumann, J., *Die 4. Panzer-Division 1938~1943* 참조.

산당 기관과 스타브카, 정부 기관을 모스크바에서 쿠이비셰프Kuibyshev로 이전하고 모스크바에는 최소한의 참모진만 남긴다는 명령을 내렸다. 철수 명령이 발표되고 독일군의 공습과 뱌지마-브랸스크 전투에 대한 과장된 소문이 뒤섞이면서 10월 16~17일 모스크바는 공황 상태에 빠졌다. 모스크바 시민 상당수가 피난을 가려 했고, 수도가 곧 함락된다는 공포 때문에 기차역으로 수많은 사람이 몰려들었다. 스탈린이 수도에 남겠다는 발표를 한 뒤에야 혼란이 수습됐다.[20]

마지막 관문을 향하여

10월 말, 독일군과 붉은 군대는 난타전 끝에 녹초가 된 권투 선수 같이 간신히 버티고 있었지만 상대방에게 결정타를 날릴 힘은 소진해 버렸다. 마치 눈이 부은 프로 권투 선수처럼 양측은 자신의 한계점을 명확히 느끼면서도 상대방에 대해서는 정확히 파악할 수 없었다.

정리해 보면, 독일군은 1941년에 가능한 목표를 달성했으며 겨울에는 재정비에 들어가야 했다. 그러나 당시 소련 스타브카는 첫 번째 서리가 내리고 지면이 굳게 되면 침략군이 모스크바, 레닌그라드, 스탈린그라드, 로스토프를 점령하거나 최소한 이 도시들을 포위할 수 있을 것이라 판단하고 있었다. 설사 소련 정권이 이런 일격을 정치적으로는 견딜 수 있다 해도 병력과 교통의 중심지, 그리고 산업 기반을 상실한다면 군사적으로는 치명적인 결과를 가져올 것이 분명했다. 특히 우랄 지역으로 철수한 산업 시설이 아직 가동에 들어가지 않았기 때문에 이런 가정은 거의 확실했다. 스탈린은 다음 〈제파〉로 편성한 야전군들(서부 전선군의 제16군, 제5군, 제33군, 제43군, 제49군, 제50군으로, 이 가운데 일부는 이전 전투에서 큰 손실을 입은 상태였다)을 모스크바로 향하는 길목인 그자츠크Gzhatsk에서 칼루가에 이르는 방어선과 모자이스크 방어선에 배치했다. 스탈린 역시 히틀러와 비슷하게 사소한 문제까지 관여했는데, 모스크바 방어선에 배치할 전차와 중화기의 대수까지 간섭했다. 이때 스탈린과 스타브카는 북부에 있는 K. A. 메레츠코프K. A. Meretskov의 제7 독립군에 2개 사단을 증강시켰는데, 이 지구에서 소련군이 11월 초에 제한적인 반격을 감행해 독일군과 핀란드군이 라도가 호수에서 합류하는 것을 저지했다. 레닌그라드로 향하는 주요 철로와 도로가 차단됐기 때문에 소련군은 얼어붙은 호수를 통해 얼마 안되는 보급품을 레닌그라드로 반입했다.

이제는 사실상 대부분의 독일군 지휘관들도 상황을 불확실하게 전망하고 있었다. 독일군이 보유한 차량의 3분의 1만이 기동 가능했으며, 사단의 전력은 편제의 3분의 1에서 2분의 1 수준이었다. 동쪽으로 공격을 계속할 경우 전술적으로는 성공을 거둘 수 있을지라도 보급에는 엄청난 부담이 될 것이 분명했다. 얼마 안 되는 철도로 다음 공세를 위한 연료와 탄약을 수송해 왔을 뿐, 공격이 성공하지 못할 경우 겨울을 나기 위해 필요한 방한복과 건축 자재는 보급되지 않았다. 이 때문에 게르트 폰 룬트슈테트Gerd von Rundstedt 원수는 11월 4일에 자신의 남부 집단군에 진격을 중단하라는 명령을 내리고, 1942년에 공세를 재개하기로 결심했다. 다른 지휘관들 역시 비슷한 생각이었다. 11월 13일, 독일 육군 총사령부의 주요 참모진은 3개 집단군의 참모장들과 함께 진격을 재개할 것인가에 대해 토의했다. 이 회의는 민스크와 스몰렌스크의 중간에 위치한 오르샤Orsha에서 열렸다. 오르샤 회의의 결과, 할더는 독일 육군이 자신이 우려했던 것 이상으로 약화됐다는 것과 1941년에 달성 가능한 목표는 레닌그라드를 계속 포위하는 것과 모스크바를 위협하는 것 정도라는 것을 알게 됐다.[21]

심지어 히틀러조차 장기전의 가능성을 인정하고 더 이상 신속한 소련 정부의 파괴와 주요 도시의 점령에 대해 말하지 않았다. 그의 이런 발언은 부분적으로는 타당했지만, 그는 1939년 바르샤바 전투에서 큰 피해가 생긴 이후 시가전을 회피하고 있었다. 이미 승리가 확실하다고 생각했던 6월 30일에도 히틀러는 기갑 부대에 보병 지원 없이 모스크바를 공격하는 것을 금지시킨 바 있었다. 뒤에 스탈린그라드에서 고전했던 점을 감안하면, 시가전에 대한 히틀러의 태도는 충분히 합리적인 것이었다.[22]

독일 제18군이 레닌그라드 남쪽에서 진격을 멈추고 제1 기갑 집단이 남쪽의 로스토프에 다다르는 동안, 독일의 마지막 목표는 모스크바와 소련 서부 전선군에 대한 이중 포위라는 것이 명백해졌다. 이를 위해 제3 기갑 집단과 제4 기갑 집단이 클린Klin과 볼가-모스크바 운하를 향해 진격을 계속해 모스크바를 북쪽에서 포위하고, 제2 기갑군은 남서쪽에서 툴라와 카시라Kashira 방향으로 공격해 모스크바 동쪽에서 다른 기갑 집단들과 포위망을 완성하도록 했다.

11월 초, 소련 서부 전선군의 정보 분석가들은 독일군의 포위 의도를 파악했고, 주코프는 스탈린에게 다른 전선군들이 모스크바 주변의 방어선에 병력을 배치하는 동안 서부 전선군은 독일군에 연속적으로 파쇄 공격을 감행할 수 있도록 허가를 요청했다.[23] 이런 공격 중의 하나로 구데리안의 좌익에 배치된 벨로프 집단이 T-34를 격파할 수 있는 대전차 화기가 전혀 없는 독일 제112 보병 사단을 공격했다. 벨로프 집단의 파쇄 공격으로 제112 보병 사단은 11월 17일에 공황 상태에 빠져 퇴각했고, 이는 독일군에게 유례가 없는 패배였다.[24] 그러나 그 전날 몽골 제44 기병 사단이 눈으로 뒤덮인 개활지에서 클린 남서쪽에서 독일군에 기마 돌격을 감행했다. 독일 제106 보병 사단의 야포와 기관총은 2,000명의 기병과 그들의 말을 쓸어버렸지만, 독일군의 손실은 전무했다.[25] 말은 특히 겨울에 병력을 전장으로 이동시키는 데 편리한 수단이었지만, 전투 중 기동할 때는 취약하기 짝이 없었다.

주코프의 파쇄 공격이 계속되는 동안, 지면은 얼어붙어 단단해졌고 보크의 중부 집단군은 11월 15일에 공세를 재개했다. 소련군은 새로 증원되어 좌익에 배치된 제30군을 포함해 240,000명의 병력과 야포 및 박격포 1,254문, 전차 502대, 항공기 600~700대를 보유했다. 주코프의 방어 준비는 모스크바를 둘러싸고 견고하게 구축된 모자이스크 방어선을 중심으로 이뤄졌고, 서부 전선군은 북쪽으로는 칼리닌에서 남쪽으로는 툴라에 걸친 전선을 방어했다.[26]

북쪽에서는 호트 대장의 개칭된 제3 기갑군이 모스크바를 직접적으로 위협하고 있었고, 칼리닌에서 클린을 거쳐 모스크바로 통하는 고속도로를 둘러싸고 치열한 격전이 펼쳐졌다. 독일군은 첫 기습 공격으로 로코숍스키의 제16군과 렐류셴코가 지휘하는 제30군을 분단시켜 버렸다. 주코프는 제16군 부사령관 F. D. 자하로프 소장에게 2개 소총병 사단과 2개 소총병 여단으로 클린에 뚫린 돌파구를 막도록 지시했다. 독일 기갑 부대는 양측 모두에 엄청난 출혈을 강요하는 격전을 치르면서 조금씩 전진했다. 11월 말, 소련군과 독일군은 1개 연대 병력이 고작 중대 수준인 150~200명 수준으로 줄어들었다. 제3 기갑군은 마침내 11월 24일에 클린을 점령했다. 11월 28일에는 제3 기갑군의 제7 기갑 사단이 모스크바로

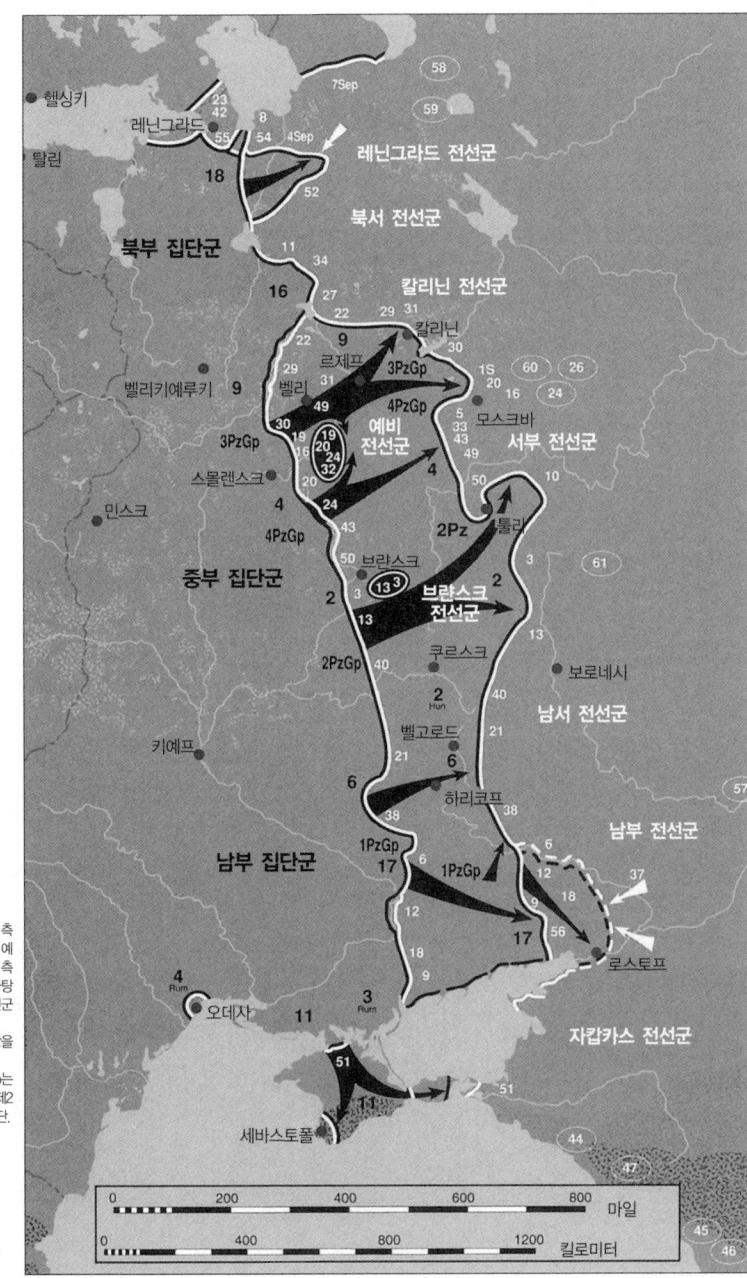

1 흰색-소련 측, 검은색-독일 측 (후방의 동그라미 내 숫자는 예비 전력을 뜻한다. 또한 독일 측의 검은 동그라미 내 검은 바탕에 흰색 숫자는 포위된 소련군 부대를 뜻한다.)
2 그냥 숫자는 야전군 급 이상을 뜻한다. 예) 3-제3군
3 독일 측의 Pz는 〈기갑〉, Gp는 〈집단〉을 뜻한다. 예) 2Pz-제2기갑군, 4PzGp-제4 기갑 집단.
4 Sep은 독립 야전군을 뜻한다. 예) 7Sep-제7 독립 야전군
5 Rum은 루마니아군을 뜻한다. 예) 3Rum-루마니아 제3군
6 Hun은 헝가리군을 뜻한다. 예) 2Hun-헝가리 제2군
7 소련 측 S는 충격군을 뜻한다. 예)1S-제1 충격군

지도 5. 하계-추계 전역 II(1941년 10월 1일~12월)

향하는 마지막 장애물인 볼가-모스크바 운하를 건너 교두보를 확보했고, 크렘린으로부터 불과 35킬로미터 떨어진 지점까지 진격했다. 그리고 모스크바의 바로 북서쪽에서는 제4 기갑 집단의 제2 기갑 사단이 모스크바로부터 20킬로미터도 채 안 되는 지점까지 진격했다. 독일 장교들이 쌍안경으로 모스크바의 성당 첨탑을 봤다고 할 정도였다.[27]

로코숍스키의 제16군은 현 위치를 사수하라는 명령에도 불구하고 조금씩 후퇴하고 있었다. 스타브카는 퇴각을 멈추게 하기 위해 제1 충격군과 제20군 등 전략 예비대를 투입해 볼가-모스크바 운하 방어선을 지키게 했다. 전략 예비대의 상당수가 잘 훈련된 부대였으나, 그들은 기차에서 하차하자마자 곧바로 반격에 투입되었다. 11월 말, 계속해서 줄어든 주코프의 기동 부대는 3개 전차 사단, 3개 차량화 소총병 사단, 12개 기병 사단, 14개 독립 전차 여단으로 편성되었다. 그러나 이 부대들은 많은 경우 병력이 편제 미달이었고, 다량의 구식 경전차를 보유하고 있었다.[28]

11월 18일, 남쪽에서는 독일 제2 기갑군이 그 전날 소련군의 공격으로 발생한 공황 상태를 극복하고 공세를 계속했다. 10월 말, 구데리안은 그의 남은 전차들을 약체화된 제4 기갑 사단의 하인리히 K. 에버바흐Heinrich K. Eberbach 대령이 지휘하는 여단에 배속시켰다. 11월 중순까지 이 여단의 전차는 50대로 줄어들었지만, 제24 기갑 군단의 핵심 공격 전력이었고 사실상 제2 기갑군 전체의 주력이었다. 에버바흐는 모스크바로 향하는 디딤돌인 툴라를 동쪽에서 포위하기 위해 조심스럽게 기동했다. 볼딘 중장의 제50군은 툴라 외곽을 격렬히 방어하면서 구데리안의 정면과 측면에 반격을 계속했다. 기온이 영하로 떨어지고 연료, 탄약, 기동 가능한 차량이 점점 줄어들면서 독일군의 진격도 점차 속도가 떨어져 갔다. 구데리안은 공격 중지를 요청했으나, 육군 총사령부에는 히틀러의 동의 없이 이것을 승인할 권한을 가진 사람이 아무도 없었다.[29]

소련군의 끈질긴 방어는 악천후와 빈약한 보급선만큼 독일군을 저지하는 데 큰 공헌을 했다. 방어군은 전투 경험이 부족했지만, 이전의 방어전과는 달리 잘 구축된 방어선에 많은 병력이 배치되어 있었다. 뱌지마의 방어군이 얕은 종심을 가진 것과 달리, 모스크바에서는 대부분의 소총군이 2개 이상의 사단을 2선 예비대로 두고 있었으며 일부 소총군은 기병 사단이 더 있기도 했다. 모스크바의 노동자들은 황급히 구축된 개인호foxhole로 구성된 10월의 뱌지마 방어선과는 달리, 모스크바 주위에 완벽하게 구축된 참호trench로 구성된 2개의 방어선을 만들어 주었다. 그 결과 평균적인 소총군은 이전보다 훨씬 좁은 방어 정면을 가지게 됐으며, 최고 50킬로미터 — 10월 방어선의 3배에 달하는 종심 — 에 이르는 종심을 가진 연속적인 방어선을 구축할 수 있었다. 대전차 부대와 보병, 공병, 포병은 독일군이 공격할 것으로 예상되는 주요 축선에 집결했다. 서부 전선군의 20개 대전차포 연대 중 13개 연대가 가장 위험한 지구를 방어하는 북쪽의 제16군과 남쪽의 제49군에 배속되었다. 위로는 주코프에서 아래로는 사단장들에 이르기까지 서부 전선군의 모든 지휘관들은 독일군의 전술을 상대하는 데 있어 보다 준비된, 노련하고 경험 많은 장교들이었다.[30]

소련군의 실력이 성장했음을 나타내는 2개의 사례는 미래의 일을 상징적으로 보여 주었다. 툴라가 거의 포위되고 여전히 구데리안의 제2 기갑군이 서서히 북쪽으로 진격하는 동안, 주코프는 제2 기병 군단장 P. A. 벨로프 P. A. Belov 소장에게 〈어떤 대가를 치르더라도 상황을 안정시키라〉는 명령을 내렸다. 스탈린과 주코프는 얼마 안 되는 예비대 중에서 1개 전차 사단(제112 전차 사단)의 절반과 2개 독립 전차 대대(제37 대대, 제127 대대), 모스크바에서 차출된 몇몇 대공포 부대와 1개 전투 공병 연대, 1개의 신형 〈카튜샤Katyusha〉 로켓 부대와 각급 군사학교의 교관과 생도를 벨로프에게 지원했다. 11월 26일, 벨로프의 혼성 부대는 제1 근위 기병 군단으로 개칭됐고, 카시라에 배치된 독일 제17 기갑 사단을 공격하라는 명령을 받았다. 장비의 부족을 감안하면, 제1 근위 기병 군단은 소련이 종심 작전을 수행하기 위해 〈기병-기계화 집단Konno-mekhanizirovannoi gruppa〉*이라는 전쟁 이전의 교리를 부활시키려는 노력의 일환이었다. 독일군은 지나치게 넓은 전선에 산개해 있어서, 벨로프는 예하 기병 부대를 사실상 들키지 않고 독일군 후방으로 침투시킬 수 있었다. 11월 27일에 벨로프는 반격을 개시해 제17 기갑 사단을 후퇴

---

* 전차 부대와 기병 부대를 임시 편제로 통합 편성한 부대. 전차 부대와 기병 부대를 결합한다는 개념은 1930년대부터 소련뿐 아니라 공업력이 부족한 폴란드, 루마니아 등에서 연구되고 있었다. 그러나 이를 실전에 대규모로 운용한 것은 소련이 유일하다. 기병-기계화 집단에서는 기병이 기계화 보병의 역할을 한다. 특히 차량화 수준이 부실했던 전쟁 초기에는 중요한 기동 전력으로 활약했다.

시키고 툴라에 대한 압박을 완화시켰다. 이렇게 해서 독일군 후방에서 5개월간 작전을 전개하는 제1 근위 기병 군단의 활약이 시작되었다.[31]

두 번째 사례는 모스크바에 대한 독일의 최후 공격 기간에 벌어진 일로, 12월 1일 독일 제4군이 민스크-모스크바 고속도로를 따라 공격을 시작했다. 이 공격은 얼마 안 되는 기갑 전력의 지원을 받았으며, 곧바로 사전에 잘 배치된 소련의 대전차 방어선에 걸려들었다. 제1 근위 차량화 소총병 사단이 나로-포민스크Naro-Fominsk에서 펼친 체계적인 방어전은 그 치열함으로 이름을 떨쳤다. 동시에, M. G. 예프레모프M. G. Efremov 중장의 제33군이 감행한 국지적 반격이 독일군의 측면을 강타해 12월 5일에 독일군의 공세를 중단시키는 데 영향을 미쳤다.[32]

12월 반격

11월 내내 기온과 강설량이 러시아의 평년 기준을 웃돌았다. 12월 초에 접어들자, 폭설이 내리고 기온이 급강하했다.[33] 독일군은 몇 안 되는 도로를 따라 흩어져 있었고, 독일 공군은 임시로 만든 전방 비행장에서 작전을 수행하고 있었다. 차량과 항공기 모두 시동을 걸기 위해서 가동 수 시간 전부터 엔진을 따뜻하게 덥혀 놓아야 했다. 반면 붉은 군대 공군은 난방이 되는 격납고를 갖춘 상설 비행장에서 작전을 수행했다. 독일군은 한계에 도달했고, 주도권은 소련에 넘어갔다. 스타브카는 동계 전역으로 알려지게 되는 작전을 시작했다(지도 6 참조).

붉은 군대는 반격을 개시하기에는 병력이 충분치 않았다. 소련 역사가들은 12월 1일 당시 소련군 1,100,000명이 독일 중부 집단군 1,708,000명과 대치하고 있었으며, 양군의 장비 역시 야포는 소련군이 7,652문, 독일군이 13,500문, 전차는 소련군이 774대, 독일군이 1,170대를 보유하고 있었다고 주장하고 있다. 소련 측의 주장은 독일군의 실제 전력을 지나치게 과장하고 있지만, 소련군의 전력은 거의 정확하다. 많은 소련군 부대가 형태만 유지하는 수준이었다. 예를 들어 제108 전차 사단은 편제의 217대에 훨씬 못 미치는 15대의 전차를 보유했고, 많은 소총병 사단들의 병력이 3,000명 미만이었다.[34]

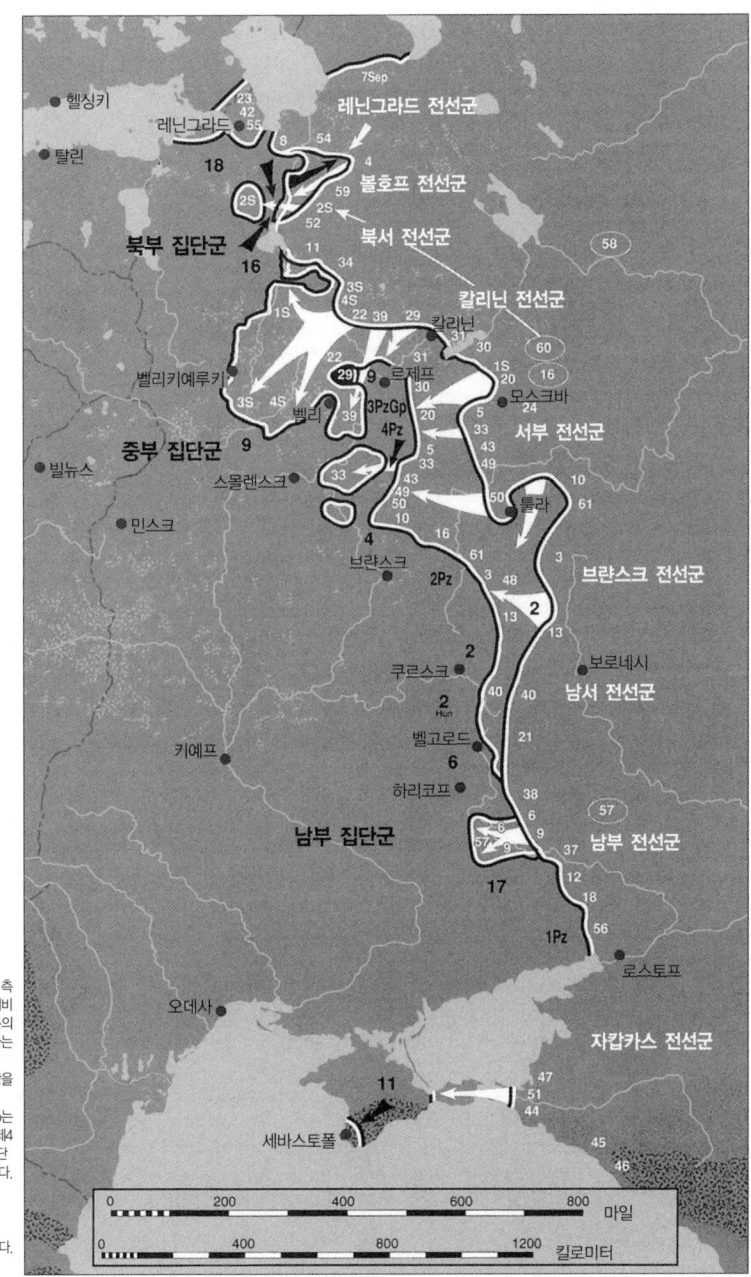

지도 6. 동계 전역(1941년 12월~1942년 4월)

1. 흰색–소련 측, 검은색–독일 측 (후방의 동그라미 내 숫자는 예비 전력을 뜻한다. 또한 독일 측의 검은 동그라미 내 흰색 숫자는 포위된 소련군 부대를 뜻한다.)
2. 그냥 숫자는 야전군 급 이상을 뜻한다. 예) 3–제3군
3. 독일 측의 Pz는 〈기갑〉, Gp는 〈집단〉을 뜻한다. 예) 4Pz–제4 기갑군, 3PzGp–제3 기갑 집단
4. Sep은 독립 야전군을 뜻한다. 예) 7Sep–제7 독립 야전군
5. Hun은 헝가리군을 뜻한다. 예) 2Hun–헝가리 제2군
6. 소련 측 S는 충격군을 뜻한다. 예) 3S–제3 충격군

그러나 독일군은 보급선이 지나치게 늘어난 데다 월동 장비도 부족했던 반면, 소련군은 중요한 지점에 일시적으로 병력을 집결시킬 수 있었다. 예를 들어 모스크바 북쪽에서 공세에 나선 서부 전선군의 우익은 야포와 박격포는 적었지만, 병력은 독일군에 비해 2배나 많았다. 독일군은 기갑 전력이 여전히 우세했다.[35] 게다가 독일 정보기관은 스탈린에게 더 이상 예비대가 남아 있지 않으며 신규 부대 편성에 3개월 이상이 걸릴 것이라 예상하고 있었다. 이 때문에 소련군의 반격은 독일군에게 매우 큰 충격이었다.

소련군의 동계 전역은 1941년 12월 5일에 시작되었다. 스타브카는 먼저 모스크바를 위협하는 독일 기갑 부대의 협격을 저지하고 이를 격퇴해야 했다. 그리고 제1 충격군과 다른 야전군들이 모스크바 근교에서 감행한 일련의 반격들이 성공을 거두자 스타브카의 야심은 더 커졌다. 처음에는 제한적인 반격으로 구상했던 작전이 1주일 사이에 레닌그라드에서 흑해에 이르는 모든 전선군을 포함한 거대한 작전으로 발전했다. 겨울 동안 전개될 소련의 반격 작전들에 대한 전반적인 계획안이 1월 초에 마련되었다. 그러나 성급한 준비와 서투른 작전 수행 때문에, 초기의 성공에도 불구하고 결국 소련이 원한 전략적 목표는 달성되지 못했다. 특히 소련군의 작전은 독일 중부 집단군을 격파하는 데 실패했다. 그렇지만 이 공세는 독일군에게 심각한 우려를 안겨 줬고, 처음으로 독일군 지휘관들이 전쟁을 승리할 수 있는가에 대해 의심하게 만들었다.

소련군 동계 공세의 첫 번째 목표는 모스크바를 북쪽과 남쪽에서 위협하는 독일군의 협격을 분쇄하는 것이었다. 12월 5일 금요일, 새벽 3시 정각에 기온은 영하 15도(섭씨 약 -26도)로 떨어지고 눈이 1미터 이상 내린 상태에서 북쪽에서 소련군의 반격이 개시되었다. 새로 편성된 코네프의 칼리닌 전선군 예하 제29군과 제31군은 돌출부의 북쪽을 공격했다. 그리고 다음 날에는 제30군과 제1 충격군이 볼가-모스크바 운하에 있는 드미트로프Dmitrov의 북쪽과 남쪽에서 공격을 시작했다.[36] 12월 7일 정오경에 소련군의 선봉 부대는 클린에 있던 제56 기갑 군단 사령부를 휩쓸었다. 주코프는 그다음에 제3 기갑군과 제4 기갑 집단의 제46 기갑 군단을 포위하기 위해 3개 군(제20군, 제16군, 제5군)을 추가로 투입해 클린 돌출부의 남쪽을 공격했다. L. A. 고보로프L. A. Govorov 중장은 제5군의 3개 소총병 사단(제19, 제329, 제326

소총병 사단)으로 편성한 충격 집단과 몇 개의 전차 여단을 집결시켜, 12월 14일에 루사 방면의 좁은 전선을 공격했다. 돌파구가 열리자 L. M. 도바토르L. M. Dovator 소장의 제2 근위 기병 군단이 투입되었다. 그리고 제20 전차 여단과 제136 독립 전차 대대로 편성된 기동 전차 집단이 그 뒤를 따랐다.

도바토르 소장은 12월 20일의 전투에서 전사했지만, 도바토르의 충격 집단 전술은 다른 야전군에서도 사용돼 서서히 독일군의 방어선을 붕괴시켰다. 독일군은 얼마 안 되는 예비대를 이곳저곳으로 투입해 위태로운 지역을 틀어막았고, 그동안 다른 부대들은 포위를 피하기 위해 철수를 시작했다.[37]

남쪽에서도 비슷한 협격 작전이 구데리안의 제2 기갑군을 목표로 시도되었다. 벨로프의 기병-기계화 집단은 베네프Venev 돌출부에서 독일군의 선두 부대를 고립시키는 한편, 볼딘의 제50군은 툴라에서 독일군 정예 부대인 대독일Großdeutschland 연대*의 1개 대대를 섬멸했다. 소련군의 공세 첫날 벨로프의 공격으로 교통선이 차단될 위험에 처하자, 구데리안은 툴라의 남동쪽인 돈 강까지 후퇴하기 시작했다. 소련군 스키 대대가 눈 덮인 길을 후퇴하는 독일군을 교란시켰지만, 소련군의 주력이 너무 약한 데다 기동력이 부족해 돌출부를 봉쇄하고 독일군이 퇴각하는 것을 완전히 저지하지는 못했다. 12월 11일에 공격이 재개됐지만, 제50군은 이전의 브랸스크 포위전과 툴라를 둘러싼 전투로 병력과 장비의 소모가 심해 별다른 성과를 거두지 못했다. 북쪽에서의 반격 역시 독일군의 후위 사단 일부를 협격 작전으로 고립시킨 것을 제외하면 큰 성과가 없었다. 소련군이 거둔 가장 큰 성공은 제2 기갑군의 남측익 옐레츠Elets에서 독일 제34군단을 포위 섬멸한 것이었다.[38]

소련군의 공세는 독일군 수뇌부의 위기를 고조시켰고, 마침내 고위 장성들을 향한 히틀러의 분노가 폭발했다. 11월 29일에 〈LSSAH〉 여단이 소련군의 압박으로

* 이것의 전신은 〈베를린 경비단Wachtruppe Berlin〉이다. 이 경비단은 원래 바이마르 공화국 당시 육군의 7개 보병 사단에서 각 1개 중대씩을 파견하여 수도 경비를 위해 조직한 것으로, 각종 행사의 의장대로도 활약했다. 당시 독일군은 여전히 통일 이전의 전통을 고수하고 있어서, 일반적인 사단은 지역 군관구별로 편성되었고 같은 사단 병사라면 모두 같은 지역 출신이었다. 반면 이 경비단은 편성 체계상 전국에서 골고루 차출되었으므로 전 독일의 단결을 상징하는 부대로 지목되어, 1939년 초 〈대독일〉의 명칭을 부여받고 독립 정규 보병 연대로 재편되었다. 그 상징성 때문에 이후에도 육군의 엘리트 부대로 육성되어 1943년에 이르면 육군에서 최강 전력을 갖춘 기갑 사단(표면상은 기갑 척탄병 사단)으로, 대전 말기에는 다시 기갑 군단으로 확장되었다.

로스토프에서 밀려난 것이 발단이 되었다. 이때 제1 기갑군의 전방 부대가 보다 방어에 용이한 미우스Mius 강 선으로 총 퇴각을 시작하자, 히틀러는 이 결정을 뒤집으려 했다. 남부 집단군 사령관 룬트슈테트 원수는 후퇴가 불가피하며 이것이 안 된다면 자신을 해임하라고 했다. 히틀러는 12월 1일에 룬트슈테트를 해임했지만, 바로 다음 날 룬트슈테트가 요구한 대로 남부 집단군에 후퇴를 허가했다.

12월 16일, 소련의 모스크바 총반격으로 중부 집단군 사령관 보크 원수도 후퇴해 전선을 재정비하도록 해달라고 요청하게 되었다. 그날 밤 육군 총사령관 브라우히치 원수와 육군 참모총장 할더는 후퇴는 절대 안 된다고 고집하는 히틀러에게 전황을 설명했다. 12월 18일, 보크는 건강 악화를 이유로 중부 집단군 사령관직을 사임했고, 클루게 원수가 그 후임이 되었다. 히틀러는 중부 집단군에게 어떠한 후퇴도 승인할 수 없으며 증원군이 도착할 때까지 현 전선을 고수하라는 명령을 내렸다. 다음 날 히틀러는 불쾌한 심정으로 브라우히치의 사의를 받아들이고, 스스로 육군 총사령관이 되었다. 히틀러는 할더에게 육군이 공군의 긍정적이고 열정적인 방식을 받아들여야 한다고 말했다. 그리고 소련군이 전선을 돌파할 경우 〈예비 방어선〉 구축에 대한 어떤 논의도 금지시켰다.[39]

다음 희생양은 구데리안이었다. 구데리안은 1941년 12월 이전에 다른 야전 지휘관들이 그랬던 것처럼, 군 수뇌부가 최전선의 실제 상황이 어떤지 알지 못한다고 생각하고 있었다. 12월 내내 구데리안은 히틀러의 부관과 측근들을 비밀 채널로 활용해 그의 우려를 히틀러와 육군 총사령부에 전달했다. 12월 14일, 브라우히치는 육군 총사령관으로서 마지막 명령 중 하나로, 제2군을 제2 기갑군의 작전 통제에 놓고 구데리안에게 오룔을 방어할 수 있는 선까지 후퇴해도 좋다는 허가를 내렸다. 현 전선을 사수하라는 명령을 받은 구데리안은 12월 20일에 라슈텐부르크Rastenburg로 가서 히틀러에게 자신이 처한 절망적인 상황에 대해 설명했다. 구데리안은 자신에게 유리하게 상황을 묘사했지만, 방한복, 월동 장비, 난방이 되는 숙소가 부족하며 보다 방어에 유리한 선까지 부대가 후퇴해야 한다고 주장한 것은 사실이다. 구데리안은 크리스마스에 그의 새 상급자인 클루게 원수와 무의미한 논쟁을 한 뒤, 해임되어 버렸다.[40]

공세의 확대

1942년 1월 1일, 소련군은 북쪽으로는 칼리닌, 남쪽으로는 칼루가를 탈환하고, 일부는 이미 포위된 일련의 독일군 방어 거점들을 공격했다. 데만스크Demyansk(북부 집단군 지구), 르제프Rzhev, 모자이스크, 말로야로슬라베츠Maloyaroslavets, 유흐노프Yukhnov와 많은 교통 요충지들이 겨울의 혹한과 소련군의 공격을 피해 몰려든 독일군 전투 부대와 지원 부대로 가득 찼다. 이때 히틀러는 그 유명한 현 위치 사수 명령을 내렸다. 1942년 겨울에 이것이 성공하자, 히틀러는 전쟁 기간 내내 무조건 현 위치를 사수하라는 명령을 남발했다. 그러나 히틀러가 몰랐던 것은 스탈린이 지나치게 무리한 목표를 세우지 않고 1941~1942년에 중부 집단군에만 전력을 집중했다면 중부 집단군을 격파했을 것이란 사실이었다.

1942년 1월, 스탈린은 지나치게 야심적이었으며 낙관적이었다. 11월의 절망적인 상황에서 12월의 공세로 분위기가 반전되자 스탈린은 크게 고무되어, 반격 목표를 중부 집단군과 북부 집단군의 상당수를 포위하는 것으로 변경했다. 스탈린은 독일군이 궁지에 몰렸다고 생각하고, 충분한 병력이 집결되지 않은 상황에서 우회한 독일군의 거점을 내버려 둔 채 공세를 확대하려 했다. 1월 7일, 스탈린은 전 전선에 걸쳐 총공격 명령을 내리고, 전력을 독일 중부 집단군에 집중하는 대신 레닌그라드, 스타라야루사, 오룔, 하리코프, 크림 반도에 있는 독일군을 동시에 공격하도록 했다.[41] 주코프와 다른 지휘관들은 총공격 명령이 얼마 안 되는 전력을 너무 넓은 전선에 분산시켜 소모하게 할 것이라며 이에 반대했다. 12월에 스탈린에게 성공을 안겨 준 몇 개 안 되는 전차 여단과 기병 사단, 스키 대대들은 전력이 크게 약화된 상태였다. 난방이 되는 상설 비행장에서 작전하던 붉은 군대 공군은 소련군이 서쪽으로 진격할수록 바로 직전에 독일 공군과 비슷한 환경의 임시 비행장으로 이동해야 했다. 스탈린은 소련군의 능력 밖의 목표를 노렸기 때문에, 포위된 독일군을 소탕하지 못했으며, 어느 곳에서도 신통치 않은 성과만 거두었다.

북부에서는 레닌그라드 지구의 독일 제18군을 포위하기 위한 작전이 실패로 돌아갔다. 스탈린은 볼호프 전선군 사령관 메레츠코프(당시 수용소에서 석방된 지 얼마 안 된 상황이었다)를 협박해 준비도 되지 않은 상황에서 레닌그라드 남부를 공격하게 했다. 메레츠코프의 부대는 넓은 전선에 분산된 데다, 훈련도 부실했고 보급도 부족했다. 메레츠코프는 조준경도 장착되지 않은 새 야포를 보급받았기 때문에, 소련군 포병 총감이 직접 비행기 편으로 조준경을 보급해 줘야 했다. 12월 말, 류반Lyuban' 작전의 주력 부대였던 제2 충격군은 불과 1개 사단 규모로 줄어들었다. 제2 충격군 사령관 G. G. 소콜로프G. G. Sokolov 중장은 무능한 내무 인민 위원회 위원 출신이었고, 내무 인민 위원회의 수장 L. 베리야L. Beriya의 부관이었다. 메레츠코프는 공세가 시작된 지 얼마 안 돼 G. G. 소콜로프를 해임했다.

제52군이 독일군 방어선에 돌파구를 뚫고 제2 충격군이 독일군 후방 70킬로미터까지 진출했지만, 독일군은 곧 반격을 가해 제2 충격군을 고립시켜 포위해 버렸다.[42] 3월이 되자 모스크바 방어전에서 크게 활약한 A. A. 블라소프A. A. Vlasov 중장이 볼호프 전선군 부사령관으로 임명되어 포위된 부대의 지휘를 맡게 되었다. 제2 충격군이 한 달여간 필사적으로 싸웠지만, 구원의 가능성은 희박했고 돌파할 수 있는 여건도 되지 않았다. 6월 말에 이르러 독일군이 포위망에 대한 마지막 공격을 감행하자, 마침내 블라소프는 항복할 수밖에 없었다. 블라소프는 뒤에 독일에 협력해 〈자유 러시아군Russkaya Osvoboditel'naya Armiya〉*을 창설했으며, 소련에서는 배신자로 낙인찍혔다. 그에 대한 기록과 제2 충격군의 패배는 소련 군사사에서 말소되었다.[43]

모스크바 지구에서는 스탈린이 칼리닌 전선군과 서부 전선군에 뱌지마를 북쪽, 동쪽, 남쪽에서 공격해 독일군을 포위하라는 명령을 내렸다. 코네프 상장이 지휘하는 칼리닌 전선군(제22군, 제39군, 제29군, 제31군, 제30군, 제11 기병 군단)은 르제프와 시쳅카Sychevka를 통해 뱌지마 지구로 진격하고, 동시에 좌익에 배치된 주코프의 서부 전선군(제43군, 제49군, 제50군, 벨로프 기병 집단)은 유흐노프의 독일군 집단을 격파한 뒤 남서쪽에서 뱌지마 방향으로 진격해 칼리닌 전선군의 전위 부대와 포위망을 형성할 계획이었다. 그동안 서부 전선군의 우익(제1 충격군,

* 블라소프의 러시아 인민 해방 위원회Komitet Osvobozhdeniya Narodov Rossii 산하의 무장 조직. 하인리히 힘러의 협조하에 1944년 11월에 창설되었다. 러시아군 포로, 독일로 압송된 러시아인 노동자를 중심으로 편성됐으며 여기에 일부 망명 러시아인이 참여했다. 전쟁 말기까지 총 3개 사단이 편성되었거나 편성 단계에 있었다. 종전 후 거의 대부분이 소련으로 이송되어 비참한 최후를 맞았다.

제16군, 제20군)은 볼로콜람스크Volokolamsk와 그자츠크의 독일군 방어선을 돌파하고, 제5군과 제33군은 모자이스크를 통해 뱌지마로 진격하도록 계획되었다. 벨로프(제1 근위 기병 군단과 강화된 전차 여단)와 S. V. 소콜로프 대령(강화된 제11 기병 군단)의 2개 기병 집단은 전과확대를 통해 독일군 후방으로 진출해 뱌지마에서 합류하는 중요한 임무를 맡았다. 주코프의 목표는 독일 중부 집단군의 4개 방어군(제9군, 제4군, 제3 기갑군, 제4 기갑군)을 포위 섬멸하는 것이었다. 실제로 독일군은 위험한 상황에 처해 있었다. 칼루가 남쪽의 독일군 방어선에 큰 틈이 있었던 것이다. 공세가 시작되고 며칠 되지 않아 벨로프의 기병 집단은 이 틈을 뚫고 독일군의 후방으로 진출해 뱌지마로 진격했다.[44]

이미 개시된 공세 작전을 지원하기 위해 쿠로치킨 상장이 지휘하는 북부 전선군 좌익에 배치된 제3, 제4 충격군이 오스타시코프Ostashkov의 삼림 지대에서 토로페츠Toropets와 스몰렌스크 방향으로 공격하고, Ya. T. 체레비첸코Ya. T. Cherevichenko 상장의 브랸스크 전선군이 오룔과 브랸스크 방향으로 공격을 개시했다. 소련 입장에서는 불행한 일이지만, 주코프의 생각이 옳았다. 소련군은 독일 중부 집단군에 대한 야심찬 포위 작전을 감당할 병력과 능력이 없었다.[45]

특히 이 전투에서는 지형이 중요하게 작용했다. 이 지역에는 제대로 포장된 도로가 2곳 밖에 없었는데, 하나는 스몰렌스크에서 뱌지마를 거쳐 모스크바로 통하는 도로였고, 다른 하나는 모스크바에서 남서쪽으로 비스듬하게 마로야로슬라베츠와 유흐노프를 거치는 도로였다. 예프레모프 소장의 제33군은 이 2개의 도로를 따라 진격해서 공세 초기부터 진격이 느렸던 양 측익의 다른 야전군들에 비해 기동이 훨씬 양호했다. 소련군이 돌파에 성공한 뒤 벨로프 기병 집단과 독일군 후방에 고립됐던 대규모 부대들이 수개월간 버틸 수 있었던 이유는 습지가 많고 이동이 어려운 지역이어서 지면이 건조되는 늦봄까지 독일군이 공격을 미뤘기 때문이었다.

칼리닌 전선군과 서부 전선군은 1월 7~9일에 걸쳐 단계적으로 공세를 확대했다. 북쪽에서는 I. I. 마슬렌니코프I. I. Maslennikov 중장의 제39군이 독일군 전선을 충분한 전력으로 돌파한 뒤 예하 기동 집단인 S. V. 소콜로프의 제11 기병 군단과 함께 독일군 후방으로 진출했다. 제11 기병 군단은 1월 말 스몰렌스크-모스크바 고속도로에 도달했으나, 독일 제9군이 2월부터 반격을 개시해 제39군이 뚫은 돌파구를 틀어막았다. 이 과정에서 V. I. 시베초프V. I. Shvetsov 소장의 제29군까지 함께 포위해 버렸다. 제11 기병 군단은 겨우 2개 경(輕)기병 사단과 1개 차량화 소총병 사단, 몇 개의 스키 대대로 구성된 허약한 전력 때문에 독일군의 교통선을 차단할 수 없었다.

소련군은 중부 지구에서 모자이스크와 메딘Medyn을 탈환했지만, 그 이후에는 전력이 너무 약화된 데다 기상마저 악화되어 그자츠크에 대한 공세는 지지부진했다. 예프레모프의 제33군만이 독일군 후방으로 진출해 뱌지마에 도달할 수 있었지만, 예하 사단의 절반이 독일군의 반격으로 포위되어 고립됐다.[46]

그동안 북부에서는 쿠로치킨의 북부 전선군이 발다이Valdai 구릉지대와 젤리거 호수 지구의 독일 방어선을 분쇄하고, 스타라야루사와 데미도프의 2개 축선을 따라 남서쪽으로 진격했다. 이 과정에서 데먄스크, 홀름, 벨리에 완전히 포위되거나 반쯤 포위된 거점이 소련군 후방에 남게 되었다.[47] 남쪽에서는 수개월간 브랸스크 전선군이 오룔을 방어하는 독일군에게 맹포격을 퍼부었지만 일진일퇴를 거듭하고 있었다.[48]

소련군은 남부 지역에서 봄이 오면 전과를 확대할 수 있을 것이라 기대하는 2개의 공세 작전을 수행했다. 1월 18일에 하리코프 남쪽에서는, F. Ya. 코스텐코F. Ya. Kostenko 중장의 남서 전선군과 R. Ya. 말리놉스키R. Ya. Malinovsky 중장의 남부 전선군이 북부 도네츠 강을 건너 하리코프를 남쪽에서 포위하기 위해, 독일 남부 집단군의 제6군과 제17군의 전투 지경선을 강타했다. 고로드냔스키 소장의 제6군과 랴비셰프D. I. Ryabyshev 중장의 제57군과 제1, 제5, 제6 기병 군단의 기습 공격은 종심 100킬로미터에 이르는 돌파를 달성했다. 그러나 소련 보병과 기병의 전력은 한계에 달했다. 1월 31일에 독일 남부 집단군은 소규모의 보병과 기갑 부대로 편성한 전투단으로 소련군의 공세를 저지했고, 이 결과 바르벤코보Barvenkovo 교두보가 형성됐다.[49]

이보다 앞서 12월 30일에는 흑해 함대와 자캅카스 전선군의 2개 야전군이 크림의 케르치 반도에 야심찬 상륙 작전을 감행해 교두보를 확보했다. 이 공격의 목표는 만슈타인이 지휘하는 독일 제11군에 포위된 세바스토폴의 봉쇄를 푸는 것이었다. 소련군의 상륙 작전에는 흑해 함대 및 큰 효과를 거두진 못했지만 공수 부대의 지원을 받은 A. N. 페르부신A. N. Pervushin 소장의 제44군과 V. N. 리보프V. N. L'vov 중장의 제51군이 투입됐다. 소련군은 해안을 방어하는 루마니아군을 격퇴하고 케르치와 페오도시야Feodosiya를 확보했다. 만슈타인은 이 기습에 신속히 대응해 소련군을 케르치 반도에 가두고, 세바스토폴에 대한 구원을 저지했다. 세바스토폴은 8개월에 걸친 포위 공격 끝에 1942년 7월 4일에 함락되었다.[50]

800킬로미터에 걸친 전선 전체에서 전투가 격화되면서, 전투는 개별 부대의 영웅적 활약과 혼란스러운 기동 전투, 그리고 양측에 단순한 소모전을 강요하는 양상으로 전개되었다. 소련군은 보통 농촌 지역을 장악했고, 독일군은 주요 거점 도시들과 마을, 교통선을 고수했다. 양측 모두 현 상황을 타개하려 했지만, 1942년 6월에 환경이 풀려 보다 기동력이 뛰어난 독일군이 유리해지기 전까지는 그런 상황이 지속됐다. 이런 좌절의 과정을 뱌지마 지구처럼 잘 보여 주는 사례는 없을 것이다.

설원의 공수 부대

스탈린은 기갑 부대가 부족했기 때문에 사실상 모든 종류의 기동 부대를 전투에 투입했는데, 예를 들면 전차 여단(기병 군단에 배속되거나 야전군 단위 기동 집단의 중핵으로 운용되었다), 기병 군단, 스키 대대, 그리고 가장 중요한 정예 공수 부대 등이 있었다. 상황이 여의치 않았기 때문에 지금까지 중무장한 기계화 부대가 수행하던 임무를 이런 빈약한 부대들이 수행해야 했다.

1월 초 스탈린은 한때 위용을 자랑했던 5개 공수 군단 중 전쟁 초기의 참화에서 살아남은 부대(기본적으로 제4, 제5 공수 군단과 재편된 군단의 일부 전력)들을 전투에 투입하기로 결심했다. 이 부대들은 이미 독일군 후방으로 진출한 다른 조공 부대들과 함께 독일군의 교통로를 교란해 각 전선군의 진격을 지원하는 것이 주 임무였다. 궁극적으로 공수 부대는 독일군 후방에 포위된 부대들을 구출해 소련군 지역으로 탈출시키는 임무를 맡게 됐다.

최초의 강하 작전은 다채로운 연대 급 전력들을 모아 제33군과 제43군의 진격을 지원하기 위해 실시되었다. 1월 3~4일 야간에 두 집단으로 나뉘어 강하한 소련 공수 부대는 메딘 서쪽의 도로를 차단했다. 강하한 부대들은 며칠 내로 지상군의 선견대와 합류할 예정이있다. 1월 18일, 제250 공수 연대가 우그라Ugra 강 만곡부의 습지대에 강하했다. 제250 공수 연대는 작전을 펼치기가 어려운 습지대에서 남서쪽으로 이동해, 1월 30일에는 도로를 확보하기 위해 구축한 요새화된 마을과 독일군의 기동 순찰 부대에도 불구하고 벨로프의 제1 근위 기병 군단이 유흐노프 고속도로를 지나갈 수 있도록 지원했다. 그러나 벨로프는 유흐노프 고속도로를 돌파하기 위해 그의 1개 소총병 사단과 2개 스키 대대를 투입해야 했다. 벨로프는 보병들이 뚫은 돌파구로 기병 군단을 투입해 제250 공수 연대와 접촉할 수 있었다. 독일군이 벨로프의 후방을 차단하자 제1 근위 기병 군단은 지원 보병과 포병 부대로부터 차단됐다.

이 때문에 1월 말 소련군은 여러 곳에서 돌파에 성공했지만, 독일군의 주요 부대들을 격파하는 데는 실패했다. 주코프는 공세의 탄력을 살리고 뱌지마를 점령하기 위해 더 큰 규모의 공수 작전을 계획했고, 제4 공수 군단 병력 10,000명을 뱌지마 서쪽에 투입하기로 결정했다.[51] 그러나 소련군의 빈약한 보급 지원 능력 때문에 이 작전은 준비 단계에서부터 어려움에 봉착했다. 제4 공수 군단은 모스크바에서 칼루가 근교의 전방 비행장으로 이동하기 위해 겨울에 강을 도하해야 했다. 이는 아직 오카Oka 강의 교량들이 수리되지 못했기 때문이었다. 수송기의 숫자도 부족했기 때문에 군단 전체를 강하시키는 데는 여러 날이 걸릴 것이 분명했고, 기습 효과는 전혀 없을 게 뻔했다. 게다가 정예 공수 부대는 동계 위장복을 지급받은 몇 안 되는 부대 중 하나였기 때문에, 이들이 칼루가 비행장 인근에 출몰했다는 사실은 공수 작전이 임박했음을 즉각 시사했다. 1월 27일 야간에 공수 작전이 개시되자 독일군은 이 작전에 사용되는 비행장을 찾아내어 폭격했는데, 이 비행장들은 몇 주 전까지 독일군이 사용했던 비행장이었다.

1월 27일부터 2월 1일에 걸쳐 A. A. 오누프리예프A. A. Onufriev 중령의 제8 공수 여단이 뱌지마 남쪽에 분산 투입됐다. 강하 부대 중 일부는 양동 작전을 목표로 투입된 것이지만, 악천후와 형편없는 항법 때문에 주력 부대는 강하 도중 장비와 보급품, 무전기의 상당수를 잃어버렸다. 결과적으로 제8 공수 여단의 병력 2,100명 중 1,300명만이 여단장 지휘하에 재집결할 수 있었다. 이들은 독일군에 대한 위협이 되지 못했고, 기껏해야 독일군을 혼란에 빠뜨리는 정도였다. 결국 제4 공수 군단의 나머지 2개 여단의 강하는 취소됐다.

그동안 제1 근위 기병 군단과 제11 기병 군단은 뱌지마를 각각 남쪽과 북쪽에서 포위하려 했다. 제1 근위 기병 군단과 제8 공수 여단은 1월 27일과 그 뒤 수일에 걸쳐 스몰렌스크-모스크바 고속도로의 구획을 놓고 밀고 밀리는 전투를 계속했지만, 이 중요한 보급선을 끊으려는 시도는 결국 실패로 끝났다. 뱌지마와 이 도시를 둘러싼 도로는 독일 제5 기갑 사단과 제11 기갑 사단의 잔존 병력이 방어하고 있었고, 이들 기갑 부대는 전차와 포병이 없는 소련 공수 부대와 기병에게는 무서운 상대였다. 벨로프의 제1 근위 기병 군단과 제8 공수 여단은 물론, 포위된 예프레모프의 4개 사단은 독일군을 몰아내기에는 부족한 전력이었다.

2월 중순에 벨로프의 부대와 예프레모프의 부대, 제8 공수 여단이 각개 격파될 위기에 처하고 소련의 뱌지마 탈환이 실패로 돌아갈 것으로 보이자, 주코프는 다시 한 번 제4 공수 군단을 투입해 상황을 반전시키려 했다. 이번에는 제250 공수 연대가 투입되어 독일군 후방 경비 작전의 예봉을 피하는 데 효과가 있었던 우그라 강의 습지대를 따라 강하 지점이 선정되었다. 2월 17~18일 야간에 제4 공수 군단이 다시 강하 작전을 개시했으나, 이번에도 수송기와 호위 전투기의 부족에 시달렸다. 약 7,400명의 공수 부대원들이 투입되었지만, 이 가운데 70퍼센트는 집결 지점에 도착하지 못했다. 제4 공수 군단장 V. A. 글라주노프V. A. Glazunov 소장과 그의 참모들은 비행 도중 독일군의 야간 전투기에 격추되어 전사했다. 대신 지휘를 맡은 군단 참모장은 볼딘이 이끄는 제50군의 공격을 지원하기 위해 유흐노프 고속도로를 따라 이어진 고지군(高地群)을 점령하려 했다. 결과는 이도 저도 아닌 상황이 됐다. 제4 공수 군단은 2월부터 5월에 걸쳐 수차례 공격을 실시했지만, 차량과 중장비가 부족해 성공할 수 없었다. 반면 독일군은 우그라 강의 습지대 때문에 소련군을 소탕할 수 없었다.[52]

제4 공수 군단과 벨로프의 제1 근위 기병 군단의 실패는 소련군의 모든 공세 작전에서 나타나는 문제점을 보여 주는 대표적인 사례였다. 소련군은 경이로운 전과에도 불구하고, 병력과 차량, 화력 지원, 보급 체계, 통신 수단이 부족해 독일 중부 집단군을 격파할 수 없었다. 그럼에도 불구하고 스탈린은 1942년 4월 모스크바 반격 작전이 끝날 때까지도 전쟁 결과를 낙관하면서 승리가 눈앞에 닥쳤다고 확신하고 있었다. 스탈린은 데먄스크, 르제프, 크림 반도 등 전선 곳곳에 공수 부대를 투입했지만 큰 전과도 거두지 못한 채 전력만 소모했다.

　스탈린은 모스크바 전투에서 잘못된 결론을 얻었으며, 히틀러 역시 마찬가지였다. 독일군은 히틀러의 〈현지 사수〉 명령 때문에 버틸 수 있었던 것이 아니라, 소련군이 능력 밖의 목표를 노렸기 때문에 붕괴를 모면할 수 있었다. 마찬가지로 홀름, 데먄스크, 뱌지마 남쪽에 포위된 독일군에 대한 독일 공군의 공중 보급 능력은 히틀러가 공군의 보급 능력을 과신하게 만들었다. 이 모든 잘못된 생각은 1년 뒤 스탈린그라드에서 대가를 치르게 되었다.

7 | 1942년 봄의 해빙기

동계 전역은 1942년 4월 20일에 공식적으로 종료되었다. 뱌지마와 다른 지역에서는 소련군이 1942년 6월까지 독일군의 배후에서 버텼지만, 모스크바 반격 작전의 야심찬 목표들은 이미 3월 초에 수포로 돌아갔다. 소련군은 데먄스크와 홀름에 포위된 독일군을 사정없이 공격했고, 공수 부대와 스키 부대들은 데먄스크 포위망을 내부에서 붕괴시키기 위해 사투를 벌였다. 뱌지마 지구에서는 벨로프 장군의 기병 부대와 공수 부대가 독일군 후방에서 탈출하기 위해 노력하고 있었다. 소련군이 주도한 공세 작전들은 그 뒤 수개월간 둔화되었고, 마침내 스타브카가 여름에 공세를 재개하기로 결정하면서 끝나고 말았다.

우크라이나에는 3월 초에, 모스크바 지구에는 2주 뒤에 봄의 해빙과 라스푸티차가 찾아왔으며, 이로 인해 독일군이 북부 집단군과 중부 집단군 사이의 돌출부에 있는 소련군을 포위 섬멸하려는 계획을 연기했다. 데먄스크와 홀름에 포위된 독일 제16군과 제9군 소속 병력을 구출하기 위한 작전이 계속되었지만, 4월이 되어서 독일의 구원군이 도착해 소련군의 포위를 풀었기 때문에 사실상 무승부로 끝났다. 이쯤에서 전쟁의 전개에 대한 이야기는 잠시 미루고, 소련과 독일이 1941년의 경험에 어떻게 조직적으로 대응했는가에 대해 설명하는 것이 좋을 것 같다.

전쟁의 확대

1941년 여름과 가을에 걸쳐, 영국과 미국은 소련의 붕괴를 우려해 바르바로사 작전의 추이에 촉각을 곤두세웠다. 설사 미국이 참전한다 하더라도 영국과 미국은 당장 서유럽을 침공할 만한 충분한 병력이 없었다. 소련의 일반 시민들과 정부 관계자 대부분이 영국의 군사력과 미국의 산업 동원 능력은 과대평가한 반면, 상륙 작전의 어려움은 과소평가하고 있었다. 7월 초가 되자 소련 정부는 영국 정부에다 서부 전선에 〈제2 전선〉을 구축하라고 공개적으로 요청했다. 스탈린은 6월 22일 이전까지 히틀러가 2개의 전선에서 동시에 전쟁을 벌일 것이라고는 생각하지 않았기 때문에, 막상 히틀러가 침공하자 당황한 빛을 감추지 못했다. 따라서 전쟁이 발발한 직후부터 소련의 대중 여론은 서구 열강들이 자신들의 책임감을 덜기 위해 독일과 소련이 전쟁을 벌이도록 음모를 꾸민 것이라고 생각했다. 런던과 워싱턴은 경제 지원을 늘리겠다고 약속했지만, 전시 수송의 문제 때문에 동부에서 전쟁이 벌어진 첫해에는 거의 도움을 받지 못했다.[1]

1941년 12월 7일, 히틀러가 그의 장군들을 숙청하고 주코프가 중부 집단군을 섬멸하려 공세를 펼치고 있을 때, 일본은 하와이와 필리핀에 있는 미군을 공격했다. 워싱턴은 다음 날 일본에 선전 포고를 했지만, 미국은 여전히 유럽 지역 전쟁에 대해서는 개입을 자제하고 있었다. 태평양에서 고전하는 미국은 정치적으로나 군사적으로나 범지구적인 차원의 양면 전쟁을 수행할 여력이 없었다.

그러나 진주만 기습이 있은 뒤 4일째 되는 날, 히틀러는 미국의 고민을 해결해 주었다. 독일이 일본과 체결한 방위 동맹이 동맹국의 전쟁에 대한 자동 개입을 의무화하지 않았음에도 불구하고, 히틀러는 제국 의회 연설을 통해 대담하게 미국에 전쟁을 선포했다. 의심할 바 없이, 히틀러는 미 해군이 북대서양에서 호송 선단 호위와 독일 잠수함에 대한 적대 행위를 벌여 오고 있었기 때문에 이러한 선전 포고가 단지 요식행위에 불과하다고 생각했던 것으로 보인다. 히틀러는 태평양에서 벌어지는 전쟁이 미국을 깊숙이 끌어들여 독일에 대한 압박을 덜어 주길 기대했다. 히틀러는 확실히 미국의 산업과 군 동원의 잠재력을 무시하고 있었으며, 이것은 1930년대에 독일의 군사 동원을 관장한 장본인의 판단치고는 큰 실수였다. 그러나 미국에 대한 선전 포고는 바르바로사 작전에 비하면 덜 위협적이었다. 불과 6개월 뒤 독일은 유럽의 지배자에서 지구상에서 가장 강력한 두 강대국을 상대로 사투를 벌이는 입장으로 전락하게 됐다. 1941~1942년에 추축국이 거둔 일시적인 성공은 히틀러가 초래한 소련과 미국의 반격으로 보잘것없는 것이 되어 버렸다.

소련 교리의 부활

소련은 1941~1942년 겨울과 봄에 걸쳐 치러진 전쟁에서 드러난 문제들에 대응해 갔다. 1941년에 대부분의 소련군 지휘관들은 핵심 지역에 집결할 수 있을 만큼 충분한 병력도 없이, 전쟁 이전의 종심 작전 교리를 적용하려고 했다. 1941년 12월, 주코프는 독일군 방어선의 취약 지점에 투입하기 위해 서부 전선군 예하에 몇 안 되는 완전 편제된 부대를 집중시킨 충격 집단을 편성하라는 명령을 내렸다. 예를 들어 제10군은 모스크바 남쪽의 독일군 방어선을 돌파하는 데 집중했으며, 제1 근위 기병 군단은 제10군이 뚫은 돌파구를 통해 비교적 좁은 정면에 투입되었다. 이 기술은 소련의 동부 지역 군관구에서 이동해 온 증원군과 더해져 모스크바 반격 작전이 초기에 성공할 수 있도록 해주었다. 그러나 1월이 되자 공격군은 지나치게 분산됐으며, 전과확대 과정에서 독일군보다 빨리 움직일 수 있는 기동력이 부족했다. 소련군의 반격은 독일군을 모스크바 지역에서 몰아냈지만, 스타브카가 수립한 전략적 목표는 달성하지 못했다.

스탈린은 병력을 집중시킨 자신의 실수에 대해 결코 인정하지 않았지만, 붉은 군대는 미래의 작전을 위해 이런 병력 집중을 제도화하기로 했다. 스타브카는 1942년 1월 10일자 지령 3호를 통해 지난달 주코프가 내린 〈전선군 명령〉을 거듭 확인했다. 거기에는 모든 전선군과 군사령관들은 공세 작전에 충격 집단을 운용해 압도적인 우세를 달성하기 위해, 독일군의 단일 부대를 상대로 병력을 최대한 집중할 것을 규정하고 있었다. 이론상으로 전선군 단위의 공격은 정면 30킬로미터에 집중되고, 군 단위 부대의 공격 정면은 15킬로미터로 집중되었다. 1941년의 작전에서 공격 정면은 각각 평균 400킬로미터와 80킬로미터였다. 이렇게 해서 특정 지점에 대한 돌파를 조기에 달성하기 위해 압도적인 병력을 집중시키는 방식이 서서히 시작되었다. 소련군의 병력 집중은 복잡한 기만 계획과 결합되어, 독일군 장교들이 전 전선에 걸쳐 압도적으로 우세한 적과 상대한다고 믿게 만들었다.[2]

같은 문건에서 스타브카는 포병의 사용에 대해 언급했다. 앞으로 모든 공격은 포병 공세로 시작될 것이었다. 이것은 단지 킬로미터당 80문의 야포와 박격포를 집결시키는 것만이 아니라, 집결된 포병을 세 차례의 연속된 단계, 또는 임무에 맞춰 사용하겠다는 것이었다. 먼저, 가능한 모든 야포가 전 전선에 걸쳐 사전에 준비된 적의 방어선을 타격하는 데 집중한다. 두 번째로, 보병과 전차 부대가 공격 개시선으로 이동을 시작하면, 포병은 돌파를 지원하기 위해 남아 있는 적의 방어 거점에 화력을 집중한다. 마지막으로, 초기 돌파가 성공하면 포병은 돌파 확대를 위해 적 후방 깊숙한 목표를 타격한다. 또 이 지령은 붉은 군대 공군이 돌파 준비 단계와 돌파 단계의 근접 화력 지원에 가능한 많은 지상 공격기를 사용할 것을 명시했다.[3]

포병을 이렇게 운용하는 것은 공세 작전의 문제를 해결하는 전통적인 방식으로, 매우 상식적인 방법이었다. 스타브카가 이런 지령을 내린 것은 당시 상당수 초급 장교들의 자질이 극도로 형편없었기 때문이었다. 포병 지령은 포병의 효율적 집중과 운용에 지대한 공헌을 했다. 1941년에 소련군의 전선 부대는 공격에 투입될 때조차 킬로미터당 평균 7~12문의 야포와 박격포의 지원을 받는 데 그쳤다. 그러나 1942년 여름에는 이것이 킬로미터 당 45~65문으로 크게 증가했다. 이것은 전쟁 후반기의 집중에 비하면 한참 떨어지는 집중도이긴 했으나, 소련의 전술 원칙과 기술이 되살아나는 과정을 상징적으로 보여 주는 일이었다.

소련군 지휘관들은 병력을 종심 깊게 집결시키는 것을 공세 작전 시 돌파와 확대 과정에 적용했을 뿐 아니라, 밀도와 종심을 갖춘 방어 체계를 채택했다. 모스크바와 레닌그라드의 방어 전투에서는 깊은 종심과 상호 연결된 참호 방어선이 최초로 구축되어 성공을 거두었고, 그동안 관심을 두지 않았던 방어 전술의 모범 사례가 되었다. 그리고 지뢰 지대와 대전차포가 상호 지원할 수 있도록 구성된 대전차 방어선은 적 공격이 집중될 것으로 예상되는 지역에 만들어졌다. 물론 실제로는 1943년까지 대부분의 지휘관들이 이런 방어선을 구축하는 데 필요한 병력이 부족했지만, 이런 개념과 최초의 사례가 1942년 봄 처음 나타났다.

소련 기계화 부대의 부활

그러나 당시 스탈린은 방어에 대해 생각하고 있지 않았다. 스탈린은 1941년 12월부터 1942년 1월까지의 짧지만 강렬했던 승리에 도취되어 1942년 여름에 충분한 기계화 부대를 집결시켜 공세를 재개한다면 적군은 속수무책일 것이라고 생각했다.

새로운 기계화 부대는 새로운 장비를 필요로 했다. 소련은 산업 시설의 재배치로 인한 막대한 혼란에도 불구하고, 이미 독일의 군수 물자 생산을 압도하고 있었다. 실로 경이로운 노력에 힘입어, 우랄과 캅카스의 공장들은 1942년 5월 공세가 재개되기 전까지 전차 4,500대, 항공기 3,000대, 야포 14,000문, 박격포 50,000문을 생산했다.

갑작스럽게 늘어난 장비, 특히 전차를 사용하는 것은 스타브카의 구성원이자 기계화 부대 지도국 국장인 페도렌코 상장의 임무였다. 1941년의 절망적인 방어 전투에서 붉은 군대가 새로 편성한 기계화 부대는 지원 보병이 없고, 대부분의 경우 보병 지원 임무에 사용된 소규모의 전차 여단이었다. 그러나 1942년 초의 일시적 소강 상태에서 페도렌코는 전쟁 이전의 개념과 편제를 다시 도입하는 것을 구상했다. 페도렌코는 독일군의 기갑 부대에 맞서기 위해 독립된 제병협동 기계화 부대를 부활시키는 방안을 생각했다. 1942년 3월부터 그는 독일의 기갑 사단에 해당하는 전차 군단을, 나중에는 기계화 군단을 편성했다. 최초의 4개 전차 군단은 2개 전차 여단, 1개 차량화 소총병 여단, 그리고 총 병력 5,603명과 전차 100대(20대의 KV, 40대의 T-34, 40대의 T-60)로 편성되었다. 그리고 얼마 지나지 않아 페도렌코는 세 번째 전차 여단과 제병협동 작전 수행을 위해 필요한 다양한 지원 부대를 더 추가했다. 1942년 7월에 일반적인 전차 군단은 각각 53대의 전차(32대의 중형 전차, 21대의 경전차)로 편성된 3개 전차 여단과 1개 차량화 소총병 여단, 1개 모토사이클 수색 대대, 1개 박격포 대대, 1개 다연장 로켓(근위 박격포) 대대, 1개 대공포 대대, 1개 전투 공병 중대, 그리고 얼마 뒤에는 1개 수송 중대와 2개의 이동 정비소로 구성되었다. 이 전차 군단은 병력 7,800명, T-34 중형 전차 98대, 경전차 70대로 편성되었다.[4] 궁극적으로 1942년도에 28개의 전차 군단이 창설되었다.[5]

1942년 가을, 페도렌코는 규모가 큰 기계화 군단을 편성한다는 개념을 구체화했다. 페도렌코는 전차 군단들이 1942년 여름 전투에서 보병의 손실이 많았다는 점에 주목해, 기계화 군단은 각각 2개 전차 연대를 가지는 3개 기계화 여단과 1~2개 전차 여단, 그리고 최대 2개 전차 연대를 추가하여 편성했다. 각 기계화 여단의 전차 연대는 39대의 전차를 보유했다. 이들 기동 여단은 각각 대공 대대, 대전차 대대, 다연장 로켓 대대, 장갑차 대대의 지원을 받았으며, 통신 부대, 공병 부대, 의무 부대, 수송 부대, 정비 부대가 추가되었다. 그 결과 기계화 군단은 병력 13,559명, T-34 100대, 다른 종류의 전차 104대로 구성되었다.[6] 1942년형 기계화 군단은 독일 기갑 사단에 대응하는 규모로 1940~1941년에 편성된 대규모 기계화 군단과는 다른 부대였다. 새로운 기계화 부대는 귀한 자원을 너무 많이 소모해 1942년에 8개가 편성되는 데 그쳤다.

　전차 군단과 기계화 군단은 각 소총군의 기동 집단으로, 종심 100킬로미터 이내의 소규모로 제한된 돌파와 포위 작전에 적합한 구조였다. 그러나 붉은 군대는 보다 큰 붕괴와 포위를 위해 좀 더 규모가 크고, 독일의 기갑 집단과 기갑군에 필적할 만한 제병협동 기계화 부대를 필요로 했다.

　이런 종류의 부대는 단지 독일의 그것을 모방하는 것이 아니라, 전쟁 이전의 종심 작전 개념으로 회귀한 것이라는 점에서 중요했다. 1942년 5월 25일, 새로 편성된 전차 군단들을 2개의 전차군(제3 전차군과 제5 전차군)에 배속시키라는 명령이 내려졌다. 1942년 7월에는 추가로 2개 전차군(제1 전차군, 제4 전차군)이 편성됐으나, 이들은 편제가 끝나기도 전에 스탈린그라드로 진격하는 독일군을 막기 위해 투입되어 큰 손실을 입고 일반 소총군으로 개편되었다. 이들 전차군의 실제 구조는 부대에 따라 다른데, 그 이유는 이들 부대가 트럭과 같은 기본적인 장비도 부족했던 당시에 실험적인 성격으로 편성되었기 때문이다. 이런 장비의 부족은 기병과 소총병 사단들을 기동성이 높은 전차 군단과 결합시키는 구조를 만들었다. 어떤 형식이 존재했던 간에 1942년의 전차군은 2~3개의 전차 군단, 1개 기병 군단, 2~6개의 소총병 사단과 일부 지원 부대로 편성되었다. 전차군의 평균 전력은 병력 35,000명, 전차 350~500대, 견인식 야포 150~200문이었다.[7]

　8장에서 언급하겠지만, 새로운 전차 군단과 전차군이 1942년 5월에 치른 첫 전투는 재앙으로 끝났다. 그러나 붉은 군대는 이런 전투에서 얻은 교훈을 바탕으로

1942년 말까지 보다 효율적인 조직과 전술을 만들었다. 1943년에 페도렌코는 기계화 부대의 조직을 개편하고 통일된 편제를 갖춘 새로운 전차군을 편성해 전쟁이 끝날 때까지 소련군 공세 작전의 첨병으로 사용했다.

1942년 봄에 붉은 군대는 가용 자원을 새로운 기동 부대와 소수의 정예 근위 사단을 편성하는 데 사용했다.[8] 반면 평균적인 소총병 사단은 소량의 중화기(重火器)와 치료를 끝낸 수백 명의 고참 병사들을 보충받는 데 그쳤다. 다시 기동 작전이 시작됐을 때, 붉은 군대는 아직 편제 미달의 고참 부대와 새로 편성된 부대가 혼재된 양상을 벗어나지 못했다.

독일군의 재편

바르바로사 작전은 붉은 군대는 물론 독일 육군과 공군에게도 큰 타격을 입혔다. 독일군은 소련의 겨울과 모스크바의 반격에 희생양이 되기 훨씬 이전에 스스로 감당할 수 없을 만큼 전선이 신장되었다.

독일 중부 집단군은 가장 큰 피해를 입었다. 1월이 되자 허술한 복장과 전투 피로로 시달리며 지휘관조차 잃은 부대들은 소련군의 전차 소리만 듣고도 공황 상태에 빠졌다. 서리, 식량과 난방이 되는 숙소의 부족, 그리고 전투는 육체적, 정신적 피해를 가져왔다. 1942년 1월 말 중부 집단군은 편제보다 187,000명이 부족했으며, 2월에는 다시 40,000명을 더 잃었다. 모스크바에서 후퇴하는 과정에서, 회수만 하면 수리하여 쓸 수 있었던 막대한 양의 장비를 잃게 되었다. 1월 31일, 중부 집단군은 대전차포 4,262문, 박격포 5,890문, 야포 3,361문이 부족했다.[9]

독일은 이 손실을 메울 수 있는 인적 자원이나 산업 생산 능력이 없었다. 1941년 12월에 282,300명의 병력이 육군에 보충되었으나, 이들은 훈련이 필요했고 게다가 이들 중 3분의 2는 군수 산업에서 징집된 인원이었다. 독일의 공장들은 숙련된 노동력 상실로 생산에 큰 차질을 빚었다. 이탈리아와 프랑스 노동자들은 영국 공군의 야간 공습을 두려워해 독일에서 일하는 것을 꺼렸다. 독일의 농업 노동력을 군수 산업으로 전환하기 위해 러시아 노동자가 필요했지만, 포로의 수송 문제와 독일 측의 포로 학대로 이 또한 순조롭지 않았다. 겨우 살아남은 포로들이 독일에 도착하자 발진 티푸스가 퍼져 많은 희생자가 발생했다.[10]

노동력 부족과 연료 문제, 원자재 부족으로 각 병과 간에 생산 순위를 놓고 경쟁이 벌어지게 됐고, 1941년 12월부터 1942년 1월까지 독일의 공업 생산은 거의 답보 상태를 면치 못했다. 1월 10일, 히틀러는 새로운 기계화 부대를 편성하겠다는 원대한 계획을 뒤로 미루고, 야전군이 필요로 하는 장비를 생산하도록 군수 물자 생산의 우선순위를 변경했다. 히틀러의 명령은 그가 뒤늦게야 독일이 장기전에 빠진 사실을 인식하게 되었음을 보여 주었다. 3월 21일, 히틀러는 공식적으로 모든 경제 체제를 군수 생산에 종속시켰다.

유능하지만 친화력은 부족했던 군수 장관 프리츠 토트Fritz Todt 박사가 2월 8일에 비행기 추락 사고로 사망했다. 그의 후임은 히틀러가 총애한 건축가이자 공업 생산 문제를 담당하고 있던 알베르트 슈페어Albert Speer였다. 슈페어는 히틀러의 지원을 등에 업고 공업의 효율성과 생산성을 크게 향상시켰지만, 독일 산업을 중앙 통제화하고 합리화하지는 못했다. 그 대신 슈페어는 독일 산업계의 거물 인사로서 핵심 원자재를 통제하고 공업 생산을 증가시키기 위해 여러 개의 조정 위원회를 설립했다. 제국 항공부 장관 에르하르트 밀히Erhard Milch 원수는 산업 생산성 향상을 위해 슈페어와 긴밀히 협조했다. 밀히는 원자재 부족을 해소하기 위해 재활용과 기타 여러 가지 방법을 사용했다. 이렇게 해서 1942년에 독일은 15,000톤의 알루미늄을 절약하면서 1941년보다 3,780대나 더 많은 항공기를 생산했다.[11]

그러나 이런 개혁에는 시간이 걸렸다. 사실 독일 국방군은 모스크바 전투의 대재앙 이후 충분한 장비를 갖추지 못했다. 1942년에 독일의 주공을 맡은 남부 집단군은 북부 집단군과 중부 집단군에서 장비를 넘겨받아 편제의 85퍼센트를 겨우 채울 수 있었다. 1941년 11~12월에 독일 육군 총사령부는 독일과 서유럽의 점령 지구에서 수천 대의 트럭을 징발했지만, 이 가운데 4분의 3은 러시아 전선에 도착하기도 전에 고장이 나고 말았다. 중부 집단군과 북부 집단군은 차량 및 마필의 상실로, 특히 비포장도로에서 작전을 할 경우 기동력이 크게 떨어졌다. 독일군은 말이 없어서 야포 견인과 보급 수송을 제대로 수행할 수 없었다.

붉은 군대와 마찬가지로 독일의 정예 부대들은 충분한 병력과 장비를 보급받았다. 한때 전투병이 33명으로 줄어들었던 대독일 보병 연대는 후방으로 이동해 휴식과 재정비에 들어갔다. 1942년 5월 말까지 대독일 보병 연대는 2개 차량화 보병 연대와 1개 포병 연대, 1개 전차 대대와 돌격포 대대, 모토사이클 대대를 갖춘 차량화 보병 사단으로 개편되었다. 일반 기갑 사단과 차량화 보병 사단들은 이전의 전투력을 아직 회복하지 못하고 있었다. 무장 친위대도 꾸준히 증가하면서 기갑 전력을 확충했다. 전반적으로 제1 기갑군과 제4 기갑군은 하계 공세가 개시될 무렵 이전의 전투력을 상당 부분 회복할 수 있었다. 그러나 일반 보병 사단들에게 1941년~1942년 겨울은 전쟁이 끝날 때까지 계속해서 전투력이 약화되는 과정에서 잠시 숨을 돌린 것에 불과했다.

그리고 독일군은 병력과 장비보다 더 중요한 것을 잃었다. 바로 군대의 사기였다. 전쟁 첫해에 살아남은 고참병들은 자신들이 낯선 환경에서 언제 끝날지 알 수 없는 처절한 사투에 말려들었다는 것을 깨닫게 되었다. 비인간적인 적에게 말로 형용할 수 없는 고통을 받을 것이 뻔했기 때문에 탈영이나 항복은 꿈도 꿀 수 없다. 전선의 병사들은 그들이 싸우는 동기가 정당하고 당연한 것이라는 확신을 얻으려 했다. 장교들은 병사들에게 이런 확신을 심어 주기 위해 인종적, 이데올로기적 전쟁을 강조하는 나치의 선전에 의존할 수밖에 없었다. 1942년 7월 15일, 국방군 총사령부는 각급 정보 참모부에 교육과 선전을 담당할 장교를 두도록 공식화했다. 독일군 초급 장교와 사병들은 이데올로기적 담론에 익숙해지면서 더욱더 슬라브계 〈열등 인종Untermenschen〉들에게 잔학 행위를 일삼게 되었다. 역설적이게도 독소 전쟁을 통해 소련이 이데올로기보다 애국심을 강조하게 된 반면, 독일군은 소련식의 정치 및 사상 교육을 강화하는 체계를 갖추게 되었다.[12]

춘계 작전 계획

봄이 되어 대지가 진창으로 변하면서 독소 양군은 하계 전역을 준비하기 시작했다. 독일이 공세를 재개할 것은 의심의 여지가 없었고, 소련은 독일군을 저지할 전면적인 반격을 감행할 능력이 없었다. 그러나 스탈린은 다시 한 번 독일의 의도와 전력을 잘못 판단했는데, 부분적으로는 모스크바 축선을 공격한다는 정교하고 효과적인 독일의 기만 작전, 이른바 〈크레믈 작전Operation Kreml〉 때문이었다.[13] 스탈린은 여전히 모스크바가 독일의 중요 목표이며, 르제프와 뱌지마에 있는 독일군 거점은 독일이 공세를 재개할 때 사용될 것이라고 생각했다. 그 때문에 붉은 군대의 전략 예비대 대부분이 주코프의 관할하에 모스크바 지구에 집결했다.

그러나 히틀러는 볼가 강 유역의 천연자원과 캅카스의 석유를 확보하기 위해 모스크바가 아니라 남쪽을 공격하기로 결심했다. 독일의 작전 입안자들은 소련군이 이들 지역을 방어하기 위해 다시 결전을 벌일 것으로 예상했다. 이렇게 된다면 독일군은 다시 한 번 붉은 군대를 격멸할 기회를 잡을 수 있을 것이었다. 그러나 처음에 볼가 강의 공업 도시 스탈린그라드는 소련군이 저항을 계속할 것으로 예상되는 여러 목표들 중 하나에 불과했다. 작전이 개시되고 나서야 이곳이 양측 모두에게 상징적인 목표물이 되어, 주공격 목표인 캅카스로부터 독일군의 전력을 빨아들이게 되었다.

스탈린은 예상되는 독일의 공세를 저지하기 위해 늦봄부터 제한적인 공세 작전을 펴기로 결심했다. 이런 작전이 얼마 되지 않는 소련군의 전력을 소모시킬 것이 분명했기 때문에 주코프와 다른 지휘관들은 스탈린의 구상에 반대했다. 그렇지만 이 독재자는 독일군에 대한 소련군의 상대적 전력과 회복력에 대해 구제 불능으로 낙관적이었다.

1942년 3월 중순, 남서 방면군의 티모솅코 소연방 원수와 정치 위원 흐루쇼프, 참모장 I. Kh. 바그라먄I. Kh. Bagramyan을 포함한 참모진은 모스크바에 대한 독일군의 공격을 교란하기 위해 남서 전선군과 크림 반도의 병력으로 독일 남부 집단군을 공격하는 2개의 계획을 제안했다. 먼저 티모솅코는 남서 전선군의 우익이 하리코프 북동쪽의 교두보에서 북부 도네츠 강을 건너고, 남서 전선군 좌익이 소련이 동계 전역에서 확보한 더 넓은 바르벤코보 교두보에서 북부 도네츠 강을 건너 하리코프 지구의 독일군을 협격하는 계획을 수립했다. 남부 전선군이 이 공격을 지원할 예정이었다. 협격 작전으로 독일 제4 기갑군과 제6군의 주력을 포위하면 다음 단계로 드네프르 강을 향해 서진한다는 계획이었다.

처음에 스탈린은 브랸스크 전선군을 투입해 공세를 확대하려고 생각했지만, 모스크바에 대한 독일군의 공격을 저지하기 위해 브랸스크 전선군을 작전에서 제외시켰다. 한편, 골리코프 중장이 이끄는 브랸스크 전선군은 티모셴코의 목표와는 전혀 상관없는, 보다 북쪽에 대해 제한된 공세를 준비하고 있었다.[14] 이렇게 해서 8장에서 다루게 될 새로운 소련 기갑 부대의 첫 번째 시험장이 된 제2차 하리코프 전투의 서막이 올랐다.

그리고 스탈린의 두 번째 공세는 세바스토폴을 구원하기 위해 크림 반도의 독일군을 목표로 했다. 이 공세는 지난겨울 소련군이 야심찬 상륙 작전으로 확보한 케르치 반도에서 감행될 예정이었다.

북쪽 끝에서는, 연합군이 원조한 물자가 공급되는 무르만스크 철도를 방어하기 위해 스타브카가 2개의 국지적 반격을 실시했다. 부분적으로 소련이 붕괴 직전이라고 오판한 히틀러가 10월 10일에 공격 중단을 명령함으로써 핀란드군과 독일군은 1941년에 이 철도를 차단하는 데 실패했다. 핀란드는 1940년 이전의 영토를 회복하자 더 이상의 공세에 가담하고 싶지 않았다. 북극 지방의 긴 겨울 동안 소련 카렐리야 전선군은 고립된 독일군을 상대로 상당한 성과를 거두었다. 양군은 험악한 지형과 날씨, 보급 문제 때문에 남부 지역의 대규모 전투와는 달리 소규모 부대만을 운용했다.

1942년 4월 28일, 무르만스크 남서쪽에서 소련 제26군이 독일 제19 산악 군단에 대해 공세를 개시했다. 소련군의 2개 스키 여단과 제10 근위 소총병 사단은 독일 제6 산악 사단을 공격했으며, 동시에 독일군의 측면에 소련군 제12 해군 보병 여단*이 상륙했다. 소련군의 공격은 상호 협조가 이뤄지지 않아 막대한 손실을 입었지만, 독일군도 전력이 약해 방어에서 거둔 성공을 확대하지는 못했다. 이보다 남쪽의 핀란드 중부에서는 소련 제14군이 핀란드 제3군단을 공격했다. 4월 23일, 소련 제14군은 1개 스키 여단과 1개 근위 소총병 사단을 우회시켜 독일군의 측면을 위협하고 보급선을 차단하려 했다. 그러나 소련군은 다시 한 번 약한 전력으로 지나치게 야심찬 목표를 노렸다. 5월 5일에서 7일까지 공격 부대는 포위당해 사실상 전멸했다. 봄이 와 대지가 진창으로 변하자 양군의 움직임은 둔화되었다.[15]

---

* Brigada Morskoy Pekhoty. 해군 보병 여단은 해군 소속의 보병 부대로, 제2차 세계 대전 기간 중 함대 소속의 수병들을 동원해 편성되었다. 서방 세계의 해병대에 해당한다. 한편, 육군 관할의 해군 보병 여단은 해군 소총병 여단Morskie Strelkovye Brigady이라고 한다.

8 | 청색 작전: 스탈린그라드를 향한 독일군의 진군

청색 작전의 수립

독일은 바르바로사 작전 초기부터 캅카스의 흑해 동안(東岸)에 대한 다음 작전을 준비하고 있었다[1](지도 7 참조). 원래 이 작전은 1941년 가을 소아시아와 중동을 향한 히틀러의 대전략의 일환으로 개시될 예정이었다. 히틀러는 궁극적으로 수에즈 운하와 이란과 이라크의 유전 지대를 노렸다. 1941년 11월, 독일의 독재자는 현실에 맞춰 자신의 계획을 수정했다. 히틀러는 할더에게 향후 작전의 목표를 이란과 이라크 대신 소련 영내로 제한하라고 지시했다. 그러나 캅카스의 소련 유전 지대를 점령하겠다는 〈제한적인〉 작전조차도 독일군이 가장 멀리 진격한 돈 강의 로스토프에서 남쪽으로 800킬로미터나 더 진격해야 가능한 것이었다. 히틀러는 이 작전을 대비해 특수한 경보병 사단*을 편성하고, 가용 가능한 산악 사단들을 전선에서 후방으로 돌려 재편성에 들어갔다.

1942년 2월, 독일 육군 총사령부 작전국은 캅카스의 점령을 주목표로 하는 1942년 전역의 기본적인 지침을 마련했다. 이미 7장에서 살펴보았듯, 이것을 위해

---

* 이것은 저자의 오류로 보인다. 1940년부터 경보병 사단leichte Infanterie-Division 편제가 존재했고, 이들은 1942년 7월부로 엽병 사단Jäger-Division으로 개칭되었다.

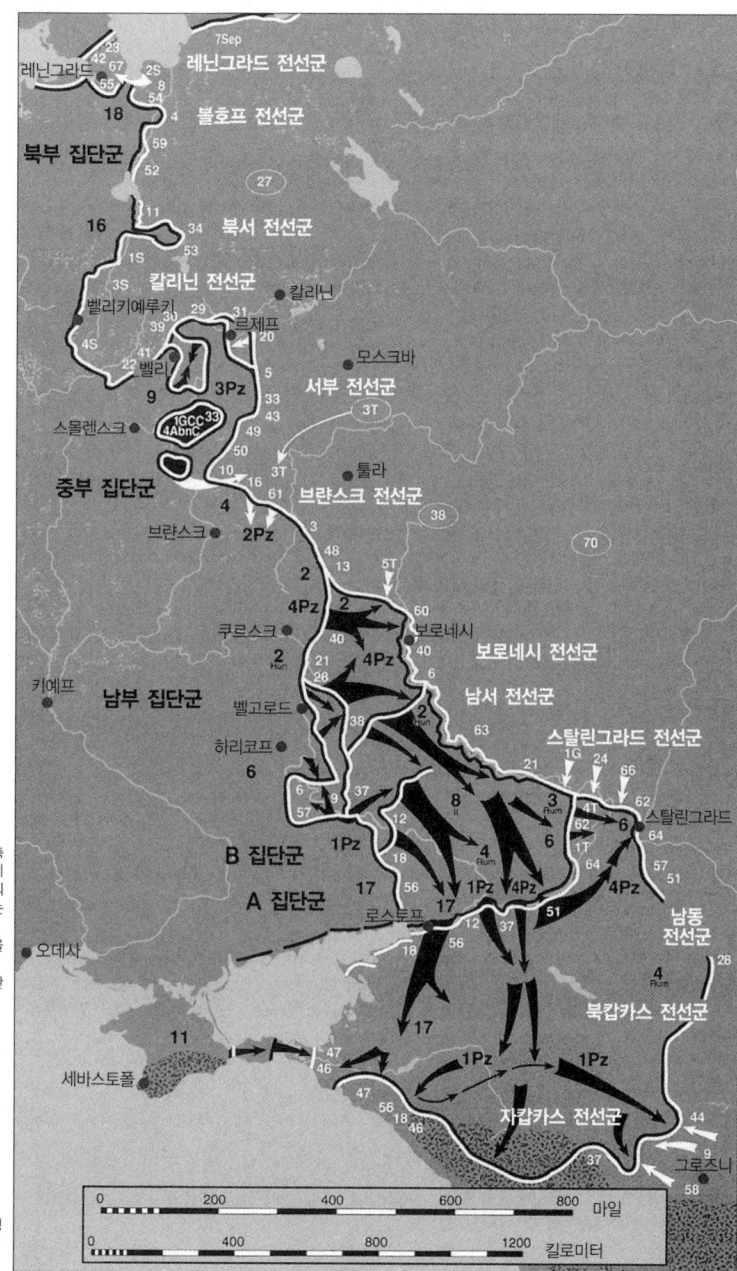

지도 7. 하계-추계 전역(1942년 5~10월)

남부 집단군에 인력 및 장비 보충의 우선순위가 주어졌다. 제4 기갑군은 중부 집단군에서 재편된 사단들과 함께 남부로 이동해 제1 기갑군과 합류했다.

이와 함께 독일군 20개 사단과 동맹군 21개 사단이 다른 지역에서 남부 지구로 이동해 왔다. 이들 추축군 부대는 이탈리아군 6개 사단,* 헝가리군 10개 사단, 그리고 편제 미달의 루마니아군 5개 사단이었으며, 격전으로 전력이 소모된 독일군보다도 무장 상태가 빈약했다. 독일이 언제나 동맹군을 경멸했던 점을 고려하지 않더라도 독일의 동맹군은 훈련과 교리 면에서 독일군에 비해 뒤떨어져 있었고, 이탈리아군 중 1개 사단만이 평균적인 독일군 사단과 비슷한 수준이었다. 이 때문에 독일군 참모장교들은 동맹군을 후방 지역 소탕, 독일군이 휩쓸고 지나간 후방 지역의 방어 등 부차적인 임무에 투입했다. 사실상 독일 육군 총사령부의 하계 공세 계획은 독일군이 방대한 러시아를 담당하기에 역부족이었기 때문에 빈약한 동맹군에 의존할 수밖에 없었다. 궁극적으로 독일의 동맹군들과 너무나 야심찬 계획 자체가 독일군 계획의 치명적인 약점이었다.

독일 정보기관은 소련군이 하리코프 남동쪽에 집결하고 있으며 우크라이나를 탈환하려는 의도가 분명하다고 파악했다. 독일은 소련의 계획이 어느 정도 야심찬 것인지는 알지 못했지만, 그들의 공격이 아마도 봄의 라스푸티차가 끝나는 5월 초에 시작될 것이라는 점은 정확히 예상했다. 독일 육군 총사령부는 캅카스를 공격하기 전에 소련군의 공세를 먼저 받아치기로 결정했다. 독일은 소련으로 하여금 모스크바가 1942년 공세의 목표이며 남부 집단군은 로스토프를 목표로 제한된 양동 작전을 펼칠 것으로 믿게 하기 위해, 소강기에 기만 작전(크레믈 작전)을 실시했다. 독일의 작전 입안가들은 소련의 군수 생산이 회복 단계에 들어갔다는 것은 알지 못한 채, 〈무기 대여법Lend-Lease〉**에 따른 미국과 영국의 지원이 1942년 붉은 군대의 생존을 결정짓는 요인이라고 판단했다. 캅카스를 향한 진격은 궁극적으로 이 지역

---

* 이탈리아군은 1941년 8월에 동부 전선 3개 사단이 처음 투입되었다. 1942년에도 4개 보병 사단, 3개 산악 사단이 추가로 동원되었다. 1941년 7월 참전 당시 1개 군단에 불과했던 러시아 주둔 이탈리아군은 1942년에 제8군으로 개편되면서 3개 군단으로 확장됐으나, 1942년 소련의 동계 공세에서 큰 타격을 받고 1943년에 해체되었다.

**제2차 세계 대전 중 미국의 연합국 원조 프로그램. 1941년 3월 11일 법안의 통과로 시작되어, 소련, 영국, 프랑스, 중국 등이 이 원조를 받았고, 1945년 9월 2일에 종료되었다.

을 통한 연합군의 원조 가능성을 차단할 수 있겠지만, 북쪽의 보급로는 건재할 것이었다. 그 때문에 1942년 3월 14일 국방군 총사령부는 무르만스크로 향하는 연합군 호송 선단을 견제하기 위해 스칸디나비아로 전력을 집중하도록 공군과 해군에 지시했다.

1942년 4월 5일자 총통 지령 41호에서 히틀러는 육군의 작전 계획, 즉 〈청색 작전Operation Blau〉에 자신의 계획을 일부 첨가했다. 1942년 공세의 주목표는 캅카스 지역이고, 두 번째 목표는 레닌그라드를 점령하는 것이었다.[2]

독일군은 주 공세에 앞서 전선을 정리하기 위해 제한된 공세 작전을 펼칠 계획이었다. 이 작전들 중 가장 중요한 것은 세바스토폴 점령과 케르치 반도 소탕이었다. 주 공세는 세 단계에 걸쳐 시행될 예정이었다. 먼저, 남부 집단군이 쿠르스크Kursk 남쪽의 소련군 방어선을 돌파해 그 지역의 소련군을 포위 섬멸한다. 다음 단계에서는 남부 집단군을 B 집단군으로 개칭해 돈 강 만곡부를 향해 진격하며 측면의 방어를 굳힌다. 그리고 다시 한 번 소련군에 대한 포위 섬멸을 시도할 계획이었다. 그동안 클라이스트의 제1 기갑군과 리하르트 루오프Richard Ruoff 상급대장의 제17군과 그의 지휘하에 있던 루마니아 제3군으로 새로 편성될 A 집단군은 남익을 맡아 진격하여 로스토프에서 돈 강을 건넌 뒤, 스탈린그라드 지구에서 협격 작전을 통해 소련군을 포위 섬멸할 예정이었다. A 집단군은 포위망을 소탕한 뒤 남부 유전 지대를 향해 공세를 계속하도록 계획되었다.

이 작전에서 대규모 공업 도시인 스탈린그라드는 중요한 목표이긴 했지만, 초기에 독일의 작전 입안가들은 이곳을 단지 캅카스로 가는 길목에 있는 도시 중 하나로만 인식했다. 그러나 뒤에 이 도시는 독소 양군에 중요한 의미를 가지게 되었다. 전쟁이 끝난 뒤 만슈타인 같은 독일 장군들은 히틀러가 2개의 목표(스탈린그라드와 캅카스)를 동시에 추구하는 바람에 지휘 체계에 혼란을 가져왔다고 비난했다. 확실히 히틀러가 스스로 작전을 지휘하겠다고 한 것은 비효율적이었다. 그러나 방대한 작전 지역과 투입될 병력의 규모를 고려하면 2개의 집단군 사령부를 편성한 것은 피할 수 없는 선택이었다. 작전이 진행되면서 B 집단군은 돈 강을 따라 형성된 긴 측면을 방어하기 위해 더 많은 동맹군을 배속받았고, 결국 집단군 참모부가 효율적으로 통제할 수 없을 만큼 동맹군이 증가했다. 일부 독일의 작전 입안가들은 그 때문에 세 번째 집단군

표 8-1. 1942년 7월의 양군 전투 서열

독일군	소련군
라플란트 야전군 — 제12 산악군으로 변경 (에두아르트 디틀 상급대장) 핀란드군	카렐리야 전선군 (V. A. 프로로프 중장) 제14군, 제19군, 제26군, 제32군 제7 독립 야전군
북부 집단군 (게오르그 폰 퀴흘러 원수) 제16군, 제18군 — 후에 크림 반도에서 　　　　　　　　제11군 증강	레닌그라드 전선군 (L. A. 고보로프 대장) 제8군, 제23군, 제42군, 제55군 연안 작전 집단
중부 집단군 (귄터 폰 클루게 원수) 제4군, 제9군 제2 기갑군, 제3 기갑군	볼호프 전선군 (K. A. 메레츠코프 상장) 제4군, 제52군, 제54군, 제59군
B 집단군 (페도르 폰 보크 원수, 막시밀리안 폰 바익스 대장이 지휘권 인수) 제2군, 제6군 제4 기갑군 헝가리 제3군	북서 전선군 (P. A. 쿠로치킨 상장) 제1 충격군, 제11군, 제34군, 제53군
이탈리아 제8군 — 후에 루마니아 제3군과 　　　　　　　 루마니아 제4군 증강	칼리닌 전선군 (I. S. 코네프 상장) 제3 충격군, 제4 충격군, 제22군, 제29군, 제30군, 제39군
A 집단군 (빌헬름 리스트 원수) 제17군 제1 기갑군	서부 전선군 (G. K. 주코프 상장) 제5군, 제10군, 제16군, 제20군, 제31군, 제33군, 제43군, 제49군, 제50군, 제61군
	브랸스크 전선군 (F. I. 골로코프 중장) 제3군, 제13군, 제48군 제5 전차군 — 5개 전차 군단 증강
	보로네시 전선군 — 1942년 7월 7일 편성 (N. F. 바투틴 상장) 제6군, 제40군, 제60군
	남서 전선군 — 7월 12일자로 스탈린그라드 　　　　　　　　 전선군으로 개칭 (S. K 티모셴코 원수) 제1 전차군, 제4 전차군 — 후에 야전군 4개 증강
	남부 전선군 — 7월 28일자로 해체되어 　　　　　　　 북캅카스 전선군으로 편입 (R. Ya 말리놉스키 중장)
	북캅카스 전선군 (S. M. 부돈니 원수) 제12군, 제18군, 제24군, 제37군, 제51군, 제56군, 제57군

표 8-1. (앞의 페이지 계속)

1942년 7월의 소련군 전투 부대 배치에서 상당한 변화가 발생한 원인은 전투에서의 손실과 함께 소련 측이 기존 야전군을 개편하거나 예비 전력을 일선 배치했기 때문이다. 각 부대별 개편 현황은 아래와 같다.

이전 명칭	신규 명칭	전력화 시기
제1 예비군	제64군	1942년 7월 10일
제2 예비군	제63군	1943년 5월
제3 예비군	제60군	1942년 7월 10일
제4 예비군	제38군	1942년 8월
제5 예비군	제63군	1942년 7월 10일
제6 예비군	제6군	1942년 6월
제7 예비군	제62군	1942년 7월 10일
제8 예비군	제66군	1942년 8월
제9 예비군	제24군	1942년 8월
제10 예비군	제5 충격군	1942년 12월
제38군	제1 전차군	(1942년 7월)
제28군	제4 전차군	(1942년 7월) ― 제65군(1942년 10월)
제58군	제3 전차군	(1942년 5월)
	제5 전차군	(1942년 5월)
	제27군	(1942년 5월)
	제53군	(1942년 4월)
	제70군	(1942년 10월)
제63군	제1 근위군	(1942년 8월) ― 제24군(1942년 10월)
	제2 근위군	(1942년 8월)
제1 근위군	제3 근위군	(1942년 12월)

사령부, 즉 돈 집단군을 편성해 B 집단군이 스탈린그라드로 진격하는 데 집중하도록 하는 방안을 고려하기도 했다. 가을로 접어들어 청색 작전은 서로 다른 세 지역에서 전투가 벌어지는 양상으로 전개되었고, 전체 작전을 총괄할 상급 사령부는 없었다.³ 청색 작전 개시 당시 양군의 전투 서열은 표 8-1에 정리되어 있다.

그러나 1942년 4월 시점에서 이것들은 모두 미래의 일이었다. 독일군은 동계 전역의 악몽에서 벗어나 증원군과 함께 승리에 대한 자신감을 회복했다. 독일군은 1941년보다 강하지는 않았지만 대부분의 독일군 지휘관들은 1942년에는 붉은 군대를 무찌를 수 있을 것이라고 확신했다.

제2차 하리코프 전투

5월 12일에 하리코프 지역에서 소련군이 감행한 파쇄 공격은 독일군이 청색 작전 시작 전에 소련군의 가장 중요한 전력을 분쇄하는 데 도움을 주었다. 소련이 전쟁 중 겪은 수많은 패배 중 제2차 하리코프 전투는 가장 큰 교훈을 준 사건이었다.⁴

스타브카는 제한적인 공세를 펼치기에 적합한 지역을 선정했다. 그곳은 하리코프 남서쪽으로, 붉은 군대가 지난겨울 바르벤코보-로조바야Barvenkovo-Lozovaya 작전으로 확보한 북부 도네츠 강의 서쪽으로 돌출된 거대한 지역인 이쥼Izyum 교두보를 점령하고 있었다. 그리고 소련은 하리코프 북동쪽으로 도네츠 강 서안에 작은 교두보를 하나 더 확보하고 있었다. 이 때문에 독일군의 핵심적인 철도 교통과 보급의 중심지인 하리코프는 소련군의 포위 작전에 취약해 보였다.

1942년 4월 10일에 하달된 남서 전선군 작전 계획은 하리코프 북동쪽과 남서쪽으로부터 동시에 공세를 가해 도시를 두 방향에서 포위하는 것이었다.⁵ 북동쪽에서는 북부 도네츠 강의 소련군 교두보를 둘러싼 독일군의 방어선을 돌파하는 것이 첫 번째 목표였다. 돌파를 위해 랴비셰프 중장의 제28군과 고르도프 중장이 지휘하는 제21군 예하의 6개 소총병 사단과 4개 전차 여단이 독일 제27군단이 방어하는 정면 15킬로미터의 좁은 지역에 집결했다. 유명한 K. S. 모스칼렌코K. S.Moskalenko 중장의 제38군은 제28군의 남쪽에 배치되어 공격을 지원할 계획이었다. 독일군의

1선 방어진이 돌파되면 3개 기병 사단과 1개 차량화 소총병 여단으로 편성된 크류첸킨V. D. Kryuchenkin 소장의 제3 근위 기병 군단이 돌파구로 투입되어 독일군의 후방으로 진출, 하리코프를 북쪽에서 포위할 예정이었다.

남쪽에서 포위를 담당할 부대는 고로드냔스키 중장의 제6군과 지휘관 L. V. 봅킨L. V. Bobkin 소장의 이름을 딴, 임시로 편성된 야전군 규모의 집단이었다. 이들 모두 교두보 서쪽에 배치되어 있었다. 제6군은 독일 제8군단의 얇은 방어선을 뚫기 위해 8개 소총병 사단과 4개 전차 여단, 그리고 여러 개의 포병 부대를 예하에 두고 있었다. 그리고 돌파구가 형성되면 기동 부대가 소총병 사단들을 초월해 전과를 확대한다는 계획이었다. 새로 편성된 2개 기동 부대, G. I. 쿠지민G. I. Kuz'min 소장의 제21 전차 군단과 E. G. 푸시킨E. G. Pushkin 소장의 제23 전차 군단은 북쪽으로 돌진해 제28군의 제3 근위 기병 군단과 합류하는 임무를 맡았다. 봅킨 집단은 공격 부대의 좌익을 보호하기 위해 지원 공격을 담당하고, A. A. 노스코프A. A. Noskov 소장의 제6 기병 군단은 독일군 방어선 후방으로 투입할 예정이었다. 제6 기병 군단은 하리코프의 외곽 포위망을 형성하고 독일군의 반격을 격퇴하는 임무를 맡았다.

그러나 스탈린과 스타브카, 티모셴코는 불행하게도 독일군이 지난겨울의 타격에서 회복되지 못해 병력 부족과 기동력 저하에 시달린다는 가정하에 계획을 수립했다. 소련 측은 독일이 모스크바 지구에 주력을 투입할 것으로 확신하고 지난겨울의 피해에서 회복된 남부 지역의 독일군 전력과 기동력을 잘못 판단했다. 소련의 정찰은 하리코프 지구로 이동해 온 새로운 독일군 부대를 전혀 탐지하지 못했고, 이 때문에 방어하는 적의 규모를 과소평가했다. 남서 전선군은 하리코프 일대에 독일군 12개 보병 사단과 1개 기갑 사단만 있다고 예상하고 있었으나, 실제 독일군의 전력은 총 16개 보병 사단으로 편성된 4개 군단과 재편성을 마친 2개 기갑 사단, 그리고 3개의 작은 보병 전투단으로 편성된 2개 군단이었다. 그리고 남서 전선군은 제6군과 봅킨 집단을 남쪽에서 공격할 수 있는 독일 제17군에 대해서는 주의를 기울이지 않았다. 독일 제17군과 대치한 남부 전선군은 적에 대한 정보를 남서 전선군에 제공하지 않았다.

붉은 군대가 공세 작전에 대한 경험이 부족하다는 점은 4월에 계획된 공세를 준비하는 과정에서도 다시 한 번 드러났다. 봄의 라스푸티차는 부대의 이동뿐 아니라 보급로와 전방 비행장을 건설하는 것도 방해했다. 그리고 공격 부대들을 공격 개시선으로 이동시키는 것도 이것을 총괄하는 계획이 짜여 있지 않아 수없이 지연되고 시행착오가 잇따랐다. 5월 12일에 공격이 시작될 때까지 독립 포병 연대 32개 중 17개만이 계획된 진지에 배치되어 있었다. 북쪽 돌출부의 공격 집단에서 전과확대를 위한 기동 부대 역할을 맡은 제3 근위 기병 군단은 공세가 시작된 지 3일이 지난 5월 15일까지도 사전에 계획된 집결 지역에 도착하지 못했다. 그리고 4월에 이 지역에서 소련군의 활동이 활발해지자 이것이 독일군의 항공 정찰에 포착되었고, 독일 공군은 끊임없이 주요 도하 지점과 교통 요충지를 공격했다. 이런 여러 가지 이유 때문에 남서 전선군은 공격을 지원하기 위해 충분한 물자를 모을 수가 없었다. 초기 공격 준비사격에 사용될 포탄이 3분의 1만 보급되었다.

그 결과 5월 12일 주공을 맡은 제21군과 제28군은 제한적인 성과만을 거뒀으며, 이것조차도 곧바로 독일군의 반격으로 위기에 처했다. 독일 제6군 사령관 프리드리히 파울루스Friedrich Paulus는 제3 기갑 사단과 제23 기갑 사단, 그리고 여러 보병 연대를 소련 제28군과 제38군의 남측익에 집결시켜 5월 13일부터 반격에 들어갔다. 동시에 독일 공군의 제4 항공군은 항공기를 집결시켜 이 지역의 제공권을 장악했다. 히틀러는 문제의 심각성을 깨닫자 크림 반도에서 만슈타인의 작전을 지원하던 항공 전력도 차출해 하리코프 지구로 이동시켰다.

남서 전선군 사령관 티모셴코 원수는 이에 대응해 몇 개의 소총병 사단과 독립 전차 여단을 독일군의 반격을 받은 지역으로 투입하고, 5월 14일에는 남익의 제6군을 지원하는 공군을 차출해 독일군의 반격을 저지하는 데 투입했다. 소련군 지휘관들은 항공 정찰을 통해 파울루스가 반격을 준비하는 것을 파악했지만, 측면에 대전차 방어선을 구축하는 데는 실패했다. 이렇게 해서 북부 지역에서는 초기의 돌파를 확대할 기회가 사라졌다. 제3 근위 기병 군단은 아직도 집결을 마치지 못했고, 티모셴코는 이 부대를 투입하는 것을 망설였다.

남쪽의 소련군 공세는 초기에 성공을 거뒀지만, 이들 역시 독일군의 반격으로 더 큰 위험에 처하게 되었다. 5월 12일, 치밀하게 준비된 2개 소총병 사단의 공격은 방어하던 독일 제454 보안 사단에 큰 타격을 입혔고, 곧바로 노스코프의 제6 기병 군단이 투입되어 공격 첫날 15킬로미터를 진격했다. 다음 날 제6 기병 군단은 국지적인 반격을 격퇴하면서 더 진격했다. 이 성공은 거의 항공 지원도 받지 못한 상황에서 이뤄진 것이었다. 말리놉스키의 남부 전선군은 이 공격을 지원하기 위해 항공 전력을 지원하라는 명령을 받았지만, 협조가 제대로 이뤄지지 않았다. 게다가 앞서 언급했듯, 북부 지역에 있는 독일 공군의 위협으로 가용한 항공 전력은 모두 제28군 지구로 투입되었다.

5월 15일, 남서 방면군은 스타브카에 이 공세로 남부 지역에 대한 독일군의 공세를 좌절시켰다고 자신만만하게 보고했다. 실제로 남부 집단군 사령관 보크 원수는 하리코프 남쪽의 돌파구를 막기 위해 몇 개 사단을 전환하는 것까지 고려하고 있었다. 그러나 소련의 원래 계획은 하리코프를 둘러싼 제한된 지역으로 공세의 범위를 제한했기 때문에, 독일 제6군이 다른 지구에서 병력을 지원받아 소련군을 저지할 수 있었다. 동시에 소련 남부 전선군이 거의 움직임을 보이지 않아 루오프가 이끄는 제17군은 자체적인 공세 준비를 계속할 수 있었다.

〈프레데리쿠스Fredericus〉로 불린 이 공세는 원래 소련 제6군과 봅킨 집단이 집결한 이즘 돌출부를 절단하기 위해 5월 18일에 개시할 예정이었다. 히틀러는 재편성을 마친 기갑 사단에 대한 지휘권을 직접 가지고 있었으나, 보크는 하리코프에 대한 소련군의 압박을 완화할 목적으로 프레데리쿠스 작전을 하루 앞당겨 실시하고자 히틀러에게 기갑 사단들의 지휘권을 넘겨줄 것을 요청했다.[6]

5월 17일, 독일군의 반격이 시작되자 서쪽으로 진격한 소련군은 스스로 함정에 빠진 꼴이 되었다. 티모셴코, 스탈린, 그리고 스타브카는 여전히 그들의 전력이 독일군보다 우세하다고 믿고 있었다. 그리고 5월 20일에 제17군이 이즘 돌출부를 거의 포위할 때까지도 소련 수뇌부는 탈출해야 한다는 생각을 하지 않았다. 제21 전차 군단과 제23 전차 군단은 5월 19일에 방향을 남동쪽으로 돌려 공격했으나 독일군의 진격을 저지하지 못했다.

5월 22일에 독일군의 포위망이 완성되자 제6군과 봅킨 집단, 그리고 남부 전선군의 2개 야전군(제9군과 제57군)이 포위되었다. 소수의 병력이 탈출에 성공했지만 소련군은 지휘관과 참모진, 함께 거의 3개 소총군과 1개 전차군에 해당되는 병력을 잃었다.[7]

제2차 하리코프 전투는 매우 값비싼 수업이었고, 붉은 군대는 여기서 6개월 뒤에 적용할 많은 교훈을 얻었다. 이 전투에서 드러난 문제점으로는 보다 세심한 정찰, 각 전선군 간의 협조, 전투 준비 과정에서 부대 이동 계획 수립, 그리고 공병의 활용과 관련된 문제들이었다.

　하리코프의 대재앙은 소련의 작전 입안자들에게 고급 지휘관들이 기계화 부대를 운용할 방법을 모른다면 대규모 기갑 부대로도 절대 작전의 성공을 보장할 수 없다는 것을 깨닫게 했다. 이 전투에서, 문제점이 드러났지만 해답을 찾지 못한 문제는 전과확대와 추격을 위해 기동 부대를 투입할 시점을 결정하는 일이었다. 티모셴코는 북쪽에서는 제3 근위 기병 군단, 남쪽에서는 2개 전차 군단을 언제 투입해야 할 것인가를 놓고 주저했다. 그런데 이후 소련군 지휘관들은 오히려 반대로 돌파 전투 초기에 너무 빨리 기동 부대를 투입하게 되는 것을 피하게 되었다.

　하리코프의 참패와 함께 크림 반도에서도 참패가 뒤따랐다. 스탈린의 충복인 정치 위원 메흘리스가 지휘하는 크림 전선군이 크림 반도에서 독일군을 몰아내기 위한 공세를 펼치면서 군사적으로 어리석은 결과를 초래했다. 소련군은 2월 27일에 있을 공세를 4월 초까지 연기하기로 결정했다. 그리고 5월에 만슈타인의 제11군이 소련군을 공격해 불과 9일(5월 8~19일) 만에 소련 제44군, 제47군, 제51군을 케르치 반도에서 흑해로 밀어내었다. 이 엄청난 참패 때문에 스탈린은 자신의 충복을 격렬히 비난했고, 그 이후로 메흘리스는 군사적으로 중요한 직위에 임명되지 않았다.[8]

돈 강을 향하여

　소련군의 춘계-하계 전역은 비록 좋지 않게 시작되었지만, 제2차 하리코프 전투는 독일군의 하계 공세 준비를 방해했다. 하리코프 전투에 투입된 독일군 부대들은 재편성이 필요했고, 이 때문에 작전 준비 일정도 변경되었다. 6월 1일, 히틀러는 폴타바Poltava에 있는 남부 집단군 사령부로 갔다. 히틀러는 할더의 조언대로 공세를 6월 28일로 연기한다고 결정했다. 그사이에 남부 집단군은 하리코프 전투의 성과를 확대해 가능한 많은 소련군을 격파하는 임무를 맡게 되었다. 그리고 만슈타인은 크림 반도를 최종적으로 정리하기 위해 병력을 돌려 세바스토폴에 대한 공격을 준비했다. 히틀러는 세바스토폴 공격을 지원하기 위해 독일 공군의 정예 전술 항공 부대인 볼프람 폰 리히토펜Wolfram von Richthofen의 제8 항공 군단을 원래 계획보다 3일 더 공격에 투입했다. 소련 병사들은 각자의 방어 진지에서 최후까지 항전했으나 결국 패배하고 말았다. 6월 7일~7월 4일 사이, 만슈타인은 시가전에서 피해가 발생하는 것을 막기 위해 폭격과 포격으로 방어선을 점진적으로 무너뜨렸다. 히틀러는 이런 만슈타인의 전술적 천재성을 인정해 그를 원수로 진급시켰으나, 크림 반도의 전투가 끝나자 만슈타인이 이끄는 제11군의 예하 부대들이 곳곳으로 차출되는 바람에 전략 예비대의 역할을 할 수가 없었다.[9]

   스타브카는 이런 사전 준비를 위한 전투에서 뒤늦게 독일군이 주공을 남부로 향하게 할지 모른다는 생각을 하게 되었다. 붉은 공군은 남부 전선의 독일군 집결 지역에 여러 차례 공습을 감행했지만, 이 지역의 제공권을 확보하기에는 역부족이었다. 소련은 새로 편성하는 10개 소총군과 함께 중부 지역에서 차출한 소총병 사단들로 깊은 전략 종심을 확보하려 했다(지도 8 참조). 그러나 많은 예비대들이 남부 지구로 보내지는 대신 모스크바 지구에 집중적으로 배치되었다. 7월 5일까지도 스타브카는 새로운 공세가 단지 모스크바에 대한 총공격의 준비에 불과하다고 생각하고 있었고, 독일군은 보로네시를 점령하는 대로 공격 방향을 북쪽으로 돌릴 것이라고 예상했다.[10]

   6월 19일에 독일 제23 기갑 사단의 작전 장교가 소련군 전선 후방에 불시착해, 소련 정보기관은 다가올 공세에 대한 군단 명령이 담긴 문서를 확보할 수 있었다. 스탈린은 이것이 독일 측의 함정이라고 생각해 이에 대한 대응을 주저했다. 독일군은 작전 계획이 노출된 상태에서도 예정대로 6월 28일 공세를 개시했다. 제4 기갑군과 제2군은 브랸스크 전선군과 남서 전선군의 지경선을 강타해 쿠르스크 동쪽의 소련군 방어선을 손쉽게 붕괴시켰다. 이틀 뒤 독일 제6군은 벨고로드Belgorod 남동쪽의 소련군 전선을 공격했다. A. I. 리쥬코프A. I. Lizyukov 소장의 제5 전차군이 7월 5~8일에 걸쳐 반격을 실시했지만, 소련군은 대규모 방어 작전에 대한 경험이 부족해 예비대를 축차적으로 주저하며 투입했다. 독일 제4 기갑군의 제9 기갑

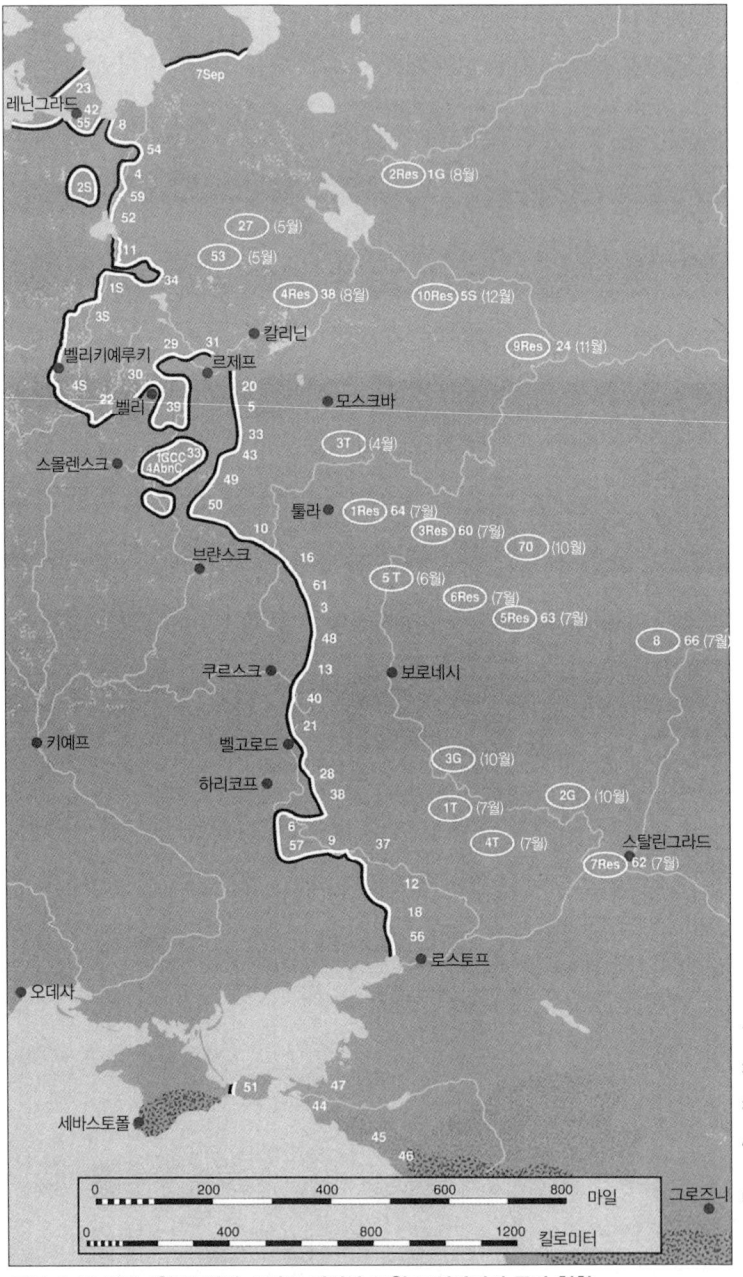

지도 8. 1942년 4월 30일의 소련군 배치와 12월 31일까지의 증강 현황

사단은 소련군 전차 여단 2개를 전멸시키고 보로네시를 향해 진격을 계속했다. 보로네시 동쪽에서 반격을 개시하려던 스타브카의 계획은 독일군의 진격이 너무 빨라 시행되지 못했다.[11]

7월 7일, 제4 기갑군은 돈 강 상류의 보로네시에서 제6군과 합류했다. 계획대로 7월 9일에 남부 집단군은 B 집단군으로 개칭되었고, 남쪽에서는 빌헬름 리스트 Wilhelm List 원수의 A 집단군이 아르테몹스크 Artemovsk 지구에서 공세를 개시했다.

독일군이 작전 초기에 신속한 승리를 거둘 수 있었던 원인 중 하나는, 보로네시가 함락될 때까지도 소련군 수뇌부는 독일 중부 집단군의 기만 작전에 속아 모스크바가 주요 목표라고 확신하고 이 지역에 대한 공세를 막을 준비를 했던 것이다. 7월 5일에 주코프의 서부 전선군은 3개 야전군(제16군, 제61군, 제3 전차군)으로 오룔 북쪽의 볼호프 지구에서 독일 제2 기갑군에 파쇄 공격을 감행했다. 소련군의 상급 사령부 간 협조와 전차와 보병의 협동 작전이 엉망이어서, 독일 제2 기갑군은 소련군의 공세를 겨우 저지할 수 있었다.[12]

소련군에 대한 대규모 포위가 이뤄지지 않자, 히틀러는 7월 13일에 소련 남서 전선군에 대한 포위를 논의하다가 보크를 해임시켰다. 히틀러는 막시밀리안 폰 바익스 Maximilian von Weichs 상급대장을 B 집단군 사령관에 임명했다.[13] 이후 히틀러는 B 집단군과 A 집단군을 직접 지휘하려고 했다. 7월 16일, 히틀러는 국방군 총사령부와 육군 총사령부의 작전국을 늑대 인간 Werwolf이라는 암호로 불린 서부 우크라이나의 빈니차 Vinnitsa에 위치한 지휘소로 이동시켰다.

그러나 이러한 원거리 작전 통제에도 불구하고 독일군의 공세는 성공적으로 계속되었다. 7월 13일, 돌파가 완료되자 히틀러는 로스토프를 포위하기 위해 B 집단군의 주력을 남동쪽으로 돌렸다. 히틀러는 로스토프 공격을 위해 B 집단군에서 제4 기갑군과 1개 보병 군단을 차출해 돈 강 남쪽 만곡부를 따라 진격하는 A 집단군으로 배속 변경했고, B 집단군은 측면과 후방의 방어를 담당하는 부차적인 임무를 맡게 했다.

남부 전선이 너무 광활해 독일군은 보급에 심각한 어려움을 겪었고, 7월 중순에 제4 기갑군의 선봉 부대들은 연료 부족에 시달렸다. 제4 기갑군을 지원하는 제1 기갑군은 연료 보급에서 상대적으로 사정이 나았으나, 전투력이 지속적으로 감소했다. 제1 기갑군은 하리코프-이줌 돌출부 전투로 인해 기동 사단의 평균 전력이 편제의 40퍼센트 수준으로 떨어졌고, 7월 16일에는 30퍼센트로 줄어들어 각 기갑 사단의 전차 전력은 1개 전차 대대 규모였다. 그리고 10일 뒤, A 집단군의 8개 기동 사단의 평균 전차 대수는 54대에 불과했다.[14]

더욱 중요한 사실은 독일군은 지난해와는 달리 포로를 대규모로 생포하지 못했다는 것이었다. 스탈린과 티모셴코는 자신들의 실수에서 교훈을 얻었고, 스타브카는 7월 6일에 남서 전선군과 남부 전선군에게 현 전선을 고수하려 싸우는 대신 전략적 후퇴를 실시하라는 명령을 내렸다. 밀레로보Milerovo(제9군과 제38군)와 로스토프 북부(제12군 일부와 제18군) 등지에서는 일부 부대가 포위되었다. 7월 20일, 히틀러는 포위망을 완전히 봉쇄하기 위해 로스토프에 대한 진격을 사실상 중지시켰다. 편성된 지 얼마 되지 않은 데다 부실하게 장비된 일부 부대들은 쉽게 항복했다. 그러나 전체적으로 대부분의 방어군들은 독일군의 포위를 돌파했다. 작전 개시 후 첫 3주간 A 집단군은 불과 54,000명의 포로를 잡는 데 그쳤다.[15]

그럼에도 불구하고 소련 지휘관들은 독일군 공세의 속도와 규모에 우려를 금치 못했다. 남부 집단군이 초기에 모스크바에서 남쪽으로 내려오는 철도를 차단했기 때문에, 전략 예비대들이 중앙아시아에서 남부로 이동하는 데 시간이 더 걸리는 우회로를 사용해야 했다. 소련군과 민간 노동력이 건설한 대규모의 방어 시설들은 숙련된 공병과 건설 자재의 부족으로 효과가 없었다. 7월 철수 기간 중 남서 전선군은 종종 예하 부대들과 연락이 두절되었다. 7월 23일에 독일군의 선봉 부대가 돈 강에 도달했고, 로스토프를 방어하는 것은 광신적인 내무 인민 위원회 부대 정도였다. 하리코프와 크림 반도의 대재앙에 이어 7월에도 후퇴가 거듭되자, 1941년의 참패가 반복되는 것처럼 보였다.

히틀러가 독일군의 목표를 나누는 바람에, 의도하지 않았지만 스탈린을 돕는 꼴이 되었다. 7월 23일에 로스토프가 함락되자 히틀러는 공업의 중심지면서 정치적으로도 상징성이 큰 스탈린그라드에 관심을 가지기 시작했다. 7월 23일자 총통 지령 45호는 스탈린그라드로 진격하는 제6군을 지원하기 위해 제24 기갑 군단을 제4 기갑군에서 차출하도록 했다. 스탈린그라드에 대한 진격에서 항공 지원과 갈수록 부족해지는 연료 보급이 최우선 순위가 되었다. 독일 지휘관들은 뒤에 이것이 스탈린그라드 패배의 시작이었다고 생각했다. 이렇게 해서 독일군의 공세는 동쪽의 스탈린그라드와 남쪽의 캅카스라는 2개의 축을 따라 진행되었다.[16]

독일 야전 지휘관들은 철도망이 복구될 때까지 연료와 수송 수단의 부족에 시달렸다. 8월에 A 집단군이 마이코프Maikop의 소규모 유전 지대를 점령했을 때, 이미 이곳은 소련군이 체계적으로 모든 유정과 정유 시설을 파괴하고 철수한 뒤였다. 독일군이 철도 종점으로부터 더 멀리 진격할수록 독일군의 전력은 점점 더 소모되어 갔고, 동시에 광대한 영역에 넓게 퍼지게 되었다. 1941년과 마찬가지로 독일군의 전술적 성공은 결정적인 승리를 가져오지 못했고, 진격을 거듭할수록 목표는 불확실해졌다. 돈 강 동쪽에는 특정한 전략적 목표가 없었기 때문에 독일군은 자연히 스탈린그라드에 주목하게 되었다.

로스토프 포위전 당시 독일 제6군은 사실상 10일간 보급 부족으로 진격을 멈췄다. 스타브카는 이렇게 번 시간으로 돈 강 만곡부를 따라 기본적인 방어선을 다시 구축할 수 있었다.[17] 스탈린그라드 시민들은 스탈린그라드 주위에 4중으로 된 방어선을 구축했다. 7월 12일에 티모셴코 원수는 남서 전선군의 잔존 병력(제21군과 제8 항공군)과 전략 예비대에서 전환된 제62군, 제63군, 제64군을 예하에 두고 새로 편성한 스탈린그라드 전선군 등 스탈린그라드 방면의 모든 부대에 대한 지휘를 맡게 되었다. 5일 뒤 남부 전선군의 잔존 병력인 제28군, 제38군, 제57군이 스탈린그라드 전선군에 배속되었고, 7월 22일에는 고르도프 중장이 티모셴코에게서 이 위태로운 지역의 지휘권을 인수받았다. 다음 날 독일 제6군은 스탈린그라드에서 서쪽으로 128킬로미터 떨어진 치르Chir 강 근처에서 소련 제62, 제64 소총군을 방어해야 했다. 7월 25일과 27일에는 아직 편성이 완료되지 않은 제1 전차군과 제4 전차군이 연료 보급을 위해 진격을 멈춘 독일 제14 기갑 군단에 여러 차례 개별적인 반격을 감행했다.[18] 같은 시기에 소련 측은 마니치Manich 강의 댐을 방류해 돈 강 하류에 있는 제1 기갑군의 도하 지점을 범람시켰다. 그리하여 북(北)캅카스 축선의 독일군 선견대가 일시적으로 고립되었다.

그러나 이런 일시적인 성공에도 불구하고 소련군은 스탈린그라드 서부에 엉성한 방어선만 가지고 있었고, 보다 남쪽에서는 독일 A 집단군을 상대할 전력이 없었다. 7월 말에 제1 전차군과 제4 전차군은 독일군과 혼란한 전투를 벌인 끝에 사실상 전멸했다.[19] 7월 29일, 독일군은 중부 러시아와 캅카스 지역을 연결하는 마지막 철교를 폭파시켰다. 이 시기의 공황 상태는 1942년 7월 28일에 하달된 스타브카 명령 제227호에 잘 나타나 있다. 이 명령서는 흔히 제목을 따라 〈니 샤구 나자드Ni Shagu Nazad(한 발자국도 물러서지 말라)!〉로 알려져 있다. 스탈린은 이 명령서에서 바로 지난해에 입은 막대한 경제적, 인적 손실에 대해 언급하고, 왜 더 이상 후퇴해서는 안 되는지를 설명했다. 이 명령은 어떤 지휘관이나 정치 장교도 명령 없이 후퇴할 경우 징벌 대대로 배속시킨다고 명시했다.[20]

  B 집단군은 8월 초에 보급 물자를 축적하고 남쪽의 동맹군 부대들을 북상시켜 돈 강 북쪽의 만곡부를 따라 배치하기 위해 진격을 멈췄다. 이럴 수밖에 없었던 것은 스탈린그라드에 대한 작전이 운송 능력이 떨어지는 단 하나의 철로에 의존하고 있었기 때문이었다. 루마니아 제3군을 철도로 수송해 북측익의 방어에 투입하는 것이 9월까지 불가능했기 때문에, 독일 제6군은 독일군 사단들에 그 임무를 맡기고 있었다. 그러나 붉은 군대는 결코 수동적으로 방어만 하지 않았다. 8월 20일부터 28일까지 스탈린그라드 전선군의 제63군과 제21군은 세라피모비치Serafimovich에서 돈 강을 도하해 이탈리아 제8군을 쉽게 퇴각시켰다. 동시에 제1 근위군의 반격을 통해 돈 강의 크레멘스카야Kremenskaya 부근에 다른 교두보를 확보하는 데 성공했다. 독일군은 스탈린그라드 방면에서 일부 병력을 차출해 이 교두보를 분쇄하려 했으나 실패했다. 이 2개의 교두보와 이탈리아군 북동쪽의 헝가리 제2군 지역에서 확보한 2개의 교두보는 나중에 독일군에게 큰 문제가 되었다. 그동안 서부 전선군과 북부 전선군은 여러 차례 제한적인 반격을 감행해, 1942년에 레닌그라드를 점령하려 한 독일군의 계획을 좌절시켰다.

  8월 28일에 자캅카스 전선군은 마침내 캅카스의 산악 지대와 오르조니키제Ordzhonikidze에서 독일 A 집단군의 선봉 부대의 진격을 저지했다. 강력한 야전 진지와 제공권을 가진 소련군은 그로즈니Grozny 유전 지대를 장악하려는 독일군을 격퇴할 수 있었다. 몇몇 독일 산악 부대원들이 캅카스의 최고봉 엘브루스Elbrus 정상에 독일 깃발을 꽂았지만 이건 선전 효과 외에 별다른 것이 없었고, 남쪽을 향한 진격은 9월에 사실상 실패로 돌아갔다.

이제 독일군은 남은 여력을 동쪽으로 집중했다. 제6군은 8월 23일에 진격을 재개해 돈 강을 넘은 뒤 스탈린그라드 북쪽의 볼가 강을 향해 진격했다. 같은 날 독일 공군은 스탈린그라드에 최초의 소이탄 폭격을 감행했다. 8월의 마지막 며칠 동안 제6군은 스탈린그라드 외곽을 향해 진격했고 시가전의 서막을 올렸다.

스탈린그라드

1942년의 스탈린그라드는 볼가 강을 따라 24킬로미터에 걸쳐 형성된 거대한 공업 도시였다. 인구는 약 600,000명으로, 거대한 공장 단지(붉은 10월 제철소, 스탈린그라드 트랙터 공장, 바리카디 군수 공장)를 중심으로 거주하고 있었다. 이 전투에 많은 소련군 부대가 투입되었지만, 도시의 전술적 방어는 8개 사단으로 편성된 V. I. 추이코프V. I. Chuikov 중장의 제62군이 담당했다.[21]

독일 제6군과 제4 기갑군은 시가지를 점령하기 위해 그동안의 격전으로 전력이 소모된 25개 사단을 투입했다. 9월 16일, 제6군 사령관 파울루스 장군은 제4 기갑군 소속의 보병 사단들을 배속받았으나, 이것으로는 부족하다는 것이 곧 드러났다.

소련 방어군은 놀라운 인내력을 보이며, 막대한 사상자와 손실에도 불구하고 꾸준히 싸웠다. 전투 초기에 추이코프는 독일군의 공군과 화력의 우세를 무력화시키는 방법을 찾아냈다. 추이코프는 최대한 독일군에 근접해서, 독일 지휘관들이 아군의 인명 손실을 우려해 항공 지원을 사용할 수 없도록 만들었다. 몇 주에 걸쳐 붉은 군대의 소규모 보병과 전투 공병들이 독일군에 근접해 싸웠는데, 보통 도로 하나, 심지어는 벽 하나를 사이에 두고 독일군과 대치했다. 수색과 매복을 거듭하는 동안 전투는 미터 단위로 진행되었다. 그러나 이런 전술에도 불구하고 방어군은 점차 뒤로 밀려났다. 10월이 되자 방어군은 4개의 작은 교두보로 밀려났고, 전선은 볼가 강변에서부터 불과 183미터 정도 떨어져 있었다. 제187 소총병 사단은 이곳을 사수하라는 명령을 받고 공장 단지로 들어갔다. 불과 3일 만에 제187 소총병 사단 병력의 90퍼센트가 전사하거나 부상당했고, 이 희생의 결과로 사단은 〈근위〉 칭호를 수여받았다.[22]

스탈린그라드 전선군은 야간에 작은 보트와 바지선으로 볼가 강을 통해, 생명을 집어삼키는 시가전의 지옥으로 끝없이 보충 병력을 투입했다. 다시 한 번, 대규모 작전 예비대와 전략 예비대를 내세우는 스타브카의 방침이 소련군으로 하여금 막대한 인명 손실을 감당하면서도 독일의 공세 능력을 둔화 시키도록 했다. 얇게 분산된 독일군 부대, 특히 보병 연대들은 꾸준히 소모되어 갔지만, 이 소모는 소련이 수많은 인명을 희생하면서 이끌어 낸 것이었다. 10월 26일이 되자 파울루스는 11월 10일까지 스탈린그라드를 완전히 장악할 수 있을 것이라고 확신하게 되었다. 히틀러는 11월 2일 완강히 저항하는 방어군을 쓸어버리기 위해 시가전에 투입되지 않은 사단의 전투 공병 대대들을 스탈린그라드로 투입하라는 명령을 내렸다.[23] 양측은 몇 블록 안 되는 폐허 더미를 둘러싸고 막대한 희생을 치르고 있었으나, 이때 소련군은 대반격을 준비하고 있었다.

결론

소련 정부와 소련군은 이른바 독소 전쟁 제1기로 불리는 전쟁이 시작되고 첫 18개월간 대재앙과 같은 패배를 경험했다. 결코 없을 것이라고 생각했던 기습을 당했을 때, 소련 정부는 물론 군대조차 전쟁에 대비하고 있지 않았다. 붉은 군대는 수적으로는 엄청난 규모였지만, 훈련과 부대 유지 수준은 매우 낮았다. 고위 간부와 중간급 간부들은 약하고 겁이 많거나 아니면 무능했으며, 국가적 차원에서 봤을 때 사실상 범죄적 수준의 결함투성이였다. 그 결과 전쟁 첫 6개월 동안 붉은 군대의 초기 동원 병력(3,137,673명) 중 3분의 2와 훈련받은 간부들의 상당수가 전사하거나 포로로 잡혔다. 그리고 1,336,147명은 부상당했다. 1942년 말이 되자 소름끼치는 손실은 무려 11,000,000명에 달했다.

소련군이 1941년 6월과 7월에 거둔 성공은 기껏해야 독일군의 진격을 일시 저지시키는 정도였다. 독일 기갑 부대는 소련군의 방어선을 쉽게 돌파해, 소련 측이 전쟁 이전에 세운 계획대로 반격을 감행하는 것을 사전에 차단했다. 이런 선제 공격은 특히 1941년 드네프르 강 일대에서 독일군이 한껏 낙관적인 예상을 하게 만들었다. 그 결과 침략군은 그들의 보급선이 붕괴되기 직전까지 진격했으며, 승승장구하던 기갑 부대는 소모되어 버렸다. 그럼에도 불구하고 독일군은 11월 말과 12월에 레닌그라드, 로스토프, 모스크바 근교까지 진격했다. 히틀러의 전략적 목표는 유럽의 범위, 또는 실현 가능한 범위를 벗어난 것이었지만, 독일군이 거둔 부분적인 성공은 이전에 폴란드와 프랑스에서 거둔 것을 능가하는 것이었다.

우수한 독일의 전투 조직은 단순히 러시아의 광활한 영토에 패배한 것이 아니었다. 깔끔하고 효율적으로 일격을 날릴 수 있게 만들어진 독일의 예리한 검은 소련이 계속해서, 그리고 단순 무식하게 휘둘러 댄 엄청나게 큰 몽둥이에 의해 무뎌졌다. 이 몽둥이는 끝없이 편성되고, 전멸당해 다른 부대로 교체될 때까지 침략군을 괴롭힌 야전군들이었다. 소련은 병력 동원 능력 때문에 1941년과 1942년 붕괴를 피할 수 있었다. 독일군 수뇌부가 한줌밖에 안 되는 기갑 사단들을 유지하기 위해 전전긍긍하는 동안, 스타브카는 수십 개의 예비군을 동원했다. 이들 야전군은 형편없는 장비에, 훈련도 제대로 받지 못했다. 흔히 이들 부대는 그곳에 있었고 싸웠고 희생했으며 그들의 적에게 손실을 입혔다고 이야기된다. 단대호 96번까지 편성된 이런 야전군들은 마침내 그 수도 나름의 장점이었음을 입증했다. 필연적으로 살아남은 부대들은 자연스럽게 병법(兵法)을 체득했다.

수많은 재앙에도 불구하고 소련 체제가 붕괴되지 않은 것은 기적이라 할 수 있다. 가장 먼저 소련은 국민과 그 군대의 희생에 힘입어 생존할 수 있었다. 마치 과거의 의사들이 환자가 회복되기 위해서는 피를 흘려야 한다고 생각했듯, 소련 정부도 같은 방법을 사용했다. 그리고 나서도 희생이 뒤를 이었다. 의도된 것이건 우연이건 간에 이런 희생은 성과가 있었다. 1942년 말까지 살아남은 자들은 싸우는 법을 체득했고 종종 훌륭하게 싸웠다. 이들의 희생은 스탈린이 연합군의 도움을 받아 살아남은 자들이 사용할 무기를 풍부하게 생산할 수 있도록 산업 동원 체제를 정비할 시간을 벌어 주었다.

독일에 있어서, 잘못 수립되고 불가능한 목표를 가진 바르바로사 작전은 실패로 끝났다. 실패는 단지 히틀러만의 잘못이 아니라, 샤를 12세와 나폴레옹으로부터도 교훈을 얻지 못하고 새로운 십자군 전쟁에 뛰어든 독일 장군들에게도 있었다. 바르바로사 작전은 독일의 군사 전략가들이 러시아가 아시아 대륙과 이어져 있다는 사실을 망각한 채 서부 유럽에서 성공한 방식을 동부 유럽에 그대로 적용했기 때문에 실패했다.

독일 육군의 예리한 검인 〈전격전〉은 이미 1941년 모스크바의 문턱에서 실패로 끝났다. 그리고 1942년 스탈린그라드에서 다시 한 번 그 명성에 상처를 입었고, 1943년 쿠르스크에서 완전히 끝장나고 말았다. 살아남은 각급 제대의 소련군 지휘관들은 종종 그들의 〈독일 스승들〉만큼 뛰어난 살인 기술을 터득하게 되었다. 이렇게 해서 이제 독일은 점차 소련이 결정하는 조건에서 싸워야 했다.

W h e n  T i t a n s

C l a s h e d

독소 전쟁 제2기 **1942. 11.~1943. 12.**

H o w   t h e   R e d

A r m y   s t o p p e d   H i t l e r

9 | 천왕성 작전: 제6군의 파멸

소련군의 계획

스탈린그라드는 실질적인 전쟁 수행에서뿐만 아니라 스타브카의 전쟁 계획 시스템에서도 일대 전환점이었다. 스탈린과 다수의 야전 지휘관들이 남부 전선에서 독일군의 진격에 대해 심각한 우려를 할 즈음에도, 스타브카의 전략 입안자들은 1942년 7월에서 1943년 2월에 이르기까지 일관된 입장을 유지하고 있었다. 1942년 7~8월 동안 소련군이 시도한 여러 번의 제한된 반격을 받아넘긴 독일군이지만, 스타브카 전략 입안자들은 자신들의 목표를 결코 놓쳐 버리지 않았다. 그 목표란 거대한 규모의 반격을 시도해서 적어도 1개 집단군 수준의 독일군을 궤멸시킨다는 원대한 것이었다. 계속되는 전술적, 전략적 패배로 — 상당 부분은 스탈린 자신의 군사적 직관에 의존한 무리한 작전의 결과였고, 일부는 주변의 정치 장교 집단의 책임이었다 — 스탈린은 마침내 전문 참모들을 신뢰해야 한다는 점을 깨달았고, 그들에게 주요 작전의 입안과 시행에 대한 보다 광범위한 재량권을 부여했다. 그러나 여전히 최고 결정권자로서의 위치는 스탈린 자신이 확고하게 유지했다. 그는 군사 작전에 있어 정치적인 목표를 설정했고, 자신의 원로 지휘관들의 건의를 듣고 작전의 최종안을 결정했다.[1]

1942년 7월 샤포시니코프 원수는 과중한 업무 부담으로 몸이 쇠약해져 총참모장 직책에서 물러났다. 바실렙스키가 그의 후임으로 임명되었고, 1945년 2월에 제3 벨로루시 전선군을 직접 지휘할 때까지 총참모장과 국방 인민 위원 보좌관의 직책을 가지고 임무를 수행했다. 그리고 가끔 스타브카 대리 자격으로 일선을 지도 방문하기도 했다. 1945년 7월에는 극동 전역을 직접 지휘했다. 그는 주코프에 비해서는 덜 감정적이었고, 차분하고 이성적으로 스탈린을 설득하는 스타일이었다. 스탈린과 바실렙스키는 주요 작전 계획을 시행함에 있어 감독과 원활한 협동을 이끌어 내기 위해서 스타브카 대리 제도를 운용하기 시작했다. 여기에는 주코프, N. N. 보로노프N. N. Voronov, 티모셴코와 기타 장성들이 포함되어 있었다. 이들은 작전에 나서는 전선군과 총참모부 사이에서 필수적인 연결 고리 역할을 수행했다. 비유를 들자면 스타브카의 결정을 효율적으로, 적절한 시간에 맞춰 실어 가는 배달 차량이라 할 만했다.[2]

스탈린그라드 방어전의 가장 암울했던 시기 내내 바실렙스키는 N. I. 보코프N. I. Bokov가 이끄는 소규모의 참모장교단을 유지하면서, 동부 전선 중앙부와 남단에서 동시에 시행되는 야심찬 동계 반격을 구상했다(지도 9 참조). 9월 13일에 보코프는 스탈린그라드의 독일군 최돌출부 양 측면에 있는 약체 루마니아군 전선을 공격해 궁극적으로 독일군을 차단한다는 요지의 브리핑을 스탈린에게 올렸다. 이 야심찬 계획에 대해 스탈린은 10월 중순까지 집중적으로 검토한 다음 확신을 갖게 되었다. 이로써 1942년 11월에 감행되는 주요 공세 2개의 토대가 마련되었다.[3] 그 첫 번째는 작전명 〈우란Uran(천왕성)〉으로, 스탈린그라드 일대의 추축군 격멸을 목표로 설정했다. 이후 토성 작전으로 연결하여, 소련 남부 전선 전체의 독일 A 집단군과 B 집단군을 포함한 추축군 모두를 사정권에 두었다. 동시에 서부 전선군과 칼리닌 전선군이 주코프의 지도하에 공세에 나서, 르제프 돌출부에 있는 독일 중부 집단군을 섬멸하고 남부 집단군으로부터 병력을 끌어와 독일군의 중부 전선과 남부 전선에 공히 심대한 타격을 입힌다는 계획이었다.

천왕성 작전은 포위전의 고전이라 할 만했다. 남서 전선군 사령관인 41세의 바투틴 상장에 대해 책임자들 사이에서 격론이 분분했지만, 그는 공세에 있어서 중요한 역할을 담당했다. 바투틴이 전선군 사령관으로 발탁된 것에는 그 자신이 이

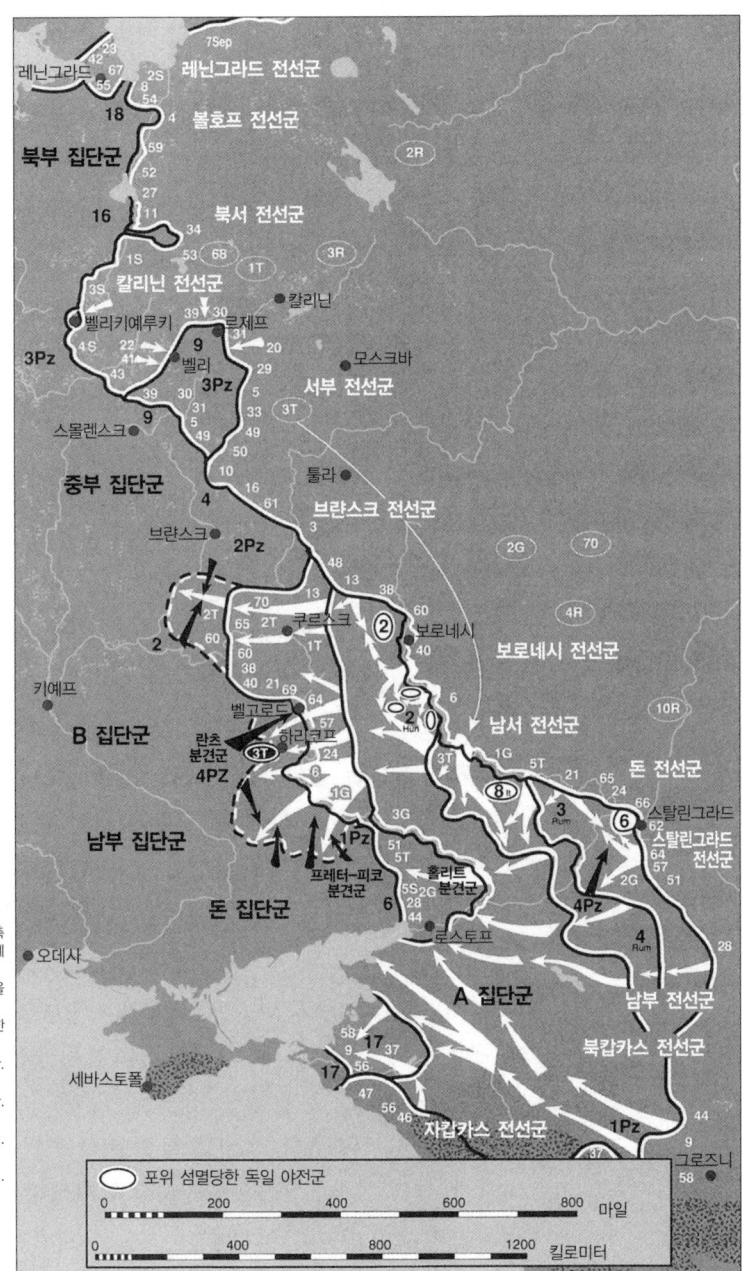

1 흰색-소련 측, 검은색-독일 측 (후방의 동그라미 내 숫자는 예비 전력을 뜻한다.)
2 그냥 숫자는 야전군 급 이상을 뜻한다. 예) 3-제3군
3 독일 측의 Pz는 〈기갑〉을 뜻한다. 예) 4Pz-제4 기갑군
4 Sep은 독립 야전군을 뜻한다. 예) 7Sep-제7 독립 야전군
5 Rum은 루마니아군을 뜻한다. 예) 3Rum-루마니아 제3군
6 Hun은 헝가리군을 뜻한다. 예) 2Hun-헝가리 제2군
7 It는 이탈리아군을 뜻한다. 예) 8It-이탈리아 제8군
8 1G-제1 근위군
  2S-제2 충격군
  3T-제3 전차군
  2R-제2 예비군

지도 9. 동계 전역(1942년 11월~1943년 3월)

전에 보여 준 전선군 참모로서의 역량도 있었지만, 바실렙스키와의 친분도 영향을 미쳤다.[4] 공세가 진행되면서 바투틴의 과감한 성격이 그대로 작전에 반영되었다.

작전의 개요를 볼 때, 천왕성 작전은 스탈린그라드 남쪽과 북쪽의 추축 진영을 돌파하기 위한 기동 전력의 재배치와 대량 집결이 필요했다. 최초 돌파가 성공하면 해당 지역에서 독일군과 추축 동맹군 병력을 포위 섬멸할 예정이었다. 소련군의 초기 목표가 독일군 양 측면에 포진한 보잘것없는 추축국 병력이었다는 점은 그저 우연의 산물이 아니었다. 11월의 초 내내, 새롭게 재편된 로마넨코 중장의 제5 전차군이 비밀리에 브랸스크 전선군에서 남서 전선군의 공격 구역인 돈 강에 연한 세리피모비치 교두보로 이동해 갔다. 바투틴은 자신의 제5 전차군과 제21군을 로코솝스키가 이끄는 돈 전선군의 제65군과 협력하여, 방어선이 지나치게 뻗어 있는 루마니아 제3군에 대해 얕은 포위망을 달성할 계획이었다. 동시에 제5 전차군 소속의 제1, 제26 전차 군단과 제21군의 제4 전차 군단과 제3 근위 기병 군단이 남동쪽으로 돌파하여 스탈린그라드의 독일군을 포위할 생각이었다. 그사이 제5 전차군의 제8 기병 군단은 독일군의 구원 병력을 저지할 목적으로 얕은 외곽 포위망을 구성하려 했다. 독일군의 남쪽 측면에서는 예레멘코가 이끄는 스탈린그라드 전선군의 제51군과 제57군이 제13 전차 군단과 제4 기계화 군단을 선봉으로 발진하여, 루마니아 제4군 전선을 돌파하고 돈 강의 칼라치Kalach 일대에서 제5 전차군과 조우하여 포위망을 완성할 예정이었다. 제4 기병 군단은 스탈린그라드 전선군의 좌익을 담당했다. 제5 전차군은 칼라치에 도착하기까지 150킬로미터를 돌파해야 했지만, 제4 기계화 군단은 90킬로미터 정도를 돌파하면 되었기 때문에 남서 전선군은 스탈린그라드 전선군보다 하루 일찍 공격을 개시하기로 했다.[5]

이 계획은 필연적으로 취약성을 지니고 있었다. 그중에 가장 두드러진 것은 독일군 증원 병력을 어떻게 하든 상대해야 하는 최외곽 포위망을 경무장의 기병 병력이 맡는다는 점이었다. 가장 심각한 문제점은 소련군 전차와 기계화 병력은 여전히 장비의 보수와 유지 면에서 취약했고, 차량화 수송 수단의 결여와 전반적인 보급 수단도 부족했다는 점이었다. 일단 전선을 돌파하여 확대기에 이르면 전차와 차량이 급속히 망가져 버릴 우려도 있었다.

소련 공군도 새로운 기종을 실전에 사용할 예정이었고, 전장의 전술 제공권을 독일 공군으로부터 빼앗아 올 새로운 교리를 채택했다. 1942년 4월에 A. A. 노비코프A. A. Novikov 상장이 공군 총사령관에 임명된 이래로 종전 시까지 직위를 유지했다. 노비코프는 10개 연대의 최신예 Yak-9기와 La-5기를 스탈린그라드의 제8 항공군에 할당했다. 노비코프는 신참 조종사들의 실전 경험 부족을 고려해 지상 관제를 엄격하게 했으며, 돈 전선군 구역으로 소련군 최초의 레이더 유도식의 방공 요격을 실험적으로 가동했다. 노비코프의 참모장 F. 팔랄레예프F. Falaeev는 일선 공군 지휘관 전원에게 모든 분야에서 욕심내지 말고, 주전장의 지상 지원에 집중할 것을 지시했다.[6]

독일군의 정세 판단과 스탈린그라드에서의 패배

히틀러를 비롯한 독일 수뇌부도 스탈린그라드 일대 양 측면의 취약성을 충분히 알고 있었으나, 소련군이 스타브카 주도로 거대한 규모의 공세를 기도하고 있으리라고는 대부분이 예상하지 못하고 있었다. 8월 15일에 독일 육군 총사령부의 동부 정보국은 소련군이 73개 소총병 사단과 86개 전차 여단 및 상당수의 예비대를 즉각 전투에 투입할 수 있다는 비교적 정확한 평가를 내리고 있었다. 그러나 11월 6일에 가서는 똑같은 부서에서, 소련군은 남부 전선에 대규모 공세를 가할 전력이 부족하다는 이해할 수 없는 결론을 내렸다.[7]

독일 측에서 이런 실수를 범한 이유 중의 하나는 스탈린그라드 일대에서 전혀 움직임이 없었던 소련군의 기만책 때문이었다. 여름과 가을 내내 소련군은 중부 집단군과 북부 집단군 전선에서 일련의 공세를 지속했고, 전략 예비대는 모스크바 일대에 숨겨 놓았기에 독일군이 그릇된 판단을 내리게 되었다.[8] 10월 중순에 스타브카는 의도적으로 암호화되지 않은 무선 통신을 통해, 다가오는 겨울을 대비해 방어 태세에 만전을 기하라는 장문의 지령을 전파했다. 두말할 나위 없이 독일군 감청 부대가 낚아채길 바라는 의도였다. 이것을 포함해 다양한 기만 전술의 효과가 대단히 커서, 11월 12일에 육군 총사령부 정보 부서는 루마니아 제3군 전선에 집결한 소련군이 스탈린그라드로 이르는 철도선을 차단할 목적으로 제한된 공세

표 9-1. 스탈린그라드 반격 당시의 소련군 전력

전선군	병력	전차	야포	항공기
남서 전선군	398,100	410	4,348	447
돈 전선군	307,500	161	4,177	202
스탈린그라드 전선군	429,200	323	5,016	221
볼가 소함대	8,700			
합계	1,143,500	894	13,451	1,115

G. F. Krivosheev, *Grif sekretnosti sniat: Poteri vooruzhennykh sil SSSR v voinakh, boevykh deistriiakh, i vornnykh konfliktakh*(Moscow: Voenizdat, 1993), pp. 181~182; K. K. Rokossovsky, ed., *Velikaia pobeda na Volga* (Moscow: Voenizdat, 1965), pp. 254~258.

를 실시할 것 같다고 보고할 정도였다.[9]

이렇듯 입맛에 맞는 정보만을 접한 히틀러와 참모들이 적의 위협을 과소평가한 것도 전혀 놀랄 일이 아니다. 히틀러의 해결책은 몇 안 되는 역전의 기갑 사단을 교대시키기 위해 새롭게 편성된 경무장의 공군 야전 사단*을 배치하는 것이었다. 특히 그중에서 제22 기갑 사단은 보충병과 장비 보급을 위해 추축군 전선의 후방으로 물러난 상태였다. 이런 약체의 공군 야전 사단은 최소 660대의 전차를 장비한 4개 축선의 소련군 선봉과 대적할 수 없었다. 소련군 공격의 핵심 충격을 받아내야 했던 루마니아군이 차지하는 큰 비중을 감안한다면, 전체적으로 스탈린그라드 일대의 소련군과 추축군의 전력 격차는 상당했다. 오랫동안 소련 측의 공식 사료들에서는 당시 병력 비율은 1대 1, 포병은 1.4대 1, 전차 전력은 1.3대 1이라고 고집했지만, 실질적으로 모든 비교 대상에서 소련군은 2대 1의 수적 우위를 보였다. 주요 돌파 축선에서의 소련군의 우위는 확고했다. 수적인 우세 말고도 소련군은 기습의 이점을 누리고 있었고, 독일군의 허약한 양 측면에 대규모 전력을 투입할 수 있다는 장점이 있었다(표 9-1 참조).[10]

스탈린그라드 반격전은 3단계로 펼쳐졌다. 먼저, 11월 19~30일 사이에 소련군이 추축군 방어선을 돌파하고 스탈린그라드 일대에서 독일군과 루마니아군을

---

*Luftwaffe-Felddivision. 1942년 육군이 병력 보충을 위해 공군 병력 차출을 요구하자 이에 반발한 공군 사령관 괴링이 공군 병력으로 만든 보병 사단. 중장비가 부족하고 병력이 적어 큰 피해를 입었으며, 결국 1943년 여름 육군의 통제를 받게 되었다.

포위했다. 그다음, 1942년 12월 1일~1943년 1월 9일 사이에 소련군이 돌파구를 확대하고 성공을 극대화하려 했으나, 스탈린그라드에 포위된 병력을 구출하려는 독일군의 시도에 가로막혀 만만치 않은 피해를 입었다. 최종적으로, 1943년 1월 10일~3월 18일 사이에 스타브카는 스탈린그라드 포위망을 소멸시키도록 작전을 지도했고(작전명은 〈콜초Kol'tso(고리)〉), 동시에 전과를 확대하기 위해 전선의 중부와 남부로 공세를 확장해 나갔다. 이런 대규모 시도는 소련 스스로의 실책과 독일군의 기술적인 반격에 막혀 많은 방해를 받았다.

초기의 성공은 소련군의 예상을 훨씬 뛰어 넘었다(지도 10 참조). 11월 19일에 남서 전선군은 이웃한 돈 전선군과 함께 공세를 개시했다. 루마니아군 방어 병력들은 효과적인 대전차 방어 수단이 전무했고, 따라서 쉽게 붕괴되었다. 로마넨코의 제5 전차군 소속 제26 전차 군단과 제1 전차 군단은 공격의 제1파로 나선 소총병 사단들 사이로 공격 첫날 정오에 투입되었다. 제5 전차군은 I. M. 치스탸코프I. M. Chistyakov 중장의 제21군과 협력하면서 루마니아군 3개 사단의 27,000명을 포로로 잡았고, 돌파구를 확장해 나갔다. 이들 2개 전차 군단과 A. G. 크랍첸코A. G. Kravchenko 소장이 지휘하는 제4 전차 군단은 각각 하루 70킬로미터를 주파했으며, 마주치는 방어 거점들을 우회해 나갔다. 11월 22일, A. G. 로딘A. G. Rodin 소장이 지휘하는 제26 전차 군단은 돈 강변의 칼라치로 접근했다. 이곳은 공격군과 방어군 양쪽 모두 사활이 걸린 교량이 놓인 곳이었다.

독일군이 칼라치 교량을 파괴하기 전에 점령하고자 로딘은 G. N. 필리포프G. N. Filippov 중령에게 5대의 T-34 전차와 2개 차량화 보병 중대로 선발대를 구성해 주었다. 필리포프는 대담한 작전을 구상했다. 이들 선발대를 밀집 대형으로 모아 모든 전차의 전조등을 환하게 켠 채 칼라치로 야간에 접근했다. 독일군은 이들이 당연히 독일군일 것이라 판단하여 다리를 통과하도록 허락했고, 소련군은 통과하자마자 다리 주변의 요충지를 점령했다. 그러고는 전차 군단의 잔여 병력이 도착할 때까지 교량을 사수했다. 11월 26일 오후, 제26 전차 군단은 V. T. 볼스키V. T. Vol'sky 소장의 제4 기계화 군단과 소베츠코예Sovetskoe에서 조우했고, 포위망 내선이 완성된 순간이었다.[12] 11월 30일까지 소련군은 보다 공고한 내부 포위망을 형성했고, 22개 독일군 사단을 포함해 총 330,000명의 병력을 가두는 데 성공했다. 여기에 독일 제6

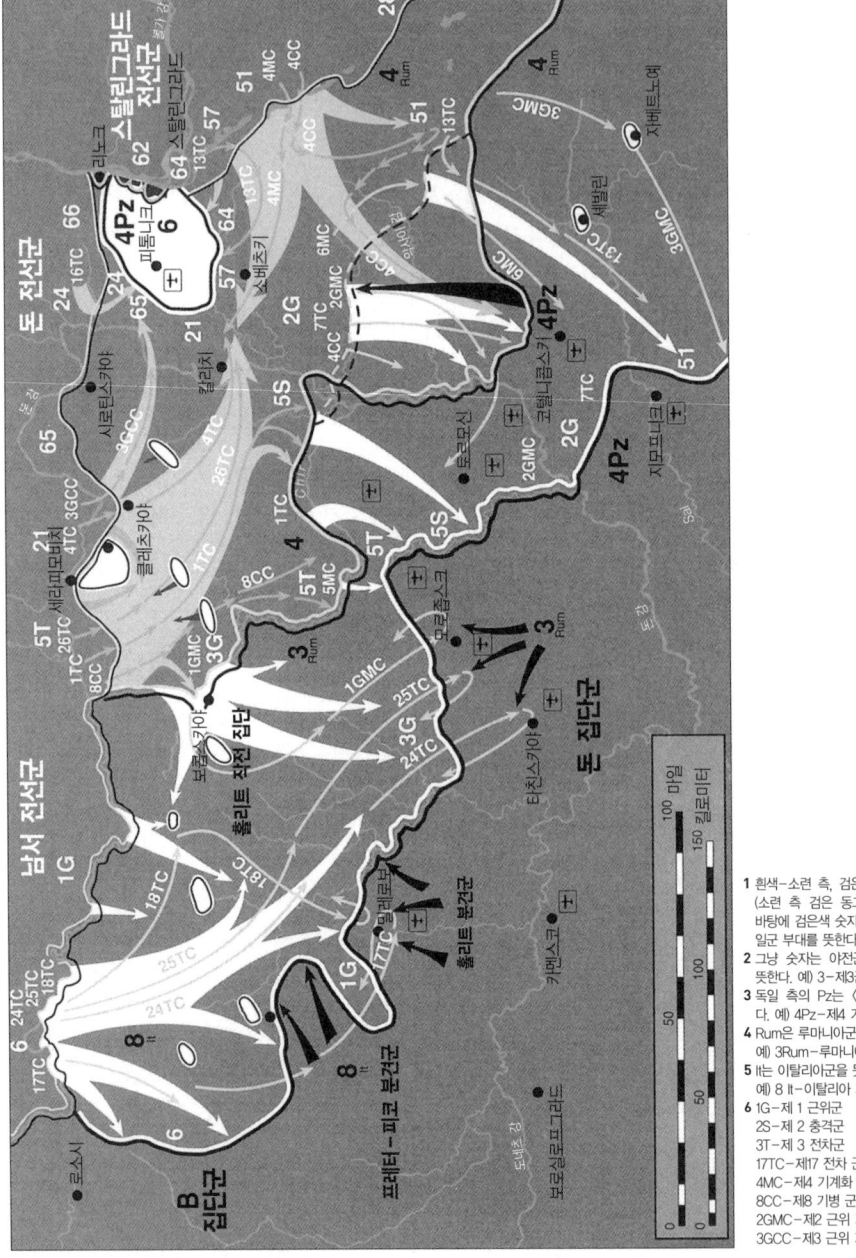

지도 10. 스탈린그라드에서의 소련군 반격

군 전체와 루마니아군 패잔병 및 제4 기갑군 소속 1개 군단이 포함되어 있었다. 이들 독일군 전력은 소련군의 예상을 훨씬 뛰어넘는 것으로서, 이들을 섬멸하기 위해서는 7개 소총군과 다수의 지휘부 및 참모들이 필요했다.

다수의 독일 측 사료들은 만일 이 시기에 독일 제6군 사령관 프리드리히 파울루스 상급대장이 민첩하게 대응했더라면 포위망을 돌파할 수 있었을까에 대해 의견이 분분하다. 히틀러의 의도에 불복하는 문제를 제쳐놓더라도, 이 논쟁은 파울루스에게 전무하다시피 했던 보급 문제를 계산에 넣어야 한다. 포위 기간 내내 파울루스의 병력은 늘 위태위태한 상태였고, 연료와 탄약은 물론이고 자력 돌파에 필요한 수송 수단의 부족도 심각했다. 더불어 스타브카는 스탈린그라드에 포위된 독일군의 돌파 시도나 외부의 포위망 격파 시도를 차단할 수 있는 강력한 예비대도 충분히 보유하고 있었다.[13]

이처럼 백척간두의 위기를 타개하기 위해 에리히 폰 만슈타인 원수가 급조된 돈 집단군Heeresgruppe Don 사령관으로 부임했고, 그에게 부여된 임무는 〈제6군을 구출하라〉였다. 그때까지도 히틀러는 스탈린그라드로부터 제6군의 일시적인 후퇴를 거부하고 있었다. 그는 만슈타인이 소련군의 포위망을 뚫고 혈로를 개척하여 포위된 제6군에게 보급을 재개할 수 있기를 바랐다. 거기다 공군 총사령관 헤르만 괴링Hermann Göring은 충동적으로 히틀러에게 독일 공군은 일일 600톤의 공중 수송이 가능하다고 약속했다. 여기서 600톤이라는 수치는 매일 Ju-52 수송기 375소티의 비행이 요구되는 양으로, 말도 안 되는 수치였다. 악천후와 포위망 내의 비행장 사정을 감안하면 최소 1,000대의 Ju-52 수송기가 필요했고, 이 수치는 독일 공군에서 끌어 모을 수 있는 수량을 훨씬 상회하는 것이었다. 독일 공군은 가용한 모든 수송기를 집결시켰고, 조종사 양성 프로그램까지 희생시키면서 훈련이 부족한 승무원을 무선 통신 장치와 항법 장치가 갖춰지지 않은 수송기에 탑승시키는 극약 처방까지 감행했다. 갖은 노력에도 불구하고 단 하루 300톤의 보급이 이루어졌을 뿐이었다.

이렇게 느리고 무장도 안 된 수송기들이 개전 이래 최초로 조직적인 방공망을 구축한 상공으로 비행했다. 소련 공군의 전투 조정관 P. S. 스테파노프P. S. Stepanov는 고사포를 밀집시킨 방공 구역을 구축했고, 지상에서 관제하는 요격기를 운용했다. 덧붙여 스테파노프는 특수 훈련을 받은 야간 전투기를 운용했고, 시간에 관계없이 목표를 타격하는 별동대Okhorniki도 운용했다. 결과는 일방적인 공중의 살육 그 자체였다. 소련 역사가들은 전체 포위 기간 동안 676대의 Ju-52기를 격추시켰다고 주장했고, 독일 공군조차도 266대의 손실을 인정했다. 소련군의 기갑 부대 지휘관들처럼 스탈린그라드의 소련 공군 지휘관들도 훗날 최고 지위에 올랐다는 사실은 조금 흥미롭다.[14]

화성 작전

북쪽에서도 스타브카는 여전히 모스크바에 위협적인 르제프 돌출부 일대의 독일 중부 집단군에 대한 또 다른 대규모 공세를 계획하고 있었다. 주코프가 입안·감독하고 작전명 〈마르스Mars(화성)〉라고 명명된 이 공세는 M. A. 푸르카예프M. A. Purkaev 대장의 칼리닌 전선군과 코네프 상장의 서부 전선군이 르제프 돌출부 양 측면을 강타하기로 되어 있었다. 목표는 독일 제9군을 돌출부에서 섬멸하고 뒤이어 스몰렌스크로 쇄도하는 것이었다(지도 11 참조).[15] 또한 이 공세는 돌출부 전면으로 칼리닌 전선군의 제39군이 공세를 취하고, 벨리키예루키 돌출부(르제프 돌출부 서북쪽에 위치한 또 하나의 독일군 돌출부)에 대해서 제3 충격군이 조공(助攻)을 취할 예정이었다.

비록 훗날 이 공세는 남부 전선의 작전에 도움을 줄 목적의 양동 공격이었다고 설명이 붙여졌지만, 규모나 작전 범위, 전투의 치열함으로 볼 때 이 공세는 독일 중부 집단군을 패퇴시키기 위한 중요한 시도였고, 작전의 초기에는 천왕성 작전보다 훨씬 더 중요성을 띠고 있었다. 주코프 원수가 직접 입안하고 전투를 지도했으며, 새롭게 밝혀진 소련군 전투 서열의 자료에서 화성 작전이 최초 시도에서 천왕성 작전보다 더 큰 규모였음이 밝혀지고 있다. 스탈린그라드의 천왕성 작전이 〈토성 작전〉으로 확대되었듯이, 화성 작전도 최초 공세에서 르제프-시쳅카 일대의 독일 제9군을 포위할 경우 12월 초에는 보다 대규모의 제2막이 예정되어 있었다. 제2막이란 〈유피테르Yupiter(목성)〉나 〈넵튠Neptun(해왕성)〉이라는 이름으로 명명되었을 작

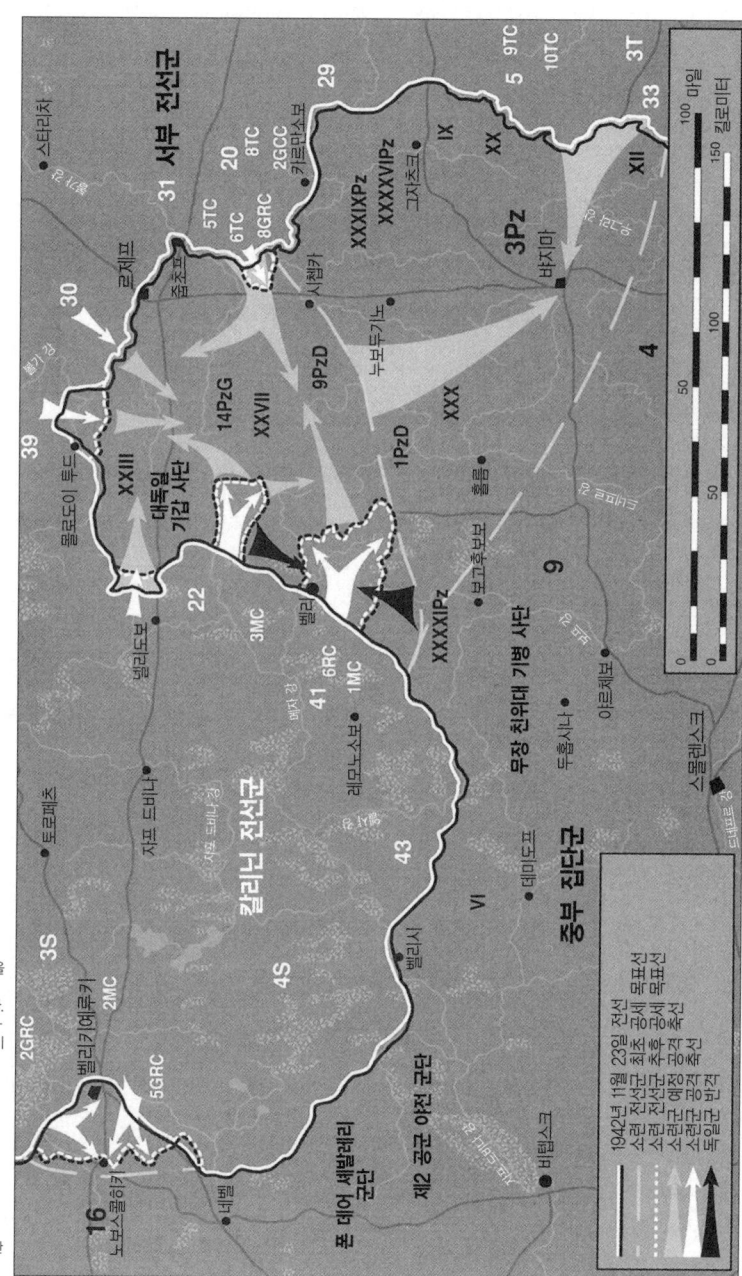

1 흰색–소련 측, 검은색–독일 측
2 그냥 숫자는 야전군 급 이상을 뜻한다. 예) 3–제3군
3 독일 측의 Pz는 〈기갑〉을 뜻한다. 예) 3Pz–제3 기갑군, 1PzD–제1 기갑 사단, 14PzG–제14 기갑 척탄병 사단
4 1G–제1 근위군
 2S–제2 충격군
 3T–제3 전차군
 2R–제2 소총병
 6RC–제6 소총병 군단
 2MC–제2 기계화 군단
 8TC–제8 전차 군단
 2GCC–제2 근위 기병 군단
 8GRC–제8 근위 소총병 군단
5 독일군 로마자는 〈군단〉을 뜻한다. 예) XXX–제30군단

지도 11. 화성 작전

전으로, 뱌지마를 향해 서진하여 르제프 일대에서 독일군을 섬멸한 병력과 함께 포위망을 형성하여 독일 중부 집단군에게 섬멸적인 타격을 가한다는 내용이었다. 뱌지마 돌파는 서부 전선군의 중앙군이 책임을 맡고, 강력하게 증강된 제5군과 제33군이 제9, 제10 전차 군단의 지원 속에 이를 진행할 예정이었다. 여기에 리발코 대장이 지휘하는 새롭게 재편되고 확장된 제3 전차군이 스타브카 예비대로 합세할 예정이었다. 결국 독일군은 화성 공세에 나선 소련군을 완벽하게 물리쳤으며, 중부 집단군에 대한 소련군의 야심찬 대규모 공세를 꺾어 놓았고, 주코프의 계획을 무산시켰다. 그래서 소련 역사가들은 이처럼 역동적이었지만 재앙에 가까운 결과를 불러온 공세를 스탈린그라드 공세에 대한 양동 작전이었다고 왜곡했다.[16]

작전은 스탈린그라드 전선에서 초기 공세의 성공이 확실했던 1942년 11월 25일에 개시되었다. 푸르카예프의 제22군과 제41군은 독일 방어선을 벨리 남북에서 강하게 쇄도해 들어갔다. 같은 날 코네프의 제20군과 제31군은 시쳅카 북동쪽으로 공격해 들어갔다. 거의 동시에 제39군의 조공이 르제프 서쪽에서 이루어졌고, I. P. 코르차긴I. P. Korchagin 소장이 지휘하는 제2 기계화 군단에 소속되어 있는 전차 215대의 지원을 받는 제3 충격군이 벨리키예루키 동쪽의 독일 방어선으로 나아갔다.[17] G. F. 타라소프G. F. Tarasov 소장의 제41군은 벨리(르제프 방어선의 서쪽면)의 독일군 방어선을 남과 북에서 돌파했고, 벨리의 북쪽에서는 카투코프 소장의 제3 기계화 군단이 약 200여 대의 전차를 앞세우고 루체사Luchesa 강으로 나아갔다. 이들은 벨리 동쪽의 제41군의 기동 부대들과 조우할 예정이었다. 이때 벨리 남쪽에서는 S. I. 포벳킨S. I. Povetkin 소장의 정예 제6 〈스탈린〉 소총병 군단이 발진했다. M. D. 솔로마틴M. D. Solomatin 소장의 제1 기계화 군단이 이들을 뒤따랐다. 이 제1 기계화 군단은 2개의 전차 여단이 증강되어, 50대의 KV 중전차를 포함해 300대의 전차 전력을 보유하고 있었다. 솔로마틴의 군단은 급속도로 진격하여 카투코프의 기갑군과 조우하여 벨리를 포위하고, 더 나아가 코네프의 선봉과 접촉하여 르제프 돌출부의 하단부를 절단하려 하였다.

한편, 코네프의 2개 야전군은 푸르카예프군의 성공과는 대조적이었다. 그의 제20군과 제31군은 주코프의 지휘하에 제6군과 제8 전차 군단의 지원을 받고, V. V. 크류코프V. V. Kryukov 소장의 제2 근위 기병 군단의 지원을 받아 르제프 동남쪽의 독일 방어선을 반복적으로 공격하고 있었다. 이러한 반복적인 공격이 있을 때마다 치열한 격전이 벌어졌고, 소련군은 끔찍할 정도의 손실을 입은 뒤 격퇴되었다. 코네프가 그나마 얻은 것이라고는 제20 기병 사단이 독일군의 전면을 돌파하고 후방으로 침투한 정도였다. 그러나 이들도 곧 후방이 차단되면서 차츰 소멸하였고, 해가 바뀌어 1월에 가서야 카투코프의 기계화군에 의해 간신히 구출되었다.

소련군의 공세를 저지할 가용 예비대가 거의 없었던 스탈린그라드와는 달리, 르제프 일대의 독일군은 처음부터 제1, 제9 기갑 사단과 대독일 사단 및 제14 기갑 척탄병 사단*을 투입할 수 있었고, 후에 제12, 제19, 제20 기갑 사단이 증원되어 벨리 일대의 소련군 돌파구를 봉쇄했다. 12월 중순까지 소련군의 공격은 실패였다. 서쪽에서는 독일군이 반격해 들어와 벨리 북쪽의 루체사 계곡에 진출했던 소련 제3 기계화 군단과 벨리 남쪽에서 있던 제1 기계화 군단과 제6 소총병 군단을 포위해 버렸다. 12월 11일과 13일에 속개된 주코프의 르제프 남쪽에서의 공세는 처참한 손실만을 남긴 채 실패로 돌아갔고, 더욱더 치열한 전투 끝에 벨리 남쪽에서 타라소프가 이끄는 2개 군단 대부분이 격멸되었다.[18] 이런 값비싼 대가는 K. N. 갈리츠키 K. N. Galitsky 중장의 제3 충격군이 벨리키예루키에서 독일군을 일소하고, 독일군의 반격을 상쇄시킴으로서 어느 정도 만회되었다.

화성 작전이 소련군의 기대에 부응하지 못한 것은 분명했다. 주코프 〈최악의 실패〉로 기록될 만한 화성 작전은 곧 묻혀 버렸다. 그러나 남부의 천왕성 작전은 대성공을 거두고 있었고, 이제 스타브카의 관심은 그쪽으로 옮겨가게 되었다.

토성 작전과 소(小)토성 작전

일단 천왕성 작전이 성공을 거두자 스타브카는 남부 전역에서 두 번째 작전을 구상하기 시작했다. 〈사투른Saturn (토성)〉이라 명명된 이 작전은 남서 전선군의 좌익과 말리놉스키 중장의 강력한 제2 근위군을 동원하여 돈 강 중류를 따라 형성

---

* 당시에는 모두 차량화 보병 사단Infanterie-Division (mot.)이었다. 기갑 척탄병 사단Panzergrenadier-Division으로 개칭된 것은 1943년 중반에 이르러서였다.

된 이탈리아군 방어선을 돌파한 뒤 남진하여 로스토프를 점령하는 것이었다.

바로 그때 독일군은 스탈린그라드에 갇힌 병력을 구출할 수단을 강구하고 있었다. 스탈린그라드 포위망을 뚫기 위해 만슈타인은 두 갈래로 구원 병력을 집결시켰다. 치르 강과 돈 강의 합류점에서 제48 기갑 군단은 동부 전선 각지에서 차출해 온 다양한 사단들을 배속받았다. 반면 제57 기갑 군단은 코텔니콥스키Kotel'nikovski 일대에서 집결했다. 너무나 자연스럽게 독일군과 소련군의 작전이 동시에 펼쳐지게 되었고, 서로에게 영향을 주게 되었다. 우선 소련군은 제2 근위군에 토성 작전에서 스탈린그라드 포위망 소멸의 임무를 맡기기로 했다(이때까지 토성 작전의 내용 변화는 없었다). 그런 다음, 폰 만슈타인의 제57 기갑 군단이 코텔니콥스키에서 스탈린그라드로 진격해 들어오자 제2 근위군은 방향을 바꾸어 이들을 맞게 되었다. 이때쯤 토성 작전은 소(小)토성 작전으로 수정되었다. 소토성 작전은 목표를 보다 낮게 잡아, 돈 강과 치르 강 일대의 남안(南岸)에서 방어선을 형성하고 있던 이탈리아 제8군과 홀리트Hollidt 분견군*을 포위하는 것이 목표였다.

소련군은 12월 7일에 행동을 개시했다. 제5 전차군 소속의 V. V. 붓코프Butkov 소장이 지휘하는 제1 전차 군단이 독일 제48 기갑 군단과 제57 기갑 군단의 구원 시도를 방해할 목적으로 치르 강을 건너 공격에 나섰다. 그리고 12월 10일에는 제5 전차군의 제5 기계화 군단이 M. V. 볼코프M. V. Volkov 소장의 지휘하에 보다 서쪽에서 공격에 합류했다.[19] 비록 독일 제11 기갑 사단이 이처럼 강력한 공세를 받아넘기는 초인적인 능력을 보여 주긴 했지만, 치르 강 전선은 지키지 못했다. 12월 10일까지 제48 기갑 군단은 상당한 거리를 후퇴했다. 제57 기갑 군단의 제17 기갑 사단은 이들을 엄호하기 위해 뒤로 물러나야 했다. 그로 인해 치르-스탈린그라드의 구원 축선은 좌절되었고, 코텔니콥스키에서 발진하는 공격력도 약화되었다. 이 모든 악조건 속에서도 12월 12일에 독일군의 반격이 시작되었다.

제57 기갑 군단이 코텔니콥스키에서 북쪽을 향해 소련 제51군을 압박할 동안, 남서 전선군은 보로네시 전선군 소속 제6군의 지원을 받아 12월 16일에 돈 강과

---

* 분견군Armeeabteilung은 군단과 야전군의 중간급 제대로서, 통상 군단과 사령부가 확대되어 다른 이웃 군단들까지 지휘할 때 한시적으로 편성되었다. 많은 경우 지휘관 이름을 따서 명명되었으며, 이 경우는 제17 군단 사령관이던 카를 아돌프 홀리트 보병대장이 지휘관이었다.

스탈린그라드 북서쪽의 치르 강변에 포진한 이탈리아 제8군과 홀리트 분견군의 루마니아 제3군을 향해 공세를 개시하면서 소토성 작전의 막이 올랐다. 추축군이 미처 예상치 못한 소련군 기동 전력의 집결로 인해 이탈리아 제8군은 문자 그대로 와해되었다. 이들 기동 집단이 제1선 방어선을 뚫고 독일군 후방으로 돌파하자, 이들 중 제24 전차 군단과 제25 전차 군단, 제1 근위 기계화 군단은 독일군의 스탈린그라드 보급 발진 기지인 타친스카야Tatsinskaya와 모로좁스크Morozovsk를 향해 진격해 들어갔다. V. M. 바다노프V. M. Badanov 소장이 지휘하는 제24 전차 군단은 독일군의 사활이 걸린 타친스카야 비행장과 보급 집적소를 점령할 것을 명령받았다. 그는 값비싼 대가를 치른 끝에 임무를 완수했다. 제24 전차 군단은 이미 초기 전력(전차 200대)의 40퍼센트 이하로 감소된 데다가, 보급선을 넘어서는 무리한 진격을 감행하여 크리스마스이브에 타친스카야에 도달해 비행장에 계류 중이던 56대의 수송기를 격파하고 비행장 시설도 파괴했다.

바다노프는 4일간 타친스카야를 사수했고, 일부 잔존 병력만을 이끈 채 독일군의 후방에서 탈출했다. 작전 후반부에 스탈린의 개인적인 재촉으로 바다노프는 3개 군단을 잠시 지휘하게 되었다. 그러나 그 당시 이 3개 군단은 각각 20대도 안 되는 전차만 사용할 수 있는 상황이었고, 더 이상 조직적인 임무를 수행하기에는 너무나 전력이 약화되어 있었다.[20] 그러나 과감한 돌파로 스탈린그라드에 포위된 독일군 병력에 대한 보급 능력을 약화시켰고, 폰 만슈타인으로 하여금 제48 기갑 군단을 스탈린그라드 구원 공격이 아닌 수세적 자세로 전환시키게 만들었다. 우연의 일치는 아니지만, 이때의 경험으로 스타브카는 새롭게 전차군을 구성하게 되는데, 여기에서 적진 종심 깊숙이 돌파하는 협동 작전을 소화할 수 있는 전차 군단을 여러 개 포함하는 형태가 강구되었다.

12월 12일, 나머지 독일군 구원 병력은 제6군과의 연결을 위한 희망 없는 공격에 나서게 되었다. 독일 제57 기갑 군단은 히틀러가 이 결정적인 작전에 작전 예비대를 투입하는 것을 주저했기 때문에 끊임없이 곤란을 겪었다. 이러한 장애에도 불구하고 기갑 군단들은 12일 만에 50킬로미터를 돌파해 들어갔다. 12월 24일 저녁에 말리놉스키의 제2 근위군이 강력한 반격을 가해 왔고, 독일군은 100킬로미터 후방으로 되밀려 버렸다. 처음으로 소련 기동 군단이 세련된 전투 기술을 과시했는데, 특히 P. A.

로트미스트로프P. A. Rotmistrov 소장의 제7 전차 군단이 돋보였다. 모든 현실적인 이유에서, 스탈린그라드를 구원하려 했던 독일군의 노력은 실패로 돌아갔다.

고리 작전과 도네츠 강 유역

이 시점에서 스타브카는 동등한 중요성을 지니면서, 동시에 상호 연계성이 있는 2가지에 주의를 기울이고 있었다. 그것은 〈고리 작전〉을 통해 스탈린그라드 포위망을 소멸하고 동계 대공세 범위를 최대한으로 확장한다는 것이었다. 고리 작전을 감독하는 스타브카 대리인 보로노프 상장은 독일군 방어력을 소진시킬 목적으로 계속해서 포격 강도를 유지하고 있었다. 독일 제6군은 보급에 있어 한계에 다다랐기 때문에, 곧 말을 잡아서 연명하고 눈밭에서 몸을 부대끼는 상황이 되었다. 1월 24일, 독일 제6군이 확보하고 있던 마지막 비행장인 피톰니크Pitomnik가 함락되었다. 이틀 후 소련군은 좁은 대치 전면에 공격을 가해 독일군을 동서로 갈라 놓았다. 2월 2일 히틀러가 파울루스를 육군 원수로 승진시키는 조처를 취했음에도 불구하고, 전 병력이 소멸되었다.

독일은 스탈린그라드에서 무적이라는 명성 이상을 상실했다. 히틀러가 현지 사수를 명령한 데다 악천후 속에서 두터운 소련군의 포위망을 돌파하기 어려웠기 때문에 독일군은 극소수만이 탈출할 수 있었다. 수천 명의 부상병만이 돌아오는 수송기에 탑승할 수 있었다. 이러한 제6군의 전멸 양상은 이전에 있었던 소련군의 포위 소멸 때와는 매우 대조적이었다. 소련군의 경우는 충분한 기간 요원과 지휘관을 탈출시켜 새롭게 부대를 재건하고 다시 전투에 참가했다. 독일 제6군은 완전히 파멸되었으며, 147,000명의 전사자와 91,000명의 포로가 발생했고, 소련군의 인명 손실은 500,000명에 달했다(표 9-2 참조).[21]

스탈린그라드에서 독일군을 포위하고 소멸시키는 과정에서 상당수의 소련군 병력이 2개월 이상 매달려야만 했고, 이것은 소련군의 차후 동계 공세에 산술적인 영향을 끼쳤다. 결과적으로 스탈린의 1942년 겨울도 1941년과 같은 결과로 마무리되었다. 즉 상황을 지나치게 낙관하여 아슬아슬한 외줄에 매달려 전략적인 대규모

표 9-2. 스탈린그라드에서 발생한 소련군 인명 손실(1942년 11월 19일~1943년 2월 2일)

전선군	완전 손실	부상자	합계
남서 전선군	64,649	148,043	212,692
돈 전선군	46,365	123,560	169,925
스탈린그라드 전선군	43,552	58,078	101,630
보로네시 전선군(제6군)	304	1,184	1,488
합계	154,870	330,865	485,735

G. F. Krivosheev, *Grif sekretnosti sniat: Poteri vooruzhennykh sil SSSR v voinakh, boevykh deistriiakh, i voennykh konfliktakh*(Moscow: Voenizdat, 1993), pp. 181~182.

공세를 펼침으로써 전선이 과도하게 확장되었다. 스탈린그라드 서쪽의 남서 전선군과 남부 전선군은 기병과 전차 병력을 증강시켜 제1, 제3, 제2 근위군과 제51군을 선봉으로 독일 돈 집단군을 보로실로프그라드Voroshilovgrad와 로스토프로 밀어붙였다. 이들의 목표는 독일 돈 집단군과 캅카스에서 후퇴 중이던 독일 A 집단군의 연결을 끊어 놓는 데 있었다.

폰 만슈타인은 히틀러의 전략 예비대 투입 거부와 A 집단군 후방 엄호 필요가 맞물려 무력한 상태였다. 히틀러는 돈 강 남안의 쿠반Kuban 반도에 집단군 급의 병력을 남겨 두기를 원했다. 이는 1943년에 캅카스 유전 지대에 대한 공세가 재개된다면 아조프 해의 유일한 교두보가 될 것이라고 생각했기 때문이다. 소련군의 공세가 시작되었을 무렵 A 집단군은 이미 동계 막사에 들어간 상태였고, 새로운 위협에 직면해 병력을 후퇴시켜야 할 때 신속하게 반응하지 못했다. 이런 이유에서 폰 만슈타인은 A 집단군의 사활이 걸린 보급 요충지인 로스토프를 사수해야만 했다. 이를 위해 급조된 프레터-피코 분견군과 홀리트 분견군이 치르 강을 필사적으로 사수하려 했다. 이들 두 분견군의 양측은 지나치게 공백이 넓었다. 북쪽 측면으로 제1 근위군, 제3 근위군, 제5 전차군과 제5 충격군이 압박을 가해 왔고, 남쪽으로는 제2 근위군, 제51군, 제28군이 12월 24일에 시작된 반격을 기점으로 몰려왔다. 1월 3일까지 이 두 독일 분견군은 히틀러의 현지 사수 명령에도 불구하고 도네츠 강으로 밀려났다. 그사이 소련 제51군의 제3 근위 기계화 군단으로 개칭된 제4 기계화 군단은 볼스키 소장의 지휘하에 로스토프를 목표로 돈 강으로 나아갔다. 이들의 진격은 독일이 〈기적의 병기〉라고 부르던 6호 전차 〈티거Tiger〉로 무장한 중전차 대대에 의해 간신히 저지되었다. 1월 7일에 지모프니키Zimovniki 일대에서 벌어진 단시간의 처절한 격전에서 18대의 T-34와 20대의 티거 전차가 작전 불능이 되었다.* 양측 모두 러시아의 전형적인 겨울 날씨에 방해받았다. 1월 24일에 짧은 해빙이 있었고, 도로에 웅덩이가 형성되었다. 이 웅덩이는 1월 26일에 기온이 섭씨 영하 26도(화씨 -15도)로 떨어지자 다시 결빙되었고, 그 후로 3일간 강풍을 동반한 폭설이 몰아쳤다.

이제 히틀러는 도네츠 강 유역의 위태로운 상황을 타개하기 위해 행동에 착수했다. 폰 만슈타인은 계속해서 제1 기갑군을 북쪽으로 이동시킬 것을 요구했다. 하지만 실제 내려진 결정은 실망스러웠다. 1943년 1월 27일, 히틀러는 제1 기갑군 사령부 및 예하 군단 사령부들을 로스토프 북쪽으로 이동시키기로 결정했다. 그러나 실제로 이들 사령부와 함께 퇴각시킨 부대는 1개 기갑 사단과 1개 보병 사단 및 2개 보안 사단에 불과했다. 제1 기갑군의 나머지 병력은 일시적으로 제17군과 함께 쿠반 교두보에서 수세로 돌아섰다. 결국에 이들 병력은 모두 크림 반도로 철수했지만, 한동안은 만슈타인이 사용할 수 없었다.

돌파구의 확대

전쟁사가들은 오랫동안 1943년 겨울의 재앙을 막아 낸 것을 폰 만슈타인의 공으로 돌려 왔다. 1~3월 사이에 그는 기동 방어에 대한 히틀러의 완강한 반대에 시달려야 했고, 스탈린그라드의 승리에 사기가 충천한 붉은 군대에도 맞서야만 했다. 그는 파멸이 임박한 시점에서 동부 전선의 남부에서 소련군에게 충격적인 강타를 가하고 전선의 안정을 이끌어 냈다. 그러나 독일군과 동맹군은 동계 전역에서 심각한 손실을 입었다.

도네츠 강 유역(혹은 돈바스 지역)에서 거둔 폰 만슈타인의 승리와 제3차 하리

---

* 저자가 언급한 티거 보유 부대는 독일 육군 제503 중전차 대대이다. 당시에는 티거 전차의 부족으로 티거 20대와 3호 전차 31대로 혼성 편성되었다. 그러나 저자의 설명과 달리 전차의 완전 손실은 1월 9일에 2대, 10일에 2대에 불과했다.

코프 공방전의 승리는 그 찬사를 훨씬 넘어서는 중요성이 있었다. 독일군은 모르고 있었지만, 소련군의 전략적 목표는 남부 러시아 전선에서 독일군을 소탕하는 것을 훨씬 넘어서는 것이었다. 스타브카는 동부 전선 전체의 독일군 방어선 붕괴를 목표로 하고 있었다.

1942년 12월에 소련군 최고 사령부는 이미 B 집단군의 대부분을 소탕하고 로스토프를 점령하여, A 집단군을 고립시키거나 섬멸하는 토성 작전을 입안했었다. 이 계획은 후에 소토성 작전으로 수정되긴 했지만, 스타브카는 소련군의 역량을 넘어서는 작전을 계속해서 감행했다. 소련군은 포위된 독일 제6군의 전력을 오산했고, 또한 여타 전선에서도 판단 착오가 있었다. 이것들은 만슈타인이 2월과 3월에 획득한 최종적인 승리의 필수적인 조건이 되었다.

소토성 작전의 승리를 발판으로, 1943년 1월에 스타브카는 일련의 과정을 지속적으로 진행했다. 이번에는 보다 작전을 확대하여 독일 돈 집단군과 A 집단군 외에도 중부 집단군까지 목표로 했다. 새로운 공세에서 소련군은 돈 강 중류의 독일군과 헝가리군을 목표로 했고, A 집단군의 후퇴를 엄호하기 위해 로스토프를 사수 중인 독일-루마니아군도 목표로 했다. 1월 13~27일 사이에 보로네시 전선군의 제40군, 제6군, 제3 전차군이 오스트로고시스크-로소시Ostrogozhsk-Rossosh 작전을 발동하여, 헝가리 제2군을 강타하고 보다 앞으로 진격할 길을 열어 놓았다.[23] 1월 24일에는 브랸스크 전선군의 제13군이 보로네시 전선군 소속의 제38군, 제60군, 제40군과 합류하여 보로네시 돌출부와 돈 강 상류를 방어하던 독일 제2군을 강타했다. 폭설로 인해 궤도 차량만이 이동 가능한 악조건을 무릅쓰고 소련 제13군과 제40군에 배속된 기동 군단들은 며칠 독일 제2군을 구성하는 3개 군단 가운데 2개 군단을 포위했다.[24] 그사이 〈갈로프Galop** 작전〉과 〈스베즈다Zvezda 작전〉에서는 보로네시 전선군의 제40군, 제69군, 제3 전차군과 남서 전선군의 제6군, 제1 근위군, 제3 근위군이 M. M. 포포프 기동 집단을 선봉으로 로스토프 북서쪽에서 독일 동맹군을 대체해 황급히 편성된 독일군 부대들을 향해 쇄도했다. 폰 만슈타인은 자신이 담당한 북쪽의 늘어질 대로 늘어진 전선을 지켜 내기 위해 제1

** 말이 네 발을 땅에서 떼고 전속력으로 질주하는 것을 의미한다.

기갑군과 제4 기갑군으로부터 보다 많은 병력을 끌어 와야만 했다.[25]

2월 중순, 가장 위협적인 공세가 남서 전선군의 선봉으로 나선 소련 전차군에서 시작되었다. 여기에는 4개의 약화된 전차 군단을 M. M. 포포프 중장의 지휘하에 1개 기동 집단으로 편성한 전력이 있었고, 완편 전력의 제25 전차 군단과 제1 근위 전차 군단이 남서 전선군의 예비로 포함되어 있었다. 현대식 전차군 체계의 선구자라 할 수 있는 M. M. 포포프 기동 집단이 2월 초 돈 강을 넘어 독일군 후방을 압박해 들어갔고, 2월 12일에는 크라스노아르메이스카야Krasnoarmeiskaya에 도달했다. 3일 후 바투틴은 자신의 휘하에 새롭게 들어온 2개 전차 군단을 투입하여 파블로그라드Pavlograd를 관통하여 드네프르 강 상류에 있는 자포로제로 진격을 시도했다. 이곳은 로스토프로 향하는 철도와 도로의 교차점이었다. 자포로제는 돈 집단군(남부 집단군으로 개칭됨)의 사령부인 동시에, 독일 제4 항공군과 수많은 주요 부대의 사령부가 포진해 있었다.

이러한 위협에도 불구하고, 히틀러는 반격을 시도하기로 결심했다. 그는 SS 기갑 사단 〈다스 라이히Das Reich〉와 〈LSSAH〉 사단을 새롭게 편성한 SS 기갑 군단을 지휘하에 두고, 진격하는 소련 보로네시 전선군을 가로막아 하리코프를 사수하라고 명령하였다. 동시에 남서 전선군에 대해 역공을 가할 것을 주문했다. 새롭게 편성된 SS 사령부는 이 2가지 임무를 완수하기에는 경험이 부족했고, 2월 14일에 후퇴 길에 올랐다. 이날은 제1 기갑군도 도네츠 강에서 미우스 강을 향해 후퇴한 날이기도 했다. 히틀러는 SS 기갑 군단의 명령 불복종을 처벌하는 대신에 상급자인 후베르트 란츠Hubert Lanz 산악대장을 면직했다. 사실 란츠는 SS 기갑 군단이 명령에 복종하도록 노력했었다.

이때까지 폰 만슈타인은 자신에게 동부 전선 전체의 지휘권을 달라고 거듭 요청하여, 거의 공개 항명(抗命) 직전의 상황이었다. M. M. 포포프 집단이 크라스노아르메이스카야에서 일시적으로 저지되긴 했지만, 새로운 전차 전력이 자포로제로 몰려들고 있는 상황을 미처 모른 상태에서 히틀러는 2월 17일에 만슈타인을 질책할 목적으로 자포로제로 날아갔다.[26]

히틀러와 남부 집단군에게 있어 매우 다행이었던 것은 폰 만슈타인이 (당시 막 SS 기갑 사단 〈토텐코프Totenkopf〉가 합류한) SS 기갑 군단과 오랜 격전에 지친 다른 기갑 사단들을 지휘할 목적으로 제4 기갑군 사령부를 이동시키는 중이었다는 점이었다. 이들 역시 보급의 한계에 다다른 소련군에 대한 반격에 쓰일 예정이었다. 히틀러는 최종적으로 전력이 약화된 7개 기갑 사단과 차량화 사단을 만슈타인에게 내주었다. 폰 리히토펜 상급대장이 지휘하는 제4 항공군도 재편성하고 항공기의 보수 유지 상태를 개선했으며, 1월에 하루 평균 350소티의 지원을 받은 것과 비교해 2월 20일 이후에는 하루 평균 1,000소티의 항공 지원을 달성했다. 러시아 전선에서는 마지막으로 제공권을 확고히 장악한 독일 공군이 육군의 반격을 지원했다.

그러나 당시 스탈린과 예하 참모들은 자신들이 승리의 마지막 단계로 나가고 있다고 계속해서 믿고 있었다. 남부 전선 전체에서 독일군의 방어선은 무너지고 있는 듯 보였고, 스타브카는 승리를 보다 확장하여 독일 중부 집단군으로까지 전역을 확대하려 했다. 2월 2일에 스탈린그라드가 최종적으로 마무리되자, 스탈린과 주코프는 즉각 포위 작전에 동원된 병력들을 이동시켜 보다 북쪽에 위치한 새로운 목표로 향했다. 로코솝스키가 지휘하는 돈 전선군 사령부와 예하 소총군 중에 2개 야전군(제65군, 제21군)이 새롭게 편성된 제2 전차군 및 제70군과 협력하여 보로네시-리브니 지역으로 이동할 것을 명령받았으며, 전선군의 이름을 중부 전선군으로 개칭했다. 제16 항공군과 역전의 제2 근위 기병 군단도 이 지역으로 재배치되었다. 나머지 돈 전선군의 3개 야전군(제24군, 제64군, 제66군)은 스탈린그라드 지역에서 재편성에 들어갔고, 바투틴이나 로코솝스키의 명령에 따라 어디에라도 합류할 태세로 대비하고 있었다.

금번 소련군 동계 공세의 절정이라 할 수 있는 이 작전은 독일 중부 집단군에 대해 연속적으로 3개의 공세 작전을 펼친다는 의도를 내포하고 있었다. 우선, 1943년 2월 12일에 서부 전선군과 브랸스크 전선군이 협격하여 오룔 돌출부의 독일군을 포위한다. 그다음, 2월 17일에서 25일 사이에 이들 2개 전선군이 새롭게 투입된 중부 전선군과 조우하여 브랸스크 일대의 독일군을 일소하고, 데스나 강을 넘을 공고한 교두보를 확보한다. 최종적으로, 2월 25일에서 3월 중순 사이에 칼리닌 전선군과 서부 전선군이 스몰렌스크를 점령하고, 남쪽의 이웃 전선군과 협동하여 르제프-뱌지마 돌출부의 독일 중부 집단군을 섬멸한다는 내용이었다. 이 모든 공세들은 보로네시 전선군과 남서 전선군이 거둘 것으로 예상되는 성공과 일치되도록 시간을 잡고 있었다. 이에 따라 소련군은 3월 중순에 드네프르 강 서쪽까지 진출하

는 것으로 예정되어 있었다.[27]

이러한 계획을 세우는 것과 실제로 시행하는 것은 전혀 별개였다. 로코솝스키의 충격 집단은 부대 재편성에 불과 6일의 시간을 배당받았고, 전혀 새로운 지역으로 공세를 준비하는 데 5일의 추가적인 시간을 받았을 뿐이었다. 제2 전차군과 제2 근위 기병 군단은 이미 리브니 지역에 집결했지만, 제70군은 겨울의 러시아 도로를 200킬로미터 이상 이동해야 했다. 그리고 제21군과 제65군은 스탈린그라드 지역으로부터 철도와 도로를 통한 힘든 이동을 감수해야만 했다. 초봄에 내리는 폭설이 이동을 방해했고, 봄의 진창이 수시로 찾아왔다. 집결지에서 공격 예정지로 이동하는 도로는 이미 열악한 상태로 변했다. 스탈린그라드로부터 북쪽으로는 오직 단선의 철도선 하나만 존재했고, 이미 작성한 시간 계획표는 허구임이 드러났다.

로코솝스키는 스타브카가 자신에게 부과한 빡빡한 시간 계획에 반대를 표시했으나, 어쩔 수 없이 불가능을 성취하기 위한 시도에 들어갔다. 결국 2월 25일 이전에는 공세에 나설 수 없었고, 당일이 되어서도 제2 전차군과 제65군은 철도 하차점에서 공격 집결지로 이동 중인 상황이었다.

로코솝스키는 2월 25일에 로딘의 제2 전차군과 P. I. 바토프P. I. Batov의 제65군을 선봉으로 내세워 공세에 착수했다.[28] 자바이칼 지역과 극동 지역에서 차출된 내무 인민 위원회 국경 수비 대원으로 이루어진 정예 부대인, 타라소프 중장이 이끄는 제70군과 치스탸코프의 제21군이 도착 즉시 공격에 가담했으나 전력이 완전히 집결하지는 못했다. 양측 야전군은 진흙탕으로 변한 도로에서 교통 체증에 시달리며 행군 중이었다. 그사이 2월 22일에 브랸스크 전선군의 제13군과 제48군이 독일 제2 기갑군의 우익을 강타했고, 바그라먄 중장 휘하의 서부 전선군 소속 제16군이 지즈랴Zhidzhra 북쪽에서 독일 제2 기갑군의 다른 측면을 공격했다. 비가 내리는 날씨와 독일군의 교묘한 방어로 인해 바그라먄의 진격은 방해를 받았다. 2월 24일까지 소련군이 이룩한 진격은 보잘것없었으며, 추가적인 공격으로도 별다른 전과가 없는 상황이었다.[29]

중부 전선군의 상황은 이보다는 나은 편이었다. 제13군의 우측면 엄호하에 바토프의 제65군은 미약한 저항을 보이는 독일군 방어선을 뚫고 독일군 후방까지 돌파해 냈다. 로딘의 제2 전차군과 기병-소총병 집단(후에 크류코프 소장이 지휘했으며, 제2 근위 기병 군단과 동행하는 소총병 부대와 스키 부대로 이루어졌다)은 셉스크Sevsk를 통과하여 노브고로드-세베르스키Novgorod-Severskii를 향해 빠르게 서진을 계속했다.[30] 1943년 3월 1일까지 로코솝스키는 괄목할 만한 성공을 거두었다. 북쪽으로는 독일 제2 기갑군의 옆구리를 파고들었고, 남쪽으로는 독일 제2군의 측면을 위협했다. 이때까지 제70군의 사단들은 전방으로 추진하여 바토프의 우익에서 전열에 합류했으며, 독일군 후방 깊숙한 오룔과 브랸스크로의 진격을 노리고 있었다.

독일군의 기술적인 후퇴 작전이 이루어지면서 점차 저항이 거세어져 갔고, 동시에 다른 전선에서 증원되어 온 신규 병력이 도착하면서 로코솝스키가 달성한 돌파구의 양 측면이 위협에 직면하게 되었다. 이 취약부를 보강하기 위해 로코솝스키는 제21군과 제62군, 제64군의 증원 병력이 필요했으나, 이들은 이동 중이어서 투입이 불가능했다. 3월 7일까지 크류코프의 기병-소총병 집단은 노브고로드-세베르스키의 외곽에 도달했고, 동계 전역을 통틀어 소련군 최고의 진격을 달성하게 되었다. 그러나 전세는 점차 독일군 쪽으로 역전되고 있었다. 증원 없이 앞으로 나아간 로코솝스키의 전위 병력들은 오룔의 남서쪽에서 치열한 저항에 부딪히자 진격을 멈추어 버렸다. 이 상황을 타개하기 위해 로딘의 전차군을 브랸스크에서 오룔로 옮겨오려는 로코솝스키의 시도는 좌익과 중앙을 약화시키는 결과를 불러왔고, 곧이어 독일 제2군의 여러 사단들이 집결하여 반격을 시작했다. 로코솝스키의 공세가 멈추면서, 남쪽 전선에서의 재앙이 야심찬 공세의 종지부를 알려 왔다.

독일 중부 집단군을 공격한다는 전체적인 계획은 남쪽에서의 연속적인 공세가 성공한다는 가정하에서나 의미가 있었고, 그러한 가정은 2월말에 이미 실패로 돌아갔다. 이때까지 점차 위태로운 상황으로 치닫던 남서 전선군의 기동 전력은 보급 능력을 한참 넘어선 공세를 계속 이어가고 있었고, 결과적으로 폰 만슈타인이 놓은 덫으로 들어가고 있었다.

그다음에 뒤따른 결과가 독일군이 〈도네츠 전역〉이라 부르고 소련군이 〈돈바스-하리코프 작전〉이라 부르는 상황이었다. 둘 다 기동전의 모범이라 할 만했다.[31] 2월 20일에 시작된 제4 기갑군 소속 제40 기갑 군단(제7, 제11 기갑 사단, SS 차량화 보병 사단 〈비킹Wiking〉)의 공격으로 그동안 크라스노아르메이스카야에서 북(北)도네츠 강에 이르기까지 싸우면서 진격해 온 M. M. 포포프 기동 집단의 잔여 병력이 포위되어 일소되었다. 2월 23일에는 에버하르트 폰 마켄젠Eberhard von Mackensen

상급대장의 제1 기갑군이 제40 기갑 군단과 합류하여 북동쪽으로 공세에 나섰다.

그 전날 SS 기갑 군단(SS 기갑 사단 〈다스 라이히〉와 〈토텐코프〉)과 제48 기갑 군단(제6 기갑 사단, 제17 기갑 사단)이 소련 남서 전선군 측면의 제6군과 제1 근위군을 강타했고, 자포로제로 접근 중이던 제25 전차 군단을 차단하고 실질적으로 포위망에 몰아넣었다. 연료가 떨어진 제25 전차 군단 승무원들은 장비를 포기하고, 점차 증가하는 패잔병 무리와 함께 목숨을 걸고 북쪽으로 달아났다. 이전에도 너무나 자주 있어 왔던 상황이 이번에도 재현되었다. 독일군의 전력이 포위된 소련군 병력을 가두어 놓기에는 너무나 빈약했기 때문에 포로는 9,000명에 불과했다.[32]

폰 만슈타인은 하리코프로의 진격을 속개했다. 1943년 3월 1~5일 사이에 시가지 남쪽에서 치열한 전투가 벌어졌고, 제4 기갑군은 고전 중인 남서 전선군을 구하기 위해 파견된 리발코 중장의 제3 전차군을 일소하고 하리코프와 그 주변으로 진격을 계속했다. SS 기갑 군단장 파울 하우서Paul Hausser 대장은 상식과 명령을 무시하고 〈다스 라이히〉와 〈LSSAH〉 사단을 치열한 시가전으로 몰아넣었고, 이 전투는 3월 14일에 도시를 탈환할 때까지 계속되었다.

돈바스 강 전역은 남부에서 이루어진 소련군의 스탈린그라드 공세를 효과적으로 차단했고, 3월 초까지 스타브카는 제62군과 제64군을 스탈린그라드에서 로코숍스키의 중부 전선군으로 이동시켜 하리코프 북쪽에서 전선을 회복하려 했다. 이런 상황에도 아랑곳없이 소련군 최고 사령부는 독일 중부 집단군에 대한 공세를 계속할 작정이었다. 3월 7일에 로코숍스키는 공세를 축소하되, 북쪽의 오룔을 목표로 한 공세는 지속하라는 명령을 받았다. 그의 제21군이 며칠 내로 전선에 합류했다. 그러나 같은 날 독일 제2군은 제4 기갑 사단과 여러 헝가리군 보병 부대들을 집결시켜 로코숍스키의 서쪽 측면에 대한 반격을 시도했다. 크류코프의 제2 근위 기병 군단은 이러한 독일군의 반격을 막아 내기에는 너무나 광대한 지역에 분산되어 있었다. 이 공세는 3월 17일에 감행된 만슈타인의 하리코프 북부 진격과 더불어, 소련군으로 하여금 동계 공세를 단념하고 결국에 가서 수세로 전환하게끔 만들었다. 로코숍스키의 실패한 공세의 결과로서 쿠르스크 돌출부가 남게 되었고, 다가오는 1943년 하계 전역에서 독일군과 소련군의 주의가 자연스럽게 이곳으로 집중되었다.[33]

10 | 1943년 봄의 해빙기와 작전 중지

1943년 3월 하순이 되자 비가 내리고 진창길이 형성되어 러시아 전선에서 기동작전이 모두 중지되었다. 양군은 전력을 재건하고 이 전쟁의 세 번째 여름에 대비했다. 이러한 휴식기는 거대 전략이라는 더 큰 맥락 속에 전쟁을 놓고서, 전술과 조직, 다가올 전역의 개념에 대해 치열하게 고민할 적절한 기회이기도 하다.

확대된 전쟁

1941년 침공 이래로, 소련군은 독일 군사력의 예봉을 받아 내야만 했고, 모든 독일 지상군과 공군 전력의 75퍼센트를 감당해야만 했다. 1942년이 지나고 1943년이 되면서 히틀러와의 사투에서 미국과 영국의 역할도 점차 커지기 시작했다. 이러한 공헌은 스탈린과 엄청난 중압에 시달리는 스탈린의 장군들에게 결코 만족스런 수준이 아니었다. 스탈린과 소련 수뇌부는 서방 연합군이 독일과 소련이 서로 지쳐 쓰러질 때까지 사투를 벌이는 것을 곁에서 그저 지켜보고만 있다고 의심했다. 그럼에도 불구하고 서방 연합군은 소련의 지도자와 역사가들 때문에 소련의 일반인들이 알지 못한 실질적인 도움을 주고 있었다.

1942년 전역 내내 히틀러는 서유럽의 서방 연합군이 상륙할지도 모른다고 우려하고 있었다. 히틀러는 매주 러시아 전선에서 정예 기갑 부대를 차출하여 서유럽에 배치할 것이라고 발표하고 있었다. 가끔 대독일 차량화 보병 사단의 경우처럼 주변의 조언자들이 단념시킬 때도 있었다. 그러나 히틀러는 끊임없이 불안에 시달리고 있었다. 여기에 1942년 8월 18~19일에 프랑스 디에프Dieppe에서 감행된 영국-캐나다 연합군의 기습 상륙은 전술적으로 철저한 실패로 끝났지만, 전략적 관점에서는 성공이었다. 히틀러는 즉시 더 많은 예비 전력을 프랑스로 이동시켰다. 몇 주 후에 그는 크림 반도에서 크레타Crete 섬으로 제22 보병 사단을 이동시켰고, 1943년 5월에는 제1 기갑 사단을 러시아에서 빼내서 산악 지형의 그리스로 이동시켰다.[1] 대전 기간 내내 연합군의 침입 우려로, 소수이지만 점점 많은 사단들이 서방으로 이동해 갔다. 개중에는 기갑 사단도 포함되어 있었다. 이들 사단 가운데 일부는 러시아를 벗어날 때쯤에 이미 병력이 심각하게 소모되어 어차피 휴식과 재편이 필요한 경우도 있었지만, 이만 한 규모의 부대 이동으로도 독일군은 병력이 우세한 소련군에 비해 큰 영향을 받았다.

1942년 11월, 독일의 전쟁 수행 체제에 빨간불이 들어왔다. 제2차 엘알라메인El Alamein 전투(10월 23일~11월 4일)에서 영국 제8군은 독일 아프리카 기갑 군단*을 격파했다. 바로 직후에 영미 연합군이 프랑스령 북아프리카에 상륙했다. 지중해 전역에서의 손실을 줄이는 대신, 예상대로 히틀러는 정예 공수 부대를 포함한 모든 가용 예비대를 튀니지로 보내기로 결정했다. 거대한 러시아 전장과 비교하여 북아프리카에 진주한 독일군의 규모는 모두 합쳐 6개 사단에도 미치지 못할 정도로 소규모였다. 그러나 점차 다가오는 동부 전선에서의 엄청난 손실 속에 북아프리카 전역은 독일군 전략 예비대의 운용에 있어 불균형을 초래하는 결과를 가져왔다. 독일군은 8월과 9월의 격전을 거치면서 10월 말 동부 전선에서 300,000명의 신규 병력을 필요로 할 정도였다.[2] 갑작스럽게 우선순위를 북아프리카에 두게 되면서, 독일군 수뇌부는 동부 전선에 전략 예비대의 전개가 불가능하다는 사실은 차치하더라도 스탈린그라드의 보병 전력을 유지하는 것조차 어렵다는 점을 인식하게 되었다.

*실제는 독일 아프리카 기갑군Panzerarmee Afrika을 주축으로 한 독일-이탈리아 연합군이었다. 독일 아프리카 군단Deutsche Afrikakorps(DAK)은 주력 제대 중의 하나였다.

아마도 1942~1943년에 서방 연합군이 소련에 가장 큰 도움을 준 분야는 항공전이었을 것이다. 북아프리카에 가해지는 위협에 대응하기 위해 1942년 11월에서 12월 사이에 400대의 독일 공군기가 러시아 전선에서 지중해로 이동했다. 실제로 지중해 전역에서 1942년 11월부터 1943년 5월까지의 공군기 손실은 2,422대에 달했고, 이것은 독일 공군 전체 전력의 40.5퍼센트에 해당하는 수치였다.³ 이때 독일 공군의 수송 능력이 가장 큰 타격을 입었다. 스탈린그라드에 대한 헛된 보급 임무 외에도 수송기 조종사들은 2회에 걸쳐 북아프리카로 병력과 장비를 보급하고 증강하는 과중한 임무에 시달렸다. 첫 번째는 1942년 11월 서방 연합군의 북아프리카 상륙 때였고, 두 번째는 1943년 5월 아프리카 주둔 독일 병력이 튀니지에서 최종적인 패배를 당했을 때였다. 특히 두 번째 경우만 보더라도, Ju-52 수송기 177대와 절대적으로 부족한 대형 수송기 Me-323 〈기간트Gigant(거인)〉 6대가 격추되었다. 6개월간에 거쳐 3회의 주요 항공 보급 작전에서 독일 공군의 수송 능력은 완전히 와해되었다. 즉 항공기의 손실뿐 아니라 돌이킬 수 없이 귀중한 조종사 양성 교관들까지 희생되었기 때문이다. 이들 항공 수송력이 없어지면서 훗날 공수 작전과 항공 보급 작전은 불가능하게 되었다.

서부 유럽에 가해진 전략 폭격은 독일 공군에도 값비싼 희생을 강요했다. 1943년 당시 주간 공습을 담당했던 미 제8 공군의 어마어마한 손실에 관한 저술은 많다. 그러나 종종 간과되는 것은 이들에 맞서 싸웠던 독일 공군의 전투기 손실에 관한 것이다. 1943년 3월 이후로도 서부 유럽에서 독일 공군기의 손실이 동부 전선 전체보다 언제나 많았다. 쿠르스크 전투가 최고조에 달했던 1943년 7월에도 서부 유럽에서의 전투기 손실은 335대였는 데 반해, 동부 전선 전체에서 입은 손실은 201대였다.⁴ 괴링과 히틀러는 제국의 영공을 지켜 내기로 결심했고, 이런 결정의 결과로 보다 많은 전투기 편대와 대공포 부대가 동부 전선의 희생을 뒤로하고 독일로 몰려들었다. 독일의 영공을 수호하기 위한 전투기의 집결과 이에 수반된 전투기의 대량 손실은 독일이 동부 전선에서 제공권을 상실하게 된 주요한 원인 중 하나임에 틀림없다. 이런 사실을 알았던 몰랐던 간에, 소련 공군과 육군은 최소한 1943년에서 1945년 동안의 군사적 승리에서 약간의 공을 영국 폭격기 사령부와 미 제8 공군에 돌려야 했다.

1942~1943년의 기간은 상당한 양의 〈무기 대여법〉에 따라 원조 물자가 소련에 도착하기 시작한 시기였다. 소련의 공식적인 기록을 보면 랜드리스 물자의 총량이 소련 생산의 4퍼센트에 불과했다고 폄하하지만, 실제로는 훨씬 더 많았다. 미국과 영국은 기꺼이 대량의 알루미늄, 망간, 석탄과 독일이 1941년에 점령한 지역에서 생산되었던 자원을 보충할 전략 물자를 보내 주었다. 그로 인해 소련의 생산 능력은 이들 랜드리스가 없었다면 생각하기 어려운 속도로 급속히 재건되었다. 서방 연합군은 천연자원 외에도 34,000,000벌의 군복과 14,500,000켤레의 군화, 4,200,000톤의 식품을 제공했으며, 11,800량의 기관차와 다수의 차량도 제공했다. 가끔 미국도 소련의 비상식적인 요구에 고성을 낼 때도 있었다. 1943년, 미국에 체류하던 소련 원조 물자 구매 사절단이 8톤의 산화 우라늄을 구매해 줄 것을 요구했다. 이것은 당시 막 태동하던 소련의 핵 프로그램에 도움을 줄 핵분열 물질을 요구하는 것이 명백했다. 그러나 어찌됐건 서방 연합국은 1942년에서 1945년까지 원조 물자를 소련에 쏟아 부었다. 이에 대해 한 역사가는 이렇게 말한다. 「서방 연합국은 독일과의 전쟁에서의 승리를 소련인의 피와 스팸 통조림을 팔아서 샀다.」[5]

무기 대여법에 의해 원조된 트럭들은 특히 소련군에 큰 기여를 했다. 당시 소련군은 트럭 같은 장비가 부족하기로 악명 높았다. 전쟁이 끝날 무렵 소련군이 운용하던 트럭 3대 중 2대가 외국제였다. 그중에는 트럭 409,000대와 윌리스 지프Willys Jeep 47,000대가 포함되어 있었다. 요즘에도 소련 퇴역 군인들 사이에서 〈스투다바커Studabaker〉*나 〈빌리에스Villies〉**라는 말이 익숙한 것은 우연의 일치가 아니다. 원조된 트럭들은 소련군의 가장 어려운 문제점을 해결해 주었다. 즉 독일군의 최초 방어선을 돌파하고 나서 후방으로 깊이 진격하는 데 있어 재보급과 기동 집단의 전력 유지에 필수적인 문제점을 해결했다. 트럭이 없었다면 1943~1945년에 이루어진 소련군의 공세는 얕은 돌파만 달성하고 곧 공세의 탄력을 잃어버렸을 것이다. 그랬다면 독일군이 곧 방어선을 재건해서, 소련군은 또 다른 희생을 치러야 했을 것이다.

* 당시 미국의 자동차 회사 〈스튜드베이커Studebaker〉가 만든 트럭을 의미한다. 이 회사의 US6 트럭이 대량으로 소련에 공여되어 사용되었다.
** 당시 미국의 자동차 회사 〈윌리스-오버랜드Willys-Overland〉가 만든 윌리스 MB지프를 의미한다. 대전 중 365,000대 이상 만들어진 이 지프도 소련에 대량 공여되어 널리 사용되었다.

또 다른 원조 물자인 전투 차량과 항공기는 그다지 성공적이지 못했다. 특히 소련군은 자신들이 쓰레기 무기를 받고 있다고 의심하기까지 했다. 소련 지휘관들은 서방의 정책과 아무런 상관이 없는 서방 무기에 대해 심한 불평을 늘어놓았다. 예를 들어 영국군의 발렌타인Valentine 전차와 마틸다Matilda 전차는 포탑이 워낙 좁아서 40밀리미터 구경 이상의 전차포는 설치할 수 없었고, 이들 전차는 독일의 신예 중(重)전차를 방어하는 데에 전혀 쓸모가 없었다. 이와는 대조적으로 소련군의 T-34와 미군의 M4〈셔먼Sherman〉 전차는 충분한 공간의 포탑이 설계되어 있었고, 대전 후반기에 더 큰 구경의 전차포를 장착할 수 있었다. 그러나 셔먼의 경우도 소련군과 독일군의 전차와 비교하면, 무한궤도가 워낙 좁아서 진흙탕을 잘 돌파하지 못한다는 점과 연료 소모가 지나치게 많다는 점에서 소련군의 평가가 좋지는 않았다. 사실은 미 육군 군수 계획국이 궤도의 폭을 대양 수송과 미 육군이 장비한 부교 설비에 맞추어 표준화한 것이었지만, 소련군에게는 이런 점이 아무런 의미가 없었다.

이와 비슷하게 소련 공군은 서방의 수송기에 대해서는 높이 평가했지만, 전투기에 대해서는 낮게 평가했다. 1941년의 경험에 근거해서 소련군은 근접 지원기, 대지 공격기와 저고도 전투기를 원했다. 불운하게도 영국과 미국의 공군 당국자들은 장거리 폭격기와 요격기를 선호한 나머지 이러한 기능은 묵살하고 있었다. 우수한 A-20 경(輕)공격기는 소련의 요구 품목에서 빠지지 않았지만, 전투기에서는 상황이 달랐다. 신속성의 문제로 소련 구매 위원회는 약간은 구형 모델이지만 이미 생산 중인 P-39〈에어코브라Aircobra〉, P-40〈워호크Warhawk〉와 영국의 초기 모델인〈허리케인Hurricane〉 같은 전투기를 받아들일 수밖에 없었다. 게다가 소련은 영국과 미국이 항공기 기술자와 조종사를 양성할 교관을 파견하겠다는 제안을 거절해서 상황이 좀 더 복잡해졌다. 그래도 소련 공군의 에이스인 A. I. 포크리시킨 A. I. Pokryshkin과 G. A. 레찰로프G. A. Rechalov 같은 조종사는 P-39와 P-40을 몰고도 많은 독일기를 격추시켰다. 1943년 봄에 이들 전투기들은 아조프 해 동쪽의 쿠반 반도 교두보에서 독일 제17군을 공격함에 있어 제공권을 장악하게 해준 필수적인 역할을 담당했다.[6]

길고 가늘어지는 전선

　1943년 봄, 돈바스와 하리코프 일대에서 거둔 만슈타인의 빛나는 승리에도 불구하고 동부 전선 전체의 독일군은 암울한 미래에 직면해 있었다. 제6군 전체와 추축군 4개 야전군의 완전 손실을 빼고도, 다시 한 번 심한 소모전을 겪으면서 1941년 전력의 그림자만 잔존하게 되었다. 1943년 4월 1일, 동부 전선의 독일군은 147개 보병 사단과 22개 기갑 사단의 병력 2,732,000명과 전차 1,336대, 야포 6,360문을 보유하고 있었다. 이에 맞서는 소련군은 500개 이상의 사단 급 부대의 5,792,000명의 병력에 6,000대 이상의 전차와 20,000문 이상의 야포를 보유하고 있었다.[7]

　이런 불균형은 정규 보병 사단에서 더욱 두드러졌다. 청색 작전이 시작되기 전 북부 집단군과 중부 집단군의 75개 사단 중 69개 사단이 9개 보병 대대와 4개 포대 편성에서 6개 보병 대대에 3개 포대로 감편되었다.[8] 1942년 전역이 종결되자, 이러한 전력 감편은 보편화되었다. 일부 사단들은 각각 2개 보병 대대로 구성된 3개 연대 본부 체계를 유지했고, 일부는 보병에 대한 지원을 삭감하면서 3개 보병 대대로 구성된 2개 연대 본부 체계로 감편되었다. 두 경우 모두, 사단에 할당된 방어 책임 구역 전면에 배치할 인력이 부족했지만 반격을 위해 일부 예비 병력은 따로 준비해 두어야만 했다. 말과 차량의 지속적인 감소로 각 사단들은 1941년 당시의 모습보다 기동력이 현저히 약화되었다. 종종 포병들이 야포를 이동시키지 못해 포대가 소련군에게 유린되는 경우도 있었고, 국지적인 정찰이나 반격 시에도 차량이 부족하여 모터사이클에 의존하는 경우도 있었다.

　1942년 동안 많은 보병 사단들이 소련군 전차의 두터운 장갑에 효과적인 새로운 75밀리미터 대전차포를 지급받았지만, 전반적으로 탄약이 충분치 못했다.[9] 보다 상황이 심각한 것은 제2선의 여러 부대들이었다. 특히 보안 사단과 공군 야전 사단의 경우는 정규 보병 사단에 비해 병력과 중화기가 더욱 모자랐다. 22개의 공군 야전 사단들이 특히 취약했는데, 부대 지휘관들 중에 지상전과 보급 문제에 충분한 경험을 갖춘 자가 모자랐다. 새롭게 편성된 부대들은 충분한 전투 경험을 획득하기까지 엄청난 인명 손실이 발생했었다고 독일군 각 부대의 공식 기록에 남아 있다. 독일 육군 장교들은 평균 인가 병력보다 170,000명의 잉여 인력을 보유한 독일 공군이 독일 육군에게 인원을 넘겨 주지 않고 자신들의 편성 부대 안에서 낭비시키는 사실에 골머리를 앓고 있었다.[10] 대전 기간 내내 독일 공군과 무장 친위대는 전통적인 독일 육군 정규 편제에 피해를 주면서까지 자신들의 독립된 편제에 자원자들을 충원하고 있었다.

일을 더욱 꼬이게 만든 것은, 히틀러가 양차 세계 대전을 통틀어 매우 성공적인 것으로 입증된 독일군의 방어 개념을 아예 없애 버리려고 시도했다는 점이었다. 1942년 여름 동안 중부 집단군과 북부 집단군 소속의 전력이 감편된 보병 부대들은 지속적인 소련군의 압박에 수차례 국지적인 철수 작전을 실시해야 했다. 이러한 움직임에 쐐기를 박을 목적으로 1942년 히틀러는 총통 방어 명령을 발동했고, 이것은 그가 발동한 총통 명령들 가운데 가장 세부적인 언급이었다.

이 명령은 여러 가지 이론과 지엽적인 실천 사항을 종잡을 수 없이 뒤죽박죽 해 놓은 것으로, 여기에는 세 가지 중점이 포함되어 있었다.[11] 우선, 히틀러는 노골적으로 유연 방어 전략을 거부하고, 1916년 제1차 세계 대전 당시 프랑스 전역에서 독일군이 시행했던 완강하면서도 인명 피해가 많은 고착 방어를 고집했다. 하지만 이 방어 개념은 충분한 보병 전력과 함께 대량의 가시철조망, 대전차 지뢰와 방어 구역을 요새화하는 다량의 물자가 충족되어야 한다는 전제를 안고 있었다. 두 번째로, 히틀러는 방어에 임하는 부대에 소련군의 주 진격 축선 양측으로 이동하여 방어 전력을 증강할 것을 요구했다. 이 개념은 독일 방어 병력이 소련군의 집결을 정확히 파악하고 향후 주 공격로를 예측해야 한다는 전제가 필요했다. 이러한 가정은 소련군의 향상된 기만 계획 때문에 계속 충족되지 못했다. 거기에 히틀러가 주장한 현 위치 고수와 개념상의 병력 집결은 단순하게 보이지만, 소련군의 강력한 포격에 병력을 노출시키는 위험을 불러왔다. 마지막으로, 히틀러는 방어전에 있어서 자신이 직접 지도하겠다는 의사를 공표했고, 이에 따라 동부 전선의 모든 지휘관들은 자신의 진지 위치를 그린 상세한 지도와 모든 보급선 및 예하 전력에 관한 보고서가 필요했다. 이런 간섭은 그전까지 독일군의 전술적 성공에 있어서 큰 획을 그었던 — 즉 지휘관이 자신에게 부여된 임무를 달성함에 있어 방법적 선택의 독립성 보장 — 상징에 크나큰 오점이 되었다.

이 방어 명령은 히틀러가 동부 전선을 해결하지 못하는 자신의 무능력에 대한 좌절감을 나타내는 또 다른 형태였다. 그는 이러한 자신의 좌절감을 일선 부대에 대한 세세한 간섭과 자신의 지도에 동의하지 않는 전문 군인들을 제거하는 방식으로 드러냈다. 1942년 9월 9일, 히틀러는 그동안 계속 반목해 왔던 빌헬름 리스트 원수를 해임하고 자신이 직접 A 집단군의 지휘를 맡았다. 다만 명령의 전달을 위해서 리스트의 예하 참모들은 유임시키는 방식으로 갈등을 해결했다. 2주 후, 히틀러는 육군 참모총장이던 프란츠 할더 상급대장도 해임했고, 리스트의 의견을 지지한다는 이유로 알프레드 요들Alfred Jodl 상급대장도 해임하는 것으로 의견을 정리하고 있었다. 할더의 젊은 후임자로는 쿠르트 자이츨러Kurt Zeitzler가 발탁되었다. 자이츨러는 결코 독재자의 도구였던 것은 아니었다. 그는 이후 2년 동안 5회에 걸쳐 공식적으로 자신을 해임해 달라고 요구했다. 자이츨러는 전임자들에 비해 명성과 영향력이 떨어지기는 했다. 히틀러는 그에게서 참모장교들의 이력을 관리하는 권한까지 박탈했다.[12]

독일군 전체 전력과 특히 보병 전력이 서서히 기울어 가는 것과는 대조적으로 전차 전력과 기계화 전력은 1943년에 예상치 못한 전력의 부흥을 맞았다. 2월에 전차 생산의 난맥상과 기갑 사단들의 형편없는 전력을 감안한 히틀러는 자신이 강제로 퇴역시킨 구데리안을 다시금 현역에 복귀시켰다. 민족 사회주의 관료 체제라는 사실을 감안해, 현명하게도 구데리안은 자신은 기갑 총감으로서 총통에게 직접 보고를 해야만 한다는 점을 고집했다. 그는 임명되면서 전차 생산은 물론 무장 친위대와 공군 야전 사단을 포함한 모든 기갑 전력의 훈련, 교리, 조직에 관한 독립적인 권한을 부여받았다. 물론 제3제국의 여러 독립적인 부서들이 구데리안이 완벽한 성공을 이루어 내도록 허락하지는 않았다. 그럼에도 불구하고, 1943~1944년에 구데리안은 전차 생산을 증진시키고, 좋지 않은 구조 변경을 각하하고, 계속해서 독일 전차 전력을 재건해서 전투에 임하게 하는 놀라운 능력을 발휘했다.[13]

종심 작전으로의 회귀

1941년 붉은 군대는 주도권 상실, 무기 부족, 복잡한 구조와 이론을 효과적으로 응용할 지휘관의 부족으로 인해, 일시적으로 지휘 체계를 단순화하고, 정교한 군사 교리를 단념했었다. 그러나 스탈린그라드 전투 이후에는 이러한 부족함 속에서도 전력 구조를 다듬고 전술 개념을 현대화시키는 역량을 축적하고 있었다. 1942년에서 1943년까지 시험기를 거쳐 1944년에서 1945년 사이에 완성됨으로써, 새롭게 태어난 붉은 군대는 이상적인 종심 작전을 수행할 경지까지 급속히 발전해 나갔다.

1941년 중반부터 1943년 초까지 사실상 모든 소련군의 소총군은 6개 사단으로 편성되었으며, 야전군 사령부 직속으로 독립 여단이 주어졌다. 그러나 1943년이 되자 국방 위원회에서 소총병 군단을 재편성하기 시작했고, 각 군단은 3~5개의 사단으로 편성되고, 특수병과 부대가 지원되었으며, 야전군 사령부에 배속되었다. 소총병 여단은 서서히 재편되어 사단 편제로 승격되었고, 유능한 사단들은 근위 사단으로 재편되었다. 생산력과 인력이 뒷받침되자 소총군, 소총병 군단에서 궁극적으로 사단 급까지 기갑, 공병, 대전차포, 박격포병과 같은 병과가 배치되었다. 근위 부대에서 이러한 편제가 보다 보편적이었고, 군단과 야전군에게는 독일군 방어선에 대해 신중한 작전이 요구되는 임무가 대개 주어졌다. 전쟁 초기 소총군은 보병과 포병, 그리고 소수의 전차와 대전차포 부대를 모아 놓은 것에 지나지 않았으나, 점차 다양한 제병 작전과 임무를 통합할 수 있는 복합적인 구조, 즉 제병협동군의 면모를 갖추어 갔다.[14]

전선군과 야전군 급을 지원하기 위해서 스타브카는 전투 지원 부대가 작전적 요구에 따라 야전 부대에 배속되는 인상적인 연계 체계를 구축했다. 조직 정비의 목적은 모든 작전에 충분히 지원 가능한 전력을 구축하는 것으로, 특히 돌파, 종심 투사 및 강력하게 요새화된 구역이나 시가지를 공격하는 작전에 주안점을 두었다. 1942~1943년 야포와 곡사포, 대전차포, 대공포 및 자주포와 다연장 로켓포 대대·연대·여단이 대거 출현했다. 결국에 가서 이들 포병 부대들은 무시무시한 사단과 군단 급으로 격상되어 편성되었다. 1943년의 돌파 작전에 동원된 포병 군단의 경우 엄청난 수의 야포와 다연장 로켓포가 배치되었고, 이 군단들은 전선군 급 부대나 주요 공세에 나서는 야전군 급까지 배속되었다. 이렇듯 파격적인 포병 전력의 집결을 통해 소련군 지휘관들은 가장 강력한 독일군 방어선을 격파해 내는 것이 가능해졌다. 여타 작전 지원 병과를 조직화하려는 노력도 같은 방식으로 진행되어, 공병과 철도, 수송, 보급 부대로 확대되었다.

가장 중요한 조직적인 변화는 기갑 부대에서 이루어졌다. 스탈린그라드와 뒤따른 동계 전역에서 전차 군단과 기계화 군단은 독일군 방어선에 대한 제한적이고 전술적인 돌파에서 그 가치를 입증했다. 대전 후반기에는 최우선 순위를 가진 제병협동군의 경우 일선 방어선 50~200킬로미터 후방의 독일군을 포위하기 위해 1~2개의 전차 또는 기계화 군단을 통합하였다.

그러나 소련군은 종심 500킬로미터 이상의 침투와 작전 돌파가 가능한, 독일군의 기갑 군단과 기갑군에 해당하는 보다 큰 규모의 기계화 편제를 필요로 했다. 이들 새로운 편성의 전차군을 1942년 당시의 급조된 전차군과 혼동해서는 안 된다. 1943년판 전차군은 단순히 전차, 기병, 소총병의 혼합이 아닌 동등한 기동성과 장갑 보호를 추구하는 단위 부대로 편성되었다. 새로운 전차군은 2개 전차 군단과 1개 기계화 군단을 주축으로, 모터사이클 정찰 부대와 다연장 로켓포, 중(重)곡사포, 대전차포, 대공포를 운용하는 부대로 보강되었다. 소련군의 기준에서, 이러한 전력에 대해서는 항공, 통신, 수송, 정비 부대가 아낌없이 지원됐다.[15]

새로운 전차군의 구상은 1942년 후반부와 1943년 초의 기동 작전에 기초를 두고 있었다. 1942년 12월에 바다노프가 감행한 타친스카야 습격에서 다수의 전차 군단이 연속적으로 투입되어야 할 필요성이 여실히 드러났다. 1943년 2월에 M. M. 포포프 대장의 기동 집단 작전에서도 그러한 전차군의 전형을 보여 주었다. 어쨌든 1943년 1월 국방 인민 위원회는 새로운 전차군의 편성을 승인했고, 이에 따라 최초의 현대적인 전차군이 탄생했다.[16] 남은 대전 기간 동안 5~6개의 전차군이 소련군의 종심 작전에서 선봉이 되어 작전을 수행하고 독일군 후방 전략 목표를 노리는 역할을 수행했다. 지도상에서 보면, 소련군의 작전 계획은 포위망 속에서 또 다른 포위망을 구축하는 모양이 마치 러시아 인형* 같은 모습이었다. 전차군이 독일군 방어선을 돌파하여 소모적인 소탕전을 가급적 피하면서 가능한 한 깊이 종심 돌파를 달성하여 보다 큰 규모의 포위망을 형성하기 위해 우회하는 동안, 독립

* 마트료시카 matryoshka라고 하며, 큰 인형 속에 같은 모양의 작은 인형들이 겹겹이 들어 있다.

전차 및 기계화 군단은 전방 제병협동군에 배속되어 독일군 일선 방어선 직후방에서 1개 혹은 그 이상의 독일군 군단 급을 포위 격멸하는 임무를 수행했다.

따라서 전차 군단과 기계화 군단, 전차군 혹은 증강된 기병 군단과 기병-기계화 집단은 제1차 세계 대전과 제2차 세계 대전 사이의 군사 이론가들이 마음속으로 그려 왔던, 야전군과 전선군을 보강할 수 있는 기동 집단을 형성했다. 기동 집단이 이상적으로 전장에 투입되는 시점은 독일군 일선 방어선에 대한 소총병 부대의 돌파가 이루어진 직후이다. 이럴 경우 기동 군단과 전차군은 방어선에 형성된 좁은 틈을 통해 쏟아져 들어갈 수 있다. 실전에서는 소련군 지휘관들이 자신들의 기동 집단을 투입하는 데 있어 종종 판단 착오를 하거나, 소총병 부대가 시작한 돌파 작전을 마무리 지으려고 고의적으로 투입하기도 했다. 그럴 경우 기동 군단과 전차군은 최초 돌파 작전을 마무리 짓는 과정에서 전력이 약화되고 시간이 지체되기도 했다. 일단 임무를 달성하면 그들은 적진 후방의 목표물을 찾아 나설 행동의 자유를 얻었다. 기동 집단에 보급이 이루어지지 않아 더 이상 전진이 불가능하면 주요 하천을 넘어 교두보를 확보하여 나머지 주력이 전선에 도달할 때까지 전진을 멈추었다.

공세에 나선 소련군 지휘관들에게는 3가지의 각기 다른 의문이 주어졌다. 첫째, 적의 방어선을 제압하기 위해 어떻게 좁은 공격 전면에 압도적인 전력과 화력을 집결시킬 수 있을까? 둘째, 어떻게 전술적 돌파구를 확장하고 형성시켜야 독일군이 돌파구를 봉쇄하지 못할까? 셋째, 기동 전력을 투입하는 작전에서 전과확대기는 어느 시점에서 중지해야 할까? 이 중 세 번째 문제는 전방 기동 집단을 지원하는 물자와 병력을 추진하는 문제를 내포하고 있었다. 소총군(1943년에는 제병협동군으로 재편되었다)이 돌파구를 형성하고 확장해야 하고, 전차 군단과 기계화 군단 혹은 전차군은 이들 돌파구에서 전과확대로 나아가야 한다. 수송과 보급 부대는 전과확대기를 뒷받침하는 열쇠와 같은 존재이다.

소총병 군단의 형성에서 시작해 전차군을 종심 작전에서 단독으로 운용하는 데 이르기까지 모든 변화가 붉은 군대의 점진적인 분권화와 연관이 있었다. 2년 넘게 전쟁이 계속되자 숙련된 참모장교와 지휘관이 배출되었고, 스탈린 자신도 이전이라면 상상할 수 없을 만큼 자신의 부하들을 신뢰하게 되었다. 1942년 10월 9일에 스탈린그라드 방어전이 정점에 달했을 때 지휘권을 일원화하는 포고령이 내려졌고, 정치 업무를 담당하는 부사령관 격인 정치 장교의 입지가 축소되었다. 점진적으로 스탈린은 유능한 스타브카 전략 입안자들과 일선에서 〈스타브카의 대리〉로서 작전을 지휘하는 냉정한 지휘관들 — 그중에서 주코프가 가장 유명했다 — 의 통합된 의견을 따랐다. 역설적으로 히틀러가 독일 군부에서 장군들의 주도권과 유연성을 앗아가는 쪽으로 나가는 사이에, 스탈린은 전혀 반대로 나아가고 있었다. 여러 독일 장군들의 회고록에서 그들은 온갖 신랄한 표현으로 히틀러의 간섭과 경직된 통제를 비난하고 있지만, 소련군의 지휘 방식은 한때 독일군을 최고의 위치에 올려놓았던 바로 그 장점을 발전시키고 있었다는 사실을 파악했던 이는 거의 없다.[17]

붉은 군대와 독일 국방군이 겪었던 어려움의 공통된 특징은 병력 자원의 부족이었다. 소련은 독일에 비해 압도적으로 많은 병력 동원을 할 수 있었지만, 전시에 새롭게 편성된 부대를 모두 채울 만큼의 병력 자원은 없었다. 대부분의 신편 전차군은 전멸에 가까운 피해를 입은 소총군 사령부의 인력들을 그러모아 편성되었다. 기계화군이나 근위 부대 같은 우선순위가 앞서는 부대들에게는 통상적인 부대에 비해서 보다 많은 인원과 장비가 주어졌다. 편제상으로도 일반적인 사단과 근위 사단은 차이가 있었다. 근위 소총병 사단은 인가 병력이 10,670명이며, 일반 사단의 경우는 9,435명이었다. 거기에 야포와 자동화기도 근위 사단 쪽이 더 많이 보유했다. 독일 측도 유사하긴 하지만, 전형적인 소련군 소총병 사단의 경우 실제로 병력과 물자 부족이 심각한 정도였다. 1943년 여름에 소련군 소총병 사단의 평균 병력이 7,000여 명인 데 반해, 1945년에 가서는 2,000명 수준까지 저하되었다.[18]

독일군의 고민

동부 전선에서의 2년간의 소모전을 치르면서 국방군은 더 이상 전 전선에 걸친 일제 공세에 나설 능력이 없었다. 제한적인 목표를 달성할, 공세에 적합한 지역을 검토하던 과정에서 독일군은 쿠르스크 돌출부를 주목하게 되었다. 이곳은 서쪽으로 돌출되어 있으면서 남북으로 250킬로미터, 동서로 120킬로미터의 종심을 가진 지역이었다. 이 돌출부는 포위전을 감행하기에 적합한 구조로 보였고, 독일군으로서는 남북 양측에서 협격하여 돌출부를 양날의 가위로 잘라 내는 것이었다. 그렇게 해서 소련군 방어망에 커다란 구멍을 뚫어 버릴 목적이었다. 지난 2년간의 하계 공세에서 벌어졌던 것처럼 전선을 지나치게 확장하는 대신, 독일군은 일단 포위망을 섬멸하고 나면 방어선을 단축시킬 수 있을 것으로 내다보았다. 독일 국방군 총사령부는 1943년 3월 13일에 작전 명령 5호를 발동했고, 4월 16일에는 작전 명령 6호로 이 계획의 윤곽을 제시하였다.

새로운 육군 참모총장 쿠르트 자이츨러는 특히 이 계획에 흥미를 보였다. 하지만 아무리 구데리안이라고 해도 하룻밤 사이에 기갑 부대를 재건할 수 없었고, 독일군은 동계 전역에서 입은 피해에서 회복하느라 귀중한 시간을 낭비하고 있었다. 1943년 5월 3일에 자이츨러는 작전명 〈치타델레Zitadelle(성채)〉로 명명된 쿠르스크 공세를 검토하기 위해 뮌헨의 회합에 참석하도록 히틀러를 설득했다. 발터 모델 Walter Model 상급대장은 제9군 지휘관으로써 이 공세에 있어 주력을 맡았다. 그는 항공 정찰을 통해 확보한 소련군의 정교한 방어 태세에 관해 설명하면서, 독일군이 준비하는 공세에 대해 소련군이 정확히 대비하고 있다고 주장했다. 남부 집단군 사령관 폰 만슈타인 원수도 절호의 기회가 지나가고 있다고 느꼈지만, 중부 집단군 사령관 폰 클루게 원수는 정반대로 작전에 열성적이었다. 특히 낙관적이었던 자이츨러는 5호 전차 〈판터Panther〉와 6호 전차 〈티거〉로 새롭게 편성된 부대들이 소련군에 비해 결정적인 기술적 우위를 가져다 줄 것이라고 주장했다. 구데리안과 슈페어(독일 군수 장관)는 신병기 중에서 특히 판터에서 발생하는 기술적인 결함을 지적했지만, 무시되었다. 히틀러는 1943년에서 1945년 사이에 자주 그랬던 것처럼, 확실한 결정을 내리지 못했다. 그로부터 1주일 후에 구데리안과의 개인적인 회합에서 히틀러는 〈내가 쿠르스크 공세를 생각할 때마다 속이 편치 않다〉라고 말했다.[19] 결국 히틀러는 정치적으로 대안을 찾지 못했고, 7월 5일을 작전 개시일로 삼자는 계획에 동의했다.

소련군의 전략

1941~1942년 겨울과 1942~1943년 겨울의 동계 공세에서 소련군은 모두 짧은 시간 안에 너무 많은 것을 얻으려고 했다. 작전 입안, 병력 집결, 화력 지원과 그중에서도 특히 보급에 관한 모든 문제가 불거진 것은 이러한 조급증 때문이었다. 폰 만슈타인이 1943년 2~3월에 감행한 민첩한 반격을 보면서, 소련군 수뇌부들은 향후로 단 한 번에 극적으로 끝내려 하기보다는 온건하면서도 현실적인 작전을 입안해야 한다는 확신을 가졌다.

주코프와 바실렙스키는 1943년에 있을 소련군의 공세와 하계 전역에서는 그 이전과 마찬가지로 일단 방어전을 치르면서 독일군의 공격력을 흡수 소진시키는 과정을 선행시켜야 한다고 결론 내렸다. 그때까지 독일 제6군의 섬멸로 들떠 있었던 스탈린은 처음에 이 계획을 거부하고, 해빙기가 끝나자마자 공세로 나가야 한다는 쪽에 기울어 있었다. 1943년 4월 12일의 크렘린 회동에서 지휘관들은 일시적인 방어에 관한 계획을 입안했다. 주코프, 바실렙스키는 물론이고 안토노프 수석 작전 참모까지 스탈린에게 계획된 공세에 앞서 선(先)방어전에 나서야 한다고 확신시켰다. 스탈린은 5월 초에 다시 한 번 마음이 흔들렸으나, 결국 스타브카의 시각을 수용했다.[20]

1943년 하계-추계 전역에 대한 스타브카의 전략적 계획안을 보면 보로네시 전선군과 중부 전선군이 쿠르스크 돌출부를 지켜 내고, 북쪽에서는 브랸스크 전선군과 서부 전선군이, 남쪽에서는 남서 전선군이 이들을 측면 지원한다는 내용이 포함되어 있었다. 후방에서는 스탈린이 거대한 전략 예비대로 스텝 군관구를 창설했고, 이 예비대는 필요한 경우 〈스텝 전선군〉으로 개편되어 전방으로 투입될 계획이었다. 5월까지 소련군 입안자들은 독일군의 주공이 쿠르스크인지 하리코프 남부인지 확신하지 못했다. 이에 따라 스타브카는 사전 경계 조치로서 6개 전선군 모두에 강력한 방어 진지를 구축할 것을 명령했다. 초기에 스텝 군관구의 예비군들은 제5근위 전차군을 포함해 하리코프 동쪽에 집결할 예정이었다. 이곳은 예상되는 독일군의 모든 공격 축선에 대응할 수 있는 장소였다.[21]

처음부터 이 방어 계획은 스타브카가 준비한 야심찬 대규모 공세 작전의 일부였다. 예상했던 독일군의 공격이 돈좌되면 서부 전선군, 브랸스크 전선군과 중부 전선군이 쿠르스크 돌출부 바로 북쪽에 위치한 독일군의 오룔 돌출부를 향해 공세에 나서려 했다. 독일군의 공격이 멈춘 직후에 최단 시간에 재편성을 끝내는 대로, 보로네시 전선군과 스텝 전선군은 쿠르스크 남쪽에서 공격에 나설 예정이었다. 이들의 목표는 하리코프였다. 이 두 주요 공세의 막간에 남부 전선군과 남서 전선군이 북(北)도네츠 강과 미우스 강에서 양동 공격을 실시하기로 하였다. 이 양동 공격은 소련군의 주공이 향하는 방향으로부터 독일군의 예비 전력을 이끌어 내기 위함이었다.

소련군이 오룔과 하리코프를 점령하면, 이웃한 전선군이 보다 공세의 폭을 넓히기로 했다. 소련군의 전략 목표선은 드네프르 강이었다. (그러나 가을에 이르러서 스타브카는 다시 한 번 더 계획을 확장하여, 벨로루시와 우크라이나 전역으로 전략 범위를 확대했다.) 늦봄에 스타브카는 독일군의 의도와 배치를 파악하기 위해 보다 광범위한 정찰 활동을 지시했고, 소련군의 집결과 스텝 전선군의 재배치를 숨기기 위한 엄격한 기만 활동을 주문했다.

6월이 지나고 7월이 되자, 양군은 대규모 준비에 막바지 손질을 가하고 있었다. 기습의 효과는 이미 사라졌기 때문에, 독일군은 새로운 장비와 새롭게 재건된 기갑 사단의 증강 속에 점차 승리를 확신해 가고 있었다. 그리고 독일군은 초기 돌파와 포위 작전에 있어 결코 실패해 본 적이 없었다. 소련군은 고위 장교들이 독일군의 공세를 내다보고, 그들의 실패를 넘어서, 자신들의 대규모 하계 공세를 기대하고 있었다는 데에서 소련군의 자신감을 엿볼 수 있다.

11 | 쿠르스크에서 드네프르 강으로

쿠르스크 전투 계획과 전력

쿠르스크 돌출부의 독특한 모양 때문에 독일의 작전 계획은 양측 모두에게 확연한 것이었다. 기갑 부대가 선봉에 선 두 갈래의 거대한 공격을 돌출부 남북 견부(肩負)에서 발진하여 중앙부에서 만나 포위망 내의 모든 방어 병력을 섬멸한 뒤에 소련군 전체 전선에 치명적인 타격을 입힌다는 것이었다. 19개 기갑 사단과 차량화 사단을 포함한 50개 사단과 2,700대의 전차와 돌격포가 동원되고, 공군이 항공기 2,600대로 항공 지원을 맡을 예정이었다(지도 12 참조).[1]

공세의 북익은 귄터 폰 클루게 원수가 지휘하는 중부 집단군이 담당했고, 발터 모델 상급대장이 지휘하는 제9군의 제47, 제41 기갑 군단이 주력이었다. 이들 2개 기갑 군단에는 제2, 제4, 제8, 제12, 제20 기갑 사단이 포함되어 있었다. 그러나 독일군의 주력은 폰 만슈타인 원수의 남부 집단군이 맡은 남쪽 축선에 있었다. 호트 상급대장이 지휘하는 제4 기갑군은 충실한 전력의 제2 SS 기갑 군단(〈LSSAH〉, 〈토텐코프〉, 〈다스 라이히〉) 외에도 새롭게 보충된 제3, 제11 기갑 사단과 국방군 최고 명문의 강력한 대독일 사단이 배속된 제48 기갑 군단을 휘하에 두고 있었다. 여기에 베르너 켐프Werner Kempf 기갑대장이 지휘하는 켐프 분견군이 제6, 제7,

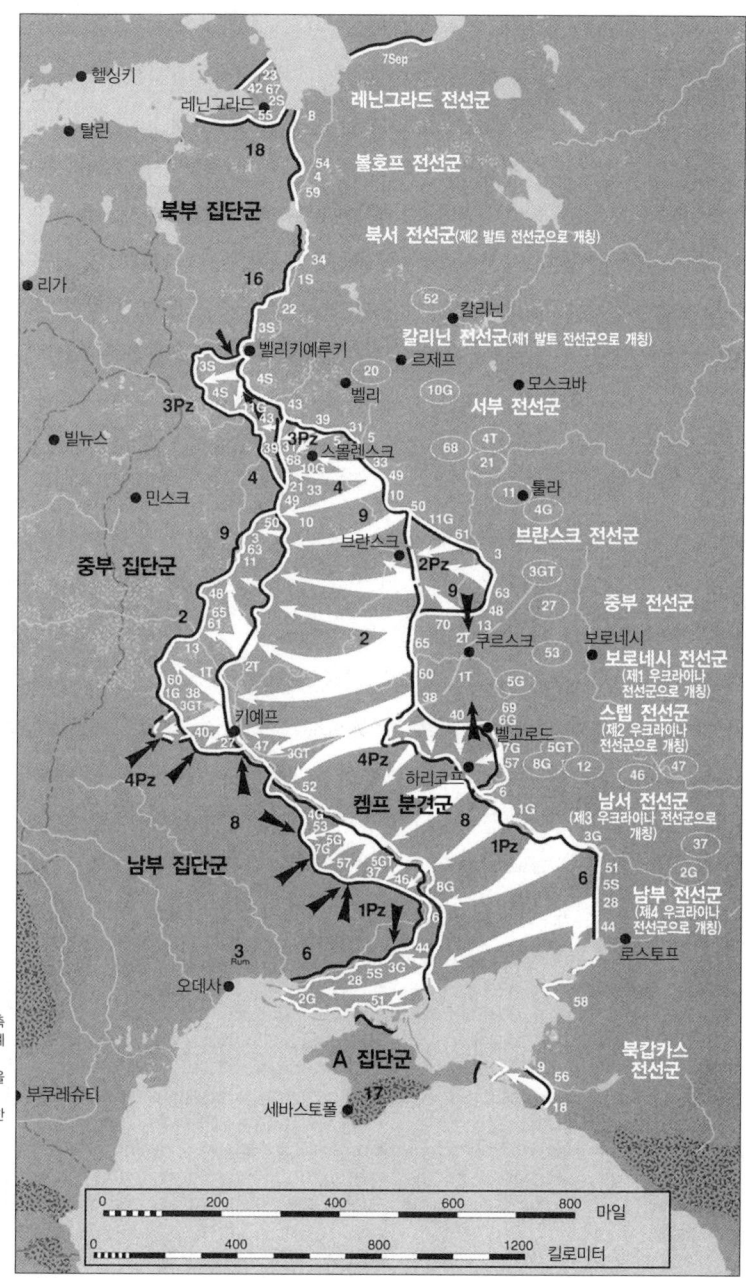

지도 12. 하계-추계 전역(1943년 6~12월)

제9 기갑 사단으로 구성된 제3 기갑 군단을 휘하에 두고, 호트의 측면에서 소련군의 반격에 대비하도록 되어 있었다. 봄이 가고 여름이 되면서 모든 기갑 사단들은 장비의 부족을 보충할 충분한 기간을 갖게 되었고, 새로 충원된 병력을 숙련된 전투원으로 훈련시킬 수 있었다. 완만한 평지의 중앙 러시아 곳곳에서 실제 사격 훈련과 전차 포격 훈련이 이루어졌다.

그러나 독일군이 자신감을 가지게 된 것은 그저 규모나 훈련 때문만이 아니었다. 뒤늦게 발동 걸린 독일 전시 경제 속에서 새로운 5호 전차 판터와 6호 전차 티거가 생산되기 시작했고, 이들 모두 강력한 88밀리미터 전차포로 무장되었다.* 히틀러는 〈성채 작전〉을 수차례 연기시켰는데, 보다 많은 수량의 판터와 티거를 야전에 배치할 시간을 벌기 위해서였다. SS 사단들조차도 사단당 불과 1개 중대의 티거만 보유하고 있었다. 조급하게 생산해서 일선에 배치한 관계로 많은 설계상의 문제점이 남아 있었고, 이 문제는 야전에서 해결해야만 했다. 여전히 다수의 전차가 3호 전차와 4호 전차였지만, 기갑 총감 구데리안의 지시로 이들 전차 중 일부는 소련군의 근거리 대전차총 공격**을 막아 내기 위한 측면 장갑판 *Schürzen*이 부착되어 차륜과 무한궤도를 방어할 수 있게 되었다.

독일군의 신병기 중에서 일명 〈포르셰 티거Porsche Tiger〉로 불리는 페르디난트Ferdinand 자주포의 설비상의 결함을 지적하는 글은 많다. 이 자주포는 88밀리미터 주포로 무장했지만, 차체 기관총이 장착되지 않은 치명적인 결함이 있었다. 기관총의 미비로 말미암아 쿠르스크 전투에 투입된 90대의 페르디난트는 소련 보병의 근접 공격에 극도로 취약함을 드러냈다. 구데리안은 자신도 이 문제를 충분히 알고 있었지만, 히틀러가 잉여분의 티거를 사용할 방법을 강구하라고 재촉했다고 언급했다.[2] 티거가 성급하게 투입된 레닌그라드와 하리코프 전투에서 소련군은 소량의 티거를 노획해 연구하여 새로운 병기를 고안했다. 이 연구 결과, 소련군에게 보병과 전차 부대와 같이 행동하면서 이들을 지원할, 보다 큰 구경에 고속의 포구 초속을 가진 대전차 병기가 필요하다는 사실이 확실해졌다. 이런 이유에서 자연스럽게 대구경 주포의 생산에 박차가 가해졌다. SU-152로 명명된 대전차 자주

---

* 원문의 오류이며, 판터는 실제 70구경장 75밀리미터 포를 장착했다.
** 특히 소련군이 운용하던 14.5밀리미터 대전차총 *antitank rifle*에 대한 방어를 고려하였다.

포는 152밀리미터의 곡사포를 KV-1 차대에 장착한 구조로, 1943년 2월과 3월에 서둘러 제작에 들어가 기존의 SU-76과 SU-122 라인업에 추가되었다. 동시에 소련 전차 설계자들은 기존 전력의 핵인 T-34를 보다 개량하여 76.2밀리미터 포를 85밀리미터 대구경의 포로 교체하려 했다. 그러나 85밀리미터를 장착한 T-34는 쿠르스크 전투 당시 소련군에게 제때 도움을 주지 못했다.[3]

소련군은 지상과 항공 정찰을 통해 독일군의 세부 준비 사항까지 파악했다. 모스크바의 중앙 파르티잔 사령부는 이 지역에 있는 다양한 파르티잔에 대해 보다 세부적인 통제망을 형성했고, 스타브카는 이들에게 독일군 후방에 침투한 소련군 척후 병력과 협력하여 독일군의 모든 움직임을 파악하고, 필요시 방해 공작도 진행하라는 지시를 내렸다. 또 하나 중요한 점은 1943년 중반까지 소련 총참모부 소속 중앙 정보국은 독일군의 모든 정보를 수집, 분석해서 일선에 전달하는 소속 요원의 서열화를 완료했다. 각 전선군 단위별로 독립적인 정보원, 스페츠나스 정찰팀, 무선 감청팀을 운용했고, 예하 정보 부서의 정보 수집 업무를 감독했다. 제병협동군 이상의 각 사령부마다 항공 정찰팀이 배속되었다. 4월 12일까지 보로네시 전선군은 맞서 싸울 독일 제4 기갑군의 모든 기갑 사단 위치를 정확히 파악하고 있었다. 중앙 정보국도 그런 정보를 다루면서 보다 능동적으로 반응했다. 7월과 8월 동안 특수 공병 〈파괴〉 여단들이 각 전선군별로 운용되면서 교량이나 철도선과 여타 핵심 시설에 대한 습격을 감행했고, 이로써 독일군은 보급과 보안에 만만치 않은 문제를 떠안게 되었다.[4]

독일군의 준비가 길어지면서 소련군은 보다 세련되고 정교한 방어 체계를 구축할 수 있었다. 3월과 4월 동안 스타브카는 방어 진지 구축에 있어 보다 세련된 지침이 담긴 야전 공병 지침서를 발간했다. 여기에는 전투 지형에서 나타나는 모든 지형의 굴곡을 병력의 은폐와 엄폐에 이용하라는 내용이 포함되었다. 소련군 진지의 중핵은 대전차 방어에 있었다. 구체적으로 대전차포를 거점으로 정교한 네트워크를 형성하여 여기에 독일군의 주 접근로에 지뢰를 고밀도로 매설하고, 수천 문의 대전차포가 상호 교차되도록 배치시켰다. 독일군과 대치하는 모든 전방 중대는 적어도 3문의 야포와 9문의 대전차포 및 1대의 전차 혹은 자주포가 할당되었고, 방어 구역 내에 전투 공병 소대가 배속되었다. 독일군의 주공 진격로가 확실한 구역에서는 공격 전면에 8겹의 종심 진지를 구축했다. 개전 직전에 가서는 공격 전면 1킬로미터당 3,200개의 지뢰가 매설되었다. 계획과 준비에 필요한 시간이 충분했고, 소련군의 전통적인 약점이었던 포격 관제와 야전 통신의 문제도 해결되었다. 모든 포격 목포물과 모든 야전 전화선은 이중 삼중으로 점검되었다.[5]

쿠르스크 북쪽에는 로코숍스키의 중부 전선군 휘하에 로딘 중장의 제2 전차군과 3개 제병협동군이 있었고, N. P. 푸코프N. P. Pukhov 소장의 제13군과 I. V. 갈라닌I. V. Galanin 중장의 제70군이 모델 상급대장이 이끄는 독일 제9군의 주공격 축선으로 배치가 완료되었다(지도 13 참조). 남쪽에서는 젊은 군 지휘관 바투틴 대장이 정치 위원 흐루쇼프와 함께 보로네시 전선군을 지휘하면서 독일군의 공격에 대비했다. 여기에 스타브카는 최정예 제병협동군을 당시 소련군에서 새로이 각광받는 장성들 휘하에 배치시켰다. 방어의 제1선은 4개 야전군이 책임 구역을 분할했다. N. E. 치비소프N. E. Chibisov 중장의 제38군, 모스칼렌코 중장의 제40군, 치스탸코프 중장의 제6 근위군, M. S. 슈밀로프M. S. Shumilov 중장의 제7 근위군이 그들이었다. 이들 뒤로 카투코프 중장의 제1 전차군과 크류첸킨V. D. Kryuchenkin 중장의 제69군이 근위 소총병 군단과 2개 근위 전차 군단을 예비 전력으로 확보하고 버티고 있었다.[6]

소련군 스스로도 이 정도의 전력이면 독일군 공세를 충분히 봉쇄할 수 있을 것으로 내다봤다. 기밀 해제된 소련군의 자료에 따르면, 소련 중부 전선군과 보로네시 전선군은 1,087,500명의 병력과 13,013문의 야포와 박격포 및 3,275대의 전차와 자주포를 일선에 배치했다. 이에 맞선 독일군은 제9군, 제4 기갑군, 켐프 분견군을 포함해 병력 435,000명과 야포와 박격포 9,960문, 전차와 돌격포 3,155문을 확보하고 있었다(표 11-1 참조).[7] 그러나 스타브카는 독일군의 일선 돌파를 저지함에 있어 이들 병력에게만 의존하지 않았다. 로코숍스키와 바투틴의 병력을 받치는 후위대로서 코네프 대장이 지휘하는 스텝 전선군 휘하의 449,133명의 병력과 6,536문의 야포와 박격포 및 1,506대의 전차와 자주포를 배치했다. 이로써 소련군이 쿠르스크 전투에서 병력 면에서는 3대 1, 주요 장비 면에서는 1.5대 1의 우위를 확보했다.

1941년과 1942년에는 스탈린과 참모들이 반복해서 독일군의 공격 계획을 오판해

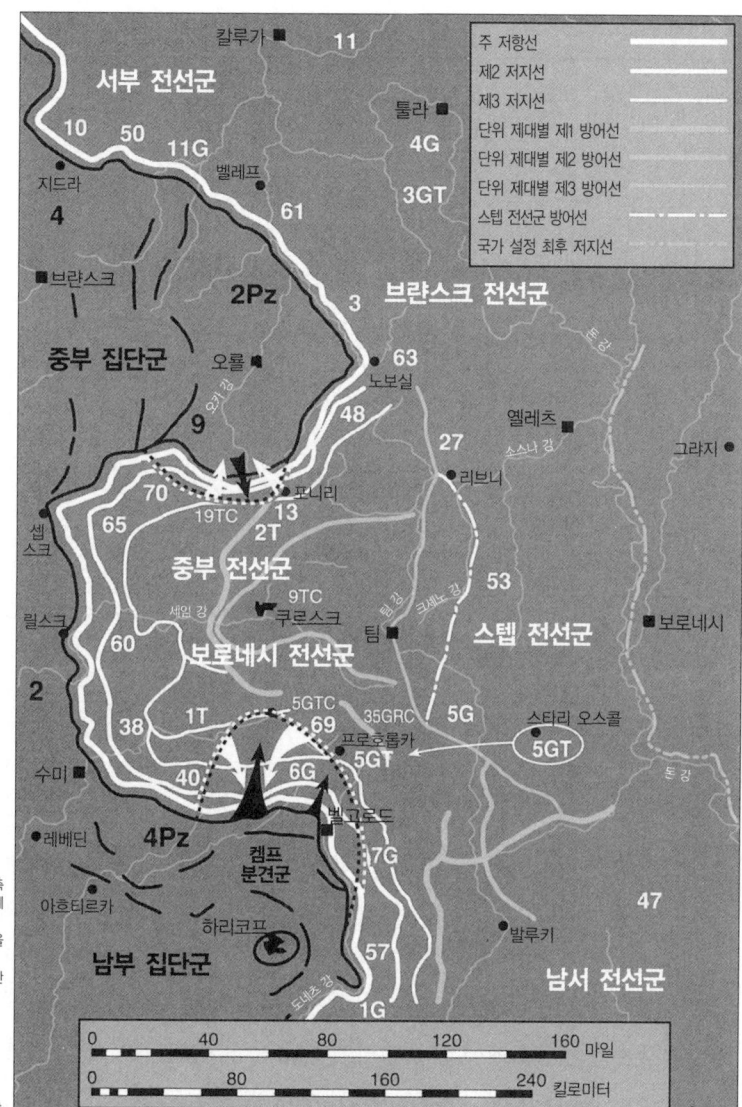

지도 13. 쿠르스크 전역에서의 소련군 방어 배치(1943년 7월 5~23일)

표 11-1. 쿠르스크 전투 당시 양군 전력 비교

	소련	독일	비율
중부 전선군			
병력	667,500	267,000	2.6:1
전차	1,745	1,455	1.21:1
야포/박격포	14,163	6,366	2.22:1
보로네시 전선군			
병력	420,000	168,000	2.5:1
전차	1,530	1,700	1:1.1
야포/박격포	10,850	3,600	3:1
총합			
병력	1,087,500	435,000	2.5:1
전차	3,275	3,155	1:1
야포/박격포	25,013	9,966	2.5:1

출처: V. N. Simbolikov, *Kurskaia bitva, 1943* (Moscow: Voroshilov Academy of the General Staff, 1950)

서 그릇된 구역에 병력을 집중했었다. 그러나 이번에는 달랐다. 쿠르스크 돌출부에 대한 너무나도 확실한 독일군의 위협에 소련군은 개전 이래 처음으로 부차적인 전선의 방어를 감축하여 예상되는 모든 돌파 지점으로 병력을 집중할 수 있었다. 오룔-쿠르스크 축선의 소련군 전력 배치에서 병력 2.7대 1(2,226,000명 대 900,000명), 야포 3.3대 1(33,000대 대 10,000대), 전차 2.6대 1(4,800대 대 1,800대)의 우위가 달성된 것은 전반적인 전략적 우위보다는 소련군의 이러한 집중에 그 해답이 있었다.[8]

여기에 소련군이 강력한 전략 예비대를 확보하는 전통적인 원칙에도 충실하여, 스타브카는 모스크바에서 보로네시에 이르는 공간 전역에 상당수의 예비대도 확보했다. 이 예비대는 일선 방어선에 대한 후방 중심의 보강 역할을 넘어서는 임무가 주어졌다. 이들은 가장 위태로운 방어선에 투입될 수도 있었고, 스스로 반격에 나설 수도 있었다. 쿠르스크 개전 이후 코네프는 자신의 예하 4개 군단과 2개 완편 야전군을 바투틴의 휘하에 넘겨주었다. 뿐만 아니라 점차 경험을 갖춘 지휘관과 참모장교들의 숫자가 증가하면서 스텝 전선군은 치열한 방어전에 휘말리지 않고 주로 반격에 중점을 두었다. 이로 인해 코네프의 스텝 전선군은 상대측 독일군의 예상을 훨씬 앞질러 나가는 계획을 준비할 수 있었다. 덧붙여 쿠르스크 북쪽에는 브랸스크 전선군과 서부 전선군이, 남쪽에는 남서 전선군과 남부 전선군이 대기하고 있어서, 일단 독일군의 공세 탄력이 무뎌지면 곧바로 반격에 나설 수 있었다.

소련군의 준비가 세세하게 독일군 진영에도 알려지면서 자신감이 넘치던 지휘관들조차도 다소 심각해지기 시작했다. 이들 일선 독일 지휘관들은 소련군의 최전방 방어선은 세세히 파악하고 있었으나, 일선 너머 후방의 병력 배치는 오판하기 일쑤였다. 가령 보로네시 전선군 구역에서는 독일군의 항공 정찰을 기만할 목적으로 마네킹으로 구성된 가짜 병력을 배치해 놓았다. 물론 스텝 야전군의 실제 주력과 여타 전략 예비대들은 독일군 정찰 시야로부터 세심하게 떼어 놓았다.[9]

가마솥

독일군의 공격 시간은 최종적으로 1943년 7월 5일 아침으로 결정되었다. 소련군 지휘부는 독일군 탈주병들과 정찰 보고서를 통해 독일군이 몇 시 몇 분에 공격을 할지까지 파악하고 있었다. 독일군이 준비 포격을 하기로 예정된 시각보다 30분 앞서서 소련군은 독일군의 모든 집결 예정지를 향해 선제 포격을 개시했다. 독일군의 일선 비행장을 폭격하려던 소련군의 시도는 큰 효과를 보지 못했지만, 독일군의 공격 일정이 교란되고 지연된 것만은 확실했다. 돌출부의 북쪽에서는 독일 제9군이 50킬로미터의 공격 전면에서 소련 제13군과 제70군을 향해 공세를 개시했지만, 소련군의 거대한 방어 종심에 가로막혀 7일 동안 불과 8~12킬로미터 돌파하는 것에 그쳤다. 7월 6일에 로코숍스키는 제2 전차군과 여타 예비대를 동원하여 반격에 나섰고, 포니리Ponyri 역과 서쪽 일대를 중심으로 처절하게 밀고 당기는 접전을 벌였다. 7월 12일이 되자 로코숍스키의 병력은 독일군의 진격을 막아 냈다. 그날 이후로 독일 제9군은 더 이상의 진격이 불가능했을 뿐 아니라, 7월 14일에는 실질적으로 후퇴하기 시작했다.

남쪽에서는 제4 기갑군이 보다 성공적인 초기 진격을 이루어 내고 있었다. 이 지역에서 독일군은 기존의 중형 전차와 소수의 보병 전투 차량(반궤도)을 보호하고, 소련군 일선 진지 돌파의 쐐기를 박을 목적으로 신예 전차 티거를 비롯한 중(重)전차를 투입했다. 호트의 제48 기갑 군단과 제2 SS 기갑 군단은 소련군 일선 진지를 돌파하고 제3방어선에 이르는 35킬로미터의 진격을 달성했지만, 카투코프의 제1 전차군에 저지당했다.[10] 남쪽에서도 북쪽과 마찬가지로 독일군은 전략적 성공을 달성하지 못했고, 적의 후방을 포위하고 소탕하는 데까지 당연히 미치지도 못했다.

전투는 7월 11일에서 12일에 이르는 시점에 최고조에 달했다. 호트는 자신의 기갑 선봉을 북동쪽으로 이동시켜 카투코프의 제1 전차군을 포위하려 했다. 제2 SS 기갑 군단 소속 약 400대의 전차가 프로호롭카Prokhorovka 역으로 돌파하는 데 성공했다. 이곳은 그다지 잘 알려지지 않았지만, 보로네시 전선군의 심장부에 해당하는 철도 교차점이었다. 여기에서 바투틴은 스타브카 대리 주코프의 승인하에 스텝 전선군 소속 2개 야전군을 포함한 5개 야전군을 동원한 반격을 명령했다. 양군에서 1,200여 대의 전차가 동원되어 대규모 전차전을 벌였고, 이 교전의 심리적, 전술적 핵심은 프로호롭카의 점령이었다. 제5 근위 전차군 사령관 로트미스트로프 중장은 프로호롭카 공격을 위해 전차 군단 2개를 증강받았다. 소련군은 독일군이 가진 2가지 장점에 아랑곳하지 않고 작전을 밀어붙였다. 대전차포를 새롭게 장착한 독일군의 〈스투카Stuka〉 급강하 폭격기는 소련 전차 상면부의 얇은 장갑을 관통하는 데 효과적이라는 사실이 이미 입증되어 있었다. 여기에 아직 남아 있는 소수의 티거와 판터는 두터운 전면 장갑과 88밀리미터 대전차포로 무장하여 소련의 T-34보다 먼 거리에서 교전이 가능했다. 이런 독일군의 장점에도 불구하고 제5 근위 전차군의 제18 전차 군단과 제29 전차 군단은 독일 전차와의 거리를 근접시켜 독일 전차포의 장점을 상쇄시킬 목적으로 탁 트인 개활지를 가로질러 자살 돌격에 가까운 모험을 감행했다.[11] 이 싸움의 결과로 로트미스트로프 중장은 동원된 800대의 전차 중 400대를 상실했고, 독일군은 320대의 전차와 돌격포를 잃었다. 독일군 기갑 선봉은 소련군 대전차 방어망에 1주일간 고전한 끝에, 새롭게 투입되는 소련군의 예비 전력을 감당할 수 없었다.*

* 이는 소련 측의 일방적인 주장이며, 실제로 프로호롭카 일대에서 SS 기갑 군단이 투입한 전차는 200여 대 내외이며, 격전에서 손실된 전차는 50대 내외라는 사실이 정설로 받아들여지고 있다. 로트미

7월 12일이 끝날 무렵, 프로호롭카는 소련과 독일 전차의 거대한 무덤이 되었다. 호트는 여전히 벨고로드 동쪽의 두 번째 축선으로 제3 기갑 군단을 투입하면 돌파구를 보다 확대할 수 있을 것으로 기대했다. 그러나 바로 이 승부의 분수령에서 히틀러는 폰 만슈타인에게 제2 SS 기갑 군단을 전선에서 이탈시켜 시칠리아에 상륙한 서방 연합군을 맞으러 보낼 것을 명령했다. 폰 만슈타인은 강하게 거부했으나 결국에는 승복했다. 그로써 비록 현실 가능성이 거의 없었지만, 독일군이 재개하려고 했던 모든 공세의 가능성이 사라져 버렸다. 7월 18일, 제4 기갑군과 측면을 엄호하던 켐프 분견군은 최초 출격 위치로 돌아가기 위한 전투를 시작했다. 이로써 소련군의 공병과 짜임새 있는 대전차 방어 준비, 우수한 정보력, 새 전차군의 기동성 있는 운용으로, 전격전의 주역인 독일군은 최악의 패배를 당하게 되었다. 이 결과는 그때까지 독일군이 시도했던 전략적 공세 가운데 적의 방어선을 뚫고 전략적 종심 돌파를 달성하기도 전에 실패한 최초의 사례가 되었다.

오룔과 벨고로드 – 하리코프

독일군 지휘부는 후퇴 외에는 다른 선택이 없었다. 7월 12일, 소련군은 세심하게 준비해 왔던 전략적인 공세를 개시했다. 〈쿠투조프〉**라는 작전명으로, 우선 쿠르스크 돌출부 바로 북쪽에 해당하는 오룔 돌출부에 대한 반격이 시작되었다. 제9군의 주력은 아직도 쿠르스크 돌출부의 북측에서 발목이 잡혀 있었고, 서부 전선군과 브랸스크 전선군, 최종적으로 중부 전선군까지 동원된 이 공세로 인해 독일군은 균형을 잃고 말았다.

 스트로프의 전차 손실은 500대 이상이며, 실제로는 소련군의 전술적인 패배로 막을 내렸다. 덧붙여 독일 SS 기갑 군단의 전차 보유 대수가 400대를 넘어간 적은 한 번도 없었다. G. M. Nipe, Jr., *Decision in the Ukraine Summer 1943*, Canada Winnipeg: Fedorowicz Publing Inc., 1996 참조.

 ** Mikhail Illarionovich Kutuzov(1745~1813). 19세기 초 나폴레옹 전쟁 시기에 명성을 떨쳤던 러시아의 장군으로, 1811~1812년 나폴레옹의 러시아 침공을 격퇴할 당시 러시아군의 총사령관으로 활약했다. 독소 전쟁이 한창이던 1942년 7월, 쿠투조프의 이름을 따서 쿠투조프 훈장 Orden kutuzova이 제정되었다.

7월 12일 V. D. 소콜롭스키V. D. Sokolovsky 상장이 지휘하는 서부 전선군이 제11 근위군을 앞세워 반격의 주력으로 공세를 개시했고, 좌익에서는 브랸스크 전선군의 제61군이 조공으로 나섰다. 다음 날에는 브랸스크 전선군 주력이 제3군과 제63군과 함께 대대적인 반격에 나섰으며, 각 공격 축선에서 9킬로미터 폭의 돌파구를 형성했다. 7월 14일 이 돌파구를 통해 리발코 중장의 제3 근위 전차군이 쏟아져 들어갔다. 그사이 소련 제1 전차군과 제5 전차군은 제11 근위군이 만들어 놓은 돌파구를 통해 공간을 더 확대해 나갔다. 오룔 일대 독일군의 두터운 방어 종심을 감안하여, 소련군은 공격자에게 필수 불가결한 압도적 우위를 달성하기 위해 소련군 자신들의 교리마저 무시했다.¹² 공격에 나선 각 사단은 독일군 방어선 1킬로미터 전면당 160~200문의 포를 집결하고 18대 이상의 전차의 지원을 받는 6~8개의 대대 급 보병을 집중시켰다. 2시간 반 동안 일선 진지에 준비 포격을 가하고, 차츰 탄막을 전방으로 이동시켜 뒤따르던 보병이 앞서 나가는 탄막의 보호를 받도록 했다. 독일군의 저항도 필사적이었기 때문에, 소련군은 결국 방어선을 돌파하고 돌파구를 확장하기 위해 전차 군단 주력까지 동원해야 했다. 쿠투조프 작전은 그간 소련군이 새롭게 다듬어 온 전쟁 수행 방식의 완벽한 사례였다. 오룔에 들어간 제3 근위 전차군은 8월 5일에, 브랸스크 전선군은 8월 5일까지 자신들의 이름에 해당하는 도시로 접근해서 독일군 방어 병력을 일소했다.

독일군의 입장에서 악재가 겹치고 있었다. 서부 전선군과 브랸스크 전선군은 쿠르스크 방어전 초기에 투입되지 않았기 때문에 가진 역량을 총동원하여 전투에 임할 수 있었다. 독일군 지휘관들은 쿠르스크에서 자신들을 저지했던 바로 그 소련군들이 독일군이 물러가고 불과 2주도 되지 않은 8월에 대규모 공세에 다시 나선 것을 보고 경악했다. 폰 만슈타인의 경우 쿠르스크 남부에서는 소련군이 대규모 공세에 나설 여력이 절대로 없을 것이라고 지나치게 확신했기에, 자신의 휘하에 남은 대부분의 기갑 병력(제2 SS, 제24, 제48 기갑 군단)을 남쪽으로 이동시켜,* 돈바스 지역을 목표로 드네프르 강과 미우스 강을 넘으려는 소련군을 막아내도록 했다. 소련군의 공격 의도는 대성공이었다. 이로써 가장 격렬하게 사활이 걸린 하

* 제2 SS 기갑 군단은 러시아 남부로 투입된 것이 아니라 히틀러의 명령에 따라 이탈리아로 이동했다.

리코프 축선에서 독일의 기갑 예비 전력을 분산시키는 데 성공했다. 바로 이 축선에서 소련군의 공격이 계획되었었다.[13]

작전명 〈루먄체프〉**의 하리코프 진격을 향한 소련군의 새로운 공세는 쿠르스크 남부의 보로네시 전선군과 스텝 전선군이 주도하는 것으로 예정되었다. 그러나 소련군은 독일군 예비대를 유인할 목적으로 가상의 전차군과 제병협동군을 편성해 돌출부 서방에 집결하는 기만 작전을 시행했다. 여기에 정교한 무선 통신과 거짓으로 병력을 이동해 가며 기만 작전에 보다 만전을 기했다. 스타브카 대리인 주코프는 전선군 사령관 바투틴과 코네프와 함께 제5 근위군과 제6 근위군 — 이들은 독일군의 예봉을 받아 냈다 — 에 제53군을 더해 30킬로미터 전면에서 공격하기로 계획했다. 독일군이 쿠르스크와 하리코프 사이에 구축한 5겹의 방어 진지를 돌파하자면 이처럼 어마어마한 병력과 포병의 집결이 요구되었다. 그런 다음 제1 전차군과 제5 근위 전차군이 2개 기계화 군단을 증강받아 전선군의 기동 집단으로 준비시켰다. 이들은 북쪽과 서쪽에서 쇄도하여 하리코프 포위를 완성할 목적이었다. 이 주공의 서쪽 70킬로미터 지점에서는 제27군과 제40군이 4개 독립 전차 군단의 지원을 받아 두 번째 축선의 공세를 준비했다. 동쪽과 남동쪽에서는 제69군과 제7 근위군도 남서 전선군 소속 제57군의 뒤를 이어 공세에 합류할 예정이었다.[14]

8월 3일에 개시된 3개 야전군의 최초 공격은 소련군 공격 전술이 보다 세밀해지고 있음을 상징했다. 각 공격 소총병 사단들은 일선에서 돌격하는 보병 연대들마다 다양한 구경의 포를 구비한 여러 대대의 포병으로부터 지원받을 정도로 어마어마한 포병을 증원받았다. 다른 포대들도 독일군 집결지를 향해 장거리 포격 지원을 했고, 예상되는 어떤 형태의 반격에도 반응할 수 있는 특화된 대전차 집단을 유지했다. 오룔에서의 상황과 마찬가지로 독일군의 방어는 여전히 집요했고, 보병만으로 돌파가 불가능해서 2개 전차군의 선도 여단이 돌파구 형성을 위해 투입되어야만 했다. 루먄체프 작전 3일째인 8월 5일 늦게야 선도 전차 집단들이 독일군 후

** Pyotr Rumyantsev(1725~1796). 18세기 예카테리나 2세 시절 활약한 러시아의 장군으로, 7년 전쟁에서 크게 활약했으며 1768년 벌어진 오스만 투르크와의 전쟁을 승리로 이끄는 데 가장 큰 역할을 했다. 그러나 1787년 전쟁에서는 러시아군 총사령관인 포촘킨과의 불화 때문에 사임해 더 이상 활약을 하지 못했다.

방 깊숙이 돌파해 들어갈 수 있었다. 같은 날 저녁, 벨고로드 시가지가 소련군의 수중에 들어왔고, 카투코프와 로트미스트로프의 전차군은 최초 독일군 방어선에 종심이 60킬로미터에 달하는 돌파구를 뚫어 놓았다. 그로부터 여러 날 동안 제병 협동군이 주공 축선 양 측면에서 쏟아져 들어오면서 북쪽과 동쪽으로부터 도도한 압박의 흐름이 이어졌다. 이렇게 각 야전군은 이웃 야전군과 함께 돌파구를 형성했다.

이런 위기 상황에서 독일군의 기동 예비대는 치열한 격전이 벌어지던 오룔에서 남쪽으로 이동하여, 돈바스 지역의 북쪽으로 황급히 이동했다. 이들 두 지역은 소련군이 양동 공격을 펼쳐 독일군의 전력을 분산시켰던 곳이다. 독일군은 지금껏 그래 왔던 대로 소련군의 공세를 꺾을 계획으로 반격을 시도했지만, 더 이상 과거의 마법은 존재하지 않았다. 대독일 사단은 주력이 집결하기 전에 부대별로 열차에서 하차하자마자 즉시 전투에 돌입했다. 사단이 8월 6~7일 사이에 한 것은 소련 제40군이 가한 주공 방향 서쪽의 2차 공격을 저지한 정도였다. 이런 국지적인 반격에 힘입어 폰 만슈타인은 보병 사단 4개와 기갑 사단 및 차량화 보병 사단 7개를 집결시켰다. 얼마 전까지 제2 SS 기갑 군단 소속이었던 사단들이 — 당시 이들은 제3 기갑 군단의 지휘하에 있었다. 그 이유는 제2 SS 기갑 군단이 시칠리아 위기 상황 타개를 위해 서유럽으로 이동하라는 명령을 받았기 때문이다 — 5개월 전 기적같이 하리코프를 탈환했을 때 적용했던 방법을 시도하려 했다. 그러나 이번에는 소련군이 아닌 독일군이 지쳐 있었고, 지나치게 전선이 늘어나 있었다. 8월 11일, 제1 전차군의 선도 군단들이 하리코프 북서쪽 30킬로미터 지점의 핵심 교통 분기점인 보고두호프Bogodukhov 일대에서 SS 기갑 사단과 격돌했다. 처음에는 독일군이 소련군을 저지하고 제1 전차군 소속 3개 여단에 심대한 타격을 입혔지만, 다음 날 제5근위 전차군이 증원 병력을 파견했고, 8월 13일에서 17일 사이에 독일군은 후퇴 작전을 위해 전투를 감행해야 하는 처지로 몰렸다. 처음으로 독일군의 주요한 반격이 소련군의 돌파 부대를 격파하지 못한 순간이었다. 이들 2개 전차군은 8월 28일에 코네프의 보병들이 하리코프 시가지를 점령할 때까지 엄호를 위해 그 일대를 장악했다. 보고두호프 일대의 전차전을 포함한 루먄체프 공세를 소련군은 〈벨고로드-하리코프 작전〉이라 부르고, 독일군은 〈제4차 하리코프 공방전〉이라 부른다. 이 작전은 쿠르스크 전투의 종말, 즉 독일군이 동부 전선에서 주도한 마지막 전투였음을 뜻한다. 동시에 소련군의 하계-추계 전역의 시작이기도 했다.[15]

확대되는 간극

전쟁 시작 3년째 되던 해 8월 초, 스탈린과 스타브카는 오룔과 벨고로드에서의 승리를 발판 삼아 전면적인 공세를 명령했다. 지난겨울과 마찬가지로 목표는 스몰렌스크와 흑해를 잇는 드네프르 강 전선이었다. 이 기간은 히틀러가 대전 기간을 통틀어 현실적인 판단을 했던 몇 안 되는 경우로, 그도 남부 집단군이 전선의 연속성을 회복할 수 있도록 드네프르 강으로 철수해야 한다는 사실을 인식했다. 비록 드네프르 강 자체가 천연 요새였지만, 독일군은 별다른 진지 구축 같은 행동을 취하지 않았었다. 실제로 부크 강, 드네프르 강, 돈 강은 모두 강의 서안 쪽이 고지대여서 동쪽을 향해 방어에 임해야 하는 독일군에게 상당한 이점을 제공했다.

남부에서 독일군이 밀려나자, 모스크바는 스탈린이 명령한 본격적인 공세의 연장에서 단일 혹은 복수의 전선군을 동원한 대규모 공세를 발진했다. 독일 중부 집단군 구역은 소련군이 세심하게 공을 들여 준비한 공세 계획에도 불구하고, 18개월 이상에 걸쳐 준비한 독일군의 방어 계획에 막혀 심한 어려움을 겪었다. 일례로, 1943년 8월 7일에 소콜롭스키 대장이 지휘하는 서부 전선군이 예레멘코 대장의 칼리닌 전선군과 협동으로 독일 제4군과 제9군이 방어하는 스몰렌스크 탈환전(《수보로프》* 작전)을 벌였다. 그러나 독일군의 방어선은 매우 강력했고, 공격군은 남부 전선의 쿠르스크 작전과 같은 유기적인 조화를 보여 주지 못했다. 소련군이 갖가지 급조된 기만책을 펼쳤음에도 불구하고, 독일군은 항공 정찰을 통해 소련군의 주공 방향을 정확히 판단할 수 있었다. 독일군이 소수의 병력을 재배치하면서

* Alexandr Vasilyevich Suvorov(1729~1800). 18세기 후반 러시아군의 대원수로, 불패의 이력으로 유명하다. 러시아-스웨덴 전쟁(1741~1743), 7년 전쟁(1756~1763) 등에 참전했으며, 1768년에 벌어진 러시아-투르크 전쟁에서 큰 공을 세웠다. 1799년 이탈리아에서 나폴레옹과 격돌할 당시 알프스 산맥을 넘는 전략적 후퇴를 단행해 명성을 떨쳤다. 1942년 7월, 수보로프의 이름을 딴 수보로프 훈장 Orden Suvorova이 제정되었다.

소련군 공세의 제1파를 흡수해 버리자, 작전을 지도하던 스타브카 대리인 보로노프 대장은 기습의 효과가 사라졌음을 느꼈다. 9월 7일에 가서야 새로운 공세가 재개되었고, 엄청난 대가를 치른 끝에 9월 말에 스몰렌스크를 탈환했다. 미미한 성공이기는 했지만, 스몰렌스크 공세는 하리코프 전역에서 16개 사단의 독일군을 끌어들이는 데 성공했다.[16]

스타브카는 그러한 규모의 공세를 북부와 중부 지구에서도 시도했으나, 이들 공격은 쿠르스크 일대에서 보여 준 공격보다 조직적이지도 못했고, 독일군의 방어선도 훨씬 강력했으며, 지형마저도 소련군에게 유리하지 못했다. 그 결과, 1943년의 가장 큰 군사적 성공은 남부 지구에서 탄생하게 되었다. 로코솝스키가 지휘하는 중부 전선군도 8월에 오룔 돌출부를 소탕하고 스몰렌스크와 브랸스크 남쪽에서 독일 제2군을 상대로 공격에 나섰을 때 역시 심각한 어려움을 겪었다. 로코솝스키 휘하에는 5개 제병협동군과 제2 전차군, 2개 독립 기동 부대(제9 전차 군단 및 제7 근위 기계화 군단)가 배속되어 있었다. 이들 전력은 모두 쿠르스크와 오룔 일대에서부터 연속적으로 치러 온 격전으로 심하게 소모되어 있었다. 여전히 그들은 난관에 봉착해 있었지만, 변화하는 상황에 적응하는 인상적인 유연성과 놀라운 참모 업무 능력을 과시했다.

8월 26일에 시행된 소련군의 최초 공세는 소련군 후방에 침투한 독일군 정보원이 소련군의 주공 방향을 알아채고, 독일 제2군이 그에 따라 재배치되었기 때문에 신속히 좌절되었다. 4일간의 격전에서도 불구하고 소련군의 진격은 25킬로미터에 그쳤다. 8월 27일에 가서야 로코솝스키는 상황을 인식하고, 제13 전차 군단과 제9 전차 군단을 100킬로미터 남쪽으로 이동시켰다. 이 과정에서 엄격한 등화관제와 소음 통제가 이루어져, 독일군은 이들의 이동 경로를 놓쳐 버렸다. 로코솝스키는 독일군 병력의 대다수가 북쪽에 몰린 틈을 타서 독일 제2군의 남쪽에서 새롭게 공격을 개시했다. 9월 22일까지 중부 전선군의 제13군, 제60군, 제61군은 2개 기동 군단의 지원을 받아 키예프 북부의 드네프르 강으로 접근해 들어갔다.[17]

그사이 9월 1일에 M. M. 포포프의 브랸스크 전선군은 자신들의 이름과 똑같은 도시인 브랸스크로 진격해 들어갔다. 독일 제9군의 좌익을 상대로 볼딘 상장의 제50군이 기교 넘치는 작전을 구사한 끝에, 브랸스크는 9월 17일에 소련군의 수중으로 들어왔다. 그런 연후에 M. M. 포포프의 전력은 앞서 나간 로코숍스키의 진격을 따라잡을 수 있었고, 10월 3일에 가서는 고멜Gomel' 북쪽의 드네프르 강과 소시 Sozh 강변에 도달했다.

공세의 제1 라운드가 마무리되자 F. I. 톨부힌F. I. Tolbukhin 대장의 남부 전선군과 말리놉스키 대장의 남서 전선군이 8월 16일과 18일에 돈바스 일대를 강타했다. 이번에는 단순한 양동 공격이 아니었다. 비록 대규모의 예비 기계화 전력이 부족하기는 했지만, 독일 남부 집단군의 제1 기갑군과 제6군은 포위를 피해 드네프르 강의 자포로제와 흑해를 잇는 판터 방어선으로 기술적인 퇴각전을 1개월이나 벌여 나갔다.[19]

소련군의 추격

9월 내내 독소 양군은 드네프르 강을 향해 경주를 벌였다. 독일군은 추적하는 소련군의 경로에 앞서 초토화 작전을 벌였고, 소련 보로네시 전선군 사령관 바투틴은 〈적이 우리의 빵을 불사르고 있다. 우리는 계속 공격해야 한다〉라고 하면서 병사들을 독려했다.

그 당시로 보거나 돌이켜 보거나 독일군은, 추적하는 소련군의 전력이 막강할 것으로 믿고 있었다. 사실은 소련군도 쿠르스크 전투 이후 전력이 약화된 채 거친 도로망을 따라 늘어져 있었고, 중앙 러시아에서 광범위하게 실시된 독일군의 초토화 작전으로 상황이 혼란스러웠다. 재보급이 어려웠고, 재편성은 불가능했으나, 약화된 기동 전력으로도 계속해서 추격에 나섰다. 한 예로 제5 근위 전차군은 벨고로드-하리코프 작전 당시 500대이던 전차가 50대로 줄었다. 로트미스트로프는 남은 전차를 3개 소단위로 분산하여 가상의 무선 통신을 송출하면서 자신의 잔여 병력에게는 용기를 불러일으키고, 동시에 독일군 감청반을 기만했다.[21]

1943년 9월 19일에서 23일 사이에 바투틴의 선봉 전차 및 소총병 부대들은 키예프 남북에서 드네프르 강에 도달했다. 부교를 만들 장비가 부족했음에도 불구하고, 키예프 남쪽을 중심으로 40개의 교두보가 9월 19일에서 26일 사이에 형성됐다. 그중에 한 교두보가 주목할 만했다. 추격하는 동안 리발코의 제3 근위 전차군의 2개 전차 군단은 1개 독립 기병 군단의 증원을 받아 보로네시 전선군의 선봉 기동 부대로 재배치되었다. 이들 3개 군단 소속의 보병들이 벨리키 부크린의 교두보 하나를 장악했다. 이곳은 키예프 바로 아래에 위치했지만, 이들이 공세를 지속하기 위해서는 보강이 필요했다. 교두보 확대를 기도한 스타브카는 9월에 여러 공수 부대에 강하 훈련을 재개할 것을 명령했다. 1년 반 동안 보병의 역할을 하고 있던 제1, 제3, 제5 공수 여단이 1개 임시 공수 군단으로 재편되었고, 공세의 확장기에 투입되도록 바투틴의 휘하로 보내졌다. 이들 중 2개 여단이 9월 24~25일 밤에 벨리키 부크린 부근으로 강하할 예정이었다.

안된 일이지만, 소련군이 드네프르 강 전선으로의 추격에만 지나치게 신경을 쓴 나머지, 독일군 방어 배치에 대한 적절한 정보 파악은 중앙 정보국의 능력 범위를 넘어서 버렸다. 바투틴은 모르고 있었지만, 독일군 5개 사단 — 2개 기갑 사단, 2개 보병 사단, 1개 차량화 사단 — 이 소련군 공수 부대의 낙하 예정지로 접근하고 있었다.* 그중에 제19 기갑 사단의 선도 부대는 이미 낙하 예정지에 도착해 있는 상태였다. 결과는 엉망이었다. 고도로 훈련받은 강하병들은 낙하 예정지 사방으로 분산되었고, 예상치 못한 독일군의 배치로 인해 소련군에 많은 인명 손실이 발생했다. 이러한 패배로 스탈린은 여생 동안 대규모 공수 작전에 대해 부정적인 입장이 되었다.

벨리키 부크린 일대의 사태 진행에 좌절한 스탈린의 실망감은 다른 공세 축선에서의 성공들로 곧 만회되었다. 10월 15일, 드네프르 강을 향한 경주가 열을 뿜는 가운데 로코솝스키의 중부 전선군은 독일군의 드네프르 강 방어선을 고멜 남쪽에서 돌파하여 차후에 벨로루시 남쪽으로 진격하기 유리한 위치를 차지했다. 10월 13일에 톨부힌 대장의 남부 전선군도 독일 남부 집단군의 판터 방어선을 강타하고

---

* 저자의 설명과 달리 소련군 공수 부대의 주 낙하지점 부근에 접근한 독일군 사단은 1개 기갑 사단, 1개 기갑 척탄병 사단, 3개 보병 사단이었다. 부크린 교두보 봉쇄에 제일 먼저 동원된 사단은 키예프에서 드네프르 강을 넘은 제19 기갑 사단이었다. 부크린 교두보에 인접한 제24 기갑 군단 병력은 퇴각이 늦어져 9월 23일 오후부터 겨우 카네프의 철교를 이용해 드네프르 강을 건너기 시작해 24일 새벽에야 완전히 건넜다. 그 결과 제24 기갑 군단의 제10 기갑 척탄병 사단, 제34 보병 사단, 제57 보병 사단, 제112 보병 사단이 교두보 봉쇄 대열에 합류했다.

드네프르 강을 향한 레이스에 합류하면서 독일 제17군을 크림 반도에 고립시켜 버렸다.[23]

9월 하순부터 10월 중순까지 양군은 드네프르 강을 두고 밀고 밀리는 공방전을 벌였다. 소련군이 벨리키 부크린(보로네시 전선군) 일대와 크레멘추크Kremenchug 남쪽(스텝 전선군)에서 중요한 교두보를 확보하고 있었지만, 독일군도 이들 교두보를 확고히 봉쇄하고 있었고, 니코폴Nikopol' 동쪽의 교두보도 역시 확보하고 있었다. 그러나 소련군 1개 소총병 사단이 키예프 북쪽의 류테시Lyutezh 마을 인근 습지에 있는 작은 교두보를 확보했다. 이곳은 병력이 통과하기 불가능할 것으로 생각하여 지나치게 방어선이 늘어난 독일군이 별다른 병력을 두지 않은 곳이었다. 11월 초에 제1 우크라이나 전선군으로 이름을 개칭한 보로네시 전선군은 이 빈틈을 통해 돌파를 확대하기로 결정했다.[24] 습지대를 돌파하기 위해 소련군의 정상적인 차량 운용 지침을 어겨야만 했다. 처음에 바투틴은 크랍첸코 중장의 제5 근위 전차군을 류테시 교두보 강화를 위해 투입했다. 크랍첸코는 교두보 주위의 여러 개 하천들을 우회하여 보병들이 확보한 교두보와 연결했다. T-34 전차의 각 부분을 밀폐한 뒤 늪지를 잠수해서, 최대한의 속도로 유속이 빠른 곳을 강행 돌파했다. 군단 지휘관은 〈대부분의〉 전차가 이런 식으로 도하했음을 짤막하게 보고했지만, 많은 전차와 전차병이 늪지대에 빠졌음은 의심의 여지가 없다. 그리고 10월 말에 가서 바투틴은 비밀리에 리발코의 제3 전차군 전체와 상당수의 보병과 포병을 증강시켜 이곳 교두보로 몰아넣었다. 11월 3일에 제1 우크라이나 전선군 소속의 증강된 제38군과 리발코의 전차군이 교두보에서 발진해 나갔고, 당황한 독일군을 압도해 버렸다. 11월 6일까지 바투틴의 병력이 키예프를 점령했고, 곧 그의 전선군은 드네프르 강에서 우크라이나 평원으로 밀고 들어갈 전략적 발판을 마련했다.[25]

바투틴의 야전군들은 키예프의 성공에 뒤이어 전과를 확대해 나갔다. 리발코의 제3 근위 전차군은 파스토프Fastov를 통과해 독일군 후방 깊숙이 위치한 카자틴Kazatin을 향해 내달았다. 바로 뒤따라 모스칼렌코의 제38군이 동행했고, 그사이 제1 근위 기병 군단과 제60군은 지토미르Zhitomir를 향해 서쪽으로 속도를 높이며 코로스텐Korosten'을 위협했다. 폰 만슈타인은 지난 2월 하리코프 남쪽에서 소련의 3개 야전군 주력을 격파했던 것과 같은 기적적인 승리를 재현하기 바라며 재빨리 반응했다. 그때 당시 그는 제48 기갑 군단과 제24 기갑 군단을 벨리키 부크린 지역에서 이동시켜 소련군의 선봉을 격파하고 드네프르 강으로 되몰아 버릴 생각이었다. 그러나 상황은 그때와 사뭇 달라져 있었다. 소련군 보병의 대전차 대응 능력이 향상되어 있었고, 자신들을 지원하는 전차와 유기적으로 협동하여, 반격을 가해 오는 독일군에게 심각한 피해를 입혔다. 11월 10일, 제48 기갑 군단은 소련 제3 근위 전차군의 진격을 파스토프 부근에서 저지했다. 3개월 전 보고두호프에서와 마찬가지로 독일군은 리발코의 선도 전차 여단을 격멸했지만 파스토프를 탈환하지는 못했다.

실망한 폰 만슈타인은 제48 기갑 군단을 서방으로 돌려 바투틴의 우익으로 방향을 돌려 위협하려 하였다. 초기 작전에서는 성공을 거뒀지만, 끝내 승리하지는 못했다. 소문에 따르면 당시 지토미르는 독일 제4 기갑군의 주류 창고를 발견하고 만취해 버린 소련 제1 근위 기병 군단이 방어하고 있다고 알려졌다. 이들 병력은 격파됐지만, 곧 새롭게 파견된 소련 보병, 전차, 대전차 포병이 독일군을 브루실로프Brusilov 인근에서 저지했다. 11월 말과 12월 초에 만슈타인은 두 번 더 기술적으로 바투틴의 우익을 위협했다. 두 번 모두 독일군의 반격이 처음엔 성공했지만, 결정적인 전과를 세우지는 못했다. 결국 12월 19일, 폰 만슈타인은 위협적인 교두보를 제거하기 위한 마지막 시도를 감행했다. 코로스텐-키예프 간 철도선에서 치열한 격전이 벌어졌고, 폰 만슈타인은 4개 군단으로 믿고 있던 일단의 소련군을 포위하는 데 성공했다. 그러나 실상 독일군은 소련군이 더 남쪽에 있는 브루실로프 지역에서 감행할 대공세를 숨길 목적으로 던져 놓은 부대를 공격하고 있었다. 만슈타인이 코로스텐 지구에서 승리를 거둘 것이라고 판단하는 동안, 그의 기갑 부대들은 보잘것없는 승리를 거둔 뒤에 진격이 돈좌되어 있었다. 바로 그다음 날인 1943년 크리스마스에 소련군의 대규모 기습 공세가 브루실로프 일대에서 감행되었고, 만슈타인의 모든 낙관은 허공으로 날아가 버렸다. 독일군 방어선에는 커다란 구멍이 뚫려 버렸고, 다가올 소련군의 동계 공세가 시작되었음을 알리고 있었다.

남쪽에서는 코네프 대장의 제2 우크라이나 전선군이 로트미스트로프 중장의 제5 근위 전차군을 선봉으로 크리보이로크Krivoi Rog 교두보를 계속해서 확장해 나갔고, 독일군의 드네프르 방어선을 보다 폭넓게 붕괴시켜 가고 있었다. 11월과 12월이 되어 겨울이 다가오자 독일 SS 사단과 기갑 사단들이 교두보에 대한 일련의 반격을 감행했지만, 완전한 봉쇄에는 성공하지 못했다. 소련군도 독일군의 니코폴 교두보를 일소하기 위해 수많은 시도를 했지만 실패하고 있었다. 하지만 니코폴 교두보를 향한 일련의 공세는 위태로운 북쪽 상황에서 빗겨나 있던 독일군 지휘부의 시선을 잡아끄는 결과를 가져왔다.

모든 시선이 보다 드라마틱하면서 성공적이었던 남부의 드네프르 일대에 쏠려 있었지만, 비록 성공하지는 못했어도 소련군의 중요한 공격이 독일 중부 집단군을 상대로 북쪽에서도 벌어지고 있었다. 9월의 스몰렌스크 함락을 계기로 스타브카는 벨로루시 해방전을 개시하라고 명령했다. 10월 초 예레멘코의 칼리닌 전선군이 중요한 요충지인 네벨을 기습적으로 점령하면서 독일 북부 집단군과 중부 집단군 사이의 연결을 끊어 놓으려 위협했고, 북쪽에서는 비텝스크를 노리고 있었다. 곧 이어 로코숍스키의 벨로루시 전선군이 남부 벨로루시에서 고멜-레치차Gomel'-Rechitsa 작전을 발동했고, 소콜롭스키의 서부 전선군은 오르샤와 모길료프 일대의 독일군 방어선을 지속적으로 강타하고 있었다. 처음 성공에 고무된 스타브카는 11월 초에 발트 전선군, 서부 전선군, 벨로루시 전선군에 대한 전면적인 공세를 개시하여 민스크를 탈환하고 동부 벨로루시 전체를 점령하라고 명령했다. 이 야심찬 공세는 11월 중순에 이르자 독일군의 강력하면서도 정교한 방어전에 가로막히고, 기후 사정이 악화되면서 막을 내렸다.[26]

벨로루시의 상황이 안정되고 소련군이 드네프르 교두보 내에 머무르고 있다고 판단되자, 독일군은 이제 치열한 격전에 뒤이어 잠시 안정이 찾아왔다고 확신하고 동계 작전을 중단했다. 그러나 소련군은 독일군 생각대로 움직여 주지 않았다.

결론

1942년 11월에서 1943년 12월에 이르기까지 〈독소 전쟁 제2기〉에 해당하는 이 시기는 많은 점에서 전환점이라 볼 수 있다. 전략적인 관점에서 독일군은 이 시기에 스탈린그라드의 승리가 코앞에 다가왔다고 믿고 있었지만, 그 치열한 전투는 그저 환상 속에서 아무것도 얻지 못한 채 끝이 났다. 쿠르스크 전투 이후로 독일은 동부 전선에서 전략적인 주도권조차 가지지 못했다. 더구나 중앙 러시아의 광대한 지역이 소련군의 수중으로 넘어갔다. 그렇지만 독일군이 이 지역을 초토화시켰기 때문에, 그 지역이 독일군의 점령으로부터 회복되려면 10년은 필요할 것으로 보였다.

군사 조직적인 면에서도 독일 국방군은 1943년 말까지 명백하게 내리막길이었다. 제6군과 여러 동맹국 야전군 단위 부대의 전멸 이후 독일 기갑 전력과 항공 수송 전력은 계속 사방으로 분산되어야 했다. 수백 개의 정규 보병 사단은 완편 전력의 3분의 2 이하로 약화되었고, 기동력이 떨어졌으며 대전차 화력도 약화되었다. 뒤늦게 가동된 독일의 전시 총동원 체제도 노예 노동력이 투입되고 슈페어나 구데리안 같은 조직의 천재들이 지도했지만, 기존 생산 단위에 약간의 도움을 주는 것 이상의 효과를 내지는 못했다. 실제로 쿠르스크 전투 이후에는 악순환의 고리가 확립되었다. 전선은 계속해서 내리막길이었고, 독일은 새로 훈련시킨 신병과 새로 창설한 기갑 부대를 훈련이 덜 된 상태에서 빨리 투입하지 않을 수 없었다. 훈련이 부족한 부대는 잔인한 전장 현실에 적응하기 전까지 비정상적으로 많은 사상자가 발생했다. 이런 대량 인명 손실은 지휘관들에게 이전보다 더 훈련이 덜 된 병사를 요구하는 악순환을 불러온 것이다.[27]

이런 불안한 독일의 상황은 단순히 히틀러의 실책이나 종종 소련군의 과장된 수적 우위 때문만은 아니었다. 동부 전선에서 전세 역전의 가장 주요한 요인은 소련군 지휘부와 참모 및 전략적·전술적 기술 발전과 혁신 때문일 것이다. 1943년 중순쯤, 스탈린은 자신의 예하 지휘관과 참모장교들을 전문적인 리더로서 신뢰하게 되었다. 그러자 그들은 기계화 전쟁의 뼈아픈 교훈을 배움으로써 그러한 신뢰가 옳은 것이었음을 입증했다. 실제로 각 전장, 작전, 전역의 철저한 사후 분석에 바탕을 둔 〈전훈(轉訓)〉의 연구와 전파에 총참모부의 1개 부서 전체가 할애되었다. 이러한 교훈들은 전쟁 전부터 있어 왔던 기존의 소련군 전술 개념에 접목되어 새로운 규정과 군사 행동 지침으로 탄생했다.

1943년의 여름과 가을 동안 소련군 지휘관들은 다양한 형태의 전략적, 작전적 개념 및 기법에 대해 실험했다. 특히 전부는 아니어도 여러 다른 병과와 군종을 진정한 제병협동 작전으로 조화시키는 어려움을 극복해 냈다. 쿠르스크 전투에서 소련 지휘관들과 전략 입안자들은 그들의 정보력과 기만 전술 및 대전차 방어의 세련된 이해를 과시해 보였다. 유사한 발전이 포병, 공병, 보병, 기갑 부대를 매우 좁은 전면에 압도적인 전력으로 집결시켜 독일군 방어선을 돌파해 내는 모습으로도 나타났다. 프로호롭카에서의 반격과 쿠투조프, 루먄체프, 수보로프 작전에서 소련군은 전차군과 독립 전차 군단 및 기계화 군단의 운용을 시험했고, 이는 향후 소련군 종심 돌파 작전의 전형이 되었다. 숙련된 지휘관과 경쟁을 두려워하지 않는 참모장교들과 미국에서 원조한 트럭을 통한 개선된 보급 사정으로 소련군의 기동 전력은 독일군 기갑 전력의 최정예와 비교해도 손색없는 능력을 과시했다.

많은 문제가 여전히 풀리지 않은 채 남아 있었고, 특히 초기 돌파 공격 시기나 돌파 직후에 전차 전력을 투입하는 정확한 시점이나 과정에 문제가 남아 있었다. 덧붙여, 소련군은 성공적인 공격 작전에서조차 발생하는 엄청난 인명 손실을 줄일 수 있는 방도를 찾아야 했다.[28] 따라서 향후 소련군의 공세 능력에 대한 윤곽이 명확해졌고, 이제 현실을 깨닫게 된 독일 지휘관들은 자신들이 완전히 새롭게 태어난, 보다 투지 넘치는 붉은 군대와 대적해야 한다는 사실을 인식하게 되었다.

W h e n  T i t a n s

C l a s h e d

독소 전쟁 제3기 **1944. 1.~ 1945. 5.**

H o w t h e R e d

A r m y s t o p p e d H i t l e r

12 | 세 번째 겨울

군 조직과 교리

1943년 말부터 1945년 5월까지는 전역이 거의 중단 없이 계속되었고, 소련군이 다음 대규모 공세를 위해 재정비하는 동안 짧은 휴지기가 있었을 뿐이었다. 소련 학자들이 독소 전쟁 제3기라고 하는 이 기간은 양 진영 최후의 완숙한 모습을 볼 수 있다. 따라서 작전사를 논하기에 앞서 양 적대 진영의 상대적인 규모를 알아보는 것이 필요하다.

쿠르스크 전투 이후 동부 전선의 독일군은 규모나 전투 능력이 쇠퇴하고 있었다. 새로운 징집병과 장비들이 특히 기계화 부대나 무장 친위대에 주기적으로 유입되어, 국지적인 역공이나 반격을 수행할 수 있는 수단이 되었다. 그러나 이런 공격들은 점점 효과가 없어졌는데 그 이유는 소련군이 점점 정교해지고 세련되어가는 반면, 독일군의 숙련도와 효율성은 서서히 떨어졌기 때문이다.

독일의 보병 부대들은 기계화 부대에 비해 훨씬 심하게 쇠락하고 있었다. 보병 사단의 편제는 6개 대대 편성이 표준이 되었는데, 이런 사단들은 담당 구역이 소련 기동 부대의 공격을 받을 경우 대개 무력해져 버렸다. 1943년 12월, 하인츠 구데리안은 논란 끝에 구식의 체코제 전차 차대를 이용한 구축전차*를 만들자는 주장을 관철시켰다. 하지만 불행하게도 독일 보병들은 구축전차는 물론이고 대구경의 견인식 화포도 부족하여 휘하 대전차 부대의 3분의 1도 제대로 장비할 수가 없었다.[1] 본토 방위를 위해 공군이 계속 철수한 것도 소련 공군의 증대와 맞물려 독일군이 항공 공격에 쉽게 노출되게 만들었다. 결국 기갑 사단이나 기갑 척탄병 사단에는 경(輕)대공포대들이 등장했지만, 보통의 보병 부대에는 효과적인 방공 수단이 거의 없었다.

이와는 대조적으로 독소 전쟁 제3기는 소련군의 조직, 장비, 작전 및 전술 개념 등이 정립된 시기였다. 이러한 발전을 논하기에 앞서, 소련군도 독일군과 마찬가지로 심각한 인적 자원의 부족에 직면하고 있었음을 상기할 필요가 있다. 민간인과 군인의 인명 손실이 엄청난 데다가 무기 생산을 계속하기 위해 필요한 대규모 공장 건설, 산산조각 난 수복 지역의 경제 재건 등의 요인이 얼핏 보아 무진장일 것 같은 소련의 인적 자원을 쥐어짜고 있었다. 전문화된 부대를 새롭게 편성하는 데 필요한 인원은 기존 전선 부대를 위한 보충 병력을 줄여서 충당해야 했다. 더군다나 소련군은 거의 계속해서 공세를 취했으므로 방어 측인 독일에 비해 전술적 차원에서는 훨씬 심한 인명 피해를 입을 수밖에 없었다. 제3기 동안 공세에 직접 가담했던 소련 전투 부대들은 목표 달성을 위해 대략 22~25퍼센트의 인명 손실을 입었다.[2]

1944년, 소련은 독일 국방군이 직면한 것만큼이나 심각한 인적 자원의 위기에 봉착했다. 소총병 사단의 전투 병력은 2,000명 정도, 아니면 그 이하인 경우가 허다했다. 사단의 화포 역시 주요 전장에서 집중 운용되는 돌파 포병 부대의 장비를 위해 그 수가 줄어들었다. 전차 부대와 근위 부대들이 소총병 사단보다 우선하여 보충되었지만, 이 부대들 역시 손해가 심대하기는 매한가지여서 종종 정원이 미달되었다. 가장 피해가 큰 부대는 전과확대와 추격 작전 동안 수행 보병으로 T-34 전차에 올라타는 소총병 중대나 기관단총 중대였다. 이 때문에 1942년 말부터 소련은

* 제2차 세계 대전 후반기 독일이 개발한 본격적인 대전차 기갑 차량을 말한다. 이들은 공통적으로 기존 전차의 차대 위에 적의 포화를 견뎌 낼 수 있는 무포탑 밀폐형 전투실과 전차포를 설치한 것이다. 포탑이 없는 만큼 제작이 쉽고, 대구경의 전차포 탑재가 가능해 대량 생산이 이루어졌다. 본문의 구축전차는 체코제 38(t) 전차의 차대에 48구경장 75밀리미터 전차포를 탑재한 Jagdpanzer 38(t) 〈헤처 Hertzer〉이다.

여러 개의 요새 지역Ukreplennye rayony(나중의 야전 요새 지역)을 만들었다. 요새 지역은 병력을 절약하기 위해 화력을 키우고 병력은 줄인 것으로, 포병과 기관총 대대들로 구성하여 전선의 많은 부분을 담당하게 했고, 결과적으로 기동 전투 부대들을 다른 곳으로 돌려 주요한 공격축에 집중시킬 수 있었다.

이렇게 해서 만든 소련군 부대의 규모와 소련군 부대의 실제 규모의 차이는 독일군의 반격 때 나타난 몇몇 놀라운 성과를 설명해 주고도 남는다. 완전 편제된 무장 친위대 사단이 소련의 군단이나 야전군을 막아 낸 것은 독일군이 전술적으로 우월해서라기보다 소련군이 수적으로 열세였기 때문일 것이다.

독소 전쟁 제1기에 소련군은 수적으로 우위에 있었지만 병력의 배치와 기동에 능하지 못하여 병력을 여기저기 분산해서 투입하였다. 제2기 동안 양쪽 모두 압도적인 전략적 우위를 점하지 못했지만, 소련군은 서서히 주요 지역에서 병력의 우위를 점할 수 있는 기동술과 기만술을 개발해 나갔다. 제3기가 되자 소련군은 수적 우위는 물론이고 독일군을 격파할 전술도 갖추었다. 하지만 인적 자원의 문제로 정교한 기동 공격에 주력하게 되었다. 단순한 정면 공격이 여전히 있었고 이런 점은 보통 소련 지휘관들의 잘못이었지만, 이전에 비해 그 횟수는 줄어들었다.

부대 편성 과정에서 소련군은 이전처럼 소총 부대이건 기동 부대이건 완전한 제병협동 부대로 편성하는 경향이 있었다. 보병군(제병협동)과 근위군은 보통 3~4개의 군단으로 이루어졌고, 그 군단들은 상당한 규모의 포병, 대전차, 박격포, 근위 박격포(카튜샤 다연장 로켓 발사기), 대공 부대들을 가지고 있었다. 근위군과 제법 멋있게 이름 붙여진 충격군은 포병이나 보병 지원 전차의 비율이 더 높았다.[3]

진짜 혁신적이었던 것은 이런 부대들을 짜맞추고 배치하는 방법이었다. 모든 규모의 부대에서 주공을 펼칠 부대들은 추가로 포병, 공병, 전차 부대의 지원을 받았다. 1944년의 소련군 『야전 교범Ustav』은 지상군의 공격을 계속해서 지원하기 위한 포병과 항공 병력의 공격과 같은, 1943년에 개발된 전술들을 규정하였다. 보다 중요한 것은 이 규범이 전쟁 기간 동안 독일군과 소련군 교리의 특징인 기동, 기습, 선제 공격의 중요성을 강조하고 있다는 것이다.

기동은 성공을 위한 가장 중요한 요건이다. 기동은 가장 유리한 병력 배치를 위한 병력의 조직화된 움직임이고, 병력 배치는 시간과 공간을 얻기 위해 적에게 일격을 가하기 위한 가장 유리한 지점에서 이루어져야 한다. 기동은 개념적으로 단순해야 하며, 기밀이 유지된 상태에서 신속하게 적을 급습해야 한다…….

과감하게 결정하고 마지막까지 이를 수행해 내는 불굴의 자세를 갖추는 것이 전투에 임하는 모든 지휘관이 취해야 할 행동의 기본이다. 대담하며 지적인 과감성이 지휘관과 부하들의 특성이 되어야 한다. 적을 격파하려는 열의를 가졌지만 목적을 달성하지 못한 자가 비난받아서는 안 된다. 비난받을 자는 책임을 회피하고, 적극적이지 않으며, 승리를 위해 적시에 모든 병력과 수단을 투입하지 않는 자들이다.[4]

오늘날 대부분의 군대에서 발행하는 교본들도 비슷한 내용을 담고 있지만, 소련군은 말로만 그치지 않았다. 이때에도 실패할 경우 가혹한 처벌이 있기는 했지만, 소련 장교단, 특히 기동 부대의 경우에는 위험을 감수하더라도 필요한 결정을 내리는 것이 장려되었다.

독소 전쟁 제3기에는 거의 끊이지 않고 소련군의 공세가 이어졌기 때문에, 소련군의 작전이 이루어지는 과정을 살펴볼 필요가 있다.[5] 일단 스탈린이 스타브카에 대해 특정 지역에서의 공격을 승인하면, 독일군이 알아차리지 못하는 사이 병력을 집중하여 압도적인 국지적 우위가 이루어지도록 한다. 전쟁이 계속되면서, 독일군은 적의 병력 집중에 대한 정보를 제공해 줄 동조자들이나 후방의 정보원들을 거의 잃어버렸다. 그저 항공 정찰이나 감청 부대들이 소련군의 후방 지역에 대한 정보를 제공할 뿐이었는데, 그나마도 소련군의 보안 조치와 기만술이 발전해 가면서 시들해졌다. 독일군의 정보 분석은 소련군 최전선 부대에 대해서는 꽤 정확했지만, 2선 부대들의 위치나 규모에 대해서는 매번 소련군의 기만술에 속아 잘못 알고 있었고, 특히 2선 기동 부대가 더욱 그러했다. 계속해서 소련군은 다른 곳을 공격할 것이라는 환상을 적에게 심어 준 채, 자신들이 원하는 곳에 몰래 병력을 집중시켰다.

소총병 연대에서 전선군 사령부에 이르기까지 소련군의 모든 부대는 수색을 위한 전문가를 갖추고 있었다. 병력이 모자라는 독일군 방어선에는 때로 개개 병사뿐 아니라 부대가 침투할 수 있는 틈이 있었다. 수색과 견제를 위한 특수팀 voiska spetsial'nogo naznacheniia(약칭 스페트나스SPETNAZ)이 중요 목표를 확인하고 교량이나 취약한 장소들을 파괴하였다. 전통적인 독일식 전술은 되도록 적은 병력으로 최전선을 유지하는 것이었는데, 이것도 소련의 수색에 도움이 되었다. 1944년에는 소련 수색 부대가 위력 수색 *razvedka boem*을 수행하여 진짜 공세가 시작되기 24시간 전까지 독일 방어선의 최전선을 점령하는 일이 드물지 않게 발생했다.

　화포의 준비 사격이 필요한 경우 소련 포병들은 엄청난 화력을 동원하는 것은 물론, 경계를 담당하지 않는 적까지도 타격을 주도록 포격 시간표를 정교하게 짰다. 예를 들어, 독일군이 벙커에서 적의 포격이 잦아들기를 기다리다가 소련 보병과 전차들이 몰려오기 전에 방어선에 다시 나타난다는 것을 알게 된 소련군은 일단 포격을 가한 뒤 몇 분 동안 정지했다가 독일군이 벙커에서 나왔을 때쯤 다시 한 번 포격을 가했다.

　실제 공격은 보통 공병, 그리고 전차나 자주포의 지원을 받는 보병에 의해 개시되었다. 독일 기갑 부대가 그 지역에 있었다면, 중(重)자주포가 공격의 제1선 뒤에서 독일 전차가 나타날 때까지 매복해 있었다. 포격과 항공 지원은 공격 부대를 따라 이동했고, 독일군 최전선을 우회하여 가능한 한 빨리 다음 지역으로 이동했다.

　간혹 독일군이 강해서 빠른 돌파가 이루어지지 못한 경우도 있다. 이런 경우 소련의 최상급 지휘관들은 1943년 9월 스몰렌스크에서 보로노프가 그랬던 것처럼, 작전을 변경해서 독일군의 보다 약한 곳을 공격하였다. 이러한 유연성은 공격 초기에 대규모 병력을 투입하지 않고 여러 곳을 공격하였기에 가능했다. 한 지역의 선봉이 실패하면 제2선에 있던 소총 부대와 전과확대를 위한 기동 부대가 다른 지역으로 돌려졌다.

　돌파가 확실해지면 상급 지휘관들은 전장에 기동 부대를 적시에 투입하려고 했다. 기동 부대가 너무 빨리 투입되면 돌파 전에 전투에 휘말리고, 너무 늦게 투입되면 독일군이 반격을 하거나 방어선을 재정비하게 된다. 중요한 돌파 지역에 투입된 야전군 사령관들은 대개 강화된 독일 기갑 사단과 비슷한 규모의 기동 부대를 1~2개 정도 운용했다. 독립 기계화 군단이나 전차 군단, 기병 군단들은 전술 면에서는 장기적이고, 작전 면에서는 단기적인 목표를 부여받고, 중요한 도하 지점을 확보하거나 독일군 사단이나 군단을 포위하는 임무를 맡았다.

소련 공세에서 실제 주역은 전차군과 기병-기계화 집단이었다. 기병-기계화 집단은 보통 1개 전차 또는 기계화 군단과 1개 기병 군단으로 이루어졌다. 이 부대들은 전선군 사령관으로부터 명령을 받지만, 대규모 공세의 경우에는 둘 이상의 전선군을 조율하기 위해 파견된 스타브카 대리로부터 명령을 받기도 했다. 기병-기계화 집단은 전차군에 비해 더 험난한 지형에서 운용되었는데, 이들은 때로 독일군 후방 수백 킬로미터에 이르는 작전 목표를 가지기도 했다. 전쟁이 진행됨에 따라, 소련 기동 부대가 성공하면 그 공세도 성공하는 것이 자명해졌다. 물론 기동 부대가 실패하면 공세도 실패했다. 전차군의 중요성을 확증해 주기라도 하듯, 1944년 1월 20일에는 2개 독립 기동 군단을 묶어 베테랑 〈전차주의자〉인 크랍첸코의 지휘하에 제6 전차군이 창설되었다.[6]

하지만 전차군이 하나의 덩어리로 움직인 것은 아니었다. 전과확대나 추격 과정에서 강화된 소총병 사단에서 전차군에 이르기까지 모든 소련 지휘관들은 주력 부대에 앞서 선견대를 내보냈다. 전쟁이 진행되면서 선견대의 규모와 임무는 점점 늘어 갔다. 각 기동 군단의 선두에는 800~1,200명 정도의 강화된 여단이 있었고, 각 전차군에서는 2,000~5,000명 규모의 독립 전차 여단이나 예하 3개 군단 중 하나가 선봉에 섰다.[7] 전과확대 시점에는 선견대가 본대보다 20~50킬로미터나 앞서기도 했는데, 이 거리는 부대의 규모와 독일군의 방어 정도에 따라 달랐다. 어느 경우에나 선견대의 지휘관은 특출나게 진취적이고 능력도 뛰어나야 했고, 진격이 계속 이루어지도록 하기 위해 독일군 방어 거점은 우회할 줄 알아야 했다. 선견대가 독일군과의 전투에 묶여 버리면 본대가 반격을 위해 기동하기도 했지만, 대체로 독일 방어진을 우회해서 진격해 버렸다.

독일군이 실시했던 1941년과 1942년의 포위전에서 포위된 소련군이 탈출하는 것을 막아 내지 못한 경우가 종종 있었듯이, 소련군도 독일군을 포위하고 퇴로를 차단하는 일이 쉽지만은 않았다. 그러나 포위된 독일군은 상부로부터 탈출 허가를 받지 못하거나 아예 성공적으로 탈출하기 어려울 정도로 전선에서 멀리 떨어져 있었다. 몇몇 예외적인 경우가 있었지만, 1944~1945년 소련군의 포위전에서 독일군 대부분 또는 전체가 포로가 되었다. 결국 소련군은 독일 국방군을 괴롭혔던 문제, 즉 병력의 일부로 포위진을 완성하고 별도의 기동 집단으로 추격을 계속한다는 난제를 해결했다.

우크라이나, 드네프르 우안(右岸)

독일과 소련 양측의 공식 기록에 의하면, 1943년 말 독일군은 동부 전선에 2,468,500명(이외에 추축국 706,000명)의 병력을 투입했는데, 기갑 사단이 26개, 기타 사단이 151개였고, 전차와 돌격포 2,304대, 화포 및 박격포 8,037문, 항공기 3,000대로 장비하고 있었다고 한다. 반면 소련군 병력은 6,394,500명으로, 35개의 전차 및 기계화 군단, 480개의 사단 급 제대, 5,800대의 전차, 101,400문의 화포 및 박격포, 13,400대의 각종 항공기로 장비하였다.[8] 소련군은 60개 제병협동군, 5개 충격군, 5개 전차군으로 편성되었는데, 전차군은 곧 6개로 늘어났다.

주요 지역에서의 압도적 수적 우세를 이루기 위해 소련군은 집중과 기만술을 함께 사용했다. 1943년 12월 초 스타브카는 세 번째 겨울의 작전 계획을 발표했는데, 북에서는 레닌그라드로의 접근로, 중앙에서는 벨로루시, 남쪽에서는 크림 반도와 우크라이나에서 독일군을 몰아내는 것이었다(지도 14 참조). 남쪽에서는 제1, 제2, 제3, 제4 우크라이나 전선군이 관여하였다. 공세는 1943년 12월 말에서 1944년 4월까지 번갈아 가며 이어졌는데, 초기에는 차례로, 나중에는 여러 곳에서 동시에 수행되었다. 스타브카는 계획된 공세의 목표를 한동안 은폐한 채 중요한 포병과 기계화 부대들을 한 전선군에서 다른 전선군으로 이동할 수 있었다.

우크라이나의 겨울은 앞서 2년 동안 주요 전투가 벌어졌던 러시아에서보다는 덜 혹독하였다. 상대적으로 온난한 남부는 날씨를 종잡을 수 없었고, 지형에 따라 차량 통행이 가능한지도 장담하기 어려웠다. 결국 이 해 겨울 동안 눈이 갑자기 녹는 탓에 양쪽 모두 애를 먹었다. 하지만 독일군으로서는 실망스럽게도 소련군은 별 중단 없이 작전을 계속할 수 있었다. 이 사이 파르티잔들은 모스크바의 지령을 받는 쪽이건 우크라이나의 독립을 원하는 쪽이건 독일군의 후방 지역을 점점 더 혼란스럽고 불안하게 만들고 있었다. 독일군과 이런 저런 저항 조직들 사이의 잔

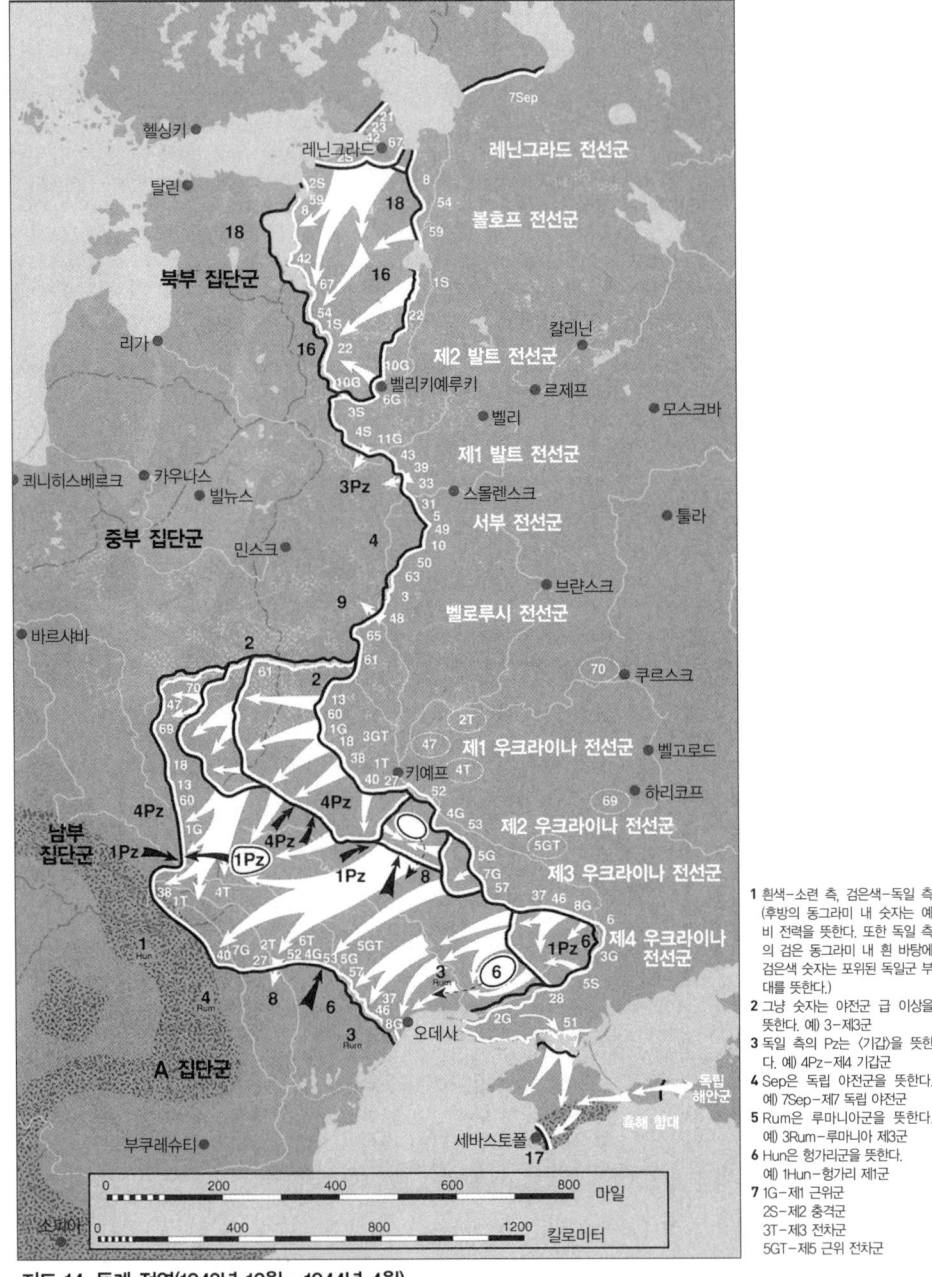

지도 14. 동계 전역(1943년 12월~1944년 4월)

혹하기 이를 데 없는 전투가 벌어지는 와중에 분리주의자들의 조직인 우크라이나 저항군Ukrayins'ka Povstans'ka Armiya(UPA)이 1944년 초까지 성공을 거두고 있었다.

우크라이나의 드네프르 우안(右岸)에 펼쳐진 소련 측 공세 1단계가 1943년 12월에서 1944년 2월 말까지 이어졌다. 이 공세는 5개의 주요 작전들로 이루어졌는데, 각 작전을 1~2개 전선군이 맡아 수행하였다. 남부 집단군 사령관인 만슈타인은 이 공세를 막으려 가용 예비 병력들을 이곳에서 저곳으로 옮겼다. 만슈타인은 그의 남부 집단군이나 A 집단군이 카르파티아 산맥이나 흑해로 내몰려서 다른 지역의 독일군과 연결이 끊어질까 봐 전전긍긍하고 있었다.[9]

처음의 두 작전은 바투틴의 제1 우크라이나 전선군과 코네프의 제2 우크라이나 전선군이 수행하였는데, 드네프르 강 서쪽에 확보한 교두보를 확대하는 이전 작전들의 연장이나 다름없었다. 키예프 교두보를 분쇄하고자 만슈타인이 제48 기갑 군단을 투입하여 실시한 반격이 거듭 실패로 돌아가고, 1943년 12월 25일에 그사이 은밀히 증강된 바투틴의 전선군이 교두보에서 지토미르를 향해 공세를 펼쳤다(지토미르-베르디체프Zhitomir-Berdichev 작전). 독일군은 혼신의 힘을 다해 소련 제1 전차군과 제3 근위 전차군을 목표 지점 바로 앞에서 막아 내는 데 성공했다. 그사이 코네프의 제2 우크라이나 전선군은 앞서 목표였던 크리보이로크의 서쪽에서 치고 나왔고, 제5 근위 전차군의 선봉이 키로보그라드Kirovograd를 점령하였다. 이 결과 드네프르 강을 따라 독일군 2개 군단이 방어하는 코르순-셉첸콥스키Korsun'-Shevchenkovskii 지역이 남게 되었는데, 얄궂게도 소련군이 드네프르 강을 건너 교두보를 처음 확보했던 벨리키 부크린이 바로 이 지역에 있었다.[10]

소련군의 공세로 독일군의 전력이 바닥나자, 주코프는 코르순-셉첸콥스키 작전을 위해 바투틴의 제1 우크라이나 전선군과 코네프의 제2 우크라이나 전선군을 통합해서 지휘하게 되었다.[11] 키예프 남동쪽, 코르순-셉첸콥스키 부근의 커다란 독일군 지역은 독일군 제1 기갑군과 제8군 사이의 경계가 되는 드네프르 강을 향해 북동 방향으로 튀어나왔다. 이 지역은 〈드네프르 강 방어선〉 가운데 독일군 수중에 있는 마지막 구획인지라, 히틀러가 만슈타인에게 퇴각을 허락하지는 않을 것이었다. 제1 우크라이나 전선군이 북서쪽에, 제2 우크라이나 전선군이 남동쪽에 있는 이 지역은 포위해 버리기 딱 알맞았음에도 독일군 정보 부서는 소련군 공세의 시기와 장소 탓에 이를 눈치 채지 못했다. 코네프는 제5 근위 전차군 사령부의 통신망을 사용하면서 남쪽에서 제한된 국지적 공격을 실시, 다소 성공적인 기만 작전을 펼치면서 병력의 대부분을 100킬로미터 북쪽, 즉 코르순-셉첸콥스키 남동쪽으로 이동시켰다. 1월 24일 새벽, 코네프의 제4 근위군과 제53군이 강력한 지원 포격에 뒤이어 공격을 개시해 독일군 진지 배후 5킬로미터까지 돌파해 나갔다. 다음 날 아침, 로트미스트로프의 제5 근위 전차군에 이어 제5 근위 기병 군단이 앞서의 공격군을 추월하여 서쪽으로 밀고 들어갔다.

독일군이 더 놀랐던 것은 새로 창설된 제6 전차군이 독일군 돌출부의 북서쪽에서 갑자기 나타난 것이었다. 그야말로 눈 속에서 튀어나온 것 같았다. 바투틴은 코네프의 공세가 있은 뒤 이틀째 되는 날 공격을 개시했지만, 독일군 방어선을 뚫기는 쉽지 않았다. 크랍첸코의 제6 전차군은 사령부도 갓 만들어졌고 규모도 작았지만, 2월 3일에 제5 근위 전차군과 함께 독일 제11군단과 제42군단을 포위하였다. 포위망의 안쪽에는 소련 제27군, 제52군, 제4 근위군이 독일군 2개 군단을 둘러싸고 있었는데, 포위된 독일군은 약체인 보병 사단 최소 5개와 제5 SS 기갑 사단 〈바이킹〉으로 이루어져 있었다.

드네프르 강 방어선을 사수하라는 명령이 있었지만, 제42군단장 베르너 슈템머만Werner Stemmermann 포병대장은 재앙적 사태를 예견하고 〈체르카시Cherkassy 포위진〉이라 불리게 되는 추가 방어진을 이 지역에서 구축하고, 보급품들을 비축해 놓았다. 코네프의 가차 없는 공격으로 코르순의 서쪽 지역이 점령되었지만, 슈템머만의 저항은 완강했다. SS 사단의 지휘관들을 포함한 독일 장교들이 포위진에 들어온 항공편으로 일부 소개되었다. 독일 공군은 1944년 2월 9일에서 14일까지 매일 185톤의 물자를 포위진에 수송했지만, 겨울 날씨가 다시 시작되면서 보급은 중단되었다.

2월 8일, 독일군은 제1, 제16, 제17 기갑 사단과 SS 기갑 사단 〈LSSAH〉를 집결하여 반격을 시작했고, 규모가 작은 제6 전차군을 상대로 성공을 거두었다. 스탈린은 바투틴과 코네프의 전선군에 병력을 증강해 주고, 코네프에게 내부 포위망의 부대와 제2 항공군을 맡아 구원군이 몰려오기 전에 방어측을 섬멸하도록 노력을 경주하라고 하였다. 눈보라가 치는 와중에서도 임무를 지원한 조종사들이 항공기를 몰고 가서 독일군이 있을 법한 마을에 소이탄을 퍼부었다. 2월 17일 아침, 독일군은 보급품을 소진해 버렸고, 슈템머만은 남은 중장비를 파괴한 뒤 생존자들에게 서쪽으로 탈출하라고 지시했다. 이 과정에서 독일군은 소련 제27군과 제4 근위군에게 내내 시달렸다. 새벽이 되었을 때 슈템머만의 부대들은 아직도 우군 전선까지 몇 킬로미터를 더 가야 했고, 소련군 전차와 카자크 기병들이 도주하는 독일군을 살육했다.

독일군의 기록에 의하면 30,000명이 탈출했다고 하지만, 소련군 기록이 훨씬 믿을 만하다. 소련군에 의하면 독일군은 55,000명이 죽거나 부상당했고, 18,000명이 포로가 되었다.* 겨우 탈출한 부대들은 장비를 모두 잃었기 때문에 폴란드에서 재편성되어야 했다. 스탈린은 기쁜 마음으로 코네프를 소연방 원수로, 로트미스트로프를 첫 번째 전차군(기갑병과) 원수로 승진시켰다.[12] 젊고 뛰어난 바투틴 상장도 비슷한 대접을 받아야 했지만 다음 작전을 수립하던 2월 29일, 우크라이나 분리주의자의 매복 공격을 받고 치명상을 입었다. 바투틴은 4월 15일에 사망했지만, 그의 부상 직후부터 주코프가 제1 우크라이나 전선군을 맡아 바투틴의 작전 계획을 실행에 옮겼다.

독일군이 코르순-셉첸콥스키에 정신이 팔려 예비 기갑 부대를 그 지역으로 보내 버리자, 소련군은 남부 집단군의 측면에 공격을 가했다. 제1우크라이나 전선군의 우익에서는 바투틴이 제1, 제6 근위 기병 군단의 지원을 받는 제13군과 제60군을 이끌고 프리퍄티 습지 남쪽의 늘어날 대로 늘어난 만슈타인의 좌측면을 두들겼다. 1월 27일부터 2월 11일까지, 기동에 부적합한 습지 지형에서 이렇게 대담한 기병 공격을 펼쳐 독일군의 방어선을 뚫었고, 로브노와 루츠크Lutsk를 점령하여 남부 집단군의 후방을 노릴 다음 작전의 발판을 마련하였다.[13]

훨씬 남쪽에서는 말리놉스키 대장의 제3 우크라이나 전선군과 톨부힌 대장의 제4 우크라이나 전선군이 드네프르 만곡부의 독일 방어선에 집중타를 날렸다. 1월

---

* 저자의 견해와는 달리 독일군 측 기록이 보다 신빙성이 높은 것으로 보인다. 제8군 사령부에 보고된 1944년 2월 11일자의 체르카시 포위진 내 급양 병력은 소련 의용보조원 Hilfswilligen을 포함해도 56,000명뿐이었다(Carell, P., *Verbrannte Erde*, p. 385).

30일에 소련군은 그동안 골칫거리였던 드네프르 강 남안의 니코폴 교두보를 붕괴시키고 만곡부를 차지했으며 크리보이로크도 점령하였다.

우크라이나에서 5회의 초기 공세로 2월 말에 드네프르 강의 독일 방어진이 완전히 제거되었다. 강을 이용한 방어진이 없어지자 만슈타인은 이제 광활한 우크라이나 평지에서 완패당할 처지에 놓이게 되었다.

우크라이나 해방

북부 집단군과 중부 집단군에 대한 공세는 별로 성과가 없었지만, 남부에서는 봄철이라 눈이 녹아 땅이 질척거려도 멈추지 않고 공세가 계속되었다. 제2단계 공세는 3월 초에서 4월 중순까지 계속되었고, 5개의 공세 작전으로 우크라이나와 크림 반도의 독일군이 제거되었다.[14] 이 준비를 위해 스타브카는 병력을 재배치하여 6개 전차군 모두를 남부에서 운용하였다. 주공은 역시 바투틴(후에는 주코프)과 코네프의 전선군이었는데, 이들은 각기 36개의 소총병 사단과 3개의 전차군을 가지고 있었다. 이들의 목표는 독일 중부 집단군과 남부 집단군의 사이를 벌려 놓고, 남부 집단군을 흑해나 카르파티아 산맥으로 몰아서 섬멸시키는 것이었다.

스타브카는 소련군이 남부 집단군 사령부가 위치한 빈니차Vinnitsa로 주공을 돌릴 것이라는 독일군의 예상을 역으로 이용하기로 했다. 이 지역은 독일 제1 기갑군이 방어하고 있었다. 그러나 정작 소련군은 주공을 북서쪽 로브노-두브노 지역의 제4 기갑군 쪽으로 돌렸다. 이미 제1우크라이나 전선군의 우익은 독일군이 코르순-셉첸콥스키에 전력을 집중해 놓은 사이에 로브노-루츠크에서 눈부신 전과를 올렸다. 스타브카는 제1 우크라이나 전선군 우익에 대부분의 병력과 3개 전차군을 집중시키도록 하였다. (이 재배치 과정에서 사령부를 순시하던 바투틴이 치명상을 입었다.) 만슈타인의 정보 부서들도 이러한 이동을 감지하고 위험스러워 보이는 서쪽의 프로스쿠로프Proskurov 지역으로 제1 기갑군을 이동시켰지만, 소련군의 초기 타격을 막아 내기에는 이미 너무 늦었다.

3월 4일, 주코프의 제1우크라이나 전선군은 셰페톱카Shepetovka와 두브노에서 남서쪽으로, 루마니아 국경 근처 체르놉치Chernovtsy를 향해 진격을 개시했다.[15] 주코프의 제3 근위군과 제4 전차군이 독일군 방어선에 구멍을 내기 시작했고, 3월 7일에 2개 전차군은 프로스쿠로프에 접근하였지만, 재전개 중인 독일 제3, 제48 기갑군단에 의해 진격이 중단되었다. 얼마 지나지 않아 제1 전차군이 가세하였고, 3월 21일에는 제1 전차군과 제4 전차군이 독일군 방어선을 돌파하여 작전 지역의 후방으로 들어갔다. 카투코프의 제1 전차군은 한밤중에도 적을 혼란시키기 위해 전조등을 켜고 경적을 울리며 진격을 계속하였다. 3월 24일, 드디어 소련군이 드네스트르강에 도달했고, 정지하지 않고 그대로 도하하여 제1 기갑군의 후방 철도를 차단하였다. 3월 27일에는 렐류셴코 중장의 제4 전차군과 모스칼렌코 중장의 제38군이 장비가 형편없는 제1 기갑군의 21개 사단 주위에 다소 느슨한 포위진을 형성하였다.

3월 25일, 만슈타인은 히틀러를 설득하여 제1 기갑군을 퇴각시키라는 허가를 받아 냈다. 이 무렵 국방군 총사령부가 배포한 총통 지령 51호에서는 주요 도시의 사수를 명령했기 때문에 이 허가는 상당히 예외적인 것이었다. 사실 포위진은 다 닫힌 것이 아니었다. 가용 전차가 60대로 대폭 줄어든 제4 전차군이 아직 메우지 못한 15킬로미터의 틈이 있었다. 주코프는 독일군이 루마니아 쪽으로 퇴각할 것이라 여겼기 때문에 가용 병력을 포위진의 남쪽에 집중시켰다. 대신에 제1 기갑군의 잔존 병력은 제2 SS 기갑 군단의 반격에 힘입어 4월 초 서쪽으로 탈출하는 데 성공했다. 4월 17일 제1 전차군은 카르파티아 산맥에 도달해, 북우크라이나 집단군으로 명칭이 변경된 만슈타인의 집단군을 남쪽의 독일군과 단절시켰다.* 이 무훈으로 제1 전차군은 4월 25일에 〈근위〉의 칭호를 받았다.[16]

3월 5일에 코네프의 제2 우크라이나 전선군이 〈우만-보토샤니Uman'-Botoshany 작전〉을 개시했는데, 이때는 바로 전날 주코프의 전선군이 공세를 개시하여 독일의 작전 예비대가 우만 지역에서 빠져나간 뒤였다.[17] 통상적인 포격과 보병의 준비가 끝나자, 코네프는 보그다노프 중장의 제2 전차군과 로트미스트로프의 제5 근위 전차군을 공격 초기 단계부터 투입하는 모험을 감행했다. 이 뒤를 크랍첸코의 제6 전차군이 따랐다. 다행히도 독일군의 방어는 허술했고 코네프의 계획이 맞아떨어

---

* 만슈타인의 남부 집단군은 1944년 3월 30일에 북우크라이나 집단군으로 명칭이 변경되면서 지휘관도 발터 모델 원수로 교체되었다.

져 전차 부대는 코로테예프 상장의 제52군의 지원을 받으며 진격해 나갔다. 3월 10일에 소련군은 서부 우크라이나의 주요 철도 교차점이자 보급창이던 우만을 점령하여, 봄철 진흙탕에 옴짝달싹 못하게 된 수백 대의 독일군 전차와 수천 톤의 보급품을 챙겼다. 같은 날 코네프의 선두 부대는 최근까지 만슈타인의 집단군 사령부가 있던 빈니차를 점령했다.[18]

기동력도 없고 후방에 낙오된 독일군 부대를 무시한 채, 소련군 기동 부대들은 서부 우크라이나의 강을 점령하기 위해 내달렸다. 3월 11일에 제2 전차군과 제6 전차군의 선견대가 남(南)부크 강에 교두보를 만들었고, 2일 이내에 제2 우크라이나 전선군은 80킬로미터에 걸쳐 임시변통의 도하점들을 확보했다. 3월 17일 오후, 제5 근위 전차군의 제29 전차 군단이 소로키Soroki 부근의 드네스트르 강에 도달한 뒤 곧이어 군단 전체가 도하하여 독일 제1 기갑군과 그 남쪽의 제8군 사이의 연결을 끊어 놓았다.

제1, 제2 우크라이나 전선군의 6개 전차군이 전과를 올리는 동안 나머지 두 전선군이 가만히 있었던 것은 아니다. 말리놉스키의 제3 우크라이나 전선군은 흑해 연안에 대한 공세(베레즈네고바토예-스니기렙카Bereznegovatoye-Snigirevka 작전)를 3월 6일에 개시했다.[19] 개전 초기부터 기병 지휘관이었던 플리예프 중장은 제4 근위 기병 군단과 제4 기계화 군단으로 이루어진 기병-기계화 집단을 지휘하였다. 3월 22일에 플리예프 집단은 남부크 강 하류에 도달하여 도나우 강의 국경을 향해 진격했다. 적백 내전 동안 이 지역에서 유명해진 것처럼,* 소련 기병들은 다시 한번 중(重)기계화 차량들이 지나기 어려운 지형에서 진가를 발휘했다. 소련군의 진격으로 거의 포위될 뻔했지만, 독일 제6군은 힘겹게 빠져나와 남부 우크라이나를 서쪽으로 가로지르며 지연전을 펼쳤다. 3월 말에 제3 우크라이나 전선군은 오데사를 점령하기 위한 마지막 춘계 공세를 펼쳤고, 4월 초에는 제2 우크라이나 전선군의 옆, 루마니아와의 국경에서 드네스트르 강에 이르는 진지를 점하게 되었다.[20]

남부에서는 크림 반도의 탈환을 위한 또 다른 공세가 벌어지고 있었다. 톨부힌 상장의 제4 우크라이나 전선군은 4월 8일에 공격을 개시했다.[21] 그리하여 제19 전

* 1920년에 폴란드와의 전쟁 중 이 지역에서 활약한 부돈니의 제1 기병군의 활동에 대한 이야기이다.

차 군단의 지원을 받는 제2 근위군과 제51군, 그리고 케르치 반도에 상륙한 독립 해안군이 독일군과 루마니아군으로 이루어진 제17군을 공격하여 16일에는 세바스토폴 요새로 내몰았다. 히틀러는 크림 반도를 사수하라고 명령했는데, 그 이유는 크림 반도가 루마니아 유전을 겨냥한 폭격기의 기지로 사용될 수 있기 때문이었다. 독일군의 저항은 거칠었지만, 2년 전 소련군의 저항만큼은 아니었다. 5월 6일에서 10일 사이 여전히 소련군의 공격이 계속되는 동안, 히틀러로서는 못마땅한 일이었지만, 해상 철수 작전이 시작되었다. 원래 150,000명에 달하던 제17군 병력 가운데 40,000명 이하가 크림 반도를 벗어날 수 있었다.[22]

1944년 5월에 소련군은 남부의 거의 모든 영토를 수복하였고, 이 과정에서 독일 제1 기갑군, 제6군, 제8군, 제17군이 상당한 타격을 입었다. 히틀러와 독일 국방군 총사령부는 온통 남부 지구에 몰두하고 있었다. 소련의 6개 전차군이 모두 이 지역에 있었기 때문에 독일은 다음 하계 공세가 남부에서 있을 것으로 보았다. 이런 탓에 다음 여름 소련군이 중부 집단군을 노린 웅대한 공세를 펼쳤을 때 독일은 경악하게 되었다.

1944년 겨울에서 봄 동안 소련군이 거둔 승리는 군사적으로뿐만 아니라 정치적으로도 매우 중요했다. 3월 말, 루마니아의 이온 안토네스쿠Ion Antonescu 원수가 직접 베를린으로 날아가 크림 반도의 루마니아군을 철수시켜 줄 것을 요청했다. 그는 이미 개전 초기에 점령했던 오늘날의 베사라비아Bessarabia와 몰다비아Moldavia를 상실했고, 이제 1942년 루마니아가 화려한 승리를 쟁취했던 바로 그 크림 반도에서도 패배를 목전에 두고 있었다.** 안토네스쿠는 지리적으로 독일군 전선에서 분리되어 버린 남(南)우크라이나 집단군에 루마니아군을 집중시키자고 히틀러를 설득했다. 루마니아는 파멸 일보 직전이었고, 안토네스쿠는 모스크바와 런던에 외교 접촉을 시도했다. 이러는 사이, 3월 19일에 헝가리 정부가 추축군 진영에서 이탈하는 것을 막기 위해 독일군이 헝가리를 점령했다. 이제 불가리아 정부만이 자포자기의 심정으로 독일 측에 남아 있었다.[23]

** 현재의 몰도바 공화국 영토는 베사라비아 지방 대부분과 실질적으로 독립 상태인 트란스니스트리아Transnistria를 포함한다.

레닌그라드 그리고 중부 지구

레닌그라드 부근에서 소련이 펼친 공세는 1944년에 결실을 보았다. 볼셰비키 혁명의 본고장인 레닌그라드는 2년 이상이나 독일군의 포위하에 있었고, 포위된 직후부터 보급은 라도가 호 위의 거친 결빙 도로에 의존해야만 했다. 1943년 소련은 마침내 좁은 회랑을 열었지만, 이 회랑은 독일군 포화로 쉬 막히곤 했다. 포위 기간 동안 레닌그라드는 독일군의 간헐적인 장거리포 공격을 받았는데, 1943년에는 대포병 사격 조직의 중앙 통제화가 이루어져 독일군 포대의 위치 파악 및 격파를 시작할 수 있었다.

1944년 1월까지 독일 국방군 총사령부는 남부의 점증하는 위협에 정신이 팔려 있었고, 북부 집단군도 벨로루시에서의 위험에 초점을 맞추고 있었다. 하지만 고보로프 대장의 레닌그라드 전선군과 메레츠코프 대장의 볼호프 전선군은 〈노브고로드-루가Novgorod-Luga 작전〉에서 힘을 모아 레닌그라드 코앞에 있던 독일군을 몰아냈다.[24]

소련으로서는 다행스럽게도, 핀란드는 동맹군인 독일처럼 레닌그라드를 점령하려고 하지 않았다. 전쟁 초기 핀란드군은 만네르하임 선을 수복하고 1940년 스탈린이 병합한 지역들을 되찾았지만, 레닌그라드로 진격하는 데에는 별 관심을 보이지 않았다. 핀란드군의 무관심에다가 독일군 예비 병력이 남쪽으로 옮겨가면서, 1943년 말 독일 제18군은 심각한 위기 상황에 놓이게 되었다.

단순하기 짝이 없는 정면 공격을 피하고자 스타브카는 제2 충격군을 해로를 통해 오라니엔바움Oranienbaum 교두보로 이동시켰다. 독일군은 레닌그라드 서쪽인 이곳을 한 번도 점령하지 못했는데, 이제는 독일 제18군을 노린 소련군 협격의 출발점이 되었다. 11월 동안 핀란드 만이 얼음으로 덮이기 시작하자 제2 충격군은 짐배와 소형 선박으로 이루어진 야간 수송 선단을 타고 소해정과 순시선의 호위를 받으며 서서히 교두보로 이동했다. 겉으로 보기에 소련군은 교두보에서 퇴각 중인 것 같았지만, 1월에도 소총병 사단 5개, 화포 600문, 그리고 수많은 전차와 돌격포 부대가 교두보로 이동해 왔다. 1944년 1월 14일, 안개에다가 중간 중간 눈이 뿌리는 와중에 제2 충격군은 교두보에서 서서히 돌파를 개시했다. 하루가 지나 지뢰가 제거되고 독일군도 오라니엔바움으로 시선을 돌리자, 레닌그라드 전선군의 다른 부대들과 그 남쪽 노브고로드의 볼호프 전선군이 공격에 합류하였다.

노브고로드-루가 작전 동안 소련군의 진격은 느릿느릿했고, 남부에서의 훌륭한 성공에 비하면 보잘것없었다. 다른 지역과는 달리, 레닌그라드 내부나 그 주변에 머물렀던 소련군 고위 장교들은 별다른 공세 작전 없이 시간을 보내 왔기 때문에 공세 경험을 쌓을 기회가 적었다. 고보로프는 휘하 지휘관들이 직선적인 정면 공격을 펼치며 병력을 집중시키지 못하여, 제대로 지원을 받지 못한 보병에만 의존해서 공격한다며 몹시 화를 냈다. 1941년의 서투른 전술이 그대로 사용된 것이었다.[25] 뿐만 아니라 독일군의 방어진은 잘 만들어져서 소련 보병과 공병들이 필사적인 용기를 발휘하고서야 극복되었다. 그래도 2월 20일에는 소련군이 독일군 전선을 돌파했고, 26일에는 공식적으로 레닌그라드가 해방되었다. 이날 함포와 육상의 포대들이 승리를 축하하여 예포를 쏘아 댔다.

이러고도 소련군의 추격이 영 시원찮아서 독일 제18군은 포위를 피할 수 있었다. 2월, 스타브카는 볼호프 전선군을 해체하고, 병력을 고보로프의 레닌그라드 전선군과 M. M. 포포프 대장의 제2 발트 전선군에 집중시켰다. 독일군은 계속 추격을 뿌리치며 퇴각을 했고, 결국 국방 인민 위원회는 운 나쁜 M. M. 포포프와 그의 정치 위원인 불가닌을 견책했다. 이렇게 압력을 가해 보았댔자 북부의 겨울 동안 진격에서 발생하는 보급이나 전술적인 문제를 극복하지는 못했고, 공세 목표도 달성할 수 없었다. 1944년 2월 말, 독일군은 루가와 일멘Il'men' 호수에서 서쪽으로 퇴각하여 페이푸스Peipus 호에서 비텝스크에 이르는 판터Panther 진지에 도달했지만, 한동안 소련군은 에스토니아와 라트비아로 진격하지 못했다.[26] 레닌그라드가 해방되고 북부 집단군이 퇴각하자 핀란드 정부는 전쟁을 그만 둘 방법을 찾았다. 핀란드도 루마니아처럼 연합군과 외교 접촉을 시작했다.

한편 남쪽의 독일 중부 집단군과 대치한 바그라먄 대장의 제1 발트 전선군과 소콜롭스키의 서부 전선군, 로코숍스키의 벨로루시 전선군은 비텝스크 주변, 오르샤와 로가체프에 포진한 독일군을 연방 때리고 있었다. 바그라먄이 비텝스크의 북방을 공격하는 〈고로도크Gorodok 작전〉을 시행하는 1943년 12월 29일에서 1944년 3월 29일 동안, 서부 전선군과 벨로루시 전선군은 적어도 7회의 공세를 펼쳤지만

200,000명의 인명 손실만 입고 별다른 성과를 거두지 못했다.[27]

4개월 동안 소련군은 레닌그라드, 우크라이나, 크림 반도를 해방하고 벨로루시로 들어가는 입구를 마련했다. 독일군의 가장 유능한 작전 지휘관인 에리히 폰 만슈타인 원수와 에발트 폰 클라이스트 원수가 경질되었다.* 그 사이, 최소 50,000명의 병력으로 구성된 독일군 16개 사단이 지도상에서 사라졌다. 약 60개의 사단들도 형편없이 축소되었다. 1942년 늦겨울부터 1943년 봄 사이에는 휴지기가 있어서 독일군이 병력을 재편성할 여유가 있었지만, 1944년에는 생존을 위한 전투로 쉴 새가 없었다. 독일 기갑 사단이나 무장 친위대 사단들은 불안정한 방어진을 지켜내느라 여기저기 쫓아다녔다. 이 기간 동안 다소 안정적이었던 중부 집단군은 예비 병력이 점점 줄어든 채, 소련군 사이로 돌출된 동쪽의 넓은 지역을 맡게 되었다. 독일군의 정치적, 전략적인 초점이 발칸 반도에 몰린 사이 스탈린과 스타브카는 중부 집단군을 한 방에 날려 버릴 계획을 세우고 있었다.

---

*사령관 클라이스트 원수가 경질되면서 A 집단군은 남(南)우크라이나 집단군으로 개칭되었고, 신임 사령관에는 히틀러의 신임이 두터운 페르디난트 쇠르너 상급대장이 임명되었다.

13 | 바그라티온 작전: 중부 집단군의 괴멸

전략적 계획

1944년 3월, 국방 인민 위원회와 소련 총참모부는 전 전선에 걸친 치밀한 분석을 실시하고, 다음 공세의 기회를 찾기 위해 각 지역을 점검하였다. 입안자들은 군사적으로나 정치적으로나 성과가 가장 큰 것을 골라야 했다. 서방 연합국들은 약속되었던 프랑스 상륙 작전을 드디어 5월에 개시하기로 하였다. 소련의 작전은 어느 연합국이 어떤 지역을 점령할 것인가라는 점에서 볼 때 가장 이득이 되어야 하기에 서방 연합군의 상륙을 고려해야 했다.

독일군이 예상하기로 소련군의 하계 공세의 가장 확실해 보이는 목표는 남쪽에서 남부 폴란드와 발칸 반도로 진격하여 다른 추축국들을 전쟁에서 떼어 놓는 것이었다. 그러나 이 선택은 발칸 반도의 지형이 험하고, 아직 수복되지 않은 소련 영토가 많은 데다가, 병력을 광범위하게 분산시켜야 했기 때문에 차선책을 강구해야 했다.*

---

* 육군 총사령부 동부 정보국Abteilung Fremde Heere Ost의 라인하르트 겔렌 국장이 정보를 분석한 결과에 의하면 발칸 반도로의 진격 가능성이 가장 컸지만, 작전 국장인 아돌프 호이징어의 보고를 기초로 한 히틀러의 판단은 바르샤바에서 발트 해로의 진격이었다(Erickson, J., *The road to Berlin*, p. 200; Niepold, G., *Mittlere Ostfront Juni 44*, p. 18).

두 번째 선택은 우크라이나에서 북서쪽으로, 즉 폴란드와 발트 해로 나가는 것이었다. 하지만 이전의 3차례 공세를 통해, 스탈린은 이런 웅대한 계획이 특히 지휘, 통제, 보급 면에서 소련군의 힘에 부치는 것임을 알았다. 독일 국방군은 1회의 공격으로 나가떨어지기에는 아직도 강했고, 이전 소련의 공세로 미루어 보건대, 전쟁 전에 정립된 연속적인 공세가 옳았다는 것이 입증되었다.

세 번째 가능성은 주공을 북쪽에 집중하여, 핀란드를 패퇴시키고 발트 해 제국들을 재점령하는 것이었다. 레닌그라드나 무르만스크 보급로에 대한 핀란드의 위협을 제거하는 것은 이미 지난 일이었지만, 이런 공세로 극히 제한적인 전과를 거둘 수 있을 뿐이었다. 발트 해를 향해 서쪽으로 계속 진격하다가는 독일의 강력한 방어진에 부딪혀 장기적인 정면 전투에 휘말릴 수 있고, 성공하더라도 발트 해 연안에서는 전략적 성과의 확대를 기대할 수 없었다.

마지막 가능성은 소련군의 숙적인 중부 집단군에 공격을 가하는 것이었다. 중부 집단군은 프리퍄티 습지의 북쪽에서 동쪽으로 돌출된 전선을 방어하고 있었다. 이 공격이 성공한다면 아직 멀쩡한 독일 야전군 몇 개를 제거할 수 있고, 북부 집단군의 보급로와 퇴각로를 차단할 수 있었다. 벨로루시에서의 공세는 또한 소련 영토를 완전히 해방시킬 수 있을 것이었고, 폴란드에 소련군이 진주하여 베를린을 노려볼 수도 있었다. 더군다나 벨로루시에서의 성공은 다른 전략적 공격 축선에서의 추가적인 공격을 펼치는 데 필요조건이 되는 것이었다.[1]

돌이켜 보자면, 벨로루시에서 주공을 펼치기로 한 결정은 자명하다. 스탈린이 1812년의 영웅의 이름을 따서 〈바그라티온* 작전〉이라고 명명한 이 공세는, 사실 1944년 여름에 계획된 5개의 공세 중 가장 중요한 것이었다. 계획의 전모는 몇 사람들만 알고 있었다. 스탈린, 주코프, 바실렙스키, 그의 부관인 안토노프 정도였다. 게다가 보급과 작전 단계의 어려움 때문에, 이 5개의 작전은 북에서 남으로 시차를 두고 시행될 것이었다. 작전 개시일과 작전 지역은 다음과 같았다. 카렐리야 지협/핀란드 — 1944년 6월 10일, 벨로루시(바그라티온 작전) — 1944년 6월

---

* P. I. Bagration(1765~1812). 그루지야 왕가의 후손으로 여러 전투에서 활약했다. 그의 이름은 톨스토이의 소설 『전쟁과 평화』에도 등장한다. 나폴레옹의 러시아 침공 당시 보로디노 전투에서 분전하다 중상을 입고 사망했다.

22일, 리보프-산도미에시L'vov-Sandomierz — 1944년 7월 13일, 루블린-브레스트Lublin-Brest — 1944년 7월 18일, 야시-키시네프Iaçi-Kishinev — 1944년 8월 20일. 비슷한 이유로 벨로루시 작전 안에서도 실제 공격은 북쪽에서 남쪽으로 옮아가며 개시될 것이었다(지도 15 참조).

마지막 전략 계획이 고안되기도 전에 스타브카는 야전 조직과 그 사령관들을 교체했다. 그리하여 규모가 큰 서부 전선군은 관리가 수월하도록 둘로 나누어졌고(제2 벨로루시 전선군, 제3 벨로루시 전선군), 다른 전선군들도 개칭되거나 담당 지역이 조금씩 바뀌었다. 4월에는 프리퍄티 습지 북쪽에 8개 소련 전선군이 있었는데, 북에서 남으로 카렐리야 전선군, 레닌그라드 전선군, 제3, 제2, 제1 발트 전선군, 제3, 제2, 제1 벨로루시 전선군이 그 전선군들이었다. 프리퍄티 습지 바로 남쪽에는 제1 우크라이나 전선군이 제1 벨로루시 전선군의 좌익과 함께 훨씬 서쪽의 지역을 담당했는데, 추후 하계 공세에 가담할 계획이었다. 5월 중순, 바투틴 대신 제1 우크라이나 전선군을 맡았던 주코프의 후임으로 코네프가 지휘권을 잡았다. 그사이 크림 반도에서 명성을 떨친 두 야전군 사령관이 전선군 사령관으로 승진했다. 38세인 I. D. 체르냐홉스키I. D. Chernyakhovsky 상장이 최연소 전선군 사령관이 되었다. 물론 그는 1942년에 전차 군단의 사령관이었으며, 쿠르스크에서는 제60군 사령관이었다. 유대인이긴 했지만(사실 스탈린은 유대인에 대해 선입관을 가지고 의심하였다) 체르냐홉스키의 활약은 주코프와 바실렙스키가 인정하는 것이었고, 이제 스몰렌스크 서측의 제3 벨로루시 전선군을 맡게 되었다. 이 전선군의 사령부는 이전의 서부 전선군 사령부가 주축이었다.

I. E. 페트로프I. E. Petrov 상장도 모길료프 지역의 제2 벨로루시 전선군 사령관이 되었다. 그런데 메흘리스의 악의에 찬 모함에 소련군이 여전히 무게감을 두고 있다는 점이 페트로프에게는 불행이었다. 메흘리스는 스탈린에게 페트로프가 병에 걸렸고 능력도 모자란다고 하였고, 사령관이 크림 반도의 승장 중 하나인 G. F. 자하로프 상장으로 교체되었다. 결국 페트로프는 1944년 후반 재창설된 제4 우크라이나 전선군의 사령관이 되었다.[2] 다른 전선군을 보자면, 프리퍄티 습지 남쪽 코벨Kovel'에서 로가체프-즐로빈Rogachev-Zhlobin에 이르는 지역을 담당하고 있던 규모가 큰 제1 벨로루시 전선군을 역전의 용사 로코솝스키가, 원수로 승진한 바

지도 15. 하계-추계 전역(1944년 6~10월)

그라먄이 바그라티온 작전의 북익인 제1 발트 전선군을 맡았다.*

전선군 사령관들 위에는 스타브카 대리들이 있었는데, 이즈음 이들은 자신들의 참모진을 가지고 있었다. 총참모장인 바실렙스키 원수는 북쪽의 제1 발트(바그라먄) 전선군과 제3 벨로루시(체르냐홉스키) 전선군을 조율하기 위해 소규모의 참모진을 대동했고, 소련군 부사령관인 주코프는 중부와 남쪽의 제1 벨로루시(로코솝스키)전선군과, 제2 벨로루시(자하로프) 전선군의 조율을 맡았다.[3]

지휘 체계가 정교하다고 해서 야전 사령관들이 스타브카의 명령을 단순히 그대로 수행한 것은 아니었다. 그와는 반대로 중부 집단군을 격파하기 위한 수단에 대해 토론을 거듭하였다. 기본적인 문제는 이 시점에 와서도 중부 집단군에 맞선 소련군이 전반적인 수적 우위를 점했다고 보기에는 너무 약하다는 것이었다. 처음 이 작전을 계획했을 때 스타브카는 850,000명의 독일군 42개 사단이 1,000,000명 규모의 소련군 제1 발트 전선군과 제1, 제2, 제3 벨로루시 전선군의 77개 사단과 5개 기동 군단과 대치하고 있다고 보았다. 충분한 수적 우위를 위해 소련군은 5개 제병협동군, 2개 전차군, 1개 항공군, 1개 폴란드 야전군, 11개 기동 군단 등 총 400,000명을 증강했고, 전방 배치된 독일군을 최대한 신속하게 격파하는 것에 중점을 두었다.[4]

문제의 해결을 위해 스탈린은 5월 22~23일에 독일 중부 집단군과 대치한 대부분의 지휘관들을 모스크바의 작전 회의에 소환하였다. 안토노프, 주코프, 바실렙스키와 로코솝스키, 바그라먄, 소련 공군 사령관 노비코프, 후방 지원 업무 사령관 A. V. 흐룰료프A. V. Khrulyov, 그리고 제1 발트 전선군과 제1, 제3 벨로루시 전선군의 군사 위원회가 참석했다. 제2 벨로루시 전선군은 주공의 역할이 주어지지 않아 참석하지 않았다.

총참모부의 입안자들이 기본 개념을 제시했는데, 그 내용은 중부 집단군의 대부분을 민스크 동쪽에서 포위 섬멸한다는 것이었다. 이 협격 작전과 함께 바그라먄과 체르냐홉스키가 비텝스크의 독일군을 포위한다는 계획이 나왔고, 로코솝스키

---

* 이것은 저자의 실수이다. 전선군 사령관에 임명될 당시 바그라먄은 상장 계급이었으나, 휘하의 제11군은 사령관 치비소프도 상장이어서 임명 이전부터 갈등이 있었다. 이에 스탈린은 1943년 11월에 전선군 사령관을 바그라먄에게 임명하면서 그를 대장으로 승진시켰다. 바그라먄은 1955년에야 소연방 원수로 승진했다.

가 2개 전차 군단을 이끌고 프리퍄티 습지 바로 북쪽, 보브루이스크 주변에 전방 배치된 독일군에 대해 이중의 포위 작전을 실시하겠다는 안이 나왔다. 평소 복잡한 기동 작전에 떨떠름해하던 스탈린은 보브루이스크 작전에 심하게 반대했지만 로코솝스키는 뜻을 관철시켰다.[5]

회의에서는 적어도 프리퍄티 습지 북쪽에서 있을 바그라티온 작전의 최종적인 모습이 나왔다. 공세는 발코니처럼 튀어나온 독일군 진지의 남익과 북익에서 야전군 규모의 기동 집단이 각각 전술적 포위진을 형성하는 것으로 시작된다(지도 16 참조). 제1 발트 전선군과 제3 벨로루시 전선군이 협조, 스몰렌스크 북서의 비텝스크를 포위하고, 제1 벨로루시 전선군은 보브루이스크를 포위한다. 동시에 북쪽에서는 제3 벨로루시 전선군과 협조한 제5 근위 전차군과 1개 기병-기계화 집단이, 남쪽에서는 제1 벨로루시 전선군의 기동 군단들과 기병-기계화 집단이 민스크를 향한 종심 깊은 포위전을 실시한다. 제1 발트 전선군은 북익을 보호하기 위해 드비나 강 서안을 따라 폴로츠크를 지나 동프로이센Ostpreußen을 향해 서쪽으로 진격한다. 제1 벨로루시 전선군 좌익에서는 추후, 프리퍄티 습지 남쪽에서 코벨 지역으로부터 비스와Wisła 강을 향해 제2 전차군이 공세를 시작한다. 공세 날짜는 잠정적으로 6월 15~20일로 결정되었다.

회의가 있은 지 10일 후, 스탈린은 코네프를 불러서 바그라티온 작전의 성과 달성을 위해 제1 우크라이나 전선군이 할 일을 설명하였다. 전차군의 대부분이 아직도 남쪽에 집중되어 있었기 때문에 코네프가 사용할 수 있는 기계화 부대는 엄청난 규모였다. 코네프는 2개 축에서의 공격을 제안했는데, 이것이 〈리보프-산도미에시 작전〉이었다. 북익에는 14개 소총병 사단과 제1 근위 전차군, 1개 기병-기계화 집단이 루츠크 서쪽 10킬로미터 정도의 돌출부에서 공격을 개시하여 리보프의 독일군을 북쪽에서 포위하고, 훨씬 남쪽에서는 15개 소총병 사단, 1개 기병 군단, 그리고 제3 근위 전차군과 제4 전차군을 이용해 좀 더 넓은 지역에서 동시에 공격을 개시하는 것이었다.

코네프는 리보프의 동쪽에서 독일군과 그 예비 병력까지 포위 섬멸하고, 제3 근위 전차군과 제4 전차군을 이끌고 폴란드 남부의 산도미에시 부근 비스와 강까지 북서쪽으로 진격하려고 했다. 또한 독일군이 예상하듯이 카르파티아 산맥 자락 북

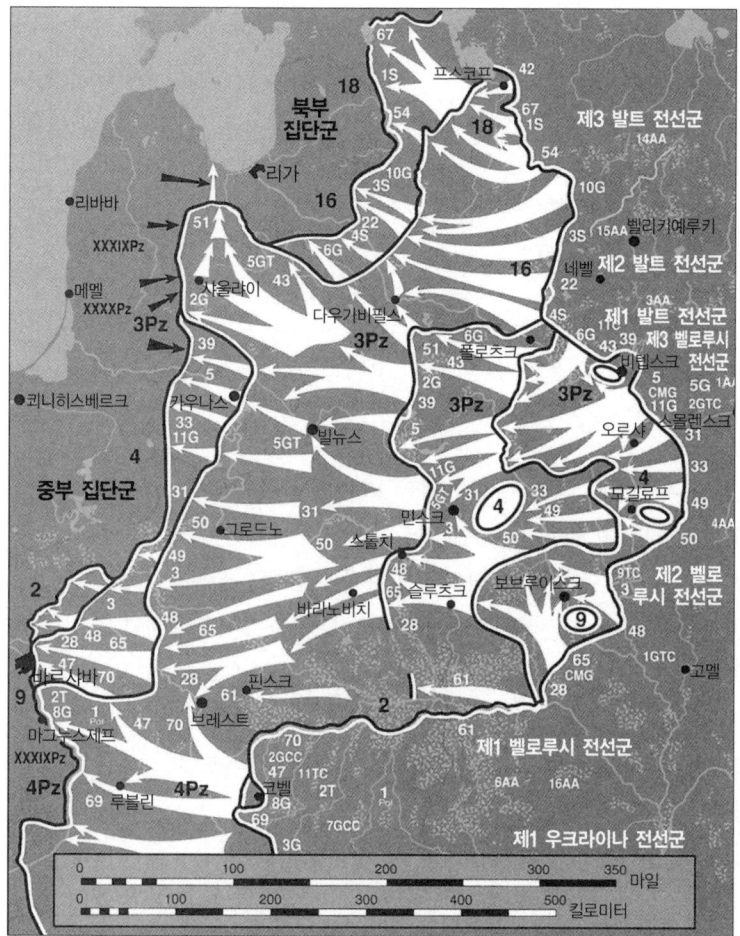

지도 16. 벨로루시 작전(1944년 6~8월)

쪽의 스타니슬라브Stanislaw에서 나타나 공격하는 것처럼 보이기 위해 복잡한 기만술을 쓰기로 했다. 로코숍스키의 제안에 대해 스탈린은 계획이 복잡하다며 반론을 폈는데, 특히 리보프 포위에 대해서는 더 그랬다. 결국 스탈린은 코네프에게 실패할 경우 책임을 져야 할 것이라는 경고를 내던지고는 작전을 허가했다.[6] 코네프의 공세는 민스크 함락 직후, 그러나 코벨 지역에서 제1 벨로루시 전선군 좌익이 공세를 벌이기 전에 개시될 것이었다.

서막

스타브카는 바그라티온 작전의 기본 지침을 1944년 5월 31일에 하달했다. 이전의 공세 계획과는 달리 이번에는 각 전선군이 수행할 수 있는 목표를 제시했고, 초기 목표를 민스크 서쪽, 즉 출발점에서 150킬로미터를 넘지 않는 곳으로 설정했다.* 실제로 초기 공세의 어마어마한 성공으로 소련 지휘관들은 훨씬 먼 거리의 목표를 탈취하기 위해 작전 기간 동안 계획을 조정해야 했다.

작전 계획에 따라 보급품을 집적하고, 전선군을 따라 수많은 부대들이 기밀을 유지하며 전략적으로 이동했다. 제6 근위군과 제11 근위군은 제2 발트 전선군에서 제1 발트 전선군으로 이동했고, 제5 근위 전차군과 제8 근위군은 몰도바에서 벨로루시로, 제28군과 1개 기병-기계화 집단은 우크라이나에서 남부 벨로루시로, 제2 전차군은 루마니아 국경에서 코벨 지역으로 이동했다. 5월과 6월 사이, 후방 업무 사령관인 흐룰료프는 스탈린, 주코프, 바실렙스키로부터 철도 수송을 서두르라는 쉴 새 없는 요구에 시달려야 했다. 남부 전선에서 주공이 있을 것처럼 보여야 했기 때문에 모든 일은 극도의 기밀 유지하에서 이루어져야 했다.[7] 결국 원안대로 시간을 맞추는 것은 어려웠고, 우연히도 바그라티온 작전의 공세 개시일은 독일이 침공한 지 3년째 되는 날인 6월 22일로 바뀌었다.

*5월 31일의 지령에 의하면, 제1단계는 7월 15일까지 민스크 포위 완료인데, 이 거리는 150킬로미터를 훨씬 넘는다. 150킬로미터 정도의 거리는 5월 20일 제시되었던 제1 단계 목표이고, 민스크의 동쪽이다. Niepold, G., *Mittlere Ostfront Juni '44*, pp. 37~45.

6월 20일, 바그라티온 작전에 참여하는 4개 전선군은 제1 벨로루시 전선군의 좌익을 제외하고, 14개 제병협동군, 1개 전차군, 4개 항공군, 118개 소총병 사단과 2개 소총병 여단(대부분이 40개 소총병 군단에 속함), 7개 요새 지역, 2개 기병 군단(6개 기병 사단), 8개 기계화 또는 전차 군단(4개는 독립 군단), 수십 개의 지원포병 제대들로 이루어져 있었다. 병력은 1,254,300명이었고, 전차와 자주포 4,070대, 화포 24,363문, 전투용 항공기 5,327대로 장비했을 뿐 아니라 장거리 항공 임무를 위해 항공기 1,007대가 더 있었다. 제1 벨로루시 전선군의 좌익은 416,000명의 병력과 1,748대의 전차와 자주포, 8,335문의 야포와 박격포, 1,456대의 항공기가 5개의 제병협동군, 1개 전차군, 1개 항공군, 36개 소총병 사단(11개 소총병 군단), 2개 기병 군단, 4개의 전차 또는 기계화 군단으로 이루어졌다.[8]

주공을 위한 준비가 착착 진행되는 동안, 고보로프 장군(레닌그라드 전선군)과 메레츠코프 장군(카렐리야 전선군)은 핀란드를 공격하여 하계 공세의 막을 열었다. 레닌그라드 주위의 전선은 1941년 말 독일 공세가 중단된 이래 안정적인 상태를 유지하고 있었기 때문에, 핀란드군은 소련이 1940년 점령했던 지역을 수복한 이후에는 별다른 움직임을 보이지 않았다. 핀란드군이 수동적인 것은 좋았지만, 언제나 조심스러운 스탈린은 핀란드가 마음을 바꾸어 열심히 싸우지나 않을까 싶어 카렐리야와 그 이북에도 상당한 병력을 유지해 왔다. 1944년 중반이 되자 스탈린은 핀란드와의 전쟁을 끝내서 잃었던 영토를 되찾고 그곳의 병력을 다른 곳에 투입하고자 하였다.

카렐리야 작전은 하계 공세의 첫 단계로서, 핀란드를 전열에서 이탈시키고, 독일군이 훨씬 남쪽인 중부 집단군에 대한 소련군의 공세 준비를 눈치 채지 못하게 하는 동시에, 동맹국의 이탈로 독일을 불안하게 만드는 것이 목적이었다. 스타브카는 레닌그라드 전선군과 카렐리야 전선군에게 카렐리야-핀란드 지협을 확보하고, 레닌그라드 북쪽, 북서쪽으로 점령지를 확장하라고 명령하였다. 레닌그라드 전선군은 발트 함대의 지원을 받아 6월 10일에 비푸리Viipuri를 공격하여 10일 이내에 점령하라는 명령을 받았고, 카렐리야 전선군은 라도가 호 북쪽에서 6월 21일에 공격을 개시할 계획이었다.

소련 지휘관들은 1939년과 1940년에 만네르하임 선을 돌파하는 동안 겪었던 어려움을 잘 알고 있었다. 앞서 4개월간의 전쟁을 반복하지 않기 위해 조심스레 계획을 수립하고, 공세에 앞서 충분한 수적 우위를 확보했다.[9] 고보로프의 공세는 계획대로 잘 풀려 나갔다. 6월 21일, 핀란드군과 독일군이 독일의 지원 병력 파견에 대한 협상을 진행하는 와중에 제21군의 좌익이 비푸리를 확보했다. 비푸리의 소련군을 증강하기 위해 고보로프는 제59군의 부대들을 해로를 거쳐 이 핀란드인의 도시로 수송했다. 같은 날 메레츠코프의 제7 독립 야전군이 중부 카렐리야에서 스비르 강을 따라 공격을 개시했다. 라도가 호 남쪽과 북쪽에서 소련이 합동 공격을 펼치자 핀란드는 9월에 평화 협상을 제의했다. 명목상의 독일군의 지원이 도착하기는 했지만 주사위는 이미 던져진 셈이었다.[10] 카렐리야 작전은 벨로루시에서 벌어진 작전에 비하자면 그저 지엽적인 것이었다. 핀란드와의 전쟁에서 공을 세운 고보포르와 메레츠코프는 소연방 원수로 승진하였다.

　핀란드 전역은 독일군이 중부 집단군에 신경 쓰지 못하도록 만드는 효과도 있었다. 사실 소련이 기만을 위해 꾸민 전략은 북익과 남익에서 주공세로 나가고 중부 집단군에 대해서는 늦여름에 가서야 제한된 공세를 가할 것이라고 독일 측을 믿게 만드는 것이었다. 북쪽의 제3 발트 전선군과 루마니아 국경의 제2, 제3 우크라이나 전선군은 5월까지도 병력을 집중시킨 것처럼 하고는 활발한 군사 활동을 벌이는 듯한 모습을 노출시키고 있었다. 이 기만 전술이 벨로루시에서의 공세 개시일까지도 너무나 성공적으로 이루어져 독일 정보 부서들은 제2 전차군, 제5 근위 전차군, 제5 근위군, 제8 근위군이 남(南)우크라이나 집단군과 대치하고 있는 줄로만 알았다.[11]

　소련의 기만술은 북익과 남익에 있는 독일의 동맹국과 독일이 가지고 있던 선입관과 맞아떨어졌다. 육군 총참모부 동부 정보국의 국장인 라인하르트 겔렌 Reinhard Gehlen 대령은 5월과 6월 계속해서 소련의 주공이 북쪽과 남쪽에서 있을 것이라는 예상을 내놓았다. 동시에 독일의 전략적 중점은 영미군의 이탈리아에서의 작전과 프랑스에서 있을 상륙 작전에 놓여 있었고, 독일 공군은 동부 전선의 전술적 요구보다는 본토 방위에 우선 신경을 썼다.

　독일 정보 장교들은 직책에 관계없이, 전방 배치된 소련의 보병이나 포병 전력에 대해서는 매우 정확히 알고 있었지만, 후방의 작전 예비대나 전략 예비 병력에 대해서는 거의 알지 못했다. 동부에서 독일이 제공권을 상실한 데다가 소련의 기만술이 엄격히 적용되자, 사실상 독일의 항공 정찰은 효과가 없었다. 지상의 수색 부대와 소수의 첩자들이 소련 후방 지역에서 활동하는 것도 점점 어려워졌다. 결국 독일 정보 장교들은 집단군 지역으로 3개 제병협동군, 1개 전차군, 수 개의 기동 군단이 이동해 오는 것을 알아채지 못했다. 더구나 바그라티온 작전의 개시가 지연되면서 가장 기민한 분석가조차도 정확한 작전 개시일을 알아내기는 어려웠다.[12]

군단 급과 그 이하의 독일 지휘관들과 정보 장교들은 어떤 형태로든 공격이 있을 것이라는 예측을 내놓았지만, 고위 사령부에서는 그 보고를 과장된 것으로 보고는 무시하였다. 예를 들어 바그라티온 작전 개시 1주일 전, 독일 제12 보병 사단의 한 대대장이 순시 중이던 제39 기갑 군단장이던 R. 마르티네크R. Martinek 포병대장에게 적의 위협에 대해 이야기를 꺼냈다. 그러자 그는 전적으로 동의하면서도 다음과 같은 격언을 덧붙였다. 〈신이 누군가를 멸하려 하실 때에는, 먼저 그를 눈멀게 하신다.〉*[13] 독일의 고위 사령부는 공세 3일 후인 6월 25일까지도 바그라티온 공세가 얼마나 위협적인 것인가를 알지 못했다.

이렇다 보니 소련군의 공세가 시작되었을 때 독일 중부 집단군은 빈껍데기에 불과했다. 5월 말 히틀러는 중부 집단군이 드네프르 강과 베레지나 강 너머로 퇴각하는 것을 엄격히 금지했다. 더 남쪽에서 소련군의 공세가 있을 것이라는 판단 아래 육군 총사령부는 제56 기갑 군단의 통제권을 북(北)우크라이나 집단군에게 넘겨 버렸고, 그 결과 중부 집단군 사령관 에른스트 부슈Ernst Busch 원수가 반격에 쓸 수 있는 병력 중 일부가 없어진 셈이었다. 보브루이스크 서쪽에 있는 제20 기갑 사단 정도가 가용한 예비 병력이었는데, 그나마도 집단군이 아니라 육군 총사령부의 통제를 받고 있었다.

6개의 대대를 가진 보통의 독일 보병 사단은 32킬로미터 폭의 방어진을 담당하고 있었다. 전방 배치된 대대들 간의 간격은 청음소(聽音所)나 주기적인 순찰 정도로 메웠다. 대부분의 경우 독일 지휘관들은 장애물, 참호, 벙커 등으로 이루어진 전방 방어망의 수백 미터 뒤에 2차 방어선을 두고, 전선의 4~6킬로미터 후방에는 대강 만든 부가적인 사단 방어선을 두었다. 이 후방으로는 방어 시설이란 것이 없

* 이러한 유형의 서양 격언은 많이 있는데, 대표적인 것은 라틴어의 〈Quem Iuppiter vult perdere dementat prius〉(유파테르 신이 누군가를 멸하려 하실 때에는, 먼저 그를 광분하게 만든신다)〉가 있다.

다시피 했고, 예비 병력이나 반격 병력은 그 규모가 어떻든 간에 이제 벌어질 전투를 감당해 내기에는 형편없이 부족했다. 이 결과 즉각적인 반격을 위해 국지적 퇴각을 용인하는 독일의 전통적인 방어 개념이 적용될 수가 없었다. 사실 많은 병력은 후방에 묶여서 파르티잔을 상대로 한 전투에 휘말려 있었는데, 소련의 게릴라 조직망을 약화시킬 수는 있어도 완전히 제거하지는 못했다.

공격

바그라티온 작전의 개시 시각에 대해서는 독일과 소련의 기록이 다소 상이한데, 이것은 소련군의 공격이 시차를 두고 일어난 탓도 있다. 1944년 6월 19~20일 밤, 잔존한 파르티잔들이 중부 집단군 후방의 철도 교차점, 교량, 기타 중요한 수송 거점에 공격을 가했다. 독일군은 많은 경우 소련 파르티잔의 공격을 꺾어 놓기는 했지만 수천 개소에 달하는 수송 거점들이 망가졌고, 그 결과 추후 퇴각과 보급뿐 아니라 부대 간 이동조차도 불가능하게 되었다.[14]

6월 21~22일 밤이 되자 독일군 후방 지역에 폭격이 가해졌고, 소련군 수색 대대들은 드문드문 있는 독일 전방 거점들 사이로 이동하며 방어진을 1겹씩 벗겨 내고 있었다. 주공은 사실 23일에 실시되었는데, 수색 부대들의 성공으로 많은 경우 긴 시간의 준비 포격 없이 공세가 개시되었다. 공격은 전차, 자주포, 보병이 화포와 항공 지원을 받는, 잘 조직된 혼성의 임무 부대들이 수행했고, 선두에는 지뢰밭에 길을 내기 위해 지뢰 제거기를 장착한 공병 전차가 나섰다. 밤에는 탐조등과 조명탄이 소련군의 진격을 도왔을 뿐 아니라 독일군의 시야를 가렸다.[15]

대부분의 독일군 보병 연대 예하의 대전차 중대가 장비한 50밀리미터 대전차포는 T-34와 그보다 무거운 전차들의 전면 장갑에는 대체로 효과가 없었다. 독일 보병들은 대전차 지뢰, 고폭약, 판저파우스트 등 단거리 무기들로 공격에 대항했다. 소련군 지휘관들은 대부분 독일군 저항 거점을 우회한 채로 진격을 계속했다.[16]

비텝스크 지역에서는 6월 24일 늦게 A. P. 벨로보로도프A. P. Beloborodov 중장의 제43군 소속인 소규모 기동 부대가 완전히 사기를 잃은 독일 E 분견 군단의 잔여 병력을 쓸어버리고 비텝스크 서쪽에서 드비나 강을 건넜고, 25일 정오 즈음에는 I. I. 류드니코프I. I. Lyudnikov 중장의 제39군의 선견 기갑 부대와 합류하여 독일 제53군단의 퇴로를 차단했다. 거의 정지하지 않은 채, 치스탸코프 중장의 제6근위군은 붓코프 중장이 이끄는 제1 전차 군단의 지원을 받으며 서쪽으로 방향을 돌려, 폴로츠크로 퇴각하는 독일 제3 기갑군을 추격했다.

남쪽에서는 로코솝스키가 6월 24일에 돌격을 개시했는데, 그의 선두 사단들은 독일군이 예상치 못했던 늪지에서 갑자기 나타나서 기습적으로 공격에 들어갔다. 독일군이 눈치 채지 못하게 공병들이 프티치Ptich 강 동쪽을 따라 늪지에 나무 둑길을 만든 덕분에 진격이 가능했던 것이다.[17] 일단 독일군 방어진이 선두 보병 부대에 의해 무너지자 로코솝스키는 늪지 둑길 위로 기갑 부대를 투입시켜 독일군 방어선을 뚫고 후방으로 침입했다. 6월 25일 정오에는 M. F. 파노프M. F. Panov 중장의 제1 근위 전차 군단이 40킬로미터나 진격하여 보브루이스크 남쪽에 접근하고 있었고, 플리예프 중장의 기병-기계화 집단이 그 뒤를 이어 슬루츠크를 향한 서진을 준비하였다. 독일 제20 기갑 사단은 주공이 동쪽의 로가체프에서 오는 것인지 보브루이스크 남쪽에서 오는 것인지를 놓고 주저하다가 혼란스러운 명령에 휩쓸려 이리저리 행군만 하며 이틀을 허비했다. 이 괴로운 상황을 끝내기라도 하듯, 26일에 B. S. 바하로프B. S. Bakharov 중장의 제9 전차 군단은 제1 근위 전차 군단이 강의 서안에서 벌였던 것처럼 로가체프 서쪽 독일군 방어진을 돌파하고 보브루이스크 바로 남쪽 베레지나 강의 도하점을 점령하려고 했다. 강의 서안에서는 제1 근위 전차 군단이 접근 중이었다.

번개 같은 소련 기갑 부대의 진격이 있은 뒤, 소련 제3군, 제48군, 제65군이 독일 제35군단과 제41 기갑 군단의 일부, 제20 기갑 사단을 보브루이스크 남동쪽에서 포위하였다. 포위진에서 벗어나려는 독일군이 티톱카Titovka의 교차로에 몰리자 소련 항공기들이 가차없는 공격을 퍼부었다.[18] 이 대량 학살에서 강인한 정신력을 가진, 행운이 따라 주었던 자들만이 보브루이스크 북서쪽으로 탈출하는 데 성공하였다. 이 탈출은 소련 지휘관들이 휘하 부대에게 서쪽으로 방향을 돌려 민스크로 진격할 것을 독려하고 있었기 때문에 가능하기도 했다.

오르샤와 모길료프를 향한 소련군의 두 번째 공격에서, 독일군의 상황이 이처럼 처음부터 어렵지는 않았다. I. T. 그리신I. T. Grishin 중장이 이끄는 제49군은 6월

24일에 독일 제39 기갑 군단과 제12군단 사이로 소규모 돌파를 감행했다.[19] 그리신은 기갑 부대가 부족했기 때문에 전과확대를 위한 부대로 보병을 전차에 태운 독립 전차 여단 1개밖에 사용할 수 없었다. 독일군의 재앙 소식을 접한 독일 제4군은 서서히 드네프르의 모길료프로 퇴각했다. 6월 27일, 그리신의 부대는 모길료프의 남과 북에서 강을 건넜다. 독일군은 민스크로의 퇴각을 신중히 고려해야 했는데, 이미 민스크도 포위될 가능성이 짙어 보였다. 하지만 히틀러는 모길료프를 사수하라는 명령을 내렸다. 이 명령을 지킨 사람도 있었지만, 대다수는 그렇지 않았다. 포성이나 경험을 따라 서쪽으로 탈출한 독일군들도 결국 비텝스크나 보브루이스크 전투에서처럼 비참한 신세가 될 운명이기는 마찬가지였다. 모길료프와 그 주변 드네프르 강에서 전술적으로나 작전적으로나 포위되는 것은 피했지만, 독일군은 민스크에서 훨씬 더 큰 규모의 전략적 포위망에 걸려들게 된다.

이런 포위전이 거듭되어도 히틀러는 도시들을 요새로 지정하고 최후의 1인까지 방어하라고 명령했다. 많은 경우 도시라고 해봐야 지하실이 없는 목조 건물들뿐이라 효과적인 방어란 불가능했다. 이 시기에 이르러 독일의 연대 급 이하 장교들은 요새로 지정될 법해 보이는 도시의 방어를 피하게 되었다. 어쩌다가 방어가 곤란한 그런 곳에 놓이기라도 하면, 독일군은 빠져나올 기회를 놓치지 않았다. 예를 들어 6월 27일에 독일 제12 보병 사단은 수천 명의 지원 병력과 수백 명의 부상병을 데리고 모길료프를 방어 중이었다. 2개의 대대 급 전투단이 자력으로 도시에서 빠져나왔고, 기적적으로 베레지나 강을 건너 민스크 남서쪽, 네만Neman 강의 독일군 진지에 도달했다.[20]

6월 27일, 북쪽에는 독일 제3 기갑군과 제4군 사이에, 남쪽에는 제4군과 타격을 입은 제9군 사이에 커다란 틈새가 생겼다. 로트미스트로프의 제5 근위 전차군의 2개 전차 군단과 V. T. 오부호프V. T. Obukhov 중장의 제3 독립 근위 기계화 군단이 북쪽 틈새를 파고들었는데, 휘하 여단들을 평행하게 진격시켜 베레지나 강의 도하점을 찾도록 했다. 남쪽 틈새로는 플리예프의 기병-기계화 집단이 프티치 강을 건너 슬루츠크로 진격하였고, 6월 29일에는 이 도시를 점령했다.

육군 총사령부는 뒤늦게야 이러한 공격에 대응하여, 몇몇 기계화 부대들을 철도와 도로로 이동시켰다. 제5 기갑 사단이 보리소프Borisov까지 열차로 이동하여,

후방 보안 부대들과 함께 제3 기갑군과 제4 군 사이의 틈을 메우려고 최선을 다했지만, 기껏 할 수 있는 일이라고는 숲이나 마을에 매복해 근거리에서 사격을 퍼부으며 소련군 군단들의 선견대를 기습하는 것이 고작이었다. 이런 전술로는 소련 지휘관이 새로운 진격로를 선택하여 우회하는 결정을 내릴 때까지 겨우 몇 시간 정도 진격을 지연시키는 것에 불과했다.[21] 로트미스트로프와 다른 전차 지휘관들은 얼마 안 가 벨로루시에서의 전차전이 우크라이나의 스텝 지형에서의 전투와 매우 다를 뿐 아니라, 전차 손실도 많다는 것을 알게 되었다.[22]

민스크 해방

1944년 7월 2일, 민스크와 그 주변에는 약체의 독일군만이 남아 있었다. 민스크 함락은 소련 선견대와 전차 군단이 돌파를 잘 이용한 좋은 예이다. 정리하면, 독일군이 방어 준비를 채 갖추기도 전에 소련군의 소규모 선견대가 민스크로 돌입해 버렸다. 민스크 북쪽에서는 제5 근위 전차군의 제29 전차 군단이 도시를 지나 서쪽으로 진출하여 독일군의 반격이 없는가를 살펴보며 스비슬로치Svisloch 강의 도하점을 점령했다. 7월 3일에 도시의 북서쪽 외곽에서 제3 근위 전차 군단이 들어왔고, 북동쪽에는 A. S. 부르데이니A. S. Burdeinyi 소장의 제2 근위 전차 군단 휘하에 있는 로시크 대령의 제4 근위 전차 여단이 독일군을 소탕했다.[23] 민스크는 그날 오전, 독일군이 방어를 조직하기도 전에 점령당한 것이나 다름없었다. 7월 3일 오후, 제1 근위 전차 군단의 선견대가 남쪽에 도착하여 함락을 완료했다. 그들 뒤에는 남동쪽에서 제3군, 북동쪽에서 제31군의 소총병 부대가 따라왔다. 그리하여 도시가 기계화 부대에 의해 점령된 그 순간, 소련군에게 우회된 채 민스크 동쪽에서 방어전을 펼치고 있던 독일 제4군에 대한 포위망도 이렇게 해서 만들어졌다. 전과확대를 위한 모든 과정이 거의 멈추지 않고 계속된 것이다.[24]

훨씬 남쪽에서는 보브루이스크의 독일군 잔여 병력들이 소련군 2개 전차 군단의 포위를 벗어나려고 안간힘을 쓰고 있었다. 독일군의 기록에 의하면 이 포위진에는 독일 제9군의 2개 군단, 70,000명이 있었다. 북쪽의 제5 기갑 사단과 마찬가지로,

육군 총사령부는 이곳의 상황 타개를 위해 제12 기갑 사단을 파견했다. 제12 기갑 사단은 임무를 수행하기 위해 6월 27일, 보브루이스크에서 50킬로미터 떨어진 오시포비치Osipovichi까지 열차로 이동했다. 제9군 참모장은 사단장에게 말했다. 「반갑네. 그런데 제9군은 없어졌어.」[25] 이 말은 어느 모로 보나 맞는 말이었다. 6월 30일, 제12 기갑 사단의 전투단은 무장을 갖추지 못한 채 포위망에서 탈출한 10,000명을 구해 냈다. 하지만 나머지 60,000명은 소련의 집중 항공 공격을 받았고, 마침내 항복하였다. 독일 제6 항공군은 이 지역에서 겨우 45대의 전투기를 운용했지만 연료 부족에 시달려 소련의 압도적 제공권에 아무런 제동도 걸지 못했다.

독일군에게 더 나쁜 일이 터졌다. 6월 27일, 히틀러는 작전 명령 제8호를 배포하여, 이미 포위되어 버린 병력으로 전선을 재건하라는 지령을 내렸다. 독일군 지휘관들은 퇴각이나 기동을 허가해 주기를 바랐지만, 더 어찌해 보지 못할 지경에 이르도록 매번 거부당했다. 그 결과 비텝스크에서 제53군단이 항복했고, 민스크 동쪽에서 제4군의 대부분이 포위당했다.[26]

제2 벨로루시 전선군의 제33군, 제49군, 제50군이 포위된 제4군을 처리하는 사이, 체르냐홉스키와 로코숍스키의 전선군은 진격의 여세를 몰아 서진을 거듭했다. 몰로데치노Molodechno와 바라노비치Baranovichi는 늪과 숲으로 둘러싸인 중부 벨로루시에서 이동이 가능한 회랑들로 연결된 중요한 도시였는데, 이 도시들도 함락되었다. 빌뉴스와 비아위스토크로 진격하기 위해서는 독일이 새로운 방어선을 구축하기 전에 이 도시들을 점령해야 했다.

7월 3일, 제5 근위 전차군은 민스크 서쪽에서 재집결하였고, 이 사이 오부호프의 기병-기계화 집단(제3 근위 기계화 군단과 제3 근위 기병 군단)은 독일 제5 기갑 사단과 제39 기갑 군단의 패잔병들로 이루어진 독일군을 상대로 몰로데치노에서 전투를 개시했다. 남쪽에서는 플리예프의 기병-기계화 집단이 바라노비치로 접근하고 있었다. 독일군은 북쪽에 제7 기갑 사단, 남쪽에 제4 기갑 사단을 추가로 투입하여 저항에 나섰다. 7월 5일, 제5 근위 전차군이 빌뉴스로의 진격에 가세했고, 7월 8일에는 제3 벨로루시 전선군의 기병-기계화 집단, 제5군, 제11 근위군이 빌뉴스를 포위하여 독일군을 구축(驅逐)하고 구원 병력을 차단했을 뿐 아니라 네만 강을 향해 진격을 속개했다. 빌뉴스에서의 전투는 7월 13일까지 계속되었고,

로트미스트로프의 전차대는 시가전에 휘말려 손해를 보았다.[27]

이날 새로 도착한 독일 제6 기갑 사단은 적진을 30킬로미터나 뚫고 들어가 수비대의 일부를 구원해 내는 영웅적인 일을 해내었지만, 같은 날 소련군은 네만 강에 도달했다. 그사이 북쪽에서는 바그라먄의 제1 발트 전선군이 폴로츠크를 점령했고, 인접한 제2 발트 전선군과 함께 드비나 강의 양안을 따라 북서쪽으로 진격해 나갔다. 우크라이나와 크림 반도에서 새로 이동해 온 제2 근위군과 제51군이 바그라먄의 전열에 가세하면서 이미 쇠약해진 중부 집단군의 북익을 쳤다.[28] 이 축으로의 진격은 카우나스Kaunas와 리가Riga를 지나 발트 해 연안을 노린 것으로, 독일 중부 집단군과 북부 집단군의 연결을 끊어 놓기 위한 것이었다.

빌뉴스의 점령과 동시에 독일은 남쪽의 교통 요충지인 리다Lida와 바라노비치를 잃었다. 소련 제50군과 제49군은 민스크 포위전을 종료한 뒤 원래의 전선군으로 복귀했고, 제2 벨로루시 전선군과 제1 벨로루시 전선군은 각각 독일군 후방 깊숙한 곳의 그로드노Grodno와 비아위스토크를 노렸다. 1주일 만에 벨로루시 남부에서의 진격은 폴란드 국경을 향한 훨씬 큰 규모의 전투로 확대되었고, 제1 벨로루시 전선군의 좌익도 코벨 서쪽에서 전투를 개시했다.

6월 22일~7월 4일 사이 12일간, 중부 집단군은 25개 사단, 약 300,000명을 잃었다. 이후 몇 주 동안 독일군은 약 100,000명을 추가로 잃었다. 소련군의 진격은 선두 기갑 부대가 소모되어 무뎌지면서 7월 말 마침내 둔화되기 시작했다. 3주 동안 전투나 기계적 마모에 의한 전차의 손실 때문에 전차 부대들은 수리와 재정비가 필요했고, 제5 근위 전차군의 손실이 가장 심각했다. 로트미스트로프는 이 손실의 책임으로 물러났지만, 표면적으로는 소련 기갑-기계화군 총감으로 옮겨 승진했다. 제5 근위 전차군은 볼스키 중장에게 넘어갔다.[29]

소련군의 진격이 느려졌다 해서 독일군에게 위안이 된 것은 아니었다. 초기에 파멸적인 패배가 이어지는 동안, 북(北)우크라이나 집단군의 사령관인 발터 모델 원수가 6월 29일부터 중부 집단군의 지휘도 맡아 잔존 병력의 재배치를 조율하고 서쪽 어딘가에서 방어진을 구축하게 되었다. 모델 원수는 이미 벨로루시로 기갑 사단들을 옮기고 있었으나, 곧 리보프와 코벨에 이르는 자신의 원래 담당 지역에서 벌어진 전투로 골머리를 썩고, 발트 해에서 카르파티아 산맥에 이르는 지역에서의 대규모 전투를 총괄하여 지휘하게 되었다.

리보프-산도미에시 작전과 루블린-브레스트 작전

스타브카는 6월 28일에 제1 발트 전선군과 제1, 제2, 제3 벨로루시 전선군 모두에 전진 명령을 내렸었는데, 7월 13일에는 제1 우크라이나 전선군도 벨로루시에서의 독일의 패배를 이용해 프리퍄티 습지 남쪽에서 리보프-산도미에시 작전을 개시하였다.

앞서의 작전 계획에 따라 스타브카는 코네프에게 리보프의 동쪽과 북동쪽으로 동시에 타격을 가해 독일 북우크라이나 집단군을 리보프와 라바-루스카야Rava-Russkaya 지역에서 분쇄하라는 명령을 내렸다.[30] 북쪽에서는 남쪽에서 은밀히 이동한 카투코프의 제1 근위 전차군과 바라노프 중장의 기병-기계화 집단(제1 근위 기병 군단과 제25 전차 군단)이 스티르 강을 따라 루츠크에서 남서쪽으로, 라바-루스카야와 리보프로의 진입로를 향해 공격하기로 했다. 동시에 리발코 상장의 제3 근위 전차군과 렐류셴코 상장의 제4 전차군이 S. V. 소콜로프 중장의 기병-기계화 집단과 함께, 제38, 제60 제병협동군이 리보프를 향해 곧장 돌파구를 만든 뒤 전과 확대를 위해 투입되기로 하였다. 독일군을 기만하기 위해 코네프는 남쪽의 스타니슬라브 지역에서 양동 작전을 펼치기로 했다. 병력의 재배치는 은밀히 이루어졌기 때문에 코네프는 독일군에 비해 압도적인 수적 우위를 누릴 수 있었다.[31]

코네프의 공세는 7월 13일에 북쪽에서 제3 근위군과 제13군의 수색 부대가 독일 전방 진지들이 비어 있는 것을 알아채면서 시작되었다. 즉시 전방 대대와 주력이 진격에 가세하고 그날 독일군 방어진을 15킬로미터까지 파고드는 데 성공했다. 며칠 사이에 S. V. 소콜로프의 기병-기계화 집단과 후속의 카투코프의 전차군이 벌어진 틈으로 맹진하였다. 카투코프는 선견대 역할을 해온 제1 근위 전차 여단으로 독일군을 기만하고 어느 지역에서 전투가 개시될지 헷갈리게 만들었으며, 독일군 작전 예비대인 제16 기갑 사단과 제17 기갑 사단을 잘 유인하여 초기에는 북쪽으로 끌어냈다.[32] 뒤에 독일 제16 기갑 사단은 소련군과의 접촉을 끊고 서쪽으로 소련군의 측면을 따라 이동하여 리보프 전투가 있을 때를 맞추어 그 지역에 도착했다.

북쪽에서 카투코프가 독일 방어진 깊숙이 전진하는 동안, 리보프 가도 상에 있는 코네프의 제병협동군들은 리발코와 렐류셴코의 전차 부대를 위한 회랑을 열지 못하고 있었다. 제38군은 독일군의 전술 방어진에서 공격이 돈좌되었고, 제60군은 콜토프Koltov 동쪽에서 독일군 방어진에 작은 구멍을 냈을 뿐이다. 상황이 바뀌었기에 코네프는 재빨리 리발코와 렐류셴코에게 그들의 전차군을 제60군 전선에 투입할 것을 명령했다. 제31군, 제4 근위 전차 군단이 돌파구를 넓히는 임무를 맡았다. 그러는 사이 S. V. 소콜로프의 기병-기계화 집단은 북쪽으로 전환하여 제1 근위 전차군에 가까이 다가가며 비스와 강을 향한 전진을 주도하게 할 계획이었다.

7월 14일 이른 시각, 1,000대가 넘는 전차와 자주포로 이루어진 코네프의 기동 부대가 콜토프 회랑으로 돌입했다. 독일 제1, 제8 기갑 사단이 이를 막기 위해 처절한 반격을 펼쳤지만, 코네프의 기갑 아르마다(무적함대)는 포화 세례를 뚫고 나갔다.[33] 7월 18일, 제3 근위 전차군의 선견대가 리보프 북동쪽에서 S. V. 소콜로프의 기병-기계화 집단 소속 선도 여단과 만나 독일 제13군단을 브로디Brody 주위에서 포위했다.* 이제 소총 부대들이 포위진을 제거하는 동안, P. P. 폴루보야로프P. P. Poluboyarov 중장의 제4 근위 전차 군단의 지원을 받는 제60군은 제1, 제8 기갑 사단의 구원 작전을 견제하고, 제3 근위군과 제4 전차군이 리보프를 북쪽과 남쪽에서 포위하려 하였다. 독일 제36군단과 제3 기갑 군단이 소련 전차군의 공격을 저지하며 격전이 벌어졌다.

결국 리보프 주위의 독일군 방어망이 무너진 것은 제1 근위 기갑군과 S. V. 소콜로프 기병-기계화 집단이 독일군 후방 깊이 비스와 강을 향해 진격하면서였다. 7월 23일, 카투코프의 전차군이 프셰미실Przemyśl로 접근하면서 리보프로 향한 독일 병참선을 끊어 버렸다. 코네프는 리발코의 전차군도 서쪽으로 전환하여 카투코프와 합류할 것을 명령했다. 7월 27일에 소콜로프의 기병과 전차 부대가 비스와 강에서 20킬로미터 떨어진 지점까지 도달하자 독일군은 리보프를 포기했다. 코네프는 카투코프와 리발코에게, 독일군 기갑 부대가 리보프 지역에서 이동하여

---

* 원문에는 소콜로프로 되어 있으나, 소콜로프 집단은 당시 제3 근위 전차군 우측에 있었으며, 실제 조우한 것은 바라노프의 기병-기계화 집단 소속 부대들이었다. Erickson, J., *The road to Berlin*, p. 235.

재배치되는 틈을 타, 방향을 바꾸어 비스와 강으로 진격하라고 했다. 렐류셴코의 제4 전차군과 바라노프의 기병-기계화 집단이 남쪽에서 독일군의 반격을 막는 동안 제1, 제3 근위 전차군은 비스와 강을 향해 북서쪽으로 전진했다. 7월 29일과 30일, 카투코프의 선견대는 N. P. 푸호프N. P. Pukhov 중장의 제13군 소속 차량화 부대와 함께 산도미에시 남쪽에서 교두보를 확보했다. 며칠 사이 이 교두보에 야전군 주력과 리발코의 제3 근위 전차군이 합류했다.*

교두보를 놓고 길고 긴 격전이 벌어졌다.[34] 1개월 넘게, 헝가리에서 재배치되거나 리보프 지역에서 이동해 온 독일군 예비 병력이 제59, 제3, 제48 기갑 군단으로 편성되어 교두보와 그 주위의 소련군을 마구 공격했지만 헛수고였다. 남쪽에서는 독일 제24 기갑 군단이 비스와 강 동안의 소련군 교두보의 남익을 공격했다. 격전을 벌여도, 소련군은 일단 교두보를 확보하면 물러서지 않는다는 점을 독일군에게 다시 한 번 확인시켜 줄 뿐이었다.

발터 모델 원수가 그의 수완을 발휘해야 하는 것은 시작에 불과했다. 민스크가 점령되고 소련군이 리보프 축으로 진격하자마자 모델 원수는 코벨-루블린 축에 대한 위협에도 대처해야 했다. 이곳에서는 7월 18일에 로코숍스키의 제1 벨로루시 전선군 좌익이 전열에 가세했다.[35] 또한 7월 9~10일 사이 기만 양동 작전을 펼쳐 독일이 리보프 공격을 알아차리지 못하게 했었는데, 이제 코네프가 남쪽에서 성공하자 로코숍스키의 전선군도 행동을 개시한 것이다.

7월 18일, N. I. 구세프N. I. Gusev 중장의 제47군과 추이코프 상장의 제8 근위군이 독일군 방어진을 뚫고 21일에는 서(西)부크 강에 도달했다. 다음 날 보그다노프 중장의 제2 전차군이 루블린과 비스와 강을 향해 돌진했고, 제11 전차 군단과 제2 근위 기병 군단은 브레스트와 비아위스토크를 방어하는 중부 집단군 병력의 퇴로를 차단하기 위해 시에들체Siedlce를 향해 북서쪽으로 진격했다.

보그다노프가 7월 23일 루블린 전투 중 부상당하여, A. I. 라지옙스키A. I. Radzievsky로 교체되었지만 진격은 계속되었고, 제8 근위군과 제2 전차군의 선견대는 25일에 비스와 강에 도달했다. 추이코프의 부대가 마그누셰프Magnuszew에

---

* 독일은 이 교두보를 산도미에시 남동쪽 도시 이름을 따 바라노프Baranow 교두보라고 불렀다.

교두보**를 확보하는 동안 V. Ya. 콜파치V. Ya. Kolpakchi 중장의 제69군은 푸와비Puławy에 두 번째 교두보를 만들었고, 스타브카는 라지옙스키에게 바르샤바를 향해 북으로 진격하여 중부 집단군의 퇴로를 끊을 것을 명령했다.[36]

7월 28일, 라지옙스키의 야전군은 3개 군단과 나란히 진격하여 바르샤바 40킬로미터 남동쪽에서 독일 제73 보병 사단과 〈헤르만 괴링〉 강하 기갑 사단***과 교전했다. 바르샤바를 동쪽에서 접근하려는 라지옙스키와 이 길목을 지켜 바르샤바를 유지하려는 독일군 사이에 경주가 벌어졌다. 라지옙스키를 지원해 줄 수 있는 인근 소련군 부대는 제47군과 제11 전차 군단, 제2 근위 기병 군단이었는데, 이들은 50킬로미터 동쪽의 시에들체에서 전투 중이었다. 7월 29일, 라지옙스키는 바르샤바 북동쪽으로 돌아 독일군의 좌측면을 때리기 위해 휘하에 있는 제8 근위 군단과 제3 전차 군단을 북으로 진격시켰고, 이 사이 제16 전차 군단은 시 외곽에서 남동쪽으로 난 접근로에서 계속 접전 중이었다.

A. F. 포포프 중장의 제8 전차 군단이 바르샤바 동쪽 20킬로미터까지 도달했지만, N. D. 베데네예프N. D. Vedeneev 소장의 제3 전차 군단은 모델 원수가 조직한 독일 기갑 부대로부터 일련의 반격을 받았다. 7월 30일이 되자 〈헤르만 괴링〉 사단과 제19 기갑 사단이 볼로민Wolomin 북쪽에서, 병참선이 늘어날 대로 늘어나고 이제는 약해져 버린 전차 군단들을 바르샤바 15킬로미터 동북방에서 강타했다.[37] 전차 군단들은 3일을 버텼지만, 8월 2~3일에 독일 제4 기갑 사단과 SS 기갑 사단 〈비킹〉이 반격에 가세하자 제3 전차 군단은 거의 붕괴되었고, 제8 전차 군단도 심하게 압박받았다. 8월 5일 제47군의 부대들이 이 지역에 도착하자 제2 전차군은 휴식과 재정비를 위해 퇴각했다. 제47군의 3개 소총병 군단은 바르샤바 남쪽

** 독일은 마그누셰프 교두보를 바르카Warka 교두보라고 불렀다.
*** 이것이 전신은 1933년 내무부 장관에 취임한 나치 독일의 제2인자 헤르만 괴링이 만든 〈베케 특수 경찰 대대Polizeiabteilung z.b.V. Wecke〉이다. 괴링은 이후 1935년에 공군 총사령관이 되면서 이 부대를 공군 소속의 〈괴링 장군General Göring〉 연대로 재편, 정규 지상군 부대로 육성하였다. 1941년에는 〈헤르만 괴링〉 차량화 연대로 재편되어 바르바로사 작전 초기부터 참전했고, 1942년에는 차례로 여단 급, 사단 급으로 확장되었다. 당시 공군은 별도의 모병 체계를 운영하여 육군의 징집을 기피한 많은 유휴 인력을 확보하고 있는 데다, 괴링의 사욕이 더해져 이 사단은 전 독일군에서 최대 규모의 편제를 갖춘 기갑 사단이었다. 1944년 후반에는 이 거대한 사단을 분리하여 제2 강하 기갑 척탄병 사단 〈헤르만 괴링〉과 강하 기갑 군단 〈헤르만 괴링〉까지 창설되었다.

에서 시에들체까지 80킬로미터에 걸쳐 늘어섰고, 바르샤바나 나레프Narew 강으로 다시 진격할 수가 없었다. 동쪽의 중부 집단군을 위한 독일군의 병참선이 손상되기는 했지만 끊어지지는 않았다.

8월 1일, 타데우시 부르코모롭스키Tadeusz Bór-Komorowski 장군이 이끄는 폴란드 국내군이 바르샤바에서 무장봉기했다.[38] 국내군은 도심의 상당 부분을 점령했지만 비스와 강의 교량 4개를 확보하지 못하여 동쪽 교외를 점거할 수 없었다. 폴란드 국내군은 2개월간 투쟁하다가 바르샤바의 잿더미에서 붕괴되었는데, 이 동안 소련으로부터 물적 지원을 거의 받지 못했다. 제1 벨로루시 전선군은 그 대신 8월부터 독일군의 활발한 반격으로부터 마그누셰프 교두보를 지키고 서(西)부크 강을 건너 나레프Narew 강의 도하점들을 확보하는 데 주력하였다. 이 군사 작전은 단기적으로 폴란드 국내군을 도우려는 것이 아니라 차후 공세를 위한 출발점을 마련하는 데 목적이 있었다.

소련 제47군은 바르샤바 맞은편의 유일한 주력 부대였는데, 8월 20일 Z. M. 베를링Z. M. Berling 중장의 폴란드 제1군이 이곳에 투입되었다. 소련군은 9월 3일에 드디어 서부크 강을 건넜고 다음 날에는 나레프 강에 도달했으며, 6일에는 나레프 강 너머에 교두보를 확보했다. 9월 13일에는 제47군의 선견대가 바르샤바의 동쪽 교외인 프라가Praga로 진입했다. 3일 후, 폴란드군 2개 사단이 비스와 강을 도하했지만 별 성과를 거두지 못한 채, 9월 23일 퇴각하였다.[39]

오랫동안 소련은 폴란드 무장봉기를 성실하게 지원하려 애썼다고 주장해 왔다. 사실 이 지역에서 독일군의 방어력은 적어도 9월 중순까지 소련군의 공세를 막아낼 정도는 되었던 것 같다. 따라서 바르샤바를 노린 소련군의 진격이 있으려면 남쪽의 마그누셰프에서의 군사 작전이나, 좀 더 현실적으로는 북쪽의 서부크 강-나레프 강 축의 진격을 재조정하는 것이 필요했다. 바르샤바에 도달했다 하더라도 독일군을 소탕하는 데는 손실이 따랐을 것이고, 바르샤바는 장차 새로운 공세의 출발점으로도 적합하지도 않았다.

바르샤바를 점령하지 못한 소련군의 군사적 이유가 무엇이건 간에, 스탈린이 정치적인 이유로 부르코모롭스키를 도우려 노력하지 않은 것은 의심할 바 없는 사실이다. 폴란드 국내군은 영국과 미국의 지원을 받는 런던의 망명 정부에 충실했었기 때문에, 독일군과 폴란드군이 서로 치고 받는 쪽이 소련에게는 정치적으로 이득이었다. 바르샤바에 도달하기 위해 9월 10일과 16일~17일에 있었던 소련군과 폴란드군의 제한적인 시도는 그저 국내군의 사기를 조금 북돋았을 정도였다. 미 육군 항공대가 국내군 지역에 낙하산으로 물품을 투하한 뒤 소련군 비행장을 사용하도록 허락해 줄 것을 요구했지만, 스탈린은 9월 중순까지 이를 거부했다. 첫 번째 항공 보급이 있었을 때는 이미 폴란드 국내군의 수중에 있는 지역이 너무 작아 낙하산 투하조차 어려웠다. 2개월간의 영웅적인 저항 끝에 폴란드 국내군은 10월 2일에 항복했다.[40] 소련군이 준비를 갖추어 비스와 교두보에서 돌파에 성공한 것은 3개월이 지난 뒤였다.

결론

바그라티온 작전, 그리고 리보프-산도미에시 작전과 루블린-브레스트 작전의 결과로 소련군은 네만 강을 건너 동프로이센 경계까지 진격했고, 중부와 북부 폴란드에서는 비스와 강과 나레프 강을 건넜다. 바르샤바와 리투아니아에서의 독일군의 반격을 예외로 하자면, 소련군의 진격을 멈춘 것은 독일군 때문이 아니라 병참선의 지나친 신장(伸張) 때문이었다. 30개 이상의 독일군 사단이 사라지고, 남아 있는 사단들의 인적 손실도 컸던 데다가 소련 기계화 부대의 진격이 300킬로미터를 넘어서면서 독일 집단군 가운데 한때 가장 강했던 중부 집단군이 와해되었다. 북(北)우크라이나 집단군도 심한 손실을 입었고, 이제 붉은 군대는 독일 본국의 국경에까지 이르렀다.

2개월간 독일의 인적 손실은 어마어마했다. 중부 집단군은 거의 450,000명을 잃었고, 양 측면에서의 보충에도 불구하고 병력이 888,000명에서 445,000명으로 줄었다. 또한 다른 지역에서 100,000명 정도가 사라졌다. 이런 재앙이 있었지만, 히틀러는 전선이 축소되었다는 것에 고무되었다. 7월 7일에 히틀러는 15개의 기갑척탄병 사단과 10개 기갑 여단을 새로 편성하라고 지시했다.* 새 부대들은 괴멸된

---

* 이 부분은 저자가 (각주 41의) 참고문헌을 잘못 옮긴 것이다. 당시 편성된 사단들은 기갑 척탄병 사단 Panzergrenadier-Division이 아니라, 〈척탄병 사단 Grenadier-Division〉이었다. 척탄병 사단은 프로이센의 프리드리히 대왕 시절에 맹활약한 거인 척탄병의 전통을 되살리고자 기존의 보병 사단

사단의 참모들을 기간으로 만들어졌다. 1944년 7월과 8월 동부 전선으로 보내야 할 보충 병력과 병원에서 퇴원한 45,000명이 이 부대들로 돌려졌다.[41] 새로운 사단과 장비를 동부 전선으로 보낼 필요가 있었던 6월과 7월 동안, 독일 국방군은 노르망디의 서방 연합군을 잘 막아 내고 있었다.

바그라티온의 전략적 성공은 그냥 얻은 것이 아니었다. 벨로루시와 루블린-브레스트 작전에 투입된 2,331,000명의 사병들 가운데 178,507명이 목숨을 잃거나 행방불명되었고, 587,308명이 부상하였다. 전차와 자주포 2,957대, 화포와 박격포 2,447문이 전투나 보급 등의 문제로 손실되었다. 리보프-산도미에시 작전에서의 손실은 전사 및 행방불명 65,001명, 부상 224,295명이었고, 전차와 자주포 1,269대, 화포와 박격포 1,832문을 잃었다.[42]

이러한 손실에도 불구하고 동부 전선의 소련군 병력은 1944년 3월 12일에 6,394,500명(추가로 727,000명이 병원에 더 있었다)에서 늦가을에는 거의 6,500,000명으로 늘었다. 반면 독일군은 6월 1일에 2,460,000명(추가로 동맹군 550,000명이 더 있었다)에서 8월 1일에는 1,996,000명(추가로 기타 동맹군 774,000명이 더 있었다), 9월 1일에는 2,042,000명(추가로 동맹군 271,000명이 더 있었다), 11월 1일에는 2,030,000명(기타 동맹군 190,000명이 더 있었다)으로 감소했다. 기갑 전력에 있어 더 확연한 차이가 발생했는데, 소련은 1944년 6월 1일에 전차와 자주포 7,753대에서 1945년 1월 1일에는 8,300대로 증가했지만, 독일은 6월 1일에 2,608대, 8월 1일에 3,658대, 11월 1일에 3,700대였다. 1944년 6월 1일에서 1945년 1월 1일까지 소련의 화포와 박격포는 100,000문에서 114,600문으로 늘어난 반면, 독일군의 화포는 6월 1일에 7,080문, 8월 1일에 5,703문, 11월 1일에는 5,700문이었다.[43] 알베르트 슈페어의 동원 프로그램에 따라 무기를 생산해 내고 있었지만, 소련의 공업력에 당할 수가 없었다. 게다가 독일이 필요로 하는 재원, 즉 잘 훈련된 군사 인력은 슈페어가 만들어 낼 수 있는 것이 아니었다.

1944년 8월 중순, 승자인 소련군이 비스와 강변에서 휴식을 취하며 재정비하는 동안, 스타브카는 엇비슷한 규모의 공세를 남익과 북익에서 펼치려 준비하고 있었다.

Infanterie-Division을 개명한 것에 지나지 않았다.

14 | 양익의 소탕

소련은 독일 중부 집단군을 공격하여 성공을 거두자, 남쪽과 북쪽의 전략적 양익에 대한 공세를 준비하기 시작했다. 1944년 말, 이 작전으로 독일군은 거의 모든 소련 영토에서 물러났고, 그 결과 전후 동부와 중부 유럽에서의 소련의 지배가 가능해졌다.

방어에 나선 독일

벨로루시와 남부 폴란드에서의 재앙 말고도 독일 국방군 총사령부에게 1944년 7월은 매우 어려운 시기였다. 영미군의 압도적 제공권은 제국의 영공뿐만 아니라 노르망디에서의 독일군 방어도 어렵게 만들었다. 7월 17일, 에르빈 롬멜Erwin Rommel 원수가 영국 전폭기의 기총 소사를 받고 중상을 입었다. 7월 25일에는 코브라Cobra 작전에서 생로St. Lo 서쪽 독일군 방어진에 전술 및 전략 폭격이 실시되면서 서방 연합군은 관목투성이인 노르망디로부터 돌파를 개시했다. 며칠 사이에 조지 S. 패튼George S. Patton 장군의 미 제3군이 전과를 확대해 브르타뉴Bretagne로 진입했고, 동쪽으로는 파리를 향해 진격했다. 서부 전선에서 그다지 자주 일어난 일은 아니지만, 독일군은 자신들이 1941~1942년에 구사했으며 소련군이 1943~1944년에 이루었던 기갑 부대의 맹진에 직면하게 되었다. 이 돌진으로 팔레즈Falaise에서 또 하나의 독일 집단군이 포위되어 궤멸적 타격을 입게 되었다.

1944년 7월 20일, 오랫동안 여러 사람에 의해 계획되던 히틀러 암살 기도가 어설픈 실패극으로 끝났다. 폭탄이 주목표인 히틀러를 맞히지도 못했고, 음모에 가담한 이들은 독일을 통제할 현실적인 준비도 갖추지 못한 이들이었다. 히틀러는 이전보다 더 광적이고 즉흥적으로 변해 갔다.

일련의 조치로 히틀러는 육군 참모총장이던 쿠르트 자이츨러를 경질하기로 마음먹었다. 전투에서 별로라고 생각되거나 뒤에서 음모나 꾸미고 있다고 생각되는 고위 장교들이 너무 많은지라 히틀러는 어느 쪽에도 속하지 않는 지휘관 1명을 선택하지 않을 수 없었는데, 그가 하인츠 구데리안이었다. 폭탄이 터지고 몇 시간 후 육군 참모총장이 된 구데리안은 암살 기도로 엉망이 된 참모진을 다시 갖추는 한편, 잿더미가 된 중부 집단군의 전선을 재정비해야 했다.[1] 구데리안은 페르디난트 쇠르너Ferdinand Schörner 상급대장의 남우크라이나 집단군으로부터 5개 기갑 사단과 6개 보병 사단을 차출했다. 이 집단군은 독일군과 루마니아군의 혼성으로, 카르파티아 산맥을 뒤로 한 채 드네스트르 강 하류와 루마니아를 방어하고 있었다.

이 집단군은 1944년의 동계-춘계 전투로 너덜너덜해졌는데, 그사이 재조직되고 군율을 엄히 적용하면서 사기를 진작하여 제 모습을 갖추고 있었다. 이 집단군은 다시 2개의 독일-루마니아군 혼성 집단(뵐러 군집단, 두미트레스쿠 군집단)*으로 나뉘어져 일견 통과 불능일 것 같은 카르파티아 산맥에 의지하며 제법 강력한 전방 거점들을 방어하고 있었다. 그러나 7월, 강력했던 기갑 병력들이 다른 지역의 소방대로 전출되어 가면서 기동 전력이 약화된 채, 겨우 제13 기갑 사단, 제10 기갑 척탄병 사단, 그리고 루마니아의 〈대(大)루마니아〉 기갑 사단만이 남았다. 집단

---

　　* 독일군의 〈집단군Heeresgruppe〉과 〈군집단Armeegruppe〉은 영어권에서 종종 〈Army Group(집단군)〉으로 똑같이 번역하는 실수를 범하는데, 이 둘은 엄연히 구분된다. 〈집단군〉은 야전군의 상위 사령부로 예하에 여러 개의 야전군을 두고 지휘하는 최상위 야전 조직이다. 반면 〈군집단〉 사령부는 연합 작전의 필요에 의해 임시로 인접한 2~3개 야전군의 지휘권이 통합적으로 행사되어야 할 때, 해당 야전군 중 1개 사령부에 다른 야전군의 지휘권까지 부여한 것이다. 이것은 대부분 독일군의 야전군과 추축 동맹군(루마니아군 등)의 야전군이 연합 작전을 벌일 경우에 조직되었다.

군의 문제는 또 있었다. 신통찮은 병참 계통이 그것이었다. 기차가 통째로 사라져서 항공 정찰로 찾아내야 했고, 찾더라도 전선까지 기관차를 움직이기 위해 루마니아 기관사들을 매수해야 했다. 더군다나 이름만 독일의 동맹국인 헝가리는 소련에 적대적이기보다는 슬로바키아와 루마니아에 적대적이었다. 어느 독일 참모장교가 지적했듯이 남(南)우크라이나 집단군은 3가지 적을 상대해야 했다. 하나는 당연히 소련군이고, 하나는 동맹국인 헝가리, 슬로바키아, 루마니아이고, 나머지는 국방군 총사령부였다.²

정치적인 이유도 있는 데다가 주요 도시인 야시와 키시네프를 방어하기 위해, 집단군은 카르파티아에서 드네스트르 강의 두보사리Dubăsari와 드네스트르 강을 따라 흑해에 이르는 돌출부를 맡고 있었다. 소련군은 이미 강 건너 몇 군데 소규모 교두보를 확보해 두고 있었다. 쇠르너는 여러 차례 집단군이 이 돌출부에서 퇴각하도록 해줄 것을 요청했지만, 히틀러와 국방군 총사령부는 이를 받아들이지 않았다. 결국 육군 총사령부가 카르파티아에 후방 진지를 건설하도록 허가했지만, 그것도 루마니아가 눈치 채지 못하게 해야 했다.

사실 이 동맹국의 군대는 전체 방어진에 있어 아킬레스건과도 같았다. 2년 전 스탈린그라드나 최근의 크림 반도에서처럼 루마니아군의 몇 개 사단은 독일군 사단과 함께 충실히, 그리고 용감하게 전투에 임했지만, 스탈린그라드에서의 파멸적인 손실 이후로는 대다수가 계속되는 전쟁에 염증을 느꼈다. 독일 지휘관들은 다음 공세가 남우크라이나 집단군을 상대로 있을 것이고, 주공이 루마니아군을 겨눌 것이라고 예상했지만, 루마니아의 붕괴가 1944년 8월에 그렇게 빨리 오리라고는 독일도 소련도 예측하지 못했다.

야시-키시네프 작전

본질적으로 소련이 1944년 가을 발칸 반도를 휩쓴 것은 세심하게 계획된 돌파 작전 하나와 그 후의 전과확대 덕분이었다. 1944년 8월 20~29일 사이의 야시-키시네프 작전은 4개월 후 부다페스트Budapest*의 입구에서 끝나게 될 길고 긴 추격전의 시작이었다.

이 작전을 계획하면서 스타브카는 정치적 고려와 지형적 고려를 동시에 해야 했다. 1944년 7월 말, 스타브카는 남우크라이나 집단군의 괴멸과 루마니아, 불가리아, 유고슬라비아를 소련의 영향권에 두는 것에 관심을 가졌다. 동시에 플로이에슈티Ploieşti 유전과 헝가리 발라톤Balaton 호 부근의 유전 등 남아 있는 원유 공급원은 히틀러에게 당연히 중요한 전략 목표였다. 그리고 실제적인 이유로 소련군은 카르파티아 산맥의 어려운 전투는 피하고, 도하 작전의 수를 줄이기 위해 드네스트르, 프루트Prut, 시레트Siret 등과 같은 강에 대해 평행하게 진격하고자 했다. 이 모든 이유로 초기의 전략적 돌파는 서쪽 카르파티아 산맥이 아니라 남쪽에서 이루어질 계획이었다.

총 병력 500,000명과 전차 및 돌격포 170대를 보유한 독일군과 약간의 장갑 차량들을 보유한 405,000명의 루마니아군으로 이루어진 남우크라이나 집단군은 소련군 말리놉스키 대장의 제2 우크라이나 전선군과 톨부힌 대장의 제3 우크라이나 전선군과 대치하고 있었다. 이 시기 자주 있던 일이지만, 독일의 정보는 두 전선군의 규모를 과소평가했다. 두 전선군은 모두 합해 1,314,200명의 병력과 1,874대의 전차 및 돌격포를 갖추고 있었다.³ 하지만 이 병력 가운데 일부는 훈련도 받지 못하고 장비도 허술한 징집병들이었음은 짚고 넘어가야 한다. 독일군과 마찬가지로 소련 지휘관들도 훈련을 거의 못 받았거나 아예 받지 못한 병사들을 자주 써야 했다. 1944년 동계-춘계 전투 기간 동안 두 전선군은 심각하게 병력이 줄어들었고, 우크라이나와 베사라비아의 해방된 지역에 남아 있는 모든 인력을 동원하여 그 손해를 메웠다. 마을에서, 건초 더미에서, 숨어 있음직한 곳은 어디에서든지 남자들이 끌려 나와 군복을 입고, 무기를 지급받고는 소총병 사단에 편입되었다. 제5 충격군의 어느 소총병 사단은 이런 식으로 3,800명에서 7,000명까지 채우기도 했지만, 이런 신병들이 쓸모 있을 리는 만무했다. 이런 식이다 보니 소련의 소총병 사단은 이전의 전력을 유지하지 못했고, 소련 지휘관들은 보병, 포병, 기갑 전력을

---

* 이 도시는 1873년에 도나우 강 서안의 부다 시와 동안의 페슈트 시가 합쳐지며 만들어졌다. 그리하여 부다페스트의 현지 헝가리어 발음은 〈부다페슈트〉이다. 그러나 부다페스트라는 지명으로 널리 쓰이고 있어, 현지어의 발음에 따르지 않고 부다페스트로 명기하였다.

집중하여 물량 작전으로 나가게 되었다.[4]

〈야시-키시네프 작전〉으로 불리게 될 스타브카의 계획은 다음과 같았다. 말리놉스키와 톨부힌의 제2, 제3 우크라이나 전선군은 상호 협조하여 흑해 함대와 함께 야시, 키시네프, 티기나Tighina 지역의 독일군과 루마니아군을 격파한 뒤 루마니아 깊숙이 진격, 부쿠레슈티Bucureşti, 플로이에슈티 유전을 점령한다.[5] 벨로루시에서처럼 돌파 공격은 2곳의 주요 지역에서 이루어지고, 이어서 2차 공격이 인접 지역에서 이루어져 독일군이 예비 병력을 이동하는 것을 방해할 것이다. 제2 우크라이나 전선군은 야시 북서방의 독일-루마니아 방어진을 돌파한 뒤 V. I. 폴로스코프V. I. Polozkov 소장의 제18 전차 군단이 독일 제6군의 후방인 프루트 강의 도하점을 확보한다. 크랍첸코의 제6 전차군과 S. I. 고르시코프S. I. Gorshkov 소장의 기병-기계화 집단(제5 근위 기병 군단과 제23 전차 군단)은 선견대가 돌파 작전에 참가한 뒤 남쪽으로 맹진, 시레트 강의 도하점과 폭샤니Focşani 틈새라고 알려진 중요한 고개를 점령, 전차 부대가 부쿠레슈티로 진격할 수 있도록 할 것이었다.

제3 우크라이나 전선군도 티라스폴-티기나Tiraspol'-Tighina 지역의 드네스트르 강 너머 소규모 교두보에서 비슷한 집중 공격을 개시한다. 돌파 후에는 V. I. 즈다노프 소장의 제4 근위 군단과 F. G. 캇코프F. G. Katkov 소장의 제7 기계화 군단이 진격을 한다. 이 두 군단은 방향을 북으로 돌려 제2 우크라이나 전선군의 제18 전차 군단과 합류, 키시네프 지역의 독일군 대부분을 포위한다. 독일군 주위로 외부 포위진을 형성하는 대신 기동 부대의 상당 부분(제6 전차군과 제4 근위 기계화 군단)은 계속 부쿠레슈티와 플로이에슈티 유전을 향해 진격할 것이었다.

돌파 지구에서 충분한 병력 집중을 이루기 위해, 이 2개 전선군의 야전군 조직들이 특별히 조정되었기 때문에 야전군마다 전력의 격차가 컸다. 어떤 야전군은 병력을 아끼고 적을 기만한다는 의미에서 5개 사단 정도로 이루어진 반면, 지정된 2곳의 돌파 지구에는 각각 예하에 9개의 소총병 사단과 충분한 포병 부대 및 기갑 부대를 배속받은 완편 야전군 2개씩이 배치되었다. 이들 전차 부대에는 보병 지원을 위해 특별히 고안된 〈이오시프 스탈린〉 전차가 처음으로 배치되었다.[6]

이렇게 병력을 집중하고서도 1944년 8월 20일에 시작된 소련의 공격은 순탄치만은 않았다. 남쪽 티기나 지역에서는 독일군 2개 보병 사단이 며칠 동안 버텼다.

티기나 교두보는 너무 작아서 톨부힌의 부대들이 공격하는 데 애를 먹었다. 제7 기계화 군단은 도로에서 돌격 보병들과 뒤엉켜 버려, 8월 20일과 21일에 전과확대를 위한 투입이 지연되었다. 북쪽에서의 공격은 훨씬 빨리 진행되어 제6 전차군은 공격 개시 당일부터 전과확대에 나섰다. 이 성공은 대체로 루마니아군의 저항이 미미했기 때문에 얻어질 수 있었다. 8월 23일, 소련군의 공격으로 부쿠레슈티에서는 친독 정부에 대항하는 쿠데타가 일어났고, 이틀 뒤 새 정부는 독일에 선전 포고를 했다. 사정이 이러다 보니 루마니아군 부대들이 싸울 리가 없었다. 예를 들자면, 8월 24일에 제3 우크라이나 전선군의 제46군이 루마니아 동부 흑해 연안에서 루마니아 제3군을 포위했는데, 바로 다음 날 루마니아군이 항복했을 뿐 아니라 몇 주 후에는 편을 바꾸어 소련 측 전투 서열에 등장했다.[7]

예기치 못한 루마니아의 붕괴로, 고립된 독일군 부대들은 특유의 능숙함과 용기로 지연전을 펼쳤다. 특히 제10 기갑 척탄병 사단은 야시 주변에서 장기간 후위를 맡아 포위될 뻔한 상당수의 독일군과 루마니아군을 구해 냈다. 이러는 사이 키시네프 동쪽과 남서쪽의 커다란 포위진에는 독일 제6군의 4개 군단 대부분이 갇혀 있었다. 압도적인 우위에 있는 소련 항공 전력은 8월 무더운 날날 내내 포위진을 가차 없이 공격했다. 독일군은 포위진을 뚫기 위해 집요하게 노력하여 서쪽으로 움직여 갔다. 이때 톨부힌은 제3 우크라이나 전선군의 구역에 들어온 제2 우크라이나 전선군 소속의 제4 근위군을 이동시켜 달라고 스타브카에 요구했는데, 이로 인해 독일군은 뜻하지 않은 도움을 받은 셈이 되었다. 이 문제를 해결하기 위해 취해진 조치는 제4 근위군을 프루트 강을 건너 북쪽으로 이동시킨 것으로, 결국 강 서안에서 밟아온 길을 되돌아가야만 했다.

당시 제6 전차군과 기동 부대들은 남서쪽으로 진격 중이었고, 처음 공격에 가담했던 제5 충격군은 폴란드로 이동하기 위해 열차에 올라타고 있었다. 8월 27일과 28일 사이 이루어진 이 이동으로 키시네프 포위진에는 전력의 공백 지대가 생겼고, 독일군은 탈출을 시도했다. 제6군의 잔존 병력과 이를 둘러싼 소련군은 서쪽으로 움직였는데, 9월 5일에 A. O. 아흐마노프A. O. Akhmanov 소장의 제23 전차군단이 독일군의 탈출을 막기 위해 이동해 오자 모든 것이 끝났다. 제6군의 잔존 병력은 포위망 탈출이 눈앞에 보이는 시레트 강에서 궁지에 몰려 괴멸되었다.[8]

8월 29일, 남우크라이나 집단군은 중부 집단군과 엇비슷한 타격을 입었다. 제6군과 루마니아 2개 야전군이 괴멸되면서 루마니아의 독일군 전선이 붕괴되었다. 독일은 9월 2일에 플로이에슈티 유전과 부쿠레슈티를 상실했다. 소련군의 손실이 67,000명인 데 반해, 독일-루마니아군의 손실은 400,000명이었다.[9] 9월 1일, 뒤에 남부 집단군으로 개칭될 남우크라이나 집단군의 전력은 고작 200,000명에, 여기에 동맹군 2,000명이 더해진 정도였다.[10] 추축군의 카르파티아 산맥을 가로지르는 철수는 소련군이 불가리아를 침공하고 동부 헝가리의 평원으로 들이닥칠 때까지 계속되었다.

부다페스트로의 진격

발칸 반도에서의 소련의 진격은 병참 기능이 제대로 이루어져야 가능했다. 사실 이 시기 소련의 공세가 얼마나 멀리까지 진행되는가 하는 문제는 추축군의 방어 정도보다는 소련군의 보급이 얼마나 원활히 이루어지는가에 달려 있었다. 독일은 발칸 반도에 작전 예비대를 전혀 갖고 있지 않았다. 쓸 수 있는 병력은 모조리 유고슬라비아의 파르티잔을 상대로 한, 별 소득 없는 전투에 투입되어 있었다. 소련군의 추격 선견대는 이 지역을 시계 방향으로, 마치 거대한 여닫이문처럼 이동했다.

9월 말, 톨부힌의 제3 우크라이나 전선군은 불가리아를 점령했다. M. N. 샤로힌 M. N. Sharokhin 중장의 제37군이 소련 편으로 돌아선 불가리아 신생 정부를 지원하기 위해 남겨진 동안, N. A. 가겐N. A. Gagen 중장의 제57군이 서부 불가리아로 진격했고, 불가리아 제2군과 함께 유고슬라비아에서 독일 E 집단군과 F 집단군*을 노린 작전을 준비했다. I. T. 실레민I. T. Shlemin 중장의 제46군은 불가리아로 진입했다가 다시 남부 루마니아에서 불가리아 제4군과 함께 제2 우크라이나 전

---

* 원문에는 〈German Army Group "E" and "F"〉로 되어 있으나, 이들은 당시 수평적인 관계가 아니었다. F 집단군 사령부가 발칸 반도를 책임지는 남동부전구 총사령부(Ob.Südost)를 겸하고 있었으며, 기존의 E 집단군은 야전군 급 사령부로 기능하며 예하 군단들을 통솔하고 있었다. 즉 E 집단군은 같은 〈집단군Heeresgruppe〉이라는 명칭에도 불구하고 통수 체계상 F 집단군의 하위 조직이었다.

선군의 좌익과 발맞추어 티미쇼아라Timişoara로 진격했다.[11]

이 사이 말리놉스키는 카르파티아 산맥을 관통해 서부 헝가리로 진입하기 위해 부대를 재정비하였다. 고르시코프의 기병-기계화 집단이 F. F. 즈마첸코F. F. Zhmachenko 중장의 제40군과 S. G. 트로피멘코S. G. Trofimenko 중장의 제27군과 함께 플로이에슈티 북쪽의 카르파티아를 넘어 트란실바니아Transylvania로 진입했다. 동시에 크랍첸코의 전차군은 루마니아에서의 공으로 〈근위〉라는 명칭을 달고서, I. M. 마나가로프I. M. Managarov 중장의 제53군과 함께 부쿠레슈티에서 서쪽으로 내달은 뒤, 카르파티아 산맥을 넘어 클루지Cluj 서쪽 헝가리 국경에 도달했다. 9월 말, 말리놉스키의 부대는 800킬로미터에 이르는 전선에 걸쳐 산맥의 고개들을 확보하고 약체인 독일 제8군, 헝가리 제2군과 제3군의 경계 병력들을 밀어내고 일부는 헝가리 영토에 들어섰다.*

말리놉스키의 전선군은 4개의 제병협동군(제40군, 제7 근위군, 제27군, 제53군)과 제6 근위 전차군, 고르시코프 기병-기계화 집단과 독립 기동 부대들 이외에 새로 소련 편에 선 루마니아 제1군과 제4군으로 구성되었다. 스타브카는 말리놉스키의 전선군에게 페트로프 상장의 제4 우크라이나 전선군과 함께 헝가리에 있는 독일-헝가리군을 격멸하고 헝가리를 전열에서 이탈시키라고 명령했다. 제4 우크라이나 전선군은 제1, 제2 우크라이나 전선군 사이에 있는 북부 카르파티아 지역에서 당시 막 재편된 상태였다.

헝가리 전역을 위해 스타브카는 톨부힌의 전선군에서 제46군을 말리놉스키의 전선군에 합류시켰고(제4 근위군도 얼마 안 있어 합류한다), 이외에도 2개 기계화 군단(제2 근위 기계화 군단, 제4 근위 기계화 군단)을 추가했다. 말리놉스키에게는 플리예프 기병-기계화 집단(제2, 제4 근위 기병 군단과 제7 기계화 군단)도 보내졌는데, 플리예프는 험준한 지형에서의 기병 작전을 훌륭히 수행하는 실천가로서 이미 벨로루시에서 명성을 날린 바 있었다. 제2 우크라이나 전선군이 맡은 지역이 너무 넓었기 때문에 헝가리 전역 동안 병력의 밀도는 낮은 편이었고 보급을 유지

---

*헝가리-루마니아 국경은 1940년 빈 협상에 의해 트란실바니아 중 헝가리인이 거주하는 일부 지역이 헝가리로 재편입되는 것으로 결정된 상태였다. 여기서의 국경은 지도의 국경(1938년)들과는 달리, 1940년에 조정된 국경을 뜻한다. 현재의 국경은 1920년 트리아농 조약에 의한 것과 동일하다.

하는 것도 만만치 않았다. 그래서 말리놉스키는 단일 또는 복수의 야전군 급 작전들을 연달아 실시했고, 그 사이사이마다 작전적인 휴지기를 가지며 제한적이나마 재정비를 실시하였다. 특히 기동 부대들을 아껴 가면서 이리저리 위치를 바꾸는 일이 필요했다.[12]

말리놉스키의 초기 계획은 오라데아-마레Oradea-Mare에서 데브레첸Debrecen을 향해 북서쪽으로 진격하여, 양익의 야전군들이 북부 루마니아의 적을 소탕하고 세게드Szeged를 지나 남부 헝가리로 진입한다는 것이었다. 말리놉스키는 자신의 제2군과 페트로프의 제4 우크라이나 전선군의 협격으로 독일군을 포위하기를 바랐다. 9월 초, 페트로프는 제1 우크라이나 전선군의 좌익과 함께 서부 우크라이나에서 카르파티아 산맥으로 돌파를 시도하여 리보프-산도미에서 작전의 전과를 확대하고 슬로바키아 저항군을 지원하고자 했다. 계획대로 된다면 말리놉스키는 공격의 축을 서쪽으로 돌려 부다페스트를 노릴 수 있었다.

헝가리에 주둔한 독일군의 방어진은 얄팍한 편이었다. 개칭된 남부 집단군의 사령관인 요하네스 프리스너Johannes Friessner 상급대장은 헝가리 방위를 위해 독일, 헝가리 각 2개 군을 지휘하고 있었다. 뵐러의 독일 제8군은 트란실바니아의 클루지 동쪽에서 퇴각 중이었고, 재편성된 제6군(프레터-피코 군집단)은 헝가리 제2군과 함께 오라데아-클루지 지역을 맡았다. 오라데아의 동쪽은 세게드 서쪽에 이르기까지 헝가리 제3군이 담당했다. 독일의 작전 예비대는 제23 기갑 사단 이외에 히틀러가 곤경에 처한 프리스너에게 약속한 4개 기갑 사단의 첫 번째인 제1 기갑 사단의 선발대가 함께한 것이 전부였다.[13]

데브레첸 작전이라 불리는 공격의 첫 단계가 10월 6일에 독일 제6군과 제8군의 연결 지점에 가해졌다.[14] 3일 만에 플리예프 집단은 북서로 100킬로미터를 주파하여 티서Tisza 강 가까이까지 다가갔다. 크랍첸코의 제6 근위 전차군이 데브레첸을 점령하지 못하자 말리놉스키는 재빨리 플리예프 집단을 동쪽으로 돌려 전차군을 지원하도록 했다. 10월 20일에 2개 기동 부대가 데브레첸을 함락했고, 플리예프 집단과 고르시코프 집단이 니레지하자Nyíregyháza를 점령했다. 그러나 이 순간 플리예프와 고르시코프는 새로 도착한 독일 제3 기갑 군단과 뵐러 집단의 제17군단으로부터 반격을 받았다.* 그 결과 소련군 기동 부대의 보급은 끊어졌고, 10월

27일에 이들은 점령지와 장비를 포기하고 남쪽으로 퇴각했다.

독일군이나 소련군이나 데브레첸 북쪽의 격전에 휘말리고 있는 동안 스타브카는 훨씬 남쪽 세게드 북방, 즉 추축군의 세력이 약한 곳에서 말리놉스키의 좌익으로 부다페스트를 노렸다.[15] 10월 29일, 말리놉스키의 부대는 제2, 제4 근위 기계화 군단을 앞세워 헝가리 제3군의 방어 지역을 돌파한 뒤 키스쾨뢰스Kiskőrös와 케치케메트Kecskemét를 거쳐 부다페스트 남쪽으로 진격했다. 허둥지둥 투입된 제3 기갑 군단(브라이트 집단**의 제1, 제13 기갑 사단, 펠트헤른할레Feldhernhalle*** 기갑 척탄병 사단)은 제23, 제24 기갑 사단과 헝가리 부대들의 지원을 받으며 부다페스트를 향한 소련의 공세를 11월 3일에 막아 냈다.

동쪽에서 플리예프 집단과 제2, 제4 근위 기계화 군단이 재정비를 마치자, 말리놉스키는 세게드에서 공세를 개시해 11월 10일에 부다페스트 동쪽에 도달했다. 그러나 날씨가 나빠지고 독일군의 저항도 만만치 않자, 11월 20일에 부다페스트 코앞에서 진격을 멈추었다.**** 하지만 훨씬 남쪽에서는 베오그라드를 점령한 톨부힌의 제3 우크라이나 전선군이 11월 27일에 솜보르Sombor 근처에서 도나우 강을 넘었다(가겐의 제57군과 갈라닌 중장의 제4 근위군). 12월 3일에 이들 2개 야전군은 별 다른 저항을 받지 않고 부다페스트 남서쪽 발라톤 호반에 도착했다.[16]

말리놉스키는 12월 5일에 다시 공격을 개시했는데, 이번에는 부다페스트의 남

---

* 저자의 설명과 달리 니레지하자 반격에 투입된 뵐러의 제8군 병력은 독일 제17군단이 아니라 헝가리 제9군단 소속의 독일 제3 산악 사단 등이었다. Hinze, R., *Mit dem Mut der Verzweiflung*, pp. 334~339; *Anlage 64*, p. 65.

** 1944년 11월부터 1945년 1월까지 제3 기갑 군단은 브라이트Breith 기갑대장의 이름을 따 〈브라이트 집단〉이라 불렸다.

*** 〈지휘관의 전당〉이라는 뜻으로, 바이에른 육군이 배출한 걸출한 지휘관들을 기념하고자 1841~44년에 걸쳐 뮌헨에 축조한 기념관이다. 1923년의 히틀러-루덴도르프 폭동(이른바 비어홀 폭동)이 바로 이 부근에서 진압되기도 했다. 이 건축물은 바이에른 육군 전통의 표상이어서 대전 말기 역전의 부대들에게 이 명칭이 부여되었다. 이 펠트헤른할레 기갑 척탄병 사단은 스탈린그라드 전투에서 전멸한 제60 차량화 보병 사단을 재편한 부대였다.

**** 저자는 여기서 서로 다른 2가지 전투를 혼동하고 있다. 11월 10일까지라고 한 전투는 앞 문단에서 기술한 전투와 동일한 것이고, 11월 3일 이후 제2, 제4 근위 기계화 군단은 부다페스트 남방에서 독일-헝가리군의 반격을 막고 있었다. 티서 강에서 동서쪽으로 개시된 별도의 공격은 11월 18일경 하트반Hatvan 앞에서 정지되었다. Ungváry, K., *Die Schlacht um Budapest 1944/45*, pp. 18~29; Ziemke, E., *Stalingrad to Berlin*, p. 381.

과 북에서 협격을 가해 도시를 포위하려 하였다. 북에서는 크랍첸코의 제6 근위군과 플리예프의 기병-기계화 집단이 샤히Šahy를 지나 진격하고, 남에서는 스비리도프K. V. Sviridov 중장의 제2 근위 기계화 군단을 선봉으로 공격한다는 것이었다. 남쪽에서의 공격은 부다페스트 서쪽, 즉 세케슈페헤르바르Székesfehérvár와 에스테르곰Esztergom을 확보하기 위해 11월 말에 만들어 둔 도나우 강 서안의 조그만 교두보에서 개시되었다. 초기 진격은 순조로웠지만 독일군은 작전 예비대를 이동시켰고, 소련군은 부다페스트를 점령하기는커녕 포위하지도 못했다. 남쪽에서의 공격은 발라톤 호와 부다페스트 남쪽 교외 지역을 연결하는 독일의 마르가라이테Margareithe 방어선에 부딪혔다. 제6 근위 전차군과 플리예프 집단은 도나우 강 북안의 언덕까지 밀고 갔지만 도시를 포위하지는 못했다.

말리놉스키의 공세가 이렇게 실패로 돌아가는 동안, 육군 총사령부는 부다페스트의 주변 상황을 원상회복시키기 위해 프리스너에게 제3, 제6 기갑 사단과 60대의 전차를 가지는 3개 중(重)전차 대대를 주기로 하였다.*[17] 이제는 이 병력을 어떻게 쓰느냐가 문제였다. 북쪽의 제6 근위 전차군을 상대로 해야 하는가, 아니면 남쪽의 톨부힌의 부대들을 상대해야 하는가? 육군 총사령부와 프리스너 사이에는 격론이 벌어졌는데, 이 와중에 날씨도 고약하여 기갑 부대의 기동력도 떨어졌다. 결국 프리스너는 기갑 사단의 보병은 북쪽에, 전차들은 방어선 강화를 위해 남쪽에 나누어 배치하였다.**

나쁜 날씨와 별반 좋지 못한 독일군의 배치가 말리놉스키와 톨부힌에게 도움이 되었다. 12월 20일, 양 전선군은 부다페스트 남과 북에서 다시 치고 나왔다. 제6 근위 전차군과 플리예프 기병-기계화 집단은 M. S. 슈밀로프M. S. Shumilov 상

* 원문에는 3개 중전차 대대가 파견된 것으로 되어 있으나, 이는 각주 17의 문헌을 잘못 옮긴 것이다. 이 시점에 3개 대대가 있었던 것은 아니다. 3월에는 실제로 이 지역에 3개 중전차 대대가 있게 되는데, 제509 중전차 대대는 1945년 2월에, 제501 SS 중전차 대대는 3월에야 도착했다. 제503 중전차 대대는 이 당시 이미 헝가리에 있었고 12월 21일에 〈펠트헤른할레〉 중전차 대대로 개칭되었다.
** 이 배치는 프리스너의 독단에 의한 것이 아니었다. 프리스너는 남쪽, 구데리안은 북쪽에 기동 전력을 배치하고자 했는데, 히틀러가 세케슈페헤르바르 근방에서의 반격 작전을 요구하면서 두 기갑 사단은 남쪽으로 보내졌다. 하지만 북쪽의 사태가 심상치 않다고 본 구데리안은, 전차의 이동이 날씨 때문에 어렵게 되자 기갑 척탄병만이라도 북쪽으로 이동할 것을 요구했다. Ungváry, K., *Die Schlacht um Budapest 1944/45*, pp. 44~45; Ziemke, E., *Stalingrad to Berlin*, pp. 383~384.

장의 제7 근위군의 지원을 받아 독일군 진지를 돌파하고, 12월 27일에 에스테르곰 맞은편의 도나우 강변에 도달했다. 이 사이 톨부힌의 제46군과 제4 근위군은 제18 전차 군단, 제2 근위 군단, 제7 기계화 군단, 고르시코프의 제5 근위 기병 군단의 지원을 받고 마르가라이테 방어선을 돌파하고 보병 지원이 없는 독일 전차대를 누르고서 에스테르곰을 향해 북서진했다.[18] 12월 27일, 두 전선군이 도나우 강에서 합류하여 독일 제9 SS 산악 군단 휘하의 독일군 4개 사단과 헝가리군 2개 사단을 부다페스트에서 포위했다. 부다페스트 주변에서의 파국으로 프리스너와 프레터-피코는 경질되었다. 이제 뷜러가 남부 집단군을 맡았고, 몇 명 남지 않은 기갑전의 대가 중 한 명인 헤르만 발크Hermann Balck 기갑대장이 제6군을 맡았다.[19]

독일군으로서는 얄궂게도, 며칠 뒤 제4 SS 기갑 군단이 이 지역에 도착하기 시작했다. 1944년 12월과 1945년 1월, 소련군은 SS 기갑 군단이 포위진을 뚫기 위해 여러 차례 시도한 공격을 막아내었는데, 그들의 공격은 부분적인 성공을 거두기도 했다.[20] 이에 고무된 히틀러는, 이 전쟁 동안 독일의 마지막 대공세가 될 1945년 3월 발라톤 호반에서의 공세를 구상하게 되었다.

말리놉스키와 톨부힌이 발칸 반도에서 독일의 방어망을 황폐화시키고 있을 때, 소련군은 카르파티아 산맥의 방어진을 뚫고 슬로바키아와 동부 헝가리로 진입하고 있었다. 제1 우크라이나의 좌익인 모스칼렌코 상장의 제38군은 독일에 대항하여 무장봉기를 일으킨 슬로바키아 저항군과 연결하기 위해 두클라 고개로 진격하였다.[21] 9월 8일 모스칼렌코는 크로스노Krosno 부근에서 자신의 3개 소총병 군단으로 돌파구를 만들었고, 이곳으로 제25군, 제4 근위군, 제31 전차 군단, 제1 근위 기병 군단이 밀고 들어가 두클라Dukla 고개를 점령하려 하였다. 전차 여단과 공수 여단을 가진 루트비히 슬로보다Ludwig Sloboda 장군의 제1 체코슬로바키아 군단도 이 작전에 참가했다.

소련의 성공은 얼마 가지 않았다. 고트하르트 하인리치Gotthard Heinrici 상급대장이 이끄는 제1 기갑군의 방어는 제1, 제8 기갑 사단 등으로 강화되었다. 모스칼렌코의 부대가 독일군 진지를 돌파하고 기동 부대를 투입하려 하자 독일군이 반격을 가해 왔다. 바라노프 중장의 제1 근위 기병 군단이 며칠 동안 포위되어 있는 통에 두클라 고개 앞에서 소련의 공세는 좌절되었다.[22] 체코슬로바키아 공수 여단이 슬로바키아에 투입되었지만, 소련군이 접근하기 전에 파르티잔의 무장봉기는 진압되고 말았다.

9월 9일, 페트로프의 제4 우크라이나 전선군이 공세에 가세하여 A. A. 그레치코A. A. Grechko 상장의 제1 근위군과 I. M. 아포닌I. M. Afonin 소장의 제18 독립 근위 소총병 군단이 우즈고로드Uzhgorod로 향했다.[23] 여기서도 처음은 좋았지만, 공격이 곧 둔화되었다. 거의 2개월에 걸친 격전 동안 제1 기갑군과 헝가리 제1군은 좀처럼 물러서지를 않았고, 10월 28일이 되어서야 소련군은 루테니아Ruthenia의 우즈고로드와 무카체보Mukachevo를 점령할 수 있었지만, 슬로바키아의 독일군을 소탕하지는 못했다. 이때쯤 페트로프의 우익은 티서 강변의 초프Chop에서 말리놉스키 부대와 합류하였지만, 1944~1945년 겨울 동안 2개 전선군의 이 지역에서의 전진은 매우 더디고 고된 것이었다. 하인리치는 이 방어전을 통해 독일 최고의 방어 전문가라는 별명을 얻었고, 1945년 3월 20일에 마침내 오데르 강의 독일군을 지휘하게 되었다.

독일군 남익에 대한 전역은 전략적으로 성공이었다. 루마니아가 추축국 대열에서 이탈했고, 루마니아군과 불가리아군을 소련 전투 서열에 포함시켰다. 헝가리의 곡창 지대와 루마니아 및 헝가리의 유전 지대는 독일이 전쟁을 수행함에 있어 매우 중요한 것들이었는데, 이 지역을 상실하자 제3제국은 커다란 경제적 타격을 입었다. 군사적으로 헝가리에서의 작전은 제1, 제3, 제6, 제23, 제24 기갑 사단에 더해 제4 SS 기갑 군단을 구성하는 2개의 잘 장비된 사단과 같이 매우 중요한 부대들을 그 지역으로 끌어들였다. 바르샤바-베를린 축에 이런 부대들이 없다는 것은 독일에게 커다란 재앙이 될 것이었다.

발트 해안으로 진격

1944년 늦여름과 가을, 독일군 북익도 재앙에 직면했다. 벨로루시 작전의 추격 단계 동안 소련군은 중부 집단군과 북부 집단군 사이에 벌어진 틈을 철저히 이용했다. 7월 5일, 벨로루시 작전의 연장으로 개시된 샤울랴이Shaulyai 작전으로 7월

31일에는 제1 발트 전선군의 3개 야전군의 선견대가 이 틈을 타고 리가 만으로 접근했다. 벨로보로도프 중장의 제43군, Ya. G. 크레이저Ya. G. Kreizer 중장의 제51군, P. G. 찬치바제P. G. Chanchibadze 중장의 제2 근위군이 오부호프 중장의 제3 근위 기계화 군단을 앞세우고 진격하는 사이, 치스탸코프 중장의 제6 근위군이 라트비아의 수도인 리가의 우측면을 에워쌌다.[24] 이 공세로 생긴 발트 해로의 회랑은 독일 중부 집단군과 남부 집단군의 연결을 끊어 놓았다.

구데리안이 육군 참모총장이 된 뒤 맡은 첫 번째 일 중 하나가 이 돌출부를 제거하는 것이었다. 논쟁이 오고 간 뒤, 8월 중순이 되어 독일군은 독립 기갑 여단과 돌격포 여단들을 그러모아 리가 부근에서 제한적인 반격을 가했다. 이 부대는 소련군 선봉을 박살내고 두 집단군 사이에 30킬로미터 폭의 동서로 난 회랑을 만들었다.[25]

더 남쪽에 위치한 리투아니아에서는 제3 기갑군의 제39, 제40 기갑 군단이 얼마 안 되는 구데리안의 예비 중에서 그래도 많은 병력을 할당받았다. 정수에 미달하는 3개 기갑 사단(제5, 제7, 제14 기갑 사단)과 대독일 기갑 척탄병 사단은 8월 16일에 소련군을 분쇄하고, 중요한 도로 및 철도 교차점인 샤울랴이를 탈환하기 위한 공세에 들어갔다.

하지만 전격전은 그 마법을 잃어버린 지 오래였다. 제1 발트 전선군 사령관인 바그라먄은 재빨리 독일군 진공로에 전형적인 종심 방어진을 펼쳤다.[26] 이제 대부분의 소련군 부대는 독일군 전차에 맞설 수 있는 견인식/자주식의 대전차포로 충분히 지원받고 있었다. 찬치바제의 제2 근위군은 직접적인 위협을 받게 되자 대전차 예비대인 제93 대전차 여단을 배치했다. 제2 근위군 뒤로 바그라먄은 소총병 사단 2개와 대전차 여단 여러 개로 제2의 방어선을 구축했다. 여기에 더해, 붓코프의 제1 전차 군단과 오부호프의 제3 근위 기계화 군단, 최근 카우나스 점령에서 돌아온, 전력이 다소 떨어진 제5 근위 전차군(솔로마틴 중장)이 반격을 가할 태세를 갖추었다. 이 재빠른 조치에 소련의 우세한 제공권이 더해져, 8월 20일에 독일군이 진격을 멈추었다. 북부 집단군으로의 회랑이 열리기는 했지만, 치른 대가가 너무 컸다.[27]

9월 17일, 예레멘코 대장의 제2 발트 전선군과 마슬렌니코프 상장의 제3 발트 전선군이 발트 해와 리가를 향한 재공세에 들어갔다. I. I. 페듀닌스키I. I. Fedyuninsky 중장의 제2 충격군은 타르투Tartu에서, N. P. 시모니아크N. P. Simoniak 중장의 제67군과 N. D. 자흐바타예프N. D. Zakhvataev 중장의 제1 충격군도 발가Valga 에서 독일군 방어선을 뭉개 버렸다. 이 공격에다가 제2 발트 전선군이 리가 동쪽에서 공세를 취하자 북부 집단군의 방어선은 붕괴 일보 직전이었다. 뿐만 아니라 바그라먄이 샤울랴이 전면에서의 독일군의 공격을 막는 동안 그의 제43군과 제4 충격군이 발도네Baldone를 지나 북쪽으로, 리가 교외로 접근하고 있었다.

7월 23일, 새로 북부 집단군 사령관이 된 쇠르너는 8월 루마니아에서의 독일군의 패배에서 교훈을 얻었다. 에스토니아와 라트비아의 북부 집단군 전선은 유지되기 어려웠고, 중부 집단군과의 연결 회랑은 소련군의 공격으로 어찌될지 모르는 상황이었다. 쇠르너는 리가가 소련군의 압박을 받고 있기는 했지만, 북부 집단군이 이곳으로 전면적인 철수를 감행해야 한다고 주장했다.[28]

1944년 9월 말, 고보로프 원수의 레닌그라드 전선군은 발트 해의 섬들을 제외하고 에스토니아에 있는 독일군을 완전히 소탕했다. 마슬렌니코프와 예레멘코의 제3, 제2 발트 전선군은 리가 교외로 접근해 가고 있었고, 바그라먄의 제1 발트 전선군은 독일군의 반격을 막았을 뿐 아니라 옐가바Jelgava, 도벨레Dobele를 점령했고 남쪽에서 리가를 위협했다. 하지만 쇠르너의 집단군은 리가 교외에서 격렬히 저항했고, 도시 진입로의 방어를 두텁게 했다.

이런 현실에 더해 독일군이 중부 집단군과 북부 집단군의 연결을 더욱 공고히 하여 새로운 공격을 시도할지 모른다는 우려 때문에 스타브카는 두 집단군 사이를 돌파하여 발트 해를 향한 공격을 통해, 한 방에 문제를 해결하고자 했다. 9월 24일, 스타브카는 레닌그라드 전선군과 발트 함대에게 휴마Hiumma와 사레마Saaremaa 에서 상륙 작전을 실시하고 에스토니아를 완전히 해방시키라고 명령했다. 제2, 제3 발트 전선군은 리가로 돌격하여 발트 해 연안의 독일군을 소탕할 계획이었다. 제일 중요한 것은 바그라먄의 제1 발트 전선군과 체르냐홉스키의 제3 벨로루시 전선군이 샤울랴이-메멜 축을 공격하여, 북부 집단군을 동프로이센과 격리시키고 발트 지역의 독일군을 추후 격파하는 것이었다.[29] 이 돌격을 지원하기 위해 체르냐홉스키는 동프로이센에서 쾨니히스베르크Königsberg 축을 따라 직접 공격을 동시 또는 직후에 수행할 예정이었다.

제1 발트 전선군의 작전을 바꾸는 과정에서 제1, 제2 발트 전선군은 엄청난 재배치에 들어갔다. 공격을 위한 부대는 제6 근위군, 제4 충격군, 제3 근위군, 제2 근위군이 될 것이고, 기동 집단은 재정비를 마친 제5 근위 전차군, 제2선에는 제51군이 기다리고 있었다. 9월 24일에서 10월 4일 사이, 바그라먄은 은밀히 50개 소총병 사단, 15개 전차 여단, 93개 포병 연대로 이루어진 5개 야전군을 새 공격 지점으로 이동시켰다.[30] 독일군도 소련의 공격 준비를 감지했지만, 대책을 세우기에는 너무 늦었다.[31]

10월 5일, 바그라먄이 공격을 개시하였고, 저녁에는 볼스키의 제5 근위 전차군이 독일군 후방 지역까지 밀고 들어갔다.[32] 10월 9일, 제5 근위 전차군의 공격으로 제3 기갑군 사령부가 붕괴되었고, 전차군은 메멜 북쪽과 남쪽의 발트 해에 도달하여 제28군단을 메멜에서 포위했다. 제3 기갑군의 1개 군단이 리가 지역과 쿠를란트Kurland에 있는 북부 집단군과 함께 고립되었다.

이런 불쾌한 상황을 접하자 쇠르너는 북부 집단군이 쿠를란트 반도의 교두보로 퇴각해야 한다고 주장했다. 이 철퇴는 포화 속에서 이루어졌다. 단단히 마음먹은 소련군과 대치를 풀고 쿠를란트에 새롭고 더 긴 방어선을 구축한다는 것은 교묘함과 대담함이 필요한 일이었다. 1944년 10월 23일, 북부 집단군은 병력과 보급품을 거의 모두 보존한 채 쿠를란트로 퇴각했다. 히틀러는 북부 집단군이 쿠를란트 교두보에 남아 있어야 한다고 주장했고, 결국 다른 전선으로 보내기 위해 해상으로 퇴각한 부대는 많지 않았다.[33]

북부 집단군이 안전하게 쿠를란트에 눌러앉아 다른 지역의 작전에 영향을 미치지 못할 것이라 판단한 스타브카는, 동프로이센의 국경을 따라 참호를 파고서 독일의 심장부를 지키는 제3 기갑군의 잔여 병력에 눈을 돌렸다. 제1 발트 전선군이 북쪽에서 네만 강으로 접근하는 동안, 스타브카는 체르냐홉스키의 제3 벨로루시 전선군이 굼비넨-쾨니히스베르크 축을 따라 프로이센으로 접근하도록 하였다. 굼비넨Gumbinnen 작전에서 체르냐홉스키는 제5 근위군과 제11 근위군으로 독일 방어망을 뚫고, 제2 근위 전차 군단과 새로 투입된 A. A. 루친스키A. A. Luchinsky 중장의 제28군을 후속시키기로 했다.[34] 제31군과 제39군은 측면에서 돌격을 지원할 예정이었다.

10월 16일, N. I. 크릴로프N. I. Krylov 상장의 제5군과 갈리츠키 상장의 제11 근위군이 공격을 개시하여 독일군 진지 너머 11킬로미터까지 전진하였다. 다음 날 제31군과 제39군이 돌격에 가세했고, 갈리츠키의 군은 동프로이센 경계를 넘었다. 독일군의 저항은 격렬하였고 요새화된 지역들도 만만치 않은지라, 이 전술적 방어진들을 극복하는 데에 4일이 걸렸다. 독일 국경을 따라 구축된 제2 방어선은 너무 강하여 전차 군단을 투입해야만 했다. 10월 20일, 제11 근위군과 제2 근위 전차 군단은 방어선을 돌파하고 굼비넨 외곽에 진입했다. 다음 날 체르냐홉스키는 제28군을 투입하였지만, 독일 기갑 부대가 도착하여 슈탈루푀넨 지구의 방어가 강화되자 소련군의 진격은 저지됐다.* 측면의 소련군 야전군들이 제11 근위군의 전방 거점과 연결하기 위해 10월 27일까지 전투를 계속되었다. 소련군은 많은 손해를 내고서 동프로이센 안으로 50~100킬로미터까지 진입하였고, 동프로이센의 점령에 얼마나 많은 준비가 필요한 지를 깨닫게 되었다.

최북단

북쪽 끝에서는, 핀란드에 대한 카렐리야 작전으로 1941년에 상실한 영토의 재점령과 더불어 추가로 영토를 확장한 소련이 시간을 질질 끌며 칼 만네르하임Carl Mannerheim 원수의 핀란드 정부에 압박을 가해 핀란드군으로부터 얻어 낼 수 있는 것들을 최대한 짜내고 있었다. 7월 중순, 소련군은 주공이 남쪽으로 옮겨 감에 따라 전선 부대의 대부분을 방어 부대나 요새 지역으로 전환했다. 이후 발트에서 북부 집단군이 붕괴하고 리가의 함락도 머지않아 보이자, 1944년 9월 4일에 핀란드 정부는 정전 협정에 조인했다.[35]

* 원문에는 〈Stallupinen〉 방어 지역에서 공격이 좌절된 것으로 되어 있으나, Stallupinen은 Stallupönen의 오기(誤記)이며, 또한 Stallupönen은 1938년에 Ebenrode로 이름이 바뀌었다. 아마도 저자가 제1차 세계 대전 당시 전투와 연관을 지어 보려 한 것 같으나, 실제 독일군의 방어는 굼비넨 주위를 중심으로 이루어졌고, Ebenrode는 10월 25일 소련군의 수중에 들어갔다. Dieckert, K. u. H. Großmann, *Der Kampf um Ostpreußen*, pp. 57~71.

독일 제20 산악군 사령관인 로타르 렌둘리크Lothar Rendulic 상급대장은 핀란드가 전열에서 이탈할 것을 예상하고서 노르웨이 북단에서 무르만스크 서쪽, 콜라 반도의 끝자락에 이르는 방어선으로 부대를 퇴각시키고 있었다. 정전 협정의 내용을 준수하라는 소련의 강력한 요구에 못 이겨 핀란드군은 9월 28일부터 퇴각 중인 독일군과 교전을 개시했지만, 독일군은 전반적으로 별 탈 없이 퇴각하였다. 동시에 국방군 총사령부 참모진에서는 이 지역을 모두 포기하자고 히틀러를 설득했는데, 이 두 번째 퇴각은 소련군이 10월 7일에 북단에서의 마지막 공세가 될 〈페차모-키르케네스Petsamo-Kirkenes 작전〉을 실시할 때까지도 시작되지 않았다.[36]

소련이 전쟁에서 이기는 데 결정적인 영향을 끼친 것도 아니었고 그 규모도 작았지만, 이 작전은 지역적 특성에 더해 상륙 작전도 실시되었다는 점에서 특별했다. 작전 계획은 밤이 길고, 거친 지형적 특성과 혹독한 기후만큼이나 독특했다. 10월이면 땅이 얼어붙어 행군은 더욱 어려웠다. 실제로 전체 공세의 성패는 몇 안 되는 동서로 난 도로를 확보하는 일에 달려 있었고, 양측은 수많은 공병을 투입하여 도로를 만들고 유지하는 데 전력을 기울였다.

카렐리야 전선군 사령관인 메레츠코프와 핀란드전의 역전의 용사들인 휘하 사병들은 극지에서의 어려운 전투에 대해 충분한 지식을 갖추고 있었다. 그러나 이 지역의 부대는 남쪽의 소련군이 최근 3년간 쌓은 것과 같은 경험이 없었다. 이 시기에 흔한 일이었지만, 스타브카는 극지에서의 작전을 위해 특별히 고른 새 부대들을 메레츠코프에게 보냈다. 가장 특이한 것은 제126, 제127 경소총병 군단이었는데, 이 경보병 부대는 각각 4,334명의 스키병과 해군 보병으로 이루어져 대규모 기계화 부대가 수행하는 종심 돌파나 우회 기동을 실시할 수 있도록 편성되었다. 메레츠코프에게는 또한 30개의 공병 대대, 말이나 순록을 이용하는 수많은 수송 중대, 미국이 제공한 수륙 양용 차량으로 장비한 2개 도강 대대 등이 있었다. 메레츠코프의 기동 부대는 러시아 내전과 1939년 핀란드 전쟁의 베테랑인 V. I. 셰르바코프V. I. Shcherbakov 중장의 제14군이었다.

메레츠코프는 주공을 남쪽, 렌둘리크의 남익인 독일 제2 산악 사단에 맞추어 독일군 부대를 우회해서 섬멸하려 했다. 공격 계획은 1944년 소련 공세들처럼 정교하게 짜여졌다. 화포 2,100문과 그 절반쯤 되는 수의 박격포가 지원 포격을 하고,

제7 항공군이 항공기 750대로 지원할 계획이었다. 준비 포격은 140,000발의 일반 포탄 이외에도 다연장 로켓 발사기(방사포)로 97톤의 탄약을 퍼부었다. 셰르바코프는 지형이 부적합하긴 했어도 110대의 전차와 자주포를 가지고 있었던 반면, 독일군은 기갑 병력이 전혀 없었다. 제14군은 상대인 독일 제19 산악 군단에 비해 113,200명 대 45,000명으로 수적 우위를 차지하고 있었다.[37]

철저히 준비했건만, 10월 7일 초기 공세는 불량한 시계 때문에 항공 지원과 포병 지원이 어려워져 곤란을 겪었다. 제131 소총병 군단은 티톱카 강 너머 독일군 중부 지역에 교두보를 만들었지만, 제2 산악 사단을 노리는 제99 소총병 군단은 지원 포격으로 독일 방어진이 제압되지 않자 공격 재개를 위해 재배치에 들어가야 했다. 이 사이 독일군은 티톱카 너머로 퇴각했고 다리도 폭파해 버렸다. 도로가 확보되지 않아 물자나 야포를 전방으로 수송하기도 어려웠고, 소련군은 급속히 보급품이 부족해지기 시작했다. 그러는 사이 10월 9~10일 밤에 제63 해군 보병 여단이 독일군 좌익 3곳에 상륙하였다. 이 상륙은 해안을 따라 난 주요 도로를 위협했다.

10월 13일 아침이 되자 소련군은 독일군 방어진의 북단인 페차모 항구를 위협하였고, 제126 경소총병 군단이 서쪽으로 난 유일한 도로를 미약하게나마 차단하였다. 렌둘리크는 제19 산악 군단의 퇴각을 허락했고, 제2 산악 사단은 10월 14일에 소련군의 차단을 뚫었다. 소련군은 다음 날 페차모를 함락했지만, 이만저만 지친 것이 아니어서 셰르바코프는 3일간의 휴지기를 갖기로 했다.

페차모-키르케네스 작전의 나머지는, 양쪽 진영 모두 노르웨이의 북부 해안을 따라 이동하는 것이었다. 계속해서 경소총병 군단과 소규모 소련 부대들이 독일군을 앞지르고 도로를 차단하곤 했지만 식량과 탄약 부족으로 오래 버티지는 못했다. 항공 보급으로 다소 문제를 해결할 수는 있었지만, 독일군은 별 손실 없이 퇴각할 수 있었다. 소련군 전차들은 해안 도로에서만 기동이 가능하여 작전에서 매우 제한적인 역할만을 수행했다. 독일군 후위는 포병 지원에다가, 노르웨이로 철수할 때부터는 항공 지원까지 받으면서 소련군을 연거푸 막아내었다. 10월 29일, 마침내 극야(極夜)가 가까워지자 메레츠코프는 수색을 제외한 모든 작전을 종료했다.

페차모-키르케네스 작전으로 소련의 최북단 영토는 해방되었고, 독일은 이 지역의 광산에서 더 이상 니켈을 조달받지 못하게 되었다. 부정적인 측면이 있었다면, 예상되는 문제점들에 대비하려고 소련군 지휘관들이 노력하기는 했지만, 이 험난한 지형에서는 기동이 어렵다는 점을 너무 과소평가했다는 것이다. 양측 경보병들은 어쩔 수 없는, 탈진에 가까운 체력의 한계를 감내해야 했다. 그러나 메레츠코프와 그의 참모들이 1945년 여름 극동으로 파견된 것은 어찌 보면 당연했다. 이들은 페차모-키르케네스 작전을 교훈 삼아, 만주의 어려운 지형에서 일본군을 패퇴시킬 작전을 세우게 되었다.

결론

전반적으로 1944년 여름과 가을은 독일군에게는 영락없는 재앙의 연속이었다. 하계 공세만으로도 추축군은 465,000명이 전사하거나 포로가 되었다. 6월 1일에서 11월 30일 사이, 모든 전선에서의 독일군의 손실은 1,457,000명이었는데, 이 중 동부 전선에서의 손실이 903,000명이었다. 기갑 부대는 제쳐 놓고라도 차량도 그리 많지 않은 독일군은 이 기간 동안 254,000필의 말과 다른 견인용 동물을 잃었다.[38] 1944년 말에는 헝가리군만이 독일군과 함께 싸우고 있었다. 북쪽의 동프로이센에서 폴란드의 비스와 강, 헝가리의 도나우 강까지 소련군이 발을 들여놓았고, 서방 연합군이 독일의 서부 국경에 가까이 오면서 독일군은 포위되고 고립되어 갔다.

이 기간 동안 소련군의 손실도 매우 커서, 한때 무진장일 것 같아 보이던 인적 자원의 바닥이 드러나기 시작했다. 이를 메우기 위해 소련은 병력을 줄이는 대신 화포, 기갑 차량, 항공기를 점차적으로 늘려 나갔다. 이 과정에서 소련군 지휘관들도 다양한 전술적, 지형적 고려를 통해 작전 교리를 적용할 기회를 가졌다. 고급 지휘관들이 종종 실수를 저지르기는 했지만, 1945년에는 정상급이 되었다.

1944년 말, 소련군은 폴란드, 헝가리의 나머지와 오스트리아를 단 한 번의 작전으로 점령할 정도의 전략적 위치에 서게 되었다. 남은 문제는 이런 전략적 진격이 베를린으로까지 이어질 것인가, 그리고 서방 연합군은 어디까지 밀고 올 것인가였다. 동부 유럽에 소련군이 진주하면서 그 지역에는 소련식의 위성 정부가 들어섰고, 1945년 2월 얄타 회담에서는 암묵적으로 이들 정부를 승인하게 되었다. 어느 군대가 1945년에 어디까지 진주하느냐가 전후 유럽에서의 정치적 판도에 영향을 미치게 되었다. 이 명백한 사실이 베를린을 향한 차기 공세에서 중요한 역할을 했고, 동시에 소련은 서방 연합국들을 향해 의심의 눈초리를 보내게 되었다.

15 | 1945년 겨울의 전투

아르덴과 헝가리

소련이 폴란드를 완전히 점령하는 과정에서 첫 총성은 사실 비스와 강에서 800 킬로미터나 서쪽에 있는 아르덴Ardennes 숲에서 울려 퍼졌다. 1944년 12월 16일, 히틀러는 아르덴 지역에서 대공세를 펼쳤다. 대부분의 기계화 부대를 투입하여 소련이 동부 전선에서 공세로 나오기 전에 서방 연합군을 유럽에서 박살낸다는 이 작전은, 핫소 폰 만토이펠Hasso von Manteuffel의 제5 기갑군과 제프 디트리히 Sepp Dietrich의 제6 SS 기갑군이 양 측면에서 2개 야전군의 지원을 받으며 이 지역을 뚫고 나가 뫼즈Meuse 강의 교량을 점령한 뒤 연합군 전선을 둘로 쪼개 버린다는 것이 주된 계획이었다. 몇 주간의 처절한 전투 끝에 독일군의 공세는 뫼즈 강 가까이에서 끝이 났다. 연합군은 기갑 부대의 능숙한 기동과 도로 교차점에서의 완강한 저항으로 맞섰고, 날씨가 좋아지면서 투입된 압도적인 전술 항공 전력으로 독일군을 막아내었다.

벌지Bulge 전투라고 불리는 이 위기 상황에서, 서방 연합국은 스탈린에게 공세를 취해 서부 전선의 압박을 경감시켜 달라고 요구했다. 결국 스탈린은 당초 계획보다 8일 앞서 대규모 공세를 실시했다. 이 이야기만 놓고 보면 소련이 전쟁에서 적의 주력을 상대하며 가장 큰 역할을 했다는 주장을 뒷받침하는 것 같다. 그러나 독일군 기계화 부대가 서부에 집중되고 보급 지원 역시 서부로 몰리면서, 동부 전선의 소련군 작전은 보다 수월해졌을 뿐이었다.

소련군이 헝가리에서 계속 공세 작전을 펼침으로써 폴란드에 있던 독일군 전력을 끌어들인 것도 비슷한 효과를 낳았다. 1944년 12월 말, 말리놉스키의 제2 우크라이나 전선군과 톨부힌의 제3 우크라이나 전선군이 공세를 재개하여 발라톤 호와 부다페스트 남쪽 외곽을 잇는 독일의 마가레텐 선을 돌파하고, 3개 무장 친위대 사단, 제13 기갑 사단, 그리고 다양한 헝가리 부대들을 도시 안에 가두었다.* 이 도시를 탈취한다는 것은 평범한 임무가 아니었고, 부다페스트에 대한 소련군의 초기 공격의 결과는 이 도시를 점령하기 위해서는 시간과 노력이 더 필요함을 증명해 줄 뿐이었다.

말리놉스키는 부다Buda를 소탕하기 위한 제46군의 3개 소총병 군단(제23 소총 군단, 제10 근위 소총 군단, 제37 근위 소총 군단), 페스트Pest를 점령하기 위한 제18 독립 근위 소총병 군단, 루마니아 제7 군단, 제7 근위군의 제30 소총병 군단으로 임시 집단을 구성했다.[1] 이중의 지휘 구조에다가 조직도 느슨하다 보니 12월 말 공세는 별 진전이 없었다. 당시 소련군에는 과거 스탈린그라드에서의 전투 경험이 있는 사병이 거의 없었던 데 반해, 독일군은 체계적으로 방어망을 구축해 나갔다. 더 큰 문제는 도시 안의 독일-헝가리군을 소탕하려고 많은 병력을 집중시키다 보니 부다에서 40킬로미터 떨어진 외부 포위진이 약해져서 독일군이 포위된 우군을 위해 구원 작전을 펼칠 수 있는 기회를 준 것이었다.

크리스마스에 히틀러는 남부의 위험에 대처하고 구원 작전을 펴기 위해 바르샤바에서 헝가리로 제4 SS 기갑 군단을 보냈다.[2] 완전 편성의 2개 SS 기갑 사단(〈토텐코프〉와 〈비킹〉)은 부다페스트 북서쪽까지 열차로 수송된 뒤, 1945년 1월 1일 밤에 기습 공격을 펼쳤다. 톨부힌 전선군의 제4 근위군은 도나우 강 남쪽에서 취약

---

*3개 무장 친위대 사단을 포위했다는 저자의 설명은 틀린 것이다. 이것은 육군 소속의 〈펠트헤른할레〉 기갑 척탄병 사단을 무장 친위대 소속으로 착각한 결과로 보인다. 다른 2개 무장 친위대 사단은 제8 SS 기병 사단 〈플로리안 가이어〉와 제22 SS 기병 사단 〈마리아 테레지아〉였다. Ungváry, K., *Die Schlacht um Budapest 1944/45* 참조.

한 서측면을 두들겨 맞았는데, 독일군의 이 격렬한 공격으로 제18 전차 군단은 거의 괴멸될 뻔했다. 소련군이 제46군과 제4 근위군에서 예비 병력을 끌어오고서야 독일군의 공격이 부다페스트 서쪽 20킬로미터 지점에서 멈추었다. 1월 6일, 스타브카의 지령에 의해 크랍첸코 상장의 제6 근위 전차군과 슈밀로프 상장의 제7 근위군이 도나우 북안에서 독일군을 포위하기 위해 공세로 나갔지만 크게 성공적이지는 못했다. 독일군의 두 번째 공격은 1월 7일에 세케슈페헤르바르 북쪽에서 제3 기갑 군단에 의해 수행되었다. 북쪽에서의 제4 SS 기갑 군단의 성공을 활용해 보자는 의도였지만, 약간의 진격 끝에 소련 제4 근위군에 의해 정지되었다. 그러나 이 공격은 부다페스트 남서쪽의 소련군 방어가 상대적으로 취약해서 더 큰 규모의 독일군이 밀어붙이면 무너질지도 모른다는 사실을 보여 주었다.

독일군 지휘관들은 짧게나마 옛 영광을 재현하였다. 북서쪽에서 1월 10~12일 사이 부다페스트를 향해 한 번 더 공격을 시도해 보고는, 헤르베르트 길레Herbert Gille는 12일 늦은 시각에 갑자기 자신의 제4 SS 기갑 군단을 세케슈페헤르바르 지역으로 이동시켰다. 소련군은 부다페스트 북서쪽에 더 많은 병력을 투입하고 있었고, 1월 18일에 독일군 제4 SS 기갑 군단은 제3 기갑 군단과 함께 남쪽에서 공격을 재개했다. 독일군의 공격을 받은 제4 근위군의 제135 소총병 군단은 정비 목적으로 지원 전차와 자주포들을 전선에서 이탈시켜 놓은 뒤라 독일군으로서는 행운이 찾아든 셈이었다. 이틀 만에 길레는 소련군 4개 군단을 옆으로 밀쳐 내며 도나우 강에 다다랐다. 여기서 그는 북으로 방향을 돌려 소련군의 후방에서 부다페스트로 향했다. 1월 24일, 이번에도 SS 기갑 군단은 부다페스트 남쪽 25킬로미터 지점까지 접근했다. 하지만 히틀러는 도시 안의 병력이 돌파를 시도해 탈출하는 것을 엄금했다. 구원군이 도시까지 가야 한다는 것이었다. 엎친 데 덮친 격으로 말리놉스키는 대규모의 부대들(제18 전차 군단과 제23 전차 군단, 제1 근위 기계화 군단, 제5 근위 기병 군단, 제30 소총병 군단과 제133 소총병 군단)을 도시 남쪽 차단선에 재빨리 재배치하여 독일군의 공격을 둔화시켰다. 1월 27일에 독일군은 철수를 개시하고 출발선으로 되돌아가기 시작했다.[3]

이 사이 소련-루마니아군은 페스트에서 조금씩 전진하고 있었다. 1월 10일, 스타브카는 3개 군단에 대해 보다 철저한 통제권을 확립하라고 독촉했다. 다음 날 말리놉스키는 제18 근위 소총병 군단장인 아포닌 소장에게 부다페스트 작전 집단의 지휘를 정식으로 지시했고, 아포닌은 페스트의 방어진을 둘로 나누기 위해 공세를 개시하여 1월 14일에 도나우 강에 도달했다. 눈과 안개로 뒤덮인 도시에서 건물마다 소련-루마니아군 돌격조와 독일-헝가리군 수비대가 뒤엉켜 격전을 벌였다. 방어 측의 연료와 탄환이 떨어져 가자 전차와 중화기는 무용지물이 되었다. 1월 12일, Ju-52 수송기의 이착륙을 위한 마지막 활주로 역할을 하고 있던 경마장이 점령되었다. 1월 17일에 잔존한 수비 병력들은 강을 향해 퇴각했지만, 소련군은 한발 앞서 하수구를 통해 강둑까지 와 있었다. 제9 SS산악 군단의 적어도 절반쯤이 여기서 끝이 났다. 36,000명 이상의 독일-헝가리군이 전사했고, 63,000명이 항복했다. 또한 강 서쪽 부다 수비대의 비극도 끝나려면 아직 멀었다.*4

이 시점에서 스타브카는 말리노프스키의 제2 우크라이나 전선군에게 도나우 강 서안(부다)의 소탕 임무를 맡기고, 톨부힌의 제3 우크라이나 전선군에게는 계속되는 독일의 구원 노력을 상대해 포위망 외곽을 방어하도록 하였다. 1월 22일에 아포닌이 근접전 와중에 부상하자, 숙련된 시가전 경험을 갖춘 제53군 사령관 I. M. 마나가로프 상장이 그 뒤를 이어 제75 소총병 군단과 제37 근위 소총병 군단으로 구성된 공격 부대를 지휘했다.

양측의 손실이 커지면서 부다페스트의 전투는 스탈린그라드의 격전을 닮아가고 있었다. 2월 12일, 잔존한 수비대 26,000명 가운데 약 절반이 돌파를 시도했다. 처절한 전투에서 탈출하려던 독일-헝가리군이 괴멸되었고, 다음 날 부다도 점령되었다. 도시가 점령되었지만 히틀러는 계속 헝가리에서 눈을 떼지 않았고, 이는 결국 다른 지역에서의 전투에 악영향을 미쳤다.

소련은 부다페스트 주변의 전투에서 입은 손실을 메우기가 어려웠지만, 독일군은 다른 곳에서 사용해야 하는 기갑 전력까지 소모한 바람에 더 심각한 상황에 빠졌다. 더구나 1944년 12월에서 이듬해 1월에 이르는 헝가리에서의 전투는 히틀러

---

* 저자가 소개하는 페슈트에서의 마지막 전투에서 독일-헝가리군이 입은 손실은 소련 측의 추산이며, 상당히 과장되어 있다. 1944년 12월 24일 독일-헝가리군의 급양 병력은 약 79,000명이었고, 1월 3일에는 70,000명, 페스트의 수비대가 거의 소탕되어 갈 무렵인 1945년 1월 20일에는 45,000명, 탈출이 시도되기 직전인 2월 11일에는 32,000명이었다. 1944년 12월 24일, 포위진 내 헝가리군은 전체의 46퍼센트를 차지했다. Ungváry, K., *Die Schlacht um Budapest 1944/45*, pp. 93~110.

의 관심을 폴란드의 동부 전선보다는 남쪽의 헝가리에 박아 두게 만들어 전략적으로 매우 커다란 영향을 끼쳤다. 독일군에게 가장 나빴던 것은 히틀러가 1월 16일에 뒤늦게 아르덴에서 철수한 제6 SS 기갑군을 폴란드가 아닌 헝가리로 이동시켰던 것이다. 이 결정은 소련군이 비스와에서 공세를 재개한 직후였기 때문에 더 이해하기가 곤란하다. 이제 동부 전선에 남은 독일군은 바르샤바-베를린 축을 따라 벌어질 소련군의 대공세를 피할 길이 없었다.

동계 공세의 준비

동계 공세의 준비는 1944년 10월 말부터 시작되었다. 여름과 가을의 승리로 소련이 공세 작전을 펼치기에 유리해졌다. 전체 전선은 4,450킬로미터에서 2,250킬로미터로 줄어들었고, 적지 않은 수의 독일군이 쿠를란트에 갇혀 있었으며, 소련은 확실히 전략적 주도권을 잡고 있었다. 소련 정보 담당자들은 1944년 동안 독일군 96개 사단이 포로가 되거나 격파당했고, 33개 사단이 너무 약해져서 해산된 것으로 파악했다.[5] 새로운 장비들, 특히 이오시프 스탈린 전차, SU-122, SU-152 등의 자주 돌격포, 신형의 다연장 로켓 발사기 등은 소련군의 기술적 능력을 향상시켰다. 그러나 한때 무진장인 것 같던 소련의 인적 자원이 한계에 다다랐으므로 계획 입안자들은 되도록 신속하고 손해가 적은 승리를 노려야 했다.

다시 한 번 스타브카는 차기 대공세가 있을 지점과 그 목표를 설정하기 위해 모든 전선을 점검하였다. 동프로이센에는 독일군의 13개 사단이, 어떤 것은 전쟁 전에 만들어진, 최대 6개의 방어진으로 이루어진 종심 120킬로미터의 방어망을 구축하였다. 1944년 10월에 있었던 소련군의 시도는 이렇게 잘 요새화된 지역에서는 돌격을 시도해도 느린 소모전의 양상을 띠며 큰 손실이 따를 뿐임을 보여 주었다. 사실 주코프, 로코숍스키 두 원수는 스탈린에게 추계 전역 동안 이 지역에서 더 이상의 공세를 펼치지 말자고 설득했다. 이미 길고 긴 진격으로 약체화된 소련군은 별 소득도 없이 손해만 볼 것이 뻔했기 때문이었다.

동부 전선의 반대쪽 끝에서 소련군은 제2, 제3 우크라이나 전선군을 보다 강화하여 헝가리에서 독일을 향해 대규모 공세를 펼치는 것도 생각해 보았다. 그러나 상대인 독일군과 마찬가지로 발칸 반도의 소련군은 험준한 지형과 얼마 안 되는 도로, 철도망 때문에 가까스로 보급을 유지하는 형편이었다. 헝가리-오스트리아 지역은 전략적인 주공을 펼칠 곳이라기보다는 독일의 예비대를 빨아들이는 쪽에 더 적합했다.

부다페스트에서 300킬로미터 북동쪽 비스와 강변의 산도미에시 지역에는 소련군의 전선이 서쪽으로 튀어나와 있었는데, 이곳은 1944년 하계 공세가 끝나갈 무렵 코네프의 제1 우크라이나 전선군이 확보한 교두보였다. 이 교두보의 서쪽에는 카토비체Katowice와 슐레지엔Schlesien이 있었기 때문에 전쟁 기간 동안 공업력을 상당히 상실한 소련으로서는 놓치고 싶지 않은 목표였다. 하지만 이 지역의 공장과 광산은 일종의 덫이 되어, 독일군 수비대를 소탕하다가 원하던 시설들을 파괴할 수도 있었다. 따라서 스탈린은 슐레지엔을 정면으로 공격해서 점령하기보다는 우회해서 포위하기로 했다.

남은 진격로는 중부 폴란드에 있었다. 제일 그럴 듯해 보이는 축은 바르샤바 부근 비스와 강에서 북서방으로, 장애물인 오데르 강을 건너 베를린을 향하는 것이었는데, 서쪽으로 이렇게 가다 보면 메제리츠Meseritz 요새 지역을 만나게 된다.* 발트 해에서 카르파티아에 이르기까지 독일군은 약체의 7개 야전군뿐이었지만, 작전이 성공하려면 장기간에 걸쳐, 특히 병참에 철저한 준비를 기울여야 했다.

소련군 공병과 후방 지원 부대들이 비스와 강까지 거덜 난 통신망을 복구하고, 작전 입안자들이 다가올 공세의 개요를 잡아 나갔다. 1944년 10월 28~29일, 고급 지휘관들이 스탈린과 회의를 가졌다. 한참의 논쟁 끝에 스탈린은 차기 공세를 위해 방어로 전환하는 것에 동의했다. 그리고 스탈린과 주코프는 전선의 폭이 줄어들었기 때문에 지난 3년 동안 최고 사령부를 대신하여 전선군들을 조정한 스타브카 대리나 조정역이 더 이상 필요하지 않으므로, 스타브카가 직접 모든 전선군을 통괄할 수 있다는 것에 동의했다. 스탈린은 그 대신 다음 공세에 사용될 병력은

---

*〈메제리츠〉는 폴란드 미엥지제치Międzyrzecz의 독일식 명칭이고, 이 요새 지역에 대한 독일 명칭은 오데르-바르테 만곡부 요새 전선Festungsfront Oder-Warthe Bogen이다. 여기서 바르테Warthe는 바르타Warta 강의 독일식 명칭이다.

소수의 아주 강력한 전선군으로 재구성되어야 하고, 스탈린 자신이 모스크바에서 (명목상으로나마) 전선군을 지휘해야 한다고 했다. 스탈린은 주코프가 베를린을 향해 곧장 진격할 제1 벨로루시 전선군을 지휘하도록 하였다. 코네프의 제1 우크라이나 전선군이 남쪽에서 평행하게 진격하고, 로코숍스키의 제2 벨로루시 전선군이 비스와 강 이북에서 서쪽으로, 주코프의 우측면을 보호하면서 단치히Danzig를 점령할 계획이었다. 세 전선군을 강화하는 동안 기밀이 잘 지켜져 독일군이 소련군의 재배치를 눈치 채지 못하게 하는 일도 잊지 않았다.

스탈린이 전쟁을 직접 지휘하겠다는 것이 전후 자신의 위상을 높이고 주코프처럼 전쟁 기간 동안 뛰어난 능력을 보여 주었던 원수들의 위상을 실추시키기 위한 것임은 뻔한 것이었다. 이러는 동안 스탈린은 안토노프에게 크게 의존하게 되었다. 그는 지난 2년간 바실렙스키 원수가 전장에서 스타브카의 조정역을 하는 동안 총참모부의 작전 과장으로 스타브카를 잘 이끌어 왔다. 반대로 바실렙스키는 북익의 제1, 제2 발트 전선군의 조정역을 맡아 거의 좌천되다시피 했다.

스타브카가 만든 작전 계획안은 2단계에 걸친 작전이었다(지도 17 참조). 11~12월 동안, 앞에서 언급한 것과 같이 제2, 제3 우크라이나 전선군이 헝가리에서 진격을 하면서 독일군 예비 병력을 흡수했다. 공세는 1945년 1월 15일에서 20일 사이에 개시하는 것으로 잠정적으로 결정되었고, 독일군의 비스와 및 동프로이센의 방어진을 분쇄하는 2개의 대규모 작전을 펼칠 예정이었다. 이 두 작전 중 규모가 더 작은 쪽은 체르냐홉스키의 제3군과 로코숍스키의 제2 벨로루시 전선군이 맡아 동프로이센의 독일 중부 집단군을 소탕한다는 것으로, 기꺼이 받아들이기 어려운 일이었다. 체르냐홉스키가 지금의 칼리닌그라드Kaliningrad인 쾨니히스베르크를 향해 무작정 서진하는 동안, 로코숍스키는 남쪽에서 동프로이센을 포위하고, 주공을 펼칠 주코프의 제1 벨로루시 전선군의 측면을 보호할 것이었다. 이 임무를 위해 제2 벨로루시 전선군은 7개의 야전군으로 강화되었는데, 여기에 볼스키의 제5 근위 전차군과 몇 개의 독립 기동 군단들도 부가되었다. 항공 지원은 K. A. 베르시닌K. A. Vershinin의 제4 항공군이 맡았다.

이와 동시에 주코프와 코네프는 독일 A 집단군에 대한 주공을 펼칠 계획이었다. 주코프는 모두 8개의 제병협동군과 2개 전차군, 2개 근위 기병 군단과 1개 항공군

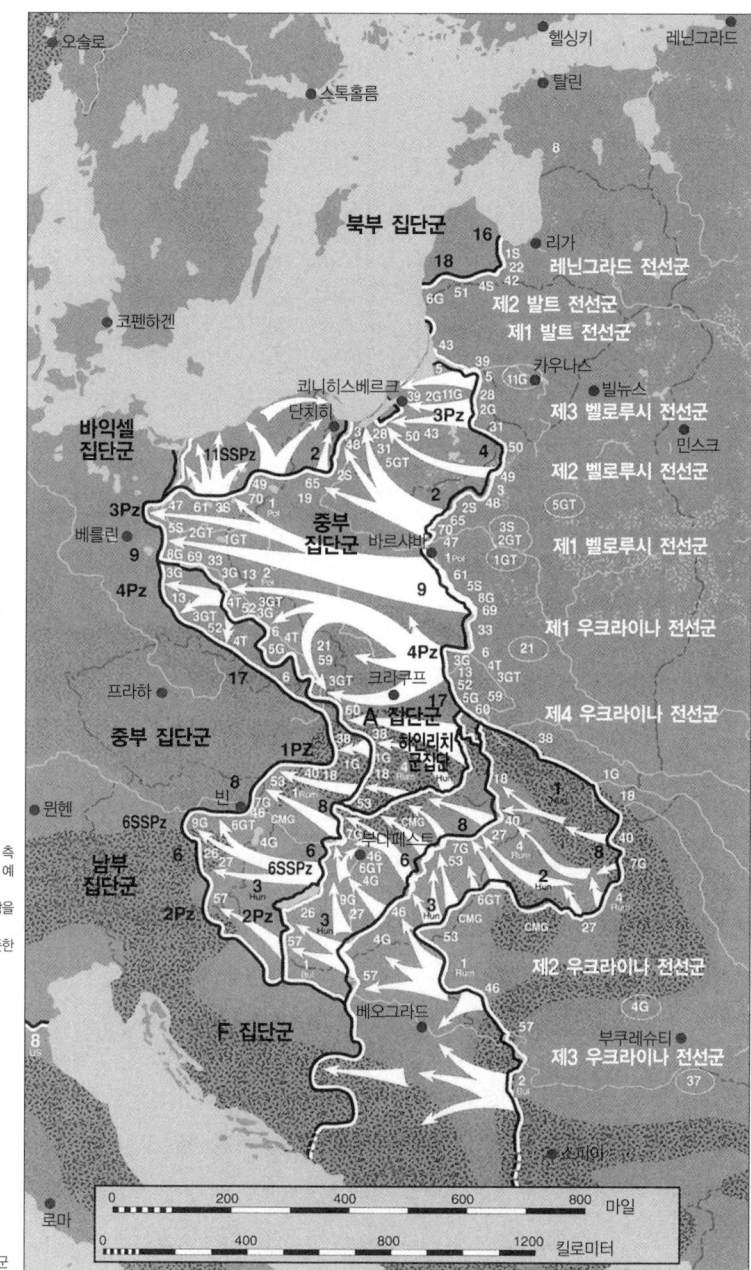

1 흰색-소련 측, 검은색-독일 측
  (후방의 동그라미 내 숫자는 예
  비 전력을 뜻한다.)
2 그냥 숫자는 야전군 급 이상을
  뜻한다. 예) 3-제3군
3 독일 측의 Pz는 〈기갑〉을 뜻한
  다. 예) 2Pz-제2 기갑군
4 Rum은 루마니아군을 뜻한다.
  예) 3Rum-루마니아 제3군
5 Hun은 헝가리군을 뜻한다.
  예) 2Hun-헝가리 제2군
6 Bul은 불가리아군을 뜻한다.
  예) 1Bul-불가리아 제1군
7 Pol은 폴란드군을 뜻한다.
  예) 2Pol-폴란드 제2군
8 US는 미국군을 뜻한다.
  예) 8US-미 제8군
9 1G-제 1 근위군
  2S-제 2 충격군
  3T-제 3 전차군
  3GT-제3 근위 전차군
  CMG-기병-기계화 집단
10 6SS Pz-독일 제6 SS 기갑군

지도 17. 동계 공세에서 1945년 4월까지

으로 3곳에서 침투 작전을 실시하려 했다. 주공은 바르샤바 바로 남쪽에 있는, 남북으로 24킬로미터, 동서로 11킬로미터 넓이의 마그누셰프 교두보에서 독일 제9군을 상대로 벌어질 참이었다. 스탈린그라드의 영웅인 추이코프 상장의 제8 군위군, 벨로프 상장의 제61군, N. E. 베자린N. E. Bezarin 중장의 제5 충격군이 먼저 공격하여 첫날 30킬로미터까지 전진하고, 이 공격이 있은 뒤에는 전과확대를 위해 카투코프 상장의 제1 근위 전차군, 보그다노프 상장의 제2 근위 전차군, 크류코프 중장의 제2 근위 기병 군단이 투입될 예정이었다.

동시에 제61군의 우익 사단들이 바르샤바를 향해 북진하는데, 이 공세는 주코프의 최북단에서 있을 두 번째 돌파를 돕기 위한 것이었다. 이 두 번째 돌파는 F. I. 페르호로비치F. I. Perkhorovich 소장의 제47군이 S. G. 포프와프스키S. G. Popławsky 중장이 이끄는 폴란드 제1군의 지원을 받으며 로코숍스키의 제2 벨로루시 전선군 남익과 협조하여 바르샤바 지구의 독일군을 포위할 것이었다.

제1 벨로루시 전선군의 남부에서는 보다 작은 크기의 푸와비Puławy 교두보에서 세 번째 공격이 시작될 것이었다. 콜팍치의 제69군과 V. D. 츠베타예프V. D. Tsvetaev 상장의 제33군은 각기 독립 전차 군단 1개를 관할하여 13킬로미터 폭의 독일 방어진을 돌파하고, 인근 우군과 연결하여 양익에서 전술적 포위를 실시할 예정이었다.

코네프는 이와 달리 단순한 계획을 가지고 있었다. 거의 모든 전력을 산도미에시 교두보에 집중하는 것이었다. 푸호프 상장의 제13군, 코로테예프 상장의 제52군, A. S. 즈다노프 상장의 제5 근위군이 북측면에서 고르도프 상장의 제3 근위군, 남측면에서는 쿠로치킨 상장의 제60군의 지원을 받아 돌파를 시도할 계획이었다. 코네프는 공격 기도를 숨기기 어려웠다. 그 대신 코네프는 제60군 후방에 가짜 전차와 자주포 400대를 만들어 놓고 보급망도 새로 구축하여 마치 크라쿠프Kraków를 향해 서쪽으로 진격하려는 것처럼 보이게 하였다. 사실 코네프는 리발코의 제3 근위 전차군과 렐류셴코의 제4 전차군을 작전 첫날부터 투입하여 제1 벨로루시 전선군과의 협조를 위해 북서 방향으로 진격할 예정이었다. 자도프의 제5 근위군은 제4 근위 전차 군단과 제31 독립 전차 군단을 관할하여 크라쿠프를 점령하거나 우회하여 상(上)오데르 강을 향해 진격하려 했다. I. T. 코로프니코프I. T. Korovnikov 중장의 제59군은 2선에 있다가 크라쿠프를 소탕하고, D. N. 구세프 상장의 제

21군은 2선으로 주공을 따라 진격하며, 2개 독립 기동 군단이 전선군 예비로 대기할 것이었다.[6]

양 전선군 모두 시간과 인명의 손실을 최소화하기 위해 병력을 최대한 집중했다. 마그누셰프 교두보를 예로 들자면, 주코프는 이곳에 소총 병력의 50퍼센트와 포병과 전차 병력의 70퍼센트를 집중시켜 10대 1에 달하는 수적 우위를 점했다. 거의 모든 보병 지원 전차와 자주포가 소총병 사단의 돌격 대대에 배속되었고, 화포는 많은 경우 킬로미터당 250문에 달했다. 중요 지점에 집중하기 위해 요새 지역 2개(제119 요새 지역)를 포함한 나머지 병력은 다른 지역에 넓게 분산시켰다.[7]

서방 연합군이 벌지 전투의 말기에 들어가 구원을 요청하자, 스탈린은 공세를 서둘렀다. 1월 8일, 안토노프는 코네프에게 1월 12일에 공격을 개시하라고 명령하였는데, 이는 원래의 계획보다 8일이나 앞당겨진 것이었다. 막바지에 공격일이 앞당겨지자 참모장교와 병참 관계자들은 바빠졌고, 이러다 보니 비슬라-오데르 작전과 동프로이센 작전이 동시에 잘 이루어지지 않은 것은 놀랄 일이 아니었다. 코네프의 제1 우크라이나 전선군은 명령대로 1월 12일에 공세를 개시했고, 체르냐홉스키의 제3 벨로루시 전선군은 동프로이센 북단에서 1월 13일에 공세에 들어갔다. 주코프의 제1 벨로루시와 로코숍스키의 제2 벨로루시 전선군은 1월 14일에야 돌격을 시작했다. 이유가 무엇이었든지 간에 이렇게 공세가 시차를 두고 이루어지자 오히려 방어 측이 혼란스러워했고, 독일 예비대가 측면에서 대기하는 동안 공격은 중앙에서 이루어진 셈이 되었다.

비슬라-오데르 작전*

사실 독일 국방군 총사령부와 독일의 두 집단군 사령부는 소련군이 북쪽과 남쪽 측면에서 치고나와 중앙의 독일군을 큰 규모로 작전적 포위하는 식의, 바그라티온

---

* Visla(비슬라)는 폴란드 비스와 강의 러시아어 표기이다(오데르는 두 나라 표기가 같다). 여기서 〈비슬라-오데르〉는 소련군의 고유한 작전명으로 쓰였으므로 러시아어 표기를 따랐다.

작전의 재연이 있을 것이라 예상했다. 이러한 이유로 방어 거점과 예비대는 동프로이센과 크라쿠프, 즉 양익에 위치했다. 그렇지만 예비대는 수행해야 할 임무에 영 적합하지 않았다. 두 집단군은 전력이 부실한 12.5개의 기갑 사단을 가지고 있었다. 구데리안이 서부 전선에서 4개 기갑 사단을 옮기려고 했지만, 국방군 총사령부는 이 사단들을 헝가리로 돌려 보냈다.[8]

〈헤르만 괴링〉 기갑 군단이나 대독일 기갑 군단, 일부 무장 친위대 같은 정예 부대를 제외하고, 1945년 1월에 거의 모든 독일군 사단은 인원이나 장비가 턱없이 부족한 상태였다. 1944년 12월에 독일의 전차 생산은 1,854대로 증가했지만, 이 차량들의 대부분은 아르덴과 헝가리에서 박살나 버렸다. 항공기의 생산은 10월에 최고점에 달했지만, 독일 공군도 동부 전선, 서부 전선 할 것 없이 퇴각 중이었다. 원자재가 부족하다 보니 전선에서 요구하는 물품들을 대는 것도 점점 어려워졌다. 1월에는 기계화-차량화 부대의 트럭 정수를 25퍼센트나 줄여야 했다. 더 심각한 것은 루마니아 유전의 상실과 합성 연료 공장의 피폭으로 연료가 부족한 것이었다. 부대의 편제 규모를 줄이고서도 독일군은 800,000명이나 부족했다.[9]

구데리안, 라인하르트 겔렌, 그리고 동부 전선의 야전 지휘관들은 다가올 소련군의 공세 개시일을 대략 짐작은 하고 있었다. 물론 소련의 기만술로 공격 지점이나 병력의 규모는 잘 몰랐지만 말이다. 전후의 회고록이 다소 자신의 입장을 보호하는 경향이 있기는 하지만, 독일군 지휘관들이 폴란드에서 있을 위험을 히틀러에게 알리기는 했지만 결국 별다른 반향을 얻지 못한 것은 의심의 여지가 없다.[10] 독일군 지휘관들이 기대할 수 있는 것은 전쟁을 좀 더 질질 끄는 정도였는데, 이 시기에 와서도 히틀러는 기적을 바라며 기죽지 않으려고만 했다. 사실 히틀러가 한 치의 땅도 양보하지 않으려 한 것은 소련군으로서는 이익이었다. 히틀러의 고집 때문에 주 방어선과 제2방어선이 전방 방어선의 수 킬로미터 후방에 만들어졌다. 이러한 히틀러의 오판으로 모든 방어선이 무시무시한 소련군의 포격에 취약했다. 마찬가지로 얼마 남지 않은 예비대까지 지나치게 전방에 배치되었다. 예를 들어 제24 기갑 군단의 2개 기갑 사단(제16 기갑 사단, 제17 기갑 사단)은 산도미에시 교두보 맞은편에서 너무 앞으로 나와 있는 바람에 기동에 필요한 공간을 잃어버렸다. 제4 기갑군은 제24 기갑 군단의 북쪽, 즉 2개의 소련 교두보 사이에 2개 기갑 척탄병 사단을 예비로 가지고 있었다. 이론적으로는 적의 항공 병력이 수비대의 기동을 어렵게 만들 때 이런 전방 배치가 유효한 것 같지만, 실제로 이 수비대는 소련 공세의 초기부터 전투에 휘말려야 했다(표 15-1 참조).

1945년 1월 12일 새벽 5시, 코네프의 선두 대대들이 15분간의 준비 포격을 한 뒤 공격을 개시하여, 일부에서는 두 번째 방어선까지 점령하고 1944년의 지침을 따라 방어 거점들을 제거하였다.[11] 오전 10시에 2차 포격이 있었는데, 겨울 안개로 근접 항공 지원이 어려웠기 때문에 이 포격은 107분 동안이나 지속되었다. 포격이 끝나기 30분 전, 소총 소대들은 잘 준비된 탄막 사이의 틈을 따라 전진해 나갔다. 독일군은 이것이 주공이라 여기고는 벙커에서 나와 사격 위치에 자리 잡았다. 선두의 소련군 소총병들이 엎드려 엄폐하자 15분간의 포격이 다시 이어졌고, 다연장 로켓 발사기의 굉음이 울렸다. 탄막 뒤로 소련 보병들은 전차의 지원을 받으며 진격을 속개했다.

이렇게 정교한 전술을 사용한 덕분에 소련군은 단 3시간 만에 독일의 2개 방어선을 뚫고, 많게는 8킬로미터까지 침투할 수 있었다. 정오가 지나 날이 개자 466회에 달하는 항공 출격이 이어졌다. 전차군에는 보통 1개 항공 사단이 배속되었는데, 전방 관측자들이 선견 전차군과 기계화 여단의 본부와 함께 움직였다.[12]

12일이 끝나 갈 무렵, 제1 우크라이나 전선군은 35킬로미터 폭의 전선에서 독일군의 방어망을 20킬로미터나 뚫고 나갔다. 교두보 전면을 3개 보병 사단으로 방어하던 제48 기갑 군단은 이름만 〈기갑〉이었는데, 초반의 공격으로 사단들은 말 그대로 증발하고 없어졌다. 제24 기갑 군단의 제16, 제17 기갑 사단은 집결지에서 반격 명령을 받기도 전에 압도당했고, 키엘체Kielce 부근에서 존폐를 건 전투를 시작했다. 소련군 선견대는 밤새도록 전진했다.[13]

이틀째가 끝나 갈 무렵, 돌파한 지역은 폭 60킬로미터에 깊이 40킬로미터에 이르렀다. 제16, 제17 기갑 사단은 심하게 동요되고 손상을 받았지만, 소련의 두 교두보 사이의 교통 요충지인 키엘체에서 방어진을 펼쳤다. 그러나 1월 18일, 제24 기갑 군단은 제3 근위군과 제4 전차군에 의해 포위되었고, 결국 서쪽으로 탈출해야 했다. 이 기갑 군단의 잔존 병력과 제48 기갑 군단의 생존자, 그보다는 덜 손상 입었지만 역시 포위된 제42군단의 사단들이 북서쪽을 향해, 온 사방이 소련군으로 바다를 이

표 15-1. 비슬라-오데르 작전의 전투 서열

독일군	소련군
중부 집단군 (한스 라인하르트 상급대장)	제3 벨로루시 전선군 (체르냐홉스키 상장) 제39군, 제5군, 제28군, 제2 근위군, 제11 근위군, 제31군, 제1 항공군
제3 기갑군	제1 전차 군단, 제2 근위 전차 군단
제4군	제2 벨로루시 전선군 (로코솝스키 소연방 원수) 제50군, 제49군, 제3군, 제48군, 제2 충격군, 제65군, 제70군 제5 근위 전차군
제2군	제4 항공군 제8 근위 전차 군단, 제8 기계화 군단, 제3 근위 기병 군단
A 집단군 (요제프 하르페 상급대장)	제1 벨로루시 전선군 (주코프 소연방 원수)
제9군	제47군, 폴란드 제1군, 제61군, 제5 충격군, 제3 충격군, 제8 근위군, 제69군, 제33군
제4 기갑군	제1 근위군, 제2 근위 전차군 제16 항공군 제9 전차 군단, 제11 전차 군단 제2 근위 군단, 제7 근위 기병 군단
제17군	제1 우크라이나 전선군 (코네프 소연방 원수) 제6군, 제3 근위군, 제13군, 제52군, 제5 근위군, 제60군, 제21군, 제59군 제3 근위 전차군, 제4 전차군 제2 항공군 제4 근위군, 제25군, 제31 전차 군단 제7 근위 기계화 군단 제1 근위 기병 군단
제1 기갑군	제4 우크라이나 전선군 (페트로프 상장) 제38군, 제1 근위군, 제18군 제8 항공군

룬 가운데 마치 공기 방울처럼 움직이고 있었다.* 퇴각하는 동안 소련군의 주공은 피했지만, 지상과 공중에서 공격을 받고 있었기 때문에 공기 방울은 작아지고, 여러 개로 쪼개졌다. 대부분의 포위진은 결국 소탕당했으나, 가장 큰 포위진은 수천 명으로 크기가 줄어든 상태에서 10일 후 북서쪽에 있는 우군 진지에 도달한다.[14]

1월 18일, 코네프는 계획보다 5일이나 앞서 목표를 달성하고 있었다. 리발코의 전차군은 쳉스토호바Czéstochowa를 점령했고, P. P. 폴루보야로프P. P. Poluboyarov 중장의 제4 근위 전차 군단은 제59군의 지원을 받으며 크라쿠프를 포위했다. 이 중세 도시는 19일 놀랍게도 별다른 저항 없이 함락되었는데, 독일 제17군이 상(上)슐레지엔Oberschlesien에서 새로 도착한 예비 병력으로 새 방어선을 구축하려고 퇴각 중이었던 것이 이유였다. 이미 인접한 제4 기갑군이 사실상 괴멸되었기 때문에, 북측면이 열려 있었으므로 이렇게 퇴각한다고 해서 제17군이 위기에서 완전히 벗어나는 것은 아니었다. 1월 20일 저녁, 코네프는 리발코의 제3 근위 전차군에게 90도로 방향을 전환하여 이 측면을 노리고 남쪽으로 진격하라고 명령했고, 제21군과 제1 근위 기병 군단은 독일군을 정면 공격하도록 했다. 몇 시간 만에 리발코는 선견대를 새로운 공격 방향으로 전환시켰고, 카토비체 부근의 독일군은 방어진을 포기했다. 리발코와 제4 우크라이나 전선군의 부대들은 1월 말 슐레지엔에 접근하면서, 일부러 독일군이 남쪽으로 빠져나가도록 출구를 열어 놓아 공업 지대인 이곳에서의 격전을 피했다.[15]

한편 1월 14일 여명이 밝아 오자, 주코프의 제1 벨로루시 전선군도 독일 제9군을 공격하였다.** 소련 수색 부대는 25분의 준비 포격 이후에 움직였다. 이 〈수색전〉은 독일군이 이전에 경험했던 것 이상의 것이었다. 1944년 지침에 따라 주코프는 100킬로미터 폭의 전선에서 22개의 강화된 소총병 대대와 25개의 소총병 중대를 사용하여 미리 보아 둔 적의 거점들을 제거했다. 이 수색으로 독일군의 방어선이 뚫렸기 때문에, 제61군 지역을 제외하고는 계획되었던 70분의 추가 포격이 취소되었다. 다른 곳에서는 독일군의 전방 방어 거점들이 14일 오전 10시 이전까지 소련군의 수중으로 넘어갔고, 날이 저물 무렵에는 12킬로미터나 돌파하여, 심하게

* 독일은 이를 〈이동 포위진Wandernde Kessel〉이라고 불렀다.
** 마그누셰프 교두보에서의 공격이다.

손상된 채 진격로 주위에 있는 독일군 2개 사단의 잔존 병력들을 내버려 두고 우회했다. 대담하며 숙련된 공격으로 제5 충격군의 제26 근위 소총병 군단은 독일 공병들이 폭파하기 전에 필리차Pilica 강에 있는, 중(重)차량의 통과가 가능한 교량을 확보했다.[16] 이 수확으로 아직 전투에 가세하지 않은 보그다노프의 제2 근위 전차군이 예상보다 빨리 전진할 수 있었다. 한편 주코프의 제69군과 제33군이 실시한 부수적인 공격은 첫날 22킬로미터 진격이라는 성과를 거두었고, 독립 전차 군단들이 돌격 부대를 추월하여 오후 2시에는 독일 제56 기갑 군단의 후방인 라돔Radom을 향해 진격했다.*

1월 15일, 제40 기갑 군단의 제19, 제25 기갑 사단은 병력이 상당히 줄어든 채 마그누셰프 교두보 전면을 방어하는 보병 사단을 지원하기 위해 단호한 각오로 반격에 나섰다. 하지만 소련군의 전폭기와 대전차포들이 이 공세를 재빨리 막아 냈다. 돌격 보병들이 독일군 진지 15킬로미터 안으로 들어갔을 때 카투코프의 제1 근위 전차군이 계획대로 제8 근위군을 추월하여 마그누셰프 북서쪽 130킬로미터 지점의 우치Łódź를 향해 진격했다. 바르샤바 북쪽에서는 제47군이 비스와 강을 건너 돌격하여, 주코프의 공세를 따라 마그누셰프 교두보에서 진격하는 폴란드 제1군과 함께 폴란드 수도를 포위했다.

보그다노프의 제2 근위 전차군과 제2 근위 기병 군단이 차례로 필리차 강의 교두보를 지나 전투에 가세했고, 80킬로미터를 주파하여 바르샤바 지역의 독일군 포위를 완성했다. 1월 17일, 포위된 독일군은 제거되었고, 폴란드 제1군은 자국의 수도를 탈환했다.[17]

18일이 끝나 갈 무렵에는 제1 벨로루시 전선군과 제1 우크라이나 전선군이 독일군 방어망과 반격 부대들을 격파하고서 오데르 강을 향해 질주했다. 대독일 기갑 군단은 〈상황을 복구하기 위해〉 동프로이센에서 1월 16일 기차로 우치에 보내졌다. 〈헤르만 괴링〉 강하 기갑 사단은 다음 날 소련 제11 전차 군단과 제8 근위군의 선견대와 교전에 들어갔다. 그 후 며칠간 제2 근위 전차군은 대독일 기갑 군단의 후속 열차들을 우지 북쪽에서 요격, 격파하였다. 한편 군단의 헤르만 괴링 강하 기

---

* 이 공격은 푸와비 교두보에서 실시된 것이다.

갑 사단과 〈브란덴부르크Brandenburg〉 기갑 척탄병 사단은 제19, 제25 기갑 사단의 잔여와 함께 우지 남쪽에서 방어진을 펼쳐 소련의 공격을 막고, 퇴각해 오는 지리멸렬한 보병 부대들을 구하고자 하였다.[18] 1월 21~28일 사이, 독일군 수천 명은 네링Nehring 장군의 집단과 폰 자우켄von Saucken 장군의 집단으로 나뉘어 처절한 전투를 벌이며 소련군의 진격로를 돌파하여 후방의 우군 진지에 도달했다.** 1월 29일까지는 한때 제9군과 제4 기갑군이었던 독일군은 오데르 강을 따라 형성된 방어선으로 들어왔다. 상황이 너무 악화되어 생존자들은 오데르 강의 방어선의 버팀목 역할을 하기 위해 재투입되었는데, 이 방어선이란 것도 벌써 뚫린 곳이 여러 군데였다.[19] 포위딩한 독일군들은 대체로 네링과 자우켄의 경우보다 훨씬 불행했다. 고립된 독일군들은 후속하는 소련군에 의해 소탕되었다.[20]

포위된 독일군이 살아남으려 싸우고 있을 때, 소련 전차군과 전차 군단들이 제1 벨로루시 전선군의 다른 야전군보다 100킬로미터나 앞서 있었고, 제1 우크라이나 전선군보다는 35킬로미터 앞에 있었다. 어떤 선견대는 24시간 만에 70킬로미터를 전진하며 도중에 만난 적과 전투하고 교량을 확보하여 본대가 진격할 수 있도록 하였다.

늦기는 했지만, 독일은 다른 지역에서 40개의 사단을 움직이기로 했다. 히틀러는 쿠를란트에서 1개 군단 사령부와 5개 사단을 철수시키는 것을 승인했다. 바르샤바 함락으로 화가 치민 히틀러는 1월 18일에 그동안 미심쩍게 여겼던 독일 육군 총사령부의 참모장교 몇 명을 체포했다. 또한 가장 신뢰하는 장군인 쇠르너를 쿠를란트에서 소환하여 불운한 요제프 하르페Joseph Harpe 상급대장 대신 A 집단군을 맡게 하였다. 쇠르너는 제9군 사령관이던 뤼트비츠 남작Simili Freiherr von Lüttwitz을 경질했고, 낙관적인 상황 보고를 내놓았다.[21]

** 당시 네링은 제24 기갑 군단장, 폰 자우켄은 〈대독일〉 기갑 군단장이었으며, 네링의 〈이동 포위진〉에는 제42군단의 잔여 병력도 함께 있었다. 네링의 〈이동 포위진〉은 원문처럼 지리멸렬한 보병 부대만 있었던 것은 아니고, 1월 22일에 〈대독일〉 기갑 군단과 합류할 때까지도 전차 등 기갑 차량을 보유하고 있었다. 이때 〈대독일〉 기갑 군단은 우치 남쪽이 아닌 서남쪽 바르타 강변의 시에라츠Sieradz 교두보에서 〈이동 포위진〉의 합류를 기다리고 있었다. 또한 우군 진지에 도달한 독일군이 수천 명이라는 것은 지나치게 적은 수로 보인다. 정확한 집계는 없는 것으로 보이지만, 이후의 전투로 미루어 보건대 수만 명 수준임은 확실하다. Ahlfen, H. v., *Der Kampf um Schlesien*, pp. 56~62; Paul, W., *Der Endkampf um Deutschland 1945*, 일어판 pp. 45~58.

소련군의 추격이 계속되었다. 추이코프의 제8 근위군은 기갑 선견대와 선두 전차군을 바짝 쫓으며 전차군만큼이나 독창적이고 대담한 모습을 보였다. 추이코프는 1월 19일에 마그누셰프에서 북서쪽으로 130킬로미터 떨어진 우치를 무혈 점령했다. 1월 22일에는 카투코프의 제1 근위 전차군의 진격로를 따라 북서로 120킬로미터를 더 갔고, 포즈난Poznań에서는 긴 포위전 끝에 60,000명의 독일군을 포로로 잡았다.[22] 한편 1월 20일에는 리발코의 제3 근위 전차군과 코로테예프의 제52군이 상(上)슐레지엔에서 독일군을 상대로 기동하다가 독일 국경을 넘어섰다.

1월 31일에는 보그다노프의 제2 근위 전차군의 선견대가 퀴스트린Küstrin 근처의 오데르 강에 도달했는데, 2주 만에 400킬로미터를 진격한 셈이었다. 다음 날 카투코프의 제1 근위 전차군도 메제리츠의 요새 지역을 돌파하고 프랑크푸르트 안 데어 오데르Frankfurt an der Oder의 바로 북쪽에서 오데르 강에 도달했다. 버릇이기라도 하듯이, 소련군은 강 건너편으로 교두보를 확보하기 위해 즉시 돌격조를 파견했다. 며칠 사이 제5 충격군, 제8 근위군, 제69군의 선두 사단들도 이에 합류했다. 이전의 교두보와는 달리 이번에는 베를린에서 겨우 60킬로미터 떨어진 곳이었다.[23]

항상 그렇지만, 선두 부대들은 보급량이 한계에 다다랐고, 심하게 긴장해 있는 데다가 전력도 많이 떨어졌다. 제2 근위 전차군은 우측면이 160킬로미터에 달하여, 이 지역이 폼메른Pommern에서 신편성된 바익셀 집단군의 반격에 놓이게 되었다. 이 집단군은 히틀러가 필사적으로 만든 것이었는데, 기간은 SS 행정 참모들, 황급히 그러모은 제11 SS 기갑군, 향토 방위대Volkssturm들이었고, SS 총감인 하인리히 힘러Heinrich Himmler가 사령관이 되었다. 2월 초, 폼메른에서 서둘러 개시한 힘러의 첫 공격은 2선 제대의 소련 제병협동군(제61군, 제47군, 폴란드 제1군)들에 의해 쉽게 좌절되었다. 그러나 소련군이 오데르 강을 건너 베를린으로 진격하는 것이 문제였다. 로코솝스키의 제2 벨로루시 전선군이 주코프의 우측면을 보호해야 했는데, 동프로이센에서의 작전으로 많은 병력이 발트 해 쪽에 묶여 있었다.

동프로이센 강습

스타브카의 동프로이센 작전 개념은 체르냐홉스키의 제3군과 로코숍스키의 제2벨로루시 전선군이 동프러시아의 독일군을 협격하여 이들을 폴란드의 독일군으로부터 격리시키고 발트 해 연안으로 내모는 것이었고,[24] 후속 작전으로 체르냐홉스키의 전선군과 바그라먄의 제1 발트 전선군이 포위된 독일군을 소탕하는 것이었다. 단치히 남쪽 비스와 강에 도달하면 로코숍스키의 전선군은 주코프의 제1 벨로루시 전선군과 협조하면서 비스와 강을 건너 주축을 따라 진격, 동부 폼메른에서 오데르 강의 슈테틴Stettin으로 진격할 계획이었다.

체르냐홉스키는 4개 제병협동군(제39군, 제5군, 제28군, 제2 근위군)과 2개의 전차 군단(제1 전차 군단, 제2 근위 전차 군단)이 인스터부르크Insterburg에서 방어진을 돌파하고, 쾨니히스베르크로 제3 기갑군과 제4군의 경계를 따라 진격하는 계획을 세웠다. 제11 근위군은 2선 제대로 투입될 것이고, 제31군이 신장된 좌익을 맡고 바그라먄의 제1 발트 전선군이 우익을 보호하기로 했다. 로코숍스키는 5개 군(제3군, 제48군, 제2 충격군, 제65군, 제70군)이 나레프 강의 교두보에서 독일 제4군의 방어진을 뚫고 므와바Mława를 거쳐 마리엔부르크Marienburg로 진격하기로 계획했다. 볼스키의 제5 근위 전차군은 돌격 며칠 전에야 리투아니아로부터 은밀히 이동하여 엘빙Elbing을 향한 진격을 준비하였고, 우측면의 야전군들은 동프로이센의 독일군을 포위할 것이었다. 공격을 위한 재배치로 독일군에 대해 엄청난 수적 우위를 보였지만, 독일군도 방어 준비에 상당한 공을 들인지라, 소련군의 우위는 다소 경감되었다.[25]

1월 13일 아침에, 체르냐홉스키의 부대들은 쾨니히스베르크 축에 있는 독일 방어진을 공격했다. 진격은 지루한 돌파 작전이 되어 버려 두 전차 군단이 기동 집단의 구실을 할 기회가 제한되었다. 그러나 독일군은 동프로이센의 주요 예비대였던 〈헤르만 괴링〉 강하 기갑 사단을 (남쪽의 대독일 기갑 군단과 함께) 중부 폴란드로 보내 버려, 의도하지 않게 소련군에 도움을 준 꼴이 되었다.* 예비대가 없어지자

---

* 〈헤르만 괴링〉 강하 기갑 사단은 제4군 예비로 인스터부르크 부근에 있었다. 사실, 〈헤르만 괴링〉 강하 기갑 사단을 (남쪽의 〈대독일〉 기갑 군단과 함께)〉라고 표현하는 것은 정확한 것이 아니다. 〈대독

독일군의 방어는 약해질 수밖에 없었다. 1월 18일에 체르냐홉스키는 독일군의 취약한 좌측면에 제11 근위군과 제1 전차 군단을 투입하였고, 독일군은 방어진이 무너져 혼란한 상태에서 서서히 쾨니히스베르크 요새 외곽의 환형 진지와 하일스베르크Heilsberg 요새 지역으로 철수했다.

훨씬 남쪽에서는 로코숍스키의 부대가 1월 14일에 공격을 개시하여 두 교두보로부터 발진하여 재빨리 이선 방어선을 돌파하고, 독일군 후방으로 작전 기동대를 투입했다. 제8 기계화 군단, 제8 근위 전차 군단, 제1 근위 전차 군단이 전과를 확대하는 동안 볼스키의 제5 근위 전차군도 1월 16일에 전열에 가세했다. 유일한 사단 규모의 기동 예비였던 독일 제7 기갑 사단은 쉽게 압도당했고, 보병 부대들과 함께 서쪽으로 힘든 철수를 시작했는데, 그 퇴각 속도가 점점 빨라졌다.[26] 소련 전차대의 투입으로 제23군단과 제27군단은 서쪽으로 내몰렸고, 제2군의 나머지와 제4군은 동프로이센 남부로 퇴각했다. 볼스키의 전차군과 기타 기동 군단들은 마리엔부르크 요새의 외곽까지 접근했다. 마리엔부르크는 발트 해 연안과 그루지옹츠Grudziądz 사이에 있는 도시이다.

그러나 독일군의 저항이 거세지자 동프로이센으로 퇴각전을 벌이는 독일군에 대해 소련군 소총병 군단이 차례로 투입되었다. 소련군은 포위된 중부 집단군과 비스와 강 서안의 독일군 전선 사이로 난 소련군 초병선을 돌파하려는 독일군의 기도를 막아내었다. 전투가 너무 격화되어 로코숍스키는 주코프를 지원하기 어려웠고, 주코프의 우측면은 비스와 강을 따라 폼메른에 이르기까지 보호되지 못했다.

2월 2일, 체르냐홉스키의 제3 벨로루시 전선군은 쾨니히스베르크와 그 옆의 잠란트Samland 반도에 제3 기갑군을 가두었다. 서쪽으로 돌파하려던 시도가 좌절된 제4군은 하일스베르크 요새 지역을 중심으로 하는 방어선 주위로 집결했다. 이 포위된 부대들은 1월 26일에 북부 집단군으로 개칭되었는데, 메멜에서 퇴각한 1개 군단으로 강화되기는 했지만 기본적으로 기동력이 없었고 거의 파멸에 이른 듯하였

일) 기갑 군단은 1월 초까지도 휘하 병력을 제대로 갖추고 있지 않았다. 군단의 편성은 이론상 〈대독일〉 기갑 척탄병 사단과 〈브란덴부르크〉 기갑 척탄병 사단을 주력으로 새로운 편성표를 따라 구성되도록 하였지만, 1945년 1월 초 두 사단 모두 육군 총사령부 예비대로 돌려져 재편성 중이었다. 군단은 중부 폴란드로 이동할 때에서야 비로소 본문에서와 같이 〈브란덴부르크〉 기갑 척탄병 사단과 〈헤르만 괴링〉 강하 기갑 사단을 배속받았다. H. Magenheimer, *Abwehrschlacht an der weichsel* 참조.

다.²⁷ 의도했던 바는 아니었지만, 이 집단군의 존재와 계속된 저항 때문에 소련군의 작전 계획에 혼선이 빚어졌고, 베를린으로의 즉각적인 공격도 어렵게 되었다.

진퇴양난의 2월

1월 말, 주코프의 부대가 신속히 진격하자 스타브카는 베를린으로 계속 진격할 것을 계획하고 있었다. 주코프와 그 휘하 사령관들의 보고는 매우 고무적이었는데, 특히 추이코프의 것이 더욱 그랬다. 그러나 1월 말과 2월 초에 벌어진 일들로 스타브카는 마음을 바꾸었다. 이 결정은 즉각적인 것이 아니었다. 베를린으로 당장 진격하는 것을 방해하는 일들이 며칠에 걸쳐 계속 벌어졌기 때문이었다.

1월 말, 독일군의 저항은 폴란드를 가로지른 소련군 주공의 양 측면에서 거세지고 있었다. 북쪽에서는 소련군이 우회해 버린 독일군 수비대가 아직도 토룬Toruń과 슈나이데뮐Schneidemühl에 버티고 있었고, 바익셀 집단군의 제11 SS 기갑군이 폼메른에 집결 중이었다. 제11 SS 기갑군이 결코 큰 규모는 아니었지만, 소련군은 통신 내용을 통해 부대의 움직임을 알고 있었고, 쿠를란트와 동프로이센에서 폼메른으로 부대들이 재배치되고 있음도 알았다(이 부대들은 제3 기갑군 사령부, 제4 기갑 사단, 몇 개의 보병 사단으로 구성되었다).*²⁸ 폼메른에서 독일군이 혼란스러웠던 것이 아마 오히려 소련군을 불안하게 만들었을 것이다. 동프로이센의 전투 때문에 로코솝스키는 서쪽이 아닌 북쪽으로 밀고 갔고, 좌익은 그루지옹츠 부근의 비스와 강에서 전투하고 있었는데, 이곳은 폼메른 남쪽에 있는 주코프의 선견대를 지원하기에는 너무 먼 곳이었다.

주코프의 부대들도 문제가 있기는 매한가지였다. 추이코프는 베를린으로 계속 진격할 것을 강하게 주장했지만, 자신의 1개 군단과 제69군의 1개 군단이 아직 포

---

* 독일 제4 기갑 사단은 폼메른으로 이동하지 않았다. 쿠를란트에서 이동해 온 제4 기갑 사단은 서(西)프로이센에 투입되었다. 본문에 등장하는, 로코솝스키의 좌익이 벌인 전투가 독일로 보자면 서프로이센에서의 전투이다. Schäufler, H., *1945-Panzer an der Weichsel*, pp. 31~44; Pantenius, H. J., *Letzte Schlacht an der Ostfront*, pp. 150~164 참조.

즈난의 독일군 수비대 때문에 발이 묶여 있었다. 독일 제5 SS 산악 군단 병력이 베를린 동쪽 오데르 강에 도착하고, 베를린 축선상의 소련 항공기에 대한 독일군의 항공 활동이 활발해지면서 막대한 손해를 가하기 시작했다. 뿐만 아니라, 베를린으로의 진격에 꼭 필요한 제2 근위 전차군이 슈타르가르트Stargard 근처, 부대의 우익에서 점점 활발해지는 독일군을 물리치기에 바빴다.[29]

주코프의 좌익도 안전하지 않았다. 코네프의 선견대는 슈미기엘Śmigiel 서쪽에서 남쪽으로 라티보르Ratibor에 이르기까지 오데르 강의 넓은 전선에 도달했다. 코네프는 쾨벤Köben 근처와 브레슬라우Breslau 남쪽에 교두보를 확보했지만, 독일군의 저항은 엄청났고(헝가리에서 재배치된 부대로 보강되었다),* 브레슬라우 요새는 코네프가 더 진격할 수 없게 만드는 장애물이 되었다. 베를린으로의 진격은 코네프가 그의 우익을 재정비하여 주코프를 지원할 수 있어야 가능했는데, 이 일은 브레슬라우를 점령하고 쾨벤 교두보를 확대해야 가능한 것이었다.

진퇴양난에 빠진 스타브카는 일단 베를린으로의 진격 재개의 가능성을 열어 둔 채 양 측면의 문제를 해결하기로 했다. 소련의 모든 공식 기록은 비슬라-오데르 작전이 2월 2일 종료되었다고 한다. 이것은 베를린으로의 진격이 이 시점에 완전히 취소되었다는 것을 의미하지만, 사실은 그런 것 같지가 않다. 2월 8일에 개시될 하(下)슐레지엔Niederschlesien 작전에 관해 코네프에게 내려진 명령에는, 북쪽 주코프의 부대와 조율하여 베를린으로 진격하는 것을 기대하고 있었다.[30] 코네프가 공세를 개시한 지 며칠이 지나도 별로 큰 진전이 없는 데다가, 포위된 브레슬라우가 계속 버티고 있었고, 폼메른에서는 독일이 공세를 펼칠 징후가 보였다. 2월 10일, 로코솝스키가 그루지옹츠에서 폼메른을 향해 공격을 개시했다. 스타브카는 로코솝스키에게 폼메른의 독일군을 소탕하고 슈테틴까지 밀고 가라고 했지

---

* 원문에는 〈케벤Keben〉이라고 되어 있으나, 〈쾨벤Köben〉의 오기(誤記)이다. 쾨벤은 교통 요충지인 소도시 슈타이나우Steinau 북쪽에 있는 마을인데, 소련군은 슈타이나우 남쪽과 북쪽에 각각 1월 25일, 26일 진입하여 교두보를 확보했다(Ahlfen, H. v., *Der Kampf um Schlesien*, pp. 104~105). 독일 측에서는 이 교두보를 당연히 〈슈타이나우 교두보〉라고 불렀다. 또한 교두보 주위의 방어가 〈헝가리에서 재배치된 부대로 보강되었다〉는 표현은 옳지 않다. 슈타이나우 교두보에 대한 독일의 반격은 각주 19와 같이, 퇴각해 온 〈대독일〉 기갑 군단에 의해 수행되었다. 브레슬라우 전방에서 전투한 독일군 사단은 서부전선에서 이동한 제269 보병 사단이었고, 헝가리 원군은 브레슬라우가 포위된 이후에 도착했다.

만, 독일군의 심한 저항에 부딪혀 진공은 느릿느릿해졌다. 2월 16일부터는 주코프의 우측면 슈타르가르트 지역에서, 비록 약하기는 했어도 독일군이 공세를 취했다(바익셀 집단군의 〈동지Sonnenwende 작전〉). 이 위협에 대처하고 추후 베를린으로의 진격을 성공하려면 주코프의 전선군은 대규모 재배치에 들어가야 했다. 소련이 이 결정을 내린 것이 2월 10일에서 16일 사이로 보인다.[31] 스타브카가 베를린 진격을 연기하고 서진을 중지하라고 결정한 것은 후대에, 그 조치가 정당한 처사였는지에 대한 여부와 진격 연기로 인한 결과들에 관련한 논쟁거리를 제공해 주었다.[32]

측면 소탕 작전

베를린으로의 진격을 중지하기로 결정하자 스타브카는 2가지 관점에서 양 측면의 문제를 검토했다. 우선, 베를린 진격로에 바로 닿아 있는 측면, 특히 슐레지엔과 폼메른에 있는 독일군을 소탕하는 것이었다. 이를 위해 세 가지 작전을 수행해야 했다. 하슐레지엔 작전(사실 이미 2월 8일부터 시작되었다), 상슐레지엔 작전, 그리고 폼메른 소탕 작전이다. 두 번째로, 이렇게 독일군을 지연시켜 베를린을 방위하는 오데르 선을 강화하지 못하도록 해야 하는 것이다. 그러려면 동프로이센의 쾨니히스베르크와 잠란트, 헝가리의 남부 집단군과 같이 깊은 측면에서 작전을 실시해야 했다.

측면 소탕 작전은 두 단계로 실시되었다. 우선 2월에 베를린 진격을 멈추게 한 직후, 추후의 공세에 위협이 되는 요소를 제거하고, 그다음 3월에 최종적인 베를린 작전의 서막을 실시하는 것이었다.

2월 8일, 코네프의 제1 우크라이나 전선군은 브레슬라우의 남과 북에서 공세를 취했다.[33] 리발코의 제3 근위 전차군과 렐류셴코의 제4 전차군은 쾨벤 교두보에서 공격을 펼쳐 서쪽의 완강한 독일군의 저항을 헤치고 진격하였고, 제5 근위 전차군은 제31 전차 군단, 제4 근위 전차 군단의 지원을 받아 브레슬라우 남쪽에서 서쪽으로 진격하여 독일군 수비대를 포위하였는데, 이 수비대*는 한참을 버텼다. 2월

25일에 소련군의 진격이 나이세Neiße 강에 다다랐고, 오데르 강과 나이세 강의 교점에서 주코프의 우익과 연결되었다.[34]

한편, 2월 10일에는 로코솝스키의 제2 벨루루시 전선군이 그루지옹츠 서쪽에서 폼메른을 공격했다. 6일 후, 얼기설기 모은 제11 SS 기갑군은 훨씬 서쪽에서 어설프고 산발적인 반격을 실시했다. 이 공격은 오데르 강 동쪽, 슈타르가르트의 소련 제47군과 제61군을 쳤다. 제1 벨루루시 전선군은 크게 힘들이지 않고 이 위협을 막아냈고, 슈타르가르트 공세(동지 작전)가 있자, 스타브카는 폼메른의 독일군을 서둘러 소탕하기로 하였다. 핀란드에서 이동한 제19군에는 제3 근위 전차군이 일시 배속되었는데, 이와 같은 증원 부대들은 북방 해안을 향해 여러 곳에서 공세를 펼쳤다. 소련군이 기밀을 잘 유지한 데다가 독일군이 베를린에 더 관심이 있었기 때문에, 폼메른 작전이 2월 24일에 재개되기 바로 직전까지도 독일군은 이 움직임을 눈치 채지 못했다.

이 지역의 독일군 방어가 약한 편이어서 주코프는 공격 개시 후 몇 시간 안에 제1, 제2 근위 전차군을 투입할 수 있었다.[35] 카투코프의 제1 근위 전차군은 3월 4일에 제2 벨루루시 전선군과 연결되었고, 단치히로의 해안선을 소탕하기 위해 로코솝스키의 관할로 들어갔다. 독일군의 방어선은 오데르 강 동쪽에서 단치히 지역 사이에 커다란 틈새가 벌어졌다. 북부 집단군(1월 말 히틀러가 중부 집단군의 이름을 바꾸었다)의 대부분은 동프로이센에 갇혀 있었고, 체르냐홉스키의 제3 벨루루시 전선군이 계속 쾨니히스부르크로 압박을 가하고 있었다. 북부 집단군에 대한 마지막 전투는 4월 초에 있었는데, 이 전투는 2월과 3월 동안 치른 격전의 연장선상에 있었다. 쾨니히스베르크 요새(4월 5~9일), 잠란트 반도(4월 13~25일)가 마침내 제거되었다.[36] 소련은 쾨니히스베르크의 참혹한 전투에서 42,000명의 독일군이 전사했고, 92,000명이 포로로 잡혔다고 주장했다.[37] 잠란트 작전으로 독일군은 프리셰스 하프Frisches Haff와 발트 해 사이에 있는 모래톱으로 밀려났고, 5월 8일에 22,000명의 잔존 병력이 항복했다.**[38]

독일의 심장부인 동프로이센에서의 힘든 전투는 많은 희생자를 냈는데, 그 가운

* 브라슬라우 수비대는 베를린이 함락된 지 4일 뒤인 1945년 5월 6일 공식적으로 항복했다.
** 이 모래톱(沙洲)의 명칭은 프리셰스 네룽Frisches Nehrung이었다.

데 한 명이 최연소 전선군 사령관이던 체르냐홉스키였다. 그는 진두지휘를 하다가 동프로이센의 멜자크Mehlsack에서 치명상을 입고 2월 19일에 사망했다. 이 갑작스러운 죽음으로 바실렙스키는 좌천될 위기를 넘겼다. 스탈린은 바실렙스키에게 만주에서의 지휘권을 주겠노라고 약속했지만 그 사이 바실렙스키에게 주어진 역할은 별로 없었다. 그가 스스로 총참모장을 사퇴하는 통에, 실질적으로 총참모부를 맡고 있던 안토노프가 총참모장으로 임명될지도 모를 일이었다. 바실렙스키는 체르냐홉스키의 죽음으로 전선군 사령관직을 맡았고, 스탈린은 바실렙스키가 국방 인민 위원회 부위원장직을 유지하며 스타브카의 일원으로 남도록 하였다. 스탈린의 이런 태도는 코네프에게 호의를 베푸는 것과 더불어, 소련의 부사령관인 주코프의 위신을 제한해 보려는 의도였음이 분명하다.[39]

주공에 인접한 측면의 문제가 해결되자, 스타브카는 3월에 깊은 측면에 관심을 가지기 시작했다. 우연이었지만, 바로 이때 히틀러도 헝가리에 다시 몰두하고 있었다. 스타브카는 2개의 작전을 명령했다. 코네프의 제1 우크라이나 전선군의 좌익은 상슐레지엔의 오데르 강변 오펠른Oppeln 주위의 독일군을 소탕하고, 말리놉스키의 제2 우크라이나 전선군과 톨부힌의 제3 우크라이나 전선군이 부다페스트의 서쪽과 남서쪽에서 헝가리를 완전 점령하고 오스트리아의 빈을 점령한다는 것이었다. 이 쌍둥이 작전은 독일군을 이곳에 묶어 두어 독일군이 베를린 동쪽의 오데르 전선을 강화하는 것을 막고, 베를린 지역을 제외한 가장 큰 방어 지역인 체코와 슬로바키아에서 추후의 작전을 전개하는 데 도움이 되려 한 것이었다. 이 작전은 3월 15일에 개시하는 것으로 하였다.

코네프의 상슐레지엔 작전은 계획대로 3월 15일에 실행되어 제21군과 제4 전차군이 오펠른의 서쪽에서 남쪽으로 진격했다.[40] 며칠 안에 이 부대들은 오데르 강에서 서쪽으로 공격해 오던 제59군, 제7 근위 기계화 군단, 제31 전차 군단과 노이슈타트Neustadt와 결합하여 독일 제17군의 일부를 포위하였다. 격전이 이어졌고, 포위진이 제거된 뒤 소련군은 3월 31일에 슬로바키아 국경에 도달했다.[41] 이 작전으로 소련군은 드레스덴Dresden과 프라하Praha를 향해 새로운 공세를 취할 수 있는 보다 유리한 위치를 점했지만, 베를린 작전에 참여하기 전에 대규모의 복잡한 재배치를 해야 했다.

동시에 말리높스키와 톨부힌도 빈Wien 공세를 시작하기로 했다.⁴² 톨부힌의 제3 우크라이나 전선군은 부다페스트 서쪽의 독일 방어진을 자흐바타예프 중장의 제4 근위군과 V. V. 글라골레프V. V. Glagolev 상장의 정예 제9 근위군으로 돌파하고, 크랍첸코의 제6 근위 전차군이 오스트리아로 맹진한다. 우측에서는 말리높스키의 제46군과 제7 근위군이 도나우 강의 북쪽과 남쪽에서 공세에 가담하고, 말리높스키의 중앙, 우측면 야전군의 지원을 받는 플리예프의 제1 근위 기병-기계화 집단이 브라티슬라바Bratislava로 진격하기로 했다. 훨씬 남쪽에서는 톨부힌의 제57군과 불가리아 제1군이 제2 기갑군의 방어진을 발라톤 호 남방에서 돌파하여 남부 오스트리아로 진격할 계획이었다.

이렇게 공세 준비를 하고 있는 사이, 소련 정보기관은 독일이 소련을 앞질러 먼저 발라톤 지역에서 반격을 할 것이라는 보고를 내놓았다.⁴³ 이 정보는 옳았다. 동부 전선의 독일 방어선이 무너지고 있을 때, 히틀러는 1월에 있었던 제4 SS 기갑군단의 성공에 고무되어 다시 한 번 헝가리에서 필사적인 작전을 계획하고 있었다. 이를 위해 그는 1월 말에 독일의 마지막 대규모 기갑 예비인 제프 디트리히의 제6 SS 기갑군을 아르덴 지역에서 헝가리로 파견했다. 스타브카는 독일의 공격 의도뿐만 아니라 전투 서열까지 알고 있었지만, 톨부힌이 빈 공세를 위해 사용하도록 되어 있는 병력을 방어에 사용하지 못하도록 하였다. 스타브카는 18개월 전 쿠르스크에서 그랬던 것처럼, 톨부힌에게 죽기 살기로 방어전을 수행하면서 공격 준비도 계속하라고 명령하였다. 그때와 달리 1945년의 스타브카는 소련군이 끄떡없이 방어해 내리라는 것을 의심하지 않았다.

1945년 3월 6일, 독일 제6군과 제6 SS 기갑군이 발라톤 호 북쪽과 남쪽에서 협격 작전을 펼쳤다.⁴⁴ 10개의 기갑 사단과 5개의 보병 사단으로 편성되었고, 새로운 쾨니히스티거Königstiger 전차를 증원받은 제3 기갑 군단, 제2 SS 기갑 군단, 제1 기병 군단이 제3 우크라이나 전선군을 공격했다. 이 전선군을 두 조각 내고 도나우 강에 도달하여 발라톤 호 남쪽에서 공격하는 제2 기갑군과 연결된다면야 더 바랄 일이 없었다. 호수 북쪽의 독일군의 돌격이 매우 거세어 톨부힌의 방어진이 여기저기 뚫렸고, 소련군 제26군과 제27군 사이에는 쐐기가 박힌 것 같이 독일군이 파고들었다. 그러나 독일군의 성공은 오래가지 않았다. 이곳 지형은 운하가 많고 진흙투성이인 데다가 톨부힌은 종심 방어진을 복잡하게 구성해 두었다. 대인 철조망, 대전차 장애물, 지뢰밭, 대전차 거점, 효과적인 사격 통제술, 이 모든 참신하면서도 상대에게 애를 먹일 온갖 기술을 동원한 것이었다. 또한 방어진에 구멍이 뚫리면 급하게 전술 예비대를 재배치하였다. 톨부힌은 독일군의 진격에 동요되어, 공세 단계에 사용될 예비로 묶여 있는 야전군을 보내 줄 것을 요구했다. 스타브카는 이 요구를 단호하게 거절했는데, 방어진이 뒤틀리기는 했지만 다행히 무너지지는 않았다. 3월 15일, 독일의 진격은 양 진영 모두 심대한 손해를 입은 채 끝이 났다.⁴⁵ 소련은 주요 공격 부대가 전혀 상하지 않았기 때문에 손해를 견뎌 낼 수 있었다.

3월 14~16일 사이, 발라톤 호 동쪽에서 격전이 벌어지는 동안, 부다페스트 서쪽에서는 4개 소련 야전군이, 공격 중인 독일군의 좌익과 후방을 노리며 공격 진지에 은밀히 배치되고 있었다. 계획보다 단 하루 늦은 3월 16일, 소련 제46군, 제4근위군, 제9 근위군은 독일군 방어선을 공격했고, 크랍첸코의 제6 근위 전차군이 3월 19일에 투입되었다.⁴⁶ 며칠 사이 제2, 제3 우크라이나 전선군의 야전군들이 공격에 가세하자 독일의 방어망과 사기는 무너지기 일보 직전이 되었다. 독일군은 발라톤 호 안으로 내몰려 포위될 뻔하다가 겨우 빠져나왔고, 크랍첸코의 제6 근위 전차군은 이 혼란을 틈타 독일군 방어망을 돌파하여 맹진하였다.

나쁜 기후와 지형 문제로 독일군의 공세가 어려움을 겪었는데, 이 문제는 소련군도 겪어야 했다. 그러나 이것이 제6 SS 기갑군이 무사히 퇴각할 수 있었던 이유 중 하나였다. 독일군의 사기가 떨어지고 몇 주간의 격전으로 피로가 누적되면서 독일군의 전력은 점점 나빠져 갔지만, 소련군의 진격은 가속되었다. 제4군, 제9 근위군과의 협동으로 크랍첸코의 전차군은 1945년 4월 13일에 빈으로 입성하였다. 그리고 이틀 뒤에는 베를린 동쪽 오데르 강을 따라 전례 없는 소련군의 맹포격이 시작될 계획이었다.⁴⁷

결론

1944년 늦가을에서 1944~1945년의 겨울 사이 벌인 작전으로, 소련군이 독일군의 전략적 측면을 제거하고 발트 해안과 부다페스트 지역에 도달하였다. 측면의 위기를 극복하기 위해 파견된 독일군 부대들은 그저 물밀듯 밀려오는 소련군을 가까스로 막아내는 정도였다. 2개월도 지나지 않아 폴란드와 동프로이센의 독일군 방어진이 붕괴되었고, 소련군은 서쪽으로 700킬로미터나 진격하여 베를린에서 60킬로미터 떨어진 곳까지 밀고 갔다. 이 과정에서 독일 A 집단군과 중부 집단군이 막대한 손해를 입었다. 2월과 3월, 독일군이 베를린 방위를 위해 오데르 전선을 강화하자 소련군은 다시 측면에 신경을 써서 바익셀 집단군을 연신 두들겼고, 남부 집단군의 마지막 전략 예비대를 제거했다(이 전략 예비대는 사실 독일 전체의 마지막 전략 예비대였다). 4월 중순, 소련군은 슈테틴에서 체코 국경의 괴를리츠에 이르는 오데르-나이세 선에 도달하였고, 빈 북쪽의 체코 국경에서 그라츠Graz 외곽까지 뻗어 갔다. 1944년에 그랬듯이, 소련군이 지나간 곳에는 앞으로 수십 년간 중부와 동부 유럽에서 소련의 정치적 우위를 보장해 줄 공산 정권의 핵심들이 들어왔다.

 이 시기의 엄청난 패배로, 독일은 연합군의 폭격을 피해 폴란드 여기저기 산개해 놓았던 공업 시설의 대부분을 잃었다. 소련은 독일이 60개의 사단, 1,300대의 전차, 비슷한 수의 항공기를 잃었을 것으로 추산했는데, 소규모 부대들의 많은 수가 살아남아 다른 곳으로 흘러 들어갔으므로 이 수치들은 너무 단순히 제시된 것이 확실하다. 또한 독일의 인명 손실이 다대했다 하더라도(660,000명), 보충병과 타 지역에서의 이동으로 1944년 11월 1일에 2,030,000명(이외에 동맹군 190,000명)이던 동부 전선의 독일군은 3월 말에 2,000,000명이 조금 못되는 규모로 감소했을 뿐이었다. 그러나 이들 중 556,000명은 쿠를란트와 동프로이센에 갇혀 있어 앞으로의 작전에 전혀 영향력이 없었다. 설상가상으로 소련군 6,461,000명이 가장 중요한 축에 집중될 수 있었다.[48] 전체 병력 중 3분의 1 이상의 다음 목표는 베를린이 될 것이었다.

16 | 마지막 전투

폭풍 전야

1945년의 독일 영토 내에서의 작전을 다룬, 소련 측에서 나온 가장 유명한 책들이나 기사를 살펴보면, 밋밋한 서술, 개인의 용기에 대한 이상화된 기술, 파시즘에 대한 일률적인 비난 등의 조합물로 보인다.[1] 이런 저작들을 접하다 보면 무의식적으로 소련군 지휘관들이 승리가 가까워질수록 냉정하고 계산적으로 변해 갔다는 인상을 받게 된다. 사실 스탈린에서부터 일개 사병에 이르기까지, 소련군은 감정적으로나 정신적으로나 베를린 점령 이외에 다른 생각이 없었다. 엄청난 파괴와 무시무시한 손해가 3년 이상 계속된 뒤, 소련군은 단호히 적의 정권을 무너뜨리고 전쟁을 끝내리라 다짐하고 있었다. 더구나, 독일군을 야전에서 격파하기 위해 너무 많은 피를 흘리고 너무 많은 에너지를 소모하였기 때문에 소련 지휘관들은 서방 연합군이 마지막 승리를 쟁취하도록 내버려 둘 생각이 전혀 없었다. 스탈린이 전후 중부 유럽에서 주도권을 장악하기를 바랐고, 이미 서방 연합국들이 소련의 베를린 점령에 동의했지만, 이보다는 감정적인 이유가 소련군을 베를린 진격에 몰두하게 만들었다.

방어 측인 독일군도 결의가 굳고 필사적이기는 매한가지였다. 민족 사회주의의 광신적 신봉자가 아닌 다음에야 궁극적인 승리를 기대하지는 않았지만, 소련군이 제국의 동부 지방에서 저지른 만행으로, 소련군에게 붙잡히면 민간인이건 군인이건 누구라도 안전을 보장받을 수 없다는 불길함이 독일인들에게 드리워졌다. 사실 마지막 단계의 소련 공세에 대한 독일 측의 기록은 소련군이 만행을 저질렀음을 보여 주는 자료가 되어 왔다. 그러나 그보다 심하지 않았을런지 몰라도 엇비슷한 만행을 독일군이 소련에서 저질렀다는 사실은 곧잘 잊혀져 왔다. 하지만 독일군이 만행을 저질렀다고 해서 소련군의 복수에 찬 야만 행위가 정당화될 수는 없다.

히틀러 정권은 제국 방위를 위해 필사적으로 병력을 모으려는 마지막 시도를 했다. 서부 전선에서 영국, 미국, 캐나다, 프랑스 등의 군대에 대항하는 병력을 최소화하면서 동부 전선에서의 마지막 전투를 위해 85개의 사단과 기타 소규모 독립 부대들을 그러모았다.[2] 물론 이 중에는 노인, 어린이, 부상자와 같이 전장에 부적합한 상이용사 등으로 구성된 부대도 많았다. 이런 유의 향토 방위대는 제한된 훈련만 받아 전투 능력도 제한적이었고, 중화기가 심각하게 부족했다. 더구나 독일이 아직 수천의 항공기와 전차를 가지고 있었지만, 서방 연합군이 제공권을 장악하고 있고 연료도 부족하여 큰 힘을 발휘할 수가 없었다. 하지만 독일군 수비대는 소화기와 판저파우스트와 같은 근거리 대전차 무기로 잘 무장되어 있었다. 서방 연합군이 제국에 가까이 다가오자 독일은 그동안 B-17이나 랑카스터Lancaster 폭격기를 노리던 수천 문의 대공포를 지상 방어용으로 전환하였다.

가장 중요한 것은 전선이 크게 축소되었고, 역전의 용사들을 기간으로 속성 훈련된 보병 부대들이 많아지면서 독일 지휘관들은 동시에 2개, 때로는 3개의 연속적인 방어선에 병력을 배치할 수가 있었다는 것이다. 이것은 상당한 장점으로 작용했다. 1944년의 전투에서는 소련군이 독일군의 얕은 방어선을 돌파하고는 냅다 진격하여, 히틀러가 퇴각을 허락하는 경우라 할지라도 제때에 잔존 병력을 다음 방어선으로 퇴각시키는 일이 불가능했었다. 하지만 이제 소련군에게는 작전적으로 기동할 수 있는 공간이 없었다. 베를린은 겨우 60킬로미터 떨어져 있었고, 서방 연합군은 저 너머 100킬로미터 거리에 있었다. 소련군은 점점 도시화된 지역에서 병력이 완전히 배치된 방어진들을 차례로 점령해 나가야 하는, 별로 달갑지 않은 상황에 직면했다.

소련군이 베를린으로의 피할 수 없는 돌격을 준비하는 동안 어느 쪽도 소극적으로 가만있었던 것은 아니었다. 3월 초에 소련의 하슐레지엔 작전이 있은 뒤, 중부 집단군 사령관인 쇠르너 원수는 슐레지엔에서 국소적인 반격을 여러 군데에서 실시했다. 특히 라우반Lauban에서는 3월 2~5일 여러 사단이 동원되어 리발코의 제3근위 전차군을 기습하여 격퇴하였다. 그러나 쇠르너가 코네프의 제1 우크라이나 전선군을 상대로 더 큰 성과를 거두기에는 시간도 병력도 부족했다. 슐레지엔과 헝가리에서의 소련군의 활동 때문에 히틀러는 (아마도 단순한 기대였겠지만) 다음 소련의 대공세는 오스트라바Ostrava와 남부 슬로바키아 지역에서 시작하여 서부 체코슬로바키아에 있는 중부 집단군을 노릴 것이라고 보았다. 3월 15일에 이 지역에서 소련의 활동이 재개되었지만, 이번에는 히틀러도 마침내 오데르 전선에 관심을 가져 제9군에게 퀴스트린 남쪽의 소련 교두보를 박살내라고 명령했다.[3]

히틀러가 갑자기 베를린 축으로 관심을 바꾼 것은 폼메른과 하(下)오데르 강 일부에서 독일 방어선이 붕괴되고, 2월 27일부터 공격에 시달리고 있는 쿠를란트 포위진이 더 이상 오래 버티기가 어렵다는 것을 알았기 때문이다. 그의 걱정은 이유가 있었다. 3월 내내, 소련의 3개 벨로루시 전선군들은 발트 연안을 따라 형성된 독일군 교두보를 연방 때렸고, 3월 28일에는 단치히가 점령되었다. 폼메른에서의 재앙도 있었고, 히틀러가 오데르 강을 따라 안정된 전선을 형성하기를 바랐기 때문에, 하인츠 구데리안은 하인리히 힘러에게 바익셀 집단군 사령관직을 내놓으라고 설득했고, 결국 방어의 전문가인 제1 기갑군 사령관 고트하르트 하인리치로 교체되었다.

힘러의 사령부에 도착하자마자 하인리치는 오데르 강과 바르타Warta 강 사이에 있는 퀴스트린 요새를 유지하기 위한 처절한 전투에 휘말렸다.* 3월 22일에 시작된 공세에서, 추이코프 상장의 제8근위군은 오데르 강 너머의 교두보를 넓히기 위한 공격을 개시, 요새를 고립시켰다. 히틀러의 고집으로 인해 제9군은 3월 27일에

---

* 원문에는 〈isalnd fortress of Kustrin〉이라고 되어 있다. 그러나 오데르 강에 있는 섬의 요새 시설과 퀴스트린 구시가Küstrin-Altstadt를 둘러싸고 있는 요새는 다른 것이다(Le Tissier, T., *Durchbruch an der Oder*, p. 115 지도 참조). 종전 후 퀴스트린은 폴란드 영토로 편입되었고, 요새 내의 구시가는 현재까지도 복구되지 않은 무인 지대로 남아 있다.

4개 사단을 동원하여 프랑크푸르트 안 데어 오데르에서 퀴스트린으로 공세에 나섰다. 제20, 제25 기갑 척탄병 사단, 총통 척탄병 사단, 그리고 급조된 〈뮌헤베르크Müncheberg〉* 기갑 사단은 소련군을 기습하여 퀴스트린 외곽까지 접근했다.** 추이코프 장군은 협차 포격을 당하여 부관이 전사하고 참모 중 한 명이 부상당하기까지 하였다. 그러나 공격은 좌절되었고, 독일군은 개활지에서 무수히 죽어 갔다.[4]

이 새로운 불행으로 독일은 최고의 군사 지휘관 한 명을 잃었다. 히틀러와의 대담 중에 구데리안이 퀴스트린 공격에 연관된 하인리히와 제9군 사령관 테오도르 부세Theodor Busse 장군을 강하게 두둔하였는데, 히틀러로서는 희생양이 필요했다. 몇 달간 긴장과 설전이 오고 간 터라 퀴스트린에서의 일은 독재자와 장군 사이의 관계가 마지막 한계점에 다다른 사건이었다. 3월 28일, 구데리안이 〈건강상의 이유로〉 면직되고, 그 자리에 독일군의 마지막 참모총장으로 한스 크렙스Hans Krebs 상급대장이 임명되었다.***[5]

베를린 공세 계획 수립

스타브카는 베를린 작전을 공들여 준비했다. 제정 러시아군은 1760년 베를린 문전에서, 그리고 신생 소련은 1920년 바르샤바 문전에서 지나친 낙관에 이은 불행한 상황 변화로 좌절했던 경험이 있다. 그때는 승리 후에 뜻하지 않은 패배를 맛보았다. 소련군은 1945년에는 이 역사가 되풀이되지 않아야 한다고 다짐하고 있

---

* 저자는 영어 원문에서 뮌헤베르크Müncheberg를 계속 뮌헨베르크Münchenberg로 잘못 적고 있다. 아마도 바이에른의 주도(州都)인 뮌헨München과의 연관성을 떠올린 듯하나, 이 기갑 사단은 뮌헨과는 아무런 관련이 없다. 뮌헤베르크는 베를린과 오데르 강 중간쯤에 있는 작은 도시로서, 이 도시에서 사단이 편성되었기 때문에 그 이름이 붙게 되었다.

** 저자의 설명과 달리 이 공격은 사실 젤로Seelow 전면에서 동쪽을 향해 시작되었다. 일부 서적에는 원문과 같이 총통 호위 사단Führer-Begleit-Division이 작전에 참여한 것으로 되어 있으나, 실제로는 라우반에서의 반격 작전 후 이동해 온 총통 척탄병 사단Führer-Grenadier-Division이 투입되었다. 퀴스트린 요새는 3월 29일에 항복했다. Lakowski, R., *Seelow 1945*, pp. 118~129 참조.

*** 본문과 달리 한스 크렙스의 계급은 실제로 참모총장 임명 당시부터 종전까지 보병대장General der Infanterie이었다.

었다. 소련군은 대치하고 있는 독일군이 1,000,000명 정도라고 보았는데, 이 숫자는 그야말로 절망적인 독일군 잔존 병력의 수였다. 그러나 소련군은 내심 얼마나 많은 서부 전선의 독일군이 두렵기 짝이 없고 무시무시한 소련군을 맞이하겠다고 오데르 강의 전우들에게 합류할지 알 수 없었다. 경험에 의하면, 천연의 요새와 같은 강을 끼고서라면 1,000,000명의 병력으로 2배 이상의 적에 대해서 충분히 저항할 수 있었다. 따라서 소련군은 목표에 걸맞은 계획, 그러니까 서쪽에서 베를린을 향해 다가오고 있는 서방 연합군도 놀랄 정도의 작전을 계획하고 있었다.

베를린 공세 작전에서 스타브카의 전략적 목표는 베를린 축 주위의 독일군을 격파하고 베를린을 함락하여, 엘베Elbe 강에서 서방 연합군과 결합하는 것이었다. 1945년 4월 초, 미군과 영국군은 독일 수도에서 100~120킬로미터 정도 떨어진 곳까지 와 있었기 때문에, 소련 입장에서는 서방 연합군이 그러지 않겠노라고 하기는 했어도 혹시나 베를린을 향해 진격해 오지나 않을까 걱정이 되었다.[6] 이런 걱정에다가 독일군이 동쪽으로 병력을 더 옮길지 모른다는 생각까지 들자, 소련군은 공격 계획을 가속화했다.

베를린 주위를 방어하는 독일군은 하인리치가 지휘하는 바익셀 집단군(제3 기갑군과 제9군)과 쇠르너의 중부 집단군의 제4 기갑군, 그리고 제대로 규모가 파악되지 않은 베를린 수비대였다. 바익셀 집단군은 6개 군단(25개 사단)과 다수의 독립 부대들을 휘하에 두고 있었고, 중부 집단군의 경우에는 나이세 강과 드레스덴 축 상에 2개 군단이 있었다. 베를린 수비대는 1개 군단(제56 기갑 군단과 5~6개 사단)과 50개의 국민 돌격대Volkssturm들이었다. 이 숫자를 합하면 800,000명 정도가 되었다.*[7]

베를린 축 주위의 독일군 방어망들은 깊기는 했지만, 병력이 부분적으로만 배치되어 있었다. 이 방어망들에는 전체와, 3개의 방어선으로 구성된 20~40킬로미터

---

* 군단 및 사단 수를 비롯한 더 상세한 바익셀 집단군의 전투 서열과 각 부대의 소개에 대해서는 Tieke, W., *Das Ende zwischen Oder und Elbe*, pp. 19~48과 부록에 상세히 나와 있다. 토니 리티시에 Tony LeTissier 등과 같은 저자들도 빌헬름 티케Wilhelm Tieke의 저서를 인용하고 있다. 한편 원문과는 달리, 제56 기갑 군단은 처음부터 베를린 방위를 명령받은 것이 아니었다. 제56 기갑 군단은 4월 13일 동프로이센에서 이동해 왔고, 15일 제9 강하 엽병 사단과 제20 기갑 척탄병 사단을 배속받아 젤로 부근의 전투에 가세했다.

깊이의 오데르-나이세 방어선과 3개의 환형 방어선(외부, 내부, 도심)을 갖는 베를린 방어 지역이 포함되어 있었다. 원활한 통제를 위해 베를린은 다시 9개의 소구역으로 구획되었다. 제국 의회나 총통 관저와 같은 정부와 행정 기관이 들어서 있는 베를린 중심부는 철저한 방어 태세에 들어갔다. 모든 방어 거점은 통합된 통신체계로 연결되었다. 또한 병력 이동을 은폐하기 위해 지하철이 사용되었다. 기술적인 측면에서 보면, 독일의 방어선은 퀴스트린 맞은편, 젤로Seelow를 지나 베를린 외곽까지가 가장 강했다.[8]

스타브카의 작전 계획은 코네프가 상슐레지엔에서의 작전을 완료한 다음 날이자 로코솝스키와 주코프의 전선군들이 폼메른의 독일군에 대해 벌인 작전을 완료하기 사흘 전인 4월 1일부터 공식적으로 시작되었다. 이날 주코프와 코네프는 모스크바에서 스탈린, 스타브카, 총참모부 사람들을 만나 자신들의 계획을 발표했다. 다음 날 로코솝스키도 합류했다. 치밀한 검토 끝에 스타브카는 제안을 받아들였고, 잠정적으로 공격일을 4월 16일로 하여 구체적인 작전 준비를 위해 2주간 시간을 갖도록 하였다.[9]

한편 3월에서 4월 초까지 소련의 후방 지원 부대들은 다음 공세를 위한 막대한 양의 물자를 집적했고, 소련 지휘관들은 공세 준비에 들어갔다. 스탈린그라드에서 싸운 사령부답게 제8 근위군은 여전히 시가전에서의 문제점에 대해 아는 것이 많았다. 추이코프의 참모들은 이와 관련한 소책자를 만들었는데, 주코프는 이를 제1 벨로루시 전선군 전체에 배포했다. 각 소총병 사단은 시가전을 위한 특별 부대를 만들었다. 이전에는 파르티잔 덕분에 확보할 수 있었던 독일군 점령 지역에 대한 정보가 소련군에게 부족한 경우가 많았지만, 별로 운에 기대지는 않았다. 전 전선의 소련군도 치밀한 준비에 들어갔다.[10]

스타브카가 심혈을 기울인 최종 계획은, 넓은 전선에 걸쳐 3개 전선군 — 북쪽은 로코솝스키의 제2 벨로루시 전선군, 중앙은 주코프의 제1 벨로루시 전선군, 남쪽은 코네프의 제1 우크라이나 전선군 — 이 여러 곳에서 타격을 가하여 베를린의 독일군을 분리시켜 포위하고, 각각의 조각을 격파하는 것이었다. 그다음은 12~15일 이내에 소련군이 베를린을 점령하고 엘베로 진격하여 서방 연합군과 연결하는 것이었다.[11]

주코프의 전선군은 7개 소련 제병협동군, 1개 폴란드 제병협동군, 2개 전차군, 4개 독립 기동 군단으로 이루어져, 퀴스트린 교두보에서 4개 야전군(제3, 제4 충격군, 제47군, 제8 근위군)과 제9 전차 군단이 주공을 펼칠 예정이었다. 첫째 날 이 부대들은 731대의 보병 지원 전차와 자주포의 지원을 받아 젤로 고지대의 강력한 독일 전술 방어진을 돌파하고, 제1 근위군과 제2 근위 전차군을 위한 진격로를 확보할 것이었다. 2개 전차군은 모두 1,373대의 전차와 자주포로 장비되었는데, 제9군 방어선을 돌파하고 일렬로 베를린을 향해 진격하여 개전 6일째 되는 날에 이를 함락할 계획이었다.[12] 주코프는 부차적인 공격 2가지를 계획했다. 하나는 퀴스트린 북쪽에 있는 2개 군(제61군, 폴란드 제1군)으로, 다른 하나는 퀴스트린 남쪽의 2개 군(제69군, 제33군)과 1개 기병 군단(제2 근위군)으로 수행할 것이었다. 주코프의 돌격이 한밤중에 수행되므로, 주변 지형을 비추고 적군을 혼란시키기 위해 143대의 탐조등도 사용하려 했다.

주코프의 좌익인 코네프의 전선군은 5개 소련 제병협동군, 1개 폴란드 제병협동군과 2개 전차군, 4개 기동 군단으로 구성되며, 3개 야전군(제3 근위군, 제13군, 제5 근위군)이 나이세 강을 건너 코트부스로 진격하여 제4 기갑군의 잔여 병력과 제9군의 남익을 노린다. 선견대가 이틀째에 슈프레 강에 도달하여, 제3 근위군, 제4 근위 전차군의 963대의 전차와 자주포가 진격할 수 있도록 한다. 작전상 무방비로 판단되면 두 전차군은 브란덴부르크, 데사우Dessau, 그리고 베를린의 남쪽 경계까지 진격할 것이었다.[13] 코네프는 드레스덴을 향해 2개 야전군(제52군, 폴란드 제2군)과 2개 기동 군단(제7 근위 기계화 군단, 폴란드 제1 전차 군단)의 일부로 부차적인 공격을 수행하여 우측면을 보호하고, 체코슬로바키아에서의 추후 공세를 준비하였다. 예비로 남은 1개 야전군(제28군)은 코네프의 진격이 계속되면 투입할 예정이었다. 이론상 코네프는 작전 개시 후 12일 안에 엘베 강과 드레스덴에 도달하게 되어 있었다. 하지만 코네프는 주코프의 진격이 더딜 경우에는 방향을 틀어 베를린 남쪽으로 가기로 했다. 이런 일이 벌어질지도 모른다는 생각에, 스탈린은 제1 벨로루시 전선군과 제1 우크라이나 전선군 간의 경계를 작전 초기 단계에만 확실히 해두었다.

주코프의 북쪽, 즉 우익인 로코숍스키의 전선군은 5개 제병협동군과 5개 독립 기동 군단으로 이루어져 있었고, 다른 전선군이 공세를 시작하고 나서 2~3일 후에 가담하기로 하였다. 3개 야전군(제49군, 제65군, 제70군)은 전차의 지원을 받아 슈테틴-슈베트 지역을 공격하여 슈테틴 근방의 독일군을 격파하고, 제3 기갑군이 베를린 수비대를 지원하지 못하도록 하면서 북부 브란덴부르크를 점령한 뒤 엘베 강을 따라 포진해 있는 영국군과 연결할 계획이었다.[14]

공세에 가담할 소련군은 2,500,000명(전투 병력 2,062,100명, 폴란드군 155,900명 포함)으로, 전차와 자주포 6,250대, 화포와 박격포 41,600문, 항공기 7,500대를 가지고 있었다. 이 대군은 1,519대의 전차와 돌격포, 9,303문의 화포와 박격포로 무장한 1,000,000명의 독일군(소련군 추산으로는 766,750명이 제1선 부대였다)과 대치하고 있었다.[15]

돌격을 하기 위해 충격 집단을 만드는 것이 소련 입안자들에게는 주된 어려움이었는데, 그 이유는 3개 전선군 모두가 매우 짧은 기간 동안 긴 전선에 걸쳐 엄청난 재배치를 해야 했기 때문이다. 예를 들어, 4월 1일에는 제2 벨로루시 전선군의 대부분이 오데르 강에서 500킬로미터나 떨어진 단치히 지역에 있었고, 코네프의 제1 우크라이나 전선군은 전선의 중앙과 슐레지엔의 좌익에 집중되어 있었다. 당시 철도망은 작전에 필요한 충분한 양의 연료와 탄약을 집적하기 위해 엄청나게 뒤엉켜 있었는데, 이런 상황에서 모두 29개 야전군이 위치를 바꾸어야 했다. 이 가운데 15개 야전군의 이동 거리는 최고 385킬로미터, 3개 야전군은 300~500킬로미터에 달했다. 이 모든 이동을 15일 만에 끝나야 했는데, 벨로루시 작전, 동프로이센 작전, 비슬라-오데르 작전 때 소요된 22일에서 48일에 비하면 짧은 시간이었다.[16]

전방 집결지로의 배치가 끝나자, 작전 계획에 따라 만만찮은 종심 방어진을 성공적으로 돌파하기 위한 대규모의 전술적 집중을 개시해야 했다. 돌파를 위해 공격에 가담할 모든 제병협동군과 휘하 소총병 군단, 그 밑의 사단들은 2개의 제대로 배열되었다. 즉 사단이 2개 소총병 연대로 공격을 하고 세 번째 연대를 예비로 하면, 군단이 3~4개 사단으로 1선에서 공격을, 1개 또는 그 이상의 사단이 2선에서 공격을 하기로 했다. 그 결과로 돌파를 감행할 구역은 엄청나게 좁아졌다. 1개 야전군의 경우 2.5~10킬로미터, 1개 전선군의 경우 35~44킬로미터 밖에 담당하지 않았다. 돌파 지점에는 1킬로미터당 1.5~2.5개의 소총병 사단, 260문의 화포, 최대 30대의 전차나 자주포가 있게 된 셈이다. 퀴스트린 교두보에서 주공을 펼칠 제8 근위군은 도하와 전방 방어 거점의 돌파, 전차 부대의 투입, 독일 예비대의 이동 방지 등을 위해 추가로 제9 대지(對地) 항공 군단*을 직접 관할하고 있었다.[17]

공세 전에 특별 지원 작전들이 광범위하게 수행되었다. 정찰기들은 6회에 걸쳐 베를린과 베를린으로의 진입로, 방어진들의 항공사진을 찍었다. 이 조사와 노획한 문서, 포로 심문 등을 토대로 알아내거나 만든 구체적인 방어 계획, 방어 개요도, 방어진 지도 등이 지휘관과 참모들에게 배부되었다. 제1 벨로루시 전선군의 공병대는 오데르 강에 25개의 교량과 40개의 페리 선착장을 만들었다. 나이세 강의 도하를 지원하기 위해 제1 우크라이나 전선군은 목제 공병용 보트 240개, 돌격용 교량 750개, 목제로 된 교량의 조각을 1,000개 이상을 만들었다.[18] 돌격 부대들은 도하와 시가전, 숲에서의 전투와 야간 전투에 능숙해지도록 특별 훈련을 받았다. 특히 소규모 제병 협동 임무 부대와 전투조들이 대도시의 시가전에서의 역할을 미리 지정받았다.

이렇게 엄청난 준비를 하고 어마어마한 양의 물자를 집적하기는 했지만, 모든 작전을 15일 이내에 완료한다는 소련군의 시간표는 너무 낙관적으로 보였다. 이 지역은 상당히 도시화, 공업화되어 있고, 지도에는 마을, 강, 운하들이 쫙 깔려 있었다. 일부 독일군들은 벌써 포기했을는지 몰라도, 대부분은 초인적인 필사의 노력으로 전투에 대비하고 있었다. 베를린 작전이 그냥 산보 정도가 될 리는 없었다.

비슬라-오데르 작전의 경우처럼, 베를린으로의 돌격은 공세를 가속화하려는 마지막 단계에서의 결정이었기 때문에 더 힘든 것이 되었다. 3월 초까지 서방 연합군은 여전히 라인 강 서안에 있었고, 스탈린은 베를린을 점령하기에 충분한 시간이 있으리라고 생각했다. 그런데 서부 전선의 독일군이 무너지자, 서방 연합군이 베를린을 점령할 수도 있다는 가능성이 갑자기 현실로 다가왔다. 1945년 3월 31일, 드와이트 아이젠하워Dwight Eisenhower 장군은 스타브카에 대리를 보내 양측의 접점을 조율하고자 하였다. 얄타 회담에 따른 정치적 고려로, 아이젠하워는 라이프치히-드레스덴을 남북으로 잇는 선에서 소련군과 함께 독일을 나누어 점령하자고 했다. 스탈린은 이 제안에 금세 동의하고, 베를린은 더 이상 전략적으로 중요한

---

* Shturmovoy aviatsionnyi Korpus. 지상 공격기(Il-2 등) 위주로 편성된 근접 항공 지원(CAS) 전문 항공 군단.

것이 아니라고 주장해 댔다. 그러나 아이젠하워가 4월 초에 중부 독일로 진격함으로써, 서방 연합군의 의도에 대한 스탈린의 의심을 부추겼고, 스타브카가 베를린 공세의 시간표를 앞당기도록 만들었다.

돌파

1945년 4월 14일 오전 7시 30분, 15~20분간 포격이 있은 뒤 제1 벨로루시 전선군과 제1 우크라이나 전선군의 강화된 소총병 대대들이 주공격 축에 대해 위력 정찰을 실시했다(지도 18 참조). 일부 지역에서는 제1제대인 연대들이 공격에 가세했다. 이틀간의 전투로 일부에서는 독일 수비진 안으로 5킬로미터까지 진격해 들어갔다. 하지만 이 당시 독일 수비대는 이 전술에 익숙해져 있었다. 독일군 포로들은 소련군에게 당시 주공이 2~3일 후에 있을 것으로 확신했었다고 말했다.

소련의 항공 공격은 4월 15~16일 저녁때 제1 벨로루시 전선군과 제1 우크라이나 전선군 지역에서 개시되자, 제4 항공군과 제16 항공군이 독일군의 첫 번째 방어진에 맹폭격을 가했다. 지상 공격이 시작되자, 제18 항공군의 4개 대지 항공 군단이 독일의 제2 방어선에 공격을 가했다.

4월 16일 오전 5시, 제1 벨로루시 전선군에서 항공 공격과 함께 30분간의 맹렬한 포격이 이루어졌다. 이 준비 포격은 다소 과도한 감이 있어서 많은 지역에서 장애물을 제거하기보다는 장애물을 만드는 결과를 낳았고, 젤로 고지대의 제2 방어선의 독일군은 소탕되지도 않았다. 먼지와 포연이 해 뜨기 전 새벽 공기를 가득 채웠다. 143개의 탐조등으로 적 방어진을 비춘다는 주코프의 기습 전술은 공격 측 앞에 드리워진 포연을 뚫고 나가지 못해 오히려 혼란만 가중시켰다. 오데르 강 가까이 있는 도로들은 교통 체증에 걸렸고, 이 도로들의 갓길은 습지라서 차량들이 통행할 수도 없었다. 보병들은 탐조등에 눈이 부시고 혼란스러워졌지만, 비틀거리면서도 1.5~2킬로미터를 진격하여 젤로 고지대의 아랫자락과 나란히 있는 방수로(放水路)까지 도달하였다.* 소련군은 젤로 고지대를 넘어서는데 크게 애를 먹었다. 지원 전차가 고지대 가까이 갈 수 있는 곳에서조차도, 경사가 너무 급하여 보

지도 18. 베를린 작전 I(1945년 4월 16~19일)

병을 따라 더 이상 갈 수가 없었다. 늦은 아침, 추이코프의 제8 근위군은 별 진전이 없었고, 그 남쪽 콜팍치의 제69군은 완전히 멈추어 섰다.[19]

제8 근위군 전방 지휘 본부에서 전투 광경을 바라보고 있던 주코프도 완전히 기가 죽어 버렸다. 주코프는 1942~1943년에 소련 지휘관들이 자주 범했던 실수를 또 범했다(사실 주코프 자신이 1942년 11~12월에 르제프에서 그랬다). 초기 돌파를 위해 기갑 부대를 투입해 버린 것이다. 카투코프 상장의 제1 근위 전차군과 보그다노프 상장의 제2 근위 전차군은 전진하려고 했지만 돌격 중인 보병 사단의 야포와 보급 차량들 때문에 발이 묶였다. 제1 근위 전차군의 제11 전차 군단은 때맞춰 뮌헤베르크 기갑 사단의 반격을 막아냈지만, 이 2개 전차군 모두 적진 깊숙이 진격할 수가 없었다. 요새화된 마을들의 미로(迷路) 사이로 돌파하려 할 때마다 독일 보병들이 매복해 있다가 근거리에서 판저파우스트를 쏘아 댔다. 결국 제1 근위 전차군의 군단과 여단들이 제8 근위군과 제5 충격군의 느리고 손해 많은 진격을 지원하기 위해 분산 배치되었다.[20]

제1 벨로루시 전선군이 젤로 고원의 방어선을 돌파하고 1차 목표를 달성하는 데 이틀이 걸렸다. 전력이 딸리는 9개의 독일군 사단이 제8 근위군의 돌격에 대항했다. 추이코프의 공격이 심각한 곤경에 빠졌기 때문에, 독일군 수비대 대부분이 탈출하여, 다음 방어선으로 퇴각할 수 있었다. 이 퇴각은 4월 17일에 카투코프의 전차군 뒤에서 베를린-퀴스트린 고속도로를 차단하려는 독일군 3개 사단의 반격으로부터 도움을 받았다. 물론 반격은 실패했다. 다음 날, 추이코프는 세 번째 방어선을 돌파하라는 명령을 받았는데, 이 방어선은 작전이 있기 전 정찰에서 드러나지 않았던 것이었다. 하지만 굳은 결의를 한 독일군도 인력과 탄약이 모자라기 시작했다. 4월 20일, N. E. 베르자린N. E. Berzarin 중장의 제5 충격군과 추이코프의 제8 근위군은 다음 방어선도 돌파하여, 괴로울 정도로 느리고 손해가 많은 진격을 베를린 동부 외곽에서 시작했다. 이 기간 동안, 더 이상 참기 힘들었던 스탈린은

---

* 원문에는 〈Haupt Canal〉이라고 되어 있으나, 이는 독일어 〈Hauptgraben〉을 불완전하게 번역한 것이다. 브란덴부르크 주는 습지와 삼림이 많고, 특히 오데르 강의 범람으로 피해를 많이 입어, 방수로가 그물망처럼 발달된 곳이 많다. Hauptgraben은 요새 지역의 참호를 지칭하기도 하지만 방수로 망에서는 주요한 수로라는 의미이다. 당시 Hauptgraben의 위치는 Lakowski, R., *Seelow 1945*, p. 128 지도 또는 Le Tissier, T., *Durchbruch an der Oder*, p. 245 지도를 참조.

계속해서 주코프를 협박하고 부추겨 댔다. 이 사이 주코프의 우익인 페르호로비치 소장의 제47군과 쿠즈네초프 소장의 제3 충격군 쪽이 더 성공적으로 공격해 나가면서 베를린을 북쪽과 북서쪽에서 에워싸기 시작했다. 좌익에서는 콜파치의 제69군과 츠베타예프 상장의 제33군이 공격을 성공하여, 독일 제9군의 중부와 우익을 베를린과 분리시켜 버렸고 제9군을 북쪽에서 포위하는 길을 열었다.

소련군으로서는 다행히도, 주코프의 좌측면에 있던 코네프는 훨씬 성과가 좋았다. 여기에서도 독일군의 저항은 기대 이상으로 거칠었다. 코네프의 제1 우크라이나 전선군은 주코프가 계획했던 것보다 훨씬 준비 포격을 길게 했는데, 주코프에게 재앙과도 같았던 부작용은 없었다. 나이세 강을 건너 돌격하기 전, 포탄이 40분 동안 독일군 수비대에 떨어져 내렸다. 도하가 시작되면서 독일군 포병에 대한 사격이 시작됐고, 돌격 부대가 도강한 뒤에 다시 45분의 포격이 수비대에 가해졌다. 첫날이 끝나 갈 때쯤, 코네프의 보병 부대는 제25 전차 군단과 제4 근위 전차 군단, 리발코의 제3 근위 전차군과 렐류센코의 제4 근위 전차군의 선견대의 지원을 받아 나이세 강을 건너 독일의 방어진을 돌파했으며, 두 번째 방어진도 1~1.5킬로미터까지 파고들어 갔다. 다음 날, 소련의 공세를 막으려는 독일의 반격이 실패로 돌아갔고, 소련군은 18킬로미터나 더 나아갔다. 4월 18일이 끝나 갈 무렵, 코네프의 부대는 나이세 방어선을 돌파하고 베를린 남쪽에서 슈프레 강도 건너, 베를린을 남쪽에서 포위할 태세를 갖추었다.[21] 드레스덴 축에서는 고로테예프 상장의 제52군이 K. 시비에르체프스키K. Świerczewski 소장의 폴란드 제2군과 함께 괴틀리츠 지구에서 점점 강해지는 독일의 반격을 막아냈다.[22]

한편 북쪽에서는 4월 18일과 19일, 로코솝스키가 이끄는 제2 벨로루시 전선군의 부대들도 오데르의 동안을 몰아붙여 강에 있는 섬들을 장악, 장차 서안으로의 작전을 위한 발판을 마련했다.

조종(弔鐘)

제1 벨로루시 전선군의 전진이 지지부진하자, 스탈린은 일부러 두 전선 사령관

사이에 경쟁을 부추겼다. 4월 17일에 주코프 코네프와 극적인 전화 교신을 나누고, 스탈린은 스타브카의 작전 지도를 개정했다. 지도에 그려져 있는 두 전선군의 지경선을 베를린 목전에서 지워 버린 것이다. 이제 베를린은 먼저 도착하는 쪽이 점령하게 되었다. 사실 이런 조치는 한쪽이 다른 쪽에 실수로 발포할 가능성이 있기 때문에 매우 위험한 것이었지만, 진격을 독려하는 것임에 틀림없었다(지도 19 참조).[23]

4월 20일, 주코프의 부대는 진격을 계속하였고, 제3 충격군의 제79 소총병 군단 장거리포 병들은 베를린에 첫 포격을 가했다. 다음 날, 제3 충격군, 제2 근위 전차군, 제47군, 제8 근위군, 제1 근위 전차군 등이 뒤섞여 베를린 교외에 진입하여 험난한 시가전을 시작했다. 이 지역은 상당히 도시화되어서 소련군은 여러 기능을 한꺼번에 사용해야 했다. 도시를 포위하기 위해 방향을 전환하고, 보급품과 화포를 이동시켜 공세를 지속하고, 돌격 부대를 시가전에 적합한 소규모 제병협동 전투조로 재구성하고, 베를린의 수많은 강과 운하를 건너기 위한 교량 시설을 옮기는 등 할 일이 많았다. 강한 저항 속에서 진격을 계속하면서 이런 일을 수행한다는 것은 참모들의 능숙함과 부대 간의 협조가 필수적이었고, 이를 잘 해낸 것은 전쟁의 제3기 동안 소련군이 성취한 세련됨의 보기였다.[24]

한편 코네프의 전선군은 독일 제9군을 남쪽에서 포위함과 동시에 베를린 남부 외곽에 도착하기 위해 기동을 계속했다. 4월 19~20일에 리발코의 제3 근위군과 렐류센코의 제4 근위 전차군은 95킬로미터를 진격했다. 다음 날, 리발코의 부대는 초센Zossen에 있는 독일 총사령부를 점령하여 독일군에게 남아 있던 작전 수행 능력을 제거해 버렸고, 베를린 남쪽 교외에서 돌파에 성공했다. 렐류센코의 선견대는 포츠담Potsdam의 남쪽 진입로에 도달했다. 전선군의 제병협동군들은 신속히 서쪽으로 진격하여 발터 벵케Walter Wenck의 독일 제12군과 접촉하였다. 제12군은 독일 총사령부의 명령에 의해 제9군과 결합하여 베를린을 구하기 위해 서부 전선에서 이동해 왔다.[25] 4월 20~25일 사이, 늘어난 전선의 좌익을 맡은 제52군과 폴란드 제2군은 괴를리츠 지역으로부터의 반격을 막아냈다. 중부 집단군이 제9군을 구하기 위해 이 공세를 벌였었다.

4월 22일 해가 질 무렵, 중부 지구에서는 제8 근위군의 3개 선견대가 독일 수도

1 흰색-소련 측, 검은색-독일 측
2 그냥 숫자는 야전군 급 이상을 뜻한다. 예) 3-제3군
3 독일 측의 Pz는 〈기갑〉을 뜻한다. 예) 3Pz-제3 기갑군
4 Pol은 폴란드군을 뜻한다.
 예) 1Pol-폴란드 제1군
5 9US-(서방 연합군) 미 제9군
6 1G-제1 근위군
 2S-제2 충격군
 9TC-제9 전차 군단
 5GT-제5 근위 전차군
 8MC-제8 기계화 군단
 1GTC-제1 근위 전차 군단
 3GCC-제3 근위 기병 군단
 7GMC-제7 근위 기계화 군단
 CMG-기병-기계화 집단
 16AA-제16 항공군
* 토르가우에서 미국과 소련군이 〈엘베 강의 만남〉을 가진다 ― 역주.

지도 19. 베를린 작전 II(1945년 4월 19~25일)

의 남부에서 슈프레 강에 도달해, 수비 측이 이 움직임을 알아채기 전에 교두보까지 확보했다. 4월 24일, 추이코프의 제8 근위군과 카투코프의 제1 근위 전차군은 리발코의 제3 근위 전차군과 루친스키 중장의 제28군과 함께 베를린 남동부에서 결합하여, 베를린 남동쪽 베스코Beeskow 부근의 제9군 포위를 완성했다.*[26] 다음 날인 4월 25일, A. S. 즈다노프 상장의 제5 근위군 휘하 제58 근위 소총병 사단이 엘베 강의 토르가우Torgau에서 미 제1군의 제69 보병 사단과 연결되었다.[27] 소련군이 서방 연합군과의 사이에 설정한 군사 분계선으로 진격하면서 이와 비슷한 기쁜 만남이 계속되었다.

서방 연합군과의 연결이 이루어지는 동안, 로코숍스키의 제2 벨로루시 전선군은 오데르의 서쪽 강을 건너 서안의 독일군 방어진을 돌파하고, 베를린을 포위하려는 소련군에 대해 제3 기갑군이 북쪽에서 반격을 가할 틈도 주지 않고 냅다 몰아부치기 시작했다. 이 반격은 슈타이너Steiner 군집단이 할 것으로 오래전부터 예정된 것으로, 히틀러는 슈타이너가 베를린을 구하러 오겠거니 하고 헛되이 바라던 중이었다.

이제 히틀러까지도 전쟁에 졌다는 것을 깨달았다. 그래도 그는 부세의 제9군(동쪽), 이름만 그럴듯한 벵케의 제12군(서쪽), 슈타이너 군집단(북쪽)에게 수도를 향해 돌파하라는 헛된 명령을 계속 보내고 있었다(지도 20 참조). 소련군의 포위망을 뚫을 만한 전력을 갖추었던 부대들이 모두 없어졌거나 서방 연합국을 향해 서쪽으로 도망치고 있었다.

지휘나 통제에 필요한 기구가 사라지자, 독일군의 잔존 병력들은 척수가 절단된 닭 마냥 계속 싸웠다. 주코프는 4월 26일에 공식적으로 베를린 돌격을 개시했고, 그 다음 주에는 건물 하나하나마다 격전이 이어졌다(지도 21 참조). 4월 30일에는 소련군이 독일군 수비대를 4개로 나누어 고립시켜 버리고, 각개 격파에 들어갔다. 같은 날 히틀러가 자살했지만, 전투는 며칠간 더 진행되었다. 이 기간 동안 소련 돌격조들은 300개의 구획에서 독일군을 소탕했다.[28] 보병, 전차, 직사를 날릴 화포와 폭약으로 무장한 공병 등으로 임무에 맞게 구성된 돌격대나 돌격조들이 모든 건물

---

* 독일은 이 포위진을 〈할베Halbe 포위진〉이라고 부른다.

1 흰색-소련 측, 검은색-독일 측
2 그냥 숫자는 야전군 급 이상을 뜻한다. 예) 3-제3군
3 독일 측의 Pz는 〈기갑〉을 뜻한다. 예) 3Pz-제3 기갑군
4 Pol은 폴란드군을 뜻한다.
   예) 1Pol-폴란드 제1군
5 9US-(서방 연합군) 미국 제9군
6 2UK-(서방 연합군) 영국 제2군
7 1G-제1 근위군
   2S-제2 충격군
   3T-제3 전차군
   9TC-제9 전차 군단
   5GT-제5 근위 전차군
   8MC-제8 기계화 군단
   1GTC-제1 근위 전차 군단
   3GCC-제3 근위 기병 군단
   7GMC-제7 근위 기계화 군단
   CMG-기병-기계화 집단
   4AA-제4 항공군

지도 20. 베를린 작전 III(1945년 4월 25일~5월 8일)

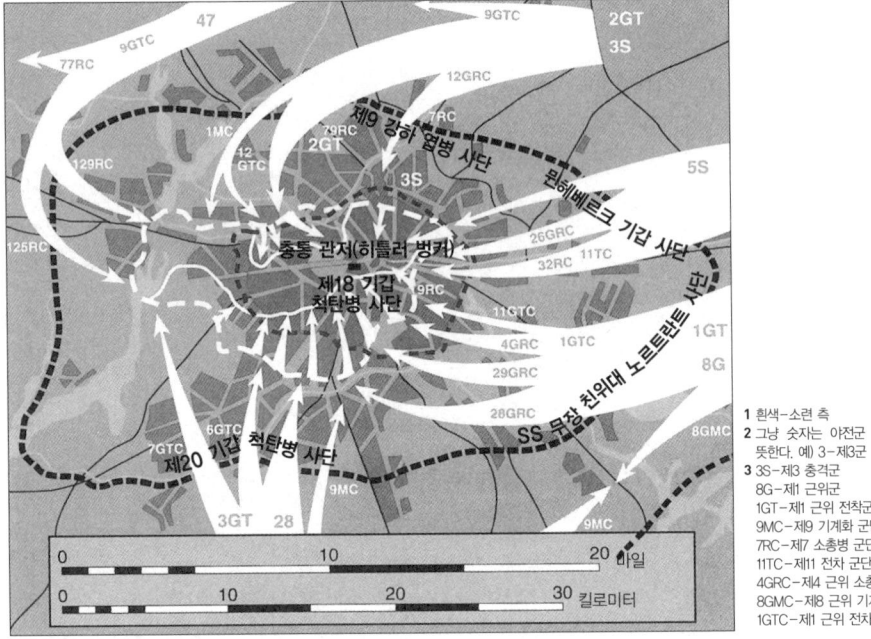

지도 21. 베를린 공격(1945년 4월 21일~5월 5일)*

표 16-1. 소련 전선군의 전과와 독일군의 피해

전선군	사살	포로	전차와 돌격포	야포와 박격포	항공기
제1 벨로루시 전선군	218,691	250,534	1,806	11,680	3,426
제2 벨로루시 전선군	49,770	84,234	280	2,709	1,462
제1 우크라이나 전선군	189,619	144,530	2,097	6,086	1,107
합계	458,080	479,298	4,183	20,475	4,995

출처: *Berlinskaia operatsiia 1945 goda* (Moscow: Voenizdat, 1950), pp. 616~618.

* 원문의 지도에 오류가 많아 이를 일부 수정하였다. 우선 원서 지도에 있는 〈제28 기갑 사단〉이란 부대는 당시에 없었다. 이는 시 남서쪽 방위에 나선 〈제18 기갑 척탄병 사단〉 잔존 병력을 오인한 것으로 보인다. 또한 제20 사단은 원서 지도에 나와 있는 것처럼 〈차량화 사단〉이 아니라 〈기갑 척탄병 사단〉이었다.

에 들이닥쳤다. 전투는 지하철과 지하의 교통 시설, 사령부 등에서 특히 격심했다.

4월 29일, 제1 벨로루시 전선군 제3 충격군의 제79 소총병 군단이 격렬한 저항을 뚫고 제국 의회 의사당을 향해 상징적인 전투를 개시했다. 다음 날, 제150 소총병 사단의 수색조가 건물에 적기(赤旗)를 게양했다. 하지만 제국 의회 의사당에서의 전투는 소련군이 지하실에서 완강한 저항을 하던 독일군들을 섬멸한 5월 1일 아침까지 계속되었다. 1945년 5월 1일, 북부의 쿠즈네초프의 제3 충격군은 남쪽에서 올라오던 추이코프의 제8 근위군과 제국 의회 의사당 바로 남쪽에서 결합하였다. 5월 2일 저녁에는 마침내 독일군이 저항을 멈추고, 헬무트 바이틀링Helmut Weidling 포병대장의 지휘하에 있던 베를린 수비대의 잔존 병력이 항복했다.[29]

베를린의 독일 수비대가 항복하던 때, 코네프의 부대는 체코슬로바키아로 진군하기 위해 프라하 축을 따라 재배치에 들어갔고, 제1 벨로루시 전선군의 제병협동군들은 서진을 계속하여 5월 7일에 엘베 강의 넓은 지역에서 서방 연합군과 손을 잡았다. 제2 벨로루시 전선군의 부대들은 발트 해 연안과 엘베 강으로 진군하여 영국 제2군과 손을 잡았다. 그 사이 소련군은 쿠를란트와 쾨니히스베르크 서쪽 잠란트 반도에서 저항하던 독일군을 몰아냈다.**[23]

베를린 작전 기간 동안 소련군은 한때 무적이었던 독일 국방군의 잔존 병력을 박살냈으며, 480,000명을 포로로 잡았다(표 16-1 참조). 하지만 대가도 컸다. 소련군과 폴란드군에서 361,367명의 전 사상자가 발생했다.[30] 베를린 작전의 준비 기간은 짧았지만, 베를린에 있는 독일군을 포위 섬멸하고 베를린을 점령한다는 목표는 17일 만에 완수했다. 소련은 그 이후로 이 작전을 거의 공식적으로, 확고한 목표를 가지고 여러 개의 전선군이 공세를 취한 전형적인 사례로 여겨 왔다. 300킬로미터 구간에서 3개의 전선군이 6개의 돌파구에서 거의 동시에 공세를 취하여 독일 예비를 묶고, 독일군의 지휘와 통제를 혼란시키고, 경우에 따라 작전적, 전술적 기습까지 이루었다. 베를린 작전은 특히 별반 훌륭하지 않았던 주코프의 지휘를 포

** 저자의 설명은 부분적으로 옳지 않다. 잠란트의 끝자락인 필라우Pilau에서 독일군이 퇴각한 것은 4월 25일이었으나, 독일군은 항복할 때까지도 서프로이센의 헬라Hela와 동프로이센의 슈테겐Steegen 지구를 유지하면서 능력이 닿는 한 해상 철퇴를 하고 있었다. 쿠를란트의 경우에는 4월 이후 소련군의 적극적인 움직임이 없었으며, 그곳에서 패배한 것이 아니라, 전선이 고착된 상태에서 종전을 맞아 항복했다.

함해, 다른 측면에서도 교훈적이었다. 전후 이 작전을 연구하기 위해 소집된 고위급 회의에서 결정된 바와 같이, 이 작전의 본질과 추이는 이전에 소련군이 훨씬 동쪽의 개활지에서 펼쳤던 것과는 큰 차이가 있었다.[31] 다소 도시화된 베를린과 그 주위의 숲이 많은 지형에서의 전투는 소련 입안자들의 예상과 달리 공격 측의 손실이 매우 컸다. 이 경험과 교훈은 전후 소련군의 개혁에 기초가 되었다.

베를린을 향한 주공에서의 공로로 6개의 야전군(제3 충격군, 제8 근위군, 그리고 제1, 제2, 제3, 제4 근위 전차군)이 독일 점령군으로 진주했다. 40년이 훨씬 지나, 베를린에 입성한 이들 군 가운데 첫 번째 야전군(제3충격군)은 독일 땅을 떠나는 마지막 야전군이 되었다.

프라하

베를린 함락이 종전을 의미한 것은 아니었다. 승리가 눈앞에 다가오자, 스탈린과 고급 사령관들은 서방 연합군이 장난이나 치지 않을까 더욱 걱정이 되었다. 그때뿐 아니라 그 이후로도 한참 동안, 소련은 독일이 서방 연합군에 항복을 제안하고는 동쪽에서는 계속 싸우려 한다는 것을 거의 사실처럼 여겼다. 물론 아이젠하워가 전 전선에서의 무조건 항복을 주장했지만, 소련 지도자들은 서방 연합국에게 배반당하여 겨우 쟁취한 승리를 빼앗기지나 않을까 노심초사했다.

그래서 미군 오마 브래들리Omar Bradley 대장이 체코슬로바키아 점령을 지원하겠다고 하자, 스탈린은 진격을 재촉하는 명령을 하달하였다. 5월 1일, 스타브카는 베를린 지구에서 소탕전을 벌이고 있는 제1 우크라이나 전선군의 모든 병력을 제1 벨로루시 전선군 병력으로 대체하라고 명령했다. 코네프는 서남쪽으로 방향을 틀어서 말리놉스키의 제2 우크라이나 전선군과 예레멘코의 제4 우크라이나 전선군과 함께 프라하로 진격할 수 있었다.

소련군의 오랜 숙적이었던 독일 중부 집단군은 2년여 동안이나 모스크바 입구를 위협했지만, 이제 소련군의 새로운, 그리고 마지막 목표물이 되었다. 1945년 5월에 집단군은 쇠르너 원수 휘하 600,000명 정도였는데, 이제 피할 수 없는 파멸을 기다리게 되었다. 얄궂게도 장소는 독일이 아니라, 히틀러에 의해 초반에 희생된 국가인 체코슬로바키아였다.[32]

아직 제국 의회 의사당을 공격하고 있던 5월 1~6일 사이, 코네프, 말리놉스키, 예레멘코의 부대들은 쇠르너의 집단군에 대해 압도적인 수적 우위로 공세를 가하기 위해 재배치를 실시하였다. 이 공격은 경쟁적이지는 않더라도, 바이에른에서 체코슬로바키아로 들어오려고 하는 패튼의 미 제3군과 함께 실시하게 되었다. 2,000,000명이 넘는 소련군과 폴란드군은 3개 전차군, 1개 기병-기계화 집단을 포함하는 전차 부대에 의존하여 체코의 수도인 프라하로 바로 신속하게 밀고 가기로 했다.[33]

코네프가 급하게 승인한 계획에 의하면, 푸호프 상장의 제3군과 고르도프 상장의 제3 근위군이 드레스덴 서쪽을 공격하고, 독일 남동부에서 에르츠게비르게 Erzgebirge 산맥을 넘어 리발코의 제3 근위 전차군과 렐류셴코의 제4 근위 전차군이 프라하로 신속히 진격하도록 돕게 되어 있었다.[34] 제1 우크라이나 전선군의 괴를리츠 지구에서는 폴란드군과 소련군이 조공(助功)을 펼칠 계획이었다. 동시에, 체코의 동부 경계와 남부 국경을 에워싼 듯한 큰 원호에서 예레멘코와 말리놉스키가 전차 부대를 앞세워 비슷한 형태의 공격을 가할 예정이었다.

진격은 5월 7일로 잡혀 있었지만, 5월 5일 정오에 프라하의 민중들이 무장봉기를 일으켰고, 무선으로 연합군에 도움을 요청했다. 독일 점령군과의 짧은 교전으로 체코인 3,000명이 사망했고, 10,000명이 부상당했다. 스탈린은 이번에도 공세를 서둘러 5월 6일 오후에 개시하라고 명령했다.

스탈린이 서두르라고 하는 데다가 독일군이 국지적으로 퇴각하고 있는 호기를 놓치지 않기 위해, 코네프는 5월 6일에 북쪽에서 쳐내려 오기 시작했다. 주공은 리자Riesa 지역에서 3개의 제병협동군(제13군, 제3 근위군, 제5 근위군)과 제3 근위 전차군, 제4 근위 전차군이었다. 다음 날에는 보다 적은 병력(폴란드 제2군 포함)으로 부차적인 공격을 가했다. 말리놉스키의 제2 우크라이나 전선군은 4개 제병협동군(제53군, 제7 근위군, 제9 근위군, 제46군), 크랍첸코 상장의 제6 근위 전차군, 플리예프 상장의 제1 근위 기병-기계화 집단과 함께 브르노Brno에서 공격하여 올로모우츠Olomouc와 프라하로 향했다. 코네프와 말리놉스키의 군대 사이에는 예레멘코의 전선군이 전 전선에 걸쳐 독일 방위선을 압박했다.

이틀 안에 코네프의 부대들은 시들해지는 독일의 저항을 물리치고서 드레스덴, 바우첸, 괴를리츠를 점령했다. 제4 우크라이나 전선군은 올로모우츠를 점령했고, 다음 날 제2 우크라이나 전선군의 부대와 합류하여 프라하로 진격했다. 진격을 가속하기 위해 코네프는 5월 8~9일 밤, 리발코와 렐류셴코의 전차군에게 프라하로 질주하라고 명령했다. 날이 밝아 올 즈음에 두 전차군은 특별히 조직된 선견대를 앞세우고서 80킬로미터를 내달려 프라하에서 제2, 제4우크라이나 전선군의 다른 선견 기동대와 결합하였다. 여기에는 제1 독립 체코슬로바키아 전차 여단도 들어 있었다. 그다음 이틀간 소련군은 독일군 잔존 병력 600,000명을 소탕하거나 포로로 잡았다.35 5월 11일에 렐류셴코 전차군의 선견대는 플젠Plzeň에서 미 제3군과 손을 잡아 소련군의 마지막 야전 작전을 마쳤다.

5월 초, 남아 있던 독일 군사 지도자들은 전면적이고 무조건적인 항복이라는 연합군의 요구에 기꺼이 응하려 했다. 아이젠하워는 그렇지 않을 경우 협상을 그만두고 전선을 봉쇄하겠다고 협박했는데, 이렇게 되면 피난민들은 결국 소련 쪽으로 되돌아가야 했다. 하지만 아이젠하워의 사령부에 소련 측 대표로 있었던 I. A. 수슬로파로프I. A. Susloparov 장군은 이 문제에 대해 지침을 받지 못했다. 모스크바 주재 미 군무 담당관이었던 존 딘John Deane 소장은 항복 선언을 조율할 것을 요구했는데, 안토노프와 그의 참모장교들은 서방 연합국이 모든 영예를 거머쥐려 한다고 의심했다. 그 사이 랭스Reims에서는 항복 조인식이 5월 7일 이른 시각으로 잡혔는데, 수슬로파로프는 여전히 아무 지침도 받지 못한 상태였다. 명령 없이 조인하기는 두려웠지만, 수슬로파로프는 항복 문서에서 소련이 빠지는 것이 더 두려웠다. 결국 그는 용기를 내서 항복 문서에 조인하고, 필요할 경우 추후 소련은 다시 협상할 수 있도록 한다는 제한 조건을 달아 놓았다. 이 사실을 보고하자마자 스타브카로부터 전신이 날아들었다. 〈어떤 문서에도 조인하지 말 것!〉36

결론

독소 전쟁 제3기 18개월은 동부 전선에서 있었던 전쟁 초기의 참혹함과 묘한 대칭을 이룬다. 전쟁이 시작되고 첫 18개월 동안, 소련군은 전례 없는 대재앙에 이어 모스크바와 스탈린그라드에서의 대규모 방위전을 겪었고, 그사이 중간 중간에 반격을 가했었다. 독일군은 모스크바 입구, 볼가 강변, 그리고 캅카스 산맥의 북쪽 경사면까지 다가갔었다. 소련군은 10,000,000명에 이르는 인명 손실에 더해 셀 수 없이 많은 민간인 사망자들을 내면서 독일의 전격전을 막아 냈고, 끝이 없어 보이던 독일의 군사적 승리를 막아 형세를 역전시켰다.

제2기 12개월 동안은 볼가 강에서 재난에 가까운 독일의 패배로 시작하여, 쿠르스크에서 독일의 패배에 이어 드네프르로의 진격이라는 소련의 승리로 끝이 났다. 소련군은 실행 가능한 군사적 공격 개념으로서의 전격전을 격파했다. 추가로 10,000,000명의 인명 손실을 입으면서 소련군은 영토를 수복해 나갔다. 제1기와는 달리, 이 시기 독일과 그 동맹국들은 수십만 명의 인명 손실을 입었다. 독일에게 더 곤혹스러웠던 것은, 이것이 피할 수 없는 완전한 패배를 향해 가속된다는 것을 뒤늦게 깨달았다는 것이었다.

이 과정은 제3기에서 결실을 보았다. 독일 국방군으로서는 괴롭게도 끝이 없어 보이는 소련의 전략적 승리가 계속 이어졌고, 소련군이 중부 유럽으로 진입하게 되었으며 나치 독일의 완전한 군사적, 정치적 패배로 그 절정에 달했다. 소련군의 손실은 9,000,000명이었다.

1945년 봄에 실시된 작전들의 군사적 결과는 명확했다. 한때 자부심 강하고, 일견 불패일 것 같던 독일 육군의 잔존 부대는 동쪽과 서쪽에서 연합군이 공격을 하자 격파되었다. 나치 독일은 전례 없는 폭력과 파괴를 동원한 전쟁의 토대 위에서 권력을 추구하고 제국을 건설하려고 했으나, 폭력적인 방법으로 완벽히 무너졌다. 베를린 작전의 어마어마한 범위와 크기는 이전의 전쟁에서는 없었던 것으로, 이 전쟁의 마지막으로 알맞은 것이었다. 이 작전은 섬뜩할 정도의 소련군 인명 손실을 가져왔고, 마찬가지로 독일의 수도도 엄청나게 파괴되었다. 여러 독일 참전자들이 느꼈듯이 동부 전선의 전쟁이 완전히 전율로 가득한 것이었다면, 서부 전선의 전쟁은 품위 있는 여흥이었다. 마지막 참사의 결과로 독일군 2,000,000명이 소탕되고 독일은 잿더미가 되었다.

이 마지막 작전들의 정치적 결과는 이후 1년 동안 잘 나타나는데, 서방 연합국은 승리를 갈구하다 이 사실을 거의 간과하고 있었다. 평화가 찾아오자 결과가 금세 드러났다. 소련군이 지나간 곳이면, 소련에 의해 해방된 국가를 위한, 새로 편성된 그 국가의 군대라는 그럴싸한 포장 아래 군대와 함께 정부가 들어서 정치권력을 장악해 나갔다. 폴란드 2개 야전군, 루마니아 3개 야전군, 불가리아 2개 야전군, 체코슬로바키아 1개 군단 등이 소련군과 함께 싸웠다. 이들 부대들은 전후 자국으로 귀환해서 소련의 지원을 받고 소련에 의해 무장된 파르티잔 조직들과 협력하였다. 소련군의 보호 아래, 이 군대들과 그들을 따라다닌 소위 망명 정부는 재빨리 군사 권력을 정치권력으로 바꾸었다.

    1945년 5월 중순이 되자 총성은 멎었고, 유럽에서의 전쟁은 느리긴 하지만 점차 끝이 났다. 엄청난 인명 손실이 따르긴 했지만, 파멸한 독일군으로부터 부쿠레슈티, 베오그라드, 바르샤바, 부다페스트, 빈, 베를린, 그리고 프라하를 빼앗은 소련은 그 권리로, 나치 독일을 꺾으며 얻은 이들 전리품들은 논란의 여지가 없이 자신들의 몫이라고 주장했다. 그렇지만 서방의 입장에서는, 전쟁의 승리에 뒤따른 정치적 갈등을 겪으면서 소련의 권리 행사를 인정하지 않았다. 몇 년 안 가서 전쟁의 참혹함은 냉전의 험악함으로 바뀌었고, 서방이 갖는 소련에 대한 의심이 소련 인민의 유례없는 고통과 승리를 가려 버렸다.

17 | 결론

만주에서의 재연

나치 독일의 패망으로 소련이 자칭하는 〈대조국 전쟁〉은 끝이 났지만, 제2차 세계 대전에서 소련의 역할이 끝난 것은 아니었다. 다른 서방 연합국들이 아직 남아 있는 일본으로 관심을 돌리자, 소련도 1941년 이후로 계속된 잠재적인 위협을 제거하고자 극동을 생각하게 되었다. 소련이 아시아의 전쟁에 개입한 것에는 여러 가지 이유가 있었다. 서방 연합군의 지원 요청도 있었고, 일본을 패배시키는 데 참여하여 아시아의 강대국으로서의 역할을 수행하고자 하는 의도를 확실히 알린 바도 있었다. 꼭 그랬던 것은 아니지만, 일본 제국의 잿더미에서 찾을 수 있는 전리품은 무엇이든 건져 보겠다는 의도도 드러냈었다. 만주에서의 작전은 소련이 독일을 상대로 4년간 전투하며 습득한 기술을 일본군에게 적용할 수 있는 기회였다.

1939년 8월의 할흐 강에서 선전 포고 없이 치렀던 전투 이후, 소련과 일본 양측은 만주에서의 대결을 외면해 왔다. 1941년 4월, 양국은 정전에 합의하고, 차후 기습 공격은 없음을 재확인하였다. 이 정전 협정으로 스탈린은 독일과의 전쟁에 총력을 기울일 수 있었고, 일본은 중국, 동남아시아, 그리고 태평양을 정복하는 데 집중할 수 있었다. 하지만 제2차 세계 대전 내내 이 정전은 소련과 일본의 관계를 대변하는 것이 아니었다. 양국은 동북아시아에서 서로 대치한 채 상당수의 병력을 마지못해 유지하고 있었고, 최상의 부대는 다른 곳에서 전투하도록 돌려 버렸다. 만주의 일본 관동군은 1944년이 되어서도 만만찮은 전력을 갖추고 있었다. 위기 상황이었던 1941년 가을과 1942년 가을, 스타브카는 극동 사단들을 서부의 전투에 투입하고 싶어 했다.[1] 더구나 소련의 정보기관은 아마도 1944년 여름이 되어서는 관동군의 계획이 공세에서 수세 작전으로 바뀌었다는 것을 알았을 것이다.[2] 이 무렵, 관동군 부대들은 태평양에서의 전투로 전용되고, 덜 훈련된 방어용 사단들이 중국에서 만주로 이동해 왔다.

1945년 8월, 관동군은 31개 보병 사단과 12개 독립 여단으로 이루어져 있었다. 6개를 제외한 나머지 사단들이 1945년 봄과 여름에 창설되었는데, 이것은 이전에 면제받았거나 군 복무에 부적합한 인력을 총동원하는 막바지 노력의 일환이었다. 이 사단들은 평균 12,500명으로 이루어져 정원의 3분의 2 수준이었으며, 화포 등 중화기도 정수에 한참 모자랐다. 절반은 수비용 사단이어서 화포나 대전차 능력이 충분하지 못했다.[3] 하지만 일본군 사단은, 장비는 아니더라도 인원에 있어서는 소련군 사단보다 규모가 컸다. 1945년까지 소련군 소총병 사단의 정원이 11,700명이었으나, 종종 실제 인원이 그 절반에도 못 미쳤다.[4]

1944~1945년에 독일에 대한 승리가 가시화되자, 영국과 미국은 거칠고 점점 광신적으로 되어 가는 일본 육군을 격파하고자 했다. 테헤란과 얄타 회담에서 서방 연합국은 소련이 태평양 전쟁에 참가할 것인지 의사를 타진하면서, 분명하진 않지만 응분의 보상을 받을 것이라고 했다. 1945년 7월의 포츠담 회담에서는 독일이 최후까지 싸우려 했었기 때문에, 그보다 더 광신적인 일본도 비슷하리라는 생각에서 서방 연합군의 기대는 더 커졌다. 원자 폭탄은 아직 실험 단계였고, 오키나와 전투로 미루어 보건대, 일본 본토를 침공할 경우 서방 연합군은 1,000,000명 정도의 손실을 감수해야 했다.[5] 더구나, 아직 수십만 명의 일본군이 중국에 남아 있었고, 만주에는 여전히 요주의 대상인 관동군이 온존해 있었다.

상황이 이렇다 보니, 스탈린이 그들의 지원 요구에 긍정적으로 나오자 서방 연합군으로서는 그렇게까지 확신하지는 않았지만 아무튼 환영할 일이었다. 소련 정부도 나름대로 일본의 위협을 제거하고 극동에서 전략적 위치를 점하고 싶어 했다. 결국 소련은 유럽에서 승리한 뒤 3개월 이내에 공격을 하겠다고 약속했고, 스탈린은 거의 그 약속을 지켰다. 참전의 대가로 유럽에서처럼, 스탈린은 만주, 북한, 쿠릴 열도, 사할린 섬을 영향권에 넣게 되었다. 서방 연합군이 몰랐던 것은 스탈린이 일본 본토의 홋카이도(北海島)까지 넘보았다는 것이다.[6]

시베리아 횡단 철도의 수송 능력이 제한된 데다가 극동에 전방 배치된 소련군이 별반 활동을 보이지 않자, 일본은 1945년 8월에도 공격은 없을 것이라고 보았고, 심지어 1946년 봄까지도 소련의 공세는 없을 것이라고 예상했다.[7] 사실은 이와 달리, 스타브카는 8월 중순의 작전을 계획하고 있었고, 90개 사단을 조심스럽고 은밀하게 극동으로 모으고 있는 중이었다. 부대들은 시베리아 횡단 철도에 부담을 덜 주기 위해 자신들의 차량으로 이동했다.[8] 4년 동안이나 독일을 상대로 생사를 건 전쟁을 하고 겨우 살아남은 국가로서는 이 작전이 엄청난 역작(力作)이었다. 동쪽으로 이동하는 많은 부대가 중년과 소년들로 이루어져 있었다. 8월 6일에 미국이 원자탄을 사용하자 스타브카는 마침내 공세 계획을 서둘러 8월 9일에 공격하기로 했으나, 소련군은 아직 공격을 위한 집중이 덜 끝나 있었다.[9]

일본군은 만주의 지형 때문에 어떠한 공격에 대해서도 방어가 가능하리라고 여겼다. 만주의 중부는 이 지역 대부분의 농업과 공업이 집중되어 있는 매우 넓은 평원이고, 주위 삼면은 산과 삼림으로 에워싸여 있어 통행이 어려웠다. 특히 서쪽의 대싱안링(大興安嶺) 산맥은 해발 1,900미터에 이르고, 산 너머 내몽골 지역은 광활한 반사막 지대이다. 몇 안 되는 고개도 늪지인 데다가 여름철 몬순이 오면 더 심해져서 습도, 늪, 진흙으로 작전을 펼치는 데 어려움이 많았다. 통행의 어려움에 더해서 만주의 엄청난 크기는 잠재적인 공격 측의 기를 꺾어 놓는다. 북쪽 끝에서 황해까지의 거리는 프랑스의 노르망디에서 벨로루시의 민스크까지의 거리였다. 더구나 병참과 참모 업무 쪽에서 기적이 일어난다 하더라도 소련군에게는 다른 문제가 있었다. 소련군은 절대적 수적 우위에 있지 않았다. 병력 비는 일본병 1명당 소련병 2.2명이었고, 괴뢰 정부인 만주국까지 고려하면 1대 1.5로 비율이 떨어졌다.[10] 물론 소련군은 전차와 화포의 수에서 크게 우위에 있었지만, 이것도 수비 측이 갖는 지형의 이점으로 상쇄되어 버릴 것 같았다. 그러므로 소련이 승리한 것은 숫자 덕분이 아니라 훈련, 장비, 전술 덕분이었다.

서쪽 지형은 거의 통행이 어려울 것 같았으므로, 만주의 일본군은 병력의 대부분을 동쪽, 북쪽, 북서쪽의 철도를 따라 집중시켰다. 이 지역의 국경은 마지노선과 같은 국경 요새들로 보호되어 있었다. 하지만 일본 제1 방면군(사령부는 무단장牡丹江에 있음)은 종심 방어를 위해 휘하 부대들을 후방으로 물렸다. 제3 방면군은 만주의 서부를 담당했는데, 휘하 병력은 만주 평원 안쪽에 넓게 퍼져 있었다.[11]

소련 공격군은 만주 서부를 말리놉스키 원수의 자바이칼 전선군, 북부는 푸르카예프 상장의 제2 극동 전선군, 동부는 메레츠코프 원수의 제1 극동 전선군이 담당하는 것으로 구성되었다. 스타브카는 전체 지휘를 바실렙스키 원수에게 맡겼는데, 처음에는 스타브카 대리로, 7월에는 전쟁 기간 중 처음으로 전구 사령관으로 임명되었다. 휘하의 사령관(말리놉스키, 메레츠코프, 크랍첸코, 플리예프, 크릴로프, 류드니코프)과 부대들은 비슷한 지형에서의 경험을 갖추었기 때문에 이 작전에 참여하게 되었다.

제1 극동 전선군은 만주 동부에서 먼저 일본의 진지 요새를 돌파해야 했지만, 모든 전선군이 시종일관 동일한 목표의 전과확대나 단일 종심 작전인 듯한 성격으로 계획되었다. 특히 서부의 자바이칼 전선군은 제6 근위 전차군과 2개의 혼성 소련-몽골 기병-기계화 집단을 관할하였다. 스타브카는 상당한 병참의 문제를 감수하고서 이 부대들을 몽골의 불모지에 집중시켰다. 사실 1939년과 마찬가지로 일본 정보 장교들은 소련이 이렇게 먼 곳에서 기계화 부대를 지원할 수 있으리라고 생각지 않았다. 스타브카의 작전 개념은 이 기동 부대들이 고립된 일본군의 저항을 우회하여 사막 지역을 가능한 한 빨리 건너, 수비군이 알아채기 전에 대싱안링 산맥을 넘는다는 것이었다.

소련군의 군사 조직은 만주에서의 임무에 걸맞도록 재구성되었다. 많은 경우 소총병 사단에는 독립 전차 여단, 자주 돌격포 연대와 1~2개 포병 연대가 추가로 배속되었다. 전차 전력이 배속되어 모든 보병 사단이 종심 돌파와 추격을 위한 선견대를 편성할 수 있었다. 만주에서의 소련 소총병 사단은 1946년 모든 소총병 사단 편제의 원형이 되었다.

보다 대형의 기동 조직도 앞서의 경험들을 바탕으로 만주에서 적절하게 재구성되었다. 제6 근위 전차군은 서부 만주에서 작전적-전략적 침투를 하도록 되어 있었는데, 완전히 편제가 바뀌었다. 2개 전차 군단 중 하나는 기계화 군단으로 교체되고 2개의 자동차화 소총병 사단이 배속되어, 1941년의 기계화 군단에 가깝게 되었다. 이외에도 2개 자주 돌격포 여단, 2개 경포병 여단, 1개 모토사이클 보병 연대와 다양한 지원 부대가 배속되면서 제6 근위 전차군은 독소 전쟁 때의 어느 전차군보다도 훨씬 강하고 균형 잡힌 부대가 되었다. 궁극적으로 제6 근위 전차군은 25개의 전차 대대와 44개의 차량화 소총병 대대로 구성되었으며, 1,019대의 전차와 자주포를 장비하였다. 이 구조는 독일군을 패퇴시킨 전차군보다는 1941년의 기계화 군단이나 1946년의 기계화군에 가까웠다. 서유럽에 평화가 깃들자 소련 육군은 마침내 전후에 사용할 이상적인 군사 조직을 구성할 만큼의 충분한 무기, 장비, 그리고 인력을 갖추게 된 것이었다. 간단히 하자면, 스타브카는 나중에 표준이 될 여러 가지 새로운 형태의 편성과 개념을 시험하는 장소로 만주를 선택했다.[12]

만주 전역은 그냥 소풍이 아니었다. 8월 9~20일 사이 11일 동안, 12,031명의 소련군이 전사하고, 24,425명이 부상당했다.[13] 하지만 그 전역은 소련 육군이 수십 년간 연구하게 될 기동전의 걸작이었다.

서부 만주에서 크랍첸코의 제6 근위 전차군이 8월 9일 새벽, 무인 지대인 국경 지역을 넘어섰다. 3일 만에 제6 근위 전차군은 450킬로미터를 주파했는데, 험난한 지형과 연료의 보급이 문제였지, 적의 저항은 미미했다. 야전군의 선두인 볼코프 중장의 제9 근위 기계화 군단은 대싱안링 산맥의 늪지투성이 고개에서 미국이 공여했던 셔먼 전차의 기동력이 형편없음을 알게 되었다. 그 결과로 T-34를 장비한 M. I. 사벨레프M. I. Savelev 중장의 제5 근위 전차 군단이 마지막 진격에서는 선두에 나섰다. 제6 근위 전차군의 측면(좌측면)에는 류드니코프 상장의 제39군이 있었는데, 이들은 서부 만주의 철도를 따라 저항하는 일본군을 우회, 섬멸하였고, 플리예프 상장의 기병-기계화 집단은 끝없는 사막을 건너 베이징 서쪽에서 모습을 드러냈다. 8월 15일, 제6 근위 전차군의 선봉은 산을 넘어 만주 평원으로 내달렸다. 이 당시 크랍첸코의 진격 부대는 항공기로 연료를 재보급받는 선견대만 있었다.[14] 그래도 적에게 충분히 타격을 가한 셈이어서, 우회된 일본군이 필사적으로 싸우기는 했어도 주력과는 완전히 고립되어 결과와 무관한 전투를 하고 있을 뿐이었다.

훨씬 북쪽 루친스키 중장의 제36군은 그렇게 운이 좋지는 않았다. 8월 9일 새벽 0시 20분, 2개 소총 대대는 비로 불어난 아르군 강(에얼구나허額爾古納河)의 도하점을 점령하고 그 지역의 일본 보안 소대들을 물리쳤다. 이날이 끝날 무렵, 제36군은 제205 전차 여단을 선견대로 삼아 요새화된 도시인 하일라얼海拉爾(하일라르Hailar)에 접근했다. 루친스키는 야간 기습 공격으로 이 도시를 점령하려 했지만 일본군 제80 독립 혼성 여단에 의해 완전히 막혔다. 9일 동안, 소련 1개 소총병 군단 전체가 하일라얼에서 집집마다 일본군을 소탕하며 완강한 일본군의 저항을 극복했다. 이런 저항이 있었지만, 두 번째 소총병 군단은 이 도시를 우회하여 진격을 계속했다. 제205 전차 여단과 제2 소총병 군단은 일본 제119 보병 사단을 대싱안링 산맥의 고개에서 만나 호되게 당했다. 소련군은 8월 17일에 마침내 만주 평원으로 진입했는데, 이때는 이 지역의 일본 사령관이 천황의 정전 명령에 복종하고 있던 차였다.[15]

만주의 반대 쪽, 메레츠코프의 제1 극동 전선군은 보다 어려운 임무를 맡았다. 기습을 위해 소련군은 통상적인 준비 포격을 생략했다. 대신 8월 9일 새벽 3시, 무시무시한 천둥 번개 속에서 첫 번째 수색 대대가 강을 건넜다. 30분 후, 돌격대가 장애물 사이로 길을 냈다. 오전 5시, 소련의 능숙한 침투술로 일본의 전방 방어가 엉망이 되었고, 소련군은 전과확대 단계로 들어갔다.[16] 첫날이 끝날 무렵, 전차 여단이 각 사단에 배속되어 만주 안으로 22킬로미터까지 진격하였고, 우회된 일본군 요새는 후속 부대들이 처리하기로 했다.

제5군 사령관인 크릴로프 상장은 무단장에 있는 방면군 사령부를 향해 강화된 전차 여단을 돌진시켰다. 이 도시는 국경에서 60킬로미터 거리에 있었다. 8월 12일 이른 시각, 일본 제135 보병 사단은 맹렬한 반격을 가해 이 진격을 멈추어 세웠다. 몇 시간 후 크릴로프는 2개 소총병 사단을 불러들이고, 30분간의 준비 포격을 가한 뒤 서둘러 공격하여 일본군 수비대를 격파했다. 8월 13일에는 다른 4개의 소총병 사단이 각각 1개 전차 여단의 지원을 받으며 무단장 가까이로 진격해 갔다. 이틀 동안 일본군 5개 연대가 무단장에서 격렬한 시가전을 벌였는데, 이 중 1개 연대는 최후의 1인까지 완전히 사라져 괴멸되었다.

소련군이 이 과정에서 손해를 입지 않은 것은 아니었다. 전역의 첫 사흘 동안,

동부 만주 벨로보로도프의 제1 적기군(赤旗軍)의 선견대인 제257 전차 여단은 편제 정수인 65대에서 19대로 줄어 있었다. 하지만 진공은 계속되었다.[17] 선견대가 수비대에게 정지당하면 본대 사령부는 다른 선견대를 조직하여 저항을 우회했다. 모든 곳에서 경험 많은 소련 지휘관들은 기동과 독창력을 발휘하여, 아직도 판에 박힌 전술을 사용하는 일본군을 넋 나가게 하였다. 일본군은 소련군을 〈어수룩한〉 적이라 생각하고 있었는데, 그들의 판에 박힌 전술은 바로 소련군이 1930년대에나 썼던 것이었다(사실 소련군에 대한 선입견은 독일군의 보고 때문에 더 심해져 있었다).

일본은 소련의 참전이 없었어도 틀림없이 항복했겠지만, 소련군이 일본군의 격렬한 저항에도 불구하고 엄청난 성과를 거둔 것은 태평양 전쟁에 큰 공헌을 한 것이었다. 이 전역을 통해 스탈린은 쿠릴 열도, 남(南)사할린 섬을 얻었고, 그리고 잠시나마 만주와 북한을 지배했다. 하지만 홋카이도를 차지하려는 계획은 좌절되었다. 8월 22일, 다음 날로 계획되어 있던 홋카이도에 대한 공수 및 상륙 작전은 취소되었다.[18] 이렇게 해서 일본은 전후 분할된 독일이 겪었던 시련을 피할 수 있었다.

기여와 그 대가

1944년에 있었던 노르망디 상륙 작전 50주년 기념일에 미국의 어느 잡지는 표지에 아이젠하워 장군의 사진을 게재했는데, 거기에는 아이젠하워가 히틀러를 패배시킨 장본인이라고 적혀 있었다. 그런 명칭은 사실 아이젠하워가 아니라 주코프, 바실렙스키, 그리고 아마도 스탈린에게 더 어울릴 것이다. 좀 더 일반화하면, 1941년에서 1945년까지 독일에 대항한 소련군과 다민족인 소련 인민들이 전투에서 가장 큰 몫을 해냈다. 일본으로부터의 공격에 1931년부터 계속 시달려 온 중국 정도가 소련의 시련과 노력의 정도에 견줄 만하다. 그러나 군사적으로 보자면 중국의 기여는 소련에 비해 별반 중요하지 않았다. 소련은 독일군의 거의 절반과 계속 전투했었다.

1941년 6~12월까지, 오직 영국만이 소련과 함께 독일에 대항한 전쟁으로 시련을 겪고 있었다. 3,000,000명이 넘는 독일군이 동부 전선에서 싸웠고, 나머지 전투의 수행, 유럽의 점령 유지, 휴양 등을 하고 있는 독일군은 1,000,000명이 되지 않았다. 1941년 12월에서 1942년 11월까지, 양측을 합하여 9,000,000명의 병력이 동부 전선에서 격전을 치를 때, 서부 전역에서는 북아프리카에서만 중요한 지상전이 있었다. 상대적으로 적은 수의 영국군이 롬멜의 아프리카 군단과 이탈리아 동맹군을 상대하고 있었다. 1942년 11월, 영국은 엘 알라메인El Alamain에서의 승리를 축하했다. 그들은 4개의 독일군 사단과 규모가 좀 더 큰 이탈리아군을 패배시켰고, 추축군은 60,000명의 손실을 입었다. 같은 달, 스탈린그라드에서는 소련이 독일 제6군을 포위하고 제4 기갑군에 타격을 주었다. 또한 루마니아 제3군과 제4군을 격파하여 50개가 넘는 사단을 추축군 전투 서열에서 지워 버렸고, 300,000명 이상의 손실을 입혔다. 1943년 5월, 서방 연합군은 북아프리카를 가로질러 롬멜의 아프리카 군단을 추격하여 튀니지에 다다랐고, 격전 끝에 독일-이탈리아군 250,000명이 항복했다. 한편 동부 전선에서는 독일 제2군이 크게 손상되었고, 이탈리아 제8군과 헝가리 제2군이 사실상 와해되었으며, 추축군은 튀니지에서보다 더 많은 손실을 입었다.

1943년 7월, 독일군과 소련군 2,000,000명이 쿠르스크에서, 그리고 나중에는 5,000,000명이 스몰렌스크에서 흑해 연안에 이르는 600킬로미터의 전선에서 싸우는 동안, 서방 연합군은 시칠리아에 상륙해서 60,000명의 독일군을 몰아냈다. 서방 연합군은 8월에 이탈리아 본토에 상륙했다. 그해 10월, 2,500,000명의 독일군이 6,600,000명의 소련군과 대치하는 동안 이탈리아 전선은 로마 남쪽에서 고착되었는데, 독일군의 수가 많기는 하지만 그래도 동부 전선에 비하면 훨씬 적은 수로 연합군의 진격을 저지했다(동부 전선의 병력 비율은 부록의 표 C 참조).

1943년 10월 1일, 독일 국방군의 63퍼센트인 2,565,000명이 동부 전선에 참여하고 있었고, 무장 친위대 300,000명의 대부분도 동부 전선에 있었다. 1944년 6월 1일, 독일 육군의 사단 급 제대 가운데 239개(62퍼센트)가 동부 전선에서 전투 중이었다. 이탈리아 전선이 1944년 6월까지 고착 상태인 동안, 독일군은 서부 유럽 주둔군을 예비대쯤으로 생각했다.[19] 1944년 8월에 제2전선이 형성되었을 때, 2,100,000명의 독일군이 동부 전선에서 전투하고 있었고, 1,000,000명이 프랑스에서 서방 연합군에 대항하고 있었다.

인명 손실이 이러한 현실을 분명히 보여 준다(부록의 표 E 참조). 1939년 9월~1942년 9월, 독일군의 전사, 행방불명, 부상자(더 이상 전투를 수행할 수 없는 부상자)는 모두 922,000명(전체 병력의 14퍼센트)이었는데, 그중 대부분은 동부 전선에서의 전투 때문에 발생했다. 1942년 9월 1일에서 1943년 10월 20일 사이에 이 숫자는 전체 병력의 30퍼센트인 2,077,000명으로 증가했는데, 역시 대부분은 동부 전선에서 발생했다. 1944년 6~11월 사이, 즉 제2전선이 형성된 뒤 독일군의 손실(다시 전선으로 복귀하는 부상은 제외)은 1,457,000명인데, 이 중 903,000명(62퍼센트)는 동부 전선에서 발생했다.[20] 마지막으로, 독일군은 서방 연합군을 상대로 한 벌지 전투에서 120,000명을 잃은 뒤 2,000,000명을 더 잃었는데, 이 중 3분의 2는 1945년 1월 1일~4월 30일 사이 소련군에 의해서였다.

독일군의 1945년 4월 30일까지의 전체 손실은 11,135,500명이고, 이 중 부상자는 6,035,000명이다. 이 가운데 거의 9,000,000명의 인명 손실이 동부 전선에서 발생했다. 전쟁이 끝날 때까지 독일군의 인명 손실은 13,488,000명(동원된 병력의 75퍼센트, 1939년 남성 인구의 46퍼센트)이었는데, 이 중 10,758,000명이 동부 전선에서였다.[21] 오늘날 독일 묘지의 셀 수 없이 많은 묘석에 새겨진 〈동부 전선에서 전사〉라는 삭막한 글귀는, 독일 국방군의 의지와 힘이 사멸해 간 동부 전선에서의 대량 인명 손실을 말없이 대변해 주고 있다.

소련은 독소 전쟁 이후로 1944년 6월까지 실질적인 제2전선이 없었던 것에 대해 가차 없이 불만을 토로했고, 이 일은 전후 냉전 시대에 이르기까지 서방 연합군을 의심하게 되는 이유 중의 하나가 되었다. 그러나 서방 연합군이 1944년까지 제2전선의 형성을 미룬 것은 정당한 이유가 있었다. 사실 독일에 대한 승리에 있어서 서방 연합군의 기여는 대단한 것이었다. 미군이 1942년 12월에 카세린 고개에서 겪은 완패나 1942년 8월 19일에 캐나다-영국군의 디에프 상륙에서 볼 수 있듯이, 서방 연합군은 1943년에 프랑스에서 작전을 펼칠 준비가 되어 있지 않았을 뿐만 아니라, 상륙정들이 충분했다 하더라도 사정은 마찬가지였을 텐데 그나마 상륙정의 수도 충분하지 않았다. 1944년이 되어서도, 서방 연합군은 노르망디에서 겨우 작전에 성공했고, 부분적으로 독일군이 상황 판단을 잘못하거나 실수를 저지른 것 때문에 가능하기도 했다. 8월이 되어 일단 노르망디 교두보에서 돌파가 개시되자, 프랑스에 있는 2,000,000명의 서방 연합군이 독일 수비대 약 1,000,000명에게 심대한 손해를 입혔다. 팔레즈에서 100,000명, 1944년 12월까지 대략 400,000명이었다. 이후 벌지 전투(1944년 12월 16일~1945년 1월 31일)에서 독일군은 다시 120,000명을 잃었다.[22] 서부 전선에서의 이 같은 손실에 더해 같은 기간 동부 전선에서 1,200,000명의 손실을 입자 독일군은 회생 불능의 타격을 입었고, 1945년 독일의 궁극적인 파멸의 배경이 되었다.

지상 부대의 기여에 더해, 서방 연합군은 독일에 대한 전략 폭격 작전을 수행하여(소련은 이런 작전을 할 수단을 갖고 있지 않았다), 1944년에는 독일의 작전-전술 항공력의 대부분을 흡수하였다. 전략 폭격은 독일 공업에 심한 타격을 주어 독일 시민들의 복지 수준과 사기를 떨어뜨렸으며, 폭격의 소용돌이 속에서 독일 전투기 부대의 상당 부분을 파괴하였는데, 이 전투기 부대들은 이전에 동부 전선의 지상 지원에 효과적이었다. 항공 전력이 전쟁의 승패를 결정짓는 무기가 되지 못하고, 독일 공업력과 무기 생산은 1944년 말에 오히려 정점에 달했지만, 항공 작전은 독일의 전쟁 수행 능력에 커다란 걸림돌이 되었다.

독일에게 있어 또 다른 재앙은, 전술 전투기 부대를 전략 폭격기 부대와의 전투에 동원하고, 뒤이어 1944년 프랑스에서의 전투에 투입하면서 거의 상실하였다는 것이다. 이 손실이 너무 커서 1944년 중반 이후 독일 공군은 동부 전선에서 중요한 역할을 하지 못했다.

서방 연합군의 또 다른 기여는 다소 논란이 있는, 무기 대여법에 의해 소련에 물자를 제공한 것이었다. 소련 측 기록은 소련의 전쟁 수행에 있어 서방 연합군의 물자 제공의 중요성을 무시해 왔지만, 이 지원의 중요성은 축소될 수 없다.[23] 무기 대여법에 의한 지원이 1941~1942년에는 승패를 결정지을 수 있을 만큼 충분한 양이 아니었다. 이 시기의 성과는 소련 인민과 스탈린, 주코프, 샤포시니코프, 바실렙스키, 그리고 그들의 부하들이 일구어 낸 것이라고 보아야 한다. 하지만 전쟁이 계속되면서 미국과 영국은 소련이 필요한 엄청난 양의 무기와 전략적 원자재를 제공하였다. 무상 제공된 식량, 의류, 원자재(특히 금속류)들이 없었다면 소련의 경제는 전쟁으로 엄청난 부담을 짊어졌을 것이다. 가장 직접적인 것은 아마도 트럭,

기관차, 화차들일 것이다. 이 수송 수단이 없었다면 소련의 모든 공세는 초기 단계에서 멈추었을 것이고, 수일 만에 보급품이 바닥났을 것이다. 이렇게 되었다면 독일군이 적어도 몇몇 포위진에서 탈출하는 일이 가능했을 것이다. 소련군이 동일한 거리를 진격하기 위해서 훨씬 신중한 돌파 작전을 준비하고 실시해야 했을 테니 말이다. 서방 연합군의 도움이 없었다면, 스탈린과 지휘관들이 독일군을 섬멸하는 데 아마 12~18개월은 더 걸렸을 것이다. 그래도 결과는 어차피 같았을 것이고, 차이가 있다면 소련군이 프랑스의 대서양 해안가를 걸어 다녔을 것이라는 정도이다. 결론적으로 보자면, 연합군이 흘린 피의 대부분이 소련군의 것이었고, 서방 연합군의 지원이 없었다면 더 많은 피를 더 오래 흘렸을 것이다.

부록의 표 A에 나타난 것과 같이, 독소 전쟁으로 소련은 적어도 29,000,000명의 군 인명 손실을 입었다. 정확한 수치는 앞으로도 알 수 없을 것인데, 일부 수정주의자들은 50,000,000명으로까지 높여 잡기도 한다. 집계되지 않은 수백, 수천만 명의 민간인들이 죽어 갔고, 전쟁 기간 동안 소련의 인구 변화는 파국적이었다. 수백만 명의 소련군과 민간인들이 독일의 수용소와 그들을 노예처럼 부리는 공장에서 죽어 갔다. 수백만 명은 영구적인 육체적 또는 정신적 상처를 입었다.

경제적인 혼란도 심각했다. 소련이 생산 시설을 소련 깊숙이, 심지어 우랄 산맥의 동쪽까지 옮겨가 우랄 지역과 시베리아에 새로운 공업 기반을 구축하는 굉장한 위업을 달성한 것은 사실이었지만, 서부 러시아와 우크라이나의 자원과 생산 시설을 상실한 것은 재난이었다. 돈바스, 레닌그라드, 키예프, 하리코프, 기타 지역의 중공업이 소련의 중요한 천연자원 매장지와 주요 곡창 지대와 함께 독일의 관할로 들어가 버렸다. 물론 독일군이 미국의 동부 해안에서 미시시피 강까지 가서 동부의 대평원을 점령했다면 미국의 경제와 군사적 능력도 비슷한 타격을 입었을 것이다. 이러한 사실이 무기 대여법에 의한 무기와 물자 제공의 중요성을 다시 한 번 인식시켜 주고, 〈빌리스〉, 〈스투다베커〉, 〈스팸Spam〉과 같은 단어가 왜 중년이나 노년의 소련인들에게 친숙한지를 설명해 준다.

제1차 세계 대전, 내전, 강제적인 집단 농장화와 산업화, 1930년대의 대숙청보다도 전쟁으로 인한 인명 손실과 경제적 타격으로 전후 수십 년간 소련의 인구 구조와 경제가 약화된 상태로 있게 되었다. 〈누구도 잊지 않을 것이고, 어떤 것도 잊

히지 않을 것이다〉라는 소련의 반복되는 선전 문구에 잘 나타나듯이, 소련인의 〈다시는 안 된다〉라는 식의 태도가 국가 안보에 대한 광적인 염려를 불러일으켰고, 궁극적으로는 소련의 파산과 파멸로 이어졌다.

소련군과 독일군

대부분의 역사가들은 소련의 희생과 성취의 범위를 인정해 왔지만, 독일군과 소련군이 어떻게 싸웠느냐 하는 것에 대해서는 고정관념을 가지고 있다. 소련 육군은 독창성 없이 독일군을 그대로 따라하지 않고 편제, 전술, 지휘 등에서 러시아의 전통을 따라갔지만, 보다 능숙한 적에게서 배운 것들이 분명히 있었다. 전쟁 기간 동안 소련군은 기존의 풍부한 이론적 바탕에서, 이론가들이 1930년대에 이미 내놓았지만 현실화되지 못했던 구상들을 구체화하였다. 필요에 의해 교육에 힘을 쏟았는데, 그 대가는 컸다. 좀 이상한 상호성인데, 전쟁이 계속되면서 독일 육군은 1941년의 적군을 닮아 갔고, 소련군은 전격전의 진수에 점점 가까워졌다. 소련군의 〈종심 작전〉이 그것이었다.

1941년에 독일군은 예의 임무형 전술Auftragstaktik에 입각하여 모든 지휘관이 상급자의 전체적인 개념을 이해하고, 유연하며 중앙 통제적이지 않은 방법으로 협조하여, 개개인의 독창성이 발휘될 공간을 크게 마련해 두고 있었다. 독일 육군 부대들, 특히 기갑 부대가 상황의 요구에 따라 재편성되고, 적의 저항 거점을 우회하며, 적 후방 깊숙이 침투를 계속한다는 것은 이미 잘 알려져 있었다. 나치에 의한 인종 차별이 만연되어 있었지만, 독일 지휘관들은, 적어도 최고위급 직업 군인들은 자신들이 국가의 충복이며 민족 사회주의당과 그 이데올로기와는 관련이 없다고 생각했다. 1941~1942년에 독일 국방군에 문제가 있었다면, 그것은 병참이었다. 대 소련전의 범위는 아마 시작 때부터 독일군의 능력을 벗어난 것이었고, 개전 초기 독일 공세는 소련의 저항 때문이라기보다 보급품의 부족으로 정지되곤 했다.

이와 반대로 1941~1942년에 소련군은 스탈린 독재의 희생물이었다. 군대는 훈련과 장비가 부족했다. 소련군은 이전의 발달된 작전적-전술적 전통과 개념을 포기했고, 새로운 전술을 주창하던 이들은 대숙청으로 제거되었으며, 장교단은 숙청으로 축소되고 사기도 꺾였다. 독일이 침공했을 때 소련군은 전환기였고, 일관된 조직 체계나 유효한 무기를 제대로 갖추지 못했다. 지휘관들은 지형적 고려나 적정(敵情) 파악을 무시했고, 병력을 담당 전선에 걸쳐 고르게 포진시켰으며, 가장 기본적인 보병과 포병 간의 협조도 실시하지 않았다. 비양심적인 정치 장교들은 전술 지휘관들을 비판하였고, 이들은 불운한 경우 즉결 처형당했다.

스탈린은 1941년의 재난에 아연실색하여 몇 안 되는 능력 있는 장군들조차 믿지 않고 스스로 전쟁을 지휘하려 했다. 스탈린의 완고함은 모스크바, 레닌그라드, 스탈린그라드에서처럼 종종 도움이 되기도 했다. 그러나 국경에서 반격하라는 명령, 1941년의 키예프 사수 명령, 1942년 5월 공세 등은 군사적 상황을 완전히 오해한 결과였다. 1941~1942년과 1942~1943년 겨울, 소련이 동계 공세에서 제한적인 승리를 거두었을 때에도 스탈린이 지나치게 야심적이 되어 여러 차례의 신중한 공격이 아닌, 한 차례의 맹진으로 전쟁을 끝내 보려 하였다.

1942년 말 이후로 독일군은 눈에 띄던 이점들을 계속 잃어 가고, 거꾸로 적군의 단점을 하나 둘 닮아 갔다. 지속적인 인명 손실로 훈련의 정도와 전술적 능숙도가 하락했다. 장비는 닳아 빠졌고, 독일 경제는 이전의 기술적 우위를 유지하기 위해 충분한 양의 좋은 무기를 공급할 수 없었다. 통솔력에 있어서도 히틀러는 점점 1941년의 스탈린을 닮아 갔다. 소련의 첫 겨울 공세 때 퇴각을 엄금한 것이 옳았던 이후, 히틀러는 공세이건 수세이건 작전에 자꾸 개입하였다. 히틀러의 간섭은 독일의 패배가 히틀러 때문이라는 식으로 과장되기도 하지만, 독일군이 그동안 성공할 수 있었던 요인인 유연성과 부하들의 독창성을 잃어 가고 있었던 것도 사실이었다. 몇몇 뛰어난 지휘관들에게는 1945년까지도 스스로 결정을 내리는 것이 용인되었다. 그러나 실패할 경우에는 곧바로, 이동을 허가해 달라는 요구조차 하기 꺼리는 소심한 지휘관으로 교체되었다. 나치의 정치 위원 격인 지휘 장교가 각 사령부에 등장하자, 어떤 이유에서건 패배한 지휘관은 목숨을 유지했다는 것만으로도 행운이라 여길 상황이 벌어졌다. 이렇다 보니 독일 사병의 주된 동기는 단순한 생존이 되었다. 전술적 수준에서 보자면 오직 나치에 광신적인 사병만이 최종적인 승리를 확신할 뿐, 모든 독일군 사병들은 비인간적일 것 같은 적에게 항복하고 싶지는 않았다.

　소련군은 전쟁 전의 개념으로 회귀하는 과정에서 능력 있는 지휘관, 조직, 무기, 전술들을 힘겹게 개발하였다. 독소 전쟁 제2기인 1942년 말부터 1943년까지, 육군은 전설이 되어 버린 전격전을 막아 냈을 뿐만 아니라 모든 기후와 지형에서 공세를 펼칠 수 있는 능력을 갖춘 군대로 거듭났다. 압도적인 수적 우세로 밀고 오는 소련군에 대해 기록한 독일 측 문서들을 보면, 실제로 소련이 얼마나 적을 잘 기만하고, 적이 예기치 않은 곳의 좁은 면에 모든 가용한 병력을 잘 집중시키는가를 보여 준다. 결과적으로 소련군은 마지막 2년간 보여 준 압도적 수적 우위를 바탕으로 독일군을 무너뜨릴 수 있었다. 하지만 소련의 인적 자원은 무한정이 아니었고, 소련 지휘관들은 가능한 한 대가가 너무 큰 정면 공격을 점점 피하려고 하였다.[24]

　물론 소련군 지휘관들은 베를린 전투 때까지도 값비싼 실수를 연방 저질렀지만, 장교단은 점차적으로 능력을 갖추어 신뢰할 수 있는 집단이 되어 갔다. 공산주의 이데올로기는 상당 부분 애국심과 하루하루의 전투에 자리를 내주고 밀려났다. 정치 장교들의 임무는 사기 진작과 선전으로 국한되었으며, 스탈린 자신도 장군들을 직업적 전문가로서 신뢰하기 시작했다. 무소불위이던 〈스타브카 대리〉의 권한을 개개 전선군이나 몇 개의 전선군을 조율하는 사령부가 나누어 가지면서, 마침내 지휘 체계에 있어서 권한이 분산되었다. 1945년의 마지막 몇몇 전역에서 스탈린이 자신의 정치적 위상 재고를 위해 스스로를 야전 사령관으로 집어넣기도 했지만, 이것도 휘하 장교들에 대한 신뢰의 표시였다. 중요한 정치적, 전략적, 작전적 결정을 제외하고, 스탈린은 각 전역이나 작전의 수행을 개개 전선군의 사령관과 그 참모들에게 맡길 수 있었고, 실제로 그렇게 했다. 스탈린은 소련군을 소련군이 전쟁을 종결지을 수 있도록 그들을 충분히 신뢰하였다. 자신의 위신이 훌륭하고 능력 있는 휘하 장군들에 의해 올라갈 것이기 때문이었다.

　이 부하들은 대규모 기계화전을 수행함에 있어 자신들만의 과정과 기술을 개발했다. 1944년, 소련군은 공세에 앞서서 지정된 돌파 지점에 병력을 집중시키기 위한 치밀한 계획과 기만술을 펼쳤다. 공격은 수색 대대들로부터 시작되었다. 수색 대대들은 독일 방어진으로 침투한 중요 거점을 점령하여 다른 방어 거점들이 유지되기 어렵도록 만들었다. 침투가 있은 뒤에는 잘 조율된 엄청난 양의 항공 공격과 포격이 있었다. 포격의 회오리가 최전방 방어선에서 독일군 후방 지역으로 넘어가면, 보병, 중전차, 공병들이 나머지 저항 거점을 제거하기 위해 통상적인 돌격을 개시했다. 소련 고급 지휘관들은 가능하면 빨리 벌어진 틈으로 자신들의 기동 부대를 투입했다. 전차군과 독립 기동 군단들은 경험 있는 장군들이 지휘하는 대규모 부대였지만, 이들의 전술적 성공은 선견대를 지휘하는 젊은 대위나 소령들에게 달려 있었다. 800~2,000명 정도의 고도의 기동력을 갖춘 제병협동의 선견대는 가능하면 고정 진지에서의 전투를 피하고, 독일군을 우회하여 대형 포위진을 만들거나 다음 공세를 위한 교두보를 확보하였다. 후속의 소총병 군단은 점점 강해지고 있는 소련 공군의 지원을 받으며 포위된 독일군을 섬멸하였고, 그 사이 기동 부대는 전과확대에 나섰다. 이 공세 기간 동안, 후방 지원 부대들은 선단 부대가 적의 방어선 400킬로미터 안쪽으로 들어가 있더라도 보급을 하는 놀라운 대응 기술을 보여 주었다. 독일이 1941~1942년 공세에서 그랬던 것처럼, 후기의 소련군 공격은 적의 활동 때문이 아니라 병참선의 신장으로 인해 중단되곤 하였다.

1941년 6월, 보기에 움직이지도 않을 것 같은 소련군을 불가항력이라고 널리 알려진 독일군이 공격했을 때, 기본적인 물리 법칙 하나가 근본적인 도전을 받게 되었다. 움직이지 않는 물체는 휘고 출혈이 있기는 했지만 부서지지는 않았다. 막대한 자원과 에너지를 소모한 4년간의 전쟁에서 소련은 살아남아 승리했다. 스탈린이 나중에 그 영향을 〈핵 전쟁〉에 비유한 이 전쟁에서, 불가항력인 것 같던 독일군은 완전히 파멸하였다.

전쟁과 소련

소련의 대단히 숙련된 교전 기술에 대한 공로는 스탈린뿐만 아니라 그의 정부 전체에게 되돌아갔다. 공산 정권은 독일의 침공에 대항하며 승리를 일궈 낸 정권으로서 유례없는 정통성을 부여받았다. 정권에 냉담했던 국민들은 침략자에 대한 투쟁에 육체적으로나 감정적으로나 연관되지 않을 수가 없었다. 공산주의자들은 마르크스주의의 순수성보다는 애국심을 강조하여, 자신들과 전체 국가의 생존을 동일시하였다. 이 과정에서 사병들이 공산당이나 콤소몰에 가입하는 것이 매우 쉬워졌고, 공산주의자들이 그렇게까지 두드러지지 않았을지는 몰라도, 군과 전체 국가에 널리 퍼졌다. 전쟁 기간과 그 이후에 거의 모든 소련 국민이 독일군을 몰아낸 일과 1941~1942년의 참혹함을 다시 겪지 말자는 결의로 하나가 되었다.

하지만 전후 소련은 어떤 의미에서 보자면 자신들의 성공에 갇혀 버렸다. 붉은 군대의 규모는 축소되었지만 이들이 소련 정부에서 요직을 점하였고, 전후 모든 소련 지도자들은 소련군의 정치적, 재정적 영향을 제한하고자 노력했다. 소련 경제는 이미 전쟁을 겪으면서 충격을 받았었는데, 다시금 가장 소중한 자원들을 국가 방위를 위해 할당해야 했다.

보다 일반적으로, 독일 침공은 침략받을 것을 두려워하는 러시아의 전통적이고 정당화되어 온 걱정을 강화시킨 셈이 되었다. 대조국 전쟁은 그 결과 주어진 황폐, 고통과 함께 역대 소련 지도자들의 전략적 사고에 덧칠을 했다. 전후 소련 정부는 침공으로부터 소련을 보호하기 위해, 충격 완화의 역할을 하는 위성 국가들을 다루는 정교한 체계를 구축했다. 바르샤바 조약 가입국이 소련의 방위와 경제에 도움을 주었을런지는 몰라도, 반항적인 인민들은 계속해서 소련 정권의 치안에 대한 관념을 위협하였다. 쿠바나 베트남 같은 전초 국가가 서방과의 냉전에 쓸 만한 희생물이었는지는 몰라도, 결국은 소련 경제에 부담만 가중시켰다. 장기적으로 보아 소련 정부는 위성 국가들에게서 얻어 낸 것만큼을 또 잃었을 것이다.

돌이켜 보자면, 승리의 과실을 지키고 미래에 침공받지 않으려는 결심은 소련 정부에 위험한 짐이 되었다. 이 결단은 막대한 군사 지출과 잘못된 방향의 대외 정책과 함께 소련 경제를 파멸로 내몬 장본인이었고, 소련이라는 국가도 결국 그렇게 되었다.

통계 자료

A ｜ 소련군 인명 손실(1941년 6월 22일~1945년 5월 9일)
B ｜ 소련군 병력과 인명 피해 및 장비 손실(1941년 6월 22일~1945년 5월 9일)
C ｜ 동부 전선 양군 전력 비교(1941~1945년)
D ｜ 소련의 무기 생산량(1941~1945년)
E ｜ 제2차 세계 대전 당시 독일 국방군 인명 손실(1939~1945년)

표 A. 소련군 인명 손실(1941년 6월 22일~1945년 5월 9일)*

시기	소련군 인명 손실			
	평균 전력(월별)	사망/실종	부상/질병	합계
1941년 제3분기	3,334,000	2,067,081	676,964	2,744,765
1941년 제4분기	2,818,500	926,002	637,327	1,563,329
연간 합계	3,024,900	2,993,803	1,314,291	4,308,094
1942년 제1분기	4,186,000	619,167	1,172,274	1,791,441
1942년 제2분기	5,060,300	776,578	702,150	1,478,728
1942년 제3분기	5,664,600	1,141,991	1,276,810	2,418,801
1942년 제4분기	6,343,600	455,800	936,031	1,391,831
연간 합계	5,313,600	2,993,536	4,087,265	7,080,801
1943년 제1분기	5,892,800	656,403	1,421,140	2,077,543
1943년 제2분기	6,459,800	125,172	471,724	596,896
1943년 제3분기	6,816,800	694,465	2,053,492	2,747,957
1943년 제4분기	6,387,200	501,087	1,560,164	2,061,251
연간 합계	6,389,200	1,977,127	5,506,520	7,483,647
1944년 제1분기	6,268,600	470,392	1,565,431	2,035,823
1944년 제2분기	6,447,000	251,745	956,828	1,208,573
1944년 제3분기	6,714,300	430,432	1,541,965	1,972,397
1944년 제4분기	6,770,100	259,766	1,026,645	1,286,411
연간 합계	6,550,000	1,412,335	5,090,869	6,503,204
1945년 제1분기	6,461,100	468,407	1,582,517	2,050,924
1945년 제2분기	6,135,300	163,226	609,231	772,457
연간 합계	6,330,880	631,633	2,191,748	2,823,381
전시 총합		10,008,434	18,190,693	28,199,127
분류에 따른 총 손실				

완전 손실   명(%)
  전투 중 사망 혹은 후송 중 사망   5,187,190 (17.5)
  후송 후 치료 중 사망   1,100,327 (3.7)
  질병 손실 (비전투 손실)   541,920 (1.8)
  실종 혹은 포로   4,455,620 (15.1)
  합계   11,285,057 (38.1)

군의학적 손실
  부상   15,205,592 (51.3)
  질병   3,047,675 (10.3)
  동상   90,881 (0.3)
  합계   18,344,148 (61.9)

총 손실   29,629,205

* 소련 공군 소속 인명 손실도 포함된 수치이다 — 원주.

표 B. 소련군 병력과 인명 피해 및 장비 손실(1941년 6월 22일~1945년 5월 9일)

작전기	병력	인명 피해				장비 손실		
		전사 혹은 실종	부상자	합계	전차와 자주포	야포	항공기
		독소 전쟁 제1기(1941년 6월 22일~1942년 11월 8일)						
발트 방어 작전기 (1941년 6월 22일~9월 7일)	498,000	75,202	13,284	88,486	2,523	3,561	990
벨로루시 방어 작전기 (1941년 6월 22일~9월 7일)	627,3000	341,073	76,717	417,790	4,799	9,427	1,777
우크라이나 방어 작전기 (1941년 6월 22일~7월 6일)	864,600	172,323	69,271	241,594	4,381	5,806	1,218
북부 방어 작전기 (1941년 6월 29일~10월 10일)	358,390	67,265	68,448	135,713	546	540	64
키예프 방어 작전기 (1941년 7월 7일~9월 26일)	627,000	616,304	84,240	700,544	411	28,419	343
몰다비아 방어 작전기 (1941년 7월 1~26일)	364,700	8,519	9,374	17,893			
레닌그라드 방어 작전기 (1941년 7월 10일~9월 30일)	517,000	214,078	130,848	344,926	1,492	9,885	1,702
오데사 방어 작전기 (1941년 8월 5일~10월 16일)	34,500	16,578	24,690	41,268			
스몰렌스크 방어 작전기 (1941년 7월 10일~9월 10일)	581,600	214,078	130,848	344,926	1,348	9,290	903
옐냐 공세 작전기 (1941년 8월 30일~9월 8일)	103,200	10,701	21,152	31,853			

표 B. (계속)

작전기	병력	인명 피해			장비 손실		
		전사 혹은 실종	부상자	합계	전차와 자주포	야포	항공기
돈바스-로스토프 방어 작전기 (1941년 9월 29일~11월 16일)	541,600	143,313	17,263	160,576	101	3,646	240
티흐빈 방어 작전기 (1941년 10월 16일~11월 18일)	135,700	22,743	17,846	40,589			
크림 방어 작전기 (1941년 10월 18일~11월 16일)	235,600	48,438	15,422	63,860			
모스크바 방어 작전기 (1941년 9월 30일~11월 5일)	1,250,000	514,338	143,941	658,279	2,785	3,832	293
티흐빈 공세 작전기 (1941년 11월 10일~12월 30일)	192,950	17,924	30,977	48,901	70	2,293	82
로스토프 공세 작전기 (1941년 11월 17일~12월 2일)	349,000	15,264	17,847	33,111	42	1,017	42
세바스토폴 방어 작전기 (1941년 10월 30일~1942년 7월 4일)	52,000	156,800	43,601	200,481			
모스크바 공세 작전기 (1941년 12월 5일~1942년 1월 7일)	1,021,700	139,586	231,369	370,955	429	13,350	140
케르치-페오도시 공세 작전기 (1941년 12월 25일~1942년 1월 2일)	82,500	32,453	9,482	41,935	35	133	39
류반 공세 작전기 (1942년 1월 7일~4월 30일)	325,700	95,064	213,303	308,367			
데먄스크 공세 작전기 (1942년 1월 7일~5월 20일)	105,700	88,908	156,603	245,511			
볼호프 공세 작전기 (1942년 1월 8일~4월 20일)	317,000	21,319	39,807	61,126			

작전명					
르제프-뱌지마 공세 작전기 (1942년 1월 8일~4월 20일)	1,059,200	272,320	504,569	776,889	957	7,296	550
토로페츠-홀름 공세 작전기 (1942년 1월 9일~2월 6일)	122,100	10,400	18,810	29,210			
바르벤코보-로조바야 공세 작전기 (1942년 1월 18~31일)	204,000	11,095	29,786	40,881			
케르치 방어 작전기 (1942년 5월 8~19일)	249,800	162,282	14,284	176,566			
하리코프 공세 작전기 (1942년 5월 12~29일)	765,300	170,958	106,232	277,190			
류반 구원 작전 (1942년 5월 13일~7월 10일)	231,900	54,774	39,977	94,751			
보로네시-보로시 방어 작전기 (1942년 6월 28일~7월 24일)	1,310,800	370,522	197,825	568,347	2,436	13,716	783
스탈린그라드 방어 작전기 (1942년 7월 17일~11월 18일)	547,000	323,856	319,986	643,842	1,426	12,137	2,063
북캅카스 방어 작전기 (1942년 7월 25일~12월 31일)	603,200	192,791	181,120	373,911	990	5,049	644
르제프-시쳬카 공세 작전기 (1942년 7월 30일~8월 23일)	345,100	51,482	142,201	193,683			
시냐빈스크 작전기 (1942년 8월 19일~10월 10일)	190,000	40,085	73,589	113,674			
독소 전쟁 제2기(1942년 11월 19일~1943년 12월 31일)							
스탈린그라드 공세 작전기 (1942년 11월 19일~1943년 2월 2일)	1,143,500	154,885	330,892	485,777	2,915	3,591	706

표 B. (계속)

작전기	병력	인명 피해			장비 손실		
		전사 혹은 실종	부상자	합계	전차와 자주포	야포	항공기
르제프-시체프카 공세 작전기 (1942년 11월 24일~12월 16일)	1,400,000	260,000	500,000	760,000	1,847	1,100	120
벨리키예루키 공세 작전기 (1942년 11월 24일~1943년 1월 20일)	86,700	31,674	72,348	104,022			
북캅카스 공세 작전기 (1943년 1월 1일~2월 4일)	1,145,300	69,627	84,912	154,539	220	895	236
레닌그라트 공세 작전기 (1942년 12월~1943년 1월 30일)	302,800	33,940	81,142	115,082	41	417	41
보로네시-하리코프 공세 작전기 (1943년 1월 13일~4월 3일)	502,400	55,475	98,086	53,561	1,023	2,106	307
크라스노다르 공세 작전기 (1943년 2월 9일~5월 24일)	390,000	66,814	173,902	240,176			
데먄스크 공세 작전기 (1943년 2월 15일~2월 28일)	327,600	10,016	23,647	33,663			
르제프-뱌지마 공세 작전기 (1943년 2월~3월 31일)	876,000	38,862	9,715	138,577			
하리코프 방어 작전기 (1943년 3월 25일~4월)	345,900	45,219	41,250	86,569	322	3,185	110
쿠르스크 방어 작전기 (1943년 5월~7월 23일)	1,272,700	70,330	107,517	177,847	1,614	3,929	459
오룔 공세 작전기 (1943년 7월 12일~8월 18일)	1,287,600	112,529	317,361	429,890	2,586	892	1,104
므가 공세 작전기(레닌그라드) (1943년 7월 22일~8월 22일)	253,300	20,890	59,047	79,937			

작전명 (기간)						
벨고로드-하리코프 공세 작전기 (1943년 3월 3일~8월 23일)	1,144,000	71,611	183,955	255,566	1,864	423	153
스몰렌스크 공세 작전기 (1943년 8월 7일~10월 2일)	1,252,600	107,645	343,821	451,466	863	243	303
돈바스 공세 작전기 (1943년 8월 13일~9월 22일)	1,011,900	66,166	207,356	273,522	886	814	327
체르니고프-폴타바 공세 작전기 (1943년 8월 26일~9월 30일)	1,581,300	102,957	324,995	427,952	1,140	916	269
브랸스크 공세 작전기 (1943년 9월 1일~10월 3일)	530,000	13,033	43,624	56,657			
노보로시스크-타만 공세 작전기 (1943년 9월 10일~10월 9일)	317,400	14,564	50,946	65,510	111	70	240
드네프르 하류 공세 작전기 (1943년 9월 26일~10월 20일)	1,506,400	173,201	581,191	754,392	2,639	3,125	430
멜리토폴 공세 작전기 (1943년 9월 26일~11월 5일)	555,300	42,760	155,989	198,749			
네벨-고로도크 공세 작전기 (1943년 10월 6일~12월 31일)	198,000	43,551	125,351	168,902			
자포로제 공세 작전기 (1943년 10월 10일~10월 14일)	150,500	3,443	14,265	17,708			
케르치-엘티겐 공세 작전기 (1943년 10월 31일~12월 11일)	150,000	6,985	20,412	27,397			
키예프 공세 작전기 (1943년 3월~11월 13일)	671,000	6,491	24,078	30,569	271	104	125
고멜-레치차 공세 작전기 (1943년 11월 10~30일)	761,300	21,650	66,556	88,206			
키예프 방어 작전기 (1943년 11월 13일~12월 22일)	730,000	26,443	61,030	87,473			

통계 자료 371

표 B. (계속)

작전기	병력	인명 피해			장비 손실		
		전사 혹은 실종	부상자	합계	전차와 자주포	야포	항공기
		독소 전쟁 제3기 (1944년 1월 1일~1945년 5월 9일)					
우크라이나 우안 공세 작전기 (1943년 12월 24일~1944년 4월 17일)	2,406,100	270,198	839,330	1,109,528	4,666	7,532	676
지토미르-베르디체프 공세 작전기 (1943년 12월 24일~1944년 1월 14일)	831,000	23,163	76,855	100,018			
킬린코비치-모지르 공세 작전기 (1944년 1월 8~30일)	232,600	12,350	43,807	56,157			
코르순-셰첸콥스키 공세 작전기 (1944년 1월 24일~2월 17일)	336,700	24,286	55,902	80,188			
로가체프-즐로빈 공세 작전기 (1944년 2월 21~26일)	232,000	7,164	24,113	31,277			
레닌그라드-노브고로드 공세 작전기 (1944년 1월 14일~4월 1일)	822,100	76,686	237,267	313,953	462	1,832	260
크림 공세 작전기 (1944년 4월 8일~5월 12일)	462,400	17,754	67,065	84,819	171	521	179
비보르크-페트로자봇스크 공세 작전기 (1944년 6월 10일~8월 9일)	451,500	23,674	72,701	96,375	294	489	311
벨로루시 공세 작전기 (1944년 6월 23일~8월 29일)	2,441,600	180,040	590,848	770,888	2,957	2,447	822
리체츠네-드빈스크 공세 작전기 (1944년 7월 10~27일)	391,200	12,880	45,115	57,995			

작전						
프스코프-오스트로프 공세 작전기 (1944년 7월 11~31일)	258,400	7,633	25,951	33,584		
리보프-산도미에시 공세 작전기 (1944년 7월 13일~8월 29일)	1,002,200	65,001	224,295	289,296	1,269	1,832	289
마도나 공세 작전기 (1944년 8월 1~28일)	390,000	14,669	50,737	65,406			
타르투 공세 작전기 (1944년 8월 10일~9월 6일)	272,800	16,292	55,514	71,806			
야시-키시네프 공세 작전기 (1944년 8월 20~29일)	1,314,200	13,197	53,933	67,130	75	108	111
동부 카르파티아 공세 작전기 (1944년 9월 8일~10월 28일)	378,000	28,473	103,437	131,910	478	962	192
발트 공세 작전기 (1944년 9월 14일~11월 24일)	1,546,400	61,468	218,622	280,090	522	2,593	779
베오그라드 공세 작전기 (1944년 9월 28일~10월 20일)	300,000	4,350	14,488	18,838	53	184	66
페차모-키르케네스 공세 작전기 (1944년 10월 7~29일)	133,500	6,084	15,149	21,233	21	40	62
데브레첸 공세 작전기 (1944년 10월 6~28일)	698,200	19,713	64,297	84,010			
굴다프 공세 작전기 (1944년 10월 16~30일)	377,300	16,819	62,708	79,527			
부다페스트 공세 작전기 (1944년 10월 29일~1945년 2월 13일)	719,500	80,026	240,056	320,082	1,766	4,127	293
비슬라-오데르 공세 작전기 (1945년 1월 12일~2월 3일)	2,203,600	43,476	150,705	194,181	1,267	374	343

표 B. (계속)

작전기	병력	인명 피해			장비 손실		
		전사 혹은 실종	부상자	합계	전차와 자주포	야포	항공기
서부 카르파티아 공세 작전기 (1945년 1월 12일~2월 18일)	593,000	19,080	72,852	91,932	359	753	94
동포모이센 공세 작전기 (1945년 1월 13일~4월 25일)	1,669,100	126,464	458,314	584,778	3,525	1,644	1,450
하슐레지엔 공세 작전기 (1945년 2월 8~24일)	980,000	23,577	75,809	99,386			
동부 폼메른 공세 작전기 (1945년 2월 10일~4월 4일)	996,100	55,315	179,045	234,360	1,027	1,005	1,073
발라톤 방어 작전기 (1945년 3월 6~15일)	465,000	8,492	24,407	32,899			
상슐레지엔 공세 작전기 (1945년 3월 15~31일)	408,400	15,876	50,925	66,801			
모라바-오스트라바 공세 작전기 (1945년 3월 10일~5월 5일)	317,300	23,964	88,657	112,621			
빈 공세 작전기 (1945년 3월 16일~4월 15일)	745,600	41,359	136,386	177,745	603	764	614
브라티슬라바-브르노 공세 작전기 (1945년 3월 25일~5월 5일)	272,200	16,933	62,663	79,596			
베를린 공세 작전기 (1945년 4월 16일~5월 8일)	2,062,100	81,116	280,251	361,367	1,997	2,108	917
프라하 공세 작전기 (1945년 5월 6~11일)	2,028,100	11,997	40,501	52,498	373	1,006	80
만주 공세 작전기 (1945년 8월 9일~9월 2일)	1,685,500	12,103	24,550	36,653	78	232	62

표 C. 동부 전선 양군 전력 비교(1941~1945년)

날짜	소련	소련 동맹군	비율	독일	독일 동맹군
1941년 6월 22일	2,680,000 (서부 군관구), 5,500,000 (총 병력), 12,000,000 (동원 가능 병력)		1:1.4	3,050,000 (동부 유럽), 67,000 (북부 노르웨이)	핀란드군 500,000, 루마니아군 150,000 총합 3,767,000
1941년 9월 11일	3,463,000 (일선 병력), 7,400,000 (총 병력)		1:1.16	3,315,000 (동부 전선), 67,000 (북부 노르웨이)	핀란드군 500,000, 루마니아군 150,000 총합 4,022,000
1941년 11월 1일	2,200,000 (일선 병력)		1:1.9	2,800,000 (동부 전선), 67,000 (북부 노르웨이)	핀란드군 500,000, 루마니아군 150,000 총합 3,517,000
1941년 12월 1일	4,197,000 (일선 병력)		1.23:1	2,700,000 (동부 전선), 67,000 (북부 노르웨이)	핀란드군 500,000, 루마니아군 140,000 총합 3,407,000
1942년 3월 7일	4,663,697 (일선 병력), 397,978 (후방 가료 중인 병사), 9,597,802 (총 병력)		1.34:1	2,500,000 (동부 전선), 80,000 (북부 노르웨이)	핀란드군 450,000, 루마니아군 140,000, 헝가리군, 이탈리아군 300,000 총합 3,470,000

표 C. (계속)

날짜	소련	소련 동맹군	비율	독일	독일 동맹군
1942년 5월 5일	5,449,898(일선 병력), 414,400(주방 기료 중인 병사), 8,950,000(총 병력)		1.52:1	2,550,000(동부 전선), 80,000(북부 노르웨이)	핀란드군 450,000, 루마니아군, 헝가리군, 이탈리아군 500,000 총합 3,580,000
1942년 6월 7일	5,313,000(일선 병력), 383,000(주방 기료 중인 병사), 9,350,000(총 병력)		1.42:1	2,600,000(동부 전선), 90,000(북부 노르웨이)	핀란드군 430,000, 루마니아군, 헝가리군, 이탈리아군 600,000 총합 3,720,000
1942년 7월 5일	5,647,000(일선 병력), 298,480(주방 기료 중인 병사), 9,205,000(총 병력)		1.50:1	2,600,000(동부 전선), 90,000(북부 노르웨이)	핀란드군 430,000, 루마니아군, 헝가리군, 이탈리아군 620,000 총합 3,740,000
1942년 8월 6일	5,772,000(일선 병력), 301,960(주방 기료 중인 병사), 9,332,000(총 병력)		1.58:1	2,500,000(동부 전선), 100,000(북부 노르웨이)	핀란드군 400,000, 루마니아군, 헝가리군, 이탈리아군 650,000 총합 3,650,000
1942년 10월 7일	5,912,000(일선 병력), 476,670(주방 기료 중인 병사), 9,254,000(총 병력)		1.62:1	2,490,000(동부 전선), 100,000(북부 노르웨이)	핀란드군 400,000, 루마니아군, 헝가리군, 이탈리아군 648,000 총합 3,638,000

1942년 11월 1일	6,124,000 (일선 병력), 9,300,000 (주정된 총 병력)	1.74:1	2,400,000 (동부 전선), 100,000 (북부 노르웨이)	핀란드군 400,000, 루마니아군, 헝가리군, 이탈리아군 600,000 총합 3,500,000
1943년 2월 3일	6,101,000 (일선 병력), 659,000 (후방 가료 중인 병사), 9,455,000 (총 병력)	2.03:1	2,200,000 (동부 전선), 100,000 (북부 노르웨이)	핀란드군 400,000, 루마니아군, 헝가리군, 이탈리아군 300,000 총합 3,000,000
1943년 4월 3일	5,792,000 (일선 병력), 674,000 (후방 가료 중인 병사), 9,486,000 (총 병력)	1.68:1	2,732,000 (동부 전선), 100,000 (북부 노르웨이)	핀란드군 400,000, 루마니아군, 헝가리군 200,000 총합 3,432,000
1943년 7월 9일 (독일 측 통계는 7월 20일 자 보고서의 내용이지만, 그 내용은 쿠르스크 전투 이전의 것으로 추정된다.)	6,724,000 (일선 병력), 446,445 (후방 가료 중인 병사), 10,300,000 (총 병력)	1.71:1	3,403,000 (동부 전선), 80,000 (북부 노르웨이)	핀란드군 400,000, 루마니아군, 헝가리군 150,000 총합 3,933,000
1943년 7월 27일	6,903,000 (일선 병력), 354,500 (후방 가료 중인 병사), 10,547,000 (총 병력)	1.86:1	3,064,000 (동부 전선), 80,000 (북부 노르웨이)	핀란드군 400,000, 헝가리군 150,000 총합 3,694,000
1943년 10월 14일	6,600,000 (주정 일선 병력), 10,200,000 (주정된 총 병력) — 1994년 1월 1일에 6,165,000	2.15:1	2,498,000 (동부 전선), 70,000 (북부 노르웨이)	핀란드군 350,000, 루마니아군, 헝가리군 150,000 총합 3,068,000

표 C. (계속)

날짜	소련	소련 동맹군	비율	독일	독일 동맹군
1944년 3월 12일 (독일 측 통계는 1944년 4월 1일자 보고서의 내용이다.)	6,394,000(일선 병력). 727,000(후방 가료 중인 병사), 9,980,000(총 병력)		2.20:1	2,336,000(동부 전선), 70,000(북부 노르웨이)	핀란드군 300,000, 루마니아군, 헝가리군 198,000 총합 2,904,000
1944년 5월 1일	6,425,000(6월 23일)		1.91:1	2,460,000(동부 전선), 60,000(북부 노르웨이)	핀란드군 300,000, 루마니아군, 헝가리군 550,000 총합 3,370,000
1944년 7월 1일	6,800,000 (추정 일선 병력)		2.17:1	1,996,000(동부 전선), 60,000(북부 노르웨이)	핀란드군 200,000, 루마니아군, 헝가리군 774,000 총합 3,130,000
1944년 9월 1일	6,600,000 (추정 일선 병력)	폴란드군, 체코군 100,000	2.64:1	2,042,000(동부 전선), 50,000(북부 노르웨이)	핀란드군 180,000, 헝가리군 271,000 총합 2,542,000
1944년 10월 1일	6,600,000 (추정 일선 병력)	폴란드군, 루마니아군, 체코군 210,000	3.22:1	1,790,138	헝가리군 320,000 총합 2,110,000
1944년 11월 1일	6,500,000 (추정 일선 병력)	폴란드군, 루마니아군, 체코군 210,000	3.02:1	2,030,000	헝가리군 190,000 총합 2,220,000

1945년 1월 1일	6,532,000	폴란드군, 루마니아군, 불가리아군, 체코군 360,000	2.96:1	2,230,000	헝가리군 100,000 총합 2,330,000
1945년 3월 1일	6,332,000	폴란드군, 루마니아군, 불가리아군, 체코군 450,000	3.22:1	2,000,000	헝가리군 100,000 총합 2,100,000
1945년 4월 1일	6,410,000	폴란드군, 루마니아군, 불가리아군, 체코군 450,000	3.50:1	1,960,000	총합 1,960,000
1945년 5월 8일	5,700,000	폴란드군, 루마니아군, 불가리아군, 체코군 450,000	4.10:1	1,510,000	총합 1,510,000

독일 측 자료 출처:
Earl F. Ziemke, *From Stalingrad to Berlin: The German Defeat in the East*(Washington, D. C.: U. S. Army Center of Military History, 1968), p. 9, p. 18~19, p. 144, p. 412~413, p. 457, p. 498.
Fremde Heere Ost comparative strength reports for 1-4, p. 43; 20-7, p. 43; 14-10, p. 43; 1-5, p. 44; 1-6, p. 44; 1-8, p. 44; 1-9, p. 44; 1-11, p.44.

소련 측 자료 출처:
G. F. Krivosheev, *Grif sekretnosti sniat: Poteri vooruzhennykh sil SSSR v voinakh, boevykh deistviiakh, i voennykh konfliktakh*(Moscow: Voenizdat, 1993), pp. 152~153.
Voennoe iskusstva vo vtoroi mirovoi voine(Moscow: Voenizdat, 1973), p. 171.
TsPA UML (공산당 마르크스/레닌주의 연구소의 중앙 문서 보관소)에는 다음과 같은 자료들이 포함되어 있다.
State Committee of Defense(GKO) Decree of 11. 9. 41 (f. 644, op. 1, d. 9).
GKO Decree of 7. 3. 42(f. 644, op. 1, d. 23, 1. pp. 127~129)
GKO Decree of 5. 5. 42(f. 644, op. 1, d. 33, 1. pp. 48~50)
GKO Decree of 7. 6. 42(f. 644, op. 1, d. 39, 1. pp. 74~78, p. 170)
GKO Decree of 5. 7. 42(f. 644, op. 1, d. 41, 1. pp. 163~165)
GKO Decree of 6. 8. 42(f. 644, op. 1, d. 50, 1. pp. 71~74)
GKO Decree of 7. 10. 42 (f. 644, op. 1, d. 61, 1. pp. 88~91)
GKO Decree of 2. 2. 43(f. 644, op. 1, d. 85, 1. p. 95)
GKO Decree of 3. 4. 43(f. 644, op. 1, d. 100, 1. pp. 117~118)
GKO Decree of 9. 6. 43(f. 644, op. 1, d. 125, 1. pp. 35~36)
GKO Decree of 27. 7. 43(f. 644, op. 1, d. 138, 1. pp. 205~206, p. 208)
GKO Decree of 12. 3. 44(f. 644, op. 1, d. 218, 1. 1, p. 49, pp. 101~104)

표 D. 소련의 무기 생산량(1941~1945년)

연도	소련의 무기 생산량[a]				
	소총	전차와 자주포	야포와 박격포	항공기	전투 함정
1941	1,760,000	4,700	53,600	8,200	35
1942	5,910,000	24,500	287,000	21,700	15
1943	5,920,000	24,100	126,000	29,900	14
1944	4,860,000	29,000	47,300	33,200	4
1945(1~4월)	1,380,000	16,000	11,300	8,200	2
합계	19,830,000	98,300	525,200	122,100	70

1941~1945년 소련군 일선 보유 장비[b]						
	전차와 자주포		야포와 박격포 (구경 50밀리미터 이상)		항공기	
시기	총 보유 수량	일선 배치 수량	총 보유 수량	일선 배치 수량	총 보유 수량	일선 배치 수량
1941년 6월 22일	22,600	14,200	76,500	32,900	20,000	9,200
1942년 1월 1일	7,700	2,200	48,600	30,000	12,000	5,400
1943년 1월 1일	20,600	8,100	161,600	91,400	21,900	12,300
1944년 1월 1일	24,400	5,800	244,400	101,400	32,500	13,400
1945년 1월 1일	35,400	8,300	244,400	114,600	43,300	21,500
1945년 5월 9일	35,200	8,100	239,600	94,400	47,300	22,300

소련군 장비 손실			
연도	전차와 자주포(%)	야포와 박격포 (구경 50밀리미터 이상)(%)	항공기(%)
1941	20,500(72.7)	63,100(59)	17,900(34.4)
1942	15,100(42.3)	70,300(32)	12,100(22.9)
1943	23,500(49.1)	25,300(9)	22,500(20.4)
1944	23,700(40.1)	43,300(15)	24,800(14.2)
1945	13,700(28)	16,000(4)	11,000(7)
합계	96,500(73.3)	218,000(48)	88,300(31.8)

[a] 출처: G. F. Krivosheev, *Grif sekretnosti sniat: Poteri vooruzhennykh sil SSSR v voinakh, boevykh deistviiakh, i voennykh konfliktakh* (Moscow: Voenizdat, 1993), p. 349.
[b] 출처: Krivosheev, *Grif sekretnosti*, p. 350

표 E. 제2차 세계 대전 당시 독일 국방군 인명 손실(1939~1945년)

	영구 손실(사망, 실종, 영구 장애)
1939년 9월~1942년 9월 1일	922,000(총 인원 중 14%)*
1942년 9월 1일~1943년 11월 20일	2,077,000(총 인원 중 30%)*
1943년 11월 20일~1944년 6월	1,500,000(추정 인원)
1944년 6~11월	1,457,000*
1944년 12월~1945년 11월	2,000,000**
	총 손실
1945년 4월 30일까지의 총 손실	11,135,800(부상자 6,035,000명 포함)**
종전 시까지 총 군인 손실	13,448,000(부상자 포함. 동원된 총 병력의 75%, 1939년 당시 남성 인구의 46%)**

Krivosheev, p. 391에 동부 전선에서 발생한 독일 측 동맹군 사상자가 1,725,800명으로 집계되어 있으며, 각 국가별 통계는 다음과 같다.

국가	전사/실종	포로	총 인원
헝가리	350,000	513,700	863,700
이탈리아	45,000	48,900	93,900
루마니아	480,000	201,800	681,800
핀란드	84,000	2,400	86,400
합계	959,000	766,800	1,725,800

Krivosheev, p. 392에 소련군이 획득한 포로의 숫자와 수용 기간 중 사망자에 대해 다음과 같이 언급되어 있다.

	포로	사망자
독일	2,389,600	450,600
오스트리아	156,000	공식 통계 없음
헝가리	513,700	54,700
루마니아	201,800	40,000
이탈리아	48,975	공식 통계 없음
핀란드	2,400	공식 통계 없음
기타(무장 친위대와 여타 추축군에서 복무한 프랑스, 체코, 슬로바키아, 벨기에 및 스페인 국적자)	464,147	공식 통계 없음
총합	3,777,290	

출처

* Earl F. Ziemke, *From Stalingrad to Berlin: The German Defeat in the East* (Washington, D. C.: U. S. Army Center of Military History, 1968), p. 213~214, p. 412.

** G. F. Krivosheev, *Grif sekretnosti sniat: Poteri vooruzhennykh sil SSSR v voinakh, boevykh deistviiakh, i voennykh konfliktakh* (Moscow: Voenizdat, 1993), pp. 384~392에는 독일군 전사자와 포로(오스트리아인, 무장 친위대, 외국인 지원병 포함)가 각각 3,888,000명, 3,035,700명이라고 되어 있다.

문헌 자료

독소 전쟁을 주제로 한 책은 많이 출간됐지만, 이들 서적 대부분은 소련에서 발간된 군사 저작들을 참고하지 못했으며 소련 측 1차 사료를 거의 활용하지 못했다는 문제점을 가지고 있다. 영미권에서 유명한 하인츠 구데리안Heinz Guderian, F. W. 멜렌틴F. W. von Mellenthin, 에리히 폰 만슈타인Erich von Manstein 등의 회고록은 독소 전쟁을 명확한 형태와 정확한 특징이 없는 집단과 싸운 전쟁으로 묘사하고 있다. 독일인들의 회고록은 그들이 상대한 적의 가공할 규모와 전력, 그리고 전쟁의 야만성과 비인간성에 대해서 묘사하고 있지만, 정작 적의 실체는 다루지 못하고 있다. 얼 짐케Earl Ziemke, 앨버트 시튼Albert Seaton 등 뛰어난 저작을 남긴 훌륭한 군사사가들조차 소련의 입장을 주로 독일 측의 1차 사료에 의해 재구성하는 데 그쳤을 뿐이다.

지금까지는 소수의 역사가들만이 소련 측 자료를 활용해 소련의 역할을 조명했다. 대표적으로 군사사의 고전으로 꼽히는 『모스크바에서 스탈린그라드로*Moscow to Stalingrad*』와 『스탈린그라드에서 베를린으로*Stalingrad to Berlin*』라는 방대한 저작을 만든 존 에릭슨John Erickson이 있다. 그러나 에릭슨도 비록 자신의 저작에 방대한 1차 사료를 활용했지만 더 많은 새로운 사료들을 이용할 수 있었다면 더 좋았을 것이라고 말한 바 있다.

그동안 사료에 대한 접근성 문제가 계속되었고, 이제야(페레스트로이카 이후) 소련 측의 1차 사료들이 공개되기 시작했기 때문에 본인이 이 책을 저술하면서 참고한 문헌 자료들에 대해 간략하게 정리하고 넘어갈 필요가 있을 듯싶다.

독일 측 문헌 자료

현재 방대한 양의 독일 측의 문헌 자료가 존재하고 있어 동부 전선의 실상을 재구성하는 데 많은 도움이 되고 있다. 이들 대부분은 전쟁 말기에 연합군에 노획된 것들이고, 미국과 영국 측이 노획한 문서들은 미국과 영국의 뛰어난 문헌 정보 시스템에 힘입어 역사가들이 쉽게 활용할 수 있었다. 그러나 소련 측이 노획한 문서는 서방의 학자들에게는 공개되지 않았다. 소련 측이 노획한 독일 문서의 분량은 명확하지 않으나, 전쟁 기간 중 소련이 동부 전선과 중동부 유럽에서 격파한 독일군 부대들의 기록이 포함된 것은 확실하다. 대표적인 것으로는 독일 제9군과 제6군의 문서로 최근에 그 존재가 확인됐지만, 서방측에는 공개되지 않고 있다.

이 책을 저술하면서 큰 도움이 됐던 독일 기록들은 전후에 단행본 형태로 출간된 사료집과 워싱턴의 국립 문서 보관소National Archives가 소장하고 있는 독일군 부대들의 일지들이다. 대부분의 사료들은 마이크로필름으로 복제된 뒤 독일 프라이부르크Freiburg의 연방 문서 보관소Bundesarchiv로 반환되었다. 이 책을 쓰면서 참고한 대표적인 독일 측 자료는 다음과 같다.

독일 국방군 사령부 일지Kriegstagebuch des Oberkommando der Wehrmacht, ed. Percy E. Schramm(Frankfurt am Main: Bernard und Graefe, 1961~1965): 독일 최고 수뇌부의 자료들을 연대순으로 정리한 포괄적인 사료집이며, 알프레드 요들Alfred Jodl, 판츠 할더Franz Halder와 다른 고급 지휘관들의 일기를 포함하고 있다.

독일 육군 총사령부 동부 전선 상황도OKH Lage Ost Maps: 독일 측 전투 서열과 독일 정보기관이 파악한 소련 측 전투 서열 정보가 1일 단위로 기재되어 있다. 이 자료들은 마이크로필름으로 복제하지 않은 채 독일로 반환됐다.

국립 문서 보관소 마이크로필름군Nation Archives Microfilm(NAM) series T-78: T-78 필름군은 육군 총사령부 동부 정보국Fremde Heere Ost의 자료를 담고 있으며, 전쟁 기간 중 수집된 소련군에 대한 정보 분석을 담고 있다. 가장 흥미로운 자료는 소련 측의 병력 규모 및 전투 서열, 병종 구성, 전략 및 작전 기도, 전시 생산, 전투원의 사기에 대한 분석이다.

국립 문서 보관소 마이크로필름군NAM T-311: T-318 필름군은 독일 집단군의 기록을 담고 있다. 자료가 완벽하지는 않으나, 기기별 상황도와 작전에 대한 기록, 작전 및 정보 분석, 각 작전별 사례 연구, 주요 지휘부 간 협력에 대한 기록이다. 이 기록은 예하 야전군의 기록도 상당수 포함하고 있다.

국립 문서 보관소 마이크로필름군NAM T-312: T-312 필름군은 독일 야전군의 기록을 담고 있으며, 작전처(Ia), 정보처(Ic), 군수처, 기타 참모부의 기록으로 구성되어 있다. 기록 중 누락된 부분이 더러 있고, 독일 제6군과 제9군과 관련된 기록에서 특히 그러하다.

국립 문서 보관소 마이크로필름군NAM T-313: T-313 필름군은 독일 기갑 집단 및 기갑군의 기록을 담고 있다.

국립 문서 보관소 마이크로필름군NAM T-314: T-314 필름군은 독일군 군단 및 기갑 군단의 기록을 담고 있다. 가장 유용한 자료는 작전 일지Tagebuchen와 시기별 상황도이다.

국립 문서 보관소 마이크로필름군NAM T-315: T-315 필름군은 독일군 사단 급 부대의 기록을 담고 있으며, 구성은 군단 급 부대와 유사하다.

이외에 독일군 사단 급 제대의 자료들은 『짐케의 스탈린그라드에서 베를린으로: 동부 전선에서 독일의 패배*From Stalingrad to Berlin: The German Defeat in the East*』(Washington, D.C: U. S. Army Center of Military History, 1968, pp. 507~510)에 잘 정리되어 있다.

소련 측 문헌 자료

〈문서 보관소〉

소련과 러시아의 군사 관계 자료들은 방대한 양을 자랑하나 곳곳에 분산되어 있다. 모스크바의 육군 중앙 국립 문서 보관소(TsGASA)는 1918년부터 1940년까지의 군 관계 자료를 소장하고 있으며, 이외에 각 행정 기관과 부속 기관들과 관련된 분야별 문서 보관소도 있다.

소련군은 모스크바 근처 포돌스크Podolsk에 소재한 통합군 중앙 문서 보관소(TsAOVS), 레닌그라드 근교 갓치나Gatchina에 소재한 해군 중앙 문서 보관소, 군사 의료 관계 자료가 소장된 레닌그라드 소재 군사 의학 박물관, 각 군관구, 군집단, 함대, 소함대, 해군 기지의 문서 보관소 등의 문서 보관 네트워크를 가지고 있었다.[1] 각 부대들은 일정 기간이 경과하면 중요한 핵심 자료들을 해당 중앙 문서 보관소로 이관했다.

통합군 중앙 문서 보관소는 러시아와 CIS 최대의 군사 문서 보관소로 군 통수부, 각 병과, 야전군, 특수 지휘부, 작전 지휘부, 대규모 제대 및 군사학교의 자료와 해군 측 자료를 일부 포함한 18,000,000건의 기록을 소장하고 있다. 이 중 10,000,000건 이상이 1941~1945년 시기의 기록이다. 통합군 중앙 문서 보관소는 해군 중앙 문서 보관소와 협력하여 군사 문헌 체계를 정비하고 있다. 최근 소련 및 러시아의 문헌 자료가 서방측에 대량으로 공개되고 있는 점은 매우 고무적이지만, 이 문제는 좀 더 냉철하게 바라볼 필요가 있다. 현재까지의 상황을 정리하면, 공개된 자료들은 거대한 빙산의 일각에 불과하며 러시아 정부는 문서 공개를 선별적으로 진행하고 있다. 일부 자료들은 신뢰할 만한 정보를 담고 있으나, 다른 자료들은 내용이 부정확하거나 이미 단행본 형태로 공개된 지 수십 년이 지난 것들도 있다. 이것들은 상당수 문헌 자료들이 실제로는 사료적 가치가 떨어지며 단지 러시아의 효율적인 정보 통제 체계가 만들어 내는 부산물이라는 것을 뜻한다. 소련 측의 군사 관계 문헌 자료들은 크게 다음과 같이 분류할 수 있다.

- 총참모부 연구: 전훈 분석국과 군사사 편찬국에 의해 작성됐으며, 세부적인 자료

는 다음과 같다.

전훈 분석 자료집 1~26권 *Sbornik materialov po izucheniiu opyta voiny, No. 1~26* (Moscow: Voenizdat, 1942~1948). 비밀로 분류됐던 자료이다(이하 *SMPIOV*).

대조국 전쟁 시기 군사 문서 자료집 *Sbornik boevykh dokymentov Velokoi Otechestvennoi voiny* (Moscow: Voenizdat, 1947~1960). 일급비밀로 분류됐던 자료집이다 (이하 *SBDVOV*).

대조국 전쟁 시기 군사사 사료집 1~19집 *Sbornik voenno-istoricheskikh materialov Velikoi Otechestvennoi voiny, Vypusk 1~19* (Moscow: Voenizdat, 1949~1968). 비밀로 분류됐던 자료집이다(이하 *SVIMVOV*).

대조국 전쟁 시기의 경험에 기초한 전술 사례 자료집 1~23권 *Sbornik takticheskikh primerov po opytu Otechestvennoi voiny No. 1~23* (Moscow: Voenizdat, 1942~1947) 비밀로 분류됐던 자료집이다(이하 *STPPOOV*).

- 해군 참모부에 의해 수행된 연구들

소련 해군 함대의 전훈 자료집 1~39권 *Sbornik materialov po opytu boevoi deiatel'nosti Voenno-Morskogo Flota SSSR, No. 1~39* (Moscow: Main Naval Staff, NKVMF, U.S.S.R, 1943~1950). 비밀로 분류됐던 자료집이다(이하 *SMPOBDVMF*).

- 소련 국방부 군사사 연구소가 편찬한 자료들

정보 회보 1~89호 *Informatsionnyi biulleten' T. 1~89* (Moscow: Voenno-istoritseskii Institut, 1968~1988): 기밀 해제됐으나 현재 외국인에게는 공개되지 않는다.

군사사 화보 1~2호 *Vestnik voennoi istorii, Nauchnye zapiski, T. 1~2* (Moscow: Voenno-istoritseskii Institut, 1970~1971): 기밀 해제됐으나, 현재 외국인에게는 공개되지 않는다.

- 군 내부용으로 발간된 저널들

  군사 사상 *Voennaia mysl'* (1937~1989)

  외국의 군사 문제 *Voennaia zarubezhnik* (1921~1972)

  전쟁과 혁명 *Voina i revoliutsiia* (1925~1936)

  해외 군사 평론 *Zarubezhnoe voennoe obozrenie* (1973~1990)

  기갑 저널 *Zhurnal avtobronetankovykh voisk* (1942. 6.~ 1946. 9.)

- 서적: 서방측에 공개되지 않은 것은 다음과 같다.

  이 저작들 중에는 A. M. 자온츠콥스키 A. M. Zaionchkovsky, A. A. 스베친 A. A. Svechin, M. N. 투하쳅스키 M. N. Tukhachevsky, 실롭스키 E. A. Shilovsky, G. I. 이세르손 G. I. Isserson 등 양차 세계 대전 기간 중에 스탈린에 의해 탄압 받은 유명한 군사 이론가들의 저작이 포함되어 있다.

- 기밀로 분류된 서적: 전쟁 기간 중 붉은 군대 출판국 Voenizdat이 발간한 저작들로, 전쟁 기간 중 주요 작전을 다루고 있다. 대부분은 총참모부의 지원을 받아 발간 됐다. 대표적인 것으로는 샤포시니코프가 엮은 다음의 것이 있다.

  모스크바 지구 독일군의 섬멸, 1~3권 B. M. Shaposhnikov, ed., *Razgrom nemetskikh voisk pod Moskovoi, V. 1-3* (Moscow: Voenizdat, 1943). 또 분량은 짧으나 이와 유사한 구성의 작전사 단행본들이 있는데, 일부는 기밀 해제됐고 아직 기밀로 분류된 것도 있다.

- 보로실로프 참모대학 Voennia akademiia general'nogo shtaba vooruzhennykh sil SSSR im. K. E. Voroshilova: 보로실로프 참모대학은 제2차 세계 대전이 끝난 뒤 전쟁 기간의 주요 작전을 분석, 정리한 단행본 및 교재를 다수 발간했다. 일부는 기밀로 분류돼 있으나 기밀 해제된 자료는 일부 장교에 한해 열람할 수 있다. 대표적인 것은 다음과 같다.

  용병술의 역사 *Istoriia voennogo iskusstva*. 자료집 1~5권 *Sbornik materialov V. 1-5* (Moscow: Voennia akademiia general'nogo shtaba vooruzhennykh sil

SSSR im. K. E. Voroshilova, 1951~1955)

참모대학 논문집(1946~1953)

- 군 동원 관련 자료

    병력 동원*Voiskovaia mobilizatsiia*(Moscow: Main Directorate of the RKKA 1926~1930): 1926년부터 1930년까지 발간된 저널.

    1939~1940년에 발간된 소련군의 병력 동원 지침서(기밀 자료, 동원 및 전쟁 계획과 관련된 핵심 색인이 누락되어 있다).

    프룬제 군사대학*Voennaia akademiia im. M. V. Frunze* 자료집: 군사대학에 재학 중인 장교들만 열람 가능하다. 중요한 것들은 다음과 같다.

    군사대학 휘보(彙報)*Trudy akademii*(Moscow : 1942~1945)

    군사대학이 발간한 내부 자료 및 문헌.

    군사 회의 속기록, 1940년 12월 23~29일*Stenogrammy vystuplenii na Voennom Soveshchanii 23~29 dekabria 1940 g*(Moscow: TsGASA, 1940)과 같은 총사령부 회의에 대한 비밀 연구.

- 문헌 자료: 소련 및 러시아 잡지에 소개된 1차 사료들 중 대표적인 것은 다음과 같다.

    군사사 저널*Voenno-istoricheskii zhurnal*: 예를들어, 다음과 같은 자료들을 참조하라. "Pervyye dni voiny v dokumentakh(전쟁 초기 기록들)", *VIZh*, 5~9(1989년 5~9월), "Voennye razvedchiki dokladyvali(군사 정보 보고)", 2~3(1989년 2~3월), "GKO postanovliaet(국방 인민 위원회 포고)", 2~5(1992년 2~5월)

    소련 공산당 중앙 위원회 뉴스*Izvestiia TsK KPSS*: 대표적인 자료로는 1990년 1월부터 1991년 8월에 걸쳐 연재된 「Iz istoriia Velikoi Otechestvennoi voiny」가 있다. 그러나 1991년 8월의 쿠테타와 공산당의 붕괴로 저널이 폐간되면서 연재도 중단됐다.

러시아의 문헌 자료들은 공개 과정에서 약간의 가공을 거쳤고, 이것이 자료의 내용에 영향을 미치는 경우도 있다는 점을 유념해야 한다. 그리고 공개된 자료들은 〈상업적인〉 경로를 거쳐 서방측으로 들어오고 있다.[2] 러시아 자료의 공개는 환영할 일이지만, 서방의 학자들이 직접 문헌을 접할 방법은 현재로서는 요원하다. 러시아 정부는 문서 보관소를 외국 학자들에게도 공개한다고 밝히고 있다.[3] 하지만 사실 나는 아직까지 이런 사례를 접한 바가 없다. 전쟁 포로 관련 자료를 위해 문서 보관소 출입이 가능한지 타전하고 미국과 소련 양국 정부 간에 이 사항이 합의가 되었다고 공표가 되었음에도 불구하고, 연구자들은 실제로 문서 보관소에 출입할 수 없었고 러시아 측이 자료를 선별해 제공했다. 현재까지도 문서 보관소 출입을 요청할 경우, 자료적 가치가 부족한 곳이나 선별된 자료만 제공한다.

공개된 자료들에 대한 평가

독소 전쟁과 관련해 가장 정확하고 유용한 문헌 자료는 1942~1968년 동안 총참모부의 각 국가들이 정리한 것들이다. 이 자료들은 전쟁 기간 중 실시된 작전의 경과와 결과에 대한 공식적인 진실을 정리하고, 소련군의 전투력 향상을 목표로 만들어졌다.

총참모부의 자료들은 정확성을 위해 독일과 일본 측 문헌 자료와의 교차 검증이 필요하다. 물론 총참모부 연구들은 민감한 문제(1942년의 류반 지구 작전과 블라소프의 참패)들은 다루지 않고 있으며, 스타브카(그리고 스탈린)와 야전 지휘관들 간의 논쟁이나 각 군사 작전의 정치적 요인과 같은 정치적으로 민감한 사안도 제외하고 있다. 이런 이유로 다루지 않는 자료 중에는 유명하지만, 그 실체가 모호한 〈스탈린 문서군〉이 있다.

초기 총참모부 연구 시리즈인 전훈 자료집 『*SMPIOV*』는 1942년에 소련군의 전투력 향상을 위한 목적으로 간행되기 시작했다. 초기의 연구들은 겨우 전선군 단위 작전을 분석하는 데 그쳤고, 1942년 11월에서야 비로소 야전군 단위의 작전까지 분석함으로써 영역이 확대되었다. 이 시리즈의 1호부터 4호는 1942년 7월부터 1943년 2월에 걸쳐 간행되었는데, 각 주제별로 어수선하게 정리된 보고서들을 수록하는 데 그쳤으며 분량도 200페이지에 불과했다. 이후에 간행된 시리즈들은 분량도 늘어나고 내용도 충실해졌으며, 특정 주제에 집중된 서술 방식을 취하였다. 몇몇 중요한 작전의 경우 작전의 각 측면별로 1권씩 단행본으로 구성되어 있는데 대표적인 것들은 다음과 같다. 모스크바(5호), 스탈린그라드(6~9호), 보로네시-카스토르노예(10호), 쿠르스크(11호), 드네프르 도하 작전(12호), 미우스와 크림 지구(13호), 코르순-셉첸콥스키(14호), 벨로루시(15호), 야시-키시네프(19호), 부다페스트(21호), 리보프-산도미에시(22호), 카르파티아(23호), 동프로이센(24호), 비슬라-오데르(25호). 이런 주요 작전 분석 사례는 짧은 분량의 연구 여러 권으로 구성되어 있으며, 기술적인 주제를 다루고 있는 권도 있다. 1948년에 간행된 마지막 권은 작전 수행에서 지형 정보 지원에 대해 다루고 있다.

전훈 분석 시리즈를 보충하는 『SBDVOV』는 총참모부 지령과 작전 명령, 각 병종과 병과의 활동을 기록한 전투 기록을 담고 있다. 먼저 발간된 1호부터 30호는 공격, 방어, 포병 화력 지원, 도하, 공병 지원, 방공, 전투 훈련, 전차 및 기계화 부대 등 특정한 주제에 초점을 맞추고 있다. 예외적으로 5호는 총참모부 지령을 담고 있다. 31호와 32호는 주제를 조금 바꿔서, 최초로 편성된 4개 근위 소총병 사단의 전투 기록을 1941년 6월 22일부터 12월 31일까지 정리하고 있다. 총참모부는 이것들을 통해 1차 사료에 기반을 두어 전쟁 초기의 상황을 연구하는 기반을 닦았다.

33호부터 43호는 아마도 가장 흥미로운 사료들에 초점을 맞추고 있는데 이것들은 1941년 6월 22일부터 11월 5일까지 각 전선군, 야전군, 군단의 전투 명령서 및 보고서를 부대 일지 형식으로 담고 있다. 비록 여기에 수록된 자료들은 임의로 취사선택된 것들이지만 전쟁 초기의 암울한 시기에 대한 생생하고 객관적이며 아마도 가장 신뢰성 높은 기록일 것이다. 그러나 『SBDVOV』의 출판은 1960년에 어떤 이유에서인지 중단되었다. 소련 총참모부가 이후에 부대 일지들을 정리하는 작업을 계속했는지는 확실치 않다. 그러나 1941년 11월 이후의 자료들을 정리하지 않은 것은 유감스러운 일이다.

총참모부는 위에서 언급한 자료집들과 다른 문헌 자료들을 이용해 주요 작전들을 보다 잘 정리한 연구집을 출간했다. 이 연구서 중 일부는 1943년부터 1945년에 걸쳐 샤포시니코프가 편집한 모스크바 전투와 같이 여러 권으로 구성되어 있기도 했지만 대다수는 한 권으로 되어 있다. 이 연구집 중 1949년부터 1968년까지 간행된 것들을 『SVIMVOV』라고 한다. 이 연구집은 총 19권으로, 일부는 1권이 여러 작전을 다루고 있으나(대표적인 것이 시리즈 1권으로 오스트로고시스크-로소시 Ostrogozhsk-Rossosh' 작전과 동부 폼메른 작전, 프라하 작전을 다루고 있다), 대부분은 1권당 1개의 작전만을 다루고 있다(제3권 야시-키시네프 작전, 제4권 탈린 작전, 제6권 동프로이센 작전, 제8권 상(上)슐레지엔 작전, 제8권 오스트로고시스크-로소시 작전, 제10권과 제11권 하(下)슐레지엔 작전, 제13권 보로네시-카스토르노예 작전, 제14권 1941년 오데사 지구 작전, 제17권 카르파티아-두클라 작전 등). 기본적으로 이 시리즈들은 많은 서적들이 다루지 않는 비교적 덜 알려진 작전들을 다루고 있다.

제16권과 제18권은 특이하게도 노획한 독일 문서들을 활용해 전쟁 발발과 이후 독일의 작전 계획 수립을 다루고 있다. 제19권은 소련군의 군사 조직에 대한 흥미로운 분석과 폴란드, 체코, 불가리아, 루마니아를 비롯한 동맹군의 활용에 대해 다루고 있다.

총참모부는 위에서 열거한 전략 및 작전을 다룬 서적들과 함께 전술적 부분을 다룬 『STPPOOV』를 발간했다. 이 시리즈는 총 23권으로 공격 작전, 방어 작전, 추격 작전, 정찰, 특수 병종의 이용 등 여러 종류의 전투 활동 단위로 구성되어 있다. 이 중 특히 흥미로운 것은 독일군의 전술을 소련 측의 시각에서 분석한 것들과 요새 지구의 전투 활동을 분석한 제1권, 제3권, 제4권, 제7권이다.

해군 참모부의 39권짜리 『SMPOBDVMF』는 총참모부의 전쟁 교훈 시리즈와 유사한 구성으로 되어 있다. 각 권은 각 함대, 전대, 해군 기지, 그리고 해군 잠수함대가 수행한 주요 해상 작전 및 상륙 작전을 다루고 있다. 해군 참모부의 자료집은 총참모부의 자료집과 신뢰도와 공정성 면에서 비슷한 수준이라고 생각된다. 아직까지 서방에는 공개되지 않았으나 『SMPOBDVMF』 시리즈보다 더 정리가 잘된 연구집도 있을 것으로 추정된다.

총참모부는 전쟁 기간 및 전쟁 직후 수많은 서적을 간행했다. 대표적인 것은 전쟁 중 벌어진 중요한 작전들에 대한 연구서들이다. 샤포시니코프가 책임 편집자로 간행한 3권짜리 모스크바 작전은 최근 공개됐는데, 매우 세부적이고 내용이 정확하며 서술도 공정해 독일 측의 자료에만 의존했던 모스크바 전투에 대한 연구들이 대폭 수정돼야 할 것으로 보인다. 이외에 쿠르스크 작전과 베를린 작전을 다룬 서적은 발행 당시 정치적으로 옳지 않다고 비판 받았다. 이 서적들은 향후 총참모부의 다른 단행본들과 함께 원 편집본이나 수정된 판본이 공개될 것으로 전망된다. 이 서적들은 전쟁 기간과 전쟁 직후 시기에 발행됐으며, 모두 기밀로 분류됐는데, 내용의 수준과 균형 잡힌 서술, 정확성에서 매우 뛰어나다. 이 저작들은 기본적으로 군인들이 작전을 보다 효과적으로 수행할 수 있도록 교육하기 위한 실용적인 목적으로 편찬되었다.

이 밖에 총참모부와 국방부가 전쟁 기간 중 발간한 저널 『군사 사상 *Voennaia mysl'*』과 보로실로프 참모대학, 프룬제 군사대학이 전쟁 시기와 그 직후에 발간한 서적들도 매우 수준이 높다. 흥미롭게도 이것들은 1965년 이전에 발간됐는데 (1960년에 발간된 D. 프뢰토르D. Proektor의 카르파티아-두클린 작전, 1954년에 발간된 제37군의 야시-키시네프 작전, 1965년에 발간된 로코솝스키의 스탈린그라드 작전 연구 등), 총참모부가 발행한 기밀로 분류된 연구 서적들과 구성이 유사하다. 이 저작들의 내용은 정확한 편이나 통계 자료, 특히 양군 전력 비교 등의 자료가 부족하다.

최근 공개된 1968년 이후에 출간된 기밀, 혹은 대외비 자료들은 전쟁 기간과 전쟁 직후 기간 중 발간된 자료들과 비교하면 내용과 정확도가 떨어진다. 이 자료들은 그동안 출판된 자료들의 내용을 많이 반영하고 있고, 기본적인 작전 진행에 대한 서술은 정확한 편이다. 그러나 양군 전력 비교, 특히 독일 측 전력에 대한 내용은 매우 부정확하고, 패배한 전투 등 소련 측에 불리한 내용은 기록하지 않고 있다. 게다가 정치적인 영향이 이전에 출간된 총참모부 저작들보다 더 심하다. 이런 문제점은 보로실로프나 프룬제 군사대학에서 교육용을 발간한 자료들에 두드러지게 나타나는데, 아마도 이 때문에 최근 이 당시 교육받은 장교들이 독소 전쟁에 대해 연구하는 것을 기피하는 것 같다. 러시아 장교들은 자신들이 교육받은 내용이 진실과 거리가 멀다는 것을 잘 알고 있다. 그렇기 때문에 러시아의 문헌 자료 개방은 러시아의 군사 교육 체계를 혁신하는 데도 도움이 될 것이다.

최근 공개된 1965년부터 1989년 사이에 출간된 자료들은 크게 3가지로 분류할 수 있다. 먼저 여러 군 기관이 발간한 자료들이 있고, 다음으로는 보로실로프와 프

문제 군사대학의 자료들이 있다. 세 번째로 앞의 2종류 이외의 자료도 있는 것이 확실하지만, 저자는 아직까지 그 실체를 파악하지 못했다. 출판 허가를 받은 기관들만 이 서적들을 발행했고, 저자는 그 중 2권의 존재를 확인했다. 그러나 이 서적들은 군 관계 인사 외에는 공개가 되지 않아 어떤 기관에서 발행된 것인지 확인하지는 못했다. 이들 3종류의 자료들은 1965년 이전에 출간된 자료들에 비해 내용과 질, 정확도, 공정성 면에서 뒤떨어진다.

군사사 연구소는 실체가 확실치 않은 연구소 시리즈의 출간을 지원한 것으로 추측되는데, 이 밖에도 〈보고서〉와 〈비망록〉 형태의 소책자들을 다수 발간했다. 보고서는 10~20페이지 정도의 짧은 글로 다양한 주제를 다루고 있고, 비망록은 연구소 저널을 발간하기 위해 만들어진 것으로 전자에 비해 내용이 보다 많다. 그러나 비망록은 두 번 발간된 뒤 중단됐다. 연구소의 보고서와 비망록은 내용도 보잘 것 없는 데다 지나치게 정치적이어서 1965년 이전에 발간된 자료들과 비교할 수 없는 수준이다. 보로실로프 참모대학의 간행물은 VAGSh의 출판 허가를 받아 교재, 연구 논문, 분석 자료, 강의록 등 다양한 형태로 발행됐다. 이 중 일부는 여러 권으로 구성되어 군사사와 군사 기술을 다루고 있으며, 대표적인 것으로는 저명한 군사사가인 I. E. 샤브로프I. E. Shavrov가 편집한 2권으로 구성된 연구서가 있다. 샤브로프의 저작은 여러 차례 개정판이 발간된 바 있다. 가장 흥미롭고 자료적 가치가 높은 것으로는 전쟁 시기를 다룬 권과 1차 사료들을 정리한 권이다. 보로실로프 참모대학이 발행한 서적들은 학문적인 목적으로 만들어져 정확도가 높고 정치적인 색이 덜하다. 그러나 1968년 이후에 간행된 서적과 강의록들은 정확성이 떨어지고 정치색이 강해졌다. 프룬제 군사대학의 간행물은 보로실로프 참모대학보다는 공개된 양이 적지만 기본적인 특성은 유사하다.

특히 흥미로운 것은 소련군 중앙 문서 보관소에서 발간한 여러 단행본들이다. 첫 번째는 독소 전쟁 이전에 발간된 〈동원 규정〉과 붉은 군대의 〈동원 저널〉이다. 이 기록들은 소련의 동원 능력과 방식에 대해 많은 정보를 담고 있으나, 중요한 동원 계획과 전쟁 계획에 대한 부분은 제외되어 있다. 두 번째는 총참모부의 1941년 12월 회의록이다. 이 방대한 자료의 공개로 그동안 계속됐던 12월 회의에 대한 논쟁에 종지부가 찍혔다.

마지막으로, 최근 여러 저널에 실린 자료들은 그 신뢰도가 높고 1차 사료들의 공개가 활발해지고 있는 최근 추세를 잘 반영하고 있다. 그러나 기본적으로 이 자료들은 선별적으로 공개되고 있고 고르바초프가 실각하고 소련이 붕괴한 뒤 자료 공개가 급감하는 추세에 있다. 러시아의 1차 사료 공개가 언제쯤 다시 활발해질지는 더 지켜봐야 할 것 같다.

결론

최근 공개된 1차 사료들을 통해 이뤄진 연구들은 기존의 독소 전쟁 연구 성과와 비교하면 가히 혁명적이라고 할 만하다. 그러나 소련의 붕괴를 가져온 새로운 러시아 혁명은 아직 초기 단계에 있으며, 독소 전쟁 연구의 혁명 또한 같은 단계에 있다. 지금까지 공개된 러시아의 1차 사료들은 기존에 독일 측 문서를 통해 접할 수 있었던 소련에 대한 정보에 비해 압도적인 분량을 자랑한다. 그러나 지금까지 공개된 자료들은 극히 일부에 불과하다. 그렇기 때문에 앞으로 공개될 자료가 많다는 것은 다행스러운 일이다. 현재까지는 러시아의 문서 보관소들이 자료 공개를 끝내거나 학자(서방측이나 러시아 측 모두)들이 직접 문서 보관소를 찾아가야만 러시아 자료를 접할 수 있다. 아직까지는 서방측 자료들도 그렇듯 열람할 수 있는 러시아 측 자료가 제한되어 있다. 그러나 이런 제약은 적절하고 납득할 수 있는 수준에서 이뤄져야 할 것이다. 특히 스타브카와 전선군, 야전군, 군단, 그리고 다른 군사 조직에 대한 자료들을 이용할 수 있어야 자료가 충분히 공개됐다고 볼 수 있다. 러시아의 자료 공개를 위한 협상은 이제 시작 단계에 불과하다.

각주

머리말

1 대표적으로, 아직까지도 널리 읽히는 하인츠 구데리안의 회고록 *Panzer Leader*(New York: E. P. Dutton, 1952), 프리드리히 폰 멜렌틴의 회고록 *Panzer Battles*(Norman: University of Oklahoma Press, 1956), 에히리 폰 만슈타인의 회고록 *Lost Victories*(Novato: Presidio Press, 1982)는 저자들이 자신의 기억에 의존해 기술했고, 1차 사료는 거의 사용하지 않았다. 시튼의 『독소 전쟁*Russo-German War*』(London: Arthur Baker, 1971)과 학술적 연구인 짐케의 『스탈린그라드에서 베를린으로*From Stalingrad to Berlin: The German Defeat in the East*』(Washington D. C.: U. S. Army Center for Military History, 1968)보다 대중적인 폴 카렐Paul Carrel의 『바르바로사 작전*Hitler Moves East*』(New York: Ballentine, 1973) 등은 영어로 번역된 러시아 자료들을 인용하고 있으나 그 양도 적고 제한적이다. 맬컴 매킨토시의 『소련군의 역사*Juggernaut: A History of the Soviet Armed Forces*』(New York: Macmillan, 1968)는 지금까지 출간된 소련 군대에 대한 가장 훌륭한 연구로 이 분야의 선구적인 작품이지만 현재 시각에서 보면 수정할 부분이 많다. 에릭슨의 기념비적인 대작인 『스탈린그라드로 가는 길 *The Road to Stalingrad: Stalin's War with Germany*』(New York: Harper&Row, 1979) 제1권, 그리고 『베를린으로 가는 길*The Road to Berlin*』(Boulder, Colo.: Westview Press, 1983)은 아직까지도 자료적 가치가 높은 저서이다. 그러나 이 저작들은 일반 독자들이 읽기에는 내용이 다소 어렵다.

2 그러나 독일의 방어 작전 전문가인 고트하르트 하인리치Gotthard Heinrici 상급대장이 집필한 여러 권으로 이뤄진 연구는 예외에 속한다. 이 자료들은 공개된 지 얼마 되지 않았고 현재 출판을 추진 중에 있다.

1 | 1918~1939년의 붉은 군대

1 B. I. Kuznetsov, "Eshelonnaia voinia", *Sovetskaia voennaia entsiklopediia*, T. 8, Moscow: Voenizdat, 1980, p. 619.

2 A. Ekimovskiy and A. Tonkikh, "Red Army Tactics in the Civil War", trans. from *Voyenni vestnik*(이하 VV로 약칭)(1967년 1월), pp. 9~15. 또 K. A. Meretskov, *Serving the People*, Moscow: Progress Publishers, 1971, pp. 36~45를 참조하라. 소비에트는 기병을 대규모 운용해 성과를 거두자, 1920년 제2 기병군을 창설해 내전 이후 붉은 군대의 핵심 기동 전력으로 만들었다. 내전 기간 중 스탈린의 측근이었던 제1 기병군 출신(부돈니, 보로실로프 등)들은 스탈린의 지원을 받아 제2차 세계 대전이 발발할 때까지 군의 요직을 장악하는 집단을 구성했다.

3 붉은 군대는 1925년 31개 소총병 사단과 10개 기병 사단으로 구성된 41개 정규 사단과 46개 지역 소총병 사단, 8개 지역 기병 여단, 그리고 민족 단위로 편성된 여러 개의 독립 부대들로 구성되어 있었다. 전쟁이 발발할 경우 붉은 군대는 총 140개 사단으로 증강될 계획이었다. 자세한 사항은 다음을 참조하라. David M. Glantz, *The Military Strategy of the Soviet Union: A History*, London: Frank Cass & Co., Ltd., 1992, pp. 46~53.

4 Hans W. Gatzke, "Russo-German Military Collaboration During the Weimar Republic", *American Historical Review* 63-3(1958년 4월), pp. 565~597. 러시아 측 자료들은 A. Zdanovich, "Sekretnye laboratorii reikhsvera v Rossii", *Armiia 1*(1992년 1월), pp. 62~68; 2(1992년 1월), pp. 59~64; 3~4(1992년 2월), pp. 67~71; 6(1992년 3월), pp. 67~71; 그리고 S. A. Gorlov, "Voennoe sotrudnichestvo SSSR i Germanii v 20-e gody", *Voennoistoritseskii zhurnal*(이하 VIZh로 약칭) 9(1991년 9월), pp. 4~11.

5 프룬제가 정의하는 〈교리doktrina〉는 국가가 전쟁 시 군사력을 사용하는 데 대한 매우 추상적인 개념이다. 반면 서방측 군인들은 교리를 무력을 사용하는 데 필요한 보다 구체적인 개념으로 사용하는 경향이 있다. 이런 차이 때문에 소련이 사용하는 〈전략적〉, 〈작전적〉, 〈전술적 개념과 이론〉 등은 보다 고차원의 〈교리〉(서방측의 같은 단어와는 다른 뜻을 가진)와는 구별되는 것으로 정의한다.

6 R. Savushkin, "K voprosu o zarozhdenii teorii posledovatel'nykh nastupatel'nykh operatsii, 1921~1929gg", *VIZh* 5(1983년 5월): pp. 77~83.

7 A. A. Svechin, "Strategiia", *Voprosy strategii i operativnogo iskusstva v sovetskikh voennykh trudakh, 1917~1940gg*, Moscow: Voenizdat, 1965, p. 238에서 재인용. 전략, 작전술, 전술의 상관관계에 대해서 보다 자세한 사항은 다음을 참조하라. A. A. Svechin, *Strategiia*, Moscow: Voenizdat, 1926.

8 A. Riazansky, "The Creation and Development of Tank-Troop Tactics in the Pre-War Period", *VV* 11(1966년 11월), pp. 25~32에서 인용하였다.

9 전차의 종류는 보병 직접 지원neposredstvennoi podderzhki pekhoty(약칭 NPP), 장거리 지원 dal'nei podderzhka pekhoty(약칭 DDP), 장거리 기동dal'nege deistviia(약칭 DD) 등으로 구분했다. 후에 각 제대의 규모에 따라 각각 군단, 야전군, 전선군의 전술, 또는 작전 기동을 위한 선견대peredovye otriady, 기동 집단podvizhnye gruppy 등으로 분류했다. 차량화 집단은 더 현대적인 작전적 기동 집단의 전신이었다.

10 군사 장비의 발전에 대해서는 다음을 참조하라. A. Iovlev, "Tekhnicheskoe perevooruzhenie Krasnoi Armii v gody pervoi piatiletki(제1차 5개년 계획 기간 중 붉은 군대의 기술적 재무장)", *VIZh* 12(1964년 12월), pp. 4~13.

11 소련은 1924년 10월 모스크바에서 제3 전차 연대를 편성했으나, 바로 다음해 이 연대를 해체하고 2개 독립 전차 대대로 재편했다. 1927년에 편성된 제1 전차 연대는 6개의 장갑차 대대와 장갑 열차 30대를 보유했다. A. Ryzhakov, "K voprosy o stroitel'stve bronetankovykh voisk Krasnoi Armii v 30-e gody", *VIZh* 8(1968년 8월) p. 105; David M. Glantz, *The Motor-Mechanization Program of the Red Army in the Interwar Years*, Fort Leavenworth, Kan.: Soviet Army Studies Office, 1990.

12 Ryzhakov, "K voprosy o stroitel'stve", p. 106. 새로 창설된 여단은 병력 4,700명, 전차 119대, 소형 전차 100대, 장갑차 15대, 그리고 기타 지원 장비로 편성됐다. 이와 함께 3개 전차 연대가 추가로 편성됐다.

13 새로 편성된 2개 군단은 레닌그라드와 우크라이나 군관구의 제11군, 제45 소총병 사단을 근간으로 편성됐고, 전차 490대, 차량 200대와 병력 10,000명으로 구성되어 있었다.

14 지방군과 정규군의 혼성 체제는 1937년에서 시작되어 1939년 1월에 종료되었다. 이것은 유럽의 새로운 위협, 특히 나치 독일의 등장에 대한 대응이었다. 이 기간 동안 35개 지방 사단이 정규 사단으로 전환됐다. 붉은 군대의 전력은 1939년 9월 1일에 96개 소총병 사단 1,500,000명에서, 1939년 12월 1일에 170개 소총병 사단 2,300,000명으로 증가했고, 다시 1940년 2월 1일에는 161개 소총병 사단 4,500,000명, 전쟁 직전인 1941년 6월에는 196개 소총병 사단 5,000,000명으로 증가했다. S. A. Tiushkevich, ed., *Sovetskie vooruzhennye sily,* Moscow: Voenizdat, 1978, p. 236; A. A. Volkov, *Kriticheskii prolog,* Moscow: Aviar, 1992, p. 27.

15 Dimitri Volkogonov, *Stalin: Triumph and Tragedy*, trans. and ed. Harold Shukman, Rocklin, Calif.: Prima Publishing, 1992, p. 47, pp. 250~252, pp. 319~324.

16 O. F. Suvenirov, "Vsearmeiskaia tragediia", *VIZh* 3(1989년 3월호), p. 42. 최근 많은 러시아 연구자들이 군부 숙청의 영향에 대해 다루고 있다. 러시아 측의 연구들은 숙청에 대한 당시 미 육군의 연구 결과의 신뢰성을 뒷받침해 주고 있다. 당시 미 육군의 분석 자료는 다음 문헌에 정리되어 있다. "Attache Assessments of the Impact of the 1930s Purges on the Red Army", *Journal of Soviet Military Studies*(이하 *JSMS*로 약칭) 2-3(1989년 9월), pp. 417~436. 러시아 측의 자료들은 기존의 서방측에서 이뤄진 연구들의 신뢰도도 높다는 것을 보여 준다. 대표적인 것으로 다음과 같은 자료가 있다. Malcolm MacIntosh, *Juggernaut: A History of the Soviet Armed Forces,* New York: Macmillan, n. d, p. 93.

17 S. S. Biriuzov, *Sovetskii soldat na Balkanakh*, Moscow, 1963, pp. 137~143. 영어 번역판은 Seweryn Bialer, ed, *Stalin and his Generals: Soviet Military Memoirs of World War II*, Boulder, Colo.: Westview Press, 1984, pp. 84~86.

18 David M. Glantz, "Vatutin", *Stalin's Generals*, ed., H. Shukman, London: Weidenfeld & Nicolson, 1993, p. 289. 이 3명은 뒤에 육군 최고 사령부와 전선군 참모부의 핵심 인물이 되었다.

19 투하쳅스키의 기념비적인 1928년 연구 『미래의 전쟁*Budushchaia voina*』은 오직 3부만이 남아 문서 보관소에 소장되어 있다. 최근 공개된 사본의 표지에 붙은 열람자 서명란에는 1955년 이후 13명의 서명만 있었다.

20 1930년대에 간행된 소련 총참모부 저널인 『군사 사상 Voennaia mysl'』과 VIZh의 스페인 내전 관련 글을 보면, 당시 소련 측은 종심 작전의 실행 가능성에 대해 정확하지 않은 평가를 내리고 있었던 것으로 보인다. 다음을 참조하라. David M. Glantz, "Observing the Soviets: U. S. Military Attaches in Eastern Europe During the 1930s", *The Journal of Military History* 5-2(1991년 4월) pp. 153~183.

21 위원회의 결정과 차량화 부대 편제에 대해서는 다음을 참조하라. Ryzhakov, pp. 105~111; Glantz, "Observing the Soviet", pp. 43~45.

22 I. F. Kuz'min, *Na strazhe mirnogo truda*(1918~1940gg.), Moscow: Voenizdat, 1959; V. Ezhakov, "The Battles at Lake Khasan"(On the 30th Anniversary of the Defeat of the japanese Troops), *VIZh* 7(1968년 7월), pp. 124~128을 참조하라. 병력 손실에 대해서는 다음을 참조하라. G. F. Krivosheev, ed., *Grif sekretnosti sniat: Poteri vooruzhennykh sil SSSR v voinakh, boevykh deistviiakh i voennykh konfliktakh*(이하 *Grif sekretnosti*로 약칭), Moscow: Voenizdat, 1993, pp. 71~73.

23 할흐 강 전투에 대해 잘 요약된 연구로는 Edward J. Drea, *Nomonhan: Japanese-Soviet Tactical Combat*(1939)이 있다. *Leavenworth Papers, no. 2*, Fort Leavenworth, Kans.: U. S. Army Command and General Staff College, 1981; Alvin D. Coox, *Nomonhan: Japan Against Russia, 1939*, 2 vols., Stanford, Calif.: Stanford University Press, 1985. 이 문헌들은 매우 방대한 저작이긴 하나 대부분 일본의 시각에서 기술되었다. 병력 손실에 대해서는 Krivosheev, *Grif sekretnosti*, pp. 77~85를 참조하라.

2 | 1939~1941년의 무장 대치

1 소련 측의 군사적 준비에 대해서는 다음을 참조하라. David M. Glantz, *The Military Strategy of the Soviet Union: A History*, London: Frank Cass & Co., 1992, pp. 69~72.

2 수많은 러시아의 문헌 자료들이 소련 붕괴 전에는 그 존재가 부인되어 왔던 비밀 첨부서를 포함하여 이 조약 내용이 사실이라는 것을 입증해 주고 있다. 대표적인 자료는 다음과 같다. A. Chubar'ian, "V preddverii vtoroi mirovoi voiny", *Kommunist* 14(1988년 9월), pp. 102~112; D. A. Volkogonov, "Drama reshenii 1939 goda", *Novaia i noveishaia istoriia* 4(1989년 7~8월), pp. 3~26; "Na rokovom poroge(iz arkhivnykh materialov 1939 goda)", *Voprosy istorii* 11(1989 12월), pp. 87~112; *Voprosy istorii* 3(1990년 3월), pp. 13~39.

3 S. M. Shtemenko, *The General Staff at War*, 1941~1945, vol. 1, Moscow: Progress Publishers, 1985, pp. 15~18. 소련 측의 병력 동원과 이후의 작전에 대해서는 다음 자료를 참조하라. *Istorii voin, voennogo iskusstva i voennnoi nauki: Uchebnik dlia voennoi akademii general'nogo shtaba vooruzhennykh sil SSSR*, Moscow: Voroshilov Academy of the General Staff, 1977, pp. 520~553. 또한 Harold Orenstein에 의해 번역된 이 장이 *JSMS* 6-1호(1993년, 3월), pp. 86~141에 실렸다.

4 벨로루시 전선군의 군단 지휘관 볼딘이 지휘한 기동 기병-기계화 집단은 제15 전차 군단과 제3, 제6 기병 군단으로 편성됐고, 우크라이나 전선군의 기병-기계화 집단은 제25 전차 군단과 제4, 제5 기병 군단으로 편성됐다. *Istorii voin*, pp. 107~108을 참조하라.

5 Andrei I. Eremenko, *The Arduous Beginning*, Moscow: Progress Publishing, 1974, p. 15~19.

6 Alexander Werth, *Russia at War, 1941~1945*, New York: E. P. Dutton & Co., 1964, pp.

63~64. 병력 손실은 G. F. Krivosheev, *Grif sekretnosti*, pp. 85~90을 참조하라. 소련은 이 작전에 총 466,516명의 병력을 투입했다.

7 Dimitri Volkogonov, *Stalin: Triumph and Tragedy*, trans. and ed. Harold Shukman, Rocklin, Calif.: Prima Publishing, 1992, pp. 359~360. 옐친 행정부는 이 불행한 사태에 대한 자료들을 폴란드 정부에 모두 제공하기로 합의했다. 러시아 연방 중앙 문서 보관소의 P. G. 피호프P. G. Pikhov가 서명한 〈*Paketa N1*〉이라는 4건의 일급 기밀 자료들이 이 문제를 다루고 있다.

8 소련의 발트 3국 점령에 대한 문헌 자료 중에서는 다음을 참조하라. "Dopustit' razmeshchenie voisk……(O vvode chastei Krasnoi Armii na territorii Litvy, Latvii, Estonii v 1939~1940 gg.)", *VIZh* 4(1990년 4월), pp. 31~39.

9 위의 글.

10 자세한 사항은 *Istorii voin*, pp. 116~118을 참조하라.

11 Malcolm MacIntosh, *Juggernau: A History of the Soviet Armed Forces*, New York: Macmillan, n. d., pp. 113~116; Eloise Engle and Lauri Paananen, *The Winter War: The Russo-Finnish Conflict, 1939~1940*, New York: 1973. Krivosheev, *Grif sekretnosti*, pp. 93~105에서는 크리보셰예프는 전쟁 초기 핀란드군이 7개 보병 사단, 4개 독립 보병 여단, 1개 기병 여단, 수 개의 독립 보병 대대로 구성된 600,000명의 병력과 항공기 270대를 카렐리야 지협에 배치하고, 다른 독립 부대들을 보다 북쪽에 배치했다고 주장한다. *Istorii voin*, p. 126에는 핀란드군의 병력이 총 500,000명, 12개 보병 사단, 5개 보병 여단, 5개 독립 보병 연대, 22개 소총병과, 파르티잔 대대, 1개 기병 여단이라고 주장하고 있다. 전쟁 초기에 핀란드는 21개 소총병 사단과 1개 전차 군단, 3개 전차 여단으로 편성된 소련의 4개 야전군(제14군, 제9군, 제8군, 제7군)과 교전했는데 이 4개 야전군은 1940년 1월 1일 기준으로 총 병력 550,757명이었으며, 3월 1일에 핀란드 전선의 소련군은 총 916,613명으로 증강됐다.

12 MacIntosh, *Juggernaut*, pp. 116~117. 소련 제9군의 작전에 대한 자세한 내용은 다음을 참조하라. O. A. Dudorova, "Neizvestnye stranitsy 'zimnei voiny'", *VIZh* 9(1991년 9월), pp. 12~23.

13 Military Intelligence Division, U. S. Army, *Soviet-Finnish War: Operations from November 30, 1939, to January 7, 1940* (U. S. Army: January 10, 1940); Jonathan M. House, ed., *Selected Readings in Military History: Soviet Military History*, vol. 1 of *The Red Army, 1918~1945*, Fort Leavenworth, Kan.: Combat Studies Institute, 1984, pp. 125~134. 보다 세부적인 내용은 *Istorii voin*, pp. 520~553을 참조하라.

14 이 비참한 패배에 대한 자세한 내용은 이 부대의 전투 일지를 인용하고 있는 Dudorava, "Neizvestnye", pp. 12~23을 참조하라. 1월 1일부터 7일까지 제44 소총병 사단은 전사자 1,001명, 부상자 1,430명, 동상 82명, 기타 원인 불명 2,243명 등 총 4,756명의 인명 손실과 사단 장비 거의 전부를 상실했다.

15 Shtemenko, *The General Staff at War*, pp. 24~25.

16 Werth, *Russia at War*, p. 79. 그러나 Krivosheev, *Grif sekretnosti*에 따르면 소련 측의 피해는 전사 65,384명, 행방불명 19,610명, 부상 186,584명, 동상 9,614명, 질병 51,892명을 포함해 총 333,084명이다.

17 Volkogonov, *Stalin: Triumph and Tragedy*, p. 367 ff.

18 티모셴코의 군 재편에 따른 기계화 부대와 다른 부대들의 편제에 대해서는 다음을 참조하라. David M. Glantz, *Soviet Military Operational Art: In Pursuit of Deep Battle*, London: Frank Cass &

Co., 1991, p. 96; Glantz, *The Motor-Mechanization Program of the Red Army in the Interwar Years*, Fort Leavensworth, Kan.: Soviet Army Studies Office, 1990, pp. 45~48.

19 Volkogonov, *Stalin: Triumph and Tragedy*, p. 369.

20 이 회의의 의사록은 현재 공개된 상태이다. 대표적인 것은 다음과 같다. S. K. Timoshenko, *Zakliuchitel'naia rech'narodnogo komissara oborony soiuza SSSR 1940 geroia i marshala Sovetskogo Soiuza S. K. Timoshenko na voennom soveshchanii, 31 dekabria 1940g.*, Moscow: Voenizdat, 1941. 이 회의와 이 회의에 이어진 전쟁 게임에 대한 자세한 분석은 다음을 참조하라. M. V. Zakharov, *General'nyi shtab v predvoennye gody*, Moscow: Voenizdat, 1989, pp. 239~250.

21 *Eremenko, Arduous Beginning*, pp. 22~43. 현재 많은 자료들이 당시 소련의 대비 태세가 매우 위험한 수준이었다는 것을 보여 준다. 대표적인 것으로는 다음을 참조하라. Iu. G. Perechnev, "O nekotorykh problemakh podgotovki strany i Vooruzhennykh Sil k otrazheniiu fashistskoi agressii", *VIZh* 4(1988년 4월), pp. 42~50.

22 전쟁 게임에 대한 자세한 내용은 다음을 참조하라. Glantz, *Military Strategy*, pp. 81~86.

23 프리퍄트 습지대 문제는 다음을 참조하라. A. Filippi, *Pripiatskaia problema*, Moscow: Izdatel'stvo inostrannoi literatury, 1959.

24 Zakharov, *General'nyi shtab*, pp. 125~128에 소련의 자세한 방어 계획이 나와 있다. 또한 다음도 참조하라. Glantz, *Military Strategy*, pp. 55~82.

25 Zakharov, *General'nyi shtab*, pp. 248~250; David M. Glantz, "Soviet Mobilization in Peace and War", *JSMS* 5-3(1992년 9월), pp. 236~239.

26 바르바로사 작전 이전 소련 측의 정보 판단에 대한 연구 중 가장 훌륭한 것은 다음의 문헌들이다. "Nakanune voiny, 1940~1941 gg.: O podgotovka germanii k napadeniiu na SSSR": *Izvestiia TsK KPPS*, 4(1990년 4월), pp. 251~264. 이 문헌들에서는 소련군과 내무 인민 위원회 문서고에서 발굴한 방대한 양의 정보 보고서를 소개하고 있다.

27 Glantz, *Military Strategy*, pp. 306~312; Zakharov, *General'nyi shtab*, pp. 258~262.

28 Zakharov, *General'nyi shtab*, p. 259; A. G. Khor'kov, "Nekotorye voprosy strategicheskogo razvertivaniia Sovetskikh Vooruzhennykh Sil v nachale Velikoi Otechestvennoi voiny", *VIZh* 1(1986년 1월), pp. 11~12.

29 지난 2년간, 소련은 독일의 병력 동원과 침공을 개시하려는 의도가 확실해지자 1941년 5월 〈예방 전쟁〉을 감행하기 위한 준비를 했다는 주장들이 제기되어 왔다. 이 논쟁은 빅토르 수보로프Victor Suvorov라는 필명으로 활동하는 소련인 망명객 V. 레준V. Rezun이 1941년 5월 15일 건의안 predlozhenie(이 안은 주코프가 제안했으며 그동안 소련 측의 문헌들에서 부분적으로 소개되어 왔다)을 재조명하고, 소련이 독일에 대한 선제공격을 준비했다는 내용을 담은 책 2권을 발간하면서 본격화됐다. 레준의 저작들은 특히 독일 역사학계로부터 폭넓은 지지를 받았다. 그리고 현재 러시아의 젊은 수정주의 역사학자들도 이 주장을 수용하는 경향이 있다. 이들은 소련 체제를 비판하는 것이라면 무엇이든지 진실로 받아들이기 때문이다.

레준은 스탈린이 1930년대부터 1941년 6월까지 취한 모든 군사적 행동을 독일에 대한 선제 공격을 위한 준비 과정이었다고 해석하고 있다. 주코프의 건의안은 7월에 선제공격을 개시해야 한다는 내용을 담고 있으며, 이는 레준의 주장의 핵심이다. 이 건의안의 내용은 사실인 것으로 보이지만 실제로 이런 건의안은 여러 차례 있었으며 이런 우발 계획 수립은 총참모부의 업무 중 하나다. 또 레준은 엄청난 규모의 소련 군대가 1941년 공격을 개시하려 했다는 식으로 묘사하고 있다.

그러나 스탈린이 독일과의 전쟁이 불가피했다고 생각했다는 점이 사실이라 하더라도 최소한 많은 사료들은 스탈린이 1942년 이전에 전쟁이 일어나는 것은 피하려 했다는 것을 보여 준다. 그리고 현존하는 소련과 독일의 1차 사료를 통해서 볼 때 소련군의 전투력은 매우 형편없었고 1941년에는 전쟁 준비가 전혀 되어 있지 않았다.

설사 레준의 주장이 옳다고 하더라도 독일의 공격 계획은 소련의 공격 계획보다 더 빨리 수립되었고, 가장 빠른 주코프의 공격 계획조차 독일의 침공보다 한참 이후인 7월로 예정되어 있었다. 이 공격은 5월로 예정되어 있었으나, 6월 22일로 연기된 것이었다(3장에서 주코프 계획을 참조하라).

3 | 1941년의 양군의 대치

1 독일군의 조직과 교리에 대해서는 다음을 참조하라. Jonathan M. House, *Towards Combined Arms Warfare: A Survey of 20th-Century Tactics, Doctrine, and Organization*, Fort Leavenworth, Kan.: Combat Studies Institute, 1984, pp. 81~83, pp. 96~97; F. W. von Senger und Etterlin, *Die Panzergrenadiere: Geschichte und Gestalt der mechanisierten Infanterie 1930~1960*, München: J. F. Lehmanns Verlag, 1961, pp. 72~77.

2 1943년 초에 독일은 〈차량화 군단〉을 〈기갑 군단〉으로 개칭하고, 〈차량화 보병 사단〉을 〈기갑 척탄병 사단〉으로 개칭했다.

3 Timothy A. Wray, *Standing Fast: German Defensive Doctrine on the Russian Front During World War II; Prewar to March 1943*, Fort Leavenworth, Kan.: Combat Studies Institute, 1986, pp. 1~21.

4 Earl F. Ziemke and Magna E. Bauer, *Moscow to Stalingrad: Decision in the East*, Washington D. C.: U. S. Army Center of Military History, 1987, p. 14.

5 Robert M. Kennedy, *The German Campaign in Poland, 1939*, Washington, D. C.: Office of the Chief of Military History, 1956, p. 120. 독일군의 중앙화된 차량 정비 체계에 대해서는 다음을 참조하라. Kenneth Macksey, "The German Army in 1941", in *The Initial Period of War on the Eastern Front, 22 June ~August 1941. Proceedings of the 4th Art of War Symposium*, ed., David M. Glantz, London: Frank Cass & Co., Ltd., 1993, pp. 64~65.

6 Klaus Reinhardt, *Moscow — The Turning Point: The Failure of Hitler's Strategy in the Winter of 1941~1942*, trans. Karl B. Keenan, Oxford and Providence: Berg Publishers, 1992), pp. 26~28.

7 바르바로사 작전 지령의 전문은 구데리안의 *Panzer Leader*, New York: E. P. Dutton, 1952, pp. 513~516의 부록 XXII에 실려 있다.

8 Franz Halder, *The Halder War Diaries, 1939~1942*. eds. Charles Burdick and Hans-Adolf Jacobsen, Novato, Calif.: Presidio Press, 1988, p. 294.

9 1941년 작전에 투입된 사단의 숫자는 논란의 여지가 있다. 노르웨이와 제2제대, 그리고 예비대로 독일에 주둔하고 있던 사단들을 포함하느냐 마느냐에 따라 달라지기 때문이다. 본문에 나온 수치는 동

부 전역 전체를 반영한 것으로, 다음 문헌에 실려 있다. Ziemke and Bauer, *Moscow to Stalingrad*, pp. 7~8; David M. Glantz, *The Military Strategy of the Soviet Union: A History*, London: Frank Cass & Co., Ltd., 1992, pp. 91~98.

10 Malcolm MacIntosh, *Juggernaut: A History of Soviet Armed Forces*, New York: Macmillan, n. d., pp. 137~139; Glantz, *The Initial Period of War*, pp. 185~187.

11 독일군은 이들 물자 집적소 일부를 사전에 파악하지 못해, 뒤에 이곳들은 파르티잔 부대의 주요한 장비 보급소가 됐다.

12 O. A. Losik, ed., *Stroitel'stvo i boevoe primenenie sovetskikh tankovykh voisk v gody Velikoi Otetsestvennoi voiny*, Moscow: Voenizdat, 1979, p. 44. 1941년 당시 소련군의 부대 편성에 대한 자세한 사항은 다음을 참조하라. Glantz, *Soviet Military Operational Art*, pp. 93~97.

13 Glantz, *The Initial Period of War*, p. 34에 개전 당시 소련의 전체 기계화 군단에 대한 통계 자료가 수록되어 있다. 가장 정확한 자료는 다음 문헌이다. Steven Zaloga, "Technological Surprise and the Intial Period of War: The Case of the T-34 Tank", *JSMS* 6-4(1994년 12월), pp. 634~646. 잘로가가 인용한 자료들은 최근 기밀 해제된 소련의 3개 전선군의 1941년 6월 일지를 바탕으로 한 것이다.

14 MacIntosh, *Juggernaut*, p. 132; Konstantin K. Rokossovsky, *A Soldier's Duty*, Moscow: Progress Publishers, 1985, pp. 12~15.

15 Zaloga, "Technological Surprise". 소련이 배치한 1,861대의 신형 전차 중 508대의 KV계열, 967대의 T-34가 서부 지역 군관구에 배치됐다. 반면 독일 측은 성능과 규모에서 열세였는데, 1,449대의 3호 전차와 517대의 4호 전차를 보유하는 데 그쳤다.

16 S. Alferov, "Strategicheskoe razvertyvanie sovetskikh voisk na Zapadnom TVD v 1941 gody", *VIZh* 6(1981년 6월), p. 31.

17 소련의 전차 생산에 대해서는 다음을 참조하라. V. Mostovenko, "Razvitie sovetskikh tankov v gody Velikoi Otechestvennoi voiny", *VIZh* 9(1961년 9월), pp. 33~45.

18 Zaloga, "Technological Surprise". 이 시기 독일군의 기갑 전력에 대한 자세한 논의는 다음을 참조하라. I. S. O. Playfair, F. C. Flynn, C. J. C. Molony, and S. E. Toomer, *The Mediterranean and the Middle East, Vol. II: The Germans Come to the Help of Their Ally, 1941*, London: H. M. S. O., 1956, pp. 13~14, pp. 173~175, pp. 341~345.

19 Williamson Murray, *Luftwaffe*, Baltimore, Md.: Nautical and Aviation Publishing Co. of America, 1985, p. 79, p. 83.

20 Van Hardesty, *Red Phoenix: The Rise of Soviet Air Power, 1941~1945*, Washington, D. C.: Smithsonian Institution Press, 1982, p. 21, pp. 54~55. 소련 공군의 정확한 항공기 보유 대수는 다음을 참조하라. M. I. Mel'tiukhov, "22 iiunia 1941g.: Tsifri svidetel'stvuiut", *Istoriia SSSR* 3(1991년 3월), pp. 16~28.

21 Alexander Werth, *Russia at War, 1941~1945*(New York: E. P. Dutton & Co., 1964), p. 139; Dimitri Volkogonov, *Stalin: Triumph and Tragedy*, trans. and ed. Harold Shukman, p. 375.

22 소련의 계획에 대해서는 다음을 참조하라. Glantz, *Soviet Military Strategy*, pp. 78~81; Volkogonov, *Stalin: Triumph and Tragedy*, Rocklin, Calif.: Prima Publishing, 1992, pp. 396~398.

23 이 부분은 S. P. Ivanov, *Nachalnyi period voiny*(Moscow: Voenizdat, 1974)를 인용한 Ziemke

and Bauer, *Moscow to Stalingrad*, pp. 18~22에 근거하고 있다. 다음 문헌도 참조하라. Glantz, *Soviet Military Strategy*, pp. 95~98, Iu. Ia. Kirshin and N. M. Ramanichev, "Nakanune 22 iiunia 1941g.(po materialam voennykh arkhivov)", *Novaia i noveishaia istoriia* 3(1991년 3~4월), pp. 3~19.

24 Ivanov, *Nachalnyi period*, p. 101, pp. 106~107, p. 204; Shtemenko, *The General Staff at War*, vol. 1, p. 33.

25 V. Karpov, "Zhukov", *Kommunist vooruzhennykh sil* 5(1990년 5월), p. 67~68.

26 이 부분은 주로 Barton Whaley, *Codeword Barbarossa*(Cambridge, Mass.: M. I. T. Press, 1973)을 참조했다. 또한 다음 문헌도 참조하라. Robert Savushkin, "In the Tracks of a Tragedy: On The 50th Anniversary of the Start of the Great Patriotic War", *JSMS* 4-2(1991년 6월), pp. 213~251; A. G. Khorkov, *Nakanune groznykh sobitii*, *VIZh* 5(1988년 5월), pp. 42~49.

27 Werth, *Russia at War*, pp. 113.

28 Whaley, *Codeword Barbarossa*, pp. 193~196.

29 이 전문은 다음에서 재인용하였다. Savushkin, "In the Tracks of a Tragedy", pp. 221~222.

4 | 독일의 기습 공격

1 "A Collection of Combat Documents Covering Soviet Western Front Operations: 24~30 June 1941", trans. Harold S. Orenstein, *JSMS* 4-2(1991년 6월), p. 334. 이 자료 전체는 다음 문헌에 기록되어 있다. "Dokumenty po boevym deistviiam voisk Zapadnogo fronta s 22 iiunia po 5 iiulia 1941g", *Sbornik boevykh dokumentov Velikoi Otechestvennoi voiny, No. 1*, Moscow: Voenizdat, 1947. 이 자료들은 1964년 기밀 해제됐다. 이와 같은 시리즈로 1941년 6월 15일부터 10월, 책에 따라 11월까지 각 전선군, 야전군, 군단, 그리고 스타브카 문서 자료집이 있다. 불행하게도 이 자료집은 1960년 43권을 끝으로 발간이 중단됐다. 이하 *SBDVOV*로 약칭하고, 각 권에 해당되는 번호를 같이 표기한다.

2 Van Hardesty, *Red Phoenix: The Rise of Soviet Air Power, 1941~1945*, Washington, D. C.: Smithsonian Institution Press, 1982, p. 11.

3 "A Collection of Combat Documents", p. 329ff; Werth, *Russia at War, 1941~1945*, New York: E. P. Dutton & Co., 1964, pp. 151~155. 전쟁 초기의 상황은 다음 문헌에 잘 묘사되어 있다. I. V. Boldin, *Strasnitsy zhizni*, Moscow: Voenizdat, 1961. 전쟁 초기 서부 전선군의 작전에 대한 가장 뛰어난 회고는 다음 문헌들에 수록되어 있다. L. M. Sandalov, "Stoiali nasmert", *VIZh* 10(1988년 10월), pp. 3~13; 11(1988년 11월), pp. 3~10; 12(1988년 12월), pp. 13~22; 2(1989년 2월), pp. 32~41; 6(1989년 6월), pp. 8~15. 산달로프는 제4군의 참모장이었다.

4 지령 3호의 내용은 다음을 참조하라. John Erickson, *The Road to Stalingrad: Stalin's War with Germany*, vol. 1, New York: Harper & Row, 1979, p. 132; S. M. Shtemenko, *The Soviet General Staff at War*, vol. 1, Moscow: Progress Publishers, 1985, pp. 37~40.

5 라세이냐이에서 소련 제2 전차 사단의 신형 전차와 격돌한 독일 제6 기갑 사단에 대한 기록은 다음을 참조하라. David M. Glantz, ed. *The Initial Period of War on the Eastern Front, 22 June ~August*

1941. Proceedings of the 4th Art of War Symposium, London: Frank Cass & Co., Ltd., 1993, pp. 93~96, pp. 112~119.

6 Glantz, *The Initial Period of War*, pp. 87~100.

7 Erich von Manstein, *Lost Vitories*, Novato, Calif.: Presidio Press, 1982, pp. 178~185.

8 "A Collection of Combat Documents", pp. 331~339, p. 343.

9 "A Collection of Combat Documents", p. 344에서 인용하였다.

10 파블로프의 즉결 처형에 대한 이야기는 다음 자료들을 참조하라. "Delo No. P-24000 generala Pavlova Dmitriia Grigor'evicha", *Kommunist vooruzhennykh sil* 8(1991년 4월), pp. 70~75; 9(1991년 5월), pp. 68~73; 11(1991년 6월), pp. 54~60; 13(1991년 7월), pp. 63~68; 14(1991년 7월), pp. 57~67. 스탈린에 의해 배신자로 매도된 파블로프는 최근 재조명되고 있다.

11 G. F. Krivosheev, *Grif sekretnosti*, p. 162에는 소련 서부 전선군이 1941년 6월 22일부터 7월 9일까지 총 병력 627,300명 중 417,790명을 잃었다고 되어 있다. 같은 기간 동안 북서 전선군은 병력 498,000명 중 88,486명을 잃었다.

12 Franz Halder, *The Halder War Diaries, 1939~1942*. eds. Charles Burdick and Hans-Adolf Jacobsen, Novato, Calif.: Presidio Press, 1988, pp. 432~435. 독일 정보기관은 전방에 전개된 소련 기계화 군단의 존재를 대부분 파악하지 못했다. 독일군은 카우나스Koǔnas 일대의 기계화 군단만 파악할 수 있었는데 그 이유는 독일의 스파이 조직 중 이 지역만이 건재했기 때문이었다. Glantz, *The Initial Period of War*, p. 83.

13 남서 전선군 지구의 작전에 대한 소련 측의 가장 뛰어난 자료는 다음과 같다. A. Vladimirsky, "Nekotorye voprosy provedeniia kontrudapov voiskami Iugo-Zapadnogo fronta 23 iiunia-2 iiulia 1941 goda", *VIZh* 7(1981년 7월), pp. 21~28; A. A. Gurov, "Boevye deistviia sovetskikh voisk na iugo-zapadnom napravlenii v nachal'nom periode voiny", *VIZh* 8(1988년 8월), pp. 32~41; A. V. Vladimirsky, *Na kievskom napravlenii*, Moscow: Voenizdat, 1989. 또한 다음도 참조하라. K. Rokossovsky, A *Soldier's Duty*, Moscow: Progress Publishing, 1985, pp. 14~24(무삭제판이 1989년 4월부터 1992년 3월까지 *VIZh*에 연재됐다); Glantz, *The Initial Period of War*, pp. 248~344; *SBDVOV*, No. 36, Moscow: Voenizdat, 1959.

14 G. F. Krivosheev, *Grif sekretnosti*, p. 164. 남서 전선군은 1941년 6월 22일부터 7월 6일까지 864,600명 중 241,594명을 잃었다.

15 Heinz Guderian, *Panzer Leader*, Washington, D. C.: Zenger Publishing Co., 1979, p. 152.

16 Omer Bartov, *The Eastern Front, 1941~1945; German Troops and the Barbarisation of Warfare*, New York: St. Martin's Press, 1986, p. 51, p. 66.

17 위의 책, p. 109. 잔학 행위에 대해서는 Werth, *Russia at War*, p. 208, pp. 373~376, pp. 700~709를 참조하라.

18 Bartov, *The Eastern Front*, pp. 153.

19 위의 책, p. 111; Reinhardt, *Moscow-The Turning Point*, p. 41, pp. 262~263.

20 Halder, *The Halder War Diaries*, p. 446.

21 초기에 M. F. 루킨M. F. Lukin 중장의 제16군은 겨우 2개 소총병 사단만 보유하고 있었다.

22 추가로 내무 인민 위원회 국경 경비대와 모스크바 민병대로 편성된 제29군, 제30군, 제31군, 제

32군, 제33군은 편성된 뒤 모스크바 방어를 위해 스타라야루사에서 뱌지마에 이르는 전선에 배치됐다. A. I. Evseev, "Manever strategicheskimi rezervami v pervom periode Velikoi Otechestvennoi voiny", *VIZh* 3 (1986년 3월), pp. 9~20.

23 V. Butkov, "Kontrudar 5-iu mekhanizirovannogo korpusa na lepel'skom napravlenii(6-11 iiulia 1941 goda)", *VIZh* 9(1971년 9월), pp. 59~65. *SBDVOV* No. 37, Moscow: Voenizdat, 1959.

24 소련의 선전 기관은 모길료프의 완강한 방어전을 훌륭한 선전 도구로 사용했다.

25 전투의 자세한 내용은 다음을 참조하라. Guderian, *Panzer Leader*, pp. 167~174; P. A. Kurochkin, "Battle of Smolensk", *Soviet Military Review* 4(1968년 4월), pp. 41~44; K. Cheremukhin, "Na smolenskom-moskovskom strategicheskom napravlenii letom 1941 goda", *VIZh* 10(1966년 10월), pp. 3~18; Bryan Fugate, *Operation Barbarossa*, Novato, Calif.: Presidio Press, 1984, pp. 137~142.

26 소련군이 반격에 투입한 사단들은 서류상으로는 상당한 전력이었으나, 실제로는 편제에 미달했거나 이전 전투에서 괴멸된 사단의 잔존 병력에 불과했다.

27 Bartov, *The Eastern Front*, p. 20.

28 스타브카는 급조되어 전투력이 형편없는 예비군들을 지원하기 위해, 전쟁 초반 괴멸되는 운명을 피할 수 있었던 내륙 지역 기계화 군단에 소속된 전차 사단들을 새로 단대호 100번대 전차 사단으로 개편했다. 이때 편성된 사단들은 제101, 제102, 제104, 제105, 제108, 제107 전차 사단으로, 기존의 사단들을 단대호만 변경한 것이다(제26 기계화 군단의 제52, 제56 전차 사단, 제27 기계화 군단의 제9, 제53 전차 사단, 제23 기계화 군단의 제51 전차 사단, 극동 지역의 제69 기계화 사단 등). 제111, 제112 전차 사단은 극동 지역에 배치된 독립 부대들과 제30 기계화 군단을 해체하고 그 소속 병력을 통합해 편성했다. 나머지 사단들은 예비군과 이전 전투에서 괴멸된 기계화 사단의 잔존 병력을 그러모아 편성됐다. 새로운 전차 사단의 편성은 고전하고 있는 소총병 사단들에 기갑 지원을 제공하기 위한 임시방편의 조치였다. 신규 편성된 전차 사단의 전력은 제각각이었다. 내륙 지역의 군관구에 주둔한 기계화 군단에서 편성된 사단들은 스타브카가 보유하고 있던 전차와 예비 비축 장비, 신규 생산된 장비를 지급받았다. 그러나 다른 사단들은 그러모을 수 있는 장비를 모두 모아 편성됐다.

사단 단대호의 변경은 다음을 참조하라. "Operativniai svodka shtab zapadnogo fronta No. 50 ot 21 iiulia 1941 g. o boevkh deistviiakh voisk fronta", *SBDVOV*, No. 37, p. 99를 참조하라. 또한 이 자료집에 있는 다음과 같은 예비군에 대한 보고서들도 참조하라. "Operativnaia svodka shtab fronta reservnykh armii No. 9 k 20 chasam 16 iiulia 1941 g. o polozhenii voisk fronta", *SBDVOV*, No. 37, pp. 141~142, "Boevoi prikaz komanduiushchego voiskami 24-i armii No.05/op ot 17 iiulia 1941 g. o perepodchinenii i peregruppirovke voisk armii", *SBDVOV*, No. 37, p. 316.

단대호 100번대 전차 사단의 기원에 대해 다루고 있는 자료 중 공개된 것은 다음과 같다. O. A. Losik, ed., Stroitel'stvo i boevoe primenenie sovetskikh tankovykh voisk v gody Velikoi Otechestvennoi voiny, Moscow: Voenizdat, 1979, p. 46. 로시크는 〈이 시기(1941년 7월 중순)에 10개 전차 사단이 후방 지역 군관구에 주둔한 기계화 군단으로부터 편성됐다〉고 기록하고 있다. 1차 사료들은 그의 주장을 뒷받침하고 있다.

29 V. Shevchuk, "Deistviia operativnykh grupp voisk v Smolenskom srazhenii(10 iiulia-10 sentiabria 1941 g.)", *VIZh* 12(1979년 12월), pp. 10~13. 문서는 *SBDVOV*, No. 36에 수록되어 있다.

30 Kurochkin, "Battle of Smolensk", pp. 43~44; Rokossovsky, *A Soldier's Duty*, pp. 25~39.

31 스몰렌스크 지구의 치열한 전투로 서부 전선군은 7월 10일부터 9월 10일까지 전투에 투입한 병력 579,400명 중 469,584명을 잃었다. 이와 함께 예비 전선군과 중부 전선군은 총 210,372명의 병력을 잃었다(이 2개 전선군의 작전 초기 투입 병력은 확실치 않다). 그렇지만 10월 1일에 서부 전선군의 병력은 558,000명으로 증가했고, 모스크바 방면을 방어하는 예비 전선군은 448,000명에 달해 소련이 방대한 인적 자원을 동원할 수 있었다는 것을 보여 준다. Krivosheev, *Grif sekretnosti*, pp. 168~171.

5 | 소련의 대응

1 편제의 변화에 대해서는 다음을 참조하라. V. D. Danilov, *Stavka VGK, 1941~1945*, Moscow: "Znanie", 1991. 영어로 된 자료로는 다음을 참조하라. Stephen J. Cimbala, "Inteligence, C3, and the Initial Periode of War", *JSMS* 4-3(1991년 9월), pp. 397~447.

2 John Erickson, *The Road to Stalingrad: Stalin's War with Germany*, New York: Harper & Row, 1979, pp. 172~173.

3 S. P. Ivanov, N. Shekhovtsov, "Opyt raboty glavnykh komandovanii na teatrakh voennykh deistvii", *VIZh* 9(1981년 9월), pp. 11~18; V. D. Danilov, "Glavnye komandovaniia napravlenii v Velikoi Otechestvennoi voine", *VIZh* 9(1987년 9월), pp. 17~23. 북서 방면군은 1941년 8월 27일에 해체됐고, 서부 방면군은 9월 27일에 해체됐다가 1942년 2월 1일부터 5월 5일까지 활동했다. 남서 방면군은 1942년 6월 21일에 해체됐으며, 북캅카스 방면군은 1942년 4월 21일 창설됐다가 5월 19일 해체됐다.

4 대표적인 사례로 1941년 여름, 전 총참모장이며 전선군 사령관인 K. A. 메레츠코프가 모스크바에서 내무 인민 위원회에 체포되어 심문을 받은 뒤 다시 지휘에 복귀한 경우가 있다.

5 Alexander Werth, *Russia at War, 1941~1945*, New York: E. P. Dutton & Co., 1964, pp. 168~169, pp. 227~228; Dimitri Volkogonov, *Stalin: Triumph and Tragedy*, trans. and ed. Harold Shukman, Rocklin, Calif.: Prima Publishing, 1992, p. 423, p. 427.

6 이 문제점은 총참모부의 자료집 *SMPIOV*(Sbornik materialov po izuchenie opyta voiny)의 문서들에 잘 나타나 있고, 이외에도 일반적인 내용은 공개된 자료들, 작전술 및 전술에 대한 연구들에 실려 있다. 대표적인 것은 다음과 같다. A. A. Strokov, *Istoriia voennogo iskusstva*, Moscow: Voenizdat, 1966, pp. 388~392.

7 이 명령서의 내용과 변경 사항은 프룬제 군사대학에서 발행한 다음 문헌을 참조하라. Iu. P. Babich and A. G. Baier, *Razvitie vooruzheniia i organizatsii sovetskikh sukhoputnykh voisk v gody Velikoi Otechestvennoi voiny*, Moscow: Izdanie Akademii, 1990.

8 1941년 12월 31일에는 전쟁 이전 62개였던 소총병 군단 중 6개만이 남았다.

9 James M. Goff, "Evolving Soviet Force Structure, 1941~1945: Process and Impact", *JSMS* 5-3(1992년 9월), pp. 381~382.

10 전차 여단은 1941년 8월 말 편성 당시 전차 93대를 보유하도록 되어 있었으나, 전차 부족으로 46대로 줄어들었다. 1941년 12월에 소련은 79개 전차 여단을 보유하고 있었다. 이 밖에 독립 전차 대대

는 29대의 전차로 편성됐다.

11 *History of the Great Patriotic War*, Vol II, Washington, D. C.: Office of the Chief of Military History, p. 62. 이 책은 *Istoriia Velikoi Otechestvennoi voiny*(Moscow: Voenizdat, 1962~1964) 전체 4권 중 제2권을 번역한 것이다.

12 F. Utenkov, "Dokumenty sovetskogo komandovaniia po bor'be s tankami protivnika", *VIZh* 8(1976년 8월), pp. 65~68. 이 문서를 포함해 소련의 전쟁 기간 중 대전차 전투에 대한 문서들은 *SBDVOV, vypusk* 16, Moscow: Voenizdat, 1952, pp. 5~72를 참조하라. 1964년 기밀 해제되었다.

13 David M. Glantz, "Soviet Mobilization in Peace and War, 1924~1942: A Survey", *JSMS* 5-3(1992년 9월), p. 351.

14 Glantz, "Soviet Mobilization", pp. 345.

15 Glantz, "Soviet Mobilization", p. 352; A. I. Evseev, "Manevr strategicheskimi rezervami v pervom periode Velikoi Otechestvennoi voiny", *VIZH* 3(1986년 3월), pp. 11~13, V. Golubovich, "Sozdanie strategicheskikh rezervov", *VIZh* 4(1977년 4월), pp. 12~19.

16 *History of the Great Patriotic War*, Vol. II, p. 139, p. 142; OCMH 번역판, p. 150, p. 156; Volkogonov, *Stalin: Triumph and Tragedy*, p. 415, p. 418.

17 *History of the Great Patriotic War*, Vol. II, pp. 144~148; OCMH 번역판, pp. 158~167; A. Nikitin, "Perestoika raboty promyshlennosti SSSR v pervom periode Velikoi Otechestvennoi voiny", *VIZh* 2(1963년 2월), pp. 11~20.

18 Reinhardt, *Moscow — The Turning Point*, p. 32, pp. 146~147.

6 | 모스크바를 향하여

1 붉은 군대와 해군은 6월 22일부터 9월 30일까지 병력 2,129,677명(전사 236,372명, 부상으로 인한 사망 40,680명, 병사 및 비전투 사망 153,526명, 행방불명 및 포로 1,699,099명)을 잃었다. 이 밖에 687,626명이 치료를 요하는 부상을 입었다. 이 손실은 전쟁 직전 소련군 전체 병력의 50퍼센트에 달하는 규모이다. 보다 자세한 내용은 다음을 참조하라. Krivosheev, *Grif sekretnosti*, pp. 146~153.

2 Klaus Reinhardt, *Moscow — The Turning Point: The Failure of Hitler's Straegy in the Winter of 1941~1942*, trans. Karl B. Keenan, Oxford and Providence, R. I.: Berg Publishers, 1992, pp. 26~27.

3 Franz Halder, *The Halder War Diaries, 1939~1942*. eds. Charles Burdick and Hans-Adolf Jacobsen, Novato, Calif.: Presidio Press, 1988, p. 480, pp. 487~495. 히틀러는 육군 총사령부가 엔진을 보급하라는 명령을 내렸다는 것을 모르고 있었다.

4 Halder, *The Halder War Diaries*, p. 506.

5 Heinz Guderian, *Panzer Leader*, Washington, D. C.: Zenger Publishing, 1979, p. 190.

6 독일군은 결국 옐냐 교두보에서 철수했다. 소련군은 8월 12~23일 사이에 스타라야루사 지구에서 반격을 감행해 독일 북부 집단군을 몇 차례 위급한 상황으로 몰고 갔으나 소련군은 막대한 인명 손실만 입었으며, 또 최근 러시아 연구자들의 연구에 따르면 레닌그라드의 상황을 더욱 악화시켰다. 이 작전에

투입된 소련군(제11군, 제34군, 제27군)은 병력 327,098명 중 198,549명을 잃었고 막대한 장비를 상실했다. 소련군의 주공이었던 제34군은 병력 54,912명 중 60퍼센트를 잃었고, 전차 83대 중 74대, 화포 748문 중 628문을 잃었다. 이 작전에서 포위된 제48군은 8월 25일 불과 7,000명의 병력만이 포위망을 탈출했다. 자세한 내용은 다음을 참조하라. A. A. Volkov, *Kriticheskii prolog: nezavershennye frontovye nastupatel'nye operatsii pervykh kampanii Velikoi Otechestvennoi voiny*, Moscow: Aviar, 1992, pp. 65~70.

7 Halder, *The Halder War Diaries*, pp. 508~524, Guderian, *Panzer Leader*, pp. 189~214. 실제로 스타브카는 예레멘코의 새로 편성된 브랸스크 전선군 지구에서 이미 반격을 준비하고 있었다.

8 Earl F. Ziemke and Magna E. Bauer, *Moscow to Stalingrad: Decision in the East*, Washington D. C.: U. S. Army Center of Military History, 1987, pp. 33~34; John Erickson, *The Road to Stalingrad: Stalin's War with Germany*, New York: Harper & Row, 1979, p. 202; Volkov, *Kriticheskii prolog*, pp. 73~76. 예레멘코는 상장으로 진급해 9월 12일 무익한 공세를 재개하라는 명령을 받았으나, 기동전의 전문가로 알려진 〈소련의 구데리안〉은 구데리안의 진격을 저지하는 데 실패했다.

9 *History of the Great Patriotic War*, Vol. II, pp. 104~109; OCMH 번역판 p. 76~86; Werth, *Russia at War*, pp. 205~206. 키르포노스가 처한 비참한 사태에 대해서는 다음 문헌에 실린 남서 전선군의 전투 일지를 참조하라. "Dokumentov po boevym deistviiam voisk Iugo-Zapadnogo napravleniia na pravoberezhnoi i levoberezhnoi Ukraine s 6 avgusta po 25 sentiabria 1941 g.", *SBDVOV, vypusk* 40, Moscow: Voenizdat, 1960. 이 자료는 1964년 기밀 해제됐다.

10 Volkov, *Kriticheskii prolog*, p. 76. 7월 7일부터 9월 26일까지 남서 전선군이 입은 손실은 총 병력 627,000명 중 585,598명이었다. 중부 전선군의 제21군은 이 작전에서 35,585명을 잃었고, 남부 전선군의 제6군과 제12군은 우만 포위망에서 79,220명을 잃었다. Krivosheev, pp. 166~167; A. Rakitsky, "Kievskaia oboronitel'naia operatsiia", *VIZh* 8(1976년 8월), pp. 124~128.

11 돈바스-로스토프 지구의 방어전에서 소련군이 입은 손실은 병력 541,600명 중 160,567명이었다. 반격 기간 중 소련군은 병력 349,000명 중 33,111명을 잃었다. Krivosheev, pp. 170~173.

12 *History of the Great Patriotic War*, Vol. II, pp. 80~91; OCMH 번역판, pp. 35~56. 9월 초에 스탈린은 메레츠코프(수용소에서 갓 석방된 상태였다), 불가닌, 메흘리스를 레닌그라드 지구로 파견했다. 9월 10일에는 주코프가 스탈린과 서부 방면에 대한 전략에 대해 논의한 뒤 레닌그라드 전선군의 지휘를 맡게 됐다. 소련으로서는 다행스럽게도 핀란드가 소련에 대한 공세를 1939년에 국경선에서 멈췄다.

13 이 전투에 대한 소련 측의 시각은 다음을 참조하라. M. F. Lukin, "V Viazemskoi operatsii", *VIZh* 9(1981년 9월), pp. 30~37. 루킨 중장은 제19군 사령관으로 뱌지마 포위망에 갇혔다. 일부 소련 측 자료들은 이 작전에 투입된 독일군의 전차가 1,700대 정도였다고 주장하고 있다. 이 부분은 다음 문헌을 참조하라. "Proval nastupleniia nemetsko-fashistkoi armii na Moskvu"(Iz dnevnika nachal'nika germanskogo shtaba za period s 30 avgusta po 4 noiabria 1941 goda), *VIZh* 11(1961년 11월), p. 71. 이 자료는 할더의 1941년 10월 1일자 일기를 인용해 제2 기갑 집단의 전력은 50퍼센트, 제1 기갑 집단과 제3 기갑 집단의 전력은 70~80퍼센트 수준이었다고 주장하고 있다. 제1 기갑 집단은 거의 편제에 근접한 수준이었다.

14 *History of the Great Patriotic War*, Vol. II, pp. 235~236; OCMH 번역판 pp. 114~115; I. Konev, "Nachalo Moskovskoi bitvy", *VIZh* 10(1966년 10월), pp. 56~67. Krivosheev, *Grif*

sekretnosti, p. 171에는 모스크바 축선의 소련군 전력이 9월 30일 기준으로 84개 소총병 사단, 1개 전차 사단, 2개 차량화 소총병 사단, 9개 기병 사단, 1개 소총병 여단, 13개 전차 여단, 2개 요새화 지구 1,250,000명이었다. 이 가운데 서부 전선군이 558,000명, 예비 전선군이 448,000명, 브랸스크 전선군이 244,000명이었다.

15 뱌지마 포위망에는 4개 야전군 사령부(제19군, 제20군, 제24군, 제32군)와 총 37개 사단, 9개 전차 여단과 제22군, 제30군, 제19군, 제16군, 제20군, 제24군, 제43군, 제31군, 제32군, 제49군, 볼딘 작전 집단에 배속된 31개 총사령부 예비 포병 연대가 걸려들었다. 인명 손실은 특히 심각했다. 제19군의 제248 소총병 사단은 전체 병력 중 불과 681명만이 포위망을 탈출하는 데 성공했다. B. I. Nevzorov, "Pylaiushchee Podmoskov'e", *VIZh* 11(1991년 11월), pp. 18~25. Krivosheev, *Grif sekretnosti*, p. 171에는 서부 전선군의 인명 손실이 총 310,240명, 예비 전선군의 손실은 188,761명으로 되어 있다.

16 예레멘코 상장의 브랸스크 전선군은 제3군, 제13군, 제50군과 A. N. 예르마코프A. N. Ermakov 소장의 작전 집단으로 구성됐으며, 브랸스크에서 글루호프에 이르는 지역을 방어했다.

17 Erickson, *The Road to Stalingrad*, p. 215; Guderian, *Panzer Leader*, pp. 230~232.

18 브랸스크 포위망에는 3개 야전군 사령부(제3군, 제50군, 제13군)와 27개 사단, 2개 전차 여단, 19개 총사령부 예비 포병 연대가 갇혔다. 뱌지마와 브랸스크 전투에서 소련군은 252,600명의 사상자와 673,000명의 포로, 94,800명의 부상자라는 인명 피해를 입었다. 독일군의 피해는 Nerzoro, *Pylaiuschee*, p. 24에 사상자 145,000명으로 되어 있다.

19 Guderian, *Panzer Leader*, pp. 232~235; *History of the Great Patriotic War*, Vol. II, pp. 239~240; OCMH 번역판, pp. 122~124; D. Leliushenko, "Boi pod Mtsenskom", *VIZh* 12(1960년 12월), pp. 34~44. Krivosheev, *Grif sekretnosti*, p. 171에는 브랸스크 전선군의 인명 피해가 109,915명으로 되어 있다.

20 Erickson, *The Road to Stalingrad*, pp. 216~221; S. M. Shtemenko, *The Soviet General Staff at War*, Vol. I, Moscow: Progress Publishers, 1985, pp. 49~50; Werth, *Russia at War*, pp. 234~241.

21 Ziemke and Bauer, *Moscow to Stalingrad*, pp. 42~46.

22 Halder, *The Halder War Diaries*, p. 437.

23 공격을 앞두고 주코프와 스탈린이 벌인 토론은 다음 문헌에 나와 있다. G. Zhukov, "V bitve za stolitsy", *VIZh* 9(1966년 9월), pp. 61~62. 각 공격은 볼로콜람스크(제16군), 세르푸호프(벨로프 집단) 지구에 가해졌다.

24 이 공격은 벨로프 소장이 지휘하는 작전 집단이 수행했다. 벨로프 작전 집단은 벨로프의 제2 기병 군단, 게트만 대령의 제112 전차 사단, 제173 소총병 사단으로 구성되어 있었다. 벨로프 집단의 공격의 결과, 〈적은 아군의 반격을 저지하기 위해 세르푸호프로 예비대를 투입해야 했다〉. 다음 자료들을 참조하라. A. Getman, "112-ia tankovaia diviziia bitve pod Moskvoi", *VIZh* 11(1981년 11월), p. 49; B. M. Shaposhnikov, ed., *Razgrom nemetskikh voisk pod moskvoi* (moskovskaia operatsiia zapadnogo fronta 16 noiabria 1941 g.-31 ianvaria 1942 g.) *3 chastei*, Moscow: Voenizdat, 1943. 이 자료는 1965년 기밀 해제됐다. 샤포시니코프는 1장에서 제112 전차 사단이 심각한 피해를 입었다고 기술하고 있다.

25 이 전투는 매우 심각한 위기를 불러온 것 같이 보이지만, 실제로는 그렇지 않았다. A. Ia. Soshnikov, ed., *Sovetskaia kavaleriia* (Moscow: Voenizdat, 1984)에서는 이 전투에 대해 다음과 같이 기술하고 있다. 〈11월 16일, 독일 제35 보병 사단과 제2 기갑 사단과의 교전으로 (몽골 제44 기병 사단은) 큰 피해를 입고 새로운 방어선으로 퇴각했다.〉 이 공격은 L. M. 도바토르L. M. Dovator 소장의 기병 집단, 제17, 제24, 제44 기병 사단, 제58 전차 사단, 제126 소총병 사단으로 편성된 제16군의 공세 작전 중 일부였다.

26 소련은 서부 전선군과 교전한 독일군의 전력을 병력 233,000명, 화포 1,880문, 전차 1,300대, 항공기 600~800대라고 기록해 놓았다. 독일은 병력을 집중시켜 전세가 소련 측에 유리해지기 전까지 주공 축선에서 우세를 유지하려 했다. 그러나 소련 측에 증원군이 도착하면서 전세가 뒤집혔다. 모스크바 방어 작전에 대한 보다 방대하고 세밀한 내용은 Shaposhnikov, *Razgrom*을 참조하라.

27 Erickson, *The Road to Stalingrad*, pp. 257~258; Ziemke and Bauer, *Moscow to Stalingrad*, pp. 49~53.

28 P. A. Rotmistrov, "Bronetankovye voiska", *VIZh* 1(1982년 1월), p. 23.

29 Guderian, *Panzer Leader*, pp. 242~256.

30 F. Gaivoronsky, "Razvitie operativnogo iskusstva", *VIZh* 12(1981년 12월), pp. 24~29; M. Sidorov, "Boevoe primenenie rodov voisk v bitva pod Moskvoi; Artilleriia", *VIZh* 1(1982년 1월), pp. 11~17.

31 P. A. Belov, *Za nami Moskva*, Moscow: Voenizdat, 1963. 벨로프의 부대는 작전 초기 129대의 전차(대부분 경전차)를 보유했다. Shaposhnikov, *Razgrom*, Chast' 1, pp. 117~119에는 제9 전차 여단이 벨로프의 부대를 지원한 것으로 되어 있다.

32 Shaposhnikov, *Razgrom*, Chast' 1, pp. 91~95.

33 위의 책, pp. 7~8. 1941~1942년 모스크바 지역의 평균 기온은 다음과 같았다. 11월에 영하 5도, 12월에 영하 12도, 1월에 영하 19도. 평년 기온은 월별로 각각 영하 3도, 영하 8도, 영하 11도였다. 1월 중에는 기온이 영하 35도~40도까지 떨어진 경우도 여러 차례 있었다. 강설량은 50~65센티미터에 달했다.

34 "Moskovskaia bitva 1941~1942", *Velikaia Otechestvennaia voina 1941~1945: entsiklopediia*, Moscow: Sovetskaia entsiklopediia, 1985, p. 465. Krivosheev, *Grif sekretnosti*, p. 174에는 모스크바 지구의 소련군 병력이 1,021,700명으로 되어 있다. 이 중 서부 전선군이 748,000명, 칼리닌 전선군이 192,200명, 남서 전선군의 우익 부대가 80,800명이었다. Shaposhnikov, *Razgrom*, Chast' 1, p. 5에는 서부 전선군의 전투 병력이 388,000명, 야포 및 박격포 4,865문, 전차 550대, 항공기 750대로 병력 240,000명, 야포 및 박격포 4,760문, 전차 900대, 항공기 600대의 지원을 받는 독일 중부 집단군을 상대한 것으로 되어 있다.

35 Shaposhnikov, *Razgrom*, Chast' 1, p. 72에는 서부 전선군의 우익이 병력 152,000명, 야포와 박격포 2,295문, 대전차포 360문, 전차 270대를 보유했다고 되어 있다. 이에 맞서는 독일군은 병력 75,000명, 야포와 박격포 1,410문, 대전차포 470문과 전차 380대를 보유했다.

36 자세한 내용은 다음을 참조하라. A. A. Zabaluev, S. G. Goriachev, *Kalininskaia nastupatel'naia operatsiia*, Moscow: Voennia akademiia general'nogo shtaba vooruzhennykh sil SSSR im. K. E. Voroshilova, 1942: "Operativnye itogi razgroma nemtsev pod Moskvoi", *SMPIOV*, No.5., Moscow:

Voenizdat, 1943, pp. 3~22. 이 자료는 1964년 기밀 해제됐다.

37 Shaposhnikov, *Razgrom*, Chast' 2, pp. 57~60. 카투코프의 제4 전차 여단도 클린과 볼로콜람스크 작전에서 뛰어난 전공을 세웠다.

38 남서 전선군 우익의 엘레츠에서 제13군과 코스텐코가 지휘하는 작전 집단은 12월 6~19일에 독일군에 대한 공세를 펼쳤다. 소련군은 병력 40,000명, 야포와 박격포 245문, 전차 16대를 보유했고, 독일군은 병력 31,500명, 야포 470문, 전차 30~40대를 보유했다. 소련군은 제5 기병 군단과 제129 전차 여단을 중핵으로 편성된 기동 집단을 성공적으로 활용해 독일군에 막대한 손실(전사 및 포로 16,257명)을 입혔다. 소련군의 피해는 대략 전사 6,000명, 부상 10,000명이었다. I. V. Parot'kin, *Eletskaia operatsiia(6-16 dekabria 1941 g.)*, Moscow: Voenizdat, 1943. 소련군 총참모부 군사사 분과가 편찬한 자료로, 1964년 기밀 해제됐다.

Krivosheev, *Grif sekretnosti*, pp. 174~175에 따르면 모스크바 반격 작전의 첫 번째 단계(1941년 12월 5일~1942년 1월 7일)에서 소련군이 입은 손실은 총 병력 1,021,700명 중 370,955명(전사 및 실종 139,586명, 부상 231,369명)에 달했다. 소련 측의 기밀 자료에 따르면 독일군은 11월 16일부터 12월 10일까지 서부 전선군 지구에서 전사 85,000명과 전차 1,434대를 잃은 것으로 되어 있다.

39 Halder, *The Halder Diaries*, pp. 571~574, pp. 586~592.

40 Guderian, *Panzer Leader*, pp. 262~271.

41 이 공세 작전은 레닌그라드 남부에 볼호프 전선군, 스타라야루사 지구에 북부 전선군, 뱌지마와 스몰렌스크 방면에 칼리닌 전선군과 서부 전선군, 오룔 방면에 브랸스크 전선군, 하리코프 방면에 남서 전선군, 세바스토폴 방면으로 자캅카스 전선군을 투입했다.

42 E. Klimchuk, "Vtoraia udarnaia i Vlasov ili pochemu odin predal, a v predateli popala vsia armiia", *Sovetskii voin* 2(1989년 2월), pp. 76~81. *Soviet Soldier* 4(1990년 4월), pp. 35~39에 영어 번역본이 수록되어 있다.

43 블라소프〈사건〉의 자세한 내용은 모두 공개되지 않았고, 블라소프의〈범죄 행위〉에 대한 자료들만 알려져 있는 상황이다. P. Pal'chikov, "Iz sekretnykh arkhivov: Delo N-1713", *Voennye znaniia* 1(1990년 1월), pp. 6~7.

44 칼리닌 전선군 명령 제057호와 서부 전선군 명령 제0141호, 제0152호에 관해서는 Shaposhnikov, *Razgrom*, Chast' 3, pp. 4~5를 참조하라. 제3권은 작전 진행에 대한 생생한 내용을 담고 있다.

45 Krivosheev, p. 176에는 서부 전선군과 칼리닌 전선군의 병력이 1,052,200명이었다고 기록되어 있다(칼리닌 전선군 346,000명, 서부 전선군 713,100명). 실제 전투 병력은 총병력에 비해 훨씬 적었을 것으로 보인다. 예를 들어 Shaposhnikov, *Razgrom*, Chast' 3, p. 85에는 소련 제49군, 제50군, 제10군의 123,450명이 독일군 44,500명과 교전했다고 기록되어 있다. A. V. Vasil'ev, *Rzhevsko-Viazemskaia operatsiia kalininskogo i zapadnogo frontov(ianvar'-fevral' 1942 g.)*, Moscow: Voennia akademiia general'nogo shtaba vooruzhennykh sil SSSR im. K. E. Voroshilova, 1949. 이 자료는 1964년 기밀 해제되었으며, 칼리닌 전선군의 병력 348,300명(85,000명이 보병), 전차 107대가 독일군 65,000명을 상대하고 있었고, 서부 전선군의 전투 병력 168,000명과 전차 174대가 독일군 150,000명과 전차 200대를 상대하고 있었다고 주장하고 있다. 어떤 통계 자료가 정확하던 간에 소련군은 병력에 있어서 2대 1로 우세했고, 기갑 전력은 독일이 우세했다.

46 예프레모프는 포위를 돌파하기 위해 부대를 이끌다가 4월 19일 전사했다.

47 북부 전선군의 제11군, 제1 충격군, 제34군은 1942년 1월 7일부터 5월 20일까지 데먄스크 작전(작전 개시 당시 병력 105,700명)에서 전사 및 포로 88,908명, 부상 156,603명의 인명 손실을 입었다. 북부 전선군의 제3 충격군과 제4 충격군은 1월 9일부터 2월 6일까지 토로페츠-홀름 작전(작전 개시 당시 병력 122,100명)에서 전사 및 포로 10,400명, 부상 18,810명의 피해를 입었다. Krivosheev, *Grif sekretonsti*, p. 224.

48 볼호프 작전은 잘 알려지지 않은 작전으로, 1942년 1월 8일부터 4월 20일까지 진행된 이 작전에서 브랸스크 전선군의 제61군, 제13군, 제3군은 병력 317,000명(교전 병력 210,103명), 전차 54대로 병력 150,000명, 전차 145대를 보유한 독일군을 공격했다. 2월 1일까지의 전투로 소련군은 93,081명, 독일군은 115,000명으로 감소했다. 소련 제3군의 제287 소총병 사단은 불과 9일간의 전투로 병력의 82퍼센트를 잃었다. 4월 1일 브랸스크 전선군의 총 병력은 232,830명으로, 모든 전선군 중 가장 약체였다(브랸스크 전선군 다음으로 약한 전선군은 카렐리야 전선군으로, 병력은 285,000명이었다). Krivosheev, *Grif sekretonsti*, p. 224; Volkov, *Kriticheskii prolog*, pp. 122~127.

49 Krivosheev, *Grif sekretonsti*, p. 225에는 바르벤코보-로조바야 작전에 투입된 소련군 병력이 204,000명이라고 되어 있다. 소련군은 이 중 전사 및 행방불명 11,095명, 부상 29,786명을 포함해 40,881명의 병력을 잃었다. 작전 시작 당시 소련군은 독일군에 대해 2대 1의 병력 우세를 보였다.

50 Krivosheev, *Grif sekretonsti*, p. 175에는 케르치-페오도샤 작전에 투입된 소련 육군과 해군 병력이 82,500명이라고 되어 있다. 소련군은 이 중 절반(41,935명)에 달하는 병력을 잃었으며, 이 중 32,453명이 전사 또는 행방불명이었고, 9,482명이 부상이었다. 작전 시작 당시 소련군은 독일군에 대해 2대 1의 병력 우세를 보였다.

51 1942년 초 소련군이 감행한 공수 작전과 이와 관련된 문헌 자료에 대한 정보는 다음을 참조하라. David M. Glantz, *A History of Soviet Airborne Forces*(London: Frank Cass and Co., 1994).

52 벨로프가 지휘하는 기병, 공수 부대, 그리고 33군의 잔존 병력은 수백 킬로미터의 퇴각전 끝에 6월 키로프 근방의 독일군 방어선을 뚫고 탈출하는 데 성공했다.

7 | 1942년 봄의 해빙기

1 1941년 10월부터 1942년 5월까지 연합국의 소련에 대한 지원이 대전차포 600문, 대공포 1,000문, 장갑 차량 2,600대, 항공기 4,700대라는 분석이 있다. 그러나 이 중 일급 장비는 소수에 불과했다. Klaus Reinhardt, *Moscow — The Turning Point: The Failure of Hitler's Strategy in the Winter of 1941~1942*, trans. Karl B. Keenan(Oxford and Providence, R. I.: Berg Publishers, 1992), p. 129.

2 A. Razdievsky, "Proryv oborony v pervom periode voiny", *VIZh* 3(1972년 3월), pp. 11~21. 명령서 본문은 *SVDVOV*, No. 5(Moscow: Voenizdat, 1947), pp. 8~11에 있다. 이 자료는 1964년 기밀 해제되었다.

3 G. Peredel'sky, "Artilleriiskoe nastuplenie v armeiskikh operatsiiakh", *VIZh*, 11(1976년 11월), pp. 13~14.

4 Iu. P. Babich and A. G. Baier, *Razvitie vooruzheniia i organizatsii sovietskikh sukhoputnykh voisk v gody Velikoi Otechestvennoi voiny*, Moscow: Izdanie akademii, 1990, pp. 42~43.

5 소련의 기갑 및 기계화 부대, 특히 전차 군단, 기계화 군단, 전차군과 관련해서는 다음을 참조하라. O. A. Losik, ed., *Stroitel'stvo i boevoe primenenie sovetskikh tankovykh voisk v gody Velikoi Otetsestvennoi voiny*, Moscow: Voenizdat, 1979. 1942년에 창설된 주요 기동 군단은 4월에 4개(제1, 제2, 제3, 제4 전차 군단), 5월에 9개(제5~제8 전차 군단, 제10 전차 군단, 제21~제24 전차 군단), 5월에 6개(제9 전차 군단, 제11~제15 전차 군단), 6월에 4개(제16~제18 전차 군단, 제27 전차 군단), 7월에 3개(제25, 제26, 제28 전차 군단), 12월에 2개(제19, 제20 전차 군단)가 있다.

6 Babich and Baier, *Razvitie vooruzheniia*, p. 44~45.

7 위의 책, p. 46. 이론상으로는 소총병 사단이 돌파를 담당하고 전차 군단은 그 돌파를 확대하며 기병 군단은 전차 군단의 양 측면을 엄호하도록 되어 있다. 그러나 실제 각 부대의 전투 기록을 분석해 보면, 이런 작전이 〈불가능하진〉 않아도 〈어려웠다〉는 것을 알 수 있다.

8 주코프의 건의로 1941년 9월 18일자 명령 제308호에 의해 4개 근위 소총병 사단이 편성됐다(제1~제4 근위 소총병 사단의 칭호는 옐냐 전투에서 큰 공훈을 세운 제100, 제127, 제153, 제161 소총병 사단에 주어졌다). 근위 부대는 더 많은 봉급과 특혜가 주어졌으며, 전쟁 기간 중 충격 부대로 활용됐다. 1945년까지 〈근위〉 호칭은 11개 야전군과 6개 전차군, 1개 기병-기계화 집단, 40개 소총병 군단, 7개 기병 군단, 12개 전차 군단, 9개 기계화 군단, 117개 소총병 사단, 9개 공수 사단, 17개 기병 사단, 6개 포병 사단, 7개 근위 박격포 사단, 5개 방공 포병 사단, 13개 차량화 소총병 여단, 3개 공수 여단, 66개 전차 여단, 28개 기계화 여단, 3개 자주포 여단, 63개 포병 여단, 1개 박격포 여단, 40개 근위 박격포 여단, 6개 공병 여단, 1개 철도 여단, 1개 요새 지역에 주어졌다. S. I. Isaev, "Rozhdennaia v boiakh", *VIZH* 9(1986년 9월), pp. 78~83; Volkogonov, *Stalin: Triumph and Tragedy*, p. 431.

9 Reinhardt, *Moscow — The Turning Point*, p. 369. 공개된 소련 측 문헌은 독일군의 손실을 심각하게 과대평가해 왔다. 최근 새로운 문헌 자료들의 공개로 이런 오류가 고쳐지고 있다.

10 위의 책, pp. 213~263, p. 381; Omar Bartov, *The Eastern Front, 1941~1945: German Troops and the Barbarization of Warfare*, New York: St. Martin's Press, 1986, pp. 110~111.

11 Reinhardt, *Moscow — The Turning Point*, pp. 395~396; Albert Speer, *Inside the Third Reich*, 25n, pp. 193~213; Williamson Murray, *Luftwaffe*, Baltimore, Md.: Nautical and Aviation, 1985, pp. 133~134.

12 Bartov, *The Eastern Front*, pp. 75~99.

13 "Operatiia 'Kreml'", *VIZh* 8(1961년 8월), pp. 79~90. 이 자료에는 독일군의 기만 작전에 관련된 문헌 자료들을 풍부하게 담고 있다.

14 소련 측의 춘계 작전 준비에 대해서는 다음을 참조하라. I. Kh. Bagramian, *Tak shli my k pobede*, Moscow: Voenizdat, 1977, pp. 47~88; S. K. Moskalenko, *Na iugo-zapadnom napravlenii*, T. 1, Moscow: "Nauka", 1969, pp. 172~191; S. F. Begunov, A. V. Litvinchuk, V. A. Sutulov, "Vot gde Pravda, Nikita Sergeevich!", *VIZh* 12(1989년 12월), pp. 12~21; *VIZh* 1(1990년 1월), pp. 9~18; *VIZh* 2(1990년 2월), pp. 35~46. "Vot gde Pravda"는 1942년 초 소련의 작전 계획에 대한 기밀 해제된 문서들에 실려 있다.

15 Ziemke and Bauer, *Moscow to Stalingrad*, pp. 225~231; A. Zheltov, "Na pravom flange", *VIZh* 1(1980년 1월), pp. 47~54.

8 | 청색 작전: 스탈린그라드를 향한 독일군의 진군

1 이 절은 주로 다음 문헌에 기반을 두고서 썼다. George E. Blau, *The German Campaign in Russia: Planning and Operations, 1940~1942*, Washington, D. C.: OCMH 번역판, 1995; reprinted 1988, pp. 109~142.

2 위의 책, pp. 121~128.

3 Erich von Manstein, *Lost Victories*, Chicago: Henry Regnery Co., 1958, pp. 291~293.

4 이 절은 과거 기밀 자료였던, 소련 총참모부가 발행한 다음의 문헌을 참조하였다. *Sbornik voenno-istoricheskikh materialov Velikoi Otechestvennoi voiny, vypusk 5*, Moscow: Voenizdat, 1951, pp. 3~89. 이 연구는 S. 오렌슈타인에 의해 번역되어 다음 문헌에 실렸다. Harold S. Orenstein, "The Khar'kov Operation, May 1942: from the Archives, Part I", "Part II"와 *JSMS* 5-3(1992년 9월), pp. 451~493과 *JSMS* 5-4(1992년 12월), pp. 611~686에 실렸다. Part I의 지도는 *JSMS* 5-3, pp. 494~510에 실려 있다. 독일 측의 시각은 다음을 참조하라. A. F. von Bechtolzheim, *The Battle of Kharkov, MS # L-023*(Headquarters United States Army, Europe Historical Division, 1956). 소련은 이 전투를 〈하리코프 공세 작전〉이라 칭했다.

5 이 공세는 티모셴코 원수의 남서 방면군 사령부가 직접 지휘했다. 세부적인 작전 수립과 작전 수행에 대한 논의들은 다음을 참조하라. I. Kh. Bagramian, *Tak shli my k pobede*, Moscow: Voenizdat, 1977, pp. 47~141; K. S. Moskalenko, *Na iugo-zapadnom napravlenii*, Moscow: "Nauka", 1969, pp. 132~218. 보다 최근의 자료로는 다음을 참조하라. S. F. Begunov, A. V. Litvinchuk, V. A. Sutulov, "Vot gde pravda, Nikita Sergeevich!", *VIZh* 12(1989년 12월), pp. 12~21; *VIZh* 1(1990년 1월), pp. 9~18; *VIZh* 2(1990년 2월), pp. 35~45. "Vot gde Pravda"는 이 전투의 패배로 인한 정치적 내용도 다루고 있다. 흐루쇼프는 남서 전선군 정치 위원이었다.

6 Earl F. Ziemke and Magna E. Bauer, *Moscow to Stalingrad: Decision in the East*(Washington, D. C.: U. S. Army Center of Military History, 1987), pp. 272~276.

7 소련군은 작전 개시 당시 투입 병력 765,300명 중 277,190명(전사와 행방불명, 중상자 170,958명, 부상 106,232명), 18~20개 사단, 야포와 박격포 4,934문, 전차 652대를 잃었다. 남쪽 포위망에서 소련은 207,000명의 피해를 입었고 제6군(과 보브킨 집단)은 고급 지휘관 거의 대부분과 병력 148,325명, 전차 468대를 잃었다. G. F. Krivosheev, *Grif sekretnosti* sniat, p. 225.

8 자세한 내용은 다음을 참조하라. B. N. Nerzorov, "Mai 1942-go: Ak Monai, Enikale", *VIZh* 8(1992년 8월), pp. 32~42. 네르조로프는 2월부터 4월에 걸친 공세에서 소련군은 병력 226,370명을 잃었고, 5월의 대참패에서는 병력 150,000명, 야포와 박격포 4,646문, 전차 496대, 항공기 417대를 잃었다고 주장하고 있다. 철수 과정에서 140,000명이 케르치 해협을 지나 타만 반도로 탈출할 수 있었다. Krivosheev, *Grif Sekretnosti*, p. 225에는 소련군이 5월에 총 병력 249,800명 중 176,566명을 잃었고, 이 중 162,282명은 전사, 포로 등 완전 손실이었다고 기록되어 있다.

9 Manstein, *Lost Victories*, pp. 233~257; Blau, *The German Campaign in Russia*, pp. 140~141.

10 A. M. Vasilevsky, *Delo vsei zhizni*, Moscow: Voenizdat, 1983, p. 197; Moskalenko, pp. 214~245. 소련의 전략적 정세에 대한 판단과 이를 위한 정보의 역할에 대해서는 다음을 참조하라. David M. Glantz, *Soviet Military Intelligence in War*, London: Frank Cass and Co., pp. 61~72.

11 Ziemke and Bauer, *Moscow to Stalingrad*, pp. 342~343; Shtemenko, *The Soviet General Staff at War*, Vol. 2, pp. 79~84; "Combat Operations of Briansk and Voronezh Front Forces in Summer 1942 on the Voronezh Axis", *JSMS* 6-2(1993년 6월), pp. 300~346(*SVIMVOV*, Vol. 15, Moscow: Voenizdat, 1955, pp. 115~146에 러시아어 제목과 같은 제목으로 번역되어 있다); M. Kazakov, "Na voronezhkom napravlenii letom 1942 goda", *VIZh* 10(1964년 10월), pp. 27~44. 카자코프는 제5 전차군의 전차 전력이 600대로 독일 측의 절반에 불과했다고 주장하고 있다.

12 소련 측의 실패에 대한 자세한 평가는 다음을 참조하라. "Nekotorie vyvody po operatisiiam levogo kryla Zapadnogo fronta", *SMPIOV* N0. 5, Moscow: Voenizdat, 1943, pp. 60~75. 이 자료는 출간 당시 비밀로 분류되었다.

13 Ziemke and Bauer, *Moscow to Stalingrad*, pp. 346~348.

14 Blau, *German Campaign in Russia*, pp. 145~149, p. 155.

15 위의 책, p. 150. Ziemke and Bauer, *Moscow to Stalingrad*, pp. 340~343에서는 소련군의 역습과 후퇴 결정에 대해 자세한 추론과 논의를 하고 있다. Vasilevsky, *Delo vsei zhizni*, pp. 201~202, 그리고 Shtemenko, *The Soviet General Staff at War*, pp. 88~91에서도 이와 유사한 견해를 보이고 있다. 러시아 측이 말하는 이른바 보로네시-보로실로프그라드 전략 방어 작전(6월 28일~7월 24일)에서 소련군은 작전 초기 1,310,800명의 병력을 투입했는데, 이 가운데 568,347명이 손실되었다. 구체적인 손실은 다음과 같았다.

부대	병력	완전 손실	복귀 가능한 부상	총합
브랸스크 전선군	169,400	36,883	29,329	66,212
남서 전선군	610,000	161,465	71,276	232,741
남부 전선군	522,500	128,460	64,753	193,213
보로네시 전선군		43,687	32,442	76,129
아조프 전대	8,900	27	25	52
총합	1,310,800	370,522	197,825	568,347

16. 독일 측의 전략적 논의에 대해서는 다음을 참조하라. V. E. Tarrant, *Stalingrad*, New York: Hippocrene, 1992, pp. 37~38.

17 남서 전략 방면군 사령부는 1942년 6월 21일 사령부 및 티모셴코의 지휘 능력 부족으로 해체됐다. 스타브카는 이후 총참모부와 개별 전선군 사령부를 직접 통제했으며, 경우에 따라 스타브카 대리를 주요 작전에 파견했다.

18 Ziemke and Bauer, *Moscow to Stalingrad*, pp. 357~358; Shtemenko, *The Soviet General Staff at War*, Vol. 2, pp. 87~90. 제62군, 제64군, 제1 전차군, 제4 전차군의 작전에 대한 자세한 내용은 다음을 참조하라. A. Vasilevsky, "Nezabyvaemye dhi", *VIZh* 10(1965년 10월), pp. 13~25. 바실렙스키는 당시 제1 전차군은 전차 160대, 제4 전차군은 80대를 보유했다고 기록하고 있다. F. Utenkov, "Nekotorye voprosy oboronitel'nogo srazheniia na dal'nikh podstupakh k Stalingrady", *VIZh* 9(1962년 9월), pp. 34~48. 기밀 분류된 자료로는 다음을 참조하라. "Srazheniia za Stalingrad", *SMPIOV*, No. 6, Moscow: Voenizdat, 1943, pp. 22~37. 이 자료는 출간 당시 비밀로 분류되었다.

19 제4 전차군은 제65군으로 개편됐다. 제4 전차군의 새 지휘관인 바토프 대장은 자신이 부임했을 당시 군의 처참한 상황 때문에 조롱조로 〈전차 4대의 군4-tank army〉으로 불렸다고 회고했다.

20 Volkogonov, *Stalin: Triumph and Tragedy*, pp. 458~460. 명령 제227호는 다음 문헌에 전문이 실려 있다. "Dokumenty i materially", *VIZH* 8(1988년 8월), pp. 73~75.

21 스탈린그라드 전투에 대해서는 다음을 참조하라. V. I. Chuikov, *Srazheniia veka*, Moscow: Voenizdat, 1875; K. K. Rokossovsky, ed., *Velikaia pobeda na Volga*, Moscow: Voenizdat, 1965; A. M. Samsonov, *Stalingradskaia bitva*, Moscow: Voenizdat, 1982. 이 서적들의 내용은 1차 사료와도 대부분 일치한다. 독일 측의 시각은 Edwin P. Hoyt, *199days: The Battle of Stalingrad*(New York, 1993)에 매우 자세히 서술되어 있다.

22 스탈린그라드 시가전 당시 소련 측의 인명 손실은 다음과 같다. 제95 소총병 사단은 1942년 9월 말 도착 당시 약 7,000명이었으나, 10월 8일에는 3,075명, 10월 14일에 전선에서 이탈할 때는 500명으로 줄어들었다. 제193 소총병 사단은 9월 27~28일 야간에 투입됐고, 병력은 5,000명이었으나, 10월 8일에는 350명으로 줄어들었다. 제112 소총병 사단은 9월에 스탈린그라드에 투입될 때 병력이 약 7,000명이었으나, 9월 29일에는 250명으로 줄어들어 혼성 대대로 재편했고, 10월 14일 볼가 강 동안으로 퇴각했다. 제37 근위 소총병 사단은 10월 2~3일 야간에 스탈린그라드에 투입될 때 병력이 7,000명이었고, 트랙터 공장 지구를 방어했다. 이 사단이 10월 15일 볼가 강 동안으로 퇴각했을 때 잔존 병력은 250명에 불과했다. 로딤체프 소장이 지휘하는 제13 근위 소총병 사단(이전의 제187 소총병 사단)이 9월 15~16일 야간에 스탈린그라드로 투입했을 때 병력은 10,000명이었으나, 마마예프 쿠르간 전투와 트랙터 공장 전투를 치른 뒤인 10월 15일에는 수백 명으로 줄어들었다.

23 Blau, *German Campaign in Russia*, pp. 168~175. Krivosheev, *Grif sekretnosti*, p. 197에 따르면 스탈린그라드 전략 방어 작전(7월 17일~11월 18일) 기간 중 소련군의 손실은 643,842명(완전 손실 323,856명, 복귀 가능한 부상 319,986명)이었다. 작전 시작 당시 소련군의 병력은 547,000명이었다.

9 | 천왕성 작전: 제6군의 파멸

1 스타브카와 총참모부가 어떻게 움직였는가는 다음을 참조하라. S. M. Shtemenko, *The Soviet General Staff at War*, 2 vols., Moscow: Progress Publishers, 1985.

2 스타브카와 스타브카 대리의 활동에 대한 자세한 내용은 다음을 참조하라. V. D. Danilov, *Stavka VGK, 1941~1945*, Moscow: "Znanie", 1991.

3 Dimitri Volkogonov, *Stalin: Triumph and Tragedy*, trans. and ed. Harold Shukman, Rocklin, Calif.: Prima Publishing, 1992, pp. 461~463; S. Mikhalev, "O razrabotke zamysla i planirovanii kontranastupleniia pod Stalingradom", *Vestnik voennoi informatsii* 8(1992년 8월), pp. 1~5. 이 글에서는 스타브카가 1942년 7월부터 10월까지 수립한 다양한 공격 계획안을 다루고 있다.

4 최고의 작전 수립가로 통하는 바투틴은 키예프 특별 군관구 참모부와 북부 전선군 참모장으로 있었고, 스타브카와 바실렙스키의 〈해결사〉 역할을 했다. 바투틴은 전선군 지휘를 갈망했는데, 1942년 독일의 하계 공세가 한창일 무렵 전선군을 지휘하게 됐다. 바투틴은 1944년 4월 우크라이나 파르티잔의 공격으로 사망할 때까지 대담한 전선군 사령관으로 명성을 떨쳤다.

5 자세한 내용은 K. K. Rokossovsky, ed., *Velikaia pobeda na Volga*(Moscow: Voenizdat, 1965)와 기밀로 분류되었던 "Flangovye udary Krasnoi Armii v Stalingradskom srazhenii"와 "Deistviia

podvizhnoi gruppy 5 tankovoi armii v proryve", *SMPIOV* 6(1943년 4~5월), pp. 37~62를 참조하라.

6 Van Hardesty, *Red Phoenix: The Rise of Soviet Air Power, 1941~1945*, Washington, D. C.: Smithsonian Institution Press, 1982, pp. 83~85, pp. 94~95, p. 104.

7 George E. Blau, *The German Campaign in Russia: Planning and Operations, 1940~1942*, Washington, D. C.: OCMH, 1995, p. 161, pp. 171~172.

8 대표적으로 7월 31일에서 8월 23일까지 칼리닌 전선군과 서부 전선군은 독일 중부 집단군에 대해 르제프-시쳅카 지구 작전을 전개했으나 제한적인 성과만을 거뒀다. 레닌그라드 지구에서는 볼호프 전선군과 레닌그라드 전선군이 8월 20일부터 9월 초까지 시냐빈스크 지구 작전을 개시했으나 레닌그라드 봉쇄를 뚫는 데 실패했다.

9 M. Kozlov, "Razvitie strategie i operativnogo iskusstva", *VIZH* 11(1982년 11월), p. 12; Blau, *The German Campaign in Russia*, p. 173. 소련의 기만 작전 수행에 대한 전체적인 내용은 다음을 참조하라. David M. Glantz, *Soviet Military Deception in the Second World War*, London: Frank Cass and Co., 1989, pp. 105~119.

10 Krivosheev, *Grif sekretnosti*, pp. 181~182과 Rokossovsky, *Velikaia pobeda*, pp. 254~258에는 스탈린그라드 지구의 독일군과 그 동맹군의 전력이 병력 600,000명, 전차 500대, 항공기 400대라고 되어 있다. 이 수치는 독일 제6군 300,000명과 루마니아 제3군과 제4군 200,000명, 독일 제4 기갑군 100,000명을 포함한 것이다. 이탈리아 제8군 100,000명은 11월 공세의 목표는 아니었다. 또 소련 남서 전선군의 병력 100,000명도 11월 공세에는 직접적으로 투입되지 않았다.

11 소련 측에는 다행히도 칼라치에는 독일군의 야전 훈련소가 있었고, 이곳은 훈련을 위해 소련군 장비를 사용하고 있었다. 독일군은 필리포프의 전차를 훈련소 소속의 장비로 오인했다. 독일군은 교량을 탈환하는 데 실패했고 소련군은 제26 전차 군단의 주력이 도착할 때까지 교량을 확보할 수 있었다.

12 O. Losik, "Boevoe primenenie bronetankovykh i mekhanizirovannykh voisk", *VIZh* 11(1982년 11월), pp. 45~47.

13 소련군의 예비대에는 말리놉스키 중장의 강력한 제2 근위군이 포함되어 있었는데, 독일군은 이 부대의 존재를 파악하지 못하고 있었다.

14 Hardesty, *Red Phoenix*, pp. 107~119.

15 스타브카의 동계 공세 계획에 대해서는 다음을 참조하라. G. K. Zhukov, *Reminiscences and Reflections*, vol. 2, Moscow: Progress Publishers, 1989, pp. 129~131. M. D. Solomatin, *Krasnogradtsy*(Moscow: Voenizdat, 1963), pp. 5~44는 주코프의 설명을 뒷받침하고 있으며, 제1 기계화 군단과 제6 소총병 군단의 작전에 대해 상세한 설명을 하고 있다. M. E. Katukov, *Na ostrie glavnogo udara*(Moscow: Voenizdat, 1976), pp. 182~184는 이 작전이 〈르제프-시쳅카 작전〉이고, 매우 중요한 작전이었다고 언급하고 있다. 이 연구들은 모두 소련의 역사 서술이 공정하게 이루어졌던 1960년대 초에 이뤄졌다. 그러나 1960년대 이전과 그 이후로는 소련 자료들은 이 작전에 대해 전혀 언급하지 않고 있으며, 단지 스탈린그라드 작전의 양동 작전이었다고 설명하는 정도다.

16 화성 작전의 중요성은 독일 측 기록으로도 입증된다. David Kahn, "An Intelligence Case History: The Defense of Osuga, 1942", *Aerospace Historian* 28-4(1981년 겨울호), pp. 243~254를 참조하라. 화성 작전의 중요성에 대한 칸의 추론은 거의 정확한 것으로 보인다. 그동안 소련의 1942년 11월 말 공세만 강조되어 화성 작전의 중요성은 과소평가됐다. 천왕성 작전에 투입된 3개 전선군(남서

전선군, 돈 전선군, 스탈린그라드 전선군)의 전력은 병력 1,103,000명, 야포와 박격포 15,501문, 전차 1,463대, 항공기 928대였다. 반면 칼리닌 전선군과 서부 전선군, 모스크바 방어 지구의 병력은 1,890,000명, 야포와 박격포 24,682문, 전차 3,375대, 항공기 1,170대였다. 벨리에서 뱌지마 지구에 투입된 주공 부대(제41군, 제20군, 제33군, 제5군, 그리고 아마도 제3 전차군)는 스탈린그라드 작전에 투입된 주력 부대(제63군, 제5 전차군, 제21군, 제57군)와 비슷하거나 더 강력한 전력을 보유했다. 화성 작전을 위해 집결된 전력은 소련군 전체 병력의 31퍼센트, 포병의 32퍼센트, 기갑 전력의 45퍼센트, 항공 전력의 39퍼센트에 달했다. 반면 천왕성 작전에 투입된 전력은 총 병력의 총 18퍼센트, 포병의 20퍼센트, 기갑 전력의 20퍼센트, 항공 전력의 30퍼센트였다. G. F. Krivosheev, *Grif sekretnosti*, pp. 181~182; A. A. Grechko, ed., *Istoriia vtoroi mirovoi voiny 1939~1945, T. 6*, Moscow: Voenizdat, 1976, p. 35. 소련군 전체 전투 서열, 특히 천왕성 작전과 화성 작전에 투입된 전투 부대들의 편성과 병력에 관한 내용은 다음을 참조하라. *Boevoi sostav Sovetskoi armii, chast' 2*, Moscow: Voenizdat, 1966. 이 자료는 소련군 총참모부의 군사-과학 총국이 작성했으며, 화성 작전과 그 후속 작전의 규모와 의도를 확실히 입증해 주고 있다.

17 화성 작전에 대한 독일 측의 전반적인 기록(소련군의 전투 서열과 함께)은 NAM T-312에 "Feindnachrichtenblatt" Nrs. 138, 139, 140, 141, *Armeeoberkommando 9 Ic/A. O., 3134/12 geh.*, A. H. Qu., 30. 11. 42, 3 March 1942, 15 December 1942와 부록, 일일 상황도가 있다. 이 기록에 따르면 솔로마틴과 포벳킨의 군단은 전멸됐고, 카투코의 군단은 75~85퍼센트의 전력을 상실했으며, 코네프의 2개 야전군과 수 개의 기동 군단이 11~12월의 전투에서 섬멸된 것으로 되어 있다. 코네프의 전선군 공격 지역에서 독일군은 소련군이 기갑 전력을 조기에 축차적으로 투입해 전투 시작 첫 3일간 195대의 소련 전차를 격파했다고 기록되어 있다. 독일군의 추정에 따르면, 11월 24일부터 12월 14일까지 소련군은 총 1,655대의 전차와 15,000명의 전사자를 냈다. Krivosheev, *Grif sekretnosti*, p. 225에는 화성 작전에 대한 내용은 없고, 벨리키예루키 작전에서 86,700명의 병력이 투입됐으며 작전 기간 중 총 104,022명의 피해를 냈다고 기록되어 있다. 독일군은 벨리키예루키 전투에서 구원 공격이 실패한 뒤 7,000명의 수비대 병력을 잃었다. 화성 작전에서 소련군, 특히 제20군이 패배한 가장 큰 원인으로는 좁은 돌파구에 기갑 전력을 조기 투입한 때문이다. 대부대가 돌파구로 밀려들어 혼잡이 초래되자 지원하는 포병은 공격 부대를 뒤따를 수 없었다. 공격 부대는 포병 지원이 없는 데다가 비좁은 기동로에 발이 묶여 막대한 손실을 입어야 했다. 흥미롭게도 주코프는 이런 실수를 1945년 4월 베를린 동부의 젤로 고지 공격 때도 반복했다. 다행히 1945년에는 1942년보다는 피해가 적었다.

18 소련군은 이 작전에서 거의 500,000명에 달하는 병력을 잃었다. 각 부대의 손실은 다음과 같았다. 제20군은 투입 병력 114,176명 중 58,524명을 잃었다. 제20군의 제8 근위 소총병 군단은 단 5일간의 전투로 6,058명을 잃었고, 이 군단의 제148, 제150 소총 여단의 보병은 각각 74명과 110명으로 줄어들었다. 제6 전차 군단은 2회에 걸쳐 전차 170대를 모두 잃었으며, 제1 기계화 군단은 병력 15,200명과 전차 224대를 잃었다. 제5 전차 군단은 겨우 3일 만에 사실상 전멸했다.

19 자세한 내용은 다음을 참조하라. M. Shaposhnikov, "Boevye deistviia 5-go mekhanizirovanogo korpusa zapadnee Surovokino v dekabre 1942 goda", *VIZh* 10(1982년 10월), pp. 32~37. 흥미롭게도 제5 기계화 군단이 장비한 193대의 전차는 대전차전 능력이 형편없는 2파운드 포(40밀리미터)를 탑재한 영국제 마틸다와 발렌타인 전차였다. 또한 다음도 참조하라. H. Schneider, "Breakthrough Attack by the V Russian Mechanized Corps on the Chir River from 10-16 December 1942", *Small*

Unit Tactics, Tacticds of Individual Arms: Project No. 48, MS # P-060 f, Part II, Historical Division, U. S. Army European Command: Foreign Military Studies Branch, undated, Appendix 3.

20 타친스카야 기습에 대한 자세한 내용은 다음을 참조하라. David M. Glantz, *From the Don to the Dnepr: Soviet Offensive Operation, December 1942~August 1943*, London: Frank Cass & Co., 1991, pp. 65~69.

21 Earl F. Ziemke and Magna E. Bauer, *Moscow to Stalingrad: Decision in the East*(Washington, D. C.: U. S. Army Center of Military History, 1987), p. 501과 V. E. Tarrant, *Stalingrad*(New York: Hippocrene Books, 1992), p. 230에 따르면 스탈린그라드 포위망에 갇힌 독일군과 루마니아군 267,000명 중 36,000명이 항공기로 탈출했고, 140,000명이 사망, 91,000명이 포로로 잡혔다고 되어 있다. 독일 제6군 병력 중 15,000명이 소련군의 반격이 개시된 11월 19일부터 23일 사이에 전사해 독일 제6군의 총 사망자는 241,000명으로 추정된다. 또 루마니아군, 이탈리아군, 헝가리군 300,000명이 스탈린그라드 반격 작전과 이에 이어 개시된 반격 작전에서 격파됐다.

22 Ziemke and Bauer, *Moscow to Stalingrad*, p. 74. 독일군은 SS 〈바이킹〉 사단을 지원하기 위해 신형 〈티거〉 전차를 투입했다.

23 이 작전에 대한 자세한 내용은 다음을 참조하라. "Ostrogozhsko-Rossoshanskaia nastupatel'naia operatsiia voisk voronezhskogo fronta", *SVIMVOV*, Issue 9, Moscow: Voenizdat, 1953, p. 1~121. 이 자료는 기밀로 분류됐던 자료이다.

24 보로네시-카스토르노예 작전에 대해서는 다음을 참조하라. "Voronezhsko-kastornenskaia nastupatel'naia operatsiia voisk voronezhskogo i levogo kryla brianskogo frontov", *SVIMVOV*, Issue 13, Moscow: Voenizdat, 1954. 이 자료는 기밀로 분류됐던 자료이다.

25 스베즈다 작전과 갈로프 작전의 세부적인 진행에 대해서는 다음을 참조하라. Glantz, *From the Don to the Dnepr*, pp. 82~215. 이 두 작전에 대한 러시아의 기밀 자료들은 아직 공개되지 않았다.

26 Erich von Manstein, *Lost Victories*, Chicago: Henry Regnery Co., 1958, pp. 422~423.

27 이 작전의 원안은 다음 문헌에 실려 있다. A. M. Vasilevsky, *Delo vsei zhizni*, Minsk: "Belarus", 1984, pp. 278~279. 그 밖의 세부적인 내용은 독일 연방군 군사사 연구소Militärgeschichtliche Forschungsamt가 곧 출간할 다음 저작에 실릴 예정이다. David M. Glantz, "Prelude to Kursk: Soviet Strategic Operations, February~March 1943".

28 중부 전선군의 작전에 대한 세부적인 내용은 K. Rokossovsky, *A Soldier's Duty*(Moscow: Progress Publishers, 1985), pp. 174~178을 참조하라. 다른 인물들의 회고록들, 대표적으로 바토프(제65군), 치스탸코프(제21군), 제21군의 역사와 같은 기록들이 이 작전에 대한 내용을 부분적으로 담고 있다.

29 바그라먄 중장의 실패에 대해서는 다음을 참조하라. I. Kh. Bagramian, *Tak shli my k pobeda*, Moscow: Voenizdat, 1988, pp. 371~378.

30 제2 전차군의 역할에 대한 내용은 특히 다음 문헌에 잘 정리되어 있다. F. E. Vysotsky, et al., *Gvardeiskaia tankovaia*, Moscow: Voenizdat, 1963, pp. 15~23.

31 이 작전들은 특히 작전에 투입된 부대들의 전력이 부실했던 점이 특징이다. 예를 들어 M. M. 포포프 기동 집단은 작전 개시 당시 불과 전차 212대만 보유하고 있었으며, 2월 20일에는 25대로 줄어들었다. 2월 6일 독일 제7 기갑 사단과 제11 기갑 사단은 각각 전차 35대와 16대를 보유하고 있었다. 만

슈타인이 반격을 개시했을 때 제48 기갑 군단의 제17 기갑 사단은 겨우 전차 8대와 자주포 11문을 보유하고 있었다. 반면 소련 제25 전차 군단과 제1 근위 전차 군단은 300대의 전차를 보유했고, 독일군의 SS 기갑 사단 2개도 합쳐서 비슷한 숫자의 전차를 보유했다.

32 von Mastein, *Lost Victories*, pp. 431~433. 독일 측의 기록에 따르면 소련군은 전사 23,200명, 포로 9,071명, 전차 615대를 보유했다. 그러나 Krivosheev, *Grif sekretnosti*에는 이 작전과 로코솝스키의 작전에서 소련군이 입은 손실에 대해서는 언급하고 있지 않다.

33 지금까지 공개된 러시아의 문헌 자료들은 하리코프 방어 작전과 1943년 2~3월에 중부 전선군의 공세 작전에서 발생한 소련 측 손실에 대해 언급하지 않고 있으며 Krivosheev, *Grif sekretnosti*에서도 역시 마찬가지이다. 사실 러시아 측의 자료는 이 기간 동안 중부 전선군의 작전에 대해 거의 다루지 않고 있다.

10 | 1943년 봄의 해빙기와 작전의 중지

1 George E. Blau, *The German Campaign in Russia: Planning and Operations, 1940~1942*, Washington, D. C.: OCMH 번역판, 1995, p. 153, p. 156, p. 162; Heinz Guderian, *Panzer Leader*, Washington, D. C.: Zenger Publishing Co., 1979, p. 310.

2 Blau, *The German Campaign in Russia*, p. 169.

3 Williamson Murray, *Luftwaffe*, Baltimore, Md.: Nautical and Aviation Publishing Co. of America, 1985), p. 158.

4 위의 책, p. 144(표 31.).

5 Brian Moynahan, *Claws of the Bear*, Boston: Houghton Mifflin, 1989, p. 129. 모나한은 pp. 127~129에서 〈무기 대여법〉에 대해 잘 정리해 놓았다. 산화 우라늄 사건에 대해서는 다음을 참조하라. Steven J. Zaloga, *Target America: The Soviet Union and the Strategic Arms Race, 1945~1965*, Novato, Calif.: Presidio Press, 1993, pp. 18~19. 〈무기 대여법〉의 규모와 역할에 대해 최초로 진지하게 접근한 러시아 측의 연구로는 다음과 같은 자료가 있다. B. V. Sokolov, "The Role of Lend-Lease in Soviet Military Efforts, 1941~1945", *JSMS* 7-3(1994년 9월), pp. 567~586.

6 쿠반 전투에서 P-39의 활약에 대해서는 다음을 참조하라. Van Hardesty, *Red Phoenix: The Rise of Soviet Air Power, 1941~1945*, Washington, D. C.: Smithsonian Institution Press, 1982, pp. 139~142.

7 독일 측의 전력은 다음의 내용을 참조했다. "Kraftegegenüberstellung Stand: 1. 4. 43", *Anlage 4b zu Abt. Fr. H. Ost (I), Nr. 80/43 g. Kdos vom 17. 10. 43* NAM T-78, Roll 552. 독일 측은 당시 소련군의 총 병력을 5,152,000명, 전차 6,040대, 야포 20,683문으로 추정하고 있다. 중앙당 문서 보관소(TsPA) UML의 국가 인민 위원회 문서군 fond 644, op. 1, d.100, 1943년 4월 3일자에 따르면 소련군의 전력은 다음과 같았다. 급양 병력(육군) 9,486,000명, 요양 병력(육군), 1,066,000명, 작전 중인 전선군 및 야전군 병력, 5,792,000명, 작전에 투입되지 않은 병력(캅카스와 극동 지역) 1,469,000명, 국가 인민 위원회 직할 병력 718,000명이다.

8 Timothy A. Wray, *Standing Fast: German Defensive Doctrine on the Eastern Front During*

World War II: Prewar to March 1943, Fort Leavenworth, Kan.: Combat Studies Institute, 1986, p. 113. 독일의 방어 조직과 교리에 대해서는 이 책의 pp. 112~172를 참조했다.

9 Earl F. Ziemke and Magna E. Bauer, *Moscow to Stalingrad: Decision in the East*, Washington, D. C.: U. S. Army Center of Military History, 1987, p. 325.

10 만슈타인은 이 문제를 1942년 10월 자신의 진급식에서 히틀러에게 항의했다고 주장한다. Erich von Manstein, *Lost Victories*, Chicago: Henry Regnery Co., 1958, pp. 268~269, p. 280.

11 Wray, *Standing Fast*, pp. 118~123.

12 Blau, *German Campaign in Russia*, pp. 166~167; Guderian, *Panzer Leader*, p. 275.

13 Guderian, *Panzer Leader*, pp. 287~300.

14 이 과정에 대해 다음 문헌들에 훌륭하게 정리되어 있다. P. A. Kurochkin, *Obshchevoiskovaia armiia na nastuplenii*, Moscow: Voenizdat, 1966; Iu. P. Babich, A. G. Baier, *Razvitie vooruzheniia i organizatsii sovetskikh sukhoputnykh voisk v gody Velikoi Otechestvennoi voiny*, Moscow: "Akademii", 1990.

15 작전 지속 종심은 1943년 여름에 50킬로미터에서 1944년 여름과 1945년에는 200킬로미터까지 늘어났다.

16 새로운 전차군은 1943년 1월 28일자 국가 인민 위원회 명령 제2791호에 의거해 편성됐다. Iu. P. Babich, A. G. Baier, *Razvitie vooruzheniia*, p. 46.

17 10월 9일 포고에 대한 자세한 내용은 다음을 참조하라. Ziemke and Bauer, *Moscow to Stalingrad*, pp. 438~439. 이와 함께 1941년 이후 사병들의 공산당 입대 절차가 간소화되어 군 내부의 당 조직이 확산됐다.

18 수많은 소련의 연구 서적과 부대의 역사가 이 점을 지적하고 있으며, 독일의 육군 총사령부 동부 정보국 문서군에도 이와 관련된 내용이 자주 언급되고 있다.

19 Guderian, *Panzer Leader*, pp. 306~309; Bryan Perrett, *Knights of the Black Cross: Hitler's Panzerwaffe and Its Leaders*, New York: St. Martin's, 1986, pp. 161~163.

20 G. Zhukov, "Na Kurskoi duge", *VIZh* 8(1967년 8월), p. 73, p. 76. 바투틴은 조기 공세를 주장한 인물 중 한 명이었다.

21 A. M. Vasilevsky, *Delo vsei zhizni*, Minsk: "Belarus", 1984, pp. 288~306; G. K. Zhukov, *Reminiscences and Reflections*, Vol. 2, Moscow: Progress Publishers, 1989, pp. 144~182; S. M. Shtemenko, *The Soviet General Staff at War*, Vol. 1, Moscow: Progress Publishers, 1985, pp. 211~234.

11 | 쿠르스크에서 드네프르 강으로

1 독일 측의 전투 서열과 작전 준비는 Bryan Perrett, *Knights of the Black Cross: Hitler's Panzerwaffe and Its Leaders*, New York: St. Martin's, 1986, pp. 163~164를 참조하라.

2 Heinz Guderian, *Panzer Leader*, Washington, D. C.: Zenger Publishing Co., 1979, p. 299.

3 Perrett, *Knight of the Black Cross*, pp. 156~158; Iu. P. Babich, A. G. Baier, *Razvitie*

vooruzheniia i organizatsii sovetskikh sukhoputnykh voisk v gody Velikoi Otetsestvennoi voiny, Moscow: "Akademii", 1990, p. 12, p. 91. 소련의 대전차 화기는 1943년 후반기까지 45밀리미터 및 76.2밀리미터 연대포가 주력이었고, 이와 함께 소수의 57밀리미터 대전차포가 있었다. 자주포와 대전차포 부대의 발전 과정에 대해서는 다음을 참조하라. M. Popov, "Razvitie samokhodnoi artillerii", *VIZh* 1(1977년 1월), pp. 27~31 V. Budur, "Razvitie protivotankovoi artillerii gody Velikoi Otechestvennoi voiny", *VIZh* 6(1973년 6월), pp. 79~84.

4 David M. Glantz, "Soviet Operational Intelligence in the Kursk Operation, July 1943", *Intelligence and National Security* 5-1(1990년 1월), pp. 8~15; David M. Glantz, *Soviet Military Intelligence in War*, London: Frank Cass and Co., 1990, pp. 184~283. 소련 측의 전투 서열 분석에 대해서는 다음 문헌에 실린 1943년 4월 12일자 "Report of the Voronezh Front to the Chief of Staff"를 참조하라. Ivan Parotkin, ed. *The Battle of Kursk*, Moscow: Progress Publishers, 1974, p. 346.

5 David M. Glantz, *Soviet Defensive Tactics at Kursk, CSI Report No. 11*, Fort Leavenworth, Kan.: Combat Studies Institute, 1986.

6 소련의 시각에서 본 쿠르스크 전투의 전개와 소련군의 전투 서열, 작전술과 전술에 대해서는 다음을 참조하라. "Kurskaia bitva", *SMPIOV*, No. 11, Moscow: Voenizdat, 1964.

7 V. N. Simbolikov, *Kurskaia bitva, 1943* (Moscow: Voennia akademiia general'nogo shtaba vooruzhennykh sil SSSR im. K. E. Voroshilova, 1950)에 따르면 비전투 부대를 포함한 소련군의 총 병력은 중부 전선군 711,575명, 보로네시 전선군 625,591명, 스텝 전선군 573,195명, 총 1,920,361명이었다. 다음 문헌도 참조하라. G. Koltunov, "Kurskaia bitva v tsifrakh", *VIZh* 6(1968년 6월), pp. 58~68.

8 R. A. Savuskhin, ed., *Razvitie Sovetskikh vooruzhennykh sil i voennogo iskusstva v Velikoi Otechestvennoi voine 1941~1945 gg.*, Moscow: VPA, 1988, p. 65. 여기 제시된 통계는 오룔부터 하리코프에 이르는 전략 축선에 전개된 병력을 모두 집계한 것이다.

9 실제로 독일 정보 조직은 소련군의 전략 예비대 대부분을 포착하는 데 실패했다. 다음을 참조하라. David M. Glantz, *Soviet Military Intelligence in War*, London: Frank Cass and Co., 1990, pp. 267~269.

10 Friedrich von Mellenthin, *Panzer Battles*, trans. H. Betzler, Norman, Okla.: University of Oklahoma Press, 1956, pp. 218~225.

11 프로호롭카 전차전에 대한 전반적인 내용은 다음을 참조하라. P. A. Rotmistrov, *Stal'naia gvardiia*, Moscow: Voenizdat, 1988. 양측의 정확한 기갑 전력은 불명확하여 논쟁의 대상이 되고 있다. 소련 측의 자료에 따르면 제2 SS 기갑 군단은 티거 100대와 페르디난트 대전차 자주포를 포함한 전차 600대를 보유했고, 이 중 500대를 프로호롭카에 투입했다. 로트미스트로프의 제5 근위 전차군은 T-34 501대, T-70 경전차 261대, 영국제 처칠 보병 전차 31대를 포함해 793대의 전차를 보유했다. 793대의 전차 중 100대는 프로호롭카 남쪽에서 작전을 벌인 제2 근위 전차 군단의 소속이었다. Simbolikov, *Kurskaia bitva, 1943*을 참조하라.

12 오룔 작전에 대한 가장 훌륭한 소련 측의 기록은 다음과 같다. "Proryv oborony na flange orlovskoi gruppirovki nemtsev", *SMPIOV* 10, Moscow: Voenizdat, 1944, pp. 4~48; L. Sandalov, "Brianskii front v orlovskoi operatsii", *VIZh* 8(1963년 8월), pp. 62~72; I. Bargramian, "Flangovi

udar 11-i gvardeiskoi armii", *VIZh* 7(1963년 7월), pp. 83~95. G. F. Krivosheev, *Grif sekretnosti*, pp. 189에 따르면 이 작전에 투입된 소련군은 총 1,287,600명(서부 전선군 233,3000명, 브랸스크 전선군 409,000명, 중부 전선군 645,300명)이었다.

13 7월 17일. 남부 전선군과 남서 전선군이 감행한 미우스 강과 도네츠 강 북부에 대한 공세는 처참한 패배로 끝났다. 양 전선군은 하리코프 지구의 독일 예비대를 끌어들인다는 소기의 목적은 달성했으나, 스타브카는 그 이상을 기대했던 것으로 보인다. 이 작전에 대한 소련 측의 가장 훌륭한 기록은 다음과 같다. A. G. Ershov, *Osvobozhdenie donbassa*, Moscow: Voenizdat, 1973. 이 작전의 기만술에 관한 내용은 다음을 참조하라. David M. Glantz, *Soviet Military Deception in the second World War*, London: Frank Cass and Co., 1989, pp. 146~182.

14 벨고로드-하리코프 작전의 세부적인 사항은 다음을 참조하라. David M. Glantz, *From the Don to the Dnepr: Soviet Offensive Operations, December 1942 to August 1943*, London: Frank Cass & Co., 1991, pp. 215~366; Glantz, *Soviet Military Deception*, pp. 174~179.

15 Krivosheev, *Grif sekretnosti*, p. 190에 따르면 벨고로드-하리코프 작전에 투입된 소련군 전력은 총 1,144,000명(보로네시 전선군 739,000명, 스텝 전선군 464,600명)으로, 이들이 독일군 350,000명을 상대했다. 소련군의 손실은 총 255,566명으로 전사 및 행방불명 71,611명, 부상 183,955명이었다.

16 Glantz, *Soviet Military Deception*, pp. 186~202. 스몰렌스크 지구 작전에 대한 소련 측의 가장 훌륭한 자료는 다음과 같다. V. P. Istomin, *Smolenskaia nastupatel'naia operatsiia (1943 g)*, Moscow: Voenizdat, 1975. Krivosheev, *Grif sekretnosti*, p. 191에는 수보로프 작전에 투입된 소련군 병력이 총 1,252,600명(칼리닌 전선군 428,400명, 서부 전선군 824,200명)이었고, 8월 7일부터 10월 2일까지 전사 및 행방불명 107,645명, 부상 343,821명을 포함해 총 451,466명의 인명 손실을 입었다고 되어 있다. 소련군은 단계별 공세를 통해 10월 초에는 벨로루시의 비텝스크와 오르샤 근처까지 진격했다.

17 로코솝스키는 체르니고프-프리퍄티 작전에 579,600명의 병력을 투입했다. Krivosheev, *Grif sekretnosti*, p. 183에 따르면 소련군은 전사 및 행방불명 141,401명과 부상 107,878명의 피해를 입었다. 이 작전에 대한 간략한 내용은 다음을 참조하라. Glantz, *Soviet Military Deception*, p. 208~216.

18 Krivosheev, *Grif sekretnosti*, p. 226에는 M. M. 포포프의 전선군이 총 530,000명이었고, 브랸스크 공세 작전 기간 중 전사 및 행방불명 13,033명을 포함해 56,657명의 병력을 잃었다고 주장하고 있다.

19 자세한 내용은 Ershov, *Osvobozhdenie*을 참조하라. Krivosheev, Grif sekretnosti, p. 192에는 말리놉스키와 톨부힌의 전선군이 각각 564,200명, 446,700명의 병력을 이 작전에 투입했고, 작전 기간 중 총 273,522명(전사 및 행방불명 66,166명, 부상 207,356명)의 인명 피해를 입었다고 기록하고 있다.

20 바투틴과 코네프의 작전은 실질적으로 벨고로드-하리코프 공세 작전의 연속이었고, 각각 〈수미-프릴루키 공세 작전〉과 〈폴타바 공세 작전〉으로 알려졌다. 이 2개 작전은 로코솝스키의 체르니고프-프리퍄티 작전과 함께 〈체르니고프-폴타바 전략 공세 작전〉을 구성했다.

21 A. P. Riiazansky, *V ogne tankovykh srazhenii*, Moscow: Nauka, 1975, p. 95.

22 부크린 교두보 공수 작전에 대해서는 다음을 참조하라. David M. Glantz, *A History of Soviet Airborne Forces*, London: Frank Cass and Co., 1994.

23 톨부힌의 멜리토폴 작전에 대해서는 Ershov, *Osvobozhdenie*의 내용을 참조하라. Krivosheev, *Grif sekretnosti*, p. 226에는 톨부힌의 전선군 병력이 총 555,300명이었고, 작전 기간 중 전사 및 행방

불명 42,760명을 포함해 198,749명의 인명 손실을 입었다고 기록되어 있다.

24 1943년 10월 20일 보로네시 전선군, 스텝 전선군, 남서 전선군, 남부 전선군은 각각 제1 우크라이나 전선군, 제2 우크라이나 전선군, 제3 우크라이나 전선군, 제4 우크라이나 전선군으로 개칭됐다. 그리고 동시에 중부 전선군과 브랸스크 전선군은 벨로루시 전선군으로 통합됐고, 칼리닌 전선군은 발트 전선군으로 개칭됐다. 얼마 뒤 발트 전선군은 각각 제1, 제2 발트 전선군으로 개편됐고, 11월 20일에는 북서 전선군이 편성됐다.

25 키예프 작전에 대한 많은 저술 중 다음의 것들이 탁월하다. K. Krainiukov, "Osvobozhdenie Kieva", *VIZh* 10(1963년 10월), pp. 67~79; G. Utkin, *Shturm 'Vostochnogo vala'*, Moscow: Voenizdat, 1967. 크라뉴코프는 제1 우크라이나 전선군의 정치 위원이었다. Krivosheev, *Grif sekretnosti*, p. 196에 따르면 바투틴은 이 작전에 671,000명을 투입했고, 완벽한 전략적 기습으로 인명 피해가 30,569명(전사 및 행방불명 6,491명, 부상 24,078명)에 불과했다.

26 Krivosheev, *Grif sekretnosti*, p. 226에는 로코솝스키의 벨로루시 전선군이 고멜-레치차 작전에 761,300명의 병력을 투입했고, 88,206명(전사 및 행방불명 21,650명, 부상 60,556명)의 병력을 잃었다고 기록되어 있다. 예레멘코의 제1 발트 전선군은 비텝스크 북부의 전투에 198,000명의 병력을 투입했고, 2개월에 걸친 격전으로 총 168,900명의 병력을 잃었다. 소콜롭스키가 지휘하는 서부 전선군의 비텝스크와 오르샤에 대한 공세 작전은 소련에서는 거의 언급되지 않았다. M. A. Gareev, "Prichiny i uroki neudachnykh nastupatel'nykh operatsii Zapadnogo fronta zimoi 1943~1944 goda", *Voennaia mysl'* 2(1994년 2월), pp. 50~58에 따르면, 서부 전선군은 1943년 10월 12일부터 12월까지 오르샤 축선에 4회에 걸쳐 공세 작전을 감행했으며, 총 104,064명의 인명 손실을 입었다. 가레예프는 작전이 실패한 원인으로 형편없는 지휘와 스타브카의 야심찬 작전 목표를 꼽고 있다. 독일 측의 기록은 이 공세에 대한 소련 측의 의도를 과소평가하고 있으며, 공세가 성과를 거두지 못했다는 점을 강조하고 있다.

27 Timothy A. Wray, *Stand Fast: German Defensive Doctrine on the Eastern Front During World War II; Prewar to March 1943*, Fort Leavenworth, Kan.: Combat Studies Institute, 1986, p. 114, p. 150.

28 막대한 인명 손실은 작전의 결과에 지대한 영향을 미쳤다. 1943년 가을 기간 동안 서부 전선군의 소총병 사단들의 병력은 평균 2,500~3,000명 수준에 불과했다. 서부 전선군 지구는 소련군 공세의 주요 지구가 아니었지만 소련군이 공세에 주력한 지구에서조차 소총병 사단의 전력은 평균 6,000명 수준에 불과했다.

12 | 세 번째 겨울

1 Heinz Guderian, *Panzer Leader*, Washington, D. C.: Zenger Publishing Co., 1979, p. 314.

2 Fritz Stoeckli, "Wartime Casualty Rates: Soviet and German Loss Rates During the Second World War, the Price of Victory", *JSMS* 3-4(1990년 12월), p. 649. 주공 지역에서 돌파의 선봉에 서는 소련군 소총병 연대는 돌파 작전 기간(1~3일) 동안 평균 50퍼센트의 전투 병력을 잃었다.

3 1944년 초, 소련은 총 10개 근위군(제1~제8 근위군, 제10 근위군, 제11근위군. 제9 근위군은 공수군으로 1944년 10월 편성됐다)과 5개 충격군(제1~제5 충격군), 3개 전차군(제1, 제3, 제5 전차군)

을 두었고 각 군단, 사단, 그리고 그 이하의 제대들에도 〈근위〉 칭호를 붙였다.

4 *Polevoi ustav krasnoi armii 1944(PU-44)*, Moscow: Voenizdat, 1944; translated by the Office of the Assistant Chief of Staff, G2, U. S. Army, p. 9.

5 이 부분은 1944년 야전 규정과 *SMPIOV*, 회고록, 그리고 독소 전쟁 당시 장교로 참전한 25명의 참전 용사들의 인터뷰 내용을 기초로 작성했다.

6 독일 정보기관은 1944년 말 우크라이나 지구에 2개 전차군(제7 전차군과 제8 전차군)이 편성됐다는 정보를 부분적으로 확보했다. 독소 전쟁이 종결된 뒤 이 2개 군(다른 전차군들이 1945년에 개칭되었듯 각각 제7 기계화군, 제8 기계화군으로 명칭이 변경됐다)은 각각 폴란드와 카르파티아 군관구에 주둔하였다. 소련은 전쟁 중 이 2개 기동군을 투입하지 않았는데 아마도 특정한 전략적 목표, 예를 들어 전쟁 후 서방과의 충돌에 대비해 남겨 뒀던 것으로 추정된다.

7 이 시기에 각 전차군은 1개 기동 여단을 전위 제대로 사용하는 전술을 정착시키기 시작했다. 대표적으로 제1 전차군과 제3 근위 전차군은 각각 제1 근위 전차 여단과 제91 독립 전차 여단을 전위 제대로 사용했다. 소련 측은 이 방식을 사용해 독일군에게 자신들의 공세 의도를 기만하기도 했다.

8 독일 측 전력에 대해서는 다음을 참조하라. "Kraftegegenüberstellung", *Abt. Fr. H. Ost (1) Nr. 80/43 gkdes vom 17. 10. 43*. 독일은 1944년 1월 1일 소련군의 전력을 총 5,512,000명, 전차 8,400대, 야포 및 박격포 20,770문으로 추정했다. 소련의 공식 문헌 자료 중 중앙당 문서 보관소 IML의 국가 인민 위원회 문서군 font. 644, op. 1, d. p. 218, p. 11을 참조하라. pp. 101~102, pp. 103~104에는 1944년 3월 12일 소련군의 병력을 다음과 같이 기록하고 있다. 급양 병력(육군) 9,980,000명, 요양 병력(육군), 1,255,000명, 작전 중인 전선군 및 야전군 병력 6,394,500명, 작전에 투입되지 않은 병력(자바이칼과 극동 지역) 1,338,500명, 국가 인민 위원회 직할 병력 860,000명.

Krivosheev, *Grif sekretnosti*, p. 162, p. 350은 1943년 3/4분기의 전선 부대의 월평균 병력을 6,343,600명으로 기록하고 있다. 1944년 1/4분기에는 5,892,800명, 1944년 2/4분기에는 6,459,800명이었다. 크리보셰예프는 1944년 1월 1일 전선에 배치된 야전군의 장비 현황은 전차 및 자주포 5,800대, 야포 및 박격포 101,400문, 항공기 13,400대였다고 기록하고 있다.

9 소련 측의 동계 작전 계획에 대해서는 다음의 내용을 참조하라. A. M. Shtemenko, *General'nyi shtab v gody voiny*, Moscow: Voenizdat, 1968. 『*SBDVOV*』에 수록된 문서들과 주코프, 바실렙스키의 회고록(스타브카의 작전 수립 과정을 잘 알려주는 유용한 자료다) 또한 시테멘코의 주장을 뒷받침하고 있다. 또한 G. K. Zhukov, *Reminiscences and Reflections*, Vol. 2와 A. M. Vasilevsky, *Delo vsei zhizni*를 참조하라. 소련군의 동계 공세 1단계를 구성한 각각의 작전들은 다음과 같다. 1943년 12월 24일에서 1944년 1월 14일까지 지토미르-베르디체프 공세 작전(제1 우크라이나 전선군), 1944년 1월 5일에서 16일까지 키로포그라드Kirovograd 공세 작전(제2 우크라이나 전선군), 1944년 1월 24일에서 2월 17일까지 코르순-셉첸콥스키 공세 작전(제1, 제2 우크라이나 전선군), 1944년 1월 29일에서 2월 11일까지 로브노-루츠크 공세 작전(제1 우크라이나 전선군), 1944년 1월 30일에서 2월 29일까지 니코폴리-크리보이로크 공세 작전(제3, 제4 우크라이나 전선군).

10 Krivosheev, *Grif sekretnosti*, p. 227에 따르면 지토미르-베르디체프 작전 당시 제1 우크라이나 전선군의 전력은 831,000명이었고, 이 중 100,018명(전사 및 행방불명 23,163명, 부상 76,855명)을 잃었다. 코네프의 제2 우크라이나 전선군은 키로보그라드 작전에 550,000명을 투입했다. 이 2개 작전에 대한 가장 훌륭한 저작은 다음과 같다. A. M. Grylev, *Dnepr-karpaty-krym: Osvobozhdenie*

pravoberezhnoi ukrainy i kryma v 1944 gody, Moscow: "Nauka", 1970.

11 기밀로 분류되었던 다음 문헌을 참조하라. "Korsun'-Shevchenkovskaia operatiia", *SMPIOV*, No. 14, Moscow: Voenizdat, 1945, pp. 3~65; David M Glantz, *Soviet Military Deception in the Second World War*, London: Frank Cass and Co., 1989, pp. 314~322. 이 작전에 대한 독일 측 시각은 다음을 참조하라. U. S. Department of the Army, *Historical Studies: Operations of Encircled Forces; German Experiences in Russia*, Pamphlet 20~234, Washington, D. C.: OCMH 번역판, 1952, pp. 15~42.

12 Krivosheev, *Grif sekretnosti*, p. 227에는 바투틴과 코네프의 전선군의 병력이 작전 기간 중 증원된 병력(독일군의 구원 공격을 저지하기 위해 투입된 제1 전차군, 제2 전차군 병력)을 포함해 336,700명이었다고 주장하고 있다. 독일군의 병력은 130,000명이었다. 소련 측의 손실은 전사 및 행방불명 24,286명을 포함해 80,188명이었다.

13 로브노-루츠크 작전에 대한 상세한 내용은 다음을 참조하라. I. M. Belkin, *13 armiia v Lutsko-Rovenskoi operatsii 1944 g.*, Moscow: Voenizdat, 1960.

14 여기에는 프로스쿠로프-체르놉치 작전(제1 우크라이나 전선군, 1944년 3월 4일~4월 17일), 우만-보토샤니 작전(제2 우크라이나 전선군, 1944년 3월 5일~4월 17일), 베레즈네고바토예-시니기렙카 작전(제3 우크라이나 전선군, 1944년 3월 6~18일), 오데사 작전(제3 우크라이나 전선군, 1944년 3월 26일~4월 14일), 크림 작전(제4 우크라이나 전선군, 1944년 4월 8일~5월 12일)이 있다. 스타브카는 이 작전들을 위해 우크라이나 전선군 4개와 제2 벨로루시 전선군(3월 15일 코벨 지구에서 창설)을 투입했고, 이 작전들을 통칭해 〈드네프르-카르파티아 전략 공세 작전〉이라고 한다. Krivosheev, *Grif sekretnosti*, pp. 197~198에는 이 작전에 2,406,100명이 투입됐고, 전사 및 행방불명 270,198명을 포함해 총 1,109,528명의 인명 피해가 났다고 기록하고 있다. 이 작전에 대해서는 다음 문헌에서 가장 잘 설명하고 있다. Grylev, *Dnepr-karpaty-krym*.

15 자세한 내용은 다음을 참조하라. Grylev, *Dnepr-karpaty-krym*, pp. 137~160.

16 Krivosheev, *Grif sekretnosti*, p. 197에는 주코프의 전력이 700,000명이며, 작전 중 150,000명의 손실이 난 것으로 기록되어 있다.

17 Grylev, *Dnepr-karpaty-krym*, pp. 160~178; "Umanskaia nastupatel'naia operatsiia voisk 2-go Ukrainskogo fronta vo vtopom udare", *SMIMVOV*, Issue 15, Moscow: Voenizdat, 1955, pp. 1~116. 이 중 후자는 원래 기밀 자료였다.

18 제2 우크라이나 전선군의 작전 개시 당시 전력은 500,000명이었고, 100,000명의 손실을 냈다. Krivosheev, *Grif sekretnosti*, p. 198.

19 Grylev, *Dnepr-karpaty-krym*, pp. 179~200; I. A. Pliev, *Pod gvardeiskim znamenem*, Ordzhonikidze: Izdatel'stvo "IR", 1976, pp. 100~110.

20 Krivosheev, *Grif sekretnosti*, pp. 197~198에는 드네프르-카르파티아 전략 공세(우크라이나 서부 해방전)의 전 기간 동안 투입된 병력 규모(1943년 12월 24일부터 1944년 4월 17일까지 4개 우크라이나 전선군의 전력)를 제시하고 있다. 크리보셰예프에 따르면 작전에 투입된 병력은 총 2,406,100명이고, 이 중 전사 및 행방불명 270,198명을 포함해 1,109,528명의 인명 손실이 발생했다. 독일 측 기록에 따르면 독일 남부 집단군과 A 집단군의 전력은 1943년 늦가을에 각각 700,000명, 253,000명이었고, 여기에 루마니아군 50,000명이 더 있었다. 독일 측은 우크라이나 전선의 소련군 병력을 2,500,000

명으로 추산했는데, 비교적 정확한 분석이었다. "Kraftegegenüberstellung, Stand: 14. 10. 43", *Anlage 4c zu Abt. Fr. H. Ost(1)* Nr. 80/43 g. kdos vom 17. 10. 43을 참조하라.

21 자세한 내용은 다음을 참조하라. "Krymskaia operatsiia voisk 4-go Ukrainskogo fronta, 1944 g.", *SMPIOV*, No. 13, Moscow: Voenizdat, 1944, pp. 3~69. 이 자료는 원래 기밀 자료였다.

22 독일 측의 방어 작전에 대해서는 Earl F. Ziemke, *From Stalingrad to Berlin: The German Defeat in the East,* Washington, D. C.: U. S. Army Center for Military History, 1968, pp. 290~295을 참조하라. 짐케는 추축군의 병력이 루마니아군 63,537명을 포함해 152,216명이었다고 기록하고 있다. 작전 개시 첫 10일간 30,783명의 병력을 잃은 뒤, 5월 5일에는 병력이 64,700명으로 줄어들었다. 이 중 26,700명이 철수 시 남겨졌다. 소련 측은 독일 측의 손실이 포로 61,580명을 포함해 100,000명이었다고 주장하고 있다. Krivosheev, *Grif sekretnosti*, pp. 200~201에는 소련군 병력은 462,400명이었고, 이 중 전사 및 행방불명 17,754명을 포함해 84,819명의 인명 손실이 발생했다고 되어 있다.

23 John Erickson, *The Road to Berlin,* Boulder, Colo.: Westview Press, 1983, pp. 187~188.

24 노브고로드-루가 작전은 소련 측이 레닌그라드-노브고로드 전략 공세 작전이라고 부르는 작전의 연장선상에서 진행된 작전이다. 이 작전은 레닌그라드 전선군과 볼호프 전선군, 제2 발트 전선군이 수행했다. 레닌그라드-노브고로드 전략 공세 작전은 1944년 1월 14일부터 3월 1일까지 822,100명의 병력을 동원해 600킬로미터의 전선에 걸쳐 진행됐으며, 이 기간 중 4개의 하위 작전이 수행됐다. 이 작전에 대한 가장 훌륭한 서술은 다음과 같다. S. P. Platonov, ed., *Bitva za Leningrad 1941~1944,* Moscow: Voenizdat, 1964. 다음도 참조하라. I. T. Korovnikov, *Novgorodsko-luzhkom operatsiia: nastuplenie voisk 59-i armii, ianvar'-fevral' 1944 g.,* Moscow: Voenizdat, 1960.

25 Erickson, *The Road to Berlin*, pp. 172~177.

26 위의 책, pp. 174~176.

27 이 시기의 작전들 중 비교적 덜 알려진 것으로는 제1 발트 전선군의 고로도크Gorodok 작전(1943년 12월 13~31일), 벨로루시 전선군의 칼린코비치-모지르 작전(1944년 1월 8~30일), 로가체프-즐로빈 작전(1944년 2월 21~26일), 그리고 서부 전선군이 오르샤, 비텝스크, 보구셉스크를 목표로 감행한 7회의 공세 작전이 있다. 서부 전선군의 공세 작전들에 대해서는 M. A. Gareev, "O neudachnykh nastupatel'nykh operatiiakh Sovetskikh voisk v Velikoi Otechestvennoi voine", *Novaia i noveishaia istoriia* 1(1994년 1월), pp. 3~29를 참조하라. 서부 전선군의 작전이 모두 실패로 돌아갔기 때문에 소콜롭스키와 그의 참모진 다수, 예하 부대의 지휘관(대표적으로 제33군의 고르도프 중장)들이 지휘에서 물러나고 면직됐다. 서부 전선군은 이후 제2 벨로루시 전선군과 제3 벨로루시 전선군으로 분할됐다.

13 | 바그라티온 작전: 중부 집단군의 괴멸

1 전략 논의에 대해서는 다음을 참조하라. S. M. Shtemenko, *The Soviet General Staff at War*, Vol. 1, Moscow: Progress Publishers, 1985, pp. 200~202; S. Shtemenko, "Pered udarom v Belorussii", *VIZh* 9(1965년 9월), pp. 45~71.

2 John Erickson, *The Road to Berlin,* Boulder, Colo.: Westview Press, 1983, p. 197, p. 199.

3 바그라티온 작전에서 바실렙스키와 주코프의 역할에 대해서는 다음을 참조하라. A. M. Vasilevsky, *Delo vsei zhizni*, Minsk: "Belarus", 1984, pp. 388~389; G. K. Zhukov, *Reminiscences and Reflections*, Vol. 2, Moscow: Progress Publishers, 1985, pp. 516~518.

4 A. Matsulenko, *Operativnaia maskirovka voisk*, Moscow: Voenizdat, 1975, p. 113. 소련 측의 병력 재배치는 다음을 참조하라. N. Iakovlev, "Operativnye peregruppirovka voisk pri podgotovka Belorusskoi operatsii", *VIZH* 9(1975년 9월), pp. 91~97.

5 Shtemenko, "Pered udarom", p. 56; K. Rokossovsky, "Dva glavnykh udara", *VIZh* 6(1965년 6월), pp. 13~17.

6 Erickson, *Road to Berlin*, pp. 206~207; I. S. Konev, *Zapiski komanduiushchego frontam 1943~1945*, Moscow: "Nauka", 1972, pp. 231~323.

7 N. Antipenko, "Voprosy tylovogo obespecheniia Belorusskoi operatsii", *VIZh* 6(1964년 6월), pp. 36~51; David M. Glantz, *Soviet Military Deception in the Second World War*, London: Frank Cass and Co., 1989, pp. 360~378.

8 바그라티온 작전에 투입된 소련군 전력은 다음을 참조하라. *Razgrom nemetsko-fashistskikh voisk v Belorussii v 1944 gody, tom pervyi, Podgotovka Belorusskoi operatsii 1944 goda*, Moscow: Academy of the General Staff, 1959, pp. 39. 이 내용은 다음 문헌의 내용과도 부합한다. "Belorusskaia operatsiia v tsifrakh", *VIZh* 6(1964년 6월), pp. 74~77. Krivosheev, *Grif sekretnosti*, p. 203에는 바그라티온 작전에 투입된 소련 전선군들의 총 병력이 2,411,600명이고, 이 중 80,000명이 폴란드군이었다고 기록하고 있다. 소련의 4개 전선군을 상대한 프리퍄티 북쪽의 독일군은 총 888,000명으로 전차 및 돌격포 996대와 야포 3,000문의 지원을 받았다. 그리고 약 200,000명의 병력이 프리퍄티 남쪽에서 제1 벨로루시 전선군의 좌익과 대치하고 있었다. 당시 독일군은 중부 집단군 정면의 소련군 병력을 1,230,000명, 전차 및 자주포 1,100대, 야포 및 박격포 5,000문으로 추정하고 있었다. "Kraftegegenüberstellung, Stand: Siehe Fussnote(1. 5~1. 6. 44)", *Fr. H. Ost(ic), Prüf Nr. 1551*.

9 Krivosheev, *Grif sekretnosti*, pp. 102~203과 다른 소련 측 자료들은 이 작전에 투입된 소련군 병력이 총 451,000명(레닌그라드 전선군 202,300명, 카렐리아 전선군 188,800명, 발트 함대 60,400명), 야포 및 박격포 10,000문, 전차 800대로 병력 268,000명, 야포 1,930문, 전차 및 돌격포 110대를 보유한 핀란드군과 상대했다고 기록하고 있다. 이 작전에서 소련군은 전사 및 행방불명 23,674명, 부상 72,701명, 전차 294대, 야포 489문을 잃었다. 이 작전의 전개 과정은 다음을 참조하라. S. P. Platonov, ed., *Bitva za Leningrad 1941~1945*, Moscow: Voenizdat, 1964, pp. 428~430; A. Novikov, "Na Karel'skom peresheike", *VIZh* 7(1969년 7월), pp. 62~73; "Inzhernernoe obespechenie proryva oborony finnov na Karel'skom peresheike", *SMPIOV*, No. 14, Moscow: Voenizdat, 1945, pp. 180~194.

10 독일-핀란드 간 협상에 대한 내용은 Ziemke, *From Stalingrad to Berlin: The German Defeat in the East*, Washington, D. C.: U. S. Army Center for Military History, 1968, pp. 300~301을 참조하라.

11 David M. Glantz, *Soviet Military Deception in the Second World War*, London: Frank Cass and Co., 1989, p. 370, pp. 407~408.

12 Hans von Ness, "Study of the Destruction of Army Group Center during the Summer of 1944

as Seen from the Point of View of Military Intelligence", in *1985 Art of War Symposium, From the Dnepr to the Vistula: Soviet Offensive Operations, November 1943 ~August 1944*, ed. David M. Glantz, Carlisle Barracks, Pa.: U. S. Army War College, 1985, p. 251, p. 278.

13 Georg Lemm, "Defense of Mogilev by the 12th Infantry Division", *1985 Art of War Symposium*, pp. 366~367. 렘은 제12 보병 사단의 대대장으로 모길료프에서 그의 대대를 거느리고 탈출하는 데 성공했다.

14 파르티잔 작전에 대한 논문과 서적들 중 다음을 참조하라. B. Chertok, "Vzaimodeistvie partisan voiskami 65-i armii pri osvobozhdenii belorussii, *VIZh* 7(1984년 7월), pp. 85~89.

15 P. Biriukov, "Osobennosti primeneniia inzhenernykh voisk Belorusskoi operatsii", *VIZh* 6(1984년 6월), pp. 34~40; V. Mikhailkin, "Boevoe primenenie artillerii v Belorusskoi operatsii", *VIZh* 6(1984년 6월), pp. 25~33; O. Losik, "Primenie bronetankovykh i mekhanizirovannykh voisk v Belorusskoi operatsii", *VIZH* 6(1984년 6월), pp. 20~24. 전체 작전 진행에 대해서는 다음을 참조하라. A. M. Samsonov, ed. *Osvobozhdenie Belorusii, 1944*, Moscow: "Nauka", 1974; "Razgrom nemetsko-fashistkikh voisk v Belorussii v 1944 godu", *SMPIOV*, No. 18, Moscow: Voenizdat, 1945. 가장 마지막 자료는 원래 기밀 자료였다.

16 Lemm, "Defense of Mogilev", p. 372, pp. 376~377.

17 Biriukov, "Osobennosti primeneniia inzhenernykh", pp. 35~36; A. Luchinsky, "28-ia armiia v Bobruiskoi operatsii", *VIZh* 2(1969년 2월), pp. 66~75.

18 K. Telegin, "V boiakh za osvobozhdenie Belorussii", *VIZh* 6(1969년 6월), p. 88; A. Tsikin, "Aviatsiia 16-i vozdushnoi armii pri razgrome gruppirovka protivnika pod Bobruiskom", *VIZh* 7(1962년 7월), pp. 22~23.

19 A. A. Sidorenko, Na mogilevskom napravlenii, Moscow: Voenizdat, 1958.

20 Lemm, "Defense of Mogilev", pp. 374~375, p. 427.

21 독일 제5 기갑 사단의 방어 전투는 다음을 참조하라. A. D. von Plato, *Die Geschichte der 5. Panzerdivision 1938 bis 1945*, Regensburg: Walhalla u Praetoria Verlag KG Georg Zwichenpflug, 1978. 요약된 내용은 다음을 참조하라. von Plato, "Defensive Combat of 5th Panzer Division", *1985 Art of War Symposium*, pp. 385~418. 플라토는 제5 기갑 사단의 작전 장교였다.

22 로트미스트로프의 부대는 민스크로 진격하는 동안 많은 손실을 입었고, 특히 독일 전차들의 매복 공격이 큰 피해를 입혔다. 그리고 빌뉴스 전투에서는 더 높은 손실률을 보였다. 로트미스트로프는 작전이 시작됐을 때 전차 및 자주포 524대를 보유했으나, 민스크가 함락된 뒤 7월 5일에는 307대로 줄어들었다. 그리고 7월 16일에 빌뉴스가 함락된 직후에는 불과 50대로 줄어들어 재정비를 위해 후방으로 돌려졌다. *Razgrom nemetsko-fashistkikh vorsk*(1959), pp. 168~169, p. 195, p. 286.

23 A. Belousov, "4-ia gvardeiskaia tankovaia brigada v boiakh za Minsk", *VIZh* 7(1974년 7월), pp. 45~49; A. Karavan, "Na minskom napravlenii", *VIZh* 6(1969년 6월), pp. 52~57.

24 포위된 독일 제4군의 소탕 과정은 *Razgrom nemetsko-fashistskikh vorsk*(1959), pp. 114~118을 참조하라.

25 Gerd Niepold, "The Defense of 12th Panzer Division", *1985 Art of War Symposium*, p. 432. 니폴트는 제12 기갑 사단의 작전 장교로 바그라티온 작전을 독일 측 시각에서 분석한 탁월한 저서를 출

간한 바 있다. 니폴트의 저서는 리차드 심킨에 의해 영어로 번역됐다. *Battle for White Russia: The Destruction of Army Group Center, June 1944* trans. Richard Simpkin, London: Brassey's, 1987.

26 Niepold, "The Defense of 12th Panzer Division", pp. 442~443.

27 S. Poplavsky, "K 20-letiiu osvobozhdeniia Vil'niusa", *VIZH* 7(1964년 7월), pp. 42~46.

28 I. Bargramian, "Nastuplenie voisk 1-go Pribaltiiskogo fronta v Belorusskoi operatsii", *VIZH* 4(1961년 4월), pp. 12~27; *VIZH* 5(1961년 5월), pp. 15~31.

29 로트미스트로프는 8월 8일에 제1 기계화 군단을 지휘하던 솔로마틴 중장으로 교체됐다. 솔로마틴은 샤울랴이로 진격하던 중 독일군의 지뢰에 부상을 당해 볼스키가 지휘를 대신하게 됐다. 로트미스트로프가 해임된 이유가 제5 근위 전차군의 높은 손실이라는 것은 체르냐홉스키의 삶을 다룬 소설에 유일하게 언급되어 있다. 로트미스트로프는 자신의 회고록을 쓰던 중 사망했고 그가 작성한 분량은 1944년 2월까지다.

30 리보프-프셰미실 작전에 대한 상세한 내용은 다음을 참조하라. "L'vovsko-Peremyshl'skaia operatsiia 1-go Ukrainskogo fronta, Iiul'-avgust 1944 g.", *SMPIOV*, No. 22, Moscow: Voenizdat, 1946, pp. 3~91; "Okruzhenie i razgrom brodskoi gruppirovka nemtsev, iiul' 1944 g.", *SMPIOV*, No. 17, Moscow: Voenizdat, 1945, pp. 31~43.

31 코네프의 전력이 작전 기간 중 1,002,200명(전투 병력 843,772명)이었고, 전차 및 자주포 2,206대, 야포 및 박격포 13,825문의 지원을 받았다고 되어 있다. 다음을 참조하라. Krivosheev, *Grif sekretnosti*, pp. 204~205; M. Polushkin, "L'vovsko-Sandomirskaia nastupatel'naia operatsiia 1-go Ukrainskogo fronta v tsifrakh", *VIZh* 8(1969년 8월), p. 58. "Kraftegegenüberstellung, Stand: Siehe Fussnote (1. 5~1. 6. 44)"에는 독일 측 전력이 독일군 430,000명, 헝가리군 196,000명, 전차 및 돌격포 811대, 야포 1,100문으로 기록되어 있다. 헝가리군은 남익을 방어했으며 전투에는 거의 휘말리지 않았다.

32 S. Petrov, "Dostizhenie vnezapnost' v L'vovsko-Sandomirskoi operatsii", *VIZh* 7(1974년 7월), p. 31; Glantz, *Soviet Military Deception*, pp. 379~399.

33 P. Kurochkin, "Proryv oborony na L'vovskom napravlenii", *VIZh* 7(1964년 7월), pp. 22~30; I. Konev, "Zavershenie osvibozhdeniia sovetskoi Ukrainy i vykhod na Vislu", *VIZh* 7(1964년 7월), pp. 3~21.

34 A. Zhadov, "Boevye deistviia na Sandomirskom platsdarme", *VIZH* 7(1975년 7월), pp. 50~59.

35 *Razgrom nemetsko-fashistkikh voisk*(1959), p. 267에는 로코숍스키의 좌익 부대는 병력 410,162명, 전차 및 자주포 1,654대, 야포 및 박격포 8,742문을 보유했고, 독일군은 병력 84,175명, 전차 및 돌격포 214대, 야포 및 박격포 1,530문을 보유했다고 한다.

36 B. Petrov, "O sozdanii udarnoi gruppirovki voisk v Liublinsko-Brestskoi nastupatel'noi operatsii", *VIZH* 3(1978년 3월), pp. 83~89는 작전 초기의 상황을 서술하고 있다. A. Radzievsky, "Na puti k Varshave", *VIZh* 10(1971년 10월), pp. 68~77은 바르샤바로의 진격에 대해 다루고 있다. 독일 제9군과 제2군의 기록은 라지옙스키의 주장과 독일군의 반격에 의한 소련 측의 피해를 뒷받침하고 있다.

37 위의 글; Ziemke, *Stalingrad to Berlin*, p. 341.

38 Ziemke, Stalingrad to Berlin, pp. 340~341, pp. 344~345. 이에 대한 최근 러시아의 연구로 다음을 참조하라. Iu. V. Ivanov, I. N. Kosenko, "Kto kogo predal", VIZh 3(1993년 3월), pp. 16~24; VIZh 4(1993년 4월), pp. 13~21. 이 논문에는 최근 공개된 소련 측 문헌 자료들이 실려 있다.

39 R. Nazarevich, "Varshavskoe vostanie 1944 g.", Novaia i noveishchaia istoriia 2(1989년 1월), pp. 186~210은 폴란드판의 번역이다.

40 Ziemke, Stalingrad to Berlin, p. 345.

41 "Kraftegegenüberstellung, Stand: Siehe Fussnote(1. 7~1. 8. 44)", Fr. H. Ost (IIc), Prüf Nr. 1058; Ziemke, Stalingrad to Berlin, p. 340.

42 Krivosheev, Grif sekretnosti, pp. 203~205, p. 371.

43 "Kraftegegenüberstellung, Stand: Siehe Fussnote(1. 7~1. 8. 44)", "Kraftegegenüberstellung, Stand: 1. 9. 44", Fr. H. Ost (IIc), Prüf Nr. 1859; "Kraftegegenüberstellung, Stand: 1. 11. 44"(필기로 수정됐음), Fr. H. Ost (IIc), Prüf Nr. 1904; Krivosheev, Grif sekretnosti, pp. 350~358. 1944년 3월 12일의 소련군 전력은 다음을 참조하라. "Postanovlenie GKO 12 Morta 1944 g.", TsPA. IMA, f. 644, op. 1. g. 218, 1. pp. 100~101.

14 | 양익의 소탕

1 Ziemke, From Stalingrad to Berlin: The German Defeat in the East, Washington, D. C.: U. S. Army Center of Military History, 1968, p. 335.

2 Hermann von Trotha, "German Defensive Measures in Army Group South Ukraine, August 1944", 1985 Art of War Symposium, From the Dnepr to the Vistula: Soviet Offensive Operations, November 1943~August 1944, ed. David M. Glantz, Carlisle, Pa.: U. S. Army War College, 1985, p. 465.

3 Krivosheev, Grif sekretnosti, pp. 205~206과 다른 러시아 자료들은 소련군의 전력이 제2 우크라이나 전선군 771,200명, 제3 우크라이나 전선군 523,000명, 흑해 함대와 도나우 전대 20,000명이 야포 및 박격포 14,851문과 전차 및 자주포 1,874대의 지원을 받았다고 기록하고 있다. 총 1,300,000명에 달하는 병력 중 886,491명이 전투 병력이었다. 추축군의 병력은 육군 총사령부 동부 정보국의 7월 1일 자 상황 자료에서 인용했으며, 다른 전선으로 차출된 병력 규모를 고려해 일부 수정했다.

4 많은 소련군 사단의 역사들이 이 문제를 지적하고 있다. 일반 소총병 사단들은 평균 2,500명에서 5,000명 사이의 병력을 가지고 있었으며, 일부 정예 부대(근위 사단, 일부 정규 사단, 근위 공수 사단 등)만이 5,000명 이상이었다. 독일의 육군 총사령부 동부 정보국의 보고서 및 정보 분석 자료들도 이 점에 주목하고, 소련군 내에 소수 민족(중앙아시아인, 기타 등등) 출신 병사와 나이가 어리거나 늙은 병사의 숫자가 많다고 지적하고 있다. 많은 전투 부대에 여성들이 복무했다.

5 이 작전의 수립과 전개 과정에 대해서는 다음을 참조하라. "Iassko-Kishinevskaia operatsiia", SMPIOV, N. 19, Moscow: Voenizdat, 1945; "Boevye deistviia konno-tankovoi gruppy v Iassko-Kishinevskoi operatsii", "Nastuplenie 104-go strelkovogo korpusa s proryvom podgotovlennoi oborony protivniki severo-zapadnee Iassy", SVIMVOV, Issue 3, Moscow: Voenizdat, 1950, pp.

55~119. 이 자료들은 기밀로 분류되어 있었다. 여러 저술들 중 가장 정리가 잘 된 것은 다음과 같다. V. Matsulenko, "Nekotorye osobennosti voennogo iskusstva v Iassko-Kishinevskoi operatsii", *VIZh* 8(1969년 8월), pp. 12~30. 작전 진행 및 계획 수립과 관련된 자료들은 다음과 같다. V. P. Krikunov, "Razgrom gruppy armii 'Iuzhnaia Ukraina'", *VIZh* 10(1989년 10월), pp. 7~19.

 6 소련 측의 기만 작전에 대한 전반적인 내용은 다음 문헌에 잘 정리되어 있다. David M. Glantz, *Soviet Military Deception in the Second World War*, London: Frank Cass and Co., 1989, pp. 409~421.

 7 I. Shinkarev, "Razgrom nemetsko-fashistkikh voisk v Rumynii", *VIZh* 10(1981년 10월), pp. 65~72. 1944년 9월 6일, 전체 루마니아의 야전군은 제2 우크라이나 전선군의 작전 통제를 받게 됐다. 소련군 예하에 들어온 루마니아군은 제1군, 제4군 및 제4 독립 군단, 제1 항공 군단 등 총 138,073명이었다.

 8 전선군 사령관들의 보고 내용은 Krikunov, "Razgrom gruppy armii 'Iuzhnaia Ukraina'", pp. 15~17. 전선군 간의 지휘 및 통제 문제는 M. Zakharov, "Molnienosnaia operatsiia", *VIZh* 8(1964년 8월), pp. 15~28을 참조하라.

 9 소련 측 자료들은 독일군의 손실이 전사 및 행방불명 200,000명 이상, 포로 208,600명, 전차 및 돌격포 830대와 야포 및 박격포 3,500문이 격파 및 노획으로 기록하고 있다. Krikunov, "Razgrom gruppy armii 'Iuzhnaia Ukraina'", p. 13을 참조하라. Krivosheev, *Grif sekretnosti*, p. 206에서는 소련 측의 손실이 병력 67,130명(전사 및 행방불명 13,197명, 부상 53,933명), 전차 및 자주포 75대, 야포 및 박격포 108문이라고 주장하고 있다.

 10 "Kraftegegenüberstellung, Stand: 1. 9. 44", *Fr. H. Ost(IIc)*, *Prüf Nr. 1859*.

 11 불가리아를 포함한 발칸 반도에서의 소련군 작전에 대한 가장 훌륭한 자료는 다음과 같다. M. V. Zakharov, ed., *Osvobozhdenie iugo-vostochnoi i tsentral'noi evropy voiskami 2-go i 3-go ukrainskikh frontov, 1944~1945*, Moscow: "Nauka", 1970. M. M. Minasian, *Osvobozhdenie narodov iugo-vostochnoi evropy*, Moscow: Voenizdat, 1967. 불가리아에서의 작전은 다음을 참조하라. A. Zheltov, "Osvobozhenie Bolgarii", *VIZh* 9(1969년 9월), pp. 59~69.

 12 A. Zheltov, "Osvobozhdenie Vengrii", *VIZh* 10(1974년 10월), pp. 44~50; Krivosheev, *Grif sekretnosti*, p. 211. 10월 말 말리놉스키의 전선군은 병력 700,000명, 전차 및 자주포 750대, 야포 및 박격포 10,200문의 지원을 받았다. 여기에는 22개 루마니아군 사단도 포함됐다. 독일과 헝가리의 연합군은 총 병력 250,000명, 전차 및 돌격포 300대와 야포 3,500문을 보유했다.

 13 Ziemke, *Stalingrad to Berlin*, p. 360.

 14 이 작전에 대한 가장 잘 요약된 자료로는 다음과 같은 것이 있다. P. Varakhin, "6-ia gvardeiskaia tankovaia armiia v Debretsenskoi operatsii", *VIZh* 11(1975년 11월), pp. 69~75. Krivosheev, *Grif sekretnosti*, p. 227은 이 작전에서 말리놉스키의 전선군의 전력이 병력 698,200명, 전차 500대였다고 기록하고 있다. Varakhin, "6-ia gvardeiskaia", p. 71은 제6 근위 전차군이 병력 34,494명, 전차 및 자주포 188대, 야포 및 박격포 982문을 보유했다고 기록하고 있다. 제2 우크라이나 전선군이 이 작전에서 입은 피해는 전사 및 행방불명 19,713명, 부상자 64,297명을 포함해 84,010명, 그리고 전차 수백 대였다.

 15 부다페스트 작전에 대한 기밀 분류된 자료로는 다음과 같은 것이 있다. "Budapeshtskaia

operatsiia", *SMPIOV*, No. 21, Moscow: Voenizdat. Krivosheev, *Grif sekretnosti*, pp. 211~212, p. 370은 이 작전에 투입된 소련군의 전력이 병력 719,500명(도나우 전대 포함)이라고 기록하고 있으나, 제2, 제3 우크라이나 전선군의 병력이 각각 얼마였는가는 나와 있지 않다. 크리보셰예프는 작전 기간 중 소련 측의 손실이 양 전선군을 합쳐 병력 320,082명(전사 및 행방불명 80,026명, 부상 240,056명)이었다고 주장하고 있다. 기갑 장비의 손실은 전차 및 자주포 1,766대였다. 이 작전 기간 중 독일과 헝가리 연합군의 전력은 10월 말에 250,000명에서, 독일군의 대규모 증원으로 12월에는 440,000명(독일군 330,000명, 헝가리군 110,000명)으로 증가했다. 독일 측의 기갑 전력은 전차 및 돌격포 400대로 증강됐다. 양측의 병력 격차가 줄어들면서 소련군의 진격 속도도 둔화됐다.

16 제3 우크라이나 전선군의 작전은 다음을 참조하라. S. Alferov, "Nastuplenie 4-i gvardeiskoi armii v Budapeshtskoi operatsii", *VIZh* 9(1982년 9월), pp. 13~19; M. Sharokhin, V. Petrukhin, "Forsirovanie Dunaia voiskami 57-i armii i zakhvat operativnogo platsdarma v raione Batiny", *VIZh* 2(1960년 2월), pp. 25~36.

17 Ziemke, *Stalingrad to Berlin*, p. 383.

18 Alferov, "Nastuplenie 4-i gvardeiskoi armii", pp. 17~19; N. Biriukov, "Na podstupakh k Budapeshtu", *VIZh* 3(1965년 3월), p. 94.

19 Ziemke, *Stalingrad to Berlin*, pp. 383~386. Zheltov는 "Osvobozhdenie Vengrii"에서 독일군과 헝가리군 188,000명이 부다페스트에서 포위됐고, 이 중 138,000명이 1945년 2월 13일 항복했다고 주장하고 있다.

20 자세한 내용은 다음을 참조하라. "Operations in Hungary, January~march 1945", in David M. Glantz, ed., *1986 Art of War Symposium, From Vistula to the Oder: Soviet Offensive Operations, October 1944~March 1945*, Carlisle, Pa.: U. S. Army War College, 1986, pp. 665~788.

21 자세한 내용은 "Karpatsko-Duklinskaia operatsiia", *SVIMVOV*, Issue 17, Moscow: Voenizdat, 1956에 있으나, 공개 자료는 D. M. Proektor, *Cherez Duklinskii pereval*, Moscow: Voenizdat, 1960이 있다. Krivosheev, *Grif sekretnosti*, p. 206에는 제38군과 지원 부대의 전력이 총 99,100명이었다고 기록되어 있으나, 기갑 전력에 대해서는 언급이 없다. 모스칼렌코는 전차 및 자주포를 300대로 추산하고 있다. 이 작전에서 제38군은 병력 62,014명(전사 및 행방불명 13,264명, 부상 48,750명)의 인명 손실을 입었는데, 이 전투가 얼마나 치열했는가를 보여 준다.

22 제1 근위 기병 군단은 포위망을 벗어났으나, 이 과정에서 장비 대부분을 상실했다.

23 자세한 내용은 다음을 참조하라. "Karpatskaia operatsiia 4-go Ukrainskogo fronta, sentiabr'-oktiabr' 1944 g.", *SMPIOV* 23(1946년 3~6월), pp. 3~95. 제4 우크라이나 전선군의 전력은 병력 264,000명, 전차 및 자주포 100대였다. 2번의 카르파티아 작전 기간 중 독일 측의 전력에 대한 자료는 없다. 소련군은 독일군을 2.5~3대 1로 압도했을 것으로 추정된다.

24 1944년 7월 5일에 개시된 샤울랴이-므타바 작전에 대해 가장 잘 정리된 자료는 다음과 같다. I. Bagramian, "Shauliaisko-Mitavskaia operatsiia voisk 1-go Baltiiskogo fronta", *VIZh* 10(1962년 10월), pp. 3~23; I. Bagramian, "Na zavershaiushchem etape Shiauliaiskoi operatsii", *VIZh* 5(1976년 5월), pp. 51~61. Krivosheev, *Grif sekretnosti*, p. 203은 제1 발트 전선군의 병력이 395,500명이었다고 기록하고 있다. *Razgrom nemetsko-fashistskikh voisk v Belorussii* (1959), p. 173에는 작전 개시 당시 소련군의 기갑 전력이 가동 가능한 전차 및 자주포 358대, 수리를 요하는 것이 230대였다고 되어 있다.

이 수치는 8월 중순에 재편성을 마치고 합류한 제5 근위 전차군과 제19 전차 군단은 제외한 것이다.

25 *Ziemke, Stalingrad to Berlin*, pp. 342~343.

26 소련군의 방어에 대한 자세한 내용은 다음을 참조하라. Bagramian, "Na zavershaiushchem etape Shiauliaiskoi operatsii"; I. Strel'bitsky, "Podvig artilleristiv pod Shiauliaem", *VIZh* 1(1970년 1월), pp. 52~59. 소련 측은 독일군의 기갑 전력이 전차와 돌격포 500대였고, 소련군은 400대였다고 주장하고 있다. 소련은 자신들의 손실이 병력 67,606명(전사 및 포로, 행방불명 15,900명)이었고, 독일 측의 손실은 병력 67,000명(전사 및 부상 60,000명, 포로 7,000명), 전차 300대라고 주장하고 있다.

27 이와 관련된 많은 저술 중 다음을 참조하라. M. Kazakov, "V boakh za sovetskuiu Pribaltiku", *VIZh* 2(1967년 2월), pp. 62~75. Krivosheev, *Grif sekretnosti*, p. 207~208은 2개월에 걸친 작전 기간 동안 소련군의 전력은 병력 1,546,400명이었고, 이 중 280,090명(전사 및 행방불명 61,488명, 부상 218,622명)을 잃었다고 되어 있다. 이 작전에서 기갑 부대는 거의 보병 지원에 사용됐다. 육군 총사령부 동부 정보국 문서에 따르면 독일군은 9월 1일에 510,000명(동맹군 45,000명이 추가)에서 11월 1일에 400,000명(동맹군 20,000명이 더 추가)으로 줄어든 것으로 되어 있다. "Kraftegegenüberstellung, Stand: 1. 9. 44", *Fr. H. Ost(IIc)*, *Prüf Nr. 1859*: "Kraftegegenüberstellung, Stand: 1. 11. 44", *Fr. H. Ost(IIc)*, *Prüf Nr. 1904*.

28 Ziemke, *Stalingrad to Berlin*, pp. 403~407.

29 D. Muriev, "Nekotorye kharakternye cherty frontovykh i armeiskikh operatsii, provedennykh v Pribaltiiskoi strategicheskoi operatsii 1944 goda", *VIZh* 9(1984년 9월), pp. 22~28.

30 Glantz, *Soviet Military Deception*, pp. 433~440.

31 Ziemke, Stalingrad to Berlin, p. 407은 독일 측의 충격을 잘 보여 주고 있다.

32 Krivosheev, *Grif sekretnosti*에는 메멜 작전에 투입된 소련군 전력에 대한 정보가 없으나, 이 작전에 끝난 뒤 제1 발트 전선군의 병력은 600,000명 이상, 전차 및 자주포 400대로 독일 제3 기갑군에 대해 5대 1의 압도적 우세를 보였다.

33 Ziemke, *Stalingrad to Berlin*, p. 409.

34 이 작전은 벨로루시와 발트 해 지역의 대승리에 이어 전개되었으나 결정적으로 실패했기 때문에 역사가들의 주목을 거의 받지 못했다. 이 작전이 중요한 이유는 어떻게 1945년 1월 대공세의 준비에 영향을 끼쳤는가 하는 점 때문이다. 이 작전에 대한 얼마 안 되는 문헌 중 M. Alekseev, "Nachalo boev v Vostochnoi Prussii", *VIZh* 10(1964년 10월), pp. 11~22를 참조하라. Krivosheev, *Grif sekretnosti*, p. 227은 이 작전을 〈골다프 작전〉이라 부르며, 체르냐홉스키 상장의 전력이 병력 377,300명이었고, 이 중 79,527명(전사 및 행방불명 16,819명, 부상 62,708명)이었다고 한다. 작전 개시 당시 소련군의 기갑 전력은 전차 300대 정도로 추산된다. 알렉세예프는 독일군의 기갑 전력이 증원군을 합쳐 500대라고 주장하고 있으나, 실제로는 그 절반에도 못 미치는 수준이었을 것이다.

35 Ziemke, *Stalingrad to Berlin*, p. 390.

36 페차모-키르케네스 작전에 대해 가장 잘 정리된 자료는 다음과 같다. James F. Gebhardt, *The Petsamo-Kirkenes Operation: Soviet Breakthrough and Pursuit in the Arctic, October 1944*, Leavenworth Paper No. 17, Fort Leavenworth, Kan.: Combat Studies Institute, 1989.

37 Krivosheev, *Grif sekretnosti*, p. 201에는 소련군의 전력이 북부 함대 병력 20,300명을 포함해 133,500명이었고, 손실은 21,233명(전사 및 행방불명 6,084명, 부상 15,149명)이었다고 되어 있다.

Kh. Khudalov, "Petsamo-Kirkenesskaia operatsiia", *VIZh* 10(1969년 10월), p. 116은 독일군의 손실이 전사 18,000명과 포로 713명이라고 기록하고 있다.

38 Ziemke, *Stalingrad to Berlin*, pp. 412~413. 육군 총사령부 동부 정보국 문서는 독일과 소련의 전력이 모두 좋지 않은 상태라고 기록하고 있다.

15 | 1945년 겨울의 전투

1 부다페스트 포위전에 대해서는 다음을 참조하라. S. P. Ivanov, "K 40-letiiu Budapeshtskoi operatsii", *VIZh* 11(1984년 11월), pp. 18~19.

2 Heinz Guderian, *Panzer Leader*, Washington, D. C.: Zenger Publishing Co., 1979, p. 384. 소련 정보기관은 제4 SS 기갑 군단이 폴란드에서 헝가리로 이동을 시작했다는 사실은 파악했지만, 자세한 위치는 이 부대가 헝가리에 도착할 때까지 몰랐다. 당시 소련군은 대부분의 독일 부대에 대한 무선 감청 및 암호 해독이 가능했지만, SS 부대는 육군과 다른 코드와 무선 체계를 사용했기 때문에 소련 측에서 그 내용을 파악하기가 어려웠다. David M. Glantz, *Soviet Military Deception in the Second World War*, London: Frank Cass and Co., 1989, pp. 466~467.

3 John Erickson, *The Road to Berlin*, Boulder, Colo.: Westview Press, 1983, pp. 439~441. 소련 및 독일의 시각에서 본 일일별 전투 전개 양상은 다음을 참조하라. David M. Glantz, ed., *1986 Art of War Symposium, From Vistula to the Oder: Soviet Offensive Operations, October 1944~March 1945*, Carlisle, Pa.: U. S. Army War College, 1986, pp. 663~789. 반격 첫 단계(1월 1~10일)에서 독일군의 기갑 전력은 제4 SS 기갑 군단이 전차 260대, 제3 기갑 군단이 전차 146대였다. 소련군은 이에 맞서 작전 초기에 제18 전차 군단의 선견 여단의 전차 30대를 투입했고, 뒤에 군단 주력의 전차 100대와 제2 근위 기계화 군단의 전차 150대를 투입했다. 1월 20일에 제4 SS 기갑 군단과 제3 기갑 군단은 합쳐서 200대의 전차와 돌격포를 보유했다. 이 작전에서 독일군은 초보적인 적외선 장비를 야간 전투에 사용했다. 독일군은 이 장비를 사용해 소련 제18 전차 군단에 괴멸적인 타격을 입혔으며, 소련군은 이에 대응하기 위해 여러 가지 방책을 강구해야 했다. 그러나 결국에는 주간 전투에서 소련군이 독일군을 압도할 수 있었다.

4 Erickson, *The Road to Berlin*, pp. 441~444; Ivanov, "K 40-letiiu Budapeshtskoi operatsii", p. 18.

5 Erickson, *The Road to Berlin*, p. 422. 동부 전선의 전반적인 상황과 비슬라-오데르 작전의 준비 및 수행에 대한 소련의 내부 자료는 다음과 같다. *SMPIOV*, No, 25, Moscow: Voenizdat, 1947; A. V. Vasil'ev, *Visla-oderskaia operatsiia*, Moscow: Voennia akademiia general'nogo shtaba vooruzhennykh sil SSSR im. K. E. Voroshilova, 1948. 이 자료들은 1945년 1월 1일에 독일군의 총 병력이 사단 급 부대 338개로, 이 중 228개 사단 급 부대(188개 사단, 50개 독립 연대, 180개 독립 대대)가 동부 전선(전 병력의 3분의 2)에, 73개 사단이 서부 전선에, 18개 사단이 북부 이탈리아에, 9개 사단이 덴마크와 노르웨이에 배치됐다고 보고 있다. 육군 총사령부 동부 정보국 자료는 1944년 11월 1일에 동부 전선의 독일군이 2,030,000명, 독일의 동맹군이 190,000명이라고 기록하고 있다. 1945년 1월에는 병력 보충으로 이 수치가 조금 더 상승했다. 소련 측의 공개된 자료들은 소련군의 전과를 과장하기 위해 독일군의 병력이 국민 돌격대와 비정규 부대를 합산해 3,100,000명이라고 과장하고 있다. *Krivosheev*,

Grif sekretnosti, p. 73은 1945년 1/4분기 월평균 소련군 병력이 6,461,000명이라고 기록하고 있다. 이에 따르면 소련군의 병력은 독일군과 비교해 3배 이상 우세하며, 기갑 전력과 포병의 우위는 더욱 압도적이다.

6 Krivosheev, *Grif sekretnosti*, p. 213과 다른 소련 측의 기밀 자료들이 작전에 투입된 소련군 전력이 병력 2,112,700명(전투 병력 1,565,000명), 전차 및 자주포 7,042량, 야포 및 박격포 33,500문 이상이었고, 여기에 폴란드군 90,900명의 지원을 받았다고 기록하고 있다. 육군 총사령부 동부 정보국의 자료(앞에서 언급한 11월 1일자 자료)는 독일 측의 병력이 400,000명(국민 돌격대 40,000명이 추가로 있었다), 전차 및 돌격포 800대(작전 중 1,136대로 증강됐다), 야포 4,103문이라고 기록하고 있다.

7 소련의 주공 축선에 대한 병력 집결과 부차적인 지구의 효율적인 병력 재배치로 소련은 전략적으로 5대 1, 작전 단계(각 교두보)에서는 10대 1, 전술 단계(군단 및 사단)에서는 13대 1의 병력 우세를 확보했다. 기갑, 포병 등 지원병의 우위는 더욱 더 압도적이었다. 반면 일부 지구(소련은 전 전선의 30퍼센트를 요새 지역이 담당하게 했다)에서는 독일군이 소련군보다 병력 우세를 보였다.

8 독일 측의 작전 계획과 병력 배치에 대한 논쟁은 다음을 참조하라. Earl F. Ziemke, *From Stalingrad to Berlin: The German Defeat in the East*, Washington, D. C.: U. S. Army Center for Military History, 1968, pp. 410~419.

9 위의 책, pp. 411~414.

10 Guderian, *Panzer Leader*, pp. 385~395.

11 작전의 전개 과정을 독일과 소련 양측의 시각에서 본 내용은 Glantz, ed., *1986 Art of War Symposium*, pp. 497~663을 참조하라. 소련 측의 기밀로 분류된 훌륭한 자료들 가운데 다음과 같은 것들이 있다. *SMPIOV*, No. 25; A. D. Bagreev, *Visla-oderskaia operatsiia: Razgrom nemetsko-fashistkikh voisk v Pol'she sovetskimi voiskami v ianvare 1945 goda*, Moscow: Voennia akademiia general'nogo shtaba vooruzhennykh sil SSSR im. K. E. Voroshilova, 1957; N. A. Antonov, *Proryv oborony protivnika voiskami 1-go Belorusskogo fronta v vislo-oderskoi operatsii (ianvar' 1945)*, Moscow: Voennia akademiia general'nogo shtaba vooruzhennykh sil SSSR im. K. E. Voroshilova, 1980; A. P. Snegov, *Voennoe iskusstvo v Vislo-Oderskoi operatsii*, Moscow: Voenno-polititseskoi akademii imeni V. I. Lenina, 1979.

12 전차군이 수행한 작전에 대해서는 다음을 참조하라. I. M. Kravchenko, *Boevye deistviia voisk 3 gvardeiskoi tankovoi armii v khode Vislo-Oderskoi operatsii*, Moscow: Voennia akademiia general'nogo shtaba vooruzhennykh sil SSSR im. K. E. Voroshilova, 1978. 이와 함께 제3 근위 전차군 부대사와 군 사령관 리발코의 회고록도 참조하라. 공지(空地) 협동 작전은 다음을 참조하라. A. Efrimov, "Primenenie aviatsii provedenii operatsii v vysokikh tempakh i na bol'shuiu glubinu", *VIZh* 1(1985년 1월), pp. 22~29.

13 독일 제24 기갑 군단의 작전에 대한 훌륭한 분석은 다음을 참조하라. H. G. Liebisch, "17th Panzer Division operations to 27 January", in *1986 Art of War Symposium, From the Vistula to the Oder: Soviet Offensive Operations, October 1944~March 1945*, Carlisle, Pa.: U. S. Army War College, 1986, pp. 609~626. 리비슈는 소련군의 포위망을 자신의 대대와 함께 돌파한 소수의 대대장 중 한 명이다. 이 부분과 이후에 나오는 소련의 기동 전위 부대 운용은 저자가 1989년 6월 모스크바에서 I. I 구사콥스키I. I. Gusakovsky(제44 근위 전차 여단장 — 제1 근위 전차군, 제11 근위 전차 군단),

A. F. 스미르노프A. F. Smirnov(제100 전차 여단 선임 참모 — 제31 전차 군단), B. P. 이바노프B. P. Ivanov(제40 근위 전차 여단 대대장 — 제1 근위 전차군, 제11 근위 전차 군단), D. A. 드라군스키D. A. Dragunsky(제55 근위 전차 여단장 — 제3 근위 전차군, 제7근위 전차 군단), 그리고 A. A. 데멘티예프A. A. Dement'ev(제93 독립 전차 여단장 — 제4 근위 전차군)등의 참전 용사와 장기간 면담을 나눈 내용을 바탕으로 서술했다.

14 H. G. Liebisch, "Second Phase of 17th Panzer Division Retrgrade Operations East of the Oder River", *1986 Art of War Symposium*, pp. 639~642.

15 Kravchenko, "Boevye deistviia", pp. 41~45.

16 주코프의 돌파 작전에 대해서는 많은 저술 가운데 다음을 참조하라. A. P. Snegov, *Organizatsiia i osushchestvlenie proryv podgotovlennoi oborony protivnika soedineniami 32-go strelkovogo korpusa 5-go udarnoi armii v Vislo-oderskoi operatsii*, Moscow: Lenin Military-Political Academy, 1980.

17 바르샤바 해방전에서 폴란드군의 활동은 다음을 참조하라. S. Poplavsky, "1-ia armiia voisk Pol'skogo v boiakh za Varshavu", *VIZh* 1(1965년 1월), pp. 47~53. 포프와프스키는 폴란드 제1군 지휘관이었다.

18 여기에 언급된 끔찍한 경험들에 대해서는 다음을 참조하라. W. Hartelt "Battle Report of a Panther Tank Company of Panzer Division 'Hermann Goering'", *1986 Art of War Symposium*, pp. 627~628.

19 소련군의 포위망에서 탈출한 부대들은 오데르 강을 도하해 쾨벤 지구를 확보한 소련 제4 전차군과 제13군의 진격을 저지하기 위해 투입되었다. 이 부대들을 운용함으로서 소련 측의 손실을 줄일 수 있었고, 소련 측의 전진을 저지할 수 있었다.

20 소련군은 진격 중 후방에 남은 독일군 부대를 소탕하기 위한 특수 임무를 띤 부대를 투입했다. 이런 부대로는 제33군과 제3 근위군, 제7 근위 기계화 군단이 있었다. 제7 근위 기계화 군단의 작전 수행에 대해서는 다음을 참조하라. D. Barinov, G. Nekhonov, "Unichtozhenie bluzhdaiushchei", *VIZh* 3(1965년 3월), pp. 62~68. 바리노프는 제7 근위 기계화 군단의 참모였다.

21 Ziemke, *Stailingrad to Berlin*, p. 423, p. 427.

22 포즈난에서의 전투 행동에 대해서는 다음을 참조하라. G. Khlopin, "Shturm frota 'Raukh'", *Voennyi vestnik* 6(1988년 6월), pp. 15~17.

23 소련군의 오데르 강 교두보 확보와 뒤이은 전투에 대한 내용은 다음을 참조하라. F. Bokov, "Pylaiushchii platsdarm", *VIZh* 5(1972년 5월), pp. 49~55; A. M. Sokolov, "Zakrepleni i rasshirenie platsdarmov v Vislo-Oderskoi operatsii", *VIZh* 4(1986년 4월), pp. 32~38. Krivosheev, *Grif sekretnosti*, p. 213은 소련군의 손실이 작전 기간 중 193,125명(전사 및 행방불명 43,251명, 부상 149,874명)이라고 적고 있다. Vasil'ev, "Vislo-Oderskoi operatsii", p. 58, p. 76에 따르면 제1 벨로루시 전선군이 1월 14일부터 1월 22일까지 독일군 전사자 130,000명, 포로 37,300명, 전차 및 돌격포 614대 격파, 617문을 노획하는 전과를 거뒀다고 한다. 2월 4일까지 독일군 전사자는 216,970명, 포로는 60,308명으로 늘어났고, 전차 및 돌격포 1,237대가 격파, 1,119대가 노획됐다. 제1 우크라이나 전선군이 작전 기간 동안 거둔 전과도 크지만, 벨로루시 전선군에 비하면 다소 적다. 독일군의 전체 피해는 약 300,000명으로 추산된다.

24 동프로이센 작전에 대한 자료들 중 다음을 참조하라. Glantz, *1986 Art of War Symposium*, pp. 279~468; *SMPIOV*, No. 22, Moscow: Voenizdat, 1946, pp. 91~120; *SMPIOV*, No. 23, Moscow: Voenizdat, 1947, pp. 131~160; *SMPIOV*, No. 24, Moscow: Voenizdat, 1947; "Proryv nepriiatel'skoi oborony 28-i armiei v vostochnoi prussii(ianvar' 1945 g)", *SVIMVOV*, Issue 6, Moscow: Voenizdat, 1952. 모든 자료들은 원래 기밀로 분류되어 있었다.

25 Krivosheev, *Grif sekretnosti*, pp. 215~216. 이 밖의 소련 측 자료와 육군 총사령부 동부 정보국 자료에 따르면, 이 작전에 투입된 소련군 전력은 1,669,100명(전투 병력 1,220,000명), 전차 및 자주포 3,859대, 야포 및 박격포 25,426문이었고. 이를 상대하는 독일군은 병력 580,000명(국민 돌격대 200,000명 추가), 전차 및 돌격포 700대, 야포 8,200문이었다.

26 독일 제7 기갑 사단의 작전에 대해서는 다음을 참조하라. J. Condne, "Employment of 7th Panzer Division with Emphasis on its Armored Group", *1986 Art of War Symposium*, pp. 451~486. 콘드네는 제7 기갑 사단의 전차 대대장이었다.

27 Krivosheev, *Grif sekretnosti*, pp. 215~216에는 이 작전에서 소련군이 병력 584,778명(전사 및 행방불명 126,464명, 부상자 458,314명)을 잃었다고 기록하고 있다. 독일 측 병력 손실에 대한 정확한 자료는 없으나 약 100,000명으로 추정되며, 이외에 300,000명 가량이 요새화된 쾨니히스베르크와 하일스베르크Heilsberg 요새 지역에 포위됐다.

28 소련의 정보 판단 변화는 다음을 참조하라. David M. Glantz, Soviet *Military Intelligence in War*, London: Frank Cass and Co., 1990, pp. 335~346.

29 위의 책. 2월 초 독일 측의 오데르 강 방어 준비에 관해서는 다음을 참조하라. Ziemke, *Stalingrad to Berlin*, pp. 426~428, pp. 439~444; H. Liebeskind, "Operations of 21st Panzer Division in the Kuestrin Area and Between the Oder and Neisse Rivers", *1986 Art of War Symposium*, pp. 643~653. 리베스킨트는 제125 근위 기갑 연대 2대대의 중화기 중대를 지휘했다.

30 이 명령들과 하(下)슐레지엔 작전에 대한 자세한 내용은 다음을 참조하라. "Nizhne-silezskaia nastupatel'naia operatsiia voisk 1-go Ukrainskogo fronta", *SVIMVOV*, Issues 10~11, Moscow: Voenizdat, 1953. 이 자료는 원래 기밀로 분류되어 있었다. 베를린으로의 진격을 계속해야 한다는 주코프의 1945년 2월 10일자 건의는 다음 문헌에 실려 있다. Marshal G. K. Zhukov: "……Nastuplenie Na Berlinmogy nachat" 19~20. 2. 45", *VIZh* 2(1995년 3~4월), pp. 4~6.

31 현재 공개된 소련 측 문헌에 따르면 이 결정이 독일 측의 폼메른 지구 공세가 확실해 진 2월 16일 이후에 내려진 것으로 보인다.

32 1960년대 초반 이래 소련 내에서는 2월의 베를린 공세에 대한 논의가 공개적으로 활발히 이뤄졌다. 이 논의는 주코프와 그의 지지자들 대 추이코프 및 다른 사람들 간의 논쟁으로 이어졌다. 이 논쟁은 또한 소련 내부적으로 주코프의 위신에 대한 논쟁 및 흐루쇼프와 다른 소련 내 정치 파벌 간의 정치적 논쟁의 대리전 양상을 띠게 됐다.

33 자세한 내용은 *SVIMVOV*, Issues 10~11을 참조하라. Krivosheev, *Grif sekretnosti*, p. 227과 다른 자료들은 이 작전에 투입된 소련군 병력이 980,800명이라고 기록하고 있다.

34 Krivosheev, *Grif sekretnosti*, p. 227은 이 작전에서 소련이 입은 손실이 99,386명(전사 및 행방 불명 23,577명, 부상 75,809명)이라고 기록하고 있다.

35 상세한 내용은 다음을 참조하라. A. S. Zav'ialov, T. E. Kaliadin, *Vostochnaia-Pomeranskaia*

nastupatel'naia operatsiia Sovetskikh voisk, fevral'-mart 1945, Moscow: Voenizdat, 1960. Krivosheev, *Grif sekretnosti*, p. 216, p. 372는 이 작전에 투입된 소련군 병력이 폴란드 제1군을 포함해 총 996,100명이라고 기록하고 있다. 소련군의 손실은 병력 225,692명(전사 및 행방불명 52,740명, 부상 172,952명), 전차 및 자주포 1,027대, 야포 및 박격포 1,005문이었다. 독일군의 규모는 정확하게 파악되지 않으나 200,000명이 채 안 되었을 것으로 추정된다.

36 자세한 내용은 다음을 참조하라. *Shturm Kenigsberga*, Kaliningrad: Izdatel'stvo Kaliningrada, 1973; I. Bagramian, "Shturm Kenigsberga", *VIZh* 8(1976년 8월), pp. 56~64; *VIZh* 9(1976년 9월), pp. 47~57; N. Krylov, "Razgrom zemlandskoi gruppirovki protivnika", *VIZh* 4(1972년 4월), pp. 52~58; B. Arushanian, "Na Zemlandskom poluostrove", *VIZh* 4(1970년 4월), pp. 80~88.

37 "Kenigsbergskaia operatsiia 1945", in *Velikaia Otechestvennaia voina 1941~1945, entsiklopeiia*, Moscow: "Sovetskaia entsiklopeiia", 1985, p. 329(이하 *VOV*으로 약칭). 소련군은 쾨니히스베르크 포위전에 병력 300,000명, 전차 및 자주포 538대, 야포 및 박격포 5,200문을 투입했다.

38 "Zemlandskaia operatsiia 1945", *VOV*, p. 288에 따르면 이 작전에 소련군 111,000명이 투입됐고, 전차 및 자주포 324대와 야포 및 박격포 5,200문의 지원을 받았다고 한다. 이 자료에는 반도에 포위된 독일군 병력이 65,000명, 전차 및 돌격포 166대, 야포 1,200문이라고 되어 있으나, 이는 크게 과장된 수치로 보인다.

39 Erickson, *The Road to Berlin*, pp. 520~521.

40 자세한 내용은 다음을 참조하라. "Verkhne-Silezskaia nastupatel'naia operatsiia voisk 1-go Ukrainskogo fronta, 15-31 marta 1945 g.", *SVIMVOV*, Issue 6, Moscow: Voenizdat, 1952, pp. 3~80. 이 자료는 원래 기밀로 분류되어 있었다. Krivosheev, *Grif sekretnosti*, p. 228과 다른 소련 측 자료들은 이 작전에 투입된 소련군이 병력 408,400명, 전차 및 자주포 988대, 야포 및 박격포 5,640문이라고 기록하고 있다.

41 Krivosheev, *Grif sekretnosti*, p. 228에는 소련 측의 손실이 병력 66,801명(전사 및 행방불명 15,876명, 부상 66,801명)이라고 되어 있다. "Verkhne-silezskaia operatsiia 1945", *VOV*, p. 126에 독일 측의 손실은 섬멸 40,000명, 생포 14,000명이라고 되어 있다.

42 빈 작전의 수립 과정은 다음에 잘 나타나 있다. P. Ia. Malinovsky, *Budapesht-Vena-Praga*, Moscow: "Nauka", 1965; A. Rakitsky, "Ot Budapeshta do Veny", *VIZh* 4(1975년 4월), pp. 119~123.

43 이 작전의 정보 및 속임수에 대해서는 Glantz, *Soviet Military Deception*, pp. 515~520을 참조하라. 독일 측의 준비와 제6 SS 기갑군의 역할은 A. Werncke, "The Employment of 6th SS Panzer Army in Hungary and Austria from February to May 1945", *1986 Art of War Symposium*, pp. 771~787을 참조하라. 베른케는 제6 SS 기갑군의 군수 장교였다.

44 이 작전에 대한 자세한 내용은 다음을 참조하라. D. M. Glantz, "An Overview of Operations in Hungary, 1 january~16 March 1945", *1986 Art of War Symposium*, pp. 665~756; R. Stoves, "Comments on German Counterattacks in Hungary", *1986 Art of War Symposium*, pp. 761~770. 슈토베스는 제1 기갑 사단의 전차 중대장으로 뒤에 제1 기갑 사단의 부대사를 집필했다. 소련 측의 시각은 다음을 참조하라. "Oboronitel'nye boi 64-go strelkovogo korpusa iuzhnee ozera Balaton v marte 1945 g.", *SVIMVOV*, Issue 9, Moscow: Voenizdat, 1953, pp. 121~166; "Sryv kontranastupleniia

nemetsko-fashistkikh voisk u ozera Balaton", *VIZh* 3(1969년 3월), pp. 14~29. Krivosheev, *Grif sekretnosti*, p. 228과 상이한 견해를 보이는 소련 측 자료들에는 발라톤 작전에 투입된 소련군이 병력 465,000명, 전차 및 자주포 407대(제6 근위 전차군 제외), 야포 및 박격포 6,889문이라고 되어 있다. 이 수치는 방어 작전에 투입된 제3 우크라이나 전선군 병력만을 포함한 것이다. 정확한 소련군의 병력은 부다페스트 서부의 제2 우크라이나 전선군의 병력 101,500명과 전차 및 자주포 400대, 그리고 부다페스트 동부에 예비대로 있던 제9 근위군의 병력 100,000명을 포함해야 한다. 이 공세에 투입된 독일군 병력은 확실하지 않다. 그러나 남부 슬로바키아에서 발라톤 호수에 이르는 전선을 담당한 독일 남부 집단군 병력은 총 430,000명, 전차 및 돌격포 900대였다. 소련은 남부 집단군의 기갑 전력 대부분인 807대의 전차와 돌격포가 발라톤 호수 반격에 투입됐다고 추정하고 있다.

 45 Krivosheev, *Grif sekretnosti*, p.228은 발라톤 작전에서 소련군의 손실은 병력 32,899명(전사 및 행방불명 8,492명, 부상 24,407명)이라고 주장하고 있다. 라디츠키Raditsky는 독일군의 손실이 병력 40,000명, 전차 및 돌격포 500대, 야포 및 박격포 300문이라고 주장하고 있는데, 타당성이 있는 것으로 보인다.

 46 Krivosheev, *Grif sekretnosti*, p. 218에는 빈 작전에 투입된 소련군 전력이 병력 745,600명(불가리아군 100,900명 포함), 전차 및 자주포 400대라고 되어 있다. 여기에는 제46군과 제2 우크라이나 전선군의 지원 부대도 포함되어 있다. 말리놉스키의 제2 우크라이나 전선군의 나머지 병력 272,200명과 루마니아군 100,000명, 전차 및 자주포 300대는 3월 25일에 개시된 슬로바키아와 헝가리 북부의 브라티슬라바-브르노 작전에 투입됐다. 소련은 빈 작전과 브라티슬라바-브르노 작전을 별개의 작전으로 보고 있지만, 독일 남부 집단군은 이 2개의 공세를 동시에 상대해야 했다. 독일 남부 집단군의 병력은 발라톤 공세의 실패 뒤 병력 400,000명, 전차 및 돌격포 400대였다.

 47 Krivosheev, *Grif sekretnosti*, p. 218에는 빈 작전에서 소련군이 입은 손실이 병력 167,940명(전사 및 행방불명 38,661명, 부상 129,279명)이라고 되어 있다. 불가리아 제1군은 병력 9,805명(전사 및 행방불명 2,698명, 부상 7,107명)을 잃었다. 제2 우크라이나 전선군은 브라티슬라바-브르노 작전에서 병력 79,596명(전사 및 행방불명 16,993명, 부상 62,663명)을 잃었다.

 48 Krivosheev, *Grif sekretnosti*, p. 153에는 소련군이 1944년 10월 1일부터 1944년 12월 31일까지 전사 및 행방불명 259,766명, 부상 1,026,645명의 인명 피해를 냈고, 1945년 1월 1일부터 3월 31일까지 전사 및 행방불명 468,407명, 부상 1,582,517명의 인명 피해를 냈다고 되어 있다. 1945년 1월부터 2월까지 독일 측의 손실은 다음을 참조하라. Ziemke, *Stalingrad to Berlin*, p. 457.

16 | 마지막 전투

 1 1968년 이전에 간행된 소련 측의 작전 연구는 기밀 자료와 공개 자료 모두 서술이 공평하고 내용이 자세하다. 주된 이유는 이 저작들이 소련군의 군사 작전 수행을 위한 교육 자료로 간행되었기 때문이다. 그러나 몇몇 작전들은 정치적 이유에서 연구나 논의 자체가 되지 않기도 했다. 이런 작전들은 대개 소련이 크게 패한 전투로 대표적인 것은 1942년 11월에서 12월에 걸쳐 벌어진 화성 작전과 1943년 2~3월 우크라이나의 참패, 1943년 11월부터 1944년 2월까지 계속된 벨로루시 공세 작전, 그리고 정치적으로 민감한 1944년 8월에서 9월까지의 바르샤바 봉기 지원을 위한 작전 등이 있다. 이와 관련된

내용은 본서의 〈문헌 자료〉 부분을 참조하라.

2 베를린 축선에 배치된 독일군의 전투 서열은 다음을 참조하라. *Berlinskaia operatsiia 1945 goda*, Moscow: Voenizdat, 1950, pp. 1~44. 이 자료는 소련 육군 총참모부 군사-과학 총국이 발행한 기밀 자료로 현재까지 나온 베를린 작전에 대한 자료 중 가장 자세하게 연구된 자료다. 이 밖에 다음 문헌도 자료적 가치가 높다. W. Willemer, *The German Defense of Berlin, MS # P-136*, Historical Division, Heaquarters United States Army, Europe, 1953. 이 자료는 베를린 전투에 참여한 독일 참전자들이 만든 자료로 베를린 전투에 대한 독일 측의 시각을 잘 반영하고 있다.

3 V. Chuikov, *The End of the Third Reich*, Moscow: Progress Publishers, 1978, pp. 166~169. 이 자료는 추이코프의 자서전을 번역한 것으로 추이코프와 주코프와의 대립, 1945년 베를린 작전을 둘러싼 역사적 논쟁에 대한 내용을 충실히 담고 있다. 그리고 Earl F. Ziemke, *From Stalingrad to Berlin: The German Defeat in the East*, Washington D. C.: U. S. Army Center for Military History, 1968, p. 463은 소련의 의도에 대한 히틀러의 평가가 바뀐 것에 대해 다루고 있다.

4 Chuikov, *The End of the Third Reich*, pp. 166~169; Ziemke, *From Stalingrad to Berlin*, pp. 464~465.

5 Chuikov, *The End of the Third Reich*.

6 소련 측의 의혹은 다음에 간략하게 언급되어 있다. V. Pozniak, "Zavershaiushchie udary po vragu(적에 대한 최후의 일격)", *VIZh* 5(1965년 5월), p. 26. 슈테멘코의 저작 대부분은 이런 의혹을 표현하고 있다.

7 *Berlinskaia operatsiia 1945 goda*, pp. 1~44에는 베를린 방어선의 독일군이 병력 766,750명, 전차 및 돌격포 1,519대, 야포 9,303문이라고 되어 있다. 다른 소련 측 자료들은 독일군 병력이 약 1,000,000명, 국민 돌격대 200개 대대, 200,000명이었다고 기록되어 있다. 이 통계들은 바이셀 집단군과 서부 전선의 제12군을 합산한 것이다. 1945년 4월 동부 전선의 독일군 전력은 항복 당시 병력을 기준으로 했을 때 바이셀 집단군 550,000명, 중부 집단군 500,000명(이 중 150,000명이 베를린 전투에 투입됐다), 남부 집단군 450,000명, 북부 집단군 300,000명, 베를린 수비대 120,000명이었다.

8 Willemer, *German Defense of Berlin*, pp. 25~39.

9 Chuikov, *The End of the Third Reich*, p. 166, p. 175.

10 위의 책.; V. A. Matsulenko, *Voennoe iskusstvo v Berlinskoi operatsii*, Moscow: Voennia akademiia general'nogo shtaba vooruzhennykh sil SSSR im. K. E. Voroshilova, 1983, pp. 7~20.

11 작전 수립에 대한 세부적인 내용은 다음을 참조하라. *Berlinskaia operatsiia 1945 goda*; Matsulenko, *Voennoe iskusstvo v Berlinskoi operatsii*.

12 G. Zhukov, "Na Berlinskom napravlenii", *VIZh* 6(1965년 6월), pp. 12~22. 베를린 작전에 투입된 소련의 기갑 전력에 관해서는 다음을 참조하라. V. I. Gan'shin, *Tankovye i mekhanizirovannye voiska v Berlinskoi operatsii*, Moscow: Voennia akademiia general'nogo shtaba vooruzhennykh sil SSSR im. K. E. Voroshilova, 1948; *Berlinskaia operatsiia 1945 goda*, pp. 173~188.

13 I. S. Konev, *Year of Victory*, Moscow: Progress Publishers, 1984, pp. 315~316. 이 책은 *God pobedy*, Moscow: Voenizdat, 1966의 영어판이다.

14 K. Rokossovsky, "Severnee Berlina", *VIZh* 5(1995년 5월), pp. 36~41.

15 G. F. Krivosheev, *Grif sekretnosti*, pp. 219~220.

16 N. M. Ramanichev, "Iz opyta peregruppirovki armii pri podgotovke Berlinskoi operatsii", *VIZh* 8(1979년 8월), pp. 9~16; "Kombinirovannyi marsh 47-go strelkovogo korpusa 70-i armii pri peregruppirovke voisk 2-go Belorusskogo fronta s dantsigskogo na shtettinskoe napravlenie(aprel' 1945 g.)", *SVIMVOV*, No. 7, Moscow: Voenizdat, 1952, pp. 97~118. 이 자료는 원래 기밀로 분류되어 있었다.

17 전반적인 작전 관련 통계는 *Berlinskaia operatsiia*의 내용을 참조하라. 육군과 공군의 작전 조율은 다음을 참조하라. "O primenenii aviatsii v Berlinskoi operatsii", *VIZh* 4(1985년 4월), pp. 18~26. 이 자료에는 베를린 작전 기간 중 제16 항공군 사령관을 지낸 루덴코의 인터뷰가 실려 있다.

18 Chuikov, *The End of the Third Reich*, pp. 177~181. 공병 지원에 대해서는 다음 문헌에 실려 있다. S. Kh. Agonov, "Inzhenernye voiska v Berlinskoi operatsii", *VIZh* 4(1985년 4월), pp. 36~40.

19 이 문제와 뒤이은 대혼란은 *Berlinskaia operatsiia*, pp. 493~550을 참조하라.

20 돌파 작전의 격렬함을 보여 주듯 제1 벨로루시 전선군은 4월 16일부터 19일까지의 돌파 작전에서 전 기갑 전력의 23퍼센트인 727대의 전차를 잃었다. 베를린 작전 기간 중 제1 근위 전차군은 706대의 전차와 자주포 중 431대를 잃었고, 이 중 104대는 베를린 시가전에서 잃었다. 제1 근위 전차군의 손실 중 232대는 완전 손실이었다. Gan'shin, *Tankvovye i mekhanizirovannye*, p. 40.

21 Konev, *Years of Victory*, pp. 317~325; D. Leliushenko, "Pered nami Berlin!", *VIZh* 6(1970년 6월), pp. 65~72.

22 베를린 작전에서 폴란드군의 역할에 대해서는 다음을 참조하라. E. Dymkovsky, "2-ia armiia Voiska Pol'skogo v Berlinskoi i Prazhskoi operatsiiakh", *VIZh* 6(1975년 6월), pp. 41~45; E. Bordzilovsky, "Uchastie 1-i armii Voiska Pol'skogo v Berlinskoi operatsii", *VIZh* 10(1963년 10월), pp. 15~29.

23 Chuikov, *The End of the Third Reich*, p. 189; Pozniak, "Zavershaiushchie udary", p. 31. 베를린 점령을 위한 주코프와 코네프의 경쟁은 다음을 참조하라. O. A. Rzheshevsky, "The Race for Berlin", *JSMS* 8(1995년 9월).

24 시가전의 복잡한 상황에 대한 설명은 다음을 참조하라. Chuikov, *The End of the Third Reich*, p. 18; V. Makarevsky, "17-ia motoinzhenernaia brigada v Berlinskoi operatsii", *VIZh* 4(1976년 4월), pp. 61~65; I. Sinenko, "Organizatsiia i vedenie boia 164-m strelkovym polkom za Batslov pod Berlinom", *VIZh* 4(1976년 4월), pp. 65~70. 제17 차량화 공병 여단은 제1 근위 전차군에 배속되어 있었고, 제164 소총병 연대는 제3 충격군의 예하 부대였다.

25 Ziemke, *Stalingrad to Berlin*, pp. 479~485에는 베를린에 대한 구원 부대를 조직하려는 히틀러의 노력이 언급되어 있다.

26 기밀 분류된 자료들 이외에 다음의 문헌 또한 자료적 가치가 높다. A. Luchinsky, "Na Berlin!", *VIZh* 5(1965년 5월), pp. 81~91.

27 소련군과 연합군의 조우에 대해서는 다음 자료들을 참조하라. A. Faizulin, P. Dobrovol'sky, "Vstrecha na El'be", *VIZh* 4(1979년 4월), pp. 51~53. 이 자료는 당시 보고서가 실려 있다. G. Nekhonov, "Vstrecha na El'be", *VIZh* 4(1965년 4월), pp. 119~121. 4월 25일에 토르가우에서 미국 제69 보병 사단의 정찰대와 소련 제5 근위군 소속 제58 근위 소총병 사단의 제173 근위 소총병 연대 2대대가 조우했다. 그리고 같은 날 조금 뒤에 제5 근위군 소속의 제15 근위 소총병 사단도 미국 제69 보

병 사단과 리사에서 만났고, 다음 날에는 소련 제13군의 제121 근위 소총병 사단이 비텐베르크에서 미국 제9 보병 사단의 선두 부대와 만났다. 그리고 5월 2일에는 보다 북쪽에서 제2 벨로루시 전선군 예하 제70군의 선두 부대가 슈베린에서 미국 제18 공수 군단(영국 제2군 예하) 병력과 만났다.

28 베를린 시가전에 대한 자료 들 중 다음을 참조하라. V. S. Antonov, "Poslednie dni voiny", *VIZh* 7(1987년 7월), pp. 70~75; S. Neustroev, "Shturm reikhstaga", *VIZh* 5(1960년 5월), pp. 42~51.

29 베를린 수비대의 항복에 대한 자세한 내용과 1차 사료는 다음을 참조하라. V. G. Kuznetsov, V. P. Modlinsky, "Agoniia", *VIZh* 6~7(1992년 6~7월), pp. 4~12.

30 Krivosheev, *Grif sekretnosti*, pp. 219~220에는 베를린 작전에서 소련군이 입은 손실이 전사 및 행방불명 78,291명, 부상 274,184명이라고 되어 있다. 폴란드군은 전사 및 행방불명 2,825명, 부상 6,067명의 피해를 입었다. 또 소련군은 전차 및 자주포 1,997대, 야포 2,108문, 항공기 917대를 잃었다. 독일 측 손실에 대한 소련군의 기밀 자료는 *Berlinskaia operatsiia*, pp. 616~618에 실려 있다.

31 이 회의는 1945년 2월부터 4월까지 독일 주둔 소련군 집단 사령부와 중부군 집단 사령부에서 열렸다. 이 두 회의의 회의록은 뒤에 다음과 같은 형태로 출간되었다. "Iz doklada komanduiushchego bronetankovymi i mekhanizirovannymi voiskami Gruppy sovetskikh voisk v Germanii marshala bronetankovykh voisk P. A. Rotmistrova na voenno-nauchnoi konferentsii po izucheniiu Berlinskoi operatsii", *VIZh* 9(1985년 9월), pp. 43~50; "Iz vystupleniia Marshala Sovetskogo Soiuza I. S. Koneva na voenno-nauchnoi konferentsii vysshego komandnogo sostava Tsentral'noi gruppy voisk po izucheniiu opyta Berlinskoi i Prazhskoi operatsii", *VIZh* 4(1985년 4월), pp. 53~59. 이 보고서들은 중부 유럽 지역의 지형과 전투 환경의 변화로 전쟁 기간 중 기갑 전력에 과중하게 편중된 군 구조를 각 병종 간에 균형을 맞춘 구조로 개편해야 된다고 결론을 내리고 있다. 그 결과 1946년과 1947년에 소련은 각각 전차군과 전차 군단 및 기계화 군단 편제를 폐지하고, 이것들을 기계화군과 보병 및 지원 병과를 보강한 전차 및 기계화 사단으로 개편했다. 동시에 소총병 사단들은 화력과 지원병과를 강화하고 점진적으로 차량화가 추진됐다.

32 I. Vyrodov, V. Gurkin, "Prazhskaia nastupatel'naia operatsiia: fakty i tsifry", *VIZh* 5(1972년 5월), p. 126. 이 문헌에서는 프라하 작전 당시 독일군 전력이 약 900,000명, 전차 및 돌격포 1,900대, 야포 및 박격포 9,700문, 항공기 1,000대였다고 주장하고 있다. 여기에는 중부 집단과 오스트 마르크 집단군 병력의 절반이 포함되어 있다. Ziemke, *Stalingrad to Berlin*, p. 498에는 5월 8일에 독일 중부 집단군의 병력이 600,000명, 오스트 마르크 집단군은 430,000명이라고 되어 있다. 그러므로 기본적으로 소련 측 주장과 서방측의 추산은 거의 유사하다.

33 Krivosheev, Grif sekretnosti, p. 221과 Vyrodov, Gurkin, "Prazhskaia", p. 126에는 프라하 작전에 투입된 소련군 전력이 병력 2,028,100명, 전차 및 자주포 1,960대, 야포 및 박격포 30,452문, 항공기 3,014대라고 되어 있다.

34 이 작전의 수립과 자세한 진행 과정은 다음을 참조하라. S. M. Shtemenko, *The Last Six Months: Russia's Final Battles with Hitler's Armies in World War II*, Garden City, N. Y.: Doubleday and Co., 1977, pp. 393~396. 러시아 측의 자료로는 다음을 참조하라. A. N. Grylev, V. P. Morozov, A. F. Ryzhakov, V. V. Gurkin, *Za osvozhdenie Chekhoslovakii*, Moscow: Voenizdat, 1965; R. Malinovsky "2-i Ukrainskii Front v bor'be za osvobozhdenie Chekhoslovakii", *VIZh* 5(1960년 5월), pp. 11~25.

35 Krivosheev, *Grif sekretnosti*, p. 221은 이 작전에서 소련, 불가리아, 루마니아, 체코군이 입은 손실이 전사 및 행방불명 11,997명, 부상 40,501명을 포함해 52,498명이라고 기록하고 있다. 그리고 장비 손실은 전차 및 자주포 373대, 야포 및 박격포 1,006문, 항공기 80대였다.

36 Shtemenko, *The Last Six Months*, pp. 401~410.

17 | 결론

1 1941년 6월 22일 극동 지구에 배치되어 있던 소련군은 총 24개 소총병 사단, 차량화 소총병 사단, 기병 사단, 8개 전차 사단과 기계화 사단, 13개 요새 지역이었다. 스타브카는 1941년 독일군의 진격 저지와 모스크바 반격을 위해 극동 군관구와 자바이칼 군관구의 병력을 많이 이동시켰다. 많은 서방측 2차 문헌들이 〈시베리아 사단〉이라고 부르는 부대들은 바로 극동 군관구와 자바이칼 군관구에서 차출된 부대들이었다(대표적인 것이 벨로보로도프가 지휘한 유명한 제78 소총병 사단이다). 그리고 극동의 소련군 병력은 1942년 1월 1일 30개 사단 및 14개 요새 지역에서 1945년 1월 1일 47개 사단 및 19개 요새 지역으로 늘어났다. 극동의 소련군은 1945년 8월 9일 총 80개 사단, 4개 전차 및 기계화 군단, 21개 요새 지역에 달했다.

2 일본 관동군의 전시 작전 계획은 미 육군 전사국U. S. Army Military History Section이 발간한 다음을 참조하라. "Japanese Preparations for Operations in Manchuria, January 1943~August 1945", *Japanese Monograph No. 138*, U. S. Army Forces Far East, 1951, pp. 90~110, pp. 141~151.

3 일본군 수비 사단들은 점령 임무에 적합한 구조였으나, 야전에는 맞지 않았다. 일본군 사단들은 통상적인 3각 편제가 아닌 4개 연대 편제에 대전차 부대나 포병 부대가 없었다. 그리고 일본군 수뇌부가 극동 지구의 소련군 기갑 전력을 과소평가했고, 태평양에서의 전투 역시 현대적인 대전차포를 개발해 배치할 필요성이 거의 없었기 때문에 3각 편제를 가진 정규 보병 사단조차 대전차 전투 능력이 극히 떨어졌다. 이 때문에 만주의 일본군은 각 사단별로 〈돌격〉 대대를 편성했다. 돌격 대대의 병사들은 각각 폭약을 가지고 적 전차에 자폭 공격을 하도록 교육받았다. 그러나 소련군의 공격이 개시되자 이런 자폭 공격도 일본군의 폭약의 위력이 약해 별 효과가 없었다. 일본군 지휘관들은 이렇게 되자 병사가 휴대하는 폭약의 양을 2배로 늘렸다. 만주 작전에서 소련군의 전차 손실은 대부분 일본군의 자폭 공격에 의한 것이었고, 소련군은 〈돌격〉 대대의 병사들을 〈smertniki〉라고 불렀다.

4 일본군 사단의 규모는 9,000명에서 18,000명 사이였고, 소련군은 평균 5,000명, 작은 사단은 3,000명이었다.

5 소련이 참전을 결심한 외교적 배경과 소련 측 문헌 자료는 다음을 참조하라. Herbert Feis, *The Atomic Bomb and the End of Worl War II*, Princeton, N. J.: Princeton University Press, 1966; Charles L. Mee, *Meeting at Potsdam*, New York: M. Evans, 1975.

6 홋카이도 작전의 수립에 대한 내용은 다음을 참조하라. V. P. Galitsky, V. P. Zimonin, "Desant na Khokkaido otmenit", *VIZh* 3 (1994년 3월), pp. 5~10. 이 자료에는 이 작전에 대한 스탈린과 바실렙스키의 교신 내용도 들어 있다.

7 일본 측의 정보에 대한 자료는 다음을 참조하라. David M. Glantz, *Soviet Military Deception in the Second World War*, London: Frank Cass and Co., 1989, pp. 544~555; E. J. Drea, "Missing

Intentions: Japanese Intelligence and the Soviet Invasion of Manchuria, 1945", *Military Affairs*(1984년 4월), pp. 67~70.

8 소련 측의 병력 재배치에 대해서는 다음을 참조하라. N. V. Eronin, *Strategicheskaia peregruppirovka sovetskikh vooruzhennkh sil(pri podgotovka Dal'nevostochnoi kampanii 1945 goda)*, Moscow: Voennia akademiia general'nogo shtaba vooruzhennykh sil SSSR im. K. E. Voroshilova, 1980. 1945년 1월 1일에서 8월 9일까지 소련군의 극동 지구 전력은 총 1,010,400명에서 1,577,700명으로 증가했다. 만약 이 자료가 사실이라면 이것은 소련이 만주의 일본군을 지나치게 과대평가했다는 것을 반증한다.

9 소련 측의 작전 변경과 수행 과정은 다음을 참조하라. David M. Glantz, *August Storm: The Soviet 1945 Strategic Offensive in Manchuria, Leavenworth Papers No.7,* Fort Leavenworth, Kan.: Combat Studies Institute, 1983; David M. Glantz, *August Storm: Soviet Tactical and Operational Combat in Manchuria, 1945, Leavenworth Papers No. 8,* Fort Leavenworth, Kan.: Combat Studies Institute, 1983.

10 Krivosheev, *Grif sekretnosti*, pp. 222~223은 소련이 만주, 조선, 사할린 열도, 쿠릴열도를 포함한 극동 지구 작전에 총 1,669,500명의 병력을 투입했다고 기록하고 있다. 또 몽골 인민 공화국은 플리예프의 기병-기계화 집단에 16,000명의 병력을 지원했다. 만주 지역에서 소련군은 병력 1,577,725명과 전차 및 자주포 5,556대, 야포 및 박격포 27,086문, 항공기 3,721대를 투입했고, 이에 맞서는 일본 관동군은 병력 713,000명(만주군 170,000명과 내몽골군 44,000명은 전투 자체를 회피하거나 거의 전투력이 없었다)에 불과했다. 이 밖에 280,000명의 일본군이 조선, 사할린, 쿠릴에 주둔하고 있었다. 일본군은 요새 지대와 야전군 직할로 상당한 수준의 포병을 가지고 있었으나 기갑 전력은 매우 열악했다. Glantz, *August Storm (No. 7)*, pp. 25~47.

11 일본군은 파비아 전술을 채택해 소련군을 만주 내륙으로 끌어들여 보급선의 한계에 다다르면 결전을 벌일 계획이었다. 일본군은 남만주와 조선 국경 지대에서 결전을 벌일 계획을 가지고 있었다. 그러나 소련군의 급속한 전진으로 이 계획은 실행되지 못했다.

12 유럽(특히 베를린) 지역의 작전에서 얻은 경험과 만주에서의 실험을 거쳐 전후 소련군의 구조는 모든 제대에 기동력, 작전 지속력, 화력을 부여했다. 만주 전역의 소련군 구조와 전후 부대 구조의 재편은 다음을 참조하라. Glantz, *August Storm (No. 7)*, pp. 47~58, pp. 163~182.

13 Krivosheev, *Grif sekretnosti*, pp. 222~223, p. 373. 소련군은 전차 및 자주포 78대와 야포 및 박격포 232대를 잃었다. 몽골군은 전사 72명, 부상 125명의 인명 피해를 냈다. Krivosheev, p. 391은 일본군의 손실이 전사 83,700명, 포로 609,400명(여기에 중국인 16,100명, 조선인 10,300명, 몽골인 3,600명, 만주인 700명이 포로로 잡혔다)이었다고 기록하고 있다. 일본군 포로들은 시베리아와 극동 지구에서 장기간 포로 생활을 하며 소련의 재건을 위해 노역을 했다. 독일군 포로들처럼 많은 수가 포로 수용소에서 사망했고 일본으로 돌아가지 못했다.

14 제6 근위 전차군의 작전은 다음을 참조하라. I. Krupchenko, "6-ia gvardeiskaia tankovaia armiia v Khingano-Mukdenskoi opeartsii", *VIZh* 12(1962년12월), pp. 15~30.

15 제36군의 작전과 관련해서 다음을 참조하라. A. A. Luchinsky, "Zabaikal'tsy na sopkakh Man'chzhurii", *VIZh* 8(1971년 8월), pp. 67~74.

16 제5군의 작전은 다음을 참조하라. N. I. Krylov, N. I. Alekseev, I. G. Dragan, *Navstrechu*

pobede: boevoi put' 5-i armii, oktiabr 1941g. - avgust 1945g., Moscow: "Nauka", 1970.

17 제257 전차 여단의 작전은 다음 문헌에 언급되어 있다. A. P. Beloborodov, "Na sopkakh Man'chzhurii", *VIZh* 12(1980년 12월), pp. 30~35; *VIZh* 1(1981년 1월), pp. 45~51. 벨로보로도프는 그가 지휘한 제1 적기군1-y Krasnoznamenno y armii에 대해 여러 권의 저술을 남겼다.

18 Galitsky, Zimonin, "Desant na Khokkaido otmenit", p. 9.

19 Earl F. Ziemke, *From Stalingrad to Berlin: The German Defeat in the East,* Washington, D. C.: U. S. Army Center for Military History, 1968, p. 412.

20 위의 책, p. 213. 통계 자료, 표 E에는 독일군의 전쟁 중 손실에 대해 정리되어 있다.

21 Ziemke, *From Stalingrad to Berlin*, pp. 213~214, p. 412는 독일군의 총 사상자를 3,000,000~3,500,000명으로 추산하고 있다. 짐케는 이 가운데 88퍼센트가 동부 전선에서 발생한 손실이라고 보고 있다. Krivosheev, *Grif sekretnosti*, pp. 384~392는 독일군의 손실이 전사 3,888,000명, 포로(오스트리아인, 육군과 친위대의 외국인 의용병 포함) 3,035,700명이라고 주장하고 있다.

22 서부 전선의 독일군 규모와 손실에 대해서는 다음을 참조하라. Frank P. Chanbers, *This Age of Conflict,* New York: Harcourt, Brace & World, 1962, pp. 589~596.

23 Sokolov, "The Role of Lend-Lease"는 서방의 〈무기 대여법〉이 소련의 전쟁 수행에 미친 영향에 대한 러시아 수정주의 학자들의 견해를 잘 보여 주고 있다.

24 저자가 1989년 7월에 러시아의 참전자들과 인터뷰한 결과를 보면, 소련군 보병의 손실률은 전쟁 기간을 통틀어, 특히 제1선의 돌격 부대가 높았던 것으로 보인다. 예를 들어 제97 근위 소총병 연대를 지휘했던 인터뷰 대상자는 저자의 주공 축선의 제1선 연대가 돌파 작전 단계에서 평균적으로 입는 손실이 어느 정도인가 묻자 〈거의 절반pochti polovina〉이라고 답했다. 그는 이런 손실률이 전쟁 막바지까지도 일반적이었다고 회고했다.

문헌 자료

1 소련(및 러시아)의 문헌 자료 체계에 대한 자세한 내용은 다음을 참조하라. I. N. Venkov, "Military Archives in the U. S. S. R."(1989년, 미 출간 원고), *Foreign Military Studies Office, Combined Arms Command*, Fort Leavenworth, Kan.; V. V. Mukhin, "Problemy voennykh arkhivov", *VIZh,* 6~7(1992년 6~7월).

2 러시아가 공개하는 자료들에 대한 독점권은 미국의 East View Publications가 가지고 있다. 이 점에서, 이 회사는 시장 경제의 논리를 고수하고 있다.

3 대표적인 사례로, 1990년 4월 러시아의 MITEK이라는 신생 기업이 정부 문헌 자료에 대한 접근은 자신들의 권리라고 주장했다. 이 회사가 소련 붕괴 이후 어떻게 됐는지는 확실치 않다.

해설 | 소련군의 계급 체계

1. 적백 내전기~1935년

붉은 군대의 군 계급 체계는 적백 내전과 제2차 세계 대전을 거치면서 여러 차례 변화를 거듭했다.

레닌과 많은 혁명가들은 전문적인 장교 집단에 거부감을 가지고 있었기 때문에, 전쟁 인민 위원이었던 트로츠키는 붉은 군대를 차별 없는 〈사회주의적인〉 군대로 만드는 데 주력했다.

그 결과, 붉은 군대는 기존의 계급 제도와 장교Ofitser라는 명칭을 폐지하는 대신 직위별 호칭과 〈지휘관〉이라는 명칭을 도입했다. 직위별 호칭 제도는 부사관과 장교 계급을 대상으로 하고 있는데, 1924년에 확립되어 1935년까지 유지되었다. 직위별 호칭 제도는 군 간부의 호칭을 계급 대신 〈중대 지휘관〉, 〈연대 지휘관〉 등 직위에 따라 불렀으며, 1924년에 정립된 직위별 호칭 제도는 군대의 직위를 1등급부터 14등급까지 구분한 것으로 다음과 같았다.

초급 지휘관

1등급: 분대 지휘관 Komandir otdelniia / 반 지휘관 Komandir zvena

2등급: 소대 부(副)지휘관 Pomoshnik komandir vzvoda / 중대 선임 부사관 Starshna roty

중급 지휘관

3등급: 소대 지휘관 Komandir vzvoda

4등급: 중대 부지휘관 Pomoshnik komandir roty / 독립 소대 지휘관 Komandir otdel'nogo vzvoda

5등급: 중대 지휘관 Komandir roty

6등급: 대대 부지휘관 Pomoshnik komandir Batal'ona / 독립 중대 지휘관 Komandir otdel'noy roty

고급 지휘관

7등급: 대대 지휘관 Komandir batal'ona (약칭은 Kombat)

8등급: 연대 부지휘관 Pomoshnik komandira polka / 독립 대대 지휘관 Komandir otdel'nogo batal'ona

9등급: 연대 지휘관 Komandir polka (약칭은 Kompol)

상급 지휘관

10등급: 사단 부지휘관 Pomoshnik komandir divisii / 여단 지휘관 Komandir brigady (약칭은 Kombrig)

11등급: 사단 지휘관 Komandir divisii (약칭은 Komdiv)

12등급: 군단 지휘관 Komandir korpusa (약칭은 Komkor)

13등급: 야전군 부지휘관 Pomoshnik Komanduiushchego armiey / 군관구 부지휘관 Pomoshnik Komanduiushchego okruga / 전선군 부지휘관 Pomoshnik Komanduiushchego frontom

14등급: 야전군 지휘관 Komanduiushchii armiei (약칭은 Komarm) / 군관구 지

휘관Komanduiushchii okruga / 전선군 지휘관Komanduiushchii frontom

2. 1935~1945년

소련은 1930년대 중반까지 적백 내전기 동안 트로츠키가 확립한 체계를 유지해 나갔다.

그러나 1930년대부터 군 병력이 증가하면서 적백 내전 시기에 확립된 제도로는 계속해서 팽창하는 군대를 효율적으로 운용할 수 없다는 사실이 명백해졌다. 그 결과, 군인의 전문적인 능력이 중시되기 시작했으며, 마침내 1935년 9월 22일 직위별 호칭 제도가 폐지되면서 계급 제도가 부활했다.

그러나 공산당 정치국은 장군 계급에 대해서는 직위별 호칭 제도를 계속 유지하도록 명령했고, 특수 병과의 경우 직위별 호칭 제도가 계속 유지되었기 때문에 1935년의 계급제도는 어정쩡한 형태를 유지하게 됐다.

1935년 도입된 붉은 군대의 장교 계급 체계는 다음과 같았다.

소위Leitenant / 중위Starshii leitenant / 대위Kapitan / 소령Maior / 대령 Polkovnik / 여단 지휘관Kombrig / 사단 지휘관Komdiv / 군단 지휘관Komkor

2급: 야전군 지휘관Komandarm 2-go ranga

1급: 야전군 지휘관Komandarm 1-go ranga / 소연방 원수Marshal Sovetskogo Soiuza

1935년 개편안에 따른 특수 병과의 계급 체계는 다음과 같았다.

소위 급: 2급 군 기술관Voentekhnik 2-go ranga / 2급 기술-보급관Tekhnik intendant 2-go ranga) / 보조 군의관Voenfel'dsher / 보조 수의관Voenvetfel'dsher / 하급 군 법무관Mladshii voennii iurist

중위 급: 1급 군 기술관Voentekhnik 1-go ranga / 1급 기술-보급관Tekhnik intendant 1-go ranga / 상급 보조 군의관Starshii Voenfel'dsher / 상급 보조 수의관Starshii Voenvetfel'dsher / 군 법무관Voennii Iurist

대위 급: 3급 공병관Boeninzhener 3-go ranga / 3급 보급관Intendant 3-go ranga / 군의관Voenvrats / 수의관Voenvetvrats / 상급 군 법무관Starshii voeniurist

소령 급: 2급 공병관Boeninzhener 2-go ranga / 2급 보급관 Intendant 2-go rang / 2급 군의관Voenvrats 2-go ranga / 2급 수의관Voenvetvrats 2-go ranga / 2급 군 법무관Voennii iurist 2-go ranga

대령 급: 1급 공병관Boeninzhener 1-go ranga / 1급 보급관Intendant 1-go rang / 1급 군의관Voenvrats 1-go ranga / 1급 수의관Voenvetvrats 1-go ranga / 1급 군 법무관Voennii iurist 1-go ranga

여단 지휘관 급: 여단 공병 지휘관Briginzhener / 여단 군수관Brigintendant / 여단 군의관Brigvrats / 여단 수의관Brigvetvrats / 여단 법무관Brigvoeniurist

사단 지휘관 급: 사단 공병 지휘관Divinzhener / 사단 군수관Divintendant / 사단 군의관Divvrats / 사단 수의관Divvetvrats / 사단 법무관Divvoeniurist

군단 지휘관 급: 군단 공병 지휘관Korinzhener / 군단 군수관Korintendant / 군단 군의관Korvrats / 군단 수의관Korvetvrats / 군단 법무관Korvoeniurist

2급 야전군 지휘관 급: 야전군 공병 지휘관Arminzhener / 야전군 군수관Armintendant / 야전군 군의관Armvrats / 야전군 수의관Armvetvrats / 야전군 법무관Armvoeniurist

한편, 군 정치 위원의 계급 체계는 다음과 같았다.

소위 급: 하급 군 정치원Mladshii politruk

중위 급: 군 정치원Politruk

대위 급: 상급 군 정치원Starshii politruk

소령 급: 대대 정치 위원Batal'onnii komissar

대령 급: 연대 정치 위원Polkovoi komissar

여단 지휘관 급: 여단 정치 위원Brigadnii komissar

사단 지휘관 급: 사단 정치 위원Divisionnii komissar

군단 지휘관 급: 군단 정치 위원Korpusnoi komissar

2급 야전군 지휘관 급: 2급 야전군 정치 위원Armeiskii komissar 2-go ranga

1급 야전군 지휘관 급: 1급 야전군 정치 위원 *Armeiskii komissar 1-go ranga*

새로 개편된 계급 체계에는 소연방 원수 계급이 신설됐는데, 부돈니, 예고로프, 보로실로프, 블류헤르, 투하쳅스키가 1935년 11월 20일자로 소연방 원수에 임명되었다.

1937년 8월 20일에는 소위 바로 아래에 준위 Mladshii leitenant와 준 기술관 Mladshii voentekhnik 계급이 신설되었다.

계급 제도는 1940년 5월 7일에 다시 개편됐는데, 이 개편으로 〈장군〉과 〈제독〉의 호칭이 다시 도입되었다. 1940년 새로 도입된 장군 호칭은 다음과 같다.

여단 지휘관 → 해당 계급 없음
사단 지휘관 → 소장 General maior
군단 지휘관 → 중장 General leitenant
2급 야전군 지휘관 → 상장 General polkovnik
1급 야전군 지휘관 → 대장 General armii

그리고 같은 해 11월 2일에는 중령 Podpolkovnik 계급과 이에 준하는 상급 대대 정치 위원 Starshii Batal'onnii komissar 계급이 새로 신설됐으며, 부사관 계급의 직위별 호칭이 폐지되었다. 이렇게 1940년에 확립된 계급 체계는 전쟁 기간 중 부분적인 변화를 제외하면 큰 변동 없이 유지되었다.

1940년에 〈장군 General〉 호칭이 도입됨에 따라 직위별 호칭 제도는 폐지됐다. 그렇지만 20년 가까이 계속된 직위별 호칭 제도의 잔재는 1945년 종전 때까지도 계속 남아, 고참 병사들의 경우 장교들을 기존의 직위별 호칭으로 부르는 경우가 많았다.

전쟁이 발발한 뒤 계급 체계는 다음과 같이 변화되었다. 1942년에 장교 호칭이 통일되면서 특수 병과에 남아 있던 직위별 호칭이 폐지되었고, 같은 해 10월에는 군 정치 위원이 폐지되면서 정치 위원 계급도 없어졌다. 마지막으로, 〈장교〉라는 호칭이 1943년부터 공식적으로 다시 사용되기 시작했다.

해설 | 동부 전선의 독일 지상군 사단(1941~1945년)

1. 기갑 사단

1941년

바르바로사 작전 당시 독일은 제1 기갑 집단 소속으로 제9, 제11, 제13, 제14, 제16 기갑 사단, 제2 기갑 집단 소속으로 제3, 제4, 제10, 제17, 제18 기갑 사단, 제3 기갑 집단 소속으로 제7, 제12, 제19, 제20 기갑 사단, 제4 기갑 집단 소속으로 제1, 제6, 제8 기갑 사단을, 육군 총사령부 예비로 제2, 제5 기갑 사단을 투입했다.

바르바로사 작전 개시 당시 일반적인 독일군 기갑 사단은 2개 전차 대대 Panzerabteilung로 편성된 1개 기갑 연대Panzerregiment와 2개 차량화 소총 연대 Schützenregiment(mot.)로 편성된 1개 소총 여단Schützenbrigade, 그리고 1개 차량화 포병 연대Artillerieregiment(mot.)를 기간 전력으로 하고 있었다.

2개 대대로 편성된 기갑 사단은 2호 전차 45대, 주력 전차인 3호 전차 71대, 4호 전차 28대, 지휘 전차 6대를 보유하는 것이 일반적이었다. 이밖에 상당수의 기갑 사단(제3, 제6, 제7, 제8, 제12, 제17, 제18, 제19, 제20 기갑 사단)이 3개 전차 대대를 보유해 200대 이상의 전차를 가지고 있었다.

그러나 1940~1941년 독일의 전차 생산 능력은 기갑 사단의 주력인 3호 전차를 충분하게 공급할 수 없었다. 3호 전차의 부족으로 제6 기갑 사단은 3호 전차 대신 35(t)전차를, 제7, 제8, 제12, 제19, 제20 기갑 사단은 38(t)전차를 장비했다.

1940년부터 점진적으로 진행된 기갑 사단 예하 소총 연대의 기계화 역시 보병 수송 장갑차Schützenpanzerwagen의 생산 부족으로 지지부진한 상태였다. 바르바로사 작전에 투입된 기갑 사단 중 제1 기갑 사단의 2개 대대, 제10 기갑 사단의 1개 대대만이 완전히 기계화됐으며, 제3, 제4, 제6~9, 제11~13, 제17, 제18, 제20 기갑 사단은 불과 1개 중대만이 기계화되는 데 그쳤다. 그리고 제14, 제16, 제19 기갑 사단은 예하 소총 연대에 보병 수송 장갑차를 지급받지 못한 채 작전에 투입되었다.

또 소련과의 개전을 대비해 기갑 사단과 차량화 보병 사단Infanteriedivision (mot.)이 급증한 까닭에, 차량이 매우 부족했다. 심지어 장비 보급 1순위인 기갑 사단조차 차량이 부족해 제20 기갑 사단은 프랑스에서 노획한 트럭을 장비할 정도였다.

1942~1943년

독일은 바르바로사 작전으로 막대한 인적, 물적 손실을 입었고, 이 피해는 차후 작전과 부대 구조에 큰 영향을 미쳤다.

독일 육군은 1942년 하계 공세를 준비하면서 주공 축선인 남부 집단군을 강화하기 위해 중부 집단군 소속 부대로부터 병력과 장비를 차출했다. 북부, 중부 집단군 소속의 기갑 사단들은 하계 공세를 위해 1개 전차 대대를 남부 집단군 소속 사단들로 배속 변경시켜야 했다. 그 결과 제1, 제2, 제4, 제8, 제10, 제12, 제17 기갑 사단은 1개 전차 대대를, 제18 기갑 사단은 2개 전차 대대를 차출당해 전력이 크게 감소했다. 이들 기갑 사단은 1942년 여름에 평균 50~60대의 전차를 보유한 상태로 작전에 투입되었다.

한편, 1942년 3월에는 기갑 사단 예하 차량화 포병 연대가 기갑 포병 연대 Panzerartillerieregiment로 개칭되고, 7월에는 차량화 소총 여단과 차량화 소총 연대가 각각 기갑 척탄병 여단Panzergrenadierbrigade 및 기갑 척탄병 연대Panzergrenadierregiment로 개칭되었다. 또 각 기갑 사단의 모토사이클 대대와 수색 대대가 수색 대대로 통합되었다.

1942년 12월~1943년 1월에 프랑스에서 재편성을 마친 제6, 제7 기갑 사단이 동부 전선에 배치되었다. 이 2개 사단은 전투를 치르면서 보충을 받은 다른 기갑 사단들과 달리, 프랑스에서 재편성을 마쳤기 때문에 사단 예하 기갑 연대 전체가 화력이 강화된 3호 전차와 4호 전차를 보유해 전투력이 양호했다.

이 두 기갑 사단은 전형적인 1942년형 기갑 사단이라고 할 수 있으며 1941년형 기갑 사단과 비교했을 때, 신형 장비의 도입으로 기갑 연대가 강화됐고 기갑 척탄병 대대도 1개가 완전히 기계화됐다. 이외에 공병 대대와 수색 대대도 1개 중대가 기계화되고, 대전차 대대에 대전차 자주포가 배치되는 등 종합적인 전투력은 1941년의 기갑 사단에 비해 월등히 향상되었다.

이와 함께 서부 전선에서 재편성을 마친 〈LSSAH〉, 〈다스 라이히〉, 〈토텐코프〉 사단이 동부 전선으로 투입됐는데, 이들 사단은 사실상 기갑 사단 편제를 갖췄으며, 기갑 척탄병 전력이 총 6개 대대로 일반 기갑 사단보다 많았다.

1942~1943년 겨울은 독일군에게 두 번째로 심각한 타격을 입혔다. 제14, 제16, 제24 기갑 사단과 제3, 제29, 제60 차량화 보병 사단이 스탈린그라드에서 전멸했고, 제22, 제27 기갑 사단은 큰 타격을 받아 1943년 봄에 해체됐다.

그리고 이 시기를 거치면서 기갑 연대의 서류상 편제가 거의 유명무실해졌다. 독일 기갑 사단들은 1942년 하반기까지도 3호 전차로 편성되는 경전차 중대와 4호 전차로 편성되는 중형 전차 중대의 편제를 유지했으나, 1942년 말부터 3호 전차의 점진적인 도태와 4호 전차의 증가로 편제표에 상관없이 3호 전차와 4호 전차를 혼합해 운용하는 사례가 증가했다. 또 1942년 12월에는 모든 기갑 사단의 기갑 척탄병 여단 본부가 해체되고, 기갑 척탄병 연대가 사단의 통제를 직접 받게 됐다. 독일군은 1943년 마지막 공세를 준비하면서 겨울의 격전으로 크게 약화된 기갑 사단들의 전력을 보충하는 데 심혈을 기울였다.

1943년 7월의 〈치타델레Zitadelle(성채) 작전〉에 투입된 독일군 기갑 사단들은 신형 전차가 보충된 것을 제외하면 여전히 1942년의 상황에서 개선된 것이 없었다. 제2, 제3, 제4, 제12, 제18, 제20 기갑 사단의 기갑 전력은 여전히 사단 예하에 1개 전차 대대만 가진 채로 구식 전차와 신형 전차가 혼재된 편성이었으며, 사단 포병에 신형 자주포가 보급된 것을 제외하면 이렇다 할 전력 강화가 없었다.

또 각 기갑 사단의 보병 전투력도 편차가 매우 컸는데, 제2, 제4, 제6, 제7, 제9, 제12 기갑 사단은 편제대로 장갑차를 장비한 기계화 기갑 척탄병 대대 Panzergrenadierbattalion(gp.)를 가지고 있었으나, 제3, 제11, 제19, 제20 기갑 사단의 기계화 기갑 척탄병 대대는 부분적으로 장갑차를 장비하고 있었고, 제18 기갑 사단은 단 1개 중대도 기계화되지 못했다.

독일군 기갑 사단 편제는 1943년 9월에 큰 변화를 겪게 됐다. 먼저 신형 전차인 〈판터Panther〉의 등장으로 기갑 연대는 판터를 장비한 1개 대대와 4호 전차를 장비한 1개 대대로 편성되었고, 포병 연대의 1개 대대는 자주포를 장비하게 되었다. 대부분의 독일 기갑 사단들은 1943년 하반기부터 1944년 상반기에 걸쳐 판터 전차를 장비한 1개 대대를 배치 받았으며, 이로서 기갑 전력이 비약적으로 증강됐다.

특히 서부에서 재편성을 마치고 판터 전차 1개 대대를 장비한 제1 기갑 사단은 1943년 동계 전역에서 큰 활약을 펼쳤다. 1943년 9월에는 제18 기갑 사단이 포병 사단으로 개편되면서 해체되었고, 1943년 10월에는 무장 친위대의 〈LSSAH〉, 〈다스 라이히〉, 〈토텐코프〉, 〈비킹〉 기갑 척탄병 사단이 기갑 사단으로 개칭됐다.

한편, 스탈린그라드에서 전멸한 제14, 제16, 제24 기갑 사단은 1943년 초 재편성에 들어가 1943년 말에 다시 동부 전선으로 투입됐다. 재편성된 3개 기갑 사단은 초기에 3개 전차 대대로 편성될 예정이었고, 기갑 연대와 별도로 돌격포 대대를 가질 예정이었으나 장비 보충 문제로 1개 전차 대대는 돌격포 대대로 대체됐으며, 동부 전선에 투입될 당시 제16 기갑 사단은 2개 전차 대대와 제14, 제24 기갑 사단은 전차와 돌격포가 혼재된 1개 전차 대대만을 가지고 있었다.

신규 편성 사단으로는 제25 기갑 사단이 1943년 겨울 처음으로 동부 전선에 투입됐는데, 전투 경험 부족으로 작전 초기 큰 피해를 내고 이렇다 할 활약을 하지 못했다.

1944~1945년

독일군은 쿠르스크 전투 이후 동부 전선에서 전략적 수세에 몰리게 됐으며, 1943~1944년 겨울의 격전에서 막대한 손실을 입었다. 특히 1944년 초부터 개시된 소련군의 동계 공세는 독일군에 큰 타격을 입히고 남부 전선 전체를 붕괴시켰는데, 이 때문에 서부에서 편성 중이던 SS 〈호엔슈타우펜〉, 〈프룬츠베르그〉 기갑 사단이 일시적으로 동부 전선에 투입되었다.

독일군은 1944년에 소련의 하계 공세를 막기 위해, 겨울의 격전에서 소모된 기갑 사단을 강화하는 데 많은 노력을 기울였다. 그러나 소련군은 독일 측이 충분한 준비를 갖추기 전에 1944년의 하계 전역을 개시했으며, 상당수의 독일 기갑 사단들은 재편성과 보충 과정에서 전략적인 기습을 당하게 되었다. 6~8월에 걸친 소련군의 하계 대공세에 전력이 불완전한 상태에서 투입된 제1, 제8, 제12 기갑 사단은 큰 타격을 입었으며 제13 기갑 사단과 제20 기갑 사단은 전멸에 가까운 손실을 입었다. 비교적 양호한 전력을 갖춘 제4, 제5 기갑 사단도 7~8월의 지연 작전에서 막대한 전력을 상실했다. 소련군의 하계 공세에서 직접적으로 타격을 받지 않은 기갑 사단들도 8월부터 10월까지 전개된 폴란드와 동프로이센 방어전에서 지속적으로 손실을 입어 전력이 약화되었다.

한편, 독일군은 1944년 7월부터 1개 전차 대대와 1개 기갑 척탄병 대대를 기간 전력으로 하는 독립 기갑 여단들을 편성했다. 이때 편성된 제101~제113 기갑 여단은 기존 기갑 사단들의 인원을 기간으로 편성했기 때문에 실질적으로 독일군 기갑 전력의 증강을 가져온 것은 아니었다. 독립 기갑 여단 중 제101~제104, 제109~제110 기갑 여단이 동부 전선으로 투입됐는데, 이들 기갑 여단들은 1944년 말까지 기존 기갑 사단들에 흡수됐다. 이 밖에 기갑 척탄병 사단 펠트헤른할레 Feldherrnhalle(FHH)가 기갑 사단으로 개편되는 등 독일군은 기갑 전력 확충을 위해 동분서주했으나 큰 성과는 없었다.

1944년 8월에는 다시 한 번 기갑 사단 편제가 개편됐다. 1944년형 기갑 사단은 1943년형 기갑 사단과 비교하면 포병 연대와 대전차 대대의 편제가 달라졌다. 기갑 포병 연대의 2대대는 포대당 4문으로 구성된 3개 포대에서 포대당 6문으로 구성된 2개 포대로 개편됐다. 대전차 대대는 기존의 자주포 3개, 중대 대신 2개 중대의 구축 전차와 1개 중대의 견인식 대전차포로 대체됐다. 또 각 전차 대대별로 배속되어 있던 정비 중대가 기갑 연대 직할의 1개 중대로 통합되어 야전 정비가 더 어려워졌다.

독일 기갑 사단들은 1944년 여름 이후 급속히 약화되어 갔다. 늘어나는 손실에 비해 보충은 충분하지 못했으며, 1944년 겨울 이후 대부분의 기갑 사단들은 대대 규모의 기갑 전력으로 줄어들었다. 1944년 9~12월까지는 전차 대대들이 정상적으로 장비와 인력을 보충받아 정규 편제를 마칠 수 있었으나, 1945년 1월 소련군의 동계 대공세로 동부 전선이 완전히 혼란에 빠지자 정상적인 보충은 불가능해졌다. 1945년 독일의 기갑 사단들은 그때마다 보충받는 장비로 전투를 했기 때문에 전차 대대 내에 40~60대 내외의 전차, 돌격포, 구축 전차가 섞여 있었고, 기갑 척탄병 대대들은 소수의 장갑차를 장비했을 뿐 상당수가 차량화, 또는 일반 보병으로 전투를 해야 했다.

1945년 3월에 작성된 기갑 사단 편제표에서는 전선의 현실을 반영해 기갑 연대를 감소 편성하여 1개 전차 대대와 1개 기갑 척탄병 대대로 혼합 편성했다. 1945년 전선에 투입된 쉴레지엔, 뮌헤베르크 기갑 사단은 겨우 대대급에 불과한 기갑 전력을 가지고 있었으며, 상당수의 고참 기갑 사단들도 불과 20~30대 정도의 전차로 작전에 투입됐다. 제21 기갑 사단, SS 〈프룬츠베르크〉, SS 〈호엔슈타우펜〉, SS 〈히틀러 유겐트〉, SS 〈다스 라이히〉, SS 〈LSSAH〉과 같이, 1945년 초 서부 전선에서 동부 전선으로 이동해 온 부대들 역시 3~4월의 일시적인 소강기에 소규모의 병력과 장비 보충을 받았을 뿐이었다.

2. 차량화 보병 사단, 기갑 척탄병 사단

기갑 사단과 함께 기동 부대의 한 축을 구성한 차량화 보병 사단은 각각 3개 차량화 소총 대대로 편성된 2개 차량화 소총 연대와 1개 차량화 포병 연대를 기간 전력으로 하고 있었다.

바르바로사 작전에는 제1 기갑 집단 소속으로 제16, 제25 차량화 보병 사단과 차량화 여단 〈LSSAH〉, SS 〈비킹〉 사단, 제2 기갑 집단 소속으로 제10, 제29 차량화 보병 사단과 대독일 연대, SS 〈다스 라이히〉 사단, 제3 기갑 집단 소속으로 제14, 제18, 제20 차량화 보병 사단, 제4 기갑 집단 소속으로 제3, 제36 차량화 보병 사단과 SS 〈토텐코프〉 사단, 육군 총사령부 예비로 제60 차량화 사단이 투입됐다.

차량화 보병 사단은 기갑 사단보다 장비 지급 순위가 낮았기 때문에 노획 장비를 지급받는 경우가 많았는데, 제3, 제14, 제18, 제20 차량화 보병 사단은 프랑스제 차량을 대량으로 장비해 유지 및 정비에 곤란을 겪었다.

차량화 보병 사단들은 1942년의 하계 공세를 준비하는 과정에서 큰 변화를 겪었다. 먼저 제3, 제16, 제29, 제60 차량화 보병 사단이 중부 집단군의 기갑 사단에서 차출된 전차 대대를 정규 편제로 배속받았다. 이 밖에 대독일 차량화 연대가 전차 대대를 갖춘 차량화 보병 사단으로 개편되어 하계 공세에 투입됐다. 그러나 1942년 겨울에 제3, 제29, 제60 차량화 보병 사단은 스탈린그라드에서 전멸했다.

1943년이 되자 독일군의 인력 및 장비 부족이 조금씩 심각해지기 시작했다. 차량화 보병 사단들 중에서도 150밀리미터 유탄포의 부족으로 소련제 152밀리미터, 프랑스제 155밀리미터 유탄포를 장비하는 경우가 나타났으며, 제14, 제36 차량화 보병 사단은 차량 부족으로 1943년 가을에 일반 보병 사단으로 개편됐다.

1943년 6~7월에 걸쳐 기존의 차량화 보병 사단들은 기갑 척탄병 사단으로 개칭됐다. 명칭 변경과 함께 기존에 전차 대대가 없었던 제10, 제18, 제20, 제25 기갑 척탄병 사단도 1943년 9월의 편제 변경에 따라 새로 편성된 전차 대대를 배속받게 됐다.

1943년형 기갑 척탄병 사단에 배속된 전차 대대들은 전차 대신 중대당 14대, 총 3개 중대의 돌격포를 장비한 것이 특징이다. 그러나 이 시기 기갑 척탄병 사단들은 전차 대대를 배속받은 것 외에는 전반적으로 장비 상황이 악화되기 시작했다. 일반 기갑 척탄병 사단들이 장비 부족에 시달린 것과 달리 스탈린그라드 전투에서 전멸된 뒤 1943년 2~3월에 재편성된 제3, 제29, 제60 기갑 척탄병 사단(1943년 6월 기갑 척탄병 사단 펠트헤른할레로 개칭, 이하 FHH 사단으로 약칭)은 사단 포병 연대에 105밀리미터 자주포 3개 포대를 장비해 다른 기갑 척탄병 사단보다 장비 상태가 좋았다.

1943년 7월에는 SS 〈노르트란트〉 기갑 척탄병 사단이 창설됐다. 대독일 기갑 척탄병 사단은 1943년 초부터 사실상 기갑 사단 편제를 갖추고 있었으나, 명칭상으로는 계속 기갑 척탄병 사단으로 분류됐다.

1944년 6월 소련의 하계 대공세가 개시될 당시 동부 전선에 배치된 기갑 척탄병 사단은 제10, 제18, 제20, 제25, FHH, 대독일, SS 〈노르트란트〉 사단 등이었다. 당시 독일 기갑 척탄병 사단들은 고질적인 보병 부족에 시달리고 있었고, 제18, 제25기갑 척탄병 사단을 제외하면 기갑 전력도 형편없었다. 다만 대부분의 사단이 야포와 대전차포는 비교적 충분히 보유한 편이었다.

독일은 1944년 소련의 하계 대공세로 제25 기갑 척탄병 사단과 FHH 사단이 전멸하는 등 큰 피해를 입었다. 독일군은 1944년 하반기에 여름 전투에서 전멸한 제25 기갑 척탄병 사단과 FHH 사단을 재편성하는 동시에 새로 브란덴부르크 기갑 척탄병 사단 등 신규 부대를 창설했다. 그리고 기갑 척탄병 사단 편제도 기갑 사단과 마찬가지로 1944년 8월에 개편해 포병 연대와 대전차 대대를 강화했다. 1944년형 사단의 포병 연대는 3대대의 1개 포대를 제외한 8개 포대의 야포가 4문에서 6문으로 늘어났으며, 대전차 대대의 2개 중대는 기갑 사단과 마찬가지로 구축 전차를 장비하게 됐다.

1945년 1월 소련의 동계 공세는 폴란드 전선의 제10, 제20 기갑 척탄병 사단에 괴멸적인 타격을 입혔는데, 이 중 제10 기갑 척탄병 사단은 2월 초 여단 급 전투단으로 개편되어 작전에 투입됐다. 1945년 1월에는 총통 척탄병 여단과 총통 호위 여단이 각각 기갑 척탄병 사단으로 개편됐고, SS 〈호르스트 베셀〉 사단이 창설됐으며, 2월에는 신규 부대로 쿠르마르크 기갑 척탄병 사단이 편성됐고, SS 〈네데르란트〉 여단이 기갑 척탄병 사단으로 개편됐다. 1~2월에 개편되거나 신규 편성된 사단들은 여단 급 전력에 명칭만 사단으로 붙인 경우가 대부분이었다. 한편, 1945년 3월 재편성에 들어간 제18 기갑 척탄병 사단은 특이하게도 1945년형 기갑 사단과 동일한 편제를 갖추게 됐다. 1945년 3~5월에는 사실상 편제 규정이 있으나 마나였고, 예하 전차 대대들은 돌격포, 구축 전차, 전차가 뒤섞여 편성됐다.

3. 보병 사단

독일군의 보병 사단들은 편성된 시기에 따라 36파 Aufstellungswellen로 구분한다. 바르바로사 작전 당시에는 제1~제5파, 제7파, 제8파, 제11파, 제12파, 제15파로 편성된 사단들이 투입됐다.

제1파 편성 보병 사단은 1939년 8월 이전에 있던 정규 육군 사단이며, 제2파부터 제4파 보병 사단은 1939년 8월 독일이 전쟁을 앞두고 동원한 〈평시 동원 사단〉이다.

제5파 보병 사단은 1939년 9월, 개전과 함께 편성된 최초의 〈전시 동원 사단〉으로 총 5개 사단이 편성됐다.

1939년 11월에는 제6파 보병 사단 4개와 제7파 보병 사단 14개가 편성됐다. 제6파 보병 사단은 보병포 등 중화기가 부족했으며, 바르바로사 작전에는 투입되지 않았다.

1940년에는 제8파 10개 사단, 수비 사단Stellungdivision 4개, 제9파 9개 사단, 제10파 9개 사단, 제11파 11개 사단, 제12파 10개 사단, 제13파 9개 사단, 제14파 7개 사단이 편성됐으며, 1941년 제15파 15개 사단이 편성됐다. 이 중 제9파의 9개 보병 사단은 프랑스전이 조기에 종결되자 해체됐다.

제11파~제15파 사단은 독일이 소련 침공을 결정한 뒤 1940년 10월부터 잇따라 편성에 들어갔다. 이들 사단은 소련 침공을 앞두고 급히 편성됐기 때문에 차량과 중장비를 프랑스전에서 노획한 것들을 지급받았다. 그리고 기존에 편성된 보병 사단들도 보충 장비로 프랑스제를 지급받거나 신규 기갑 사단 및 차량화 사단 편성을 위해 차량을 차출해야 했다.

1942년에 신규 편성된 제18파~제20파 보병 사단들은 아직 9개 보병 대대 편제를 갖추고 있었으나, 1943년에 편성된 제22파, 제23파 보병 사단들은 6개 대대 편제로 편성됐다.

바르바로사 작전의 실패로 막대한 인적, 병력 손실이 초래되자 동부 전선의 독일군 보병 사단들은 병력 부족으로 2~3개의 보병 대대를 해체해야 했다. 많은 수의 보병 사단들은 1942년 초부터 6개 대대 편제를 가지게 됐다. 막대한 차량 손실로 보병 사단들은 더욱더 마차에 의존하게 되면서 기동성이 크게 약화됐다.

특히 1943년 스탈린그라드 전투의 패배로 13개 보병 사단이 전멸했으며, 이 밖에도 많은 보병 사단들이 극심한 병력 손실을 입었다.

독일군은 1943년 10월에 전선의 현실을 반영해 보병 사단 편제를 대대적으로 개편했는데, 이 편제는 1944년 초부터 전선 부대에 반영됐기 때문에 1944년형 보병 사단 편제라고도 부른다. 이렇게 편제된 보병 사단들을 신편제 보병 사단 Infanteriedivision neuer Art이라고 칭한다.

1943년 10월의 보병 사단 편제의 가장 큰 변화는 보병 연대를 척탄병 연대 Grenadierregiment로 개칭하고 이를 2개 척탄병 대대로 구성하며 사단 대전차 대대에 1개 포대의 돌격포를 배치한 것이었다. 이와 함께 사단의 수색 대대가 수발총 대대로 개편되어 일반 보병 대대화했다.

1943년 11월에는 5개의 분견 군단Korpsabteilung이 편성됐다. 분견 군단은 동부 전선에서 큰 피해를 입어 전력이 약화된 보병 사단을 연대 급 전투단으로 개편해 사단 급 사령부 예하에 두고 보병 사단으로 운용하는 부대로, A, B, C, D, E 분견 군단이 편성됐다. 그리고 1944년에는 F, G, H 분견 군단이 편성됐다.

1944년은 독일 육군에게 재앙의 해였다. 1944년 6월부터 12월까지 동부 전선에서 총 40개 보병 사단이 전멸하거나 큰 피해를 입어 해체됐다. 독일군은 1944년 말 위기에 직면해 다시 한 번 보병 사단의 편제를 개편했는데, 이것을 〈국민 척탄병 사단Volksgrenadierdivision〉이라고 한다. 국민 척탄병 사단은 1944년형 보병 사단 편제와 기본 골격은 비슷했으나, 각 척탄병 연대의 1개 대대에 자전거를 장비해 기동력을 높이고 전투 지원 부대를 대폭 축소한 것이 특징이다. 그리고 105밀리미터 유탄포의 부족으로 사단 포병의 1개 대대는 75밀리미터 유탄포를 장비해 포병 화력은 약화됐다.

국민 척탄병 사단은 주로 1944년 여름에 괴멸된 사단들을 근간으로 편성됐으며, 제30파, 제32파, 제33파에 걸쳐 총 34개 사단이 편성됐다. 1945년형 보병 사단 편제는 국민 척탄병 사단 편제와 유사했지만, 포병 연대의 3개 대대가 모두 75밀리미터 유탄포를 장비해 화력이 더 약화된 것이 특징이다.

독·소 양국의 계급 비교(육군 기준)

	독일 육군	소련 육군(및 공군)
장관 급 장교	원수 Generalfeldmarschall 상급대장 Generaloberst 대장(병과별) General[4] 중장 Generalleutnant 소장 Generalmajor	소연방 원수 Marshal sovetskogo soiuza 대장 General armii[1] ─ 상원수(병과별) Glavnyi marshal[2] └ 원수(병과별) Marshal[3] 상장 General polkovnik 중장 General leitenant 소장 Genearl maior
영관 급 장교	대령 Oberst 중령 Oberstleutnant 소령 Major	대령 Polkovnik 중령 Podpolkovnik 소령 Maior
위관 급 장교	대위 Hauptmann 중위 Oberleutnant 소위 Leutnant	대위 Kapitan 중위 Starshii leitenant 소위 Leitenant 준위 Mladshii leitenant[5]
부사관	본부원사 Stabsfeldwebel[6] 원사 Oberfeldwebel 상사 Feldwebel 중사 Unterfeldwebel 하사 Unteroffizier	원사 Starshina 상사 Starshina serzhant 중사 Serzhant 하사 Mladshii serzhant
병	본부병장 Stabsgefreiter[7] 병장 Obergefreiter[8] 상병 Gefreiter 일병 Obersoldat 이병 Soldat[9]	상병 Efreitor 일병 Riadoboi

1 소련군에서 상원수와 원수, 대장 계급의 지위는 모두 동등했다. 이 중 상원수 및 원수 계급은 통합군 체계 내에서 대장 및 소연방 원수로의 승진이 어려운 공군과 육군의 포병, 기갑, 공병, 통신병과의 고급 지휘관에게만 부여되는 계급이었다.
2 상원수는 병과 원수들 중에서도 주요 병과의 최선임 지휘관에게만 부여되었다. 독소 전쟁 중에는 공군에서 2명(A. A. 노비코프, A. E. 골로바노프), 포병병과에서 1명(N. N. 보로노프)만이 상원수에 올랐다. 기갑병과는 독소 전쟁 종전 이후에나 상원수를 배출했고, 공병과 통신병과는 소련이 붕괴될 때까지도 상원수를 배출하지 못했다.
3 독소 전쟁 중에는 (상원수 승진자를 제외하고) 공군에서 6명, 포병병과에서 2명(I. D. 야코블레프, M. N. 치스탸코프), 기갑병과에서 1명(P. A. 로트미스트로프), 공병병과에서 1명(M. P. 보로보프), 통신병과에서 1명(I. T. 페레십킨)이 원수에 올랐다.
4 독일군의 대장 계급에는 항상 소속병과를 병기하는 것이 원칙이다. 보병병과는 보병대장 General der Infanterie, 포병병과는 포병대장 General der Artillerie과 같이 〈General der……〉와 같은 형식으로 쓴다. 마찬가지 원칙이 기갑병과 Panzertruppe, 공병병과 Pioniere, 산악병과 Gebirgstruppe, 통신병과 Nachrichtentruppe 등의 대장 계급에도 적용되었다.
5 현재 한국군의 준위 계급은 준사관으로 따로 분류되지만, 소련군의 준위는 위관급 장교로 분류된다.
6 1938년에 신설된 계급으로 부사관의 기본 복무연한인 12년을 넘겨 근무하는 원사들에게 부여되었다.
7 1942년에 부활된 계급으로 장기 근속했으나 부사관 승진이 곤란한 상병(또는 병장)에게 부여되었다.
8 한국군의 병장과 달리 독일군에서는 상병에서 곧바로 부사관으로 승진하는 일이 빈번했다. 병장은 아직 부사관 승진이 곤란한 상병들에게 분대장 임무를 맡길 때 부여된 계급이었다.
9 Soldat 및 Obersoldat는 일반적인 계급 등위를 말하는 것이고, 실제 계급명은 병과와 보직마다 달랐다. 예를 들어 보병병과의 일반 소총병은 〈Schütze/Oberschütze〉, 기갑병과의 전차병은 〈Panzerschütze/Oberpanzerschütze〉, 공병병과는 〈Pionier/Oberpionier〉 등이었다.

옮긴이와의 대담

권도승(옮긴이, 정형외과 전문의)
남창우(옮긴이, 한양대 물리학과 교수)
윤시원(옮긴이, 성균관대학교 사학과 대학원 재학)
채승병(감수자, 삼성경제연구소 복잡계 연구원)
김동규(감수자, 전직 외교관)

편집자 여러분들께서 수고해 주셔서 책이 출간되게 되었습니다. 제2차 세계 대전에서 독일과 소련의 전투를 다룬 기존의 시각과는 차이가 있는 책이라 생각합니다. 구체적으로 어떤 차이가 있다고 보십니까?

채승병 사실 독소 전쟁은 역사적 의의와 인류 역사상 전무후무한 규모의 전쟁임에도 불구하고, 서방 전사가들의 객관적인 평가를 받지 못했다고 볼 수 있습니다. 제2차 세계 대전 이후에 수많은 참전자들의 수기나 학자들의 연구서에도 불구하고, 유독 소련군에 관해서만은 평가가 인색하다거나 정확한 평가를 못했다는 인식을 지울 수가 없었습니다. 아무리 미국과 영국이 제2차 세계 대전 기간에는 소련이 동맹국이었다고 하더라도, 냉전 체제하에서 소련군을 영웅시하는 입장을 취하기는 곤란하지 않았을까 합니다. 그런 의미에서 기존의 저서들이 독일 측 입장과 독일군의 배치는 비교적 상세하게 기술하고 있습니다만, 소련군의 배치와 병력 이동 혹은 작전 의도에 대해 심지어 소설에 가깝게 기술한 경우도 많았다는 점은 유감스럽게 생각합니다. 이번에 번역한 『독소 전쟁사 1941~1945』는 이런 기존의 서방 시각에서 완전히 탈피했다는 면에서 높이 평가할 만하다고 판단합니다. 뿐만 아니라, 미국에서 소련의 전술을 연구하기 위해 마련한 연구소의 기관장을 역임한 분이 반평생을 소련군 전술과 전사를 연구하면서 축적한 자료와 지식에 근거하여 쓴 책이라 더욱 값지다고 생각합니다.

편집자 저자이신 글랜츠 씨에 대한 언급이 나왔는데요. 이분은 어떤 분인가요?

윤시원 글랜츠는 소련 군사 문제 연구로 국제적인 명성을 지닌, 육군 출신의 역사학자입니다. 저자는 역사 전공으로 학사 학위를 받은 뒤 1963년 미 육군에 입대해 30년간 복무하면서 대령으로 퇴역할 때까지 소련 군사 문제 연구에 매진했습니다. 1986년에 미 육군 소련 군사 연구소 Soviet Army Studies Office(SASO) 창립에 관여했고, 1991년 소련 군사 연구소가 해외 군사 연구소 Foreign Military Studies Office(FMSO)로 개편될 때 연구 소장을 역임했다는 점을 생각한다면, 이 분야 연구에서 그의 위치를 짐작할 수 있습니다.

지금도 저자는 제2차 세계 대전 당시 소련의 군사 작전에 대한 연구물을 꾸준히 출간하고 있습니다. 1987년 그는 현역 시절에 소련 군사 문제를 다루는 『*Journal of Soviet Military Studies*』를 창간했으며, 이 저널은 글랜츠가 예편한 이후 〈*Journal of Slavic Military Studies*〉로 개칭되어 동유럽 군사 문제 전반을 다루고 있습니다. 또 글랜츠는 러시아 연방 연구 아카데미의 일원이기도 합니다. 러시아 측에서도 그의 연구에 대해 높이 평가하고 있다는 것이지요.

글랜츠의 저작으로는, 일반 대중에게까지 그의 이름을 알린 이 책 『*When Titans Clashed*』를 비롯해 『*Soviet Military Deceptions in Second World war*, *Zhukov's Greatest Defeat*』 등이 있고, 가장 최근 저작으로는 『*Red Storm over the Balkans*』가 있습니다. 특히 1990년대 중반 소련 출신 작가 〈레준〉이 불을 지

핀 독소 전쟁 개전 원인에 대한 논쟁에서 수정주의에 반대하는 서방측의 대표적인 학자로 논쟁을 전개한 것으로도 유명합니다. 이 시기에 레준의 가설을 비판하기 위해 내놓은 연구가 「Stumbling Colossus」로 이 또한 격찬을 받았습니다. 글랜츠는 서방 학계의 현역 연구자 중에서는 러시아 내부 연구에 관한 한 가장 출중한 인물이라 할 수 있겠습니다.

다만 그의 저작물을 보면, 전쟁의 한 축이었던 독일 측 자료에는 상당히 인색하다는 점을 알 수 있습니다. 소련의 경우 1차 사료를 많이 인용하고 있는데, 독일의 경우 2차 사료에 의존하는 경향이 큽니다. 그러다 보니 90년대의 저작에서는 기초적인 부분에서 실수도 보입니다. 이 점에 있어서는 과거 독일의 시각에서 독소 전쟁을 다룬 저작들과 반대라고 할 수 있습니다.

편집자 그럼 이 책은 기존의 서방측 관점에서 저술된 제2차 세계 대전 관련 서적들과 차별된다는 말씀이신 것 같은데요. 좀 더 구체적으로 말씀해 주세요.

권도승 윤시원 씨가 말씀하신 것에 모든 답이 들어 있습니다. 제2차 세계 대전이 끝나고 동서 간에 냉전이 시작되면서, 미국과 영국은 무서운 적이었던 나치 독일을 혼자 떠맡아 승리를 이끌어 낸 소련군에게 상당한 위협을 느낍니다. 특히 공군 위주의, 상대적으로 손쉬운 전쟁을 벌여 왔던 미국과 영국은 대규모 지상전의 연속이었던 동부 전선에 대해 정보가 결여된 상태에서 소련군의 역량을 올바로 평가하지 못했습니다. 게다가 소련 측 군사 자료에 대한 접근이 제한되어 있어서 제2차 세계 대전 당시의 소련군의 작전과 업적에 대해 정확한 평가가 잘 이루어지지 않았습니다. 즉 A 전선에 있던 소련군이 비밀리에 움직여 B 전선에 나타난 것을 새로운 정체불명의 부대의 이동이라는 식으로 접근하거나, 덮어놓고 소련군의 병력을 〈무한정〉이라고 한 점들이지요. 여기에다 전후 소련군에 대한 자료가 부족했던 미국을 주축으로 한 나토군은 독일군의 전쟁 경험에 많이 의존합니다. 실은 서독 연방군이나 나토의 자문역으로 제2차 세계 대전 당시의 독일 장군들을 영입하기도 했죠. 그러다 보니, 개개인의 시각에 따라 소련군의 모습은 들쭉날쭉할 수밖에 없습니다. 냉정하고 올바른 시각이 결여된 것이 문제이지요.

　과거에 서방에서 출판된 서적들에서 소련군은 상대적으로 신비에 싸인 군대나, 혹은 감정도 없이 무자비한 정면 돌격만 일삼는 인해전술의 군대로 그려진 경우도 많았습니다. 설령 그렇지 않았더라도, 독일군의 움직임과 전투 배치, 서열에 대한 정보의 정확도나 이를 연구한 데 들인 노력에 비하면, 소련군에 대해서는 그러지 않았다는 게 사실이지요. 이렇게 된 데에는 언어적 문제, 1차 자료에 대한 접근 제한, 냉전 당시 소련 측의 검열 등이 단단히 한몫을 했습니다. 게다가 소련이라는 체제 자체가 자신들의 부끄러운 과거사를 조작하거나, 진실을 은폐하는 데 매우 효율적입니다. 여기에도 상당한 원인이 있다고 생각합니다. 글랜츠는 과거에 늘 있어 왔던 이러한 한계와 문제점 및 편향된 서방의 시각을 넘어선 저작을 시도했고, 또 현재도 시도하고 있습니다. 그 방대한 작업의 첫걸음이라는 점에서 이 책은 의미를 지니고 있습니다.

편집자　그렇다면 이 책에 별다른 오류 같은 것은 없습니까? 저자가 워낙 소련 쪽 전문가인 데다가 기존의 서방측 시각에서 벗어나 독소 전쟁을 기술하려 하다 보니, 혹 독일군에 관한 자료 사용이나 기술에 문제점은 없었습니까?

남창우　말씀하신 대로 이 책은 저자들의 전공상 소련 측 자료를 다수 인용했고, 다분히 소련군 입장에서 쓰여지다 보니 독일군의 시각 반영에 한계가 있습니다. 특히 독소 전쟁 제3기 부분에 오류가 많습니다. 이것은 근본적으로 저자들이 독일어 능력이 부족하여 독일 측 사료에 대한 접근이 부족한 측면이 있다고 봅니다. 한편으로, 이때는 일방적으로 독일이 소련에게 밀리는 시기였고, 독일의 전쟁 조직이 붕괴되는 시기이기도 합니다. 독일이 총력전에 들어가지만 인력 부족이 심화되고 장비 부족도 본격화되는 시기였기 때문에, 무엇보다도 독일 측 기록이 제대로 남아 있지 않기도 합니다. 워낙 혼란의 시기에 무질서한 후퇴가 강요되었고, 단위 부대가 통째로 전멸하는 경우도 비일비재했습니다. 그래도 가급적 저자의 글을 존중하여 역주로 이를 처리하였습니다.

편집자 저자가 주로 소련 측 자료들을 중점적으로 사용했다고 책에서 밝히고 있는데, 이로 인한 문제점은 없는지요? 예를 들면 소련 측 자료가 자신들의 전과(戰果)를 과장하거나, 스스로 떳떳하지 못한 부분을 조작하거나 미화하는 등의 문제 말입니다.

윤시원 전쟁 기간에는 어느 쪽이나 전과에 대해 과장하는 경향이 있습니다. 그러나 제2차 세계 대전 기간 중 소련 측 자료들은 특히 그런 경향이 심하게 나타나고 있습니다. 소련은 자국의 전과를 과장하는 것뿐 아니라 실제 독일 측의 전력을 과장하기도 하는데, 글랜츠도 지적했듯 이런 경향은 1990년대 중후반까지도 계속됐습니다. 이 저작에서도 소련 측의 통계 자료를 주로 인용했기 때문에, 독일과 관련된 부분에서는 세부적으로 약간 잘못된 통계가 실린 경우가 있습니다.

편집자 이 책에 기동전이나 종심전이라는 개념이 나오는데요. 잘은 모르겠습니다만, 독소 전쟁 이전의 시점에서 시대를 앞선 개념인 것 같았습니다. 그리고 책을 보니, 소련이 가장 먼저 이러한 개념들을 확립한 것으로 서술되어 있는데, 과연 사실인지요?

권도승 제1차 세계 대전 말에 처음 전차가 등장하고 나서 세계 각국은 충격에 휩싸입니다. 그렇지만 곧바로 전차를 앞세운 혁신적인 개념을 발전시키지는 못했습니다. 즉 소련군과 같이 전차를 이용해 보병의 돌격을 지원하지 못했다는 말씀입니다. 그래서 전차의 장갑을 강화하거나 화력을 업그레이드하지 않은 채, 고만고만한 전차들만 양산했습니다. 그런데 이런 전차의 역할을 눈여겨보고, 또 다가올 전차전의 개념은 속도전과 종심 돌파가 필수라는 생각을 했던 사람들이 각국에 몇 명씩 있었습니다. 영국에 풀러도 그렇고, 독일의 구데리안도 그렇고, 특히 선도적인 역할을 했던 사람이 소련의 투하쳅스키와 트리안다필로프였습니다. 이들의 개념은 동시대의 서방측 개념을 훨씬 앞서 있었습니다. 여기에 아이러니하게도 제1차 세계 대전의 패전국 독일과 공산 혁명으로 서방의 감시를 받던 소련이 상호 간에 군사 비밀 교류를 하면서, 서로의 부족함을 메워 나갔지요.

소련은 독일보다 훨씬 앞서 전차의 개념과 종심 돌파의 개념을 발전시켰습니다. 다만 그 개념이 일선에 접목되고 체화되기 직전에 스탈린의 대숙청이 몰아쳐 일을 그르쳐 놓았습니다. 사실 스탈린의 대숙청은 군부에서 가장 늦게 행해졌습니다. 이 점이 특히 아이러니가 아닐 수 없습니다. 독재자가 자신에게 가장 위협이 될 가능성이 있는 집단을 제일 늦게 손본 것입니다. 당, 정계, 행정 쪽부터 숙청을 단행하고, 마지막 대상이 군부였습니다. 그런데 이 숙청은 독소 전쟁이 개시될 무렵까지도 일부 진행 중이었습니다. 여기에 투하쳅스키 원수를 비롯한 종심 전투 이론의 대가들이 모조리 숙청당했고, 예정된 수순으로 그들의 저서와 업적 및 연구 자료들이 모조리 공식적으로 폐기되었습니다. 영관급 이상의 50퍼센트가 무사하지 못했습니다. 그리하여 1941년 6월 22일 개전 당시의 소련군은 이것도 저것도 아닌 혼란 상황에서 전쟁에 휘말려 들어가게 된 것입니다.

윤시원 그러나 스탈린의 대숙청은 결과적으로 독소 전쟁에 임한 소련군에게 긍정적으로 작용했다고 볼 수도 있습니다. 스탈린이 대규모 숙청을 단행한 결과, 소련군은 철저한 당의 군대로 개편되고 정치적으로도 안정적인 모습을 보이게 됩니다. 물론 스탈린 체제에 대한 공포가 군대 전체에 완전히 자리 잡게 되기도 하지요. 그래서 개전 초기에 현실을 무시한 사수 명령이 남발됐음에도 불구하고 많은 일선 지휘관들은 명령 불복종의 대가를 잘 알았기 때문에 아무 말도 못한 채 전역에서 필사적으로 저항했고, 이것이 전쟁 초기 소련이 붕괴를 모면한 가장 큰 원인이 아니었을까 생각합니다. 지나친 가정은 무리이겠지만, 아마 차르 체제였다면 1941년에 국가가 붕괴되지 않았을까요?

편집자 독일이 소련을 상대로 전쟁에서 승리할 가능성은 전혀 없었을까요?

채승병 전혀 없었다고 하기는 힘듭니다. 물론 이들 체제의 총체적 전쟁 수행 역량이 어느 한쪽으로 완전히 기운다고 보기도 힘듭니다. 소련은 20년 가까이 경제 계획을 발전시키면서, 당시 세계적으로 가장 앞선 기계화 군단과 전차 군단 체제를 만들어 냅니다. 단기간에 군수 산업 역량을 세계적 수준으로 끌어올렸던 것입니다. 물론 대숙청으로 인한 지휘 체계와 장비 체계의 혼선이 개전 직전까지 있기는 했지만, 독일에 비해 결코 뒤떨어지지 않습니다. 이에 비해 독일은 1935년의 베르사유 조약을 파기하고 재무장을 선언하면서 벼락치기로 군수 산업을 일으켜 왔습니다. 독일의 일부 항공기가 성능이 뛰어나기는 했지만, 전반적으로 볼 때 육군 장비는 소련에 비해 압도적이지 않았습니다. 여기에 너무 빨리 폴란드, 베네룩스 3국, 노르웨이, 체코, 프랑스까지 석권해 버린 거지요. 1941년 개전 직전에는 크레타 섬 공수 작전과 유고슬라비아, 이탈리아에 대한 정치적 배려로 알바니아와 그리스 전역까지 휩쓸립니다. 이것은 결정적으로 대소전 참전 시기를 늦추게 되는 결과를 가져왔고, 기갑 전력의 소모를 불러와 개전 초기 남부 집단군의 공세 탄력의 약화를 가져오는 결과를 불러왔습니다. 그러나 전반적인 독일 군부와 히틀러는 장차 영미와의 해양전에 앞서 후방 전선을 공고히 한다는 면에서 대소전을 자신한 면이 있었고, 그래서 개전 시기 자체에 대해서 스스로는 그다지 늦었다고 생각하지 않았습니다. 이미 1940년 핀란드 전역에서 보여 준 소련군의 형편없는 능력에 독일은 소련의 군사력이 조직적이지 않을 것이라 예단했고, 대략 3개월 정도면 원하는 전략적 목표를 달성하고 소련의 주요 공업 지역을 독일의 중형 폭격기 반경 안에 넣어 버릴 수 있을 것이라 생각했습니다. 물론 결과론적으로 모스크바를 점령할 때쯤 되어서는 이미 시간적으로 너무 늦어 버렸지만 말입니다. 1941년 이내에 모스크바를 점령했든지, 아니면 1942년에 스탈린그라드를 조기 점령하고 캅카스로부터의 석유 공급을 끊어 버릴 수 있었다면, 독일 쪽에도 승리의 가능성이 있었다고 봅니다.

편집자 흔히들 독소 전쟁은 이념과 인종 전쟁적 성격도 띠고 있다고 하는데, 실제로도 그러했습니까?

남창우 그런 면이 강하다고 할 수 있습니다. 히틀러나 SS가 내린 공식적인 명령도 있지만, 히틀러의 〈나의 투쟁〉이나 〈레벤스라움〉의 개념 등도 슬라브 인종과의 공존을 염두에 둔 개념들이 전혀 아닙니다. 극도의 반공주의자인 히틀러는 개전 이후 우크라이나나 기타 소련 점령지 인민들을 독일 편으로 유화시킬 수 있었음에도 불구하고, 스스로의 한계로 그 기회를 잃어버리게 됩니다. 개전 첫해 소련군 포로가 4,000,000명이나 발생합니다. 그중에 3,000,000명 이상이 관리 손실로 사망에 이릅니다. 이런 점 하나만 보아도 독일이 전쟁에 임하면서 소련 인민을 어떻게 대했는지 알 수 있습니다. 실제로 우크라이나 소련이 강제 점령한 지역의 주민들과 스탈린에게 반기를 품은 반공 소련인들이 독일군을 해방자로 환영했지만, 독일은 그들에게 친구의 모습으로 다가가지 못했습니다. 실제 소련인들 중에는 독일군의 유태인 탄압을 자원해서 나섰던 경우도 많았고, 자원해서 독일군에 입대한 인원도 많았지만, 이런 모습들이 소련인에 대한 독일군의 경멸적인 시각을 근본적으로 개선하지는 못했습니다. 물론 이런 독일군의 모습은 1943년 이후 소련이 승리해 나가면서, 1944년에 독일 영토로 진입해 들어가면서 고스란히 피의 보복이라는 악순환으로 나타났습니다. 이런 점에서 독일이나 소련 모두 전쟁 범죄에 대한 책임에서 자유로울 수 없지요. 하지만, 원인 제공이 독일에 있다는 점은 분명히 해야 할 것으로 봅니다.

편집자 제2차 세계 대전이 종전 이후 국제 정세에 미친 영향은 어떠한가요?

김동규 일단 미국과 소련이 초강대국으로 부상하게 됩니다. 유럽 대륙의 구세력을 대변하던 프랑스, 영국, 독일, 이탈리아가 일거에 몰락하는 계기가 되지요. 이것은 승전국이든 패전국이든 예외가 없습니다. 이미 제1차 세계 대전 이후 세계 최대의 경제력과 자본력으로 유럽에 입김을 넣고 있던 미국은 군사력으로도 유럽을 보호하는 지위에 이르게 됩니다. 소련도 독일과의 전쟁에서 점령한 동유럽을 위성 국가화시켜 자신들의 국경까지 완충 지대를 두게 됩니다. 독일은 분할 점령을 당하고, 독일의 모태라고 할 수 있는 동프로이센은 폴란드와 소련에게 분할됩니다. 알자스로렌은 프랑스에 영구 할양되었지요. 또한 제2차 세계 대전은 자본주의의 모순이 극에 치닫자 폭발해 버린 전쟁이기도 합니다. 해외 식민지가 많았던 프랑스, 영국은 연합국이었던 반면, 그렇지 못한 후발 공업국인 독일과 이탈리아는 그러하지 못했지요. 하지만 제2차 세계 대전을 거치면서 프랑스와 영국도 해외 식민지를 더는 보유할 수 없는 지경에 이르게 되고, 원래 유럽의 영토만으로 축소되는 결과를 가져옵니다. 이에 따라 영토 패권, 자원 패권, 인구 패권에 있어 미국과 소련을 따라갈 수 없는 처지가 되지요. 여기에 브래튼 우즈 체제 이후로 미국의 달러 패권이 더욱 공고하게 되고, 이는 마셜 플랜을 거쳐 유럽에 공고하게 이식됩니다. 폐허가 된 유럽은 한편으로는 소련의 위협을 느끼게 되고, 다른 한편으로는 미국의 경제력에 목을 매달게 되어 자연스럽게 미국의 우산 아래 재편되는 구조가 되지요. 물론 동유럽도 음으로 양으로 강제 이식된 공산주의의 유산으로 획일화된 체제가 되어 버립니다. 국가 전통상 도저히 공산주의가 될 수 없었던 체코나 폴란드 같은 국가도 있지만, 이들 모두 소련의 영향력을 벗어날 수 없었습니다. 다만 예외가 있다면 유고슬라비아 정도가 되겠지요. 그렇지만, 소련도 나폴레옹 시대의 〈조국 전쟁〉과 제2차 세계 대전인 〈대조국 전쟁〉을 거치면서 서방에 대한 공포가 거의 본능화되어 버립니다. 그래서 그로미코가 중심이 된 전후 대 서방 협상에서 평화에 관한 이야기만 들어도 강한 불신을 드러내는 모습을 이데올로기 대결에서 나오는 가식이라고만 치부할 수는 없는 문제입니다. 종전 말기에 영국, 미국, 소련의 최고 지도자의 입장 변화도 미묘합니다. 영국은 대소 강경 입장의 처칠이 노동당의 애틀리에게 패배하게 되고, 미국은 대소 유화적이면서 스탈린을 신뢰하던 루스벨트가 급서하면서, 대소 강경의 트루먼이 집권하고, 소련만 최고 지도력에 변동이 없었습니다. 이러한 최고 지도부의 변화도 유럽 대륙의 지도를 전후 50년간 굳히는 데 일조를 했다고 봅니다. 소련도 독일과의 생존을 건 투쟁을 벌이면서 체제가 공고해집니다. 잘 아시겠지만 스탈린은 1930년대의 대기근과 경제 개발 계획에서의 실패 등으로 20,000,000명의 아사자를 만들었고, 그 이전에도 적백 내전에 시달리는 등 소련 인민에게 절대적인 신뢰를 얻었다고 볼 수 없습니다. 하지만, 제2차 세계 대전을 거치면서 달라졌습니다. 스탈린은 신격화되었고, 누구도 그의 권위에 도전할 수 없었지요. 소련 내부의 체제 위협 세력도 완전히 일소되었기 때문에, 1953년 사망할 때까지 누구도 내부에서 도전할 수 없게 되지요. 물론 스탈린은 워낙 간교한 인물이어서 제2차 세계 대전이 승리로 확정되자마자, 최고의 영웅이었던 주코프 원수부터 숙청해 버립니다. 이후 흐루쇼프가 스탈린 격하 운동을 본격화하기 전까지 소련은 스탈린의 어두운 그림자를 벗어나지 못하는 나라가 되어 버렸습니다. 게다가 아시아에서 중국이 공산화를 거치고, 한국 전쟁이 발발하게 되면서, 본격적인 미소 간의 냉전 시대가 펼쳐집니다. 간략하게 이야기하면 그렇습니다.

편집자 독일과 소련의 전쟁은 그 규모가 너무 커서 놀랐습니다. 각자 가장 흥미롭다고 생각된 전투를 1가지씩 예를 들어 주실 수 있는지요?

권도승 저는 1943년 2월부터 3월까지 이루어진 독일의 제3차 하리코프 공방전을 들고 싶습니다. 제가 워낙 독일군 마니아이기도 합니다만, 서방의 군대가 동계에 공산군을 격파한 드문 사례가 아닌가 싶어 상당히 좋아하는 부분입니다. 스탈린그라드 이후 계속되는 독일군의 뼈아픈 패배를 일시에 되돌려 놓은 흥미진진한 군사적 업적입니다.

윤시원 저는 바르바로사 작전입니다. 1941년 6월 22일에 독일이 일방적으로 소련을 침공합니다. 독일은 전쟁 초기 일련의 대규모 포위 섬멸전을 통해 역사상 미증유의 대승리를 연달아 거뒀지만, 소련은 이런 참패에도 불구하고 신속한 전시 동원으로 거듭되는 위기를 모면했습니다. 특히 7월부터 9월까지 전개된 스몰렌스크 지구의 여러 작전들은 그동안 국내에 잘 알려지지 않은 것이 아닌가 생각되기도 합니다.

채승병 저는 쿠르스크 전투입니다. 1943년 7월 5일부터 시작된 전투인데, 소련군이 독일의 준비된 선제 공격을 막아 낸 최초의 전투라 할 수 있습니다. 소련은 전술적으로 큰 피해를 입지만, 전략적 제공권을 완전히 거머쥐게 된 최초의 계기가 됩니다. 즉 독일이 동부 전선에서 본격적인 내리막길을 걷게 되는 계기라고 볼 수 있습니다.

남창우 저는 바그라티온 작전입니다. 독일의 패배가 점차 명확해지던 1944년 6월 22일부터 벌어진 전투입니다. 러시아 전선에서 가장 강력한 독일 중부 집단군이 전멸의 타격을 입게 됩니다. 이미 동서에서 대규모의 적을 맞게 된 독일로서는 승리의 가능성이 희박했고, 개전 이래 최악의 패배를 당하게 됩니다. 러시아 중심부에서 폴란드 국경까지 일거에 밀려 버리게 되죠. 이 전투의 결과로 독일은 패배의 그날을 늦추는 전투만 이어나갔다고까지 표현할 수 있습니다.

편집자 통계 자료를 보면 소련군의 인명 손실이 엄청나다는 사실을 알 수 있었습니다. 제가 알고 있는 어떤 전쟁과도 비교될 수 없다고 생각하는데, 무슨 특별한 이유라도 있는지요?

남창우 독일과 소련의 전쟁은 이념의 충돌이면서, 19세기 말로 거슬러 올라가는 범슬라브주의와 범게르만주의의 또 다른 충돌이었습니다. 서로 상대에게 매우 잔인했던 전쟁이라 볼 수 있습니다. 국제 적십자 협약이 거의 준수되지 않았던 전쟁이기도 합니다. 양군 모두 포로를 즉결 처분하는 경우가 워낙 많았습니다. 여기에 러시아 점령지 후방에서 자행된 민간인 학살도 무시할 수 없는 수준이었습니다. 이런 야만적인 임무만 전문적으로 자행한 부대도 있고, 전 유럽을 휩쓸던 유태인 박해가 러시아에서도 마찬가지로 이루어졌습니다. 독일군이 1명 사망할 때마다 러시아인 20명을 살해하라는 터무니없는 총통 명령이 있었는가 하면, 러시아인에 대한 전쟁 범죄를 면책한다는 상상할 수 없는 명령도 많았습니다. 분위기가 이러하니, 양군 모두 포로를 제대로 대우한다는 것도 상상하기 어렵지요. 물론 1943년을 넘어가면서 어느 정도 포로에 대한 가혹 행위는 줄어갔지만, 독일만 해도 포획한 러시아군 포로 5,500,000명 중 4,000,000명을 수감 중에 사망케 할 만큼 야만적인 처우를 했습니다. 이 책을 기준으로 해서 독일군도 2,380,000명이 포로가 되어 그중에 450,000명이 사망했다고 되어 있지만, 실제로는 훨씬 더 많습니다.

소련도 동부 유럽을 해방하고 독일 영토로 진격해 들어가면서, 개전 초에 당했던 원수를 고스란히 갚아 줍니다. 따라서 독일 민간인들의 피해도 엄청났습니다. 소련도 민간인 학살, 부녀자 범죄 등에서 절대 자유로울 수 없습니다.

독일군의 사망자 가운데서도 2,800,000명 이상은 소련과의 전투에서 발생했습니다. 소련군은 확인된 것만 7,500,000명 이상이 전장에서 사망했습니다. 이런 엄청난 사상자가 발생한 이유는 워낙 전선이 넓었고, 동원된 병력이 많았으며, 고도의 기계화전과 종심 전투, 대규모 공군과 포병과 전차가 운용된 전쟁이었기 때문이라고 봐야 합니다. 여기에 러시아의 지형과 기후적 요소로 인한 보급 문제 등으로 발생한 비전투 손실도 무시할 수 없습니다. 개전 초부터 양군 모두 유난히 종심 돌파에 이은 대포위전이 연속적으로 반복되어 왔고, 한 전역이 종결되면 100,000명 이상의 양군 사상자가 난 경우는 셀 수조차 없습니다. 인류 역사상 가장 치열했던 전장이 오랜 기간 이뤄졌고, 그 저변에 상대를 멸절시키는 이념 대결에 인종주의적 요소도 있었기 때문에 그러한 것 같습니다.

편집자 이 책에서는 흥미롭게 마지막에 일본 관동군과의 전투도 다루고 있습니다. 저는 일본과 소련이 제2차 세계 대전 기간 내내 상호 불가침을 유지했다는 사실이 흥미롭습니다. 일본은 독일의 동맹국이었는데, 왜 소련을 침공하지 않았을까요?

김동규 독일이 이탈리아와 일본을 동맹으로 독·이·일 추축 방공 동맹을 맺지만, 둘 다 시원찮은 동맹국이었습니다. 이탈리아는 개전 이래로 독일의 짐만 되었고, 히틀러로서는 무솔리니에 대한 정치적인 배려로 북아프리카와 그리스에 참전했고, 이는 주전장인 독일과 소련의 전황에도 큰 영향을 끼치게 됩니다. 일본은 독일과 일부 잠수함을 통한 교류 정도가 있었지만, 전혀 도움을 주지는 못한 관계였습니다. 다만 일본이 태평양 전쟁에 미국을 붙잡아 둔 일 정도가 독일에게 도움이 되었다고 할 수 있겠지요. 일본은 1938년 몽골의 할흐 강에서 소련군과 격돌하여 대패를 당합니다. 당시 일본군은 소련이나 유럽 열강에 비해서 지상군의 주요 장비라 할 수 있는 전차는 물론 야포나 여타 장비에서 한참 시대에 뒤떨어져 있었습니다. 반면 해공군 장비는 상대적으로 우수했습니다. 그 전투에서 일본군은 전술, 장비, 화력 모든 면에서 참패를 당했습니다. 일본군은 여기에서 소련군의 위력을 알게 되면서 만주 이북에 대해서는 이후로 도발하지 않고, 중국 장제스를 상대로 한 전쟁에 전념합니다. 이후 ABCD 봉쇄라는 남방 석유 및 자원 봉쇄가 이루어지고, 경제적인 이해관계가 상충하게 되면서, 미국과의 해상 대결을 선택하게 되지요. 물론 현명한 결정이라고 볼 수는 없지만, 소련으로서는 정말 다행스런 일이 아닐 수 없었습니다. 그래서 1941년 11월 모스크바가 함락의 위기에 내몰렸을 때 시베리아와 극동에 주둔한 소련군이 유럽 전선으로 차출되어 갈 수 있었습니다. 소련도 일본을 자극하지 않았습니다. 대표적인 사례로 1942년에 둘리틀 폭격대가 진주만 폭격의 복수로서 일본 본토에 제한적인 공습을 가하고 연료 부족으로 일부가 블라디보스토크 인근에서 불시착합니다. 소련은 미국과의 동맹국이었지만, 이들 승무원을 종전 때까지 억류했지요.

  소련이 극동에 참전하게 된 직접적인 계기는 1945년 2월 얄타 회담의 이면 결정이었습니다. 독일의 항복 90일 이내에 극동에 참전한다는 결정이었지요. 물론 일본은 이러한 소련의 변심에 대비하지만, 결과를 바꾸지는 못했습니다.

편집자 이 책을 읽다 보면 결국 제2차 세계 대전 승리의 가장 큰 공은 소련에게 돌려야 한다는 결론을 내릴 수도 있을 것 같습니다. 이 점은 어떻게 생각하십니까?

권도승 그렇지 않습니다. 물론 미국을 비난할 때 〈미국인들은 스팸 통조림과 소련인의 피를 팔아서 승리를 샀다〉는 논리를 붙일 수도 있습니다만, 미국이 전쟁에 끼친 영향은 절대 과소평가될 수 없는 부분입니다. 영국도 마찬가지고요. 일단 영미 공군이 감행한 전략 폭격의 성과를 무시해서는 안 됩니다. 이들이 독일의 군수 산업과 전쟁 수행 능력을 말살시키고 전쟁 의지를 꺾어 버리려는 의도에서 공격을 계속했지만, 실제 드러난 성과는 작았습니다. 하지만 독일로서도 이들을 무시할 수 없었고, 소련 전선에 필요한 소중한 공군을 서부 유럽으로 되돌려야 하는 결정을 내릴 수밖에 없었습니다. 1944년까지 독일 공군은 러시아 전선 전체보다 독일 본토 항공전에서 더 많은 항공기와 훈련된 조종사를 상실했습니다. 독일이 소련군에게 승리를 거두던 1943년 초까지 독일 공군이 러시아의 제공권을 확실히 장악했었다는 점을 알아두어야겠습니다.

  여기에 독일 전력의 80퍼센트가 동부 전선에 몰려 있었지만, 1943년 5월 이후로는 북아프리카 전선이 붕괴되고 이탈리아로의 상륙이 초읽기에 들어갔습니다. 히틀러로서는 정치적인 배려에서도 이탈리아의 붕괴를 수수방관할 수 없게 되었습니다. 연합군이 상륙하자마자 이탈리아는 무솔리니가 실각하고 전열이 붕괴되었습니다. 이탈리아 전선을 틀어막기 위해 독일은 추가로 30여 개 사단이 필요했는데, 여기에는 노련한 기갑 사단이 다수 포함되어 있고, 최정예 공수 부대가 포함되었습니다. 이들은 바로 7월 5일에 벌어진 독소 전쟁의 운명을 결정지은 쿠르스크 전투와 그 이후에 노도와 같이 밀려오는 소련군을 저지해야 할 소중한 존재들이었습니다. 이들이 드네프르 강이나, 동부 전선의 천연 장애물을 끼고 제대로 전투력을 발휘했다면, 소련은 더욱 출혈을 강요당했겠지요. 1944년 6월 이후 노르망디 상륙 이후에는 더 말할 나위가 없고요.

여기에 영국과 미국의 전시 물자 대여법인 랜드리스도 상당한 역할을 했습니다. 특히 미국으로부터 보급된 400,000대 이상의 트럭이 소련군의 1943년 이후의 기동전에 상당한 역할을 합니다. 식품과 기차와 같은 운송 수단, 야전 전화선, 폭약, 군복과 군화 같은 소모품 등이 그러합니다. 물론 소련은 성능 미달의 전차나 영미의 제2선 급인 전투기 등을 예로 들며, 전체 전쟁 소요 물량의 3퍼센트에 불과하다고 주장하지만, 이것은 사실과 다릅니다. 소련군 최고의 영웅 주코프 같은 사람도 비공식적으로 영미의 원조 없이 승리가 어려웠을 것으로 토로했을 정도입니다.

한마디로 미국, 영국, 소련 모두의 힘으로 유럽의 패권자인 독일을 물리쳤으며, 지금까지 우리가 냉전적 분위기 속에서 상대적으로 비중을 두지 않았던 소련의 역할도 제대로 알아야 한다는 점이지요.

편집자 다 여쭈어 보다 보면 끝도 없을 것 같습니다. 이제 좀 사적인 질문을 드리겠습니다. 여기 모인 여러분들은 어떻게 서로 알게 되어서, 이렇게 책까지 공동번역하게 되었습니까?

윤시원 여기 계신 분들은 모두 채승병 선생님의 사이트 〈제2차 세계 대전 유럽 전역 연구(http://www.periskop.pe.kr)〉를 통해 알게 되었습니다. 채승병 선생님의 사이트는 2002년 당시 홈페이지 경진 대회 대상을 받은 우수한 사이트였는데, 그 내용이 기존에 있던 군사 분야의 한국어 인터넷 사이트들보다 좋았습니다. 이전에는 한국에서 얻을 수 있는 제2차 세계 대전 자료의 수준에 대해 만족하지 못하고 있었고, 또 진지한 토론을 할 수 있는 공간이 없어 많은 분들이 어려움을 느꼈습니다. 물론 PC 통신 시절부터 형성된 전통 있는 군사사 동호회가 있었지만, 아무래도 인터넷보다는 개방성이나 접근성이 떨어지는 편이었습니다.

그러다가 권도승 선생님이 채승병 선생님의 사이트를 매개로 모임을 주도해 2003년 2월 처음으로 오프라인 모임을 가졌습니다. 그 이후로 평균 3개월에 한 번씩 모여서 여러 가지 토론을 나누고, 정보 교환도 하고 있습니다.

그리고 여기 계신 김동규 선생님은 2004년 7월에 예비군 훈련에서 권도승 선생님과 우연히 만나 여러 문제를 놓고 토론을 벌이다가 모임에 정기적으로 참여하게 되셨습니다. 이외에도 KBS에서 피디로 계신 박인식 선생님과 아주대 의대 교수인 김범택 선생님 등이 저희 모임에 고정적으로 참여하고 계십니다.

그 외에도 모일 때마다 기회가 닿으면 여러 분야의 전문가들을 모셔 다양한 이야기도 나누고 있습니다. 앞으로도 이 모임이 계속해서 확대되어 나갔으면 합니다.

찾아보기

인명

ㄱ

가겐 Gagen, N. A.   283, 286
가마르니크 Gamarnik, E. B.   33
갈라닌 Galanin, I. V.   214, 286
갈리츠키 Galitsky, K. N.   183, 293
겔렌, 라인하르트 Gehlen, Reinhard   253, 262, 308
고로드냔스키 Gorodnyansky, A. M.   116, 132, 155
고르도프 Gordov, V. N.   154, 163, 306, 345
고르시코프 Gorshkov, S. I.   281, 284, 285, 288
고보로프 Govorov, L. A.   126, 152, 250, 251, 261, 262, 291
골루베프 Golubev, K. D.   81
골리코프 Golikov, F. I.   73, 147
괴링, 헤르만 Göring, Hermann   176, 179, 197, 273, 308, 312, 315, 316
괴벨스, 요제프 Goebbels, Joseph   74
구데리안, 하인츠 Guderian, Heinz   32, 84, 90~93, 109, 110~112, 116, 117, 120, 122, 123, 127, 128, 202, 207, 212, 230, 235, 278, 290, 287, 308, 327, 328, 383
구세프 Gusev, D. N.   306
구세프 Gusev, N. I.   272
그레치코 Grechko, A. A.   289
그리신 Grishin, I. T.   265, 266
글라골레프 Glagolev, V. V.   322
글라주노프 Glazunov, V. A.   135
길레, 헤르베르트 Gille, Herbert   300

ㄴ

나폴레옹, 보나파르트 Bonaparte, Napoleon   20, 167, 219, 223, 254
네링, 발터 Nehring, Walther   313
노비코프 Novikov, A. A.   175, 257
노스코프 Noskov, A. A.   155, 156

ㄷ

도바토르Dovator, L. M. 127
두미트레스쿠, 페트레Dumitrescu, Petre 278
디트리히, 제프Dietrich, Sepp 298, 322
디틀, 에두아르트Dietl, Eduard 152
딘, 존Deane, John 346

ㄹ

라인하르트, 게오르그-한스Reinhardt,
　Georg-Hans 310
라지옙스키Radzievsky, A. I. 272, 273
란츠, 후베르트Lanz, Hubert 190
랴비셰프Ryabyshev, D. I. 132, 154
레닌Lenin, V. I. 26
레메조프Remezov, F. N. 83
레프, 빌헬름 폰Leeb, Wihelm von 60
렌둘리크, 로타르Rendulic, Lothar 294, 295
렐류셴코Lelyushenko, D. D. 116, 117, 120,
　247, 270~272, 306, 319, 338, 345, 346
로딘Rodin, A. G. 177, 192, 193, 214
로마넨코Romanenko, P. L. 52, 174, 177
로멜, 에르빈Rommel, Erwin 277, 356
로시크Losik, O. A. 267
로코솝스키Rokossovsky, K. K. 34, 85, 86,
　92, 93, 120, 122, 174, 191~194, 214,
　217, 224~226, 229, 251, 255, 257, 258,
　260, 265, 268, 272, 302, 304, 306, 307,
　310, 314~318, 320, 330, 337, 340, 393
로트미스트로프Rotmistrov, P. A. 186, 218,
　219, 222, 225, 228, 244, 245, 247, 266,
　267, 269
루오프, 리하르트Ruoff, Richard 151, 157
루친스키Luchinsky, A. A. 292, 340, 354
루킨Lukin, M. F. 90, 115, 117
뤼트비츠, 슈밀로 폰Lüttwitz, Smilo von 313
리발코Rybalko, P. S. 182, 194, 220, 226,
　227, 228, 270~272, 306, 311, 314, 319,
　327, 337, 338, 340, 345, 346
리벤트로프, 요아힘 폰Ribbentrop, Joachim
　von 41
리보프L'vov, V. N. 133
리스트, 빌헬름List, Wilhelm 161, 202, 151
리쥬코프Lizyukov, A. I. 159
리트비노프Litvinov, M. M. 40
리히토펜, 볼프람 폰Richthofen, Wolfram
　von 159

ㅁ

마나가로프Managarov, I. M. 284, 301
마르티네크, 로베르트Martinek, Robert 263
마슬렌니코프Maslennikov, I. I. 131, 290,
　291
마켄젠, 에버하르트 폰Mackensen, Eberhard
　von 193
만네르하임, 카를 구스타프 에밀
　Mannerheim, Carl Gustav Emil 44~46,
　48, 250, 261
만슈타인, 에리히 폰Manstein, Erich von
　20, 109, 132, 133, 151, 156, 158, 159,
　179, 184, 185, 187~191, 193, 194, 200,
　207, 208, 210, 219, 220, 222, 227, 228,
　243~248, 252, 383
만토이펠, 핫소 폰Manteuffel, Hasso von
　298
말리놉스키R. Ya. Malinovsky, R. Ya. 132,
　152, 157, 183, 185, 225, 245, 248, 280,
　281, 284~289, 299, 300, 321, 322, 344,
　345, 352
매킨토시, 맬컴MacIntosh, Malcolm 11
메레츠코프Meretskov, K. A. 46, 48,
　50~53, 69, 118, 129, 130, 152, 250,
　261, 262, 294~296, 352, 354

메흘리스Mekhlis, L. Z.　　48, 96, 158, 255
멜렌틴, 프리드리히 폰Mellenthin, Friedrich von　　20, 383
모델, 발터Model, Walter　　207, 210, 247, 269, 272
모르구노프Morgunov, R. N.　　86
모스칼렌코Moskalenko, K. S.　　154, 214, 227, 247, 288
몰로토프Molotov, V. I.　　40, 42, 45, 49, 94, 95
밀히, 에르하르트Milch, Erhard　　144

ㅂ

바그라먄Bagramyan, I. Kh.　　146, 192, 251, 257, 269, 290~292, 315
바다노프Badanov, V. M.　　185, 204
바라노프Baranov, V. K.　　270~272, 288
바실렙스키Vasilevsky, A. M.　　34, 53, 69, 95, 172, 174, 208, 254, 255, 257, 260, 304, 321, 352, 355, 358
바실리예프Vasil'ev, I. V.　　86
바이틀링, 헬무트Weidling, Helmuth　　343
바익스, 막시밀리안 폰Weichs, Maximilian von　　161
바토프Batov, P. I.　　192, 193
바투틴Vatutin, , N. F.　　152, 172, 174, 190, 191, 214, 216, 218, 221, 225~228, 243~246, 255
바하로프Bakharov, B. S.　　265
발크, 헤르만Balck, Hermann　　288
베데네예프Vedeneev, N. D.　　273
베르시닌Vershinin, K. A.　　304
베를링Berling, Z. M.　　274
베리야Beriya, L. P.　　130
베자린Bezarin, N. E.　　306
베크, 요제프Beck, Joseph　　40

벨로보로도프Beloborodov, A. P.　　264, 290, 355
벨로프Belov, P. A.　　120, 123, 127, 130, 131, 134, 135, 137, 306
벵케, 발터Wenke, Walter　　338, 340
보그다노프Bogdanov, S. I.　　38, 247, 272, 306, 312, 314, 336
보로노프Voronov, N. N.　　172, 186, 224, 239
보로실로프Voroshilov, K. E.　　33, 40, 50, 96
보코프Bokov, N. I.　　172
보크, 페도르 폰Bock, Fedor von,　　60~92, 113, 120, 128, 152, 157, 161
볼딘Boldin, I. V.　　44, 81~83, 115, 122, 127, 135
볼스키Vol'sky, V. T.　　177, 187, 269, 292, 304, 315, 316
볼코프Volkov, M. V.　　184, 353
봅킨Bobkin, L. V.　　155
뵐러, 오토Wöhler, Otto　　285, 286, 288
부돈니Budyonny, S. M.　　27, 36, 51, 90, 94~96, 99, 111, 112, 114, 152, 248
부르데이니Burdeinyi, A.S　　267
부르코모롭스키, 타데우시Bór-Komorowski, Tadeusz　　274
부세, 테오도어Busse, Theodor　　328, 340
부슈, 에른스트Busch, Ernst　　263
부하린Bukharin, N. I.　　76
불가닌Bulganin, N. A.　　96, 251
붓코프Butkov, V. V.　　184, 265, 290
브라우히치, 발터 폰Brauchitsch, Walter von　　110, 128
브라이트, 헤르만Breith, Hermann　　286
브래들리, 오마Bradley, Omar　　344
블라소프Vlasov, A. A.　　130
블류헤르Blyukher, V. K.　　34
비류조프Biryuzov. S. S.　　34

ㅅ

샤로힌 Sharokhin, M. N.　　　　283
샤포시니코프 Shaposhnikov, B. M.　50∼53,
　　69, 95, 111, 116, 172, 358, 388, 391, 392
셰르바코프 Shcherbakov, V. I.　　294, 295
소콜로프 Sokolov, G. G.　　　　130,
소콜로프 Sokolov, S. V.　　131, 270, 271
소콜롭스키 Sokolovsky, V. D.　96, 220, 223,
　　　　　　　　　　　　　　　229, 251
솔로마틴 Solomatin, M. D.　　　182, 290
쇠르너, 페르디난트 Schörner, Ferdinand
　　252, 278, 279, 291, 292, 313, 327, 329,
　　　　　　　　　　　　　　　344, 345
수슬로파로프 Susloparov, I. A.　　　346
슈밀로프 Shumilov, M. S.　　　　214, 287
슈타이너, 펠릭스 Steiner, Felix　　340, 335
슈템머만, 베르너 Stemmermann, Werner
　　　　　　　　　　　　　　　244, 245
슈페어, 알베르트 Speer, Albert　　144, 207,
　　　　　　　　　　　　　　　230, 276
스베친 Svechin, A. A.　　　28, 29, 388
스비리도프 Sviridov, K. V.　　　　287
스탈린, 이오시프 Stalin, Iosif　8, 20, 30, 31,
　　34, 36, 40, 41, 43∼45, 50∼54, 59, 62,
　　69, 71∼76, 81, 87, 90, 94∼96, 99, 104,
　　106, 111, 113, 116∼120, 123, 126, 129,
　　130, 133, 136, 138, 139, 141, 145∼147,
　　155, 157∼159, 162, 164, 167, 171, 172,
　　182, 185, 186, 191, 195, 205, 206, 208,
　　214, 223, 226, 230, 238, 244, 245, 250,
　　252, 254, 255, 257, 258, 260, 261, 274,
　　275, 298, 302∼304, 307, 321, 325, 330,
　　331, 333, 334, 336∼338, 344, 345, 349,
　　　　350, 351, 355, 358∼363, 390
스테파노프 Stepanov, P. S.　　　179, 180
슬로보다, 루트비히 Sloboda, Ludwig　288
시베초프 Shvetsov, V. I.　　　　　132

시비에르체프스키 카롤 Świerczewski, Karol
　　　　　　　　　　　　　　　337
시튼, 앨버트 Seaton, Albert F.　11, 383
실레민 Shlemin, I. T.　　　　　　283

ㅇ

아이젠하워, 드와이트 Eisenhower, Dwight
　　　　　　　　　　333, 334, 344, 355
아포닌 Afonin, I. M.　　　　　289, 301
아흐마노프 Akhmanov, A. O.　　　282
안토네스쿠, 이온 Antonescu, Ion　　249
안토노프 Antonov, A. I.　35, 208, 354, 357,
　　　　　　　　　　304, 307, 321, 346
에릭슨, 존 Erickson, John　　　11, 383
에버바흐, 하인리히 Eberbach, Heinrich　122
예고로프 Egorov, A. I.　　　　　29, 33
예레멘코 Eremenko, A. I.　42, 83, 111, 116,
　　　　　174, 223, 229, 290, 291, 345
예르마코프 Ermakov, A. N.　　　　411
예프레모프 Efremov, M. G.　124, 131, 132,
　　　　　　　　　　　　　　　135
옐친, 보리스 Yeltsin, Boris　　　　401
오누프리예프 Onufriev, A. A.　　　134
오부호프 Obukhov, V. T.　266, 268, 290
요들, 알프레트 Jodl, Alfred　　202, 384

ㅈ

자우켄, 디트리히 폰 Saucken, Dietrich von
　　　　　　　　　　　　　　　313
자이츨러, 쿠르트 Zeitzler, Kurt　202, 207,
　　　　　　　　　　　　　　　278
자하로프 Zakharov, F. D.　　　　　120
자하로프 Zakharov, G. F.　　　　　255
자하로프 Zakharov, M. V.　　　　　35
주코프 Zhukov, G. K.　37, 38, 44, 51∼53,

62, 67, 71, 72, 94~96, 100, 111, 117, 120, 122, 123, 126, 129~131, 134, 135, 138, 139, 146, 161, 172, 180, 182, 183, 191, 206, 208, 218, 221, 243, 245~247, 254, 255, 257, 260, 302~304, 306, 307, 311, 312, 314~321, 330, 331, 334, 336~338, 340, 343, 355, 358
즈다노프Zhdanov, A. A. 96,
즈다노프Zhdanov, A. S. 306, 340
즈다노프Zhdanov, V. I. 281
즈마첸코Zhmachenko, F. F. 284
짐케, 얼Ziemke, Earl 11, 383

ㅊ

찬치바제Chanchibadze, P. G. 290
체레비첸코Cherevichenko, Ya. T. 131
체르냐홉스키Chernyakhovsky, I. D. 255, 257, 268, 291~293, 304, 307, 315, 316, 320, 321
추이코프Chuikov, V. I. 165, 272, 314, 317, 330, 336, 340, 343
츠베타예프Tsvetaev, V. D. 306, 337
치비소프Chibisov, Lietenant, N. E. 214, 257
치스탸코프Chistiakov, I. M. 177, 192, 214, 265, 290

ㅋ

카르페조Karpezo, I. I. 85
캇코프Katkov, F. G. 281
캇코프Katukov, M. E. 117, 182, 183, 214, 218, 222, 247, 270~272, 306, 312, 314, 320, 336, 340
켐프, 베르너Kempf, Werner 210
코네프I. S. Konev, I. S. 91, 114, 115, 117, 126, 130, 180, 182, 183, 214, 216, 217, 221, 222, 228, 243, 244~248, 255, 258, 260, 270~272, 303, 304, 306, 307, 309, 311, 318, 319, 321, 327, 330~332, 337, 338, 343~346
코로테예프Koroteev, K. A. 314
코로프니코프Korovnikov, I. T. 306
코르차긴Korchagin, I. P. 182
코롭코프Korobkov, A. A. 81
코스텐코Kostenko, F. Ya. 132
코시긴Kosygin, A. N. 104
콘드루세프Kondrusev, S. M. 85
콜차크Kolchak, A. V. 26
콜팍치Kolpakchi, V. Ya. 273, 306, 336, 337
쿠로치킨Krochkin, P. A. 90, 132
쿠즈네초프Kuznetsov, F. I. 60
쿠즈네초프Kuznetsov, V. I. 81
쿠지민Kuz'min, G. I. 155
쿨리크Kulik, G. I. 36, 51, 52
퀴흘러, 게오르그 폰Küchler, Georg von 152
크레이저Kreizer, Ya. G. 290
크랍첸코Kravchenko, A. G. 177, 227, 240, 244, 247, 281, 284, 287, 300, 322, 323, 345, 352, 353
크렙스, 한스Krebs, Hans 326, 328
크류첸킨Kryuchenkin, V. D. 155, 214
크류코프Kryukov, V. V. 182, 192~194, 306
크릴로프Krylov, N. I. 293, 352, 354
클라이스트, 에발트 폰Kleist, Ewald von 85, 111, 151, 252
클루게, 귄터 폰Kluge, Günther von 92, 128, 152, 207, 210
키르포노스Kirponos, M. P. 51, 75, 84~86, 91, 112

ㅌ

타라소프Tarasov, G. F.　　　182, 183, 192
토트, 프리츠Todt, Fritz　　　144
톨부힌Tolbukhin, F. I.　　225, 226, 245, 248,
　　　280, 282~284, 286~299, 301, 321,
　　　322, 323
투피코프Tupikov, V. I.　　　111, 112
투하쳅스키Tukhachevsky, M. N.　8, 28, 29,
　　　33~37, 52, 61, 388
트로츠키Trotsky, L. D.　　　26, 33
트로피멘코Trofimenko, S. G.　　　284
트리안다필로프Triandafillov, V. K.　28, 61
티모셴코Timoshenko, S. K.　　36, 48~51,
　　　67, 69, 71, 81, 90, 92, 94~96, 111,
　　　112, 114, 146, 147, 152, 155~158,
　　　162, 163, 172

ㅍ

파노프Panov, M. F.　　　265
파블로프Pavlov, D. G.　　35, 48, 49, 60, 82,
　　　83, 96
파울루스, 프리드리히Paulus, Friedrich　156,
　　　165, 166, 179, 186
팔랄레예프Falaleev, F. Ya.　　　175
팔켄호르스트, 니콜라우스 폰Falkenhorst,
　　　Nikolaus von　　　60
패튼, 조지Patton, George S.　　　277, 345
페도렌코Fedorenko, Ia N.　　51, 141~143
페듀닌스키Fedyuninsky, I. I.　　　291
페르부신Pervushin, A. N.　　　133
페르호로비치Perkhorovich, F. I.　306, 337
페클렌코Feklenko, N. V.　　　85
페트로프Petrov, I. E.　　　255, 284, 285,
　　　289, 310
포벳킨Povetkin, S. I.　　　182
포크리시킨Pokryshkin, A. I.　　　199

포타포프Potapov, M. I.　　85, 86, 91, 111
포포프Popov, A. F.　　　273
포포프Popov, M. M.　　60, 189, 190, 204,
　　　224, 225, 251
포프와프스키Popławsky, S. G.　　　306
폴로스코프Polozkov, V. I.　　　281
폴루보야로프Poluboyarov, P. P.　271, 311
푸르카예프Purkaev, M. A.　　180, 182, 352
푸시킨Pushkin, E. G.　　　155
푸호프Pukhov, N.P　　　272, 306, 345
프랑코, 프란시스코Franco, Francisco　35
프레테르-피코, 막시밀리안Fretter-Pico,
　　　Maximilian　　　187, 288
프롤로프Frolov, V. A.　　　152
프룬제Frunze, M. V.　　　28
프리스너, 요하네스Friessner, Johannes 285,
　　　287, 288
플리예프Pliev, I. A.　　248, 265, 266, 268,
　　　284, 287, 322, 345, 352, 353
필리포프Filippov, G. N.　　　177

ㅎ

하르페, 요제프Harpe, Josef　　　313
하우서, 파울Hausser, Paul　　　194
하인리치, 고트하르트Heinrici, Gotthard
　　　288, 289, 327, 328, 329
하인리힉스, 악셀 에릭Heinrichs, Axel Erik
　　　49
할더, 프란츠Halder, Franz　84, 89, 90, 110,
　　　119, 128, 148, 158, 202
호트, 헤르만Hoth, Hermann　　91, 92, 120,
　　　210, 212, 218, 219
홀리트, 카를 아돌프Hollidt, Karl Adolf
　　　184, 185, 187
흐루쇼프Khrushchyov, N. S.　　20, 96, 111,
　　　112, 146, 214

흐룔료프Khrulyov, A.V.　　　257, 260
히틀러, 아돌프Hitler, Adolf　　8, 32, 33,
　　38~41, 49, 50, 56, 58, 59, 65, 69, 71, 73,
　　74, 75, 84, 86, 89, 92, 107~112, 118,
　　119, 122, 127~129, 136, 138, 139, 144,
　　146~148, 151, 156~159, 161, 162, 166,
　　167, 175, 176, 179, 185~188, 190, 191,
　　195~197, 201, 202, 206, 207, 212, 219,
　　223, 230, 243, 247, 249, 263, 266, 268,
　　275, 278, 279, 280, 285, 288, 292, 294,
　　298, 299~302, 308, 313, 314, 320~322,
　　326~328, 340, 345, 355, 361
힘러, 하인리히Himmler, Heinrich
　　　　　　　　　　　　　　130, 314, 327

지명

ㄱ

고멜Gomel　　　　　　　　　　225, 226
괴를리츠Görlitz　　324, 337, 338, 345, 346
굼비넨Gumbinnen　　　　　　　　　　293
그라츠Graz　　　　　　　　　　　　 324
그로드노Grodno　　　　　　　　　82, 269
그로즈니Grozny　　　　　　　　　　　164
그루지옹츠Grudziądz　　　　　316~318, 320
그자츠크Gzhatsk　　　　　　　 118, 131, 132
글루호프Glukhov　　　　　　　　　　411

ㄴ

나레프 강Narew　　　　　　　 274, 275, 315
나로-포민스크Naro-Fominsk　　　　　 124
나이세 강Neiße　　　　320, 329, 331, 333, 337
내몽골內蒙古　　　　　　　　　　　　351
네만 강Neman　　　　　　　268, 269, 275, 292

네벨Nevel'　　　　　　　　　　　　229
노르망디Normandy　　276, 277, 351, 355,
　　　　　　　　　　　　　　357, 358
노몬한Nomonhan　　　　　　　　　　37
노보집코프Novozybkov　　　　　　　111
노브고로드Novgorod　　　　　　 193, 251
노이슈타트Neustadt　　　　　　　　 321
니레지하자Nyíregyháza　　　　　　　285
니코폴Nikopol'　　　　　　 227, 229, 246

ㄷ

단치히Danzig(그단스크Gdańsk)　　304,
　　　　　　　　　　 315, 320, 327, 332
대싱안링 산맥大興安嶺　　 352, 353, 354
데먄스크Demyansk　　　 129, 132, 136, 137
데미도프Demidov　　　　　　　　　132
데브레첸Debrecen　　　　　　　 285, 286
데사우Dessau　　　　　　　　　　　331
데스나 강Desna　　　　　　 110, 114, 191
도나우 강Donau(다뉴브 강Danube)　248,
　　　　　 280, 286~288, 296, 299~301, 322
도벨레Dobele　　　　　　　　　　　291
도쿄東京　　　　　　　　　　　　　 36
돈 강Don　　　　　112, 127, 148, 151, 158,
　　　　 161~165, 174, 177, 183, 184, 187, 189,
　　　　　　　　　　　　　　 190, 223
동(東)프로이센Ostpreussen　　　258, 275,
　　　 291~293, 296, 302, 304, 307, 308, 312,
　　　 314~317, 319~321, 324, 332, 391, 392
두바사리Dubăsari(두보사리Dubossary)　279
두브노Dubno　　　　　　　　　　86, 246
두클라 고개Dukla　　　　　　　　　288
드네스트르 강Dnestr　　 247, 248, 278, 279,
　　　　　　　　　　　　　　　　281
드네프르 강Dnepr　　　　68, 71, 83, 89~92,
　　　 105, 106, 110, 111, 146, 166, 190, 191,

209, 210, 220, 223~228, 243, 244, 246, 263, 266
드레스덴Dresden　321, 329, 331, 333, 337, 345, 346
드미트로프Dmitrov　126
드비나 강Dvina　82, 89, 90, 92, 258, 265, 269
디에프Dieppe　196, 357

ㄹ

라도가 호수Ladoga　44, 46, 113, 119
라돔Radom　312
라바-루스카야Rava-Russkaya　270
라세이냐이Raseiniai　82
라슈텐부르크Rastenburg　128
라우반Lauban　327, 328
라이프치히Leipzig　333
라인 강Rhine　333
라트비아Latvia　25, 43, 44, 82, 87, 251, 290, 291
라티보르Ratibor　318
랭스Reims　346
런던London　138, 249, 274
레닌그라드Leningrad 44, 46, 51, 61, 69, 71, 104, 105, 110, 111, 113, 117~119, 126, 129, 140, 151, 164, 167, 212, 241, 250~252, 254, 255, 261, 291, 359, 261, 386
레치차Rechitsa　229
레펠Lepel'　90
로가체프Rogachev　251, 255, 265
로마Roma　356
로브노Rovno　85, 86, 245, 246
로스토프Rostov　105, 112, 118, 119, 128, 148, 150, 151, 161~163, 167, 184, 187~190

로슬라블Roslavl'　93, 111
로흐비차Lokhvitsa　112
루가Luga　250, 251
루블린Lublin　255, 270, 272, 276
루사Rusa　127
루체사 강Luchesa　182
루츠크Lutsk　245, 258, 270
루테니아Ruthenia　289
류반Lyuban　130, 390
류테시Liutezh　227
르제프Rzhev　129, 130, 136, 146, 172, 180, 182, 183, 336
리가 만Riga　290
리가Riga　269
리다Lida　269
리보프L'vov(리비프L'viv)　133
리브니Livny　192
리자Riesa　345
리투아니아Lithuania　25, 43, 44, 64, 82, 275, 290, 315

ㅁ

마그누셰프Magnuszew　272~274, 306, 307, 311, 312, 314
마그니토고르스크Magnitogorsk　105
마니치 강Manich　163
마리엔부르크Marienburg　315, 316
마마예프 쿠르간Mamaev Kurgan　418
마이코프Maikop　163
만주滿洲　36, 296, 321, 349, 350~353, 355
말로야로슬라베츠Maloyarosalvets　129
메딘Medyn　132, 134
메멜Memel'　292, 316
모길료프Mogilyov　91, 229, 255, 265, 266
모로좁스크Morozovsk　185
모자이스크Mozhaisk 115, 118, 120, 129, 131

몰도바 Moldova	50, 260, 249, 260		123, 130~137, 146, 182
몰로데치노 Molodechno	268	베네프 Venev	127
몽골 蒙古	120, 352	베레지나 강 Berezina	83, 263, 265, 266
뫼즈 강 Meuse River	298	베를린 Berlin	8, 41, 74, 249, 254, 296, 297,
무단장 牡丹江	352, 354		302~304, 314, 317~321, 323~334,
무르만스크 Murmansk	26, 46, 147, 151,		337, 338, 340, 343, 344, 347, 348, 362
	254, 294	베사라비아 Bessarabia	44, 50, 51, 249, 280
무카체보 Mukachevo	289	베스코 Beeskow	340
뮌헨 München	40, 207, 286, 328	베오그라드 Beograd	286, 348
므와바 Mława	315	베이징 北京	353
므첸스크 Mtsensk	116, 117	벨고로드 Belgorod	159, 219, 222, 223
미시시피 강 Mississippi	359	벨리키 부크린 Velikii Bukrin	226~228, 243
미우스 강 Mius	190, 209, 220	벨리키예루키 Velikie Luki	92, 182, 183
민스크 Minsk	53, 61, 69, 79, 83, 84, 90,	벨리 Belyi	93, 132, 182, 183
119, 229, 257, 258, 260, 265~269, 272,		보고두호프 Bogodukhov	222, 228
	351	보로네시 Voronezh	159, 161, 184, 189,
밀랴틴 Miliatin	85		190, 216
밀레로보 Millerovo	162	보로실로프그라드 Voroshiovgrad	187
		보리소프 Borisov	266
		보브루이스크 Bobruisk	91, 258, 263, 265,
ㅂ			267, 268
바라노비치 Baranovichi	268, 269	보이니차 Voinitsa	85
바르벤코보 Barvenkovo	132, 146	보즈네센스키 Voznesensky	104
바르샤바 Warszawa	20, 26, 33, 72, 119,	보토샤니 Botoshany	247
253, 273~275, 299, 303, 306, 312, 313,		보트니아 만 Bothnia	46
	328, 348, 364	볼가 Volga	105, 146, 165, 166, 347
바르타 강 Warta	327	볼로민 Wolomin	273
바우첸 Bautzen	346	볼로콜람스크 Volokolamsk	131
발가 Valga	291	볼코프 Vlokov	184, 353
발다이 구릉 Valdai	132	볼호프 Bolkhov	161
발도네 Baldone	291	부다페스트 Budapest	279, 283, 285~288,
발라톤 호수 Balaton	280, 286~288, 299,	299, 300, 301, 303, 321, 322~324,
	322, 323		348, 391
발칸 반도 Balkan	252, 253, 279, 283, 303	부코비나 Bukovina (부코비나 Bucovina)	50
발트 해 Baltic	59, 253, 254, 269, 289, 291,	부쿠레슈티 Bucureşti	281~284, 348
292, 303, 314, 315, 316, 320, 324, 343		부크 강 Bug	84, 223, 248
뱌지마 Viaz'ma	90, 113~115, 117, 122,	브라티슬라바 Bratislava	322

찾아보기 489

브란덴부르크Brandenburg	313, 316, 331, 332, 336
브랸스크Bryansk	113, 127, 131, 193, 224
브레스트Brest	81, 255, 272
브레슬라우Breslau	318, 319
브로디Brody	271
브루실로프Brusilov	228
브르노Brno	345
브르타뉴Bretagne	277
블라디보스토크Vladivostok	26, 36
비스와 강Wisła(바익셀Weichsel, 비슬라 Visla)	258, 271, 272, 274~276, 296, 298, 303, 304, 312, 315~317
비아위스토크Białystok	42, 81~83, 268, 269, 272
비텝스크Vitebsk	91, 92, 229, 251, 257, 258, 264~266, 268
비푸리Viipuri(비보르크Vyborg)	46, 48, 49, 261, 262
빈니차Vinnitsa	161, 246, 248
빈Wien	322
빌뉴스Vil'nyus	43, 82, 268, 269

ㅅ

사레마 섬Saaremaa	291
사할린Sakhalin	351, 355
산 강San	41
산도미에시Sandomierz	258, 272, 303, 306, 308
상(上)슐레지엔Oberschlesien	311, 314, 319, 321, 330
생로St. Lo	277
샤라 강Shchara	83
샤울랴이Shaulyai	290, 291
샤히Šahy	287
세게드Szeged	285, 286
세라피모비치Serafimovich	164
세바스토폴Sevastopol'	113, 132, 133, 147, 151, 159
세케슈페헤르바르Székesfehérvár	287, 300
셉스크Sevsk	192
셰페톱카Shepetovka	246
소로키Soroki	248
소베츠코예Sovetskoe	177
소시 강Sozh	225
솜보르Sombor	286
수르사리 섬Suursaari(호그란드 Hogland)	44
수오무살미Suomussalmi	46, 47
숨마Summa	45, 46, 47, 49
슈나이데뮐Schneidemühl	317
슈베린Schwerin	445
슈베트Schwedt	332
슈타르가르트Stargard	318~320
슈테틴Stettin	315, 318, 324, 332
슈프레 강Spree	331, 337, 340
슐레지엔Schlesien	303, 311, 319, 327, 332
스몰렌스크Smolensk	89, 90, 92, 93, 110, 111, 114, 119, 180, 191, 223, 224, 229, 239, 255, 258, 256
스비르 강Svir	262
스비슬로치 강Svisloch	267
스타라야루사Staraya Russa	110, 113, 129, 132
스탈린그라드Stalingrad	8, 118, 119, 142, 146, 151, 154, 162~166, 168, 171, 172, 174~177, 179, 180, 182, 184~188, 191, 192, 194, 196, 197, 203, 204, 229, 279, 299, 301, 306, 330, 347, 356, 361
스톨치Stol'tsy	91
스티르 강Styr	85, 270
스파스-데멘스크Spas-Demensk	90
슬로님Slonim	83
슬로바키아Slovakia	40, 279, 285, 288,

	289, 321, 327
슬루츠크 Slutsk	83, 265, 266
시레트 강 Siret	281, 282
시베리아 Siberia	26, 36, 52, 54, 65, 103, 104, 105, 351, 359,
시에들체 Siedlce	272, 273, 274
시쳅카 Sychevka	130, 182
시칠리아 Sicilia	219, 222, 356

ㅇ

아르군 강 Argun (에얼구나허 額爾古納河)	354
아르덴 Ardennes	298, 302, 308, 322
아르한겔스크 Arkhangel'sk	26
아조프 해 Azov	187, 199
야르체보 Yartsevo	92, 93, 114
야시 Iaşi (Jassy)	255, 279, 281, 282
야코블레프 Yakoblev	46, 47
에르츠게비르게 산맥 Erzgebirge	345
에스테르곰 Esztergom	287, 288
엘베 강 Elbe	331, 332, 340, 343
엘빙 Elbing (엘블롱크 Elbląg)	315
엘가바 Elgava (Jelgava)	291
엘냐 El'nya	92, 108
엘레츠 Elets	127
엘브루스 산 El'brus	164
오데르 강 Oder	289, 303, 312~315, 318, 320, 321, 323, 327~329, 332, 334, 336
오데사 Odessa	26, 110, 113, 248, 392
오라니엔바움 Oranienbaum	250, 251
오라데아-마레 Oradea-Mare	285
오룔 Oryol	116, 128, 129, 131, 132, 161, 191, 193, 194, 219, 220~224
오르샤 Orsha	119, 229, 251, 265
오르조니키제 Ordzhonikidze	164
오스타시코프 Ostashkov	131
오스트라바 Ostrava	327

오스트리아 Österreich	296, 321, 322, 381
오시포비치 Osipovichi	268
오펠른 Oppeln	321
올로모우츠 Olomouc	345
외몽골 外蒙古	37
우그라 강 Ugra	135
우랄 산맥 Ural	8, 63, 359
우만 Uman'	110, 247, 248
우즈고로드 Uzhgorod	289
우치 Łódź	312~314
유흐노프 Yukhnov	129, 130, 131, 134, 135
이줌 Izyum	154, 157
일멘 호수 Il'men	251

ㅈ

자바이칼 Zabaika	54, 192, 352
자캅카스 Zakavkaz	103
자포로제 Zaporozh'e	105, 109, 194, 225
잠란트 반도 Samland	316, 319, 320, 343
젤로 고지 Seelow	331, 334
젤리거 호수 Seliger	114, 132
즐로빈 Zhlobin	255
지모프니키 Zimovniki	188
지브롤터 Gibraltar	74
지즈라 Zhidzhra	192
지토미르 Zhitomir	227, 228, 243

ㅊ

체르놉치 Chernovtsy	247
체르카시 Cherkassy	244, 245
쳉스토호바 Częstochowa	311
초센 Zossen	338
초프 Chop	289
치르 강 Chir	163, 184

ㅋ

카렐리야 지협 Kareliya　44, 46, 49, 51, 254
카르파티아 산맥 Carpaţi (Karpaty)　243, 246,
　　247, 258, 269, 278, 280, 283~285, 288
카세린 고개 Kassarine　357
카시라 Kashira　120, 123
카자틴 Kazatin　227
카토비체 Katowice　303, 311
칼라치 Kalach　174, 177
칼루가 Kaluga　115, 117, 118, 129, 131, 134
칼리닌 Kalinin　117, 120, 129
캅카스 산맥 Kavkaz　347
케르치 반도 Kerch'　132, 133, 147, 151,
　　158, 249
케치케메트 Kecskemét　286
코노토프 Konotop　103
코로스텐 Korosten'　91, 227
코벨 Kovel'　255, 258, 269
코이비스토 섬 Koivisto　44, 49
코텔니콥스키 Kotel'nikovskii　184
코트부스 Cottbus　331
콜라 반도 Kola　294
콜토프 Koltov　271
쾨니히스베르크 Königsberg (칼리닌그라드
　　Kaliningrad)　291, 292, 304, 315,
　　316, 319, 343
쾨벤 Köben　318, 319
쿠르스크 Kursk　151, 159, 168, 194, 197,
　　208, 209, 210, 212~214, 216, 217, 221,
　　223~225, 229, 230, 255, 322, 356
쿠를란트 Kurland　292, 302, 313, 317, 324,
　　327, 343
쿠릴 열도 Kuril　351, 355
쿠반 Kuban　187, 188, 199
쿠이비셰프 Kuibyshev　118
퀴스트린 Küstrin　314, 327, 328, 330
크라스노아르메이스카야 Kranoarmeiskaya
　　190, 193
크라쿠프 Kraków　306, 308, 311
크레멘스카야 Kremenskaya　164
크레멘추크 Kremenchug　111, 227
크레타 섬 Crete　66, 196
크로스노 Krosno　288
크리보이로크 Krivoi Rog　228, 243, 246
크림 반도 Krym　27, 110, 113, 129, 136, 146,
　　147, 156, 158, 159, 162, 188, 196, 227,
　　241, 246, 248, 249, 252, 255, 269, 279
클루지 Cluj　284, 285
클린 Klin　119, 120, 126
키로보그라드 Kirovograd　243
키로프 Kirov　414
키스쾨뢰스 Kiskőrös　286
키시네프 Kishnev　255, 279, 281, 282
키엘체 Kielce　309
키예프 Kiev　47, 91, 93, 109, 110, 114,
　　224~227, 359,

ㅌ

타르투 Tartu　291
타만 반도 Taman　416
테료키 Terjoki　46
토로페츠 Toropets　131
토룬 Toruń　317
토르가우 Torgau　340, 339
투르케스탄 Turkestan　27
툴라 Tula　26, 114, 120, 122~124, 127
트란실바니아 Transylvania　284, 285
티기나 Tighina (벤데리 Bendery)　281
티라스폴 Tiraspol'　281
티미쇼아라 Timişoara　284
티서 강 Tisza　285, 286, 289
티톱카 강 Titovka　295
티톱카 Titovka　265, 295

ㅍ

파리 Paris	277
파블로그라드 Pavlograd	103, 190
파스토프 Fastov	227, 228
팔레즈 Falaise	278, 358
프셰미실 Przemyśl	271
페이푸스 호수 Peipus 호수	251
페차모 Petsamo	295
포니리 Ponyri	217
포즈난 Poznań	314, 317
포츠담 Potsdam	338
폴란드 Poland	27, 28, 38, 40~42, 45, 53, 58, 68, 71, 72, 123, 167, 245, 248, 253, 254, 257, 258, 269, 274, 275, 282, 296, 298, 299, 303, 308, 315, 317, 324, 392
폴로츠크 Polotsk	92, 258, 265, 269
폴타바 Plotava	158
폼메른 Pommern	314, 316~320, 330
푸와비 Puławy	273, 306, 312
프라가 Praga	274
프라하 Praha	321, 344, 345, 346, 348, 392
프랑크푸르트 안 데어 오데르 Frankfurt an der Oder	314, 328
프로스쿠로프 Proskurov	246, 247
프로호롭카 Prokhorovka	218, 219, 231
프루트 강 Prut	281, 282
프리셰스 하프 Frisches Haff	320
프리퍄티 습지대 Pripiat'	53, 61, 81, 82, 84, 111
프스코프 Pskov	91
프티치 강 Ptich	266
플로이에슈티 유전 Ploieşti (플로에스티 Ploesti)	281, 283
피톰니크 비행장 Pitomnik	186
핀란드 만 Finland	44, 250
필리차 강 Pilitsa	312
필젠 Pilsen	

ㅎ

하(下)슐레지엔 Niederschlesien	318, 327, 392
하리코프 Khar'kov	129, 132, 146, 147, 150, 154, 155~157, 190, 194, 200, 208, 212, 221, 222, 224, 227, 359
하일라얼 海拉爾 (하일라르 Hailar)	354
하일스베르크 요새 지역 Heilsberg	316
항코 반도 Hanko	45
헬싱키 Helsinki	49
홀름 Kholm'	132, 136, 137
홋카이도 北海道	351, 355
휴마 섬 Hiumma	291

조직명

- 독일

국방군 총사령부 Oberkommando der Wehrmacht (OKW) 74, 87, 145, 151, 161, 207, 247, 249, 250, 277, 279, 294, 307, 308

육군 동부 정보국 Fremde Heere Ost (FHO) 175, 262

육군 총사령부 Oberkommando des Heeres (OKH) 59, 108, 119, 122, 128, 144, 148, 150, 161, 175, 263, 266, 268, 279, 287, 313, 384, 385, 409, 423, 433, 436, 437, 440, 454, 459

항공부 Reichsluftfahrtministerium (RLM) 144

항공군 Luftflotte 61
　제4 항공군 Luftflotte IV 156, 190, 191, 334
　제6 항공군 Luftflotte VI 268

집단군 Heeresgruppe 59, 69, 108, 119, 151, 171, 187, 263, 275, 278, 279, 307, 385

A 집단군Heeresgruppe A　　　151, 152,
　　161~164, 172, 187, 189, 202, 243, 252,
　　　　　　304, 310, 313, 324, 428
B 집단군Heeresgruppe B　　　151, 152, 154,
　　　　　　161, 164, 172, 189
E 집단군Heeresgruppe E　　　283
F 집단군Heeresgruppe F　　　283
남부 집단군Heeresgruppe Süd 60, 61, 84, 86,
　　91, 110~112, 119, 128, 132, 144, 146,
　　150, 151, 157, 158, 161, 162, 172, 190,
　　207, 210, 223, 225, 226, 243, 245~247,
　　288, 290, 319, 324, 428, 442, 443
남(南)우크라이나 집단군Heeresgruppe
　Südukraine　　　249, 252, 262, 278, 279,
　　　　　　280, 283
돈 집단군Heeresgruppe Don　154, 179, 187,
　　　　　　189, 190
바익셀 집단군Heeresgruppe Weichsel　26,
　　314, 317, 319, 324, 317, 329, 443
북부 집단군Heeresgruppe Nord　60, 61, 71,
　　82, 91, 113, 129, 137, 144, 152, 175, 200,
　　201, 229, 246, 250 ,251, 254, 269, 289,
　　290~293, 316, 320, 409, 443, 455
북(北)우크라이나 집단군Heeresgruppe
　Nordukraine　　　247, 263, 269, 270, 275
오스트마르크 집단군Heeresgruppe Ostmark
　　　　　　445
중부 집단군Heeresgruppe Mitte　60, 61, 82,
　　86, 92, 108, 109, 110, 111,113, 116, 120,
　　124, 126, 128, 129, 131, 135, 137, 138,
　　143, 144, 150, 152, 161, 172, 175, 180,
　　182, 189, 191, 193, 194, 200, 201, 207,
　　210, 223, 229, 246, 249, 251, 254, 257,
　　261~264, 269, 272~275, 277, 278, 283,
　　289~291, 304, 310, 316, 324, 327, 329,
　　338, 344, 412, 419, 430, 443, 445

군집단Armeegruppe　　　278
　빌러 군집단Armeegruppe Wöhler　　　278
　두미트레스쿠 군집단Armeegruppe Dumitrescu
　　　　　　278
　프레터-피코 군집단Armeegruppe Fretter-Pico
　　　　　　285
　슈타이너 군집단Armeegruppe Steiner 340, 335

야전군Armee　　　254, 385
　제2군2. Armee　91, 116, 128, 152, 159, 164,
　　　　　189, 193, 194, 224, 310, 316, 356,
　제4군4. Armee　60, 113, 115, 124, 131, 152,
　　　　　223, 266~268, 310, 315, 316
　제6군6. Armee　60, 84, 112, 132, 146, 152,
　　　　　156, 157, 159, 162~165, 177, 179, 185,
　　　　　186, 189, 200, 208, 225, 230, 248, 249,
　　　　　281~283, 285, 288, 322, 356, 384, 385,
　　　　　416, 419, 421,
　제8군8. Armee　　　243, 248, 249, 284, 285
　제9군9. Armee　60, 125, 180, 207, 210, 214,
　　　　　217, 219, 223, 224, 266~268, 306, 310,
　　　　　311, 313, 327~329, 331, 337, 338, 340,
　　　　　384, 385, 432,
　제11군11. Armee　　60, 132, 152, 158, 159
　제12군12. Armee　　　338, 340, 443,
　제16군16. Armee　　　60, 137, 125
　제17군17. Armee　151, 155, 157, 188, 199,
　　　　　227, 249, 311, 321
　제18군18. Armee　60, 113, 119, 129, 152,
　　　　　250, 251
기갑군Panzer-armee　57, 63, 142, 204, 385
　제1 기갑군1. Panzer-armee　128, 145, 150,
　　　　　151, 152, 161~163, 188~190, 194, 225,
　　　　　243, 246~249, 288, 289, 310, 327
　제2 기갑군2. Panzer-armee　　63, 117, 120,
　　　　　122, 123, 127, 128, 152, 161, 192, 322
　제3 기갑군3. Panzer-armee　　　120, 126, 131,

152, 265~267, 290, 292, 310, 315~317, 329, 332, 340, 436
제4 기갑군 4. Panzer-armee   131, 145, 146, 150, 152, 159, 161, 162, 165, 179, 190, 191, 193, 194, 210, 213, 214, 217, 219, 228, 246, 308, 310, 311, 313, 329, 331, 356, 419
제5 기갑군 5. Panzer-armee   298
제6 SS 기갑군 6. SS Panzer-armee   298, 302, 322, 323, 441
제11 SS 기갑군 11. SS Panzer-armee   314, 317, 320
제12 산악군 12. Gebirgs-armee   152
제20 산악군 20. Gebirgs-armee   294
라플란트 야전군 Armee Lapland   152
노르베겐(노르웨이) 야전군 Armee Norwegen   59, 60

분견군 Armeeabteilung
 켐프 분견군 Armeeabteilung Kempf   210, 214, 219
 프레터-피코 분견군 Armeeabteilung Fretter-Pico   187
 홀리트 분견군 Armeeabteilung Hollidt   184, 185, 187

기갑 집단 Panzergruppe   56, 57, 385
 제1 기갑 집단 Panzergruppe 1   84, 85, 100, 110~112, 119, 410, 454, 459
 제2 기갑 집단 Panzergruppe 2   60, 61, 83, 90, 91, 93, 108, 111~117, 122, 220, 410, 454, 459
 제3 기갑 집단 Panzergruppe 3   60, 61, 82, 83, 92, 93, 110, 113~115, 119, 410, 454, 459
 제4 기갑 집단 Panzergruppe 4   60, 82, 113, 114, 115, 119, 122, 126, 454, 459

군단 Korps
 제1 SS 기갑 군단 I. SS. Panzer-korps   113
 제2 SS 기갑 군단 II. SS. Panzer-korps   210, 218, 219, 220, 222, 247, 322, 424
 제4 SS 기갑 군단 IV. SS. Panzer-korps   288, 289, 299, 300, 322, 437
 제5 SS 산악 군단 V. SS. Gebirgs-korps   318
 제9 SS 산악 군단 IX. SS. Gebirgs-korps   288, 301
 제8군단 VIII. Armee-korps   155
 제9군단 IX. Armee-korps   286
 제11군단 XI. Armee-korps   244
 제12군단 XII. Armee-korps   266
 제13군단 XIII. Armee-korps   271
 제17군단 XVII. Armee-korps   285, 286
 제23군단 XXIII. Armee-korps   316
 제27군단 XXVII. Armee-korps   154, 316
 제28군단 XXVIII. Armee-korps   292
 제34군단 XXXIV. Armee-korps   127
 제42군단 XXXXII. Armee-korps   244
 제53군단 LIII. Armee-korps   265, 268
 기갑 군단 Panzer-korps   56, 82, 127, 204, 385, 403
 제3 기갑 군단 III. Panzer-korps   212, 219, 222, 271, 272, 285, 286, 300, 322, 437
 제14 기갑 군단 XIV. Panzer-korps   163
 제24 기갑 군단 XXIV. Panzer-korps   91, 93, 112, 162, 220, 226, 228, 272, 308, 309, 313, 438
 제39 기갑 군단 XXXIX. Panzer-korps   93, 263, 266, 268, 290
 제40 기갑 군단 XXXX. Panzer-korps   193, 194, 290, 312
 제41 기갑 군단 XXXXI. Panzer-korps   82, 210, 265
 제46 기갑 군단 XXXXVI. Panzer-korps   91, 126

찾아보기   495

제47 기갑 군단XXXXVII. Panzer-korps
　　93, 210
제48 기갑 군단XXXXVIII. Panzer-korps
　　184, 185, 194, 210, 218, 220, 228, 243,
　　247, 272, 309, 422
제56 기갑 군단LVI. Panzer-korps　82, 126,
　　263, 312, 329
제57 기갑 군단LVII. Panzer-korps　184, 185
제59 기갑 군단LIX. Panzer-korps　272
제19 산악 군단XIX. Gebirgs-korps　147, 295
제8 항공 군단VIII. Flieger-korps　159
〈대독일〉기갑 군단Panzer-korps
　　Großdeutschland　308, 312, 313, 315, 318
독일 북아프리카 군단Deutsche Afrika Korps
　　(DAK)　196
〈헤르만 괴링〉강하 기갑 군단Fallschirm-
　　Panzerkorps Hermann Göring　273, 308

분견 군단Korps-abteilung　463
　E 분견 군단Korps-abteilung E　264

사단Division
기갑 사단　31, 36, 56, 92, 108, 112, 127,
　　141, 142, 145, 157, 162, 167, 202, 209,
　　212, 228, 236, 239, 252, 269
　제1 기갑 사단1. Panzer-division　183, 194,
　　244, 271, 285, 286, 288, 289, 441
　제2 기갑 사단2. Panzer-division　122, 210,
　　412, 454, 456, 457
　제3 기갑 사단3. Panzer-division　112, 156,
　　210, 287, 289
　제4 기갑 사단4. Panzer-division　116, 117,
　　122, 194, 210, 268, 273, 317
　제5 기갑 사단5. Panzer-division　135,
　　266~269, 290, 431
　제6 기갑 사단6. Panzer-division　194, 287,
　　289, 405, 454~457

제7 기갑 사단7. Panzer-division　92, 93,
　　120, 193, 194, 268, 290, 315, 421, 440
제8 기갑 사단8. Panzer-division　210, 271, 288
제9 기갑 사단9. Panzer-division　90, 159,
　　183, 212, 312
제11 기갑 사단11. Panzer-division　85, 86,
　　135, 193, 210, 421, 431
제12 기갑 사단12. Panzer-division　183,
　　184, 210, 268
제13 기갑 사단13. Panzer-division　86,
　　278, 286, 299
제14 기갑 사단14. Panzer-division　85, 290
제16 기갑 사단16. Panzer-division　244,
　　270, 308, 309
제17 기갑 사단17. Panzer-division　123,
　　184, 244, 270, 308, 309
제18 기갑 사단18. Panzer-division　91, 92
제19 기갑 사단19. Panzer-division　183,
　　226, 273, 313
제20 기갑 사단20. Panzer-division　93,
　　183, 210, 263, 265
제22 기갑 사단22. Panzer-division　176
제23 기갑 사단23. Panzer-division　156,
　　159, 285, 286, 289
제24 기갑 사단24. Panzer-division　286, 289
제25 기갑 사단25. Panzer-division　312, 313
제28 기갑 사단28. Panzer-division　342
기갑 척탄병 사단　112, 127, 183, 236, 275, 403
　제10 기갑 척탄병 사단10. Panzergrenadier-
　　division　226, 278, 282
　제20 기갑 척탄병 사단20. Panzergrenadier-
　　division　328, 329, 342
　제25 기갑 척탄병 사단25. Panzergrenadier-
　　division　328
보병 사단Infanterie-division　26, 31, 57,
　　176, 196, 200, 230, 235, 263, 275, 352
　제12 보병 사단12. Infanterie-division　263,

266, 431
제22 보병 사단22. Infanterie-division　196
제35 보병 사단35. Infanterie-division　412
제57 보병 사단57. Infanterie-division　86, 226
제73 보병 사단73. Infanterie-division　273
제106 보병 사단106. Infanterie-division　120
제112 보병 사단112. Infanterie-division　120, 226
제197 보병 사단197. Infanterie-division　85
제198 보병 사단198. Infanterie-division　85
차량화 보병 사단Infanterie-division　56, 145, 183
제29 차량화 보병 사단29. Infanterie-division (mot.)　91
제2 산악 사단2. Gebirgs-division　294, 295
제6 산악 사단6. Gebirgs-division　147
〈다스 라이히〉 사단Division Das Reich　190, 194, 210
〈대독일〉 사단Division Großdeutschland　183, 210, 222
〈대독일〉 기갑 척탄병 사단Panzergrenadier-division Großdeutschland　290, 316
〈대독일〉 차량화 보병 사단Infanterie-division Großdeutschland　196
〈뮌헤베르크〉 기갑 사단Panzer-division Müncheberg　328, 336
〈브란덴부르크〉 기갑 척탄병 사단 Panzergrenadier-division Brandenburg　313, 316
〈비킹〉 사단Division Wiking　193, 244, 273, 299, 421
총통 척탄병 사단Führer Grenadier-division　328
〈친위대 아돌프 히틀러 경호대 (LSSAH)〉 사단 Leibstandarte SS Adolf Hitler　112, 113, 190, 194, 210, 244
〈토텐코프〉 사단Division Totenkopf　190,

194, 210, 299
〈펠트헤른할레〉 기갑 척탄병 사단 Panzergrenadier-division Feldherrnhalle　286, 299
〈헤르만 괴링〉 사단Division Hermann Göring　273
〈헤르만 괴링〉 강하 기갑 사단 Panzerfallshirmjäger-division　273, 312, 315, 316

• 헝가리
야전군magyar hadsereg
헝가리 제1군1. magyar hadsereg　289
헝가리 제2군2. magyar hadsereg　164, 189, 284, 285, 356
헝가리 제3군3. magyar hadsereg　152, 284~286

• 루마니아
야전군Armata
루마니아 제1군Armata 1　284
루마니아 제3군Armata 3　60, 151, 152, 164, 174, 175, 185, 282, 356
루마니아 제4군Armata 4　60, 74, 152, 284, 356
루마니아 제7군Armata 7　299
루마니아 제7 군단Corp 7 armată　299
사단Divizia
〈대(大)루마니아〉 기갑 사단Divizia 1 blindată　278

• 이탈리아
이탈리아 제8군8. Armata(Armata Italiana in Russia)　164, 184, 185

• 핀란드
핀란드 제9 보병 사단9. Divisioona　47

- 소련

국가 계획 위원회 Gosudarstvennyi komitet
  po planirovaniyu(GOSPLAN) 104
국방 인민 위원회 Gosudarstvennyi komitet
  oborony(GKO)　31, 50, 95, 204, 251,
  253, 321
기계화 부대 지도국 Glavnogo avtobrone-
  tankobogo upravleniya(GABTU) 141
내무 인민 위원회 Narodnyi komissariat
  vnutrennikh del(NKVD)　43, 62, 75, 81,
  84, 96, 130, 162, 192, 402, 406, 408
스타브카(중앙최고지휘사령부) STAVKA
  94~96, 98, 99, 111, 113~116, 118, 120,
  124, 126, 137, 139, 140, 141, 147, 154,
  155, 157, 159, 161~164, 166, 167, 171,
  172, 175, 177, 179, 180, 182, 183, 185,
  186, 189, 191, 192, 194, 203, 206, 208,
  209, 213, 214, 216, 223, 224, 226, 229,
  238, 241, 246, 250~252, 255, 257, 260,
  261, 270, 273, 276, 280~282, 284, 286,
  291, 292, 294, 300~304, 315, 317~323,
  328~330, 333, 338, 344, 346, 350~353,
  362, 390, 395, 405, 407
인민 위원 평의회　50, 51, 71
중앙 파르티잔 사령부 Tsentral'nogo shtaba
  partizanskogo dvizheniya　213

군관구 Voennyi okrug
  극동 군관구 Dal'nevostochnyi voennyi okrug
  446
  레닌그라드 군관구 Leningradskii voennyi
  okrug　46, 51, 71
  벨로루시 군관구 Belorusskii voennyi okrug　42
  서부 특별 군관구 Zapadnyi osobyi voennyi
  okrug　66
  스텝 군관구 Stepnoi voennyi okrug　208
  시베리아 군관구 Sibiriskii voennyi okrug　54
  오데사 군관구 Odeskii voennyi okrug　44, 75
  우랄 군관구 Ural'skii voennyi okrug　54
  우크라이나 군관구 Ukrainskii voennyi okrug
  46
  자바이칼 군관구 Zabaikalskii voennyi okrug
  54
  카르파티아 군관구 voennyi okrug　427
  키예프 특별 군관구 Kievskii osobyi voennyi
  okrug　44, 51, 53, 66, 75

방면군 Napravleniya
  남서 방면군 Yugo-zapadnogo napravleniya
  96, 112, 146, 157
  북서 방면군 Severo-zapadnogo napravleniya
  96, 113
  북(北)캅카스 방면군 Severo-kavkazskogo
  napravleniya　408
  서부 방면군 Zapadnogo napravleniya　96, 408

전선군 Front
  제1 극동 전선군 1-i Dal'nevostochnyi front
  352
  제1 발트 전선군 1-i Pribaltiiskii front　251,
  255, 257, 258, 260, 269, 270, 290, 291,
  292, 304, 315
  제1 벨로루시 전선군 1-i Belorusskii front
  255, 257, 258, 260, 261, 269, 270, 272,
  274, 304, 306, 310~313, 315, 320, 330,
  331, 334, 337, 342, 343, 344
  제1 우크라이나 전선군 1-i Ukrainskii front
  227, 241, 243, 245, 246, 248, 255, 258,
  270, 284, 285, 303, 304, 307, 309, 312,
  313, 319, 321, 327, 330~334, 337, 344,
  345
  제2 극동 전선군 2-i Dal'nevostochnyi front
  352
  제2 발트 전선군 2-i Pribaltiiskii front　251,

255, 260, 269, 290~292, 304
제2 벨로루시 전선군2-i Belorusskii front
255, 257, 270, 304, 306, 307, 310, 314, 315, 320, 330, 332, 337, 340, 342, 343
제2 우크라이나 전선군2-i Ukrainskii front
228, 241, 243, 247, 248, 262, 280, 281, 283, 284, 299, 301, 302, 304, 321, 323, 344, 345, 346
제3 발트 전선군3-i Pribaltiiskii front 255, 262, 290, 291
제3 벨로루시 전선군3-i Belorusskii front
172, 255, 257, 258, 268, 270, 291, 292, 307, 310, 316, 320
제3 우크라이나 전선군3-i Ukrainskii front
241, 245, 248, 262, 280~283, 286, 299, 301, 302, 304, 321, 322, 323
제4 우크라이나 전선군4-i Ukrainskii front
241, 245, 248, 255, 284, 285, 289, 311, 344, 346
극동 전선군Dal'nevostochnyi front 54, 352, 354
남부 전선군Yuzhnyi front 60, 110, 132, 146, 152, 155, 157, 162, 163, 187, 209, 217, 225, 226
남서 전선군Yugo-zapadnyi front 44, 60, 64, 71, 84, 105, 110~112, 114, 132, 146, 152, 154~156, 159, 161~163, 172, 174, 177, 183, 184, 187, 189, 190, 191, 193, 194, 208, 209, 217, 221, 225
돈 전선군Donskoii front 174, 175, 177, 191
레닌그라드 전선군Leningradskii front 113, 152, 250, 251, 255, 261, 291
발트 전선군Pribaltiiskii front 229, 251, 255, 257, 258, 260, 262, 269, 270
벨로루시 전선군Belorusskii front 42, 229, 251, 327
보로네시 전선군Voronezhskii front 152,

184, 187, 189~191, 208, 209, 213, 214, 216~218, 221, 225~227
볼호프 전선군Volkhovskii front 129, 130, 152, 250, 251
북부 전선군Severnyi front 60, 113, 131, 132, 164
북서 전선군Severo-zapadnyi front 48, 60, 71, 82, 89, 152
북(北)캅카스 전선군Severo-kavkazskii front 152
브랸스크 전선군Bryaskii front 111, 114~116, 131, 132, 146, 147, 152, 159, 174, 189, 191, 192, 208, 209, 217, 219, 220, 224
서부 전선군Zapadnyi front 60, 64, 71, 79, 81~84, 89, 90, 92, 96, 112, 114, 115, 117, 118, 120, 123, 126, 130, 131, 139, 152, 161, 164, 172, 180, 182, 191, 192, 208, 209, 217, 219, 220, 223, 229, 251, 255
스탈린그라드 전선군Stalingradskii front 163, 164, 166, 174, 176, 187
스텝 전선군Stepnoi front 208, 209, 214, 216~218, 221, 227
예비 전선군Reservnyi armii 71, 90, 94, 114, 115
자바이칼 전선군Zabaikal'skii front 352
자캅카즈 전선군Zakavkazskii front 132, 164
중부 전선군Tsentral'nyi front 191, 192, 194, 208, 209, 214, 219, 224, 226
카렐리야 전선군Karel'skii front 147, 152, 255, 261, 294
칼리닌 전선군Kalininskii fornt 126, 130, 131, 172, 180, 191, 223, 229
크림 전선군Krymskii front 158

기병-기계화 집단Konno-mekhanizirovannaya gruppa

찾아보기 499

제1 근위 기병-기계화 집단 1-ya Gvardeiskaya konno-mekhanizirovannaya gruppa 310, 322, 345, 439
고르시코프 기병-기계화 집단 Konno-mekhanizirovannaya gruppa S. I. Gorshkova 281, 284
바라노프 기병-기계화 집단 Konno-mekhanizirovannaya gruppa B. K. Baranova 270
벨로프 기병-기계화 집단 Konno-mekhanizirovannaya gruppa P. A. Belova 127
볼딘 기병-기계화 집단 Konno-mekhanizirovannaya gruppa I. V. Boldina 400
소콜로프 기병-기계화 집단 Konno-mekhanizirovannaya gruppa S. V. Sokolova 270, 271
오부호프 기병-기계화 집단 Konno-mekhanizirovannaya gruppa V. T. Obukhova 268
플리예프 기병-기계화 집단 Konno-mekhanizirovannaya gruppa I. A. Plieva 265, 266, 268, 284, 287, 353, 453

기병-소총병 집단 Konno-strelkovaya gruppa
크류코프 기병-소총병 집단 Konno-strelkovaya gruppa V. V. Kryukova 193

야전군 Armiya 31, 34, 42, 46, 55, 62~65, 68, 97, 98, 101, 127, 133, 144, 167, 203, 205, 237, 239, 281, 353, 386, 390, 391, 395, 398, 405
제3군 3-ya Armiya 60, 81~83, 91, 152, 220, 265, 267, 304, 310, 315, 345, 411, 414
제4군 4-ya Armiya 60, 64, 81, 103, 152, 315, 323, 405
제5군 5-ya Armiya 54, 60, 84, 85, 91, 103, 111, 112, 118, 126, 131, 152, 182, 268, 293, 310, 315, 354, 420, 447
제6군 6-ya Armiya 60, 103, 110, 132, 152, 153, 155, 157, 182, 184, 187, 189, 194, 310, 410
제7군(독립) 7-ya Otdel'naya armiya 46, 48, 51, 60, 401
제9군 9-ya Armiya 44, 46, 48, 60, 92, 157, 162, 401
제10군 10-ya Armiya 60, 81, 83, 103, 139, 152, 413
제11군 11-ya Armiya 60, 91, 152, 257, 399, 410, 414
제12군 12-ya Armiya 60, 103, 110, 152, 162, 410
제13군 13-ya Armiya 48, 60, 83, 91, 116, 152, 189, 192, 217, 224, 245, 270, 272, 306, 310, 331, 345, 411, 413, 414, 435, 445
제14군 14-ya Armiya 147, 294, 295, 401
제16군 16-ya Armiya 54, 60, 90, 92, 93, 114, 118, 120, 122, 123, 126, 131, 152, 161, 192, 406, 411, 412
제18군 18-ya Armiya 60, 110, 152, 162, 310
제19군 19-ya Armiya 54, 60, 90, 91, 93, 114, 115, 152, 320, 410, 411
제20군 20-ya Armiya 90
제21군 21-ya Armiya 54, 60, 90, 91, 112, 154, 156, 163, 164, 174, 177, 191~194, 262, 307, 310, 311, 321, 410, 420, 421
제22군 22-ya Armiya 54, 60, 90, 114, 130, 152, 182, 411
제23군 23-ya Armiya 60, 152, 299, 316
제24군 24-ya Armiya 60, 90, 93, 103, 114, 115, 119, 153, 411
제26군 26-ya Armiya 60, 103, 112, 147,

제27군 27-ya Armiya 152, 322, 244
제28군 28-ya Armiya 90, 93, 103, 153~157, 163, 187, 210, 292, 293, 310, 315, 331, 340
제29군 29-ya Armiya 93, 103, 114, 126, 130, 132, 152, 406
제30군 30-ya Armiya 93, 114, 115, 120, 126, 130, 406, 411, 103, 152
제31군 31-ya Armiya 103, 114, 126, 130, 152, 182, 267, 271, 292, 293, 310, 315, 406, 411
제32군 32-ya Armiya 103, 114, 115, 152, 406, 411
제33군 33-ya Armiya 103, 114, 118, 124, 131~133, 152, 182, 268, 306, 310, 312, 331, 337, 407, 420, 429, 439
제34군 34-ya Armiya 103, 152, 410, 414
제35군 35-ya Armiya 265
제36군 36-ya Armiya 354, 447
제37군 37-ya Armiya 103, 112, 152, 283, 299, 393
제38군 38-ya Armiya 103, 153, 154, 156, 162, 163, 189, 214, 227, 271, 288, 310, 435
제39군 39-ya Armiya 103, 130~132, 152, 180, 182, 265, 292, 293, 310, 315, 353
제40군 40-ya Armiya 103, 152, 189, 214, 221, 222, 284
제41군 41-ya Armiya 182, 420
제42군 42-ya Armiya 103, 152
제43군 43-ya Armiya 103, 114, 115, 118, 130, 133, 152, 264, 290, 291, 411
제44군 44-ya Armiya 103, 133, 158
제45군 45-ya Armiya 103
제46군 46-ya Armiya 103, 282~284, 288, 299, 300, 322, 323, 345, 442
제47군 47-ya Armiya 103, 158, 272~274,
306, 310, 312, 314, 320, 337, 338, 331
제48군 48-ya Armiya 91, 103, 152, 192, 265, 310, 315, 410
제49군 49-ya Armiya 103, 114, 118, 123, 130, 152, 265, 268, 269, 310, 332, 411, 413
제50군 50-ya Armiya 103, 116, 118, 122, 127, 130, 135, 152, 224, 268, 269, 310, 411, 413
제51군 51-ya Armiya 103, 133, 152, 158, 174, 184, 187, 249, 269, 290, 292
제52군 52-ya Armiya 103, 130, 152, 248, 306, 310, 314, 331, 337, 338
제53군 53-ya Armiya 152, 153, 221, 244, 284, 301, 345
제54군 54-ya Armiya 103, 152
제55군 55-ya Armiya 103, 152
제56군 56-ya Armiya 103, 152
제57군 57-ya Armiya 103, 132, 152, 157, 163, 174, 221, 244, 283, 286, 322, 420
제58군 58-ya Armiya 103, 153
제59군 59-ya Armiya 103, 152, 262, 306, 310, 311, 321
제60군 60-ya Armiya 103, 152, 153, 189, 224, 227, 245, 271, 306, 310
제61군 61-ya Armiya 103, 152, 161, 220, 224, 306, 310, 311, 314, 320, 331, 414
제62군 62-ya Armiya 153, 163, 165, 193, 194, 417
제63군 63-ya Armiya 153, 163, 164, 220, 420
제64군 64-ya Armiya 153, 163, 191, 193, 194, 417, 153
제65군 65-ya Armiya 74, 153, 191, 192, 265, 310, 315, 332, 417, 421
제66군 66-ya Armiya 153, 191
제67군 67-ya Armiya 291
제69군 69-ya Armiya 189, 214, 221, 273,

찾아보기 501

306, 310, 312, 314, 317, 331, 336, 337
제70군 70-ya Armiya   153, 191, 192, 193,
    214, 217, 310, 315, 332, 445
기계화군 Mekhanizirovannaya armiya   75,
    206
  제7 기계화군 7-ya Mekhanizirovannaya
    armiya   427
  제8 기계화군 8-ya Mekhanizirovannaya
    armiya   427
제2 기병군 2-ya Kavaleriiskaya armiya
    27, 398
근위군 Gvardeiskaya armiya   237
  제1 근위군 1-ya Gvardeiskaya armiya   153,
    164, 187, 189, 194, 289, 310, 331, 426
  제2 근위군 2-ya Gvardeiskaya armiya   153,
    183~185, 187, 249, 269, 290, 292, 310,
    315, 331, 419, 426
  제3 근위군 3-ya Gvardeiskaya armiya   153,
    187, 189, 247, 270, 271, 292, 306, 309,
    310, 331, 345, 426, 439
  제4 근위군 4-ya Gvardeiskaya armiya   244,
    245, 282, 284, 286, 288, 299, 300, 310,
    322, 323, 338, 426
  제5 근위군 5-ya Gvardeiskaya armiya   221,
    262, 292, 306, 310, 331, 340, 345,
    426, 444
  제6 근위군 6-ya Gvardeiskaya armiya   214,
    221, 260, 265, 287, 290, 292, 426
  제7 근위군 7-ya Gvardeiskaya armiya   214,
    221, 284, 288, 299, 300, 322, 345, 426
  제8 근위군 8-ya Gvardeiskaya armiya   260,
    262, 272, 310, 312, 314, 327, 330, 331,
    333, 336, 338, 340, 343, 344, 426
  제9 근위군 9-ya Gvardeiskaya armiya   322,
    323, 345, 426, 442
  제10 근위군 10-ya Gvardeiskaya armiya
    299, 426

  제11 근위군 11-ya Gvardeiskaya armiya
    220, 260, 268, 292, 293, 315, 316, 426
  제1 근위 전차군 1-ya Gvardeiskaya
    tankovaya armiya 258, 270, 271, 306, 312,
    314, 320, 336, 338, 340, 344, 438, 439, 444
  제2 근위 전차군 2-ya Gvardeiskaya
    tankovaya armiya   38, 306, 310, 312, 314,
    318, 320, 331, 336, 338, 344
  제3 근위 전차군 3-ya Gvardeiskaya
    tankovaya armiya   220, 226~228, 243,
    258, 270~272, 306, 310, 314, 319, 320,
    327, 337, 340, 344, 345, 427, 438, 439
  제4 근위 전차군   331, 337, 338, 344, 345, 439
  제5 근위 전차군 5-ya Gvardeiskaya tankovaya
    armiya   208, 218, 221, 222, 225, 227, 228,
    243, 244, 247, 248, 258, 260, 262,
    266~269, 290, 292, 304, 310, 315, 316,
    319, 424, 432, 436
  제6 근위 전차군 6-ya Gvardeiskaya
    tankovaya armiya   284, 285, 287, 300,
    322, 323, 345, 352, 353, 434, 442, 447
전차군 Tankovaya armiya   142, 143, 185,
    190, 204~206, 219, 231, 240, 309, 353,
    363, 415, 438, 445
  제1 전차군 1-ya Tankovaya armiya 142, 152,
    153, 163, 164, 214, 218, 220~222, 243,
    247, 417, 426, 427, 428
  제2 전차군 2-ya Tankovaya armiya   191, 192,
    214, 217, 224, 247, 248, 258, 260, 262,
    272, 273, 421
  제3 전차군 3-ya Tankovaya armiya   142, 153,
    161, 182, 189, 194, 227, 420, 426
  제4 전차군 4-ya Tankovaya armiya   142, 152,
    153, 163, 164, 247, 258, 270~272, 306,
    309, 310, 319, 321, 417, 439
  제5 전차군 5-ya Tankovaya armiya   142, 152,
    153, 159, 174, 177, 184, 187, 220, 417,

420, 426
제6 전차군 6-ya Tankovaya armiya 240, 244, 247, 248, 281, 282
제7 전차군 7-ya Tankovaya armiya 427
제8 전차군 8-ya Tankovaya armiya 427
제7 독립 야전군 7-ya Primorskaya armiya 152, 262
예비군 Reservnaya armiya 101, 407
  제1 예비군 1-ya Reservnaya armiya 153
  제2 예비군 2-ya Reservnaya armiya 153
  제3 예비군 3-ya Reservnaya armiya 153
  제4 예비군 4-ya Reservnaya armiya 153
  제6 예비군 6-ya Reservnaya armiya 153
  제7 예비군 7-ya Reservnaya armiya 153
  제8 예비군 8-ya Reservnaya armiya 153
  제9 예비군 9-ya Reservnaya armiya 153
  제10 예비군 10-ya Reservnaya armiya 153
  제1 적기군 1-ya Krasnoznamennaya armiya 355, 448
충격군 Udarnaya armiya 237
  제1 충격군 1-ya Udarnaya armiya 122, 123, 126, 130, 152, 291, 414, 426
  제2 충격군 2-ya Udarnaya armiya 123, 130, 250, 291, 310, 315, 426
  제3 충격군 3-ya Udarnaya armiya 123, 131, 152, 180, 182, 183, 310, 331, 337, 338, 343, 344, 414, 426, 444
  제4 충격군 4-ya Udarnaya armiya 131, 152, 292, 331, 414, 426
  제5 충격군 5-ya Udarnaya armiya 153, 187, 280, 282, 306, 310, 312, 314, 336, 426
항공군 Vozdushnaya armiya 257, 261
  제1 항공군 1-ya Vozdushnaya armiya 310
  제2 항공군 2-ya Vozdushnaya armiya 244, 310
  제3 항공군 3-ya Vozdushnaya armiya 310
  제4 항공군 4-ya Vozdushnaya armiya 304, 310, 334
  제7 항공군 7-ya Vozdushnaya armiya 295
  제8 항공군 8-ya Vozdushnaya armiya 163, 175
  제16 항공군 16-ya Vozdushnaya armiya 191, 334, 444
  제18 항공군 18-ya Vozdushnaya armiya 334
독립 해안군 Otdel'naya primorskaya armiya 249

군단 Korpus
공수 군단 Vozdushno-desantnyi korpus 52
  제1 공수 군단 1-i Vozdushno-desantnyi korpus 60
  제4 공수 군단 4-i Vozdushno-desantnyi korpus 60, 83, 133, 134, 135
  제5 공수 군단 5-i Vozdushno-desantnyi korpus 60, 116, 133
기병 군단 Kavalerskii korpus 99, 133, 205, 239
  제1 기병 군단 1-i Kavalerskii korpus 132
  제2 기병 군단 2-i Kavalerskii korpus 123, 124, 127, 411
  제3 기병 군단 3-i Kavalerskii korpus 400
  제4 기병 군단 4-i Kavalerskii korpus 400
  제5 기병 군단 5-i Kavalerskii korpus 132, 400, 413,
  제6 기병 군단 6-i Kavalerskii korpus 42, 82, 83, 132, 155~157, 400
  제8 기병 군단 8-i Kavalerskii korpus 174
  제11 기병 군단 11-i Kavalerskii korpus 130~132, 135
  제1 근위 기병 군단 1-i Gvardeiskii kavalerskii korpus 123, 131, 134, 135, 139, 227, 228, 245, 270, 288, 310, 311, 322, 435
  제2 근위 기병 군단 2-i Gvardeiskii kavalerskii korpus 182, 191, 192, 194, 272, 273, 306,

312
제3 근위 기병 군단3-i Gvardeiskii kavalerskii korpus 155, 156, 158, 174, 268, 310
제4 근위 기병 군단4-i Gvardeiskii kavalerskii korpus 248, 284
제5 근위 기병 군단5-i Gvardeiskii kavalerskii korpus 244, 281, 288, 300
제6 근위 기병 군단6-i Gvardeiskii kavalerskii korpus 245
제7 근위 기병 군단7-i Gvardeiskii kavalerskii korpus 310
기계화 군단Mekhanizirovannyi korpus 51, 52, 63, 82, 98, 100, 141, 142, 204, 205, 231, 241, 353, 404, 406, 407, 415, 445
제1 기계화 군단1-i Mekhanizirovannyi korpus 52, 60, 182, 183, 419, 420, 432
제2 기계화 군단2-i Mekhanizirovannyi korpus 60, 182
제3 기계화 군단3-i Mekhanizirovannyi korpus 60, 64, 66, 82, 182, 183, 310
제4 기계화 군단4-i Mekhanizirovannyi korpus 66, 174, 177, 187, 248
제5 기계화 군단5-i Mekhanizirovannyi korpus 60, 90, 184, 420
제6 기계화 군단6-i Mekhanizirovannyi korpus 60, 66, 82
제7 기계화 군단7-i Mekhanizirovannyi korpus 60, 90, 281, 282, 284, 288, 310
제8 기계화 군단8-i Mekhanizirovannyi korpus 66, 86, 316
제9 기계화 군단9-i Mekhanizirovannyi korpus 85, 86
제10 기계화 군단10-i Mekhanizirovannyi korpus 60
제11 기계화 군단11-i Mekhanizirovannyi korpus 60, 82
제12 기계화 군단12-i Mekhanizirovannyi korpus 60, 82
제13 기계화 군단13-i Mekhanizirovannyi korpus 60
제14 기계화 군단14-i Mekhanizirovannyi korpus 60, 64
제15 기계화 군단15-i Mekhanizirovannyi korpus 66, 85, 86
제17 기계화 군단17-i Mekhanizirovannyi korpus 60
제18 기계화 군단18-i Mekhanizirovannyi korpus 60
제19 기계화 군단19-i Mekhanizirovannyi korpus 64, 85, 86,
제20 기계화 군단20-i Mekhanizirovannyi korpus 60, 83, 91
제22 기계화 군단22-i Mekhanizirovannyi korpus 85
제23 기계화 군단23-i Mekhanizirovannyi korpus 407
제24기계화 군단24-i Mekhanizirovannyi korpus 60
제25 기계화 군단25-i Mekhanizirovannyi korpus 60
제26 기계화 군단26-i Mekhanizirovannyi korpus 60, 407
제27 기계화 군단27-i Mekhanizirovannyi korpus 407
제30 기계화 군단30-i Mekhanizirovannyi korpus 407
제1 근위 기계화 군단1-i Gvardeiskii mekhanizirovannyi korpus 185, 300
제2 근위 기계화 군단2-i Gvardeiskii mekhanizirovannyi korpus 284, 286, 287, 437
제3 근위 기계화 군단3-i Gvardeiskii mekhanizirovannyi korpus 187, 268, 290
제4 근위 기계화 군단4-i Gvardeiskii

mekhanizirovannyi korpus 281, 284, 286
제7 근위 기계화 군단7-i Gvardeiskii
  mekhanizirovannyi korpus 224, 321,
  331, 439,
제9 근위 기계화 군단9-i Gvardeiskii
  mekhanizirovannyi korpus 353
제5 독립 근위 기계화 군단 266
제9 대지(對地) 항공 군단9-i Shturmovoi
  aviatsionoyi korpus 333
소총병 군단Strelkovyi korpus 31, 63~65,
  203, 205, 332, 408, 415
제2 소총병 군단2-i Strelkovyi korpus 354
제6 소총병 군단 183, 419
제30 소총병 군단30-i Strelkovyi korpus 299,
  300
제50 소총병 군단50-i Strelkovyi korpus 49
제75 소총병 군단75-i Strelkovyi korpus 301
제79 소총병 군단79-i Strelkovyi korpus 338,
  343
제99 소총병 군단99-i Strelkovyi korpus 295
제131 소총병 군단131-i Strelkovyi korpus 295
제133 소총병 군단133-i Strelkovyi korpus 300
제135 소총병 군단135-i Strelkovyi korpus 300
제126 경(輕)소총병 군단126-i Lyogkii
  strelkovyi korpus 294, 295
제127 경(輕)소총병 군단127-i Lyogkii
  strelkovyi korpus 294
제6 〈스탈린〉 소총병 군단6-i Strelkovyi korpus
  182
제1 근위 소총병 군단1-i Gvardeiskii strelkovyi
  korpus 116
제8 근위 소총병 군단8-i Gvardeiskii strelkovyi
  korpus 420
제26 근위 소총병 군단26-i Gvardeiskii
  strelkovyi korpus 312
제37 근위 소총병 군단37-i Gvardeiskii
  strelkovyi korpus 301

제18 근위 독립 소총병 군단18-i Gvardeiskii
  strelkovyi korpus 189, 299, 301
전차 군단Tankovyi korpus 36, 141, 142,
  185, 204, 205, 239, 267, 415
제1 전차 군단1-i Tankovyi korpus 177, 184,
  265, 290, 310, 315, 316, 331, 415
제2 전차 군단2-i Tankovyi korpus 415
제3 전차 군단3-i Tankovyi korpus 273, 415
제4 전차 군단4-i Tankovyi korpus 177, 271,
  415
제5 전차 군단5-i Tankovyi korpus 415, 420
제6 전차 군단6-i Tankovyi korpus 415, 420
제7 전차 군단7-i Tankovyi korpus 186, 415
제8 전차 군단8-i Tankovyi korpus 273, 415
제9 전차 군단9-i Tankovyi korpus 182,
  224, 265, 310, 331, 415
제10 전차 군단10-i Tankovyi korpus 182,
  415
제11 전차 군단11-i Tankovyi korpus 272,
  273, 310, 312, 336, 415
제12 전차 군단12-i Tankovyi korpus 415
제13 전차 군단13-i Tankovyi korpus 173,
  224, 415
제14 전차 군단14-i Tankovyi korpus 415
제15 전차 군단15-i Tankovyi korpus 400,
  415
제16 전차 군단16-i Tankovyi korpus 273,
  415
제17 전차 군단17-i Tankovyi korpus 415
제18 전차 군단18-i Tankovyi korpus 218,
  281, 288, 300, 415, 437
제19 전차 군단19-i Tankovyi korpus 248,
  415, 436
제20 전차 군단20-i Tankovyi korpus 415
제21 전차 군단21-i Tankovyi korpus 155,
  157, 415
제22 전차 군단22-i Tankovyi korpus 155, 415

제23 전차 군단23-i Tankovyi korpus　157, 281, 282, 300, 415
제24 전차 군단24-i Tankovyi korpus 185, 415
제25 전차 군단25-i Tankovyi korpus　185, 190, 194, 270, 337, 400, 415, 422
제26 전차 군단26-i Tankovyi korpus　173, 177, 415, 419
제27 전차 군단27-i Tankovyi korpus　415
제28 전차 군단28-i Tankovyi korpus　415
제29 전차 군단29-i Tankovyi korpus　218, 248, 267
제31 전차 군단31-i Tankovyi korpus　288, 310, 319, 321
제1 근위 전차 군단1-i Gvardeiskii tankovyi korpus　190, 265, 267, 316, 422
제2 근위 전차 군단2-i Gvardeiskii tankovyi korpus　267, 292, 293, 310, 315, 424
제3 근위 전차 군단3-i Gvardeiskii tankovyi korpus　267, 310
제4 근위 전차 군단4-i Gvardeiskii tankovyi korpus　306, 311, 319, 337
제5 근위 전차 군단5-i Gvardeiskii tankovyi korpus　353
제7 근위 전차 군단7-i Gvardeiskii tankovyi korpus　439
제8 근위 전차 군단8-i Gvardeiskii tankovyi korpus　316
제11 근위 전차 군단11-i Gvardeiskii tankovyi korpus　438, 439

사단Diviziya
소총병 사단Strelkovaya diviziya　31, 65, 69, 98, 114, 142, 143, 206, 236, 240, 280, 307, 330, 332, 350, 352, 399, 401, 411, 433, 446
제19 소총병 사단19-ya Strelkovaya diviziya　126
제38 소총병 사단38-ya Strelkovaya diviziya　92
제44 소총병 사단44-ya Strelkovaya diviziya　47, 48
제45 소총병 사단45-ya Strelkovaya diviziya　399
제61 소총병 사단61-ya Strelkovaya diviziya　91
제78 소총병 사단78-ya Strelkovaya diviziya　446
제95 소총병 사단95-ya Strelkovaya diviziya　418
제100 소총병 사단100-ya Strelkovaya diviziya　111, 415
제104 소총병 사단104-ya Strelkovaya diviziya　47
제112 소총병 사단112-ya Strelkovaya diviziya　418
제124 소총병 사단124-ya Strelkovaya diviziya　85
제126 소총병 사단126-ya Strelkovaya diviziya　412
제127 소총병 사단127-ya Strelkovaya diviziya　111, 415
제150 소총병 사단150-ya Strelkovaya diviziya　343
제153 소총병 사단153-ya Strelkovaya diviziya　111, 415
제161 소총병 사단161-ya Strelkovaya diviziya　111, 415
제163 소총병 사단163-ya Strelkovaya diviziya　47, 48
제173 소총병 사단173-ya Strelkovaya diviziya　411
제187 소총병 사단187-ya Strelkovaya diviziya　165, 418
제193 소총병 사단193-ya Strelkovaya

diviziya 418
제248 소총병 사단248-ya Strelkovaya diviziya 411
제287 소총병 사단287-ya Strelkovaya diviziya 412
제326 소총병 사단326-ya Strelkovaya diviziya 126
제329 소총병 사단329-ya Strelkovaya diviziya 126
근위 소총병 사단Gvardeiskaya strelkovaya diviziya 206
　제1 근위 소총병 사단1-ya Gvardeiskaya strelkovaya diviziya 111, 415
　제2 근위 소총병 사단2-ya Gvardeiskaya strelkovaya diviziya 111, 415
　제3 근위 소총병 사단3-ya Gvardeiskaya strelkovaya diviziya 111, 415
　제4 근위 소총병 사단4-ya Gvardeiskaya strelkovaya diviziya 111, 415
　제10 근위 소총병 사단10-ya Gvardeiskaya strelkovaya diviziya 147
　제13 근위 소총병 사단13-ya Gvardeiskaya strelkovaya diviziya 418
　제15 근위 소총병 사단15-ya Gvardeiskaya strelkovaya diviziya 444
　제37 근위 소총병 사단37-ya Gvardeiskaya strelkovaya diviziya 418
　제58 근위 소총병 사단58-ya Gvardeiskaya strelkovaya diviziya 340, 444
　제121 근위 소총병 사단121-ya Gvardeiskaya strelkovaya diviziya 445
　제30 근위 소총병 사단30-ya Gvardeiskaya strelkovaya diviziya 34
전차 사단Tankovaya diviziya 51, 63, 98, 407, 411
　제2 전차 사단2-ya Tankovaya diviziya 405
　제34 전차 사단34-ya Tankovaya diviziya 86

제51 전차 사단51-ya Tankovaya diviziya 407
제52 전차 사단52-ya Tankovaya diviziya 407
제53 전차 사단53-ya Tankovaya diviziya 407
제56 전차 사단56-ya Tankovaya diviziya 407
제58 전차 사단58-ya Tankovaya diviziya 407, 412
제101 전차 사단101-ya Tankovaya diviziya 92, 407
제102 전차 사단102-ya Tankovaya diviziya 407
제108 전차 사단108-ya Tankovaya diviziya 124, 407
제112 전차 사단112-ya Tankovaya diviziya 123, 407, 411

■ 폴란드
야전군Armia
　폴란드 제1군1 Armia Wojska Polskiego 274, 306, 312, 314, 331
　폴란드 제2군2 Armia Wojska Polskiego 331, 337, 338, 345
　폴란드 국내군Armia Krajowa 274, 275
　폴란드 제병협동군 331
군단Korpus
　폴란드 제1 전차 군단1 Korpusu Pancernego 331

■ 체코슬로바키아
군단sboru
　체코슬로바키아 군단 288
　체코슬로바키아 공수 여단 288
　체코슬로바키아 제1 독립 전차 여단 346

작전명

- 독일

동지(존넨벤데) 작전 Unternehmen
　　Sonnenwende　　　　　　319, 320
바다사자(젤뢰베) 작전 Unternehmen Seelöwe
　　　　　　　　　　　　　　　　73, 74
바르바로사 작전 Unternehmen Barbarossa
　　58, 61, 66, 74, 138, 139, 143, 148, 167,
　　　　　402, 462, 463, 467, 469, 470
청색(블라우) 작전 Unternehmen Blau　148,
　　　　　　　　　151, 154, 200, 416
성채(치타델레) 작전 Unternehmen Zitadelle
　　　　　　　　　　　　　　　207, 212
크레믈 작전 Fall Kreml　　　　　146, 150
태풍(타이푼) 작전 Unternehmen Taifun　115

- 소련

고리(콜초) 작전(1943년 1~2월) Operatsiya
　　Kol'tso　　　　　　　　　　177, 186
노브고로드-루가 작전(1944년 1~2월)
　　Nobgorodsko-Luzhskaya operatsiya
　　　　　　　　　　　　　250, 251, 431
니코폴-크리보이로크 작전(1944년 1~2월)
　　Nikopol'sko-Krivorozhskaya operatsiya
　　　　　　　　　　　　　　　　　　429
데먄스크 작전(1942년 1~3월)
　　Demyanskaya operatsiya　　　　414
돈바스-하리코프 작전 Donbassko-
　　Khar'kovskaya operatsiya　　　　193
돈바스-로스토프 방어 작전(1941년 9~11월)
　　Donbassko-Rostovskaya oboronitel'naya
　　operatsiya　　　　　　　　　　410
동부 폼메른 작전(1945년 2~3월)
　　Vostochno-Pommeranskaya operatsiya
　　　　　　　　　　　　　　　　　　392
동부 프로이센 작전(1945년 1~2월)

Vostochno-Prusskaya operatsiya　315, 332
드네프르-카르파티아 전략 공세 작전(1944년
　　3~4월) Dneprovsko-Karpatskaya
　　strategicheskaya nastupatel'naya
　　operatsiya　　　　　　　　　　430
레닌그라드-노브고로드 전략 공세 작전
　　(1944년 1~3월) Leningradsko-
　　Nobgorodskaya strategicheskaya
　　nastupatel'naya operatsiya　　　431
로가체프-즐로빈 작전(1944년 2월)
　　Rogachevsko-Zhlobinskaya operatsiya
　　　　　　　　　　　　　　　　　　431
로브노-루츠크 작전(1944년 1~2월)
　　Rovno-Lyutskaya operatsiya　429, 430
루먄체프 작전(벨고로드-하리코프 작전,
　　1943년 8월) Operatsiya Rumyanchev　21
루블린-브레스트 작전(1944년 7~8월)
　　Lyublin-Brestskaya operatsiya　255, 270,
　　　　　　　　　　　　　　　275, 276
류반 작전(1942년 1~6월) Lyubanskaya
　　operatsiya　　　　　　　　130, 390
리보프-산도미에시 작전(1944년 7~8월)
　　L'vovsko-Sandomirskaya operatsiya 255,
　　　　258, 270, 275, 276, 285. 391, 435
르제프-시쳅카 작전 Rzhevsko-Sychevskaya
　　operatsiya　　　　　369, 370, 419
(1942년 7~8월)　　　　　　　　419
만주 작전(1945년 8~9월)
　　Man'chzhurskaya operatsiya　349, 452
멜리토폴 작전(1943년 9~11월)
　　Melitopol'skaya operatsiya　　　427
메멜 작전 Memelskaya operatsiya　　440
모스크바 전투(1941년 12월~1942년 4월)
　　Moskovskaya bitva　136, 144, 391, 392
바그라티온 작전 Operatsiya Bagration
　　253, 254, 257, 258, 260~264, 275, 307,
　　　　　　　　　　　　　　　432, 434

바르벤코보-로조바야 작전 Barvenkovo-
　　Lozovskaya operatsiya　　154, 414
발라톤 공세 작전 Balatonskaya nastupatel'
　　naya operatsiya　　447
베레즈네고바토예-스니기렙카 작전(1944년
　　3~4월) Bereznegobatoe-Snigiryovskaya
　　operatsiya　　248, 430
베를린 작전(1945년 4~5월) Berlinskaya
　　operatsiya　319, 321, 328, 333, 343, 347,
　　　　　　　　　　448, 449, 450, 451
벨고로드-하리코프 작전 Belgorodsko-
　　Khar'kovskaya operatsiya　222, 225, 426
벨로루시 작전 Belorusskaya operatsiya　255,
　　　　　　　　　　　259, 289, 332
벨리키예루키 작전(1942년 11~12월)
　　Belikolukskaya operatsiya　　420
보로네시-카스토르노예 작전(1943년 1~2월)
　　Voronezhsko-Kastornenskaya operatsiya
　　　　　　　　　　　391, 392
보로네시-보로실로프그라드 전략 방어 작전
　　(1942년 6~7월) Voronezhsko-
　　Voroshilovgradskaya strategicheskaya
　　oboronitel'naya operatsiya　　417
부다페스트 작전(1944년 10~12월)
　　Budapeshtskaya operatsiya　　391, 438
브라티슬라바-브르노 작전(1945년 3~4월)
　　Bratislavsko-Brnovskaya operatsiya　447
브랸스크 작전 Bryanskaya operatsiya　247
빈 작전(1945년 3~4월) Venskaya operatsiya
　　　　　　　　　　　446, 447
비슬라-오데르 작전(1945년 1~2월) Vislo-
　　oderskaya operatsiya　　307, 318, 332,
　　　　　　　　　　333, 391, 441
샤울랴이-므타바 작전(1944년 7~8월)
　　Shaulyaisko-Mitavskaya operatsiya
　　　　　　　　　　　289, 439
소토성 작전(1942년 12월) Operatsiya

Mlanii saturn　　184, 185, 189
수미-프릴루키 작전(1943년 9월) Sumsko-
　　Priluskaya operatsiya　　427
수보로프 작전(스몰렌스크 작전, 1943년 8~
　　9월) Operatsiya Suvorov　223, 231, 426
스몰렌스크 전투(1941년 7~8월)
　　Smolenskaya bitva　　92, 114
스몰렌스크 작전(1943년 8~9월)
　　Smolenskaya operatsiya　　426
스탈린그라드 반격(1942년 11월)
　　Stalingradskaya nastupatel'naya operatsiya
　　　　　　　　　　　176, 421
스탈린그라드 전략 방어 작전(1942년 7~
　　11월) Stalingradskaya strategicheskaya
　　oboronitel'naya operatsiya　　418
시냐빈스크 작전(1942년 8~9월)
　　Sinyavinskaya operatsiya　　419
야시-키시네프 작전(1944년 8월) Yassko-
　　Kishinyovskaya opearatsiya　　255, 279,
　　　　　　　　　281, 391, 392, 393
오데사 작전(1944년 3~4월) Odesskaya
　　opearatsiya　　392, 430
오룔 작전(1943년 7~8월) Oryolskaya
　　opearatsiya　　426
오르샤 작전(1943년 10~12월) Orshanskaya
　　operatsiya
오스트로고시스크-로소시 작전(1943년 1월)
　　Ostrogozhsko-Rossoshanskaya
　　operatsiya　　189, 392
우만-보토샤니 작전(1944년 3~4월)
　　Umansko-Botoshanskaya operatsiya 247,
　　　　　　　　　　　430
즈베즈다 작전(하리코프 작전, 1943년 3월)
　　Operatsiya Zvezda　　189, 422
지토미르-베르디체프 작전(1943년 12월~
　　1944년 1월) Zhitomirsko-Berdichevskaya
　　operatsiya　　243, 429

천왕성 작전(스탈린그라드 반격, 1942년 11월)
  Operatsiya Uran 171, 172, 174, 180, 183,
    418, 420
체르니고프-폴타바 전략 공세 작전(1943년
  9월) Chernigovsko-Poltavaskaya
  operatsiya 427
체르니고프-프리퍄티 작전(1943년 9월)
  Chernigovsko-Pripyaskaya operatsiya
    426, 427
카르파티아-두클라 작전(1944년 9~10월)
  Karpatsko-Duklinskaya operatsiya 392, 393
카르파티아 작전(1944년 9~10월)
  Karpatskaya operatsiya 439
카렐리야 작전(1944년 6월) Kareliya
  operatsiya 254, 261, 262, 293
칼린코비치-모지르 작전(1943년 1월)
  Kalinkovichsko-Mozyrskaya operatsiya
    372, 431
케르치-페오도샤 작전(1941년 12월~1942년
  1월) Kerchensko-Feodosiiskaya
  operatsiya 368, 414
코르순-솁첸코프스키 작전(1944년 1~2월)
  Korsun'-Shevchenkovskaya operatsiya
    243, 372, 391, 429
쿠르스크 전투(1943년 7~8월) Kurskaya
  Vitba 197, 210, 216, 212~214, 223,
    225, 229, 230, 235, 425, 468
크림 작전 Krymskaya operatsiya 368, 372,
    430
키예프 방어 작전(1941년 9월) Kievskaya
  oboronitel'naya operatsiya 367, 371
키예프 작전(1943년 11월) Kievskaya
  operatsiya 371, 427
키로포그라드 작전(1944년 1월)
  Kirovogradskaya operatsiya 429
토성 작전(1942년 12월) Operatsiya Saturn
    172, 180, 183, 184, 189
토로페츠-홀름 작전(1942년 1~2월)
  Toropetsko-Kholmskaya operatsiya 369,
    414
페차모-키르케네스 작전(1944년 10월)
  Petsamo-Kirkeneskaya operatsiya
    294~296, 373, 440
프라하 작전(1945년 5월) Prazhskaya
  operatsiya 392, 451
프로스쿠로프-체르놉치 작전(1944년 3~4월)
  Proskurovo-Chernovitskaya operatsiya
    430
하(下)슐레지엔 작전(1945년 2월) Nizhne-
  Silezskaya operatsiya 318, 319, 327,
    374, 392, 445
할호 강 전투 Boi b Khalhin-gol 37, 38, 400
해왕성 작전 Operatsiya Neptun 180
화성 작전(르제프-시쳅카 작전, 1942년
  11~12월) Operatsiya Mars 180, 182,
    183, 420, 448

옮긴이 **권도승** 1993년에 경북대학교 의과대학을 졸업하고, 2004년에 인하대학교 대학원에서 석사 학위를 받았으며, 2007년에는 동 대학원에서 박사 과정을 수료하였다. 2006년에는 명지대학교 북한학과에서 〈남북 군사력과 전쟁 시뮬레이션 강의〉를 하였다. 인하대학교 의과대학 부속 병원 정형외과 전문의/전임의를 지냈으며, 현재 〈권도승 정형외과〉 원장이다. 옮긴 책으로는 『동물과의 대화』(2006)가 있다.

남창우 1988년에 서울대학교 물리학과를 졸업하고, 1995년에 동 대학원에서 박사 학위를 받았다. 미국 시카고 대학교 화학과와 미국 스탠퍼드 대학교 응용물리학과에서 박사후 연구 과정을 거쳤다. 현재 한양대학교 물리학과 부교수로 재직 중이다.

윤시원 성균관대학교 사학과에서 박사 과정을 수료했다. KBS와 SBS의 역사 다큐멘터리 제작팀에서 연구원 자격으로 자료 검증 및 고증을 담당했으며, 『주간 화학저널』에서 취재 기자 생활을 하기도 했다. 현재 한국 징병제의 성립 과정을 주제로 박사 논문을 준비 중이며, 한미 관계와 안보 문제에 관심을 가지고 공부하고 있다.

독소 전쟁사 1941~1945

발행일 2007년 3월 20일 초판 1쇄
        2023년 11월 25일 초판 15쇄

지은이 데이비드 M. 글랜츠, 조너선 M. 하우스
옮긴이 권도승, 남창우, 윤시원
발행인 홍예빈·홍유진
발행처 주식회사 열린책들

경기도 파주시 문발로 253 파주출판도시
전화 031-955-4000 팩스 031-955-4004
홈페이지 www.openbooks.co.kr 이메일 humanity@openbooks.co.kr

Copyright (C) 주식회사 열린책들, 2007, *Printed in Korea.*
ISBN 978-89-329-0743-7 93300

이 도서의 국립중앙도서관 출판예정도서목록(CIP)은 서지정보유통지원시스템 홈페이지(http://seoji.nl.go.kr)와 국가자료공동목록시스템(http://www.nl.go.kr/kolisnet)에서 이용하실 수 있습니다. (CIP제어번호 : CIP2007000505)